TESTIMONIA

Curriculare Reihe lateinischer und griechischer Texte
Begründet von Oberstudiendirektor a. D. Dr. Wilhelm Fiedler
Fortgeführt von Ministerialrat Dr. Alfons Städele

M. TULLIUS CICERO

DE OFFICIIS

Gesamtausgabe für die Kollegstufe

erläutert von

Dr. Otto Schönberger

Textband

BAYERISCHE VERLAGSANSTALT BAMBERG

Genehmigt vom Bayerischen Staatsministerium für Unterricht und Kultus
für den lernmittelfreien Gebrauch an Gymnasien

Umschlaggestaltung Klaus Borowietz
unter Verwendung eines Fotos einer Cicero-Büste
aus dem Museo Capitolino, Rom

4. Auflage 1994

Bis auf zusätzliche Literaturangaben
unveränderter Nachdruck der zuletzt zugelassenen
(und veröffentlichten) 3. Auflage 1984

Bayerische Verlagsanstalt GmbH, Bamberg

Gesamtherstellung: SOV Graphische Betriebe GmbH, Bamberg

ISBN 3-87052-128-7

Inhalt

Ciceros Leben und Werk

M. Tullius Cicero wurde geboren am 3. 1. 106 v. Chr. in der Nähe des Bergstädtchens *Arpinum* auf dem Gutshof einer dem Ritterstande angehörigen Familie. Der ehrgeizige Vater, der sich gern mit literarischen Studien beschäftigte, brachte schon früh seinen hochbegabten Sohn nach Rom, um ihm die beste Bildung zu verschaffen, die damals erreichbar war. So lernte der junge *Cicero* Rhetorik bei griechischen Lehrern, übte sich im Reden in griechischer und lateinischer Sprache, hörte auf dem Forum die Plaidoyers der Advokaten und politischen Redner *(L. Crassus, M. Antonius)* und genoß den persönlichen Unterricht zweier berühmter Juristen, des Augurs und des Pontifex *Scaevola.* In die Philosophie führte ihn der Epikureer *Phaedrus* ein. Die Studien wurden unterbrochen durch zeitweiligen Militärdienst im Bundesgenossenkrieg (91—88). Während des Bürgerkrieges zwischen *Marius* und *Sulla* (88—82) hielt sich *Cicero,* ohne Partei zu nehmen, in Rom auf und beschäftigte sich besonders mit Philosophie unter der Leitung des Akademikers *Philon* von Larisa, der nach dem langen Streit zwischen Philosophie und Rhetorik wieder auf *Aristoteles* zurückgriff und beides lehrte. In dieser Zeit lernte *Cicero* auch die Kunst der Dialektik bei dem Stoiker *Diodotos.* Seinen Ruhm als Redner und Anwalt begründete *Cicero* im Jahre 80 durch die glänzende Verteidigung des *S. Roscius,* den ein Günstling *Sullas* wegen Vatermordes angeklagt hatte.

Wohl nicht aus Furcht vor der Rache des Diktators, dessen Schützling *Cicero* heftig angegriffen hatte, sondern aus Rücksicht auf seine schwächliche Gesundheit unternahm *Cicero* eine längere Erholungs- und Bildungsreise (79—77) nach Griechenland, Kleinasien und Rhodos. Diese Reise führte ihn nicht nur zu griechischen Rhetoren und Rednern, sondern auch zu den damals berühmtesten Philosophen. Körperlich gekräftigt, an Wissen bereichert und im Besitz einer ruhigeren, seiner Gesundheit zuträglicheren Sprech- und Vortragsweise kehrte er zu seiner Anwaltstätigkeit zurück, die ihn bald auch der üblichen Ämterlaufbahn zuführte: er hat seine Ämter immer zum frühest möglichen Termin *(suo anno)* erreicht. Als Quästor (75) entdeckte er in Syrakus das in Vergessenheit geratene Grab des *Archimedes.* Als designierter Ädil (70) hielt und schrieb er die Reden gegen *Verres,* der drei Jahre lang Sizilien ausgeplündert hatte. Während seiner Prätur (66) trat er zum erstenmal als politischer Redner auf, indem er durch die Rede *de imperio Cn. Pompei* den Antrag des Volkstribunen *Manilius* unterstützte, wonach der Oberbefehl im Kriege gegen *Mithradates* dem *Pompeius* übertragen werden sollte. Als Konsul (63) deckte er die Verschwörung *Catilinas* auf (daher *pater patriae* genannt) und ließ das vom Senat beschlossene Todesurteil an fünf in Rom gebliebenen Catilinariern sofort vollstrecken. Nun bestritt aber die Volkspartei dem Senat das Recht, ein Todesurteil zu fällen, und außerdem hatte man den Verurteilten die ihnen zustehende Appellation an die Volksversammlung versagt. Dafür mußte *Cicero* büßen. Als die Männer des ersten Triumvirats (60), *Caesar, Pompeius* und *Crassus,* ihn einluden, mit ihnen zu paktieren, und *Cicero* sich weigerte, überließen sie ihn seinem erbitterten Gegner, dem Volkstribunen *Clodius.* Dieser brachte ein Gesetz durch, das jeden, der einen römischen Bürger ohne gerichtliches Urteil habe töten lassen, für vogelfrei erklärte. Das Haus *Ciceros* auf dem Palatin wurde zerstört, sein Vermögen eingezogen, zwei Villen geplündert. Während seiner Verbannung (März 58 bis August 57) hielt sich *Cicero* in Griechenland und Illyrien auf.

Von den Reden, die *Cicero* nach seiner Rückkehr hielt, ist besonders die *„de domo sua"* zu erwähnen, weil ihr Titel in dem Ausdruck *„pro domo* sprechen" ein geflügeltes Wort wurde, und die Rede *pro Sestio,* weil *Cicero* sich darin nachdrücklich an die heranwachsende Jugend wandte (wie später in seiner Pflichtenlehre und wie noch später *Horaz* in den Römeroden), ferner weil hier *Cicero* mehr als in anderen Reden mitten in das politische Thema philosophische Bemerkungen über Tugend, Tod und Unsterblichkeit eingestreut hat. In den Jahren 55—50 schrieb *Cicero* drei große Werke, nämlich die Bücher *de oratore* (nur der allseitig, auch philosophisch gebildete Redner verdient diesen Namen), *de re publica* (Behandlung der Frage nach der besten und dauerhaftesten Staatsform), *de legibus* (drei nicht vollständig erhaltene Bücher über das Wesen der Gerechtigkeit).

Im Jahre 51 mußte *Cicero* das Prokonsulat in Kilikien übernehmen; nach einigen Erfolgen gegen Räuberbanden begrüßten ihn seine Soldaten als Imperator, und er träumte schon von einem Triumph in Rom. Dieser Traum wurde nie erfüllt, denn im Jahre 49 brach der Krieg zwischen *Caesar* und *Pompeius* aus, der *Cicero* in neue Not brachte. *Caesar* tat alles, um ihn auf seine Seite zu ziehen, aber *Cicero* sah in ihm nur den künftigen Tyrannen, während er (vielleicht mit Unrecht) von der Loyalität des *Pompeius* überzeugt war. Nach vergeblichen Versöhnungsversuchen und langem Schwanken schloß er sich an *Pompeius* an, obgleich er dessen Niederlage befürchtete. An der Schlacht bei *Pharsalus* (48) nahm er nicht teil; er war krank in *Dyrrhachium* zurückgeblieben. Nach dem Siege *Caesars* mußte er in *Brundisium* zehn bange Monate warten, bis dieser endlich aus Ägypten zurückkehrte und ihn nicht nur großmütig begnadigte, sondern auch zur Rückkehr nach Rom aufforderte.

Nun erschien *Cicero* zwar noch öfters im Senat, um als Opponent nicht allzu sehr aufzufallen, hielt auch noch drei berühmte Begnadigungsreden vor *Caesar* (für *Marcellus, Ligarius* und den König *Deiotarus*), die meiste Zeit aber brachte er auf seinen Landgütern zu und schrieb allein im Jahre 46 vier bedeutende Werke: *Brutus* (Geschichte der römischen Beredsamkeit, mit Spitzen gegen die Diktatur), *Paradoxa Stoicorum* (Behandlung stoischer Grundsätze in rhetorischer Manier), *orator* (die wichtigste Stilkritik des Altertums, zugleich Verteidigung seines rednerischen Stils gegen die Attiker), *de optimo genere oratorum.*

An der Verschwörung gegen *Caesar* war *Cicero* nicht beteiligt, aber seine Angriffe gegen die Diktatur und sein ewiges Loblied auf die Republik haben doch die Mörder in ihrem Plane bestärkt. Sein Jubel über den Tod des „Tyrannen" war unklug. Er sah nicht ein, daß das Senatsregiment abgewirtschaftet hatte und daß nach dem Morde der Bürgerkrieg von neuem beginnen mußte, zumal die Mörder weder Energie noch Macht genug besaßen, sich durchzusetzen. Und nun geriet er selbst in den Kampf hinein. Als *Antonius,* der entartete Enkel des berühmten Redners, als Rächer und Testamentsvollstrecker *Caesars* sich jede Willkür erlaubte, trat *Cicero* gegen ihn in den 14 *Philippischen* Reden auf und setzte es durch, daß er als *hostis patriae* erklärt wurde. So hat *Cicero* etwa vom September 44 bis April 43 noch einmal den Staat zu lenken versucht. Aber jetzt sollte er noch die bitterste Enttäuschung erleben. Er glaubte, im Kampf gegen *Antonius* in dem jungen *Octavian,* Caesars Großneffen, ein gefügiges Werkzeug gefunden zu haben. Dieser war jedoch nicht der „Knabe", den *Cicero* gängeln zu können glaubte; er erzwang seine Wahl zum Konsul, verband sich mit *Antonius* und *Lepidus* zum zweiten Triumvirat und willigte ein, daß *Ciceros* Name auf die Proskriptionsliste gesetzt wurde. Am 7. 12. 43

holten die Schergen des *Antonius Cicero* auf der Flucht ein und schlugen ihm das Haupt ab, das auf den Rostra in Rom zur Schau gestellt wurde.

Das Charakterbild Ciceros hat von jeher geschwankt, indem man Lob und Tadel einseitig übertrieb. Heute, wo sich eine *Cicero*-Renaissance anzukündigen scheint, kann man sagen, daß die boshaften, ja bösartigen Urteile *Drumanns* und *Mommsens* (*Cicero* sei ein Mann ohne Einsicht, Absicht und Umsicht gewesen) von keinem Sachverständigen mehr gebilligt werden. Ohne auf seine Vorzüge und Fehler näher einzugehen, sei zu seinem Lobe nur so viel gesagt, daß er als Privatmann und Politiker in einer verkommenen und verrohten Zeit einer der wenigen war, die unbefleckten Rufes waren. Sein größter Fehler, der übrigens aus seinem glühenden Patriotismus hervorging, bestand darin, daß er, der zum Redner, Gelehrten und Denker geboren war, immer wieder glaubte, den aus den Fugen gegangenen Staat einrenken zu können.

Die Philosophie in Rom

Ohne äußere Anregung wären die Römer wohl nie zur Philosophie gekommen. Ein paar aufklärerische Schriften des *Ennius* (239—169) nach griechischen Vorbildern waren ohne Bedeutung. Größeren Einfluß gewann die griechische Bildung und Philosophie erst seit 167, als der Historiker *Polybios* und der Stoiker *Panaitios* in den Kreis des *jüngeren Scipio* und seines Freundes *Laelius* traten. Aber noch 161 und 155 wurden Philosophen und Rhetoren als lästige Ausländer aus Rom abgeschoben, im letzteren Jahre auf Betreiben des alten *Cato Censorius*. Die erste bedeutende Darstellung einer philosophischen Lehre in lateinischer Sprache war das didaktische Epos des *T. Lucretius Carus* (97—55) *„De rerum natura"*, das die Lehre Epikurs (341—270) in begeisterten Worten predigt. Wahrscheinlich war es *M. Cicero* (nicht sein Bruder *Quintus*), der das Werk nach dem frühen Tode des Dichters herausgab, obwohl ihm *Epikur* unsympathisch war. In vornehmen Kreisen jedoch fand *Epikur* großen Anklang, weil viele in ihm — zu Unrecht — den Verteidiger sinnlicher Genüsse sahen. Anderseits schlossen sich jene Männer, die an der alten *virtus Romana* festhielten, an die rigorose Stoa an, z. B. die Caesarmörder *Brutus* und *Cato* (berühmte römische Stoiker der späteren Zeit waren *L. Annaeus Seneca* und Kaiser *M. Aurelius*).

Cicero als Philosoph

Cicero hat sich anfangs mit Philosophie nicht um ihrer selbst willen beschäftigt, sie war ihm zunächst eine *ancilla eloquentiae*. Der nichtadelige, aber höchst ehrgeizige *homo novus*, der nach den höchsten Ämtern strebte, sah sich zur Erreichung seines Zieles einzig auf die Laufbahn eines Anwalts und politischen Redners hingewiesen. Wirkliche Beredsamkeit schien ihm aber nicht möglich ohne die Hilfe der Philosophie, die ihm ein vielseitiges und gründliches Wissen samt den einem Redner unentbehrlichen psychologischen Hilfsmitteln bieten sollte. So hat er sich, wie er selbst *(Brut. 308)* sagt, „Tag und Nacht diesem Studium gewidmet", und von seiner späteren philosophischen Schriftstellerei sagt er (*de nat. deor.* 1,6): „Ich habe nicht jetzt plötzlich zu philosophieren angefangen, sondern seit früher Jugend ein nicht gewöhnliches Maß von Mühe und Sorgfalt auf dieses Studium verwendet, und gerade dann habe ich mich mit Philosophie beschäftigt, als man es am wenigsten von mir glaubte; das beweisen ebenso meine Reden, in denen sich Aussprüche von Philosophen in Hülle und Fülle finden, wie auch mein Verkehr mit hochgelehrten Männern, die mein Haus von jeher mit ihrem Besuch beehrt haben, und die Tatsache, daß Philosophen ersten Ranges meine Lehrer waren: *Diodotos, Philon, Antiochos, Poseidonios.*" Aber Cicero war nicht nur in die Lehren aller damals blühenden Schulen eingeweiht, er war auch ein fleißiger Leser *Platos* und des *Aristoteles.* Von *Plato,* dem er das höchste Lob spendet *(deus ille noster Plato; audiamus Platonem quasi deum quendam philosophorum)* hat er die wichtigsten Schriften gelesen, ihm folgt er in der Lehre von der Unsterblichkeit der Seele, die Werke *de re publica* und *de legibus* sind selbständige Seitenstücke zu Platos *Politeia* („Staat") und den *Nomoi* („Gesetze"). Von *Aristoteles* kannte er gewiß die (heute verlorenen) Dialoge, die in schöner, leichtverständlicher Sprache geschrieben waren, vielleicht auch dessen Bücher über Ethik und Politik. Die Lehren *Epikurs,* dem er nicht gerecht wird, führt er nur an, um sie zu bekämpfen: er wollte von *Epikur* nichts wissen, weil dieser das Vergnügen für das höchste Gut hielt und ein Leben in stiller Zurückgezogenheit als das schönste pries, was dem Politiker Cicero mißfallen mußte.

In der Erkenntnislehre folgte Cicero der sogenannten neueren Akademie, deren Hauptvertreter damals *Philon* von *Larissa* und *Antiochos* von *Askalon* waren. Diese Männer leugneten, daß es eine sichere Erkenntnis oder absolute Wahrheit gebe; nur das Wahrscheinliche *(verisimile)* sei dem Menschen erreichbar, doch komme man der Wahrheit näher, wenn man die Meinungen möglichst vieler Denker kritisch überprüfe. Um den Irrtum möglichst auszuschließen, müsse man jedes Problem von verschiedenen Standpunkten aus betrachten und das Für und Wider überlegen, d. h. *in utramque partem disputare.* Diese Vorschrift war für Cicero auch deshalb so wichtig, weil er als Redner und Anwalt in ihr ein wertvolles Hilfsmittel sah *(or. 12; Tusc. 2, 9).* Auf diesem Gebiet war also Cicero ein gemäßigter Skeptiker. Dagegen war ihm die Existenz eines höchsten Wesens, das den Kosmos geschaffen hat und erhält, ebenso eine Gewißheit wie die Unsterblichkeit der Seele.

Wie fast alle damaligen Philosophen war auch Cicero Eklektiker. Ein eigenes System (wie etwa *Aristoteles* oder *Kant*) aufzustellen, war er nicht imstande. Als echter Römer war er zu tieferer Spekulation nicht fähig; er schrieb auch nicht für Fachleute, sondern für Mitbürger, die gleich ihm über die wichtigsten Lehren der griechischen Philosophie sich klar werden wollten. Aber mit gutem Blick hat er das Wesentliche herausgehoben und zum Gemeingut seiner Landsleute gemacht. Das Übernommene hat er in einfacher und doch schöner Sprache dargestellt, die er ganz neu schaffen mußte, um den Inhalt in ein römisches Gewand zu kleiden. So wurde er zum Vollender der römischen Kunstprosa, indem er das spröde Latein zu einem brauchbaren Ausdrucksmittel für philosophische Lehren machte. Durch diese Schriften ist Cicero zu einem „Vater des Abendlandes" und zum „ersten Humanisten" geworden. *Nietzsche* (Wir Philologen § 282) nennt ihn „einen der größten Wohltäter der Menschheit". Auch um eine neue Literaturgattung hat Cicero das römische Schrifttum bereichert: es ist der Dialog, freilich nicht der dramatisch belebte *Platos,* sondern der aristotelische, in dem nach einer dialogisierten Einleitung das Thema von einzelnen Sprechern in zusammenhängender Rede erörtert wird.

Als philosophischer Schriftsteller ist Cicero erst in der Zeit seiner politischen Kaltstellung aufgetreten, besonders während der Diktatur *Caesars* und kurz nach dessen Ermordung. Die Gründe und Ziele dieser Schriftstellerei gibt er in fast allen

Vorworten zu den größeren Werken an: sie soll ihn trösten über den Verlust seiner politischen Stellung und über den Tod seiner Tochter *Tullia*, sie soll seine Mitbürger, besonders die Jugend, bilden und geistig-sittlich fördern, die lateinische Sprache bereichern und den Ruhm Roms erhöhen. So entstand (mit Ausnahme von *de re publica* und *de legibus*, die schon im Jahre 51 geschrieben waren) in der kurzen Zeit von zwei Jahren (45—44) eine große Reihe philosophischer Werke, deren wichtigste folgende sind: *Consolatio* (berühmte, verlorene Trostschrift über den Tod seiner Tochter Tullia), *Hortensius* (Verteidigung und Empfehlung des Studiums der Philosophie; diesem leider auch verlorenen Buche schrieb *Augustinus* seine innere Wandlung zu), *Academici libri* (Neubearbeitung einer früheren Schrift über Erkenntnistheorie), *de finibus bonorum et malorum* (über das höchste Gut und das größte Übel), *Tusculanae disputationes* (über Tod, Schmerz, Leidenschaften und Tugend), *de natura deorum, Cato de senectute, de divinatione* (über Weissagung), *de fato, Laelius de amicitia, de officiis.*

Wenn somit die *vita contemplativa* eines aus der *vita activa* verdrängten Mannes reiche Früchte trug, so darf man ihn bei der Hast, mit der er seine Werke schrieb, nicht tadeln, wenn ihm gelegentlich Unklarheiten, Irrtümer, ja sogar Widersprüche unterliefen. Übrigens beweist die schnelle Produktion, die ohne frühere Studien unmöglich gewesen wäre, daß *Cicero* nicht zu den Leuten gehörte, die heute lehren, was sie gestern gelernt haben. Wenn er auch einmal diese Arbeiten „Abschriften aus dem Griechischen" nennt, so ist das nicht wörtlich zu fassen. Gewiß hat er sich meist an Darstellungen aus hellenistischer Zeit angeschlossen, aber er hat seine Quellen innerlich verarbeitet und sie nicht nur in der Form, sondern auch im Inhalt auf das römische Leben zugeschnitten. „Auch die philosophischen Schriften gilt es zunächst als *seine Werke* zu verstehen; nicht nur die Kunst der Sprache gehört ihm, sondern oft genug kommt auch sein Urteil, sein Gefühl, sein Glaube beherrschend zum Ausdruck" *(U. v. Wilamowitz).*

Der Adressat

Die *Officia* sind zunächst ein Vermächtnis *Ciceros* an seinen Sohn *Marcus Tullius Cicero (geb. 65).* Nach altrömischer Sitte — schon der alte *Cato* hatte für seinen Sohn eine Reihe von Büchern geschrieben — gibt der besorgte Vater dem jungen Studenten Ratschläge für das Leben und ermahnt ihn zum Fleiß, immer an das Ehr- und Pflichtgefühl appellierend. Der junge *Cicero* war kein sehr eifriger Student und mußte auch sonst vielfach ermahnt werden. Nach *Caesars* Tod wurde er unter *Brutus* Militärtribun; 39 kehrte er nach Rom zurück und wurde 30 mit *Augustus* Konsul. — Zugleich sind die *Officia Ciceros* letztes Wort an sein Volk und an die Menschheit.

Entstehung und Zustand des Textes

Das Werk ist in der kurzen Zeit von etwa zwei Monaten (Oktober und November 44) entstanden oder wenigstens (fast) vollendet worden, als der Kampf gegen *Antonius* schon begonnen hatte. So, wie es jetzt vorliegt, ist es noch teilweise ein Konzept, denn die letzte Feile fehlt; es ist auch nicht mehr von *Cicero* selbst herausgegeben, sondern erst nach seinem Tode veröffentlicht, vielleicht von seinem freigelassenen *Tiro*, dem Begründer der römischen Stenographie.

Gelegentlich stehen noch zwei Fassungen derselben Sache nebeneinander (z. B. 1,36 f.); auch sonst finden sich Spuren von Randbemerkungen. *Atzert* erklärte die Doppelfassungen ursprünglich als „Autorendubletten", d. h. er meinte, daß *Cicero* später sich für eine Fassung entschieden hätte. *Brüser* (vgl. schon *Philippson*, Bespr. 745 und *Prete*) erklärte diese Stellen jedoch als Interpolationen, was *Atzert* in seiner 4. Auflage überraschend akzeptierte.

Thomas aber zeigte, daß bei genauem Hinsehen ein Großteil der beanstandeten Stellen weder als Autorenvarianten noch als Interpolationen aufzufassen ist, sondern als Zeichen der raschen Entstehung des Werkes (ähnlich *Büchner*, *Cicero* 520; *Testard* 1,86 f.; *G. Rudberg*, Ein Cicero-Konzept, Symb. Osl. 1930; IX, 1).

Vorbilder und Vorlagen

Die *Stoa* glaubte, im Makrokosmos wie im Mikrokosmos walte das eine, gleiche Gesetz des göttlichen *Logos*. Zwischen *Logos* und *Physis* (der Naturgesetzlichkeit) gibt es keinen Gegensatz. Die gleiche göttliche Urkraft, physisch und geistig gefaßt, durchdringt das All, gibt den Dingen Form und Wesen und ist zugleich das Gesetz, dem der Mensch gehorchen muß *(secundum naturam vivere)*. Aus diesem Gesetz hatten die Stoiker *Zenon*, *Kleanthes* und *Chrysippos* ihre Pflichtenlehren abgeleitet. Sie behaupteten (mehr oder weniger) entschieden, die Tugend *(Arete)* allein genüge zum Glück, weil sie Übereinstimmung mit der Natur, dem göttlichen Logos, sei. Der stoische „Weise" folgt dem Gesetz des Logos, ist infallibel und vollbringt aus seinem absoluten Wissen absolut vollkommene Taten *(Katorthomata)*. Solche Taten sind „zur menschlichen Natur *(Physis)* passende und auf diese achtende, ihr zugehörige Handlungen" *(Kilb)*. *Physis* (Natur), *Logos* (Geist) und *Nomos* (Gesetz) sind identisch, und so hat man „eine der vernünftigen Menschennatur anstehende, wohlbegründete Handlung" (*Kilb* 54).

Cicero folgte vorwiegend der Ethik des Stoikers *Panaitios*. Dieser stammte von der Insel *Rhodos* (er lebte von etwa 190 bis etwa 110 v. Chr.) und hatte in *Athen* studiert; er wurde auch ein Freund des *Publius Cornelius Scipio Africanus Minor*, der ihn 141 nach *Rom* rief. Später (ab 129) war er Schulhaupt der Stoa. Sein Hauptwerk „Über die Pflicht" (bald nach 129) war auch für den römischen Adel berechnet, und hier fand *Cicero* das Ideal, von dem er sich eine Regeneration Roms versprach. Das Werk selbst ist verloren und kann kaum rekonstruiert werden.

Auch *Panaitios* geht von einer schöpferischen Urkraft aus, von der an den Feuerstoff gebundenen Weltvernunft *(Logos)*, deren Kräfte in den Einzelerscheinungen als „Samen" *(Logoi Spermatikoi)* wirken. Der menschliche Geist *(Logos*, Vernunft) ist dem im All *(Makrokosmos)* wirkenden göttlichen Geist *(Logos)* wesensverwandt, sucht dessen Wirken nachzubilden und schafft als Mitarbeiter der Vorsehung als „Zweite Natur" die Kultur. Das Vernunftgesetz wirkt als Gebot unseres eigenen *Logos*.

In der *Ethik* milderte *Panaitios* das rigorose Idealbild des *altstoischen Weisen* mit dessen *Apathie* (Leidenschaftslosigkeit), *Ataraxie* (unerschütterliche moralische Standfestigkeit), *Autarkie* (völlige Selbständigkeit) ab zugunsten eines lebensnaheren

Menschenbildes. Der Mensch ist ihm eine *Gesamtheit* von Trieben und Geist, wobei die Gefühle ihre Berechtigung haben und durch den *Logos* gezügelt werden. Lebensziel ist die „Wohlgemutheit" *(Euthymia)*, die der „voranschreitende" Mensch *(Prokopton)* anstrebt. Dabei treten die altstoischen absolut moralischen Handlungen des Weisen (die *Katorthomata)* gegenüber den Pflichten des Alltags *(Kathekonta)* zurück.

Damit trat *Panaitios* in schroffen Gegensatz zum Schuldogma (etwa des *Chrysippos*), das ein Triebleben überhaupt nicht als selbständiges Vermögen der Seele anerkannt hatte. Für *Panaitios* ist der Mensch nicht ein Geistwesen „über" einem animalischen Körper, sondern ein einheitlicher Organismus, in dem Seele und Leib zusammengehören. Die Triebe reißen den Menschen hin und her, der *Logos* beherrscht sie; dies hatte schon *Aristoteles* mit seiner Scheidung des vernünftigen Seelenvermögens und des *Alogon* (unvernünftiger Seelenteile) dargestellt (z. T. schon *Platon)*.

Als *Stoiker* verlangt *Panaitios* vom Menschen eine zielbewußte Lebensführung, die seiner Natur als Vernunftwesen entspricht. Diese Entfaltung des *Logos* im Leben führt zu Handlungen, bei denen die Vernunft den Trieben Maß und Richtung gibt und diese sich ihr kampflos fügen: der Mensch, das höchste Gebilde des Kosmos, führt die Weisungen des *Welt-Logos* aus und schafft so in seinem Dasein Harmonie.

Diese *Harmonie* entsteht aus der unerschütterlichen Einheit der Lebensführung, die man aber nur erreicht, wenn man auch seinem eigenen, individuellen Wesen folgt. Dann entsteht *Harmonie (Homologie)* der Lebensgestaltung, die den Trieb harmonisch steuert, zur *geschlossenen Persönlichkeit,* zu Würde und Takt im Auftreten führt. Wir dürfen also auch unserer individuellen Natur folgen. So entwirft *Panaitios* (ähnlich schon *Aristoteles*) eine *ontologisch fundierte Persönlichkeitsethik*, die den sittlichen Wert in der menschlichen Gesamtpersönlichkeit und ihrer wesensgemäßen Vollkommenheit sieht. Er gab in der Stoa zum ersten Male der *individuellen Persönlichkeit* ihr Recht.

Der Anblick der geschlossenen, sittlich lebenden, dem *Logos* verpflichteten Persönlichkeit ist für *Panaitios* ein ästhetischer Genuß. Das Gute ist die harmonische Vollendung der inneren menschlichen Natur und zugleich das äußerlich Schöne *(Prepon, Kalon);* das Gute und das Schöne vereinigen sich *(Kalon kai Agathon)*, wie es dem griechischen Geist mit seinem Glauben an die Güte des menschlichen Wesens, seiner Andacht zur Schönheit der Natur, seinem Sinn für Geist, Ordnung *(Kosmos)* und Harmonie *(Sophrosyne, Prepon)* entspricht. „Es genügt nicht, sich dem *Kalon* (Schönen) zu fügen. Der Prozeß der ethischen Bildung des Menschen ist erst vollendet, wenn sich der Handelnde so an das *Kalon* (Schöne) gewöhnt hat, daß es ihm *Hedy* (süß) geworden ist. Dies ist ein Moment, auf das vor allem *Aristoteles* das größte Gewicht gelegt hat. Gerecht ist nicht der, der einfach gerecht handelt, weil er so handeln soll, sondern der gerne und mit Lust gerecht handelt. Erst die Tatsache, daß der Mensch Freude am tugendmäßigen Handeln hat, beweist, daß er sich die Tugend wahrhaft angeeignet hat" (O. *Gigon,* Der Begriff der Freiheit in der Antike, Gymnasium 80, 1973, 34).

Vier Komponenten nun bestimmen nach *Panaitios* den einzelnen Menschen. Seine *Menschennatur,* seine individuelle *Anlage,* die äußeren *Lebensumstände,* der Beruf. Innerhalb dieser Faktoren wirken vier Urtriebe: Der Trieb für *Gemeinschaft,* der Trieb zur *Erkenntnis,* der Trieb nach *Überlegenheit* über Menschen und Dinge, der Trieb nach *Maß und Ordnung* im eigenen Leben. Sie bilden die seelische Grundlage, auf der sich unter Führung des *Logos* die vier Kardinaltugenden entwickeln.

Bei diesen vier Tugenden verband *Panaitios* die *platonisch-stoische* Einteilung in vier allgemeine Tugenden mit der *aristotelischen* Trennung in *dianoetische* (Klugheit) und *praktische* Tugenden (Tapferkeit, Besonnenheit, Gerechtigkeit). Zugleich interpretierte er aber die alten *Kardinaltugenden* neu: *„Weisheit"* war ihm praktische Wahrheitserkenntnis mit ethischem Akzent; *„Besonnenheit"* war praktische Lebenskunst (eine Theorie der vornehmen Gesellschaft), *„Gerechtigkeit"* war Dienst an der Gemeinschaft. Die alte *„Tapferkeit"*, für die der Hellenismus mit seinen Berufsheeren keinen Raum mehr bot, wurde (ähnlich schon bei *Aristoteles*) ersetzt durch die „Großgesinntheit", den „Hochsinn" *(Megalopsychia, magnanimitas)*, die Überlegenheit gegenüber den Außendingen, die nur das Sittlichgute als wahres Gut anerkennt und sich in den Dienst der Gemeinschaft stellt.

Die Wirkung dieser Ethik erfaßte den *Scipionenkreis* und einen Teil der römischen Oberschicht. Sie dauert bis zum heutigen Tage in dem zusammenfassenden Begriff der *Humanitas; Panaitios* hat (über *Cicero*) durch seine Ethik dem Humanitätsideal den Weg gebahnt.

Ciceros Werk de officiis

Als Vorlage benützte *Cicero* die drei Bücher *περὶ τοῦ καθήκοντος* des *Panaitios* (*peri tou kathekontos*, „Über das Zukommende, die Pflicht"). Diese drei Bücher hat *Cicero* in seinen zwei ersten (über das *Honestum* und das *Utile*) zusammengefaßt. Für sein drittes Buch (die Kollision des *Honestum* und des *Utile*) stützte sich *Cicero* auf ein *Summarium* des *Athenodorus Calvus,* der selbst wieder aus einem früheren Werk eines Stoikers die sich widerstreitenden Ansichten der späteren Stoa exzerpiert hatte. Gerade an diesem dritten Buche sieht man, wie *Cicero* die trockenen Schuldebatten aus römischem Empfinden und persönlicher Erfahrung belebt. Aber auch sonst ist *Cicero* selbständiger gewesen, als man bisher annahm. So hat *K. Büchner* gezeigt, daß im ersten Buch die Ausführungen über die Dämonie der Macht keine Nachahmung des *Panaitios* sein können. Sie sind ein persönliches Erlebnis; dabei schwebt ihm immer die unheimliche Gestalt Caesars vor. Zum Vergleich weist *Büchner* auf *Nietzsches* Werk „Wille zur Macht" hin, wo vieles mit den *Officia* übereinstimmt. Beide, *Cicero* und *Nietzsche,* bejahen den Willen zur Macht und leiten ihn aus einem menschlichen Grundtrieb her. „So kommt es dann zu Forderungen, daß etwas geschehen soll, die sich aufs Haar gleichen." Doch bleibt der große Unterschied, daß bei *Cicero* die Kongruenz von *Utile* und *Honestum* festgehalten, also das Übermenschliche nicht in der Steigerung des eigenen Selbst gegen die Gesellschaft gesehen wird. — Übrigens sind die *Officia* keine Moraltheologie, die für alle Gewissensfragen Entscheidungen gibt. Wie *Panaitios,* so wollte auch *Cicero* zunächst nur das Pflichtgefühl des anständigen Menschen wecken: das Werk ist nicht zufällig während des Todeskampfes der Republik verfaßt, es ist als Erziehungsprogramm für die Jugend gedacht, die besser werden sollte als die verkommene, egoistische Gegenwart.

Das Wort *officium* (aus *opificium* „Werktun, Dienstleistung") bedeutet zunächst die regelmäßige, charakteristische Tätigkeit einer Person, daher die ihr zukommende Tätigkeit, schließlich Obliegenheit, Schuldigkeit, Pflicht. *Cicero* gebrauchte den Plural, weil dieser, wie er in einem Brief an *Atticus* sagt, voller klinge. Er mußte aber den Plural schon deswegen gebrauchen, weil von Amtspflichten die Rede ist oder von den verschiedenen Handlungsweisen, denen der Mensch sich gegenübergestellt und zur Entscheidung aufgerufen sieht. Das griechische τὸ καθῆκον ist ein Singular (doch hat schon *Zenon*, der Gründer der Stoa, auch den Plural gebraucht) und bedeutet „das, was einem zukommt, für ihn sich schickt", also was dem Menschen in seiner Stellung als Mensch zu tun obliegt (vgl. *Schopenhauer*, Die Welt als Wille und Vorstellung II 1. Buch, Kap. 16). Allerdings trifft das Wort *Officium* nicht den vollen Gehalt von griechisch *Kathekon*; es erfaßt nicht die beiden Hauptelemente: 1. Die *Logos* — Natur als Fundament des Handelns und damit 2. die wesensmäßig ethische Ausrichtung von *Kathekon* (Kilb 63). Das *Kathekon* betrifft den Menschen in seinem Wesen oder seiner Natur; das *Officium* betrifft den Menschen mehr in seiner Individualität, in seiner Konkretheit. So ist jedes *Kathekon* ein *Officium*, aber nicht jedes *Officium* ein *Kathekon*. Mit Recht hat also der neueste Übersetzer den Titel „Vom rechten Handeln" gewählt, weil er näher als der bisherige („Pflichtenlehre") an die eigentliche Bedeutung von *officium* herankommt.

Der Aufbau des Werkes

Erstes Buch

Zweites Buch

Drittes Buch

7 — 10	**Panaitios führte dieses Thema nicht aus**
11 — 19 a	**Berechtigung der Frage nach dem Konflikt zwischen Tugend und Nutzen**
19 b — 32	*Man darf nie für eigenen Nutzen andere schädigen*
33 — 34	Beim Konflikt Tugend/Nutzen geht es stets nur um scheinbaren Nutzen
35 — 37 a	Unmoralisches Handeln und Nutzen gibt es nicht zusammen
37 b — 39	Das Böse ist grundsätzlich zu meiden
40 — 95	*Scheinbar Nützliches ohne Verletzung der Sittlichkeit?*
40 — 42	Gemeinwohl im Streit mit Pflichten gegen Einzelmenschen
43 — 46 a	Pflicht im Konflikt mit Freundschaft
46 b — 49	Politischer Vorteil im Konflikt mit Pflichten gegenüber der Menschheit
49 b — 95	*Konflikte zwischen Nutzen und Tugend in Handel und Wandel*
49 b — 53	Ein Streitfall
54 — 60	Keine Lüge oder Täuschung bei Verkäufen!
61 — 68 a	Keine „kluge Lüge"! Bei Immobilien verbietet sie das Gesetz.
68 b — 72	Nicht durch die „Maschen des Gesetzes" schlüpfen!
73 — 78	Weitere Konfliktsfälle
79 — 82 a	Auch großer Gewinn entschuldigt Schlechtigkeit nicht
82 b — 85	Tyrannis als Konfliktsfall zwischen Nutzen und Moral
86 — 88	Beispiele aus Roms Geschichte
89 — 92 a	Weitere Konflikte
92 b — 95	Wann muß man Versprechen nicht halten?
96 — 115	*Konflikte des Nutzens mit der Tapferkeit*
97 — 101 a	Odysseus und Regulus
102 — 110	Diskussion der Tat des Regulus
111 — 115	Weitere Beispiele von Eidestreue
116 — 120	*Konflikte des scheinbaren Nutzens mit den Pflichten der Selbstbeherrschung*
121	Epilog

Zur Sprache der Officia

Die Hast, mit der *Cicero* das Werk in stürmischer Zeit vollendete, hat ungünstig auf Sprache und Anlage des Ganzen eingewirkt. Es finden sich manche Härten, auch Anakoluthe, Unklarheiten, Mängel in der Disposition und Wiederholungen. Die Übersetzung griechischer Termini machte keine geringe Schwierigkeit. Wo *Cicero* den griechischen Fachausdruck nicht eindeutig übersetzen konnte, griff er zu einer Häufung synonymer Ausdrücke. So spricht er, um *„Sophrosyne"* wiederzugeben, bald von *modestia*, bald von *temperantia*, bald von *moderantia*. Für den Begriff des „Nützlichen" gebraucht er *utilitas, commodum, compendium, emolumentum, id quod prodest, id quod conducit, id quod expedit*. Dem modernen Leser fällt es nicht leicht, diese Schattierungen nachzufühlen und in seine eigene Sprache zu übersetzen. Das ist auch bei scheinbar ganz einfachen Wörtern der Fall. In *honestum* z. B. schwingt der Begriff der Abhängigkeit von der Anerkennung der Gemeinschaft mit, es ist also nicht nur „ehrenvoll, ehrenhaft", sondern auch „wertvoll, werthaft", daher *honestas* „innerer Wert, Gesittung"; *temperantia* ist „Maßhalten, Selbstbeherrschung, Beherrschtheit". „Zur vollen Kongruenz der Terminologie kommen wir nur in den seltensten Fällen" *(Atzert)*.

Nachwirkungen der Officia

Benützung von *de officiis* ist festgestellt bei *Ovid*, der in seiner *ars amatoria* nicht selten Sätze *Ciceros* vor Augen hat und überhaupt *Ciceros* Lebensanweisungen elegant-laszív umbiegt. Auf Beziehungen zu *Horaz* ist in den Erläuterungen hingewiesen. Auch *Valerius Maximus* kennt das Werk, ebenso *Seneca*, der selbst ein (verlorenes) Buch *de officiis* schrieb. Der ältere *Plinius* (*Hist. Nat. praef.* 22) meinte, man müsse das Werk nicht nur lesen, sondern auswendig lernen. *Ambrosius* schloß sich in seinem Buch *De officiis ministrorum* eng an *Cicero* an, der über diese Schrift eine starke Nachwirkung auf den Pflichtencodex des Mittelalters gewann. *Augustinus* untersuchte in *de civitate dei Ciceros* vier Kardinaltugenden und zeigte, daß sie alle, solange Gottes Gnade fehlt, nicht zur Vollkommenheit führen. Auch das 6. Buch der *Divinae institutiones* des *Lactanz* beruht auf Ciceros Pflichtenlehre.

Im 7. Jahrhundert schrieb *Isidor von Sevilla* ein Werk *de ecclesiasticis officiis*. In der *Renaissance* sah man in *de officiis* ein Lehrbuch der Humanität. *Petrarca* sagt über die *Officia*: „Wer könnte den sittlichen Ernst dieser Bücher geziemend rühmen, ihre künstlerische Anmut, die heilsamen Lehren, die begeisternden Ermahnungen, die so geeignet sind, den jugendlichen Geist zu entzünden und mit Sehnsucht nach wahrem Ruhm zu erfüllen?" *Erasmus*, der selbst die *Officia* herausgegeben hat, war der Meinung, *Cicero* sei der Heiligsprechung würdig, und *Luther* kann sich in seinen Tischgesprächen nicht genugtun im Lob auf *Ciceros* Philosophie. *Melanchthon* behandelte Ciceros *Officia* im Jahre 1555 in einer Vorlesung. Gedruckt wurde *de officiis* zum erstenmal 1465 in Mainz (1466 in Subiaco), befand sich also unter den ersten gedruckten Büchern. Die erste Übersetzung erschien 1488 in Augsburg; sie ist noch sehr unbeholfen (vgl. Gymn. 62, 1955, 374 ff.). Im Jahr 1531 übersetzte *Johann von Schwarzenberg* die *Officia*.

John Locke (1632—1704) meinte, ein junger Gentleman brauche außer der Bibel kein anderes Moralsystem zu kennen als die *Officia*. *Shaftesbury* (1671—1713) ist in seiner Ethik von den *Tusculanen* und den *Officia* beeinflußt, ebenso *David Hume* (1711–76), dessen Ethik und Pflichtenkatalog, wie er selbst sagt, eine Neuauflage der *ciceronischen* Pflichtenlehre ist. Er verdankt *Cicero* die Fundierung der Moral auf dem moralischen Trieb und die Unabhängigkeit der Moral von jeder staatlichen oder religiösen Sanktion (aber ohne Auflehnung gegen Staat oder Religion), dazu die Betonung des Individualismus. *Voltaire* nennt die *Officia* das nützlichste Handbuch der Moral und sagt: „Nie wird etwas Weiseres, Wahreres und Nützlicheres geschrieben werden." *Friedrich d. Gr.* sprach sich über die *Officia* fast wörtlich ebenso aus; er wollte, daß man *Ciceros* Schriften insgesamt übersetze. Diesem Wunsche kam wenigstens für die *Officia* der Philosoph *Christian Garve* nach; seine Übertragung (mit drei Bänden philosophischer Anmerkungen) erschien 1783 in Breslau, die sechste Auflage 1819.

Auch *Kant* und *Schiller* kannten *de officiis* und waren davon beeindruckt. *Kants* Ethik wurde von keinem anderen Philosophen in so hohem Maße und auf so direkte Weise angeregt wie von *Cicero.*

Testimonia

Cic. ad Att. 15, 13, 6 Nos hic *φιλοσοφοῦμεν* (quid enim aliud?) et *τὰ περὶ τοῦ καθήκοντος* magnifice explicamus *προσφωνοῦμεν* que Ciceroni; qua de re enim potius pater filio?

ib. 16, 11, 4 τὰ περὶ τοῦ καθήκοντος, quatenus *Panaetius,* absolvi duobus. Illius tres sunt; sed cum initio divisisset ita, tria genera exquirendi officii esse, unum, cum deliberemus honestum an turpe sit, alterum, utile an inutile, tertium cum haec inter se pugnare videantur, quomodo iudicandum sit, qualis causa Reguli, redire honestum, manere utile, de duobus primis praeclare disseruit, de tertio pollicetur se deinceps, sed nihil scripsit. Eum locum *Posidonius* persecutus. Ego autem et eius librum arcessivi et ad *Athenodorum Calvum* scripsi, ut ad me *τὰ κεφάλαια* mitteret; quae exspecto ... In eo est *περὶ τοῦ κατὰ περίστασιν καθήκοντος.* Quod de inscriptione quaeris, non dubito quin *καθῆκον officium* sit; nisi quid tu aliud; sed inscriptio plenior 'de officiis'. *προσφωνῶ* autem Ciceroni filio. Visum est non *ἀνοίκειον.*

ib. 16, 14, 3 mihi non est dubium quin, quod Graeci *καθῆκον,* nos 'officium'. Id autem quid dubitas quin etiam in rem publicam praeclare caderet? Nonne dicimus 'consulum officium, senatus officium, imperatoris officium?' Praeclare convenit, aut da melius.

Plin. N. H. praef. 22 scito ... conferentem auctores me deprehendisse ... veteres transscriptos ad verbum neque nominatos ... non Tulliana simplicitate, qui ... in Consolatione filiae 'Crantorem' inquit 'sequor', item *Panaetium de officiis.*

Gellius N. A. 13, 28 legebatur *Panaetii* philosophi liber *de officiis* secundus ex tribus illis inclitis libris, quos *M. Tullius* magno cum studio maximoque opere aemulatus est ...

Didaktische Hinweise

Friedrich *Klingner* (Römische Geisteswelt, 3. A., München 1959, 141) schreibt über *de officiis:* „Es ist eine Lehre vom richtigen menschengemäßen Verhalten, die sich von den Grundbegriffen bis in die Einzelheiten der Lebensführung erstreckt. Man soll sie ... lesen, um zu lernen, was humane Gesittung ist und was zu lieben und zu bedenken *Cicero* inmitten barbarischer Greueltaten fähig gewesen ist."

Diese Ausgabe soll es ermöglichen, *Ciceros* Werk auf der Kollegstufe im Unterricht selbst und in privater Lektüre möglichst genau kennenzulernen. Daher die ausführliche Kommentierung, die auch beim Abfassen von Facharbeiten hilfreich sein soll. Es ist aber sorgsam darauf geachtet, daß dem Benützer nicht die eigene Anstrengung abgenommen wird.

Im Unterricht selbst wird man den Text nur in Auswahl lesen (können); um aber auch bei privater Lektüre den Blick für die Probleme und die Interpretation des Textes offenzuhalten, sind jedem Abschnitt aufschließende Fragen beigegeben, die freilich den Lehrer nicht ersetzen sollen und können.

Welche „Lernziele" verfolgt man nun bei der Lektüre von *de officiis?* Hier sei klar gesagt, daß die Angabe „griechische und römische Wertbegriffe" als Lernziel dieser Lektüre im curricularen Lehrplan nicht ausreicht. Antike Wertsysteme interessieren den modernen Leser mehr als historisch nur dann, wenn sie auch *seine* Probleme miterfassen. So sei nun in Form von Fragen, die meist auch als Themen für Referate, Diskussionen oder Facharbeiten zu verwenden sind, gezeigt, wie erregend „modern" die Problematik dieses Werkes ist.

Allgemein: 1. Was ist Ethik? — 2. Wie wirkt Ethik im Leben des Menschen? — 3. Welche Faktoren sind es, die eine ethische Situation konstituieren? — 4. Lassen sich (einzelne) ethische Forderungen ableiten und begründen? — 5. Lassen sich ethische Wahrheiten ableiten und begründen? — 6. Ließe sich denken, daß man auch heute (etwa) vier Kardinaltugenden aufstellt?

Zu de officiis: 1. Die vier *platonischen* und die vier (alt)stoischen Kardinaltugenden. — 2. Die Ethik der alten *Stoa.* — 3. Die antike Neigung zum ethischen Intellektualismus. — 4. *Ciceros* Ansicht über die menschliche Natur und die aus dieser Sicht erwachsenden anthropologischen Grundlagen und Grundbegriffe. — 5. *Ciceros* Bild vom Menschen in *de officiis.* — 6. Der Naturbegriff in *de officiis.* — 7. Die Funktion der *Logos*-Natur in *de officiis.* — 8. Die Begründung ethischer Forderungen durch *Cicero.* — 9. Wesen und Wirkung der Gerechtigkeit in *de officiis.* — 10. Die Gemeinschaft als sozial-ethischer Handlungsraum in *de officiis.* — 11. Welche Arten von Gemeinschaft kennt *Cicero* in *de officiis* und wie leitet er sie auseinander ab? — 12. Die soziale Rolle des Individuums bei *Cicero.* — 13. Welche sozialen Pflichten werden in *de officiis* aufgestellt? — 14. Gesellschaftskritik bei *Cicero* in *de officiis.* — 15. Politische Ethik in *de officiis.* — 16. Wo findet sich ethischer Intellektualismus in *de officiis?* Wo wird er überschritten? — 17. Die Bedeutung des Schicklichen in *de officiis.* — 18. Gesichtspunkte für situationsgerechtes Handeln in *de officiis.* — 19. Die *platonischen* und *aristotelischen* Einflüsse auf die Gedanken von *de officiis.* — 20. Der große Aufbau des Buches *de officiis.* — 21. Die Kunst des Aufbaues in Einzelheiten und im Gesamtwerk *de officiis.*

Einzelprobleme: 1. Die Lehrschrift als literarische Gattung. — 2. Geschichte der Lehrschrift. — 3. *Ciceros* Wetteifer mit den Griechen in *de officiis.* — 4. *Ciceros* Stolz auf Rom und Römertum in *de officiis.* — 5. Für welche soziale Schicht ist *Ciceros* Werk *de officiis* (vorwiegend) geschrieben? — 6. Die Rolle des Besitzes in *de officiis.* — 7. Die Frage der Bodenreform in *de officiis* und in *Ciceros* Rede *de lege agraria.* — 8. *Ciceros* Maximen für die Verwaltung eines Imperiums in *de officiis.* — 9. Die Eigenschaften des großen und weisen Mannes in *de officiis.* — 10. Das Bild des Tyrannen in *de officiis.* — 11. Die Gestalt *Caesars* in *de officiis.* — 12. Ethische Forderungen, die zum Krieg gehören, in *de officiis.* — 13. Der Begriff der *Fides* in *de officiis.* — 14. Die Gestalt des Gyges bei *Herodot,* im griechischen Gyges-Drama, bei *Cicero* und *Hebbel.* — 15. Psychagogische Absicht und Technik in *de officiis.* — 16. Wie bildet *Cicero* eine philosophische Sprache in *de officiis* aus? — 17. Die Kritik *Augustins (*in *de civitate dei)* an den vier Kardinaltugenden bei *Cicero.*

Zur Vertiefung: 1. Ethische Problemstellungen in der griechischen Sophistik. — 2. Die sittliche Ideenwelt bei *Platon.* — 3. Ethische Schriften des *Aristoteles.* — 4. Die *christliche Sittenlehre* und ihre Begründung. — 5. Die sittliche Weltordnung bei *Thomas von Aquin* (Summe der Theologie, zusammengefaßt und erläutert von *J. Bernhart,* 2. Bd., Stuttgart 1954). — 6. Ethische Forderungen bei *Shaftesbury* und *Hume;* deren Verhältnis zu *Cicero.* — 7. *Kants* Kritik der praktischen Vernunft. — 8. *Kants* Schrift „Die Metaphysik der Sitten". — 9. Vergleich der *Kantschen* Kasuistik in seiner Tugendlehre mit *Ciceros* Kasuistik. — 10. *Kants* Darlegung über das Wohltun im Vergleich mit *Ciceros* Ausführungen zur Wohltätigkeit (*Kant,* Metaphysik der Sitten. Metaphysische Anfangsgründe. Einleitung VII. 2 und § 29 f.). — 11. *Schillers* Menschenbild in „Über Anmut und Würde" im Vergleich mit dem Menschenbild des *Panaitios.* — 12. Die Begründung ethischer Forderungen im *dialektischen Materialismus.* — 13. Das Fehlen eigentlich ethischer Werte im ethischen Relativismus, im biologischen Evolutionismus, in der Psychoanalyse. — 14. Die materiale Wertethik bei *N. Hartmann* (vgl. Texte der Philosophie, her. von *E. Hunger,* München 1961, Band 1, Kap. 6). — 15. Das Wesen des Sittlichen bei *Max Scheler.* — 16. Vergleich des Aufbaues des *Handbuches der Soziallehre* (Freiburg 1963, Band 1, 1. Teil. Die Grundlagen der Sozialerziehung) mit *Ciceros* Gliederung. — 17. Die Begründung ethischer Werte bei G. Patzig (Ethik ohne Metaphysik, Göttingen 1971).

Mögliche Lernziele bei der Lektüre von De officiis: Unschwer lassen sich diese Themen und Referate und die ganze Lektüre der Schrift wichtigen Lernzielen des altsprachlichen Unterrichtes zuordnen. Dies zeigt sich an folgender Aufstellung:

Lernzielbereich Sprache: Sprachliches Wissen; Erschließen von Wortbedeutungen durch Ableitung; Kontrastierung des lateinischen Textes mit der Muttersprache; kreative Nachgestaltung in Form einer Strukturbeschreibung oder gar künstlerischer Wiedergabe.

Lernzielbereich Literatur: Kenntnis eines wichtigen Textes der lateinischen Literatur; Erweiterung des stilistischen und literarischen Begriffssystems; Versuch der Erfassung einer künstlerischen Aussage mittels angemessener Kategorien; Aufdeckung der Aussage-Intention eines Autors durch Zusammenschau der sprachlichen, stilistischen und literarischen Ausdrucksmittel; Nachvollzug des Gedankenganges; Vertiefung des Textverständnisses durch Aufdeckung der historischen, gesellschaftlichen und biographischen Bedingtheit; Reflexion über die Aussagen des Autors.

Lernzielbereich Gesellschaft, Staat, Geschichte: Kenntnis des gesellschaftlichen und politischen Begriffssystems der Römer; Einsicht in die Schichtengebundenheit der römischen Literatur; Übertragung auf sozialkundliche Grundfragen; Gewinnung kritischer Distanz zum gegenwartsverhafteten Denken durch Vergleich und Konfrontation mit verschiedenartigen Wertsystemen; Reflexion über die Relativität von sozialen und politischen Wertsystemen.

Lernzielbereich Grundfragen menschlicher Existenz: Kenntnis wichtiger philosophischer Begriffe und Fragestellungen; Kenntnis wichtiger philosophischer Äußerungen im Original; Überblick über philosophische Lehrmeinungen und Systeme der Antike; Differenzierung politischer Begriffe; Erkennen und Beschreiben von philosophischen Fragestellungen; Erfassen einer philosophischen Aussage mittels angemessener Kategorien; Einordnung von philosophischen Äußerungen in Lehrsysteme und Schulzusammenhänge; Übertragung gelernten Wissens auf Grundfragen menschlicher Existenz, auch außerhalb der lateinischen Literatur; Übertragung auf verschiedenartige Deutungsversuche menschlicher Existenz; Erkenntnis der existentiellen Relevanz aufgeworfener Fragen; Übertragung auf Grundfragen der eigenen Existenz; Schärfung des Problembewußtseins; Reflexion über einzelne Probleme durch Vergleich und Kontrastierung vorgelegter Lösungsversuche; Validierung angebotener Lösungsversuche anhand reflektierter Beurteilungskategorien; Reflexion über die Relativität philosophischer Wertsysteme; Einsicht in die Bedingtheit menschlicher Existenz.

Einordnung in allgemeine Richtziele: Die Lektüre der Schrift *De officiis* läßt sich aber nicht nur fachspezifischen Lernzielen zuordnen; sie kann auch mit allgemein pädagogischen Richtzielen verbunden werden, wie sie das Bayerische Staatsinstitut für Schulpädagogik zusammenstellte. Hier wird die „existentielle Relevanz" der in *De officiis* berührten Probleme deutlich. Erinnert sei an folgende Richtziele: Fähigkeit, sich mit den Trieben auseinanderzusetzen; Fähigkeit zur Kontemplation; Fähigkeit zu Kunstgenuß und Kunstkritik; Kenntnis von Einflüssen auf die Sprache; Fähigkeit zu kreativem Handeln; Fähigkeit, sich Ziele zu setzen und sie mit angemessenen Mitteln zu verfolgen; Fähigkeit, die Auswirkungen einer Handlung abzuschätzen; Fähigkeit, sich die zu einer Entscheidung nötigen Informationen zu verschaffen; Bereitschaft, sich zu entscheiden; Bereitschaft, Pflichten zu erfüllen; Bereitschaft, Verantwortung zu übernehmen; Kenntnis sozialer Normen; Einsicht in ihre Bedingtheit; Fähigkeit, Interessen abzuwägen; Bereitschaft, Interessen an Normen zu überprüfen; Fähigkeit und Bereitschaft zur Toleranz; Einsicht in die soziale Natur des Menschen; Bereitschaft zur Überwindung von Vorurteilen; Verständnis für fremde Völker und Kulturen; Fähigkeit, die gesellschaftliche Wirklichkeit mit ihren Verflechtungen zu erfassen; Bereitschaft, am öffentlichen Leben teilzunehmen; Kenntnis der Gesichtspunkte, die für die Berufswahl von Bedeutung sind; Fähigkeit, ökonomisch zu handeln; Fähigkeit, den eigenen Konsum selbst zu bestimmen; Verständnis philosophischer und theologischer Grundfragen; Verständnis für religiöse oder weltanschauliche Vorstellungen und Verhaltensweisen; Fähigkeit und Bereitschaft, Fragen, die die eigene Existenz betreffen, in weltanschauliche oder religiöse

Zusammenhänge einzuordnen; Einsicht in den Wandel von Wertvorstellungen; Fähigkeit zur Auseinandersetzung mit überlieferten Normen.

Ergänzende Literatur: F. Jodl, Geschichte der Ethik, Darmstadt o. J. (Nachdruck). – *E. Howald,* Ethik des Altertums, München 1926. – *K. Reich,* Kant und die Ethik der Griechen, Tübingen 1935. – *I. Kant,* Grundlegung der Metaphysik der Sitten (1785), Werke 4, Darmstadt 1968. – *M. Scheler,* Der Formalismus in der Ethik und die materiale Wertethik, Bern 1954. – *L. v. Wiese,* Ethik, Bern 1947. – *E. Horneffer,* Angewandte Ethik, Bielefeld 1951. – *A. Wittmann* (Her.), Handbuch der Sozialkunde, Berlin 1956, 3 Bde. – *O. F. Bollnow,* Einfache Sittlichkeit, Göttingen 1957. – *H. Klomps,* Tugenden des modernen Menschen, Augsburg o. J. – *B. Bauch,* Grundzüge der Ethik, Darmstadt 1968. – *D. v. Hildebrand,* Die Idee der sittlichen Handlung, Darmstadt 1968. – *W. Frankena,* Analytische Ethik, München 1972. – *Historisches Wörterbuch der Philosophie,* her. von *J. Ritter,* Darmstadt 1972, Bd. 2, 759 f. („Ethik"). – *H. H. Schrey,* Einführung in die Ethik, Darmstadt 1972. – *R. M. Hare,* Die Sprache der Moral, Frankfurt 1972. – *A. Rölz,* Grundfragen philosophischer Ethik, Donauwörth 1973. – *A. Schlereth,* Moral – was ist das?, München 1973. – *G. Moore,* Grundprobleme der Ethik, Stuttgart o. J. – *O. Höffe,* Lexikon der Ethik, München 1977. – *K. H. Ilting,* Antike und moderne Ethik, in: Gymn. 84, 1977, 149–167. – *J. L. Mackie,* Auf der Suche nach dem Richtigen und Falschen, Stuttgart 1981. – *E. R. Sanvoss,* Ethik, Stuttgart 1981. – *Franz von Kutschera,* Grundlagen der Ethik, Berlin 1982. – *R. Spaemann,* Moralische Grundbegriffe, München 1982. – *H. Braun,* Normenwandel als Problem der praktischen Philosophie, in: AU 25, 1983, Heft 2, 5 ff.

M. TULLI CICERONIS
DE OFFICIIS LIBRI TRES

Liber primus

1—4 a Einleitung

Quamquam te, Marce fili, annum iam audientem Cratippum idque Athenis abundare oportet praeceptis institutisque philosophiae propter summam et doctoris auctoritatem et urbis, quorum alter te scientia augere potest, altera exemplis, tamen, ut ipse ad meam utilitatem semper cum Graecis Latina coniunxi neque id in philosophia solum, sed etiam in dicendi exercitatione feci, idem tibi censeo faciendum, ut par sis in utriusque orationis facultate. Quam quidem ad rem nos, ut videmur, magnum attulimus adiumentum hominibus nostris, ut non modo Graecarum litterarum rudes, sed etiam docti aliquantum se arbitrentur adeptos et ad dicendum et ad iudicandum. Quam ob rem disces tu quidem a principe huius aetatis philosophorum et disces quam diu voles; tam diu autem velle debebis, quoad te quantum proficias non paenitebit. Sed tamen nostra legens non multum a Peripateticis dissidentia, quoniam utrique Socratici et Platonici volumus esse, de rebus ipsis utere tuo iudicio — nihil enim impedio — orationem autem Latinam efficies profecto legendis nostris pleniorem. Nec vero hoc arroganter dictum existimari velim. Nam philosophandi scientiam concedens multis, quod est oratoris proprium, apte, distincte, ornate dicere, quoniam in eo studio aetatem consumpsi, si id mihi assumo, videor id meo iure quodam modo vindicare. Quam ob rem magnopere te hortor, mi Cicero, ut non solum orationes meas, sed hos etiam de philosophia libros, qui iam illis fere se aequarunt, studiose legas — vis enim maior in illis dicendi — sed hoc quoque colendum est aequabile et temperatum orationis genus. Et id quidem nemini video Graecorum adhuc contigisse, ut idem utroque in genere elabo-

raret sequereturque et illud forense dicendi et hoc quietum disputandi genus, nisi forte Demetrius Phalereus in hoc mumero haberi potest, disputator subtilis, orator parum vehemens, dulcis tamen, ut Theophrasti discipulum possis agnoscere. Nos autem quantum in utroque
4 profecerimus, aliorum sit iudicium, utrumque certe secuti sumus. Equidem et Platonem existumo, si genus forense dicendi tractare voluisset, gravissime et copiosissime potuisse dicere et Demosthenem, si illa, quae a Platone didicerat, tenuisset et pronuntiare voluisset, ornate splendideque facere potuisse; eodemque modo de Aristotele et Isocrate iudico, quorum uterque suo studio delectatus contempsit alterum.

4 b—6 Ethik als Thema

Sed cum statuissem scribere ad te aliquid hoc tempore, multa posthac, ab eo ordiri maxime volui, quod et aetati tuae esset aptissimum et auctoritati meae. Nam cum multa sint in philosophia et gravia et utilia accurate copioseque a philosophis disputata, latissime patere videntur ea, quae de officiis tradita ab illis et praecepta sunt. Nulla enim vitae pars neque publicis neque privatis neque forensibus neque domesticis in rebus, neque si tecum agas quid, neque si cum altero contrahas, vacare officio potest, in eoque et colendo sita vitae est
5 honestas omnis et neglegendo turpitudo. Atque haec quidem quaestio communis est omnium philosophorum. Quis est enim, qui nullis officii praeceptis tradendis philosophum se audeat dicere? Sed sunt non nullae disciplinae, quae propositis bonorum et malorum finibus officium omne pervertant. Nam qui summum bonum sic instituit, ut nihil habeat cum virtute coniunctum, idque suis commodis, non honestate metitur, hic, si sibi ipse consentiat et non interdum naturae bonitate vincatur, neque amicitiam colere possit nec iustitiam nec liberalitatem; fortis vero dolorem summum malum iudicans aut temperans voluptatem summum bonum statuens esse certe nullo modo potest.
6 Quae quamquam ita sint in promptu, ut res disputatione non egeat, tamen sunt a nobis alio loco disputata. Hae disciplinae igitur si sibi consentaneae velint esse, de officio nihil queant dicere, neque ulla officii praecepta firma, stabilia, coniuncta naturae tradi possunt nisi

aut ab iis, qui solam, aut ab iis, qui maxime honestatem propter se dicant expetendam. Ita propria est ea praeceptio Stoicorum, Academicorum, Peripateticorum, quoniam Aristonis, Pyrrhonis, Erilli iam pridem explosa sententia est; qui tamem haberent ius suum disputandi de officio, si rerum aliquem dilectum reliquissent, ut ad officii inventionem aditus esset. Sequemur igitur hoc quidem tempore et hac in quaestione potissimum Stoicos non ut interpretes, sed, ut solemus, e fontibus eorum iudicio arbitrioque nostro, quantum quoque modo videbitur, hauriemus.

7—10 Definition und Einteilung der Pflichten

Placet igitur, quoniam omnis disputatio de officio futura est, ante 7
definire, quid sit officium; quod a Panaetio praetermissum esse miror. Omnis enim, quae ratione suscipitur de aliqua re institutio, debet a definitione proficisci, ut intellegatur, quid sit id, de quo disputetur.

Omnis de officio duplex est quaestio: unum genus est, quod pertinet ad finem bonorum, alterum, quod positum est in praeceptis, quibus in omnes partes usus vitae conformari possit. Superioris generis huius modi sunt exempla: omniane officia perfecta sint, num quod officium aliud alio maius sit et quae sunt generis eiusdem. Quorum autem officiorum praecepta traduntur, ea quamquam pertinent ad finem bonorum, tamen minus id apparet, quia magis ad institutionem vitae communis spectare videntur; de quibus est nobis his libris explicandum.

Atque etiam alia divisio est officii. Nam et medium quoddam 8
officium dicitur et perfectum. Perfectum officium rectum, opinor, vocemus, quoniam Graeci *κατόρθωμα*, hoc autem commune officium *καθῆκον* vocant. Atque ea sic definiunt, ut, rectum quod sit, id officium perfectum esse definiant; medium autem officium id esse dicunt, quod cur factum sit, ratio probabilis reddi possit. Triplex igitur est, ut 9
Panaetio videtur, consilii capiendi deliberatio. Nam aut honestumne factu sit an turpe dubitant id, quod in deliberationem cadit; in quo considerando saepe animi in contrarias sententias distrahuntur. Tum autem aut anquirunt aut consultant, ad vitae commoditatem iucun-

ditatemque, ad facultates rerum atque copias, ad opes, ad potentiam, quibus et se possint iuvare et suos, conducat id necne, de quo deliberant; quae deliberatio omnis in rationem utilitatis cadit. Tertium dubitandi genus est, cum pugnare videtur cum honesto id, quod videtur esse utile; cum enim utilitas ad se rapere, honestas contra revocare ad se videtur, fit ut distrahatur in deliberando animus adferatque anci-
10 pitem curam cogitandi. Hac divisione, cum praeterire aliquid maximum vitium in dividendo sit, duo praetermissa sunt. Nec enim solum utrum honestum an turpe sit, deliberari solet, sed etiam duobus propositis honestis utrum honestius, itemque duobus propositis utilibus utrum utilius. Ita, quam ille triplicem putavit esse rationem, in quinque partes distribui debere reperitur. Primum igitur est de honesto, sed dupliciter, tum pari ratione de utili, post de comparatione eorum disserendum.

11—151 1. Hauptteil:

Die aus der Tugend entspringenden Pflichten

11—17 Definition und Einteilung

11 Principio generi animantium omni est a natura tributum, ut se, vitam corpusque tueatur, declinet ea, quae nocitura videantur, omniaque, quae sint ad vivendum necessaria, anquirat et paret, ut pastum, ut latibula, ut alia generis eiusdem. Commune autem animantium omnium est coniunctionis adpetitus procreandi causa et cura quaedam eorum, quae procreata sint. Sed inter hominem et beluam hoc maxime interest, quod haec tantum, quantum sensu movetur, ad id solum, quod adest quodque praesens est, se accommodat paulum admodum sentiens praeteritum aut futurum. Homo autem, quod rationis est particeps, per quam consequentia cernit, causas rerum videt earumque praegressus et quasi antecessiones non ignorat, similitudines comparat rebusque praesentibus adiungit atque adnectit futuras, facile totius vitae cursum videt ad eamque degendam praeparat res necessarias.
12 Eademque natura vi rationis hominem conciliat homini et ad orationis

et ad vitae societatem ingeneratque in primis praecipuum quendam amorem in eos, qui procreati sunt, impellitque, ut hominum coetus et celebrationes et esse et a se obiri velit ob easque causas studeat parare ea, quae suppeditent ad cultum et ad victum, nec sibi soli, sed coniugi, liberis ceterisque, quos caros habeat tuerique debeat; quae cura exsuscitat etiam animos et maiores ad rem gerendam facit. In primisque 13
hominis est propria veri inquisitio atque investigatio. Itaque cum sumus necessariis negotiis curisque vacui, tum avemus aliquid videre, audire, addiscere cognitionemque rerum aut occultarum aut admirabilium ad beate vivendum necessariam ducimus. Ex quo intellegitur, quod verum, simplex sincerumque sit, id esse naturae hominis aptissimum. Huic veri videndi cupiditati adiuncta est adpetitio quaedam principatus, ut nemini parere animus bene informatus a natura velit nisi praecipienti aut docenti aut utilitatis causa iuste et legitime imperanti; ex quo magnitudo animi existit humanarumque rerum contemptio. Nec vero illa parva vis naturae est rationisque, quod unum 14
hoc animal sentit, quid sit ordo, quid sit, quod deceat, in factis dictisque qui modus. Itaque eorum ipsorum, quae aspectu sentiuntur, nullum aliud animal pulchritudinem, venustatem, convenientiam partium sentit; quam similitudinem natura ratioque ab oculis ad animum transferens multo etiam magis pulchritudinem, constantiam, ordinem in consiliis factisque conservandam putat cavetque, ne quid indecore effeminateve faciat, tum in omnibus et opinionibus et factis ne quid libidinose aut faciat aut cogitet. Quibus ex rebus conflatur et efficitur id, quod quaerimus, honestum, quod etiamsi nobilitatum non sit, tamen honestum sit, quodque vere dicimus, etiamsi a nullo laudetur, natura esse laudabile.

Formam quidem ipsam, Marce fili, et tamquam faciem honesti 15
vides, 'quae si oculis cerneretur, mirabiles amores', ut ait Plato, 'excitaret sapientiae'. Sed omne, quod est honestum, id quattuor partium oritur ex aliqua: aut enim in perspicientia veri sollertiaque versatur aut in hominum societate tuenda tribuendoque suum cuique et rerum contractarum fide aut in animi excelsi atque invicti magnitudine ac robore aut in omnium, quae fiunt quaeque dicuntur, ordine et modo, in quo inest modestia et temperantia. Quae quattuor quamquam inter se colligata atque implicata sunt, tamen ex singulis certa officiorum

genera nascuntur, velut ex ea parte, quae prima discripta est, in qua sapientiam et prudentiam ponimus, inest indagatio atque inventio
16 veri, eiusque virtutis hoc munus est proprium. Ut enim quisque maxime perspicit, quid in re quaque verissimum sit, quique acutissime et celerrime potest et videre et explicare rationem, is prudentissimus et sapientissimus rite haberi solet. Quocirca huic quasi materia, quam
17 tractet et in qua versetur, subiecta est veritas. Reliquis autem tribus virtutibus necessitates propositae sunt ad eas res parandas tuendasque, quibus actio vitae continetur, ut et societas hominum coniunctioque servetur et animi excellentia magnitudoque cum in augendis opibus utilitatibusque et sibi et suis comparandis, tum multo magis in his ipsis despiciendis eluceat. Ordo autem et constantia et moderatio et ea, quae sunt his similia, versantur in eo genere, ad quod est adhibenda actio quaedam, non solum mentis agitatio. Iis enim rebus, quae tractantur in vita, modum quendam et ordinem adhibentes honestatem et decus conservabimus.

18—19 Die Tugend der Einsicht und die daraus hervorgehenden Pflichten

(1. Kardinaltugend)

18 Ex quattuor autem locis, in quos honesti naturam vimque divisimus, primus ille, qui in veri cognitione consistit, maxime naturam attingit humanam. Omnes enim trahimur et ducimur ad cognitionis et scientiae cupiditatem, in qua excellere pulchrum putamus, labi autem, errare, nescire, decipi et malum et turpe ducimus. In hoc genere et naturali et honesto duo vitia vitanda sunt, unum, ne incognita pro cognitis habeamus hisque temere assentiamur; quod vitium effugere qui volet (omnes autem velle debent), adhibebit ad considerandas res
19 et tempus et diligentiam. Alterum est vitium, quod quidam nimis magnum studium multamque operam in res obscuras atque difficiles conferunt easdemque non necessarias. Quibus vitiis declinatis quod in rebus honestis et cognitione dignis operae curaeque ponetur, id iure laudabitur, ut in astrologia C. Sulpicium audimus, in geometrica Sex.

Pompeium ipsi cognovimus, multos in dialecticis, plures in iure civili, quae omnes artes in veri investigatione versantur; cuius studio a rebus gerendis abduci contra officium est. Virtutis enim laus omnis in actione consistit; a qua tamen fit intermissio saepe multique dantur ad studia reditus; tum agitatio mentis, quae numquam adquiescit, potest nos in studiis cognitionis etiam sine opera nostra continere. Omnis autem cogitatio motusque animi aut in consiliis capiendis de rebus honestis et pertinentibus ad bene beateque vivendum aut in studiis scientiae cognitionisque versabitur. Ac de primo quidem officii fonte diximus.

20—60 *Die Tugenden des geselligen Lebens und die daraus hervorgehenden Pflichten*

20—41 Die eigentliche Gerechtigkeit

(2. Kardinaltugend)

20—23 a Kein Unrecht tun. Das Eigentum achten

De tribus autem reliquis latissime patet ea ratio, qua societas hominum inter ipsos et vitae quasi communitas continetur; cuius partes duae, iustitia, in qua virtutis splendor est maximus, ex qua viri boni nominantur, et huic coniuncta beneficentia, quam eandem vel benignitatem vel liberalitatem appellari licet. Sed iustitiae primum munus est, ut ne cui quis noceat nisi lacessitus iniuria, deinde ut communibus 20
pro communibus utatur, privatis ut suis. Sunt autem privata nulla 21
natura, sed aut vetere occupatione, ut qui quondam in vacua venerunt, aut victoria, ut qui bello potiti sunt, aut lege, pactione, condicione, sorte; ex quo fit, ut ager Arpinas Arpinatium dicatur, Tusculanus Tusculanorum; similisque est privatarum possessionum discriptio. Ex quo, quia suum cuiusque fit eorum, quae natura fuerant communia, quod cuique obtigit, id quisque teneat; e quo si quis sibi appetet,

22 violabit ius humanae societatis. Sed quoniam, ut praeclare scriptum est
a Platone, non nobis solum nati sumus ortusque nostri partem patria
vindicat, partem amici, atque, ut placet Stoicis, quae in terris gignan-
tur, ad usum hominum omnia creari, homines autem hominum causa
esse generatos, ut ipsi inter se aliis alii prodesse possent, in hoc natu-
ram debemus ducem sequi, communes utilitates in medium afferre mu-
tatione officiorum, dando accipiendo, tum artibus, tum opera, tum
23 facultatibus devincire hominum inter homines societatem. Fundamen-
tum autem est iustitiae fides, id est dictorum conventorumque constan-
tia et veritas. Ex quo, quamquam hoc videbitur fortasse cuipiam du-
rius, tamen audeamus imitari Stoicos, qui studiose exquirunt, unde
verba sint ducta, credamusque, quia fiat, quod dictum est, appellatam
fidem.

23 b—29 a Die zwei Arten der Ungerechtigkeit. Abwehr des Unrechts

Sed iniustitiae genera duo sunt, unum eorum, qui inferunt, alte-
rum eorum, qui ab iis, quibus infertur, si possunt, non propulsant in-
iuriam. Nam qui iniuste impetum in quempiam facit aut ira aut aliqua
perturbatione incitatus, is quasi manus afferre videtur socio; qui autem
non defendit nec obsistit, si potest, iniuriae, tam est in vitio, quam si
24 parentes aut amicos aut patriam deserat. Atque illae quidem iniuriae,
quae nocendi causa de industria inferuntur, saepe a metu proficiscun-
tur, cum is, qui nocere alteri cogitat, timet, ne, nisi id fecerit, ipse ali-
quo afficiatur incommodo. Maximam autem partem ad iniuriam fa-
ciendam adgrediuntur, ut adipiscantur ea, quae concupiverunt; in quo
vitio latissime patet avaritia.

25 Expetuntur autem divitiae cum ad usus vitae necessarios, tum ad
perfruendas voluptates. In quibus autem maior est animus, in iis pe-
cuniae cupiditas spectat ad opes et ad gratificandi facultatem, ut nuper
M. Crassus negabat ullam satis magnam pecuniam esse ei, qui in re
publica princeps vellet esse, cuius fructibus exercitum alere non posset.
Delectant etiam magnifici apparatus vitaeque cultus cum elegantia et

copia; quibus rebus effectum est, ut infinita pecuniae cupiditas esset. Nec vero rei familiaris amplificatio nemini nocens vituperanda est, sed fugienda semper iniuria est. Maxime autem adducuntur plerique, 26
ut eos iustitiae capiat oblivio, cum in imperiorum, honorum, gloriae cupiditatem inciderunt. Quod enim est apud Ennium: Núlla sancta sócietas. Néc fides regni ést, id latius patet. Nam quicquid eius modi est, in quo non possint plures excellere, in eo fit plerumque tanta contentio, ut difficillimum sit servare 'sanctam societatem'. Declaravit id modo temeritas C. Caesaris, qui omnia iura divina et humana pervertit propter eum, quem sibi ipse opinionis errore finxerat, principatum. Est autem in hoc genere molestum, quod in maximis animis splendidissimisque ingeniis plerumque existunt honoris, imperii, potentiae, gloriae cupiditates. Quo magis cavendum est, ne quid in eo genere peccetur. Sed in omni iniustitia permultum interest, utrum perturba- 27
tione aliqua animi, quae plerumque brevis est et ad tempus, an consulto et cogitata fiat iniuria. Leviora enim sunt ea, quae repentino aliquo motu accidunt, quam ea, quae meditata et praeparata inferuntur. Ac de inferenda quidem iniuria satis dictum est.

Praetermittendae autem defensionis deserendique officii plures 28
solent esse causae; nam aut inimicitias aut laborem aut sumptus suscipere nolunt aut etiam neglegentia, pigritia, inertia aut suis studiis quibusdam occupationibusve sic impediuntur, ut eos, quos tutari debeant, desertos esse patiantur. Itaque videndum est, ne non satis sit id, quod apud Platonem est in philosophos dictum, quod in veri investigatione versentur quodque ea, quae plerique vehementer expetant, de quibus inter se digladiari soleant, contemnant et pro nihilo putent, propterea iustos esse. Nam alterum [iustitiae genus] assequuntur, ut inferenda ne cui noceant iniuria, in alterum incidunt; discendi enim studio impediti, quos tueri debent, deserunt. Itaque eos ne ad rem publicam quidem accessuros putant nisi coactos. Aequius autem erat id voluntate fieri; nam hoc ipsum ita iustum est, quod recte fit, si est voluntarium. Sunt etiam, qui aut studio rei familiaris tuendae aut odio 29
quodam hominum suum se negotium agere dicant nec facere cuiquam videantur iniuriam. Qui altero genere iniustitiae vacant, in alterum incurrunt; deserunt enim vitae societatem, quia nihil conferunt in eam studii, nihil operae, nihil facultatum.

29 b—41 Pflichten der Gerechtigkeit nach Umständen

Quando igitur duobus generibus iniustitiae propositis adiunximus
causas utriusque generis easque res ante constituimus, quibus iustitia
contineretur, facile, quod cuiusque temporis officium sit, poterimus,
nisi nosmet ipsos valde amabimus, iudicare; est enim difficilis cura
30 rerum alienarum. Quamquam Terentianus ille Chremes 'humani nihil
a se alienum putat'; sed tamen, quia magis ea percipimus atque senti-
mus, quae nobis ipsis aut prospera aut adversa eveniunt, quam illa,
quae ceteris, quae quasi longo intervallo interiecto videmus, aliter
de illis ac de nobis iudicamus. Quocirca bene praecipiunt, qui vetant
quicquam agere, quod dubites aequum sit an iniquum. Aequitas enim
lucet ipsa per se, dubitatio cogitationem significat iniuriae.

31—32 Handlungen im Notstand

31 Sed incidunt saepe tempora, cum ea, quae maxime videntur
digna esse iusto homine eoque, quem virum bonum dicimus, commu-
tantur fiuntque contraria, ut reddere depositum, facere promissum,
quaeque pertinent ad veritatem et ad fidem; ea migrare interdum et
non servare fit iustum. Referri enim decet ad ea, quae posui principio,
fundamenta iustitiae, primum ut ne cui noceatur, deinde ut communi
utilitati serviatur. Ea cum tempore commutantur, commutatur officium
32 et non semper est idem. Potest enim accidere promissum aliquod et
conventum, ut id effici sit inutile vel ei, cui promissum sit, vel ei, qui
promiserit. Nam si, ut in fabulis est, Neptunus, quod Theseo promise-
rat, non fecisset, Theseus Hippolyto filio non esset orbatus; ex tribus
enim optatis, ut scribitur, hoc erat tertium, quod de Hippolyti interitu
iratus optavit; quo impetrato in maximos luctus incidit. Nec promissa
igitur servanda sunt ea, quae sint iis, quibus promiseris, inutilia, nec,
si plus tibi ea noceant quam illi prosint [cui promiseris], contra offi-
cium est, maius anteponi minori; ut, si constitueris cuipiam te advo-
catum in rem praesentem esse venturum atque interim graviter aegro-
tare filius coeperit, non sit contra officium non facere, quod dixeris,
magisque ille, cui promissum sit, ab officio discedat, si se destitutum

queratur. Iam illis promissis standum non esse quis non videt, quae coactus quis metu, quae deceptus dolo promiserit? Quae quidem pleraque iure praetorio liberantur, non nulla legibus.

33 a Summum ius summa iniuria

Existunt etiam saepe iniuriae calumnia quadam et nimis callida, 33
sed malitiosa iuris interpretatione. Ex quo illud ‘Summum ius summa iniuria’ factum est iam tritum sermone proverbium. Quo in genere etiam in re publica multa peccantur, ut ille, qui, cum triginta dierum essent cum hoste indutiae factae, noctu populabatur agros, quod dierum essent pactae, non noctium indutiae. Ne noster quidem probandus, si verum est Q. Fabium Labeonem seu quem alium (nihil enim habeo praeter auditum) arbitrum Nolanis et Neapolitanis de finibus a senatu datum, cum ad locum venisset, cum utrisque separatim locutum, ne cupide quid agerent, ne adpetenter, atque ut regredi quam progredi mallent. Id cum utrique fecissent, aliquantum agri in medio relictum est. Itaque illorum finis sic, ut ipsi dixerant, terminavit; in medio relictum quod erat, populo Romano adiudicavit. Decipere hoc quidem est, non iudicare. Quocirca in omni est re fugienda talis sollertia.

33b—41 *Großmut und Vergebung*

Sunt autem quaedam officia etiam adversus eos servanda, a quibus iniuriam acceperis. Est enim ulciscendi et puniendi modus; atque haud scio an satis sit eum, qui lacessierit, iniuriae suae paenitere, ut et
ipse ne quid tale posthac et ceteri sint ad iniuriam tardiores. Atque in 34
re publica maxime conservanda sunt iura belli. Nam cum sint duo genera decertandi, unum per disceptationem, alterum per vim, cumque illud proprium sit hominis, hoc beluarum, confugiendum est ad
posterius, si uti non licet superiore. Quare suscipienda quidem bella 35
sunt ob eam causam, ut sine iniuria in pace vivatur, parta autem

victoria conservandi ii, qui non crudeles in bello, non inmanes fuerunt, ut maiores nostri Tusculanos, Aequos, Volscos, Sabinos, Hernicos in civitatem etiam acceperunt, at Karthaginem et Numantiam funditus sustulerunt; nollem Corinthum, sed credo aliquid secutos, oportunitatem loci maxume, ne posset aliquando ad bellum faciendum locus ipse adhortari. Mea quidem sententia paci, quae nihil habitura sit insidiarum, semper est consulendum. In quo si mihi esset optemperatum, si non optimam, at aliquam rem publicam, quae nunc nulla est, haberemus. Et cum iis, quos vi deviceris, consulendum est, tum ii, qui armis positis ad imperatorum fidem confugient, quamvis murum aries percusserit, recipiendi. In quo tantopere apud nostros iustitia culta est, ut ii, qui civitates aut nationes devictas bello in fidem recepissent,
36 earum patroni essent more maiorum. Ac belli quidem aequitas sanctissime fetiali populi Romani iure perscripta est. Ex quo intellegi potest nullum bellum esse iustum, nisi quod aut rebus repetitis geratur aut denuntiatum ante sit et indictum. [Popilius imperator tenebat provinciam, in cuius exercitu Catonis filius tiro militabat. Cum autem Popilio videretur unam dimittere legionem, Catonis quoque filium, qui in eadem legione militabat, dimisit. Sed cum amore pugnandi in exercitu remansisset, Cato ad Popilium scripsit, ut, si eum patitur in exercitu remanere, secundo eum obliget militiae sacramento, quia
37 priore amisso iure cum hostibus pugnare non poterat. Adeo summa erat observatio in bello movendo.] M. quidem Catonis senis est epistula ad M. filium, in qua scribit se audisse eum missum factum esse a consule, cum in Macedonia bello Persico miles esset. Monet igitur, ut caveat, ne proelium ineat; negat enim ius esse, qui miles non sit, cum hoste pugnare. Equidem etiam illud animadverto, quod, qui proprio nomine perduellis esset, is hostis vocaretur, lenitate verbi rei tristitiam mitigatam. Hostis enim apud maiores nostros is dicebatur, quem nunc peregrinum dicimus. Indicant duodecim tabulae: AUT STATUS DIES CUM HOSTE, itemque: ADVERSUS HOSTEM AETERNA AUCTORITAS. Quid ad hanc mansuetudinem addi potest, eum quicum bellum geras, tam molli nomine appellare? Quamquam id nomen durius effecit iam vetustas; a peregrino enim recessit et proprie in eo, qui
38 arma contra ferret, remansit. Cum vero de imperio decertatur belloque quaeritur gloria, causas omnino subesse tamen oportet easdem, quas

dixi paulo ante iustas causas esse bellorum. Sed ea bella, quibus imperii proposita gloria est, minus acerbe gerenda sunt. Ut enim cum civi aliter contendimus, si est inimicus, aliter, si competitor (cum altero certamen honoris et dignitatis est, cum altero capitis et famae), sic cum Celtiberis, cum Cimbris bellum ut cum inimicis gerebatur, uter esset, non uter imperaret, cum Latinis, Sabinis, Samnitibus, Poenis, Pyrrho de imperio dimicabatur. Poeni foedifragi, crudelis Hannibal, reliqui iustiores. Pyrrhi quidem de captivis reddendis illa praeclara:

Nec mi aurum posco nec mi pretium dederitis,
Nec cauponantes bellum, sed belligerantes
Ferro, non auro vitam cernamus utrique.
Vosne velit an me regnare era, quidve ferat Fors,
Virtute experiamur. Et hoc simul accipe dictum:
Quorum virtuti belli fortuna pepercit,
Eorundem libertati me parcere certum est.
Dono, ducite, doque volentibus cum magnis dis.

Regalis sane et digna Aeacidarum genere sententia.

Atque etiam si quid singuli temporibus adducti hosti promise- 39
runt, est in eo ipso fides conservanda, ut primo Punico bello Regulus
captus a Poenis cum de captivis commutandis Romam missus esset
iurassetque se rediturum, primum, ut venit, captivos reddendos in
senatu non censuit, deinde, cum retineretur a propinquis et ab amicis,
ad supplicium redire maluit quam fidem hosti datam fallere. [Secundo 40
autem Punico bello post Cannensem pugnam quos decem Hannibal
Romam misit astrictos iure iurando se redituros esse nisi de redimendis
iis, qui capti erant, impetrassent, eos omnes censores, quoad quisque
eorum vixit, quod peierassent, in aerariis reliquerunt nec minus illum,
qui iuris iurandi fraude culpam invenerat. Cum enim permissu Hanni-
balis exisset de castris, rediit paulo post, quod se oblitum nescio quid
diceret; deinde egressus e castris iure iurando se solutum putabat, et
erat verbis, re non erat.] Semper autem in fide quid senseris, non quid
dixeris, cogitandum. [Maximum autem exemplum est iustitiae in
hostem a maioribus nostris constitutum, cum a Pyrrho perfuga senatui
est pollicitus se venenum regi daturum et eum necaturum, senatus et
C. Fabricius perfugam Pyrrho dedidit. Ita ne hostis quidem et poten-
tis et bellum ultro inferentis interitum cum scelere approbavit.] Ac de 41

bellicis quidem officiis satis dictum est. Meminerimus autem etiam adversus infimos iustitiam esse servandam. Est autem infima condicio et fortuna servorum, quibus non male praecipiunt qui ita iubent uti, ut mercennariis: operam exigendam, iusta praebenda. Cum autem duobus modis, id est aut vi aut fraude, fiat iniuria, fraus quasi vulpeculae, vis leonis videtur; utrumque homine alienissimum, sed fraus odio digna maiore. Totius autem iniustitiae nulla capitalior quam eorum, qui tum, cum maxime fallunt, id agunt, ut viri boni esse videantur. De iustitia satis dictum.

42—60 *Wohltätigkeit und Güte*

42—43 Echte Wohltaten

42 Deinceps, ut erat propositum, de beneficentia ac de liberalitate dicatur, qua quidem nihil est naturae hominis accommodatius, sed habet multas cautiones. Videndum est enim, primum ne obsit benignitas et iis ipsis, quibus benigne videbitur fieri, et ceteris, deinde ne maior benignitas sit quam facultates, tum ut pro dignitate cuique tribuatur; id enim est iustitiae fundamentum, ad quam haec referenda sunt omnia. Nam et qui gratificantur cuipiam, quod obsit illi, cui prodesse velle videantur, non benefici neque liberales, sed perniciosi adsentatores iudicandi sunt, et qui aliis nocent, ut in alios liberales sint, in eadem sunt iniustitia, ut si in suam rem aliena convertant.
43 Sunt autem multi, et quidem cupidi splendoris et gloriae, qui eripiunt aliis, quod aliis largiantur, iique arbitrantur se beneficos in suos amicos visum iri, si locupletent eos quacumque ratione. Id autem tantum abest ab officio, ut nihil magis officio possit esse contrarium. Videndum est igitur, ut ea liberalitate utamur, quae prosit amicis, noceat nemini. Quare L. Sullae, C. Caesaris pecuniarum translatio a iustis dominis ad alienos non debet liberalis videri; nihil est enim liberale, quod non idem iustum.

44 Besonnenheit bei Wohltaten

Alter locus erat cautionis, ne benignitas maior esset quam facul- 44
tates, quod qui benigniores volunt esse, quam res patitur, primum in eo peccant, quod iniuriosi sunt in proximos; quas enim copias his et suppeditari aequius est et relinqui, eas transferunt ad alienos. Inest autem in tali liberalitate cupiditas plerumque rapiendi et auferendi per iniuriam, ut ad largiendum suppetant copiae. Videre etiam licet plerosque non tam natura liberales quam quadam gloria ductos, ut benefici videantur, facere multa, quae proficisci ab ostentatione magis quam a voluntate videantur. Talis autem simulatio vanitati est coniunctior quam aut liberalitati aut honestati.

45—60 Wohltaten gegen besondere Nächste. Umstände

Tertium est propositum, ut in beneficentia dilectus esset digni- 45
tatis; in quo et mores eius erunt spectandi, in quem beneficium conferetur, et animus erga nos et communitas ac societas vitae et ad nostras utilitates officia ante conlata; quae ut concurrant omnia, optabile est; si minus, plures causae maioresque ponderis plus habebunt.

46 Der Charakter des Empfängers

Quoniam autem vivitur non cum perfectis hominibus planeque 46
sapientibus, sed cum iis, in quibus praeclare agitur si sunt simulacra virtutis, etiam hoc intellegendum puto, neminem omnino esse neglegendum, in quo aliqua significatio virtutis appareat, colendum autem esse ita quemque maxime, ut quisque maxime virtutibus his lenioribus erit ornatus, modestia, temperantia, hac ipsa, de qua multa iam dicta sunt, iustitia. Nam fortis animus et magnus in homine non perfecto nec sapiente ferventior plerumque est, illae virtutes bonum virum videntur potius attingere. Atque haec in moribus.

47—49 Wohltaten für Würdige und Bedürftige. Beseitigung der Bedürftigkeit

47 De benevolentia autem, quam quisque habeat erga nos, primum illud est in officio, ut ei plurimum tribuamus, a quo plurimum diligamur, sed benivolentiam non adulescentulorum more ardore quodam amoris, sed stabilitate potius et constantia iudicemus. Sin erunt merita, ut non ineunda, sed referenda sit gratia, maior quaedam cura adhibenda est; nullum enim officium referenda gratia magis neces-
48 sarium est. Quodsi ea, quae utenda acceperis, maiore mensura, si modo possis, iubet reddere Hesiodus, quidnam beneficio provocati facere debemus? an imitari agros fertiles, qui multo plus efferunt quam acceperunt? Etenim si in eos, quos speramus nobis profuturos, non dubitamus officia conferre, quales in eos esse debemus, qui iam profuerunt? Nam cum duo genera liberalitatis sint, unum dandi beneficii, alterum reddendi, demus necne, in nostra potestate est, non reddere viro bono non licet, modo id facere possit sine iniuria.
49 Acceptorum autem beneficiorum sunt dilectus habendi, nec dubium, quin maximo cuique plurimum debeatur. In quo tamen in primis, quo quisque animo, studio, benevolentia fecerit, ponderandum est. Multi enim faciunt multa temeritate quadam sine iudicio vel morbo in omnes vel repentino quodam quasi vento impetu animi incitati; quae beneficia aeque magna non sunt habenda atque ea, quae iudicio, considerate constanterque delata sunt. Sed in collocando beneficio et in referenda gratia, si cetera paria sunt, hoc maxume officii est, ut quisque maxume opis indigeat, ita ei potissimum opitulari; quod contra fit a plerisque; a quo enim plurimum sperant, etiamsi ille iis non eget, tamen ei potissimum inserviunt.

50—58 Wohltaten für Mitbürger, Freunde, Vaterland

50 Optime autem societas hominum coniunctioque servabitur, si, ut quisque erit coniunctissimus, ita in eum benignitatis plurimum conferetur. Sed, quae naturae principia sint communitatis et societatis humanae, repetendum videtur altius. Est enim primum, quod cernitur

in universi generis humani societate. Eius autem vinculum est ratio
et oratio, quae docendo, discendo, communicando, disceptando, iudi-
cando conciliat inter se homines coniungitque naturali quadam so-
cietate; neque ulla re longius absumus a natura ferarum, in quibus
inesse fortitudinem saepe dicimus, ut in equis, in leonibus, iustitiam,
aequitatem, bonitatem non dicimus; sunt enim rationis et orationis
expertes. Ac latissime quidem patens hominibus inter ipsos, omnibus 51
inter omnes societas haec est; in qua omnium rerum, quas ad com-
munem hominum usum natura genuit, est servanda communitas, ut,
quae discripta sunt legibus et iure civili, haec ita teneantur, ut sit
constitutum legibus ipsis, cetera sic observentur, ut in Graecorum
proverbio est, amicorum esse communia omnia. Omnium autem com-
munia hominum videntur ea, quae sunt generis eius, quod ab Ennio
positum in una re transferri in permultas potest:

Homó, qui erranti cómiter monstrát viam,
Quasi lúmen de suo lúmine accendát, facit.
Nihiló minus ipsi lúcet, cum illi accénderit.

Una ex re satis praecipit, ut, quicquid sine detrimento commodari
possit, id tribuatur vel ignoto. Ex quo sunt illa communia: non 52
prohibere aqua profluente, pati ab igne ignem capere, si qui velit,
consilium fidele deliberanti dare, quae sunt iis utilia, qui accipiunt,
danti non molesta. Quare et his utendum est et semper aliquid ad
communem utilitatem afferendum. Sed quoniam copiae parvae sin-
gulorum sunt, eorum autem, qui his egeant, infinita est multitudo,
vulgaris liberalitas referenda est ad illum Ennii finem: 'Nihilo minus
ipsi lucet', ut facultas sit, qua in nostros simus liberales.

Gradus autem plures sunt societatis hominum. Ut enim ab illa 53
infinita discedatur, propior est eiusdem gentis, nationis, linguae, qua
maxume homines coniunguntur. Interius etiam est eiusdem esse
civitatis; multa enim sunt civibus inter se communia, forum, fana,
porticus, viae, leges, iura, iudicia, suffragia, consuetudines praeterea
et familiaritates multisque cum multis res rationesque contractae.
Artior vero colligatio est societatis propinquorum; ab illa enim in-
mensa societate humani generis in exiguum angustumque concluditur.
Nam cum sit hoc natura commune animantium, ut habeant lubidinem 54
procreandi, prima societas in ipso coniugio est, proxima in liberis,

deinde una domus, communia omnia; id autem est principium urbis
et quasi seminarium rei publicae. Sequuntur fratrum coniunctiones,
post consobrinorum sobrinorumque, qui cum una domo iam capi
non possint, in alias domos tamquam in colonias exeunt. Sequuntur
conubia et adfinitates, ex quibus etiam plures propinqui; quae pro-
pagatio et suboles origo est rerum publicarum. Sanguinis autem con-
55 iunctio et benivolentia devincit homines et caritate. Magnum est
enim eadem habere monumenta maiorum, eisdem uti sacris, sepulcra
habere communia. Sed omnium societatum nulla praestantior est,
nulla firmior, quam cum viri boni moribus similes sunt familiaritate
coniuncti; illud enim honestum, quod saepe dicimus, etiam si in alio
cernimus, tamen nos movet atque illi, in quo id inesse videtur,
56 amicos facit. Et quamquam omnis virtus nos ad se allicit facitque,
ut eos diligamus, in quibus ipsa inesse videatur, tamen iustitia et
liberalitas id maxime efficit. Nihil autem est amabilius nec copulatius
quam morum similitudo bonorum; in quibus enim eadem studia
sunt, eaedem voluntates, in iis fit ut aeque quisque altero delectetur
ac se ipso, efficiturque id, quod Pythagoras vult in amicitia, ut unus
fiat ex pluribus. Magna etiam illa communitas est, quae conficitur
ex beneficiis ultro et citro datis acceptis, quae et mutua et grata dum
57 sunt, inter quos ea sunt, firma devinciuntur societate. Sed cum
omnia ratione animoque lustraris, omnium societatum nulla est
gravior, nulla carior quam ea, quae cum re publica est uni cuique
nostrum. Cari sunt parentes, cari liberi, propinqui, familiares, sed
omnes omnium caritates patria una complexa est, pro qua quis bonus
dubitet mortem oppetere, si ei sit profuturus? Quo est detestabilior
istorum inmanitas, qui lacerarunt omni scelere patriam et in ea fun-
58 ditus delenda occupati et sunt et fuerunt. Sed si contentio quaedam
et comparatio fiat, quibus plurimum tribuendum sit officii, principes
sint patria et parentes, quorum beneficiis maximis obligati sumus,
proximi liberi totaque domus, quae spectat in nos solos neque aliud
ullum potest habere perfugium, deinceps bene convenientes pro-
pinqui, quibuscum communis etiam fortuna plerumque est. Quam
ob rem necessaria praesidia vitae debentur his maxime, quos ante
dixi, vita autem victusque communis, consilia, sermones, cohortatio-
nes, consolationes, interdum etiam obiurgationes in amicitiis vigent

maxime, estque ea iucundissima amicitia, quam similitudo morum coniugavit.

59—60 Erfahrung lehrt rechte Wohltätigkeit

Sed in his omnibus officiis tribuendis videndum erit, quid cuique 59
maxime necesse sit et quid quisque vel sine nobis aut possit consequi aut non possit. Ita non iidem erunt necessitudinum gradus qui temporum, suntque officia, quae aliis magis quam aliis debeantur, ut vicinum citius adiuveris in fructibus percipiendis quam aut fratrem aut familiarem, at, si lis in iudicio sit, propinquum potius et amicum quam vicinum defenderis. [Haec igitur et talia circumspicienda sunt in omni officio et consuetudo exercitatioque capienda, ut boni ratiocinatores officiorum esse possimus et addendo deducendoque videre, quae reliqui summa fiat, ex quo, quantum cuique debeatur, intellegas.]
Sed ut nec medici nec imperatores nec oratores, quamvis artis prae- 60
cepta perceperint, quicquam magna laude dignum sine usu et exercitatione consequi possunt, sic officii conservandi praecepta traduntur illa quidem, ut facimus ipsi, sed rei magnitudo usum quoque exercitationemque desiderat. Atque ab iis rebus, quae sunt in iure societatis humanae, quem ad modum ducatur honestum, ex quo aptum est officium, satis fere diximus.

61—92 Tapferkeit und Hochsinn

(3. Kardinaltugend)

61—65 Die Tapferkeit

Intellegendum autem est, cum proposita sint genera quattuor, 61
e quibus honestas officiumque manaret, splendidissimum videri, quod animo magno elatoque humanasque res despiciente factum sit. Itaque in probris maxime in promptu est, si quid tale dici potest:

'Vós enim, iuvenes, ánimum geritis múliebrem, ílla' virgo 'viri' et si quid eius modi:

Salmácida, spolia síne sudore et sánguine.

Contraque in laudibus, quae magno animo et fortiter excellenterque gesta sunt, ea nescio quo modo quasi pleniore ore laudamus. Hinc rhetorum campus de Marathone, Salamine, Plataeis, Thermopylis, Leuctris, *hinc* noster Cocles, hinc Decii, hinc Cn. et P. Scipiones, hinc M. Marcellus, innumerabiles alii, maximeque ipse populus Romanus animi magnitudine excellit. Declaratur autem studium bellicae gloriae, quod statuas quoque videmus ornatu fere militari.

62 Sed ea animi elatio, quae cernitur in periculis et laboribus, si iustitia vacat pugnatque non pro salute communi, sed pro suis commodis, in vitio est; non modo enim id virtutis non est, sed est potius inmanitatis omnem humanitatem repellentis. Itaque probe definitur a Stoicis fortitudo, cum eam virtutem esse dicunt propugnantem pro aequitate. Quocirca nemo, qui fortitudinis gloriam consecutus est insidiis et malitia, laudem est adeptus; nihil enim honestum esse
63 potest, quod iustitia vacat. Praeclarum igitur illud Platonis: 'Non', inquit, 'solum scientia, quae est remota ab iustitia, calliditas potius quam sapientia est appellanda, verum etiam animus paratus ad periculum, si sua cupiditate, non utilitate communi inpellitur, audaciae potius nomen habeat quam fortitudinis.' Itaque viros fortes et magnanimos eosdem bonos et simplices, veritatis amicos minimeque
64 fallaces esse volumus; quae sunt ex media laude iustitiae. Sed illud odiosum est, quod in hac elatione et magnitudine animi facillime pertinacia et nimia cupiditas principatus innascitur. Ut enim apud Platonem est, omnem morem Lacedaemoniorum inflammatum esse cupiditate vincendi, sic, ut quisque animi magnitudine maxume excellet, ita maxume vult princeps omnium vel potius solus esse. Difficile autem est, cum praestare omnibus concupieris, servare aequitatem, quae est iustitiae maxume propria. Ex quo fit, ut neque disceptatione vinci se nec ullo publico ac legitimo iure patiantur, existuntque in re publica plerumque largitores et factiosi, ut opes quam maxumas consequantur et sint vi potius superiores quam iustitia pares. Sed quo difficilius, hoc praeclarius; nullum enim est
65 tempus, quod iustitia vacare debeat. Fortes igitur et magnanimi

sunt habendi, non qui faciunt, sed qui propulsant iniuriam. Vera autem et sapiens animi magnitudo honestum illud, quod maxume natura sequitur, in factis positum, non in gloria iudicat principemque se esse mavult quam videri. Etenim qui ex errore imperitae multitudinis pendet, hic in magnis viris non est habendus. Facillime autem ad res iniustas inpellitur, ut quisque altissimo animo est, gloriae cupiditate; qui locus est sane lubricus, quod vix invenitur, qui laboribus susceptis periculisque aditis non quasi mercedem rerum gestarum desideret gloriam.

66—68 Tapferkeit in Selbstbezwingung und in Ausführung großer Taten

Omnino fortis animus et magnus duabus rebus maxime cernitur, 66
quarum una in rerum externarum despicientia ponitur, cum persuasum est nihil hominem, nisi quod honestum decorumque sit, aut admirari aut optare aut expetere oportere nullique neque homini neque perturbationi animi nec fortunae subcumbere. Altera est res, ut, cum ita sis affectus animo, ut supra dixi, res geras magnas illas quidem et maxume utiles, sed ut vehementer arduas plenasque laborum et periculorum cum vitae, tum multarum rerum, quae ad
vitam pertinent. Harum rerum duarum splendor omnis, amplitudo, 67
addo etiam utilitatem, in posteriore est, causa autem et ratio efficiens magnos viros in priore. In eo est enim illud, quod excellentes animos et humana contemnentes facit. Id autem ipsum cernitur in duobus, si et solum id, quod honestum sit, bonum iudices et ab omni animi perturbatione liber sis. Nam et ea, quae eximia plerisque et praeclara videntur, parva ducere eaque ratione stabili firmaque contemnere fortis animi magnique ducendum est, et ea, quae videntur acerba, quae multa et varia in hominum vita fortunaque versantur, ita ferre, ut nihil a statu naturae discedas, nihil a dignitate sapientis, robusti
animi est magnaeque constantiae. Non est autem consentaneum, qui 68
metu non frangatur, eum frangi cupiditate nec, qui invictum se a labore praestiterit, vinci a voluptate. Quam ob rem et haec vitanda et pecuniae fugienda cupiditas; nihil enim est tam angusti animi

tamque parvi quam amare divitias, nihil honestius magnificentiusque quam pecuniam contemnere, si non habeas, si habeas, ad beneficentiam liberalitatemque conferre. Cavenda etiam est gloriae cupiditas, ut supra dixi; eripit enim libertatem, pro qua magnanimis viris omnis debet esse contentio. Nec vero imperia expetenda ac potius aut non accipienda interdum aut deponenda non numquam.

69—73 Fernbleiben vom Staatsleben nur in besonderer Lage

69 Vacandum autem omni est animi perturbatione, cum cupiditate
et metu, tum etiam aegritudine et voluptate nimia et iracundia, ut
tranquillitas animi et securitas adsit, quae affert cum constantiam
tum etiam dignitatem. Multi autem et sunt et fuerunt, qui eam,
quam dico, tranquillitatem expetentes a negotiis publicis se re-
moverint ad otiumque perfugerint; in his et nobilissimi philosophi
longeque principes et quidam homines severi et graves, nec populi
nec principum mores ferre potuerunt vixeruntque non nulli in agris
70 delectati re sua familiari. His idem propositum fuit quod regibus,
ut ne qua re egerent, ne cui parerent, libertate uterentur, cuius pro-
prium est sic vivere, ut velis. Quare cum hoc commune sit potentiae
cupidorum cum iis, quos dixi, otiosis, alteri se adipisci id posse
arbitrantur, si opes magnas habeant, alteri, si contenti sint et suo
et parvo. In quo neutrorum omnino contemnenda sententia est, sed
et facilior et tutior et minus aliis gravis aut molesta vita est otioso-
rum, fructuosior autem hominum generi et ad claritatem amplitudi-
nemque aptior eorum, qui se ad rem publicam et ad magnas res
71 gerendas accommodaverunt. Quapropter et iis forsitan concedendum
sit rem publicam non capessentibus, qui excellenti ingenio doctrinae
sese dediderunt, et iis, qui aut valetudinis inbecillitate aut aliqua
graviore causa impediti a re publica recesserunt, cum eius admini-
strandae potestatem aliis laudemque concederent. Quibus autem talis
nulla sit causa, si despicere se dicant ea, quae plerique mirentur,
imperia et magistratus, iis non modo non laudi, verum etiam vitio
dandum puto; quorum iudicium in eo, quod gloriam contemnant et
pro nihilo putent, difficile factu est non probare; sed videntur la-

bores et molestias, tum offensionum et repulsarum quasi quandam ignominiam timere et infamiam. Sunt enim, qui in rebus contrariis parum sibi constent, voluptatem severissime contemnant, in dolore sint molliores, gloriam neglegant, frangantur infamia, atque ea quidem non satis constanter. Sed iis, qui habent a natura adiumenta 72
rerum gerendarum, abiecta omni cunctatione adipiscendi magistratus et gerenda res publica est; nec enim aliter aut regi civitas aut declarari animi magnitudo potest. Capessentibus autem rem publicam nihilo minus quam philosophis, haud scio an magis etiam et magnificentia et despicientia adhibenda est rerum humanarum, quam saepe dico, et tranquillitas animi atque securitas, siquidem nec anxii futuri sunt et cum gravitate constantiaque victuri. Quae faciliora sunt philo- 73
sophis, quo minus multa patent in eorum vita, quae fortuna feriat, et quo minus multis rebus egent, et quia, si quid adversi eveniat, tam graviter cadere non possunt. Quocirca non sine causa maiores motus animorum concitantur [maioraque efficiendi] rem publicam gerentibus quam quietis, quo magis iis et magnitudo est animi adhibenda et vacuitas ab angoribus. Ad rem gerendam autem qui accedit, caveat, ne id modo consideret, quam illa res honesta sit, sed etiam ut habeat efficiendi facultatem; in quo ipso considerandum est, ne aut temere desperet propter ignaviam aut nimis confidat propter cupiditatem. In omnibus autem negotiis, priusquam adgrediare, adhibenda est praeparatio diligens.

74—81 Tapferkeit im Kriege steht nicht höher als Mut im Frieden

Sed cum plerique arbitrentur res bellicas maiores esse quam 74
urbanas, minuenda est haec opinio. Multi enim bella saepe quaesiverunt propter gloriae cupiditatem, atque id in magnis animis ingeniisque plerumque contingit, eoque magis, si sunt ad rem militarem apti et cupidi bellorum gerendorum; vere autem si volumus iudicare, multae res extiterunt urbanae maiores clarioresque quam bellicae. Quamvis enim Themistocles iure laudetur et sit eius nomen quam 75
Solonis inlustrius citeturque Salamis clarissimae testis victoriae, quae

anteponatur consilio Solonis ei, quo primum constituit Ariopagitas, non minus praeclarum hoc quam illud iudicandum est. Illud enim semel profuit, hoc semper proderit civitati; hoc consilio leges Atheniensium, hoc maiorum instituta servantur; et Themistocles quidem nihil dixerit, in quo ipse Areopagum adiuverit, at ille vere ⟨a⟩ se adiutum Themistoclem; est enim bellum gestum consilio senatus
76 eius, qui a Solone erat constitutus. Licet eadem de Pausania Lysandroque dicere, quorum rebus gestis quamquam imperium Lacedaemoniis *partum* putatur, tamen ne minima quidem ex parte Lycurgi legibus et disciplinae conferendi sunt; quin etiam ob has ipsas causas et parentiores habuerunt exercitus et fortiores. Mihi quidem neque pueris nobis M. Scaurus C. Mario neque, cum versaremur in re publica, Q. Catulus Cn. Pompeio cedere videbatur; parvi enim sunt foris arma, nisi est consilium domi. Nec plus Africanus, singularis et vir et imperator, in excindenda Numantia rei publicae profuit quam eodem tempore P. Nasica privatus, cum Ti. Gracchum interemit; quamquam haec quidem res non solum ex domestica est ratione (attingit etiam bellicam, quoniam vi manuque confecta est),
77 sed tamen id ipsum est gestum consilio urbano sine exercitu. Illud autem optimum est, in quod invadi solere ab inprobis et invidis audio:

Cedant arma togae, concedat laurea laudi.

Ut enim alios omittam, nobis rem publicam gubernantibus nonne togae arma cesserunt? neque enim periculum in re publica fuit gravius umquam nec maius otium. Ita consiliis diligentiaque nostra celeriter de manibus audacissimorum civium delapsa arma ipsa ceciderunt. Quae res igitur gesta umquam in bello tanta? qui triumphus
78 conferendus? licet enim mihi, M. fili, apud te gloriari, ad quem et hereditas huius gloriae et factorum imitatio pertinet. Mihi quidem certe vir abundans bellicis laudibus, Cn. Pompeius, multis audientibus hoc tribuit, ut diceret frustra se triumphum tertium deportaturum fuisse, nisi meo in rem publicam beneficio, ubi triumpharet, esset habiturus. Sunt igitur domesticae fortitudines non inferiores militaribus; in quibus plus etiam quam in his operae sudiique ponendum est.

79 Omnino illud honestum, quod ex animo excelso magnificoque

quaerimus, animi efficitur, non corporis viribus. Exercendum tamen
corpus et ita afficiendum est, ut oboedire consilio rationique possit
in exsequendis negotiis et in labore tolerando. Honestum autem id,
quod exquirimus, totum est positum in animi cura et cogitatione; in
quo non minorem utilitatem afferunt, qui togati rei publicae prae-
sunt, quam qui bellum gerunt. Itaque eorum consilio saepe aut non
suscepta aut confecta bella sunt, non numquam etiam inlata, ut M.
Catonis bellum tertium Punicum, in quo etiam mortui valuit aucto-
ritas. Quare expetenda quidem magis est decernendi ratio quam 80
decertandi fortitudo, sed cavendum, ne id bellandi magis fuga quam
utilitatis ratione faciamus. Bellum autem ita suscipiatur, ut nihil
aliud nisi pax quaesita videatur.

Fortis vero animi et constantis est non perturbari in rebus
asperis nec tumultuantem de gradu deici, ut dicitur, sed praesenti
animo uti et consilio nec a ratione discedere. Quamquam hoc animi, 81
illud etiam ingenii magni est, praecipere cogitatione futura et ali-
quanto ante constituere, quid accidere possit in utramque partem
et quid agendum sit, cum quid evenerit, nec committere, ut aliquando
dicendum sit: 'Non putaram'. Haec sunt opera magni animi et ex-
celsi et prudentia consilioque fidentis; temere autem in acie versari
et manu cum hoste confligere immane quiddam et beluarum simile
est; sed cum tempus necessitasque postulat, decertandum manu est
et mors servituti turpitudinique anteponenda.

82 – 87 Tapferkeit und Gemeinwohl

De evertendis autem diripiendisque urbibus valde consideran- 82
dum est ne quid temere, ne quid crudeliter. Idque est magni viri,
rebus agitatis punire sontes, multitudinem conservare, in omni fortuna
recta atque honesta retinere. Ut enim sunt, quem ad modum supra
dixi, qui urbanis rebus bellicas anteponant, sic reperias multos,
quibus periculosa et calida consilia quietis et cogitatis splendidiora et
maiora videantur. Numquam omnino periculi fuga committendum est, 83
ut inbelles timidique videamur, sed fugiendum illud etiam, ne offera-
mus nos periculis sine causa, quo esse nihil potest stultius. Quapropter

in adeundis periculis consuetudo imitanda medicorum est, qui leviter aegrotantes leniter curant, gravioribus autem morbis periculosas curationes et ancipites adhibere coguntur. Quare in tranquillo tempestatem adversam optare dementis est, subvenire autem tempestati quavis ratione sapientis, eoque magis, si plus adipiscare re explicata boni quam addubitata mali. Periculosae autem rerum actiones partim iis sunt, qui eas suscipiunt, partim rei publicae. Itemque alii de vita, alii de gloria et benivolentia civium in discrimen vocantur. Promptiores igitur debemus esse ad nostra pericula quam ad communia dimicareque paratius de honore et gloria quam de ceteris commodis.

84 Inventi autem multi sunt, qui non modo pecuniam, sed etiam vitam profundere pro patria parati essent, iidem gloriae iacturam ne minimam quidem facere vellent, ne re publica quidem postulante; ut Callicratidas, qui cum Lacedaemoniorum dux fuisset Peloponnesiaco bello multaque fecisset egregie, vertit ad extremum omnia, cum consilio non paruit eorum, qui classem ab Arginusis removendam nec cum Atheniensibus dimicandum putabant; quibus ille respondit Lacedaemonios classe illa amissa aliam parare posse, se fugere sine suo dedecore non posse. Atque haec quidem Lacedaemoniis plaga mediocris, illa pestifera, qua, cum Cleombrotus invidiam timens temere cum Epaminonda conflixisset, Lacedaemoniorum opes corruerunt. Quanto Q. Maximus melius, de quo Ennius:

Unus homo nobis cunctando restituit rem.
Noenum rumores ponebat ante salutem.
Ergo postque magisque viri nunc gloria claret.

Quod genus peccandi vitandum est etiam in rebus urbanis. Sunt enim, qui, quod sentiunt, etsi optimum sit, tamen invidiae metu non audeant dicere.

85 Omnino qui rei publicae praefuturi sunt, duo Platonis praecepta teneant, unum, ut utilitatem civium sic tueantur, ut, quaecumque agunt, ad eam referant obliti commodorum suorum, alterum, ut totum corpus rei publicae curent, ne, dum partem aliquam tuentur, reliquas deserant. Ut enim tutela, sic procuratio rei publicae ad eorum utilitatem, qui commissi sunt, non ad eorum, quibus commissa est, gerenda est. Qui autem parti civium consulunt, partem neglegunt, rem perniciosissimam in civitatem inducunt, seditionem atque discordiam;

ex quo evenit, ut alii populares, alii studiosi optimi cuiusque videantur, pauci universorum. Hinc apud Athenienses magnae discordiae, in 86
nostra re publica non solum seditiones, sed etiam pestifera bella civilia; quae gravis et fortis civis et in re publica dignus principatu fugiet atque oderit tradetque se totum rei publicae neque opes aut potentiam consectabitur totamque eam sic tuebitur, ut omnibus consulat. Nec vero criminibus falsis in odium aut invidiam quemquam vocabit omninoque ita iustitiae honestatique adhaerescet, ut, dum ea conservet, quamvis graviter offendat mortemque oppetat potius quam deserat illa, quae dixi. Miserrima omnino est ambitio hono- 87
rumque contentio, de qua praeclare apud eundem est Platonem, 'similiter facere eos, qui inter se contenderent, uter potius rem publicam administraret, ut si nautae certarent, quis eorum potissimum gubernaret.' Idemque praecipit, ut 'eos adversarios existimemus, qui arma contra ferant, non eos, qui suo iudicio tueri rem publicam velint', qualis fuit inter P. Africanum et Q. Metellum sine acerbitate dissensio.

88—92 Der Tapfere ist großmütig, milde, bescheiden

Nec vero audiendi, qui graviter inimicis irascendum putabunt 88
idque magnanimi et fortis viri esse censebunt; nihil enim laudabilius, nihil magno et praeclaro viro dignius placabilitate atque clementia. In liberis vero populis et in iuris aequabilitate exercenda etiam est facilitas et altitudo animi, quae dicitur, ne, si irascamur aut intempestive accedentibus aut impudenter rogantibus, in morositatem inutilem et odiosam incidamus. Et tamen ita probanda est mansuetudo atque clementia, ut adhibeatur rei publicae causa severitas, sine qua administrari civitas non potest. Omnis autem et animadversio et castigatio contumelia vacare debet neque ad eius, qui punitur aliquem aut verbis castigat, sed ad rei publicae utilitatem referri. Cavendum 89
est etiam, ne maior poena quam culpa sit et ne isdem de causis alii plectantur, alii ne appellentur quidem. Prohibenda autem maxime est ira in puniendo; numquam enim, iratus qui accedet ad poenam, mediocritatem illam tenebit, quae est inter nimium et parum, quae

placet Peripateticis, et recte placet, modo ne laudarent iracundiam et
dicerent utiliter a natura datam. Illa vero omnibus in rebus repu-
dianda est optandumque, ut ii, qui praesunt rei publicae, legum simi-
les sint, quae ad puniendum non iracundia, sed aequitate ducuntur.
90 Atque etiam in rebus prosperis et ad voluntatem nostram fluen-
tibus superbiam magnopere, fastidium arrogantiamque fugiamus.
Nam ut adversas res, sic secundas inmoderate ferre levitatis est prae-
claraque est aequabilitas in omni vita et idem semper vultus eademque
frons, ut de Socrate itemque de C. Laelio accepimus. Philippum qui-
dem, Macedonum regem, rebus gestis et gloria superatum a filio, faci-
litate et humanitate video superiorem fuisse. Itaque alter semper mag-
nus, alter saepe turpissimus; ut recte praecipere videantur, qui mo-
nent, ut, quanto superiores simus, tanto nos geramus summissius.
Panaetius quidem Africanum, auditorem et familiarem suum, solitum
ait dicere, 'ut equos propter crebras contentiones proeliorum feroci-
tate exultantes domitoribus tradere soleant, ut iis facilioribus possint
uti, sic homines secundis rebus ecfrenatos sibique praefidentes tam-
quam in gyrum rationis et doctrinae duci oportere, ut perspicerent
91 rerum humanarum inbecillitatem varietatemque fortunae.' Atque
etiam in secundissimis rebus maxime est utendum consilio amicorum
iisque maior etiam quam ante tribuenda auctoritas. Isdemque tempo-
ribus cavendum est, ne assentatoribus patefaciamus aures neve adu-
lari nos sinamus, in quo falli facile est; tales enim nos esse putamus,
ut iure laudemur; ex quo nascuntur innumerabilia peccata, cum ho-
mines inflati opinionibus turpiter irridentur et in maximis versantur
92 erroribus. Sed haec quidem hactenus. Illud autem sic est iudicandum,
maximas geri res et maximi animi ab iis, qui res publicas regant, quod
earum administratio latissime pateat ad plurimosque pertineat; esse
autem magni animi et fuisse multos etiam in vita otiosa, qui aut in-
vestigarent aut conarentur magna quaedam seseque suarum rerum
finibus continerent aut interiecti inter philosophos et eos, qui rem
publicam administrarent, delectarentur re sua familiari, non eam
quidem omni ratione exaggerantes neque excludentes ab eius usu suos
potiusque et amicis inpertientes et rei publicae, si quando usus esset.
Quae primum bene parta sit nullo neque turpi quaestu neque odioso,

deinde augeatur ratione, diligentia, parsimonia [tum quam plurimis, modo dignis, se utilem praebeat nec lubidini potius luxuriaeque quam liberalitati et beneficentiae pareat]. Haec praescripta servantem licet magnifice, graviter animoseque vivere atque etiam simpliciter, fideliter, vere hominum amice.

93—151 MÄSSIGUNG (BESONNENHEIT) UND ANSTAND

(4. Kardinaltugend)

93—99 Wesen und Einteilung des Schicklichen

Sequitur, ut de una reliqua parte honestatis dicendum sit, in qua 93
verecundia et quasi quidam ornatus vitae, temperantia et modestia omnisque sedatio perturbationum animi et rerum modus cernitur. Hoc loco continetur id, quod dici Latine decorum potest; Graece enim
πρέπον dicitur. Huius vis ea est, ut ab honesto non queat separari; 94
nam et, quod decet, honestum est et, quod honestum est, decet. Qualis autem differentia sit honesti et decori, facilius intellegi quam explanari potest. Quicquid est enim, quod deceat, id tum apparet, cum antegressa est honestas. Itaque non solum in hac parte honestatis, de qua hoc loco disserendum est, sed etiam in tribus superioribus quid deceat apparet. Nam et ratione uti atque oratione prudenter et agere, quod agas, considerate omnique in re quid sit veri videre et tueri decet, contraque falli, errare, labi, decipi tam dedecet quam delirare et mente esse captum; et iusta omnia decora sunt, iniusta contra, ut turpia, sic indecora. Similis est ratio fortitudinis. Quod enim viriliter animoque magno fit, id dignum viro et decorum videtur, quod contra,
id ut turpe, sic indecorum. Quare pertinet quidem ad omnem hones- 95
tatem hoc, quod dico, decorum, et ita pertinet, ut non recondita quadam ratione cernatur, sed sit in promptu. Est enim quiddam, idque intellegitur in omni virtute, quod deceat; quod cogitatione magis a virtute potest quam re separari. Ut venustas et pulchritudo corporis

secerni non potest a valetudine, sic hoc, de quo loquimur, decorum
totum illud quidem est cum virtute confusum, sed mente et cogita-
96 tione distinguitur. Est autem eius discriptio duplex; nam et generale
quoddam decorum intellegimus, quod in omni honestate versatur, et
aliud huic subiectum, quod pertinet ad singulas partes honestatis.
Atque illud superius sic fere definiri solet: decorum id esse, quod con-
sentaneum sit hominis excellentiae in eo, in quo natura eius a reliquis
animantibus differat. Quae autem pars subiecta generi est, eam sic
definiunt, ut id decorum velint esse, quod ita naturae consentaneum
sit, ut in eo moderatio et temperantia appareat cum specie quadam
97 liberali. Haec ita intellegi possumus existimare ex eo decoro, quod
poetae sequuntur; de quo alio loco plura dici solent. Sed tum servare
illud poetas, quod deceat, dicimus, cum id, quod quaque persona
dignum est, et fit et dicitur; ut, si Aeacus aut Minos diceret:

Óderint, dum métuant,

aut:

natís sepulchro ipse ést parens,

indecorum videretur, quod eos fuisse iustos accepimus; at Atreo di-
cente plausus excitantur; est enim digna persona oratio. Sed poetae,
quid quemque deceat, ex persona iudicabunt; nobis autem personam
imposuit ipsa natura magna cum excellentia praestantiaque animan-
98 tium reliquarum. Quocirca poetae in magna varietate personarum,
etiam vitiosis quid conveniat et quid deceat, videbunt, nobis autem
cum a natura constantiae, moderationis, temperantiae, verecundiae
partes datae sint cumque eadem natura doceat non neglegere, quem
ad modum nos adversus homines geramus, efficitur, ut et illud, quod
ad omnem honestatem pertinet, decorum quam late fusum sit, appa-
reat et hoc, quod spectatur in uno quoque genere virtutis. Ut enim
pulchritudo corporis apta compositione membrorum movet oculos et
delectat hoc ipso, quod inter se omnes partes cum quodam lepore
consentiunt, sic hoc decorum, quod elucet in vita, movet adproba-
tionem eorum, quibuscum vivitur, ordine et constantia et modera-
99 tione dictorum omnium atque factorum. Adhibenda est igitur quae-
dam reverentia adversus homines et optimi cuiusque et reliquorum.
Nam neglegere, quid de se quisque sentiat, non solum arrogantis est,
sed etiam omnino dissoluti. Est autem, quod differat in hominum ra-

tione habenda inter iustitiam et verecundiam. Iustitiae partes sunt non violare homines, verecundiae non offendere; in quo maxime vis perspicitur decori. His igitur expositis, quale sit id, quod decere dicimus, intellectum puto.

100—125 Pflichten, die aus dem Decorum hervorgehen

Officium autem, quod ab eo ducitur,hanc primum habet viam, 100
quae deducit ad convenientiam conservationemque naturae; quam si sequemur ducem, numquam aberrabimus sequemurque et id, quod acutum et perspicax natura est, et id, quod ad hominum consociationem accommodatum, et id, quod vehemens atque forte. Sed maxuma vis decori in hac inest parte, de qua disputamus; neque enim solum corporis, qui ad naturam apti sunt, sed multo etiam magis animi motus probandi, qui item ad naturam accommodati sunt.

101—104 Selbstbeherrschung

Duplex est enim vis animorum atque natura; una pars in appe- 101
titu posita est, quae est *ὁρμή* Graece, quae hominem huc et illuc rapit, altera in ratione, quae docet et explanat, quid faciendum fugiendumque sit. Ita fit, ut ratio praesit, adpetitus obtemperet. Omnis autem actio vacare debet temeritate et neglegentia nec vero agere quicquam, cuius non possit causam probabilem reddere; haec est enim
fere descriptio officii. Efficiendum autem est, ut adpetitus rationi 102
oboediant eamque neque praecurrant nec propter pigritiam aut ignaviam deserant sintque tranquilli atque omni animi perturbatione careant; ex quo elucebit omnis constantia omnisque moderatio. Nam qui appetitus longius evagantur et tamquam exultantes sive cupiendo sive fugiendo non satis a ratione retinentur, ii sine dubio finem et modum transeunt; relinquunt enim et abiciunt oboedientiam nec rationi parent, cui sunt subiecti lege naturae; a quibus non modo animi perturbantur, sed etiam corpora. Licet ora ipsa cernere iratorum aut eorum, qui aut libidine aliqua aut metu commoti sunt aut voluptate

nimia gestiunt; quorum omnium voltus, voces, motus statusque mu-
103 tantur. Ex quibus illud intellegitur, ut ad officii formam revertamur, appetitus omnes contrahendos sedandosque esse excitandamque animadversionem et diligentiam, ut ne quid temere ac fortuito, inconsiderate neglegenterque agamus. Neque enim ita generati a natura sumus, ut ad ludum et iocum facti esse videamur, ad severitatem potius et ad quaedam studia graviora atque maiora. Ludo autem et ioco uti illo quidem licet, sed sicut somno et quietibus ceteris tum, cum gravibus seriisque rebus satis fecerimus. Ipsumque genus iocandi non profusum nec immodestum, sed ingenuum et facetum esse debet. Ut enim pueris non omnem ludendi licentiam damus, sed eam, quae ab honestatis actionibus non sit aliena, sic in ipso ioco aliquod probi
104 ingenii lumen eluceat. Duplex omnino est iocandi genus, unum inliberale, petulans, flagitiosum, obscenum, alterum elegans, urbanum, ingeniosum, facetum. Quo genere non modo Plautus noster et Atticorum antiqua comoedia, sed etiam philosophorum Socraticorum libri referti sunt, multaque multorum facete dicta, ut ea, quae a sene Catone collecta sunt, quae vocant ἀποφθέγματα. Facilis igitur est distinctio ingenui et inliberalis ioci. Alter est, si tempore fit, ut si remisso animo, *gravissimo* homine dignus, alter ne libero quidem, si rerum turpitudini adhibetur verborum obscenitas. Ludendi etiam est quidam modus retinendus, ut ne nimis omnia profundamus elatique voluptate in aliquam turpitudinem delabamur. Suppeditant autem et campus noster et studia venandi honesta exempla ludendi.

105—106 Mäßigung in der Lust

105 Sed pertinet ad omnem officii quaestionem semper in promptu habere, quantum natura hominis pecudibus reliquisque beluis antecedat; illae nihil sentiunt nisi voluptatem ad eamque feruntur omni impetu, hominis autem mens discendo alitur et cogitando, semper aliquid aut anquirit aut agit videndique et audiendi delectatione ducitur. Quin etiam, si quis est paulo ad voluptates propensior, modo ne sit ex pecudum genere (sunt enim quidam homines non re, sed nomine), sed si quis est paulo erectior, quamvis voluptate capiatur, occul-

tat et dissimulat appetitum voluptatis propter verecundiam. Ex quo 106
intellegitur corporis voluptatem non satis esse dignam hominis praestantia eamque contemni et reici oportere; sin sit quispiam, qui aliquid tribuat voluptati, diligenter ei tenendum esse eius fruendae modum. Itaque victus cultusque corporis ad valetudinem referatur et ad vires, non ad voluptatem. Atque etiam si considerare volumus, quae sit in natura excellentia et dignitas, intellegemus, quam sit turpe diffluere luxuria et delicate ac molliter vivere quamque honestum parce, continenter, severe, sobrie.

107—114 Bewahrung berechtigter Eigenart

Intellegendum etiam est duabus quasi nos a natura indutos esse 107
personis; quarum una communis est ex eo, quod omnes participes sumus rationis praestantiaeque eius, qua antecellimus bestiis, a qua omne honestum decorumque trahitur, et ex qua ratio inveniendi officii exquiritur, altera autem, quae proprie singulis est tributa. Ut enim in corporibus magnae dissimilitudines sunt (alios videmus velocitate ad cursum, alios viribus ad luctandum valere, itemque in formis aliis dignitatem inesse, aliis venustatem), sic in animis existunt
maiores etiam varietates. Erat in L. Crasso, in L. Philippo multus 108
lepos, maior etiam magisque de industria in C. Caesare L. filio; at isdem temporibus in M. Scauro et in M. Druso adulescente singularis severitas, in C. Laelio multa hilaritas, in eius familiari Scipione ambitio maior, vita tristior. De Graecis autem dulcem et facetum festivique sermonis atque in omni oratione simulatorem, quem *εἴρωνα* Graeci nominarunt, Socratem accepimus, contra Pythagoram et Periclem summam auctoritatem consecutos sine ulla hilaritate. Callidum Hannibalem ex Poenorum, ex nostris ducibus Q. Maximum accepimus, facile celare, tacere, dissimulare, insidiari, praeripere hostium consilia. In quo genere Graeci Themistoclem et Pheraeum Iasonem ceteris anteponunt; in primisque versutum et callidum factum Solonis, qui, quo et tutior eius vita esset et plus aliquanto rei publicae
prodesset, furere se simulavit. Sunt his alii multum dispares, simplices 109
et aperti, qui nihil ex occulto, nihil de insidiis agendum putant, veri-

tatis cultores, fraudis inimici, itemque alii, qui quidvis perpetiantur, cuivis deserviant, dum, quod velint, consequantur, ut Sullam et M. Crassum videbamus. Quo in genere versutissimum et patientissimum Lacedaemonium Lysandrum accepimus, contraque Callicratidam, qui praefectus classis proximus post Lysandrum fuit; itemque in sermonibus alium [quemque], quamvis praepotens sit, efficere, ut unus de multis esse videatur; quod in Catulo, et in patre et in filio, itemque in Q. Mucio † Mancia vidimus. Audivi ex maioribus natu hoc idem fuisse in P. Scipione Nasica, contraque patrem eius, illum qui Ti. Gracchi conatus perditos vindicavit, nullam comitatem habuisse sermonis [ne Xenocratem quidem, severissimum philosophorum], ob eamque rem ipsam magnum et clarum fuisse. Innumerabiles aliae dissimilitudines sunt naturae morumque, minime tamen vituperandorum.

110 Admodum autem tenenda sunt sua cuique non vitiosa, sed tamen
propria, quo facilius decorum illud, quod quaerimus, retineatur. Sic
enim est faciendum, ut contra universam naturam nihil contendamus,
ea tamen conservata propriam nostram sequamur, ut, etiamsi sint alia
graviora atque meliora, tamen nos studia nostra nostrae naturae regula
metiamur; neque enim attinet naturae repugnare nec quicquam sequi,
quod assequi non queas. Ex quo magis emergit, quale sit decorum illud,
ideo quia nihil decet invita Minerva, ut aiunt, id est adversante et re-
111 pugnante natura. Omnino si quicquam est decorum, nihil est profecto
magis quam aequabilitas *cum* universae vitae, tum singularum actio-
num, quam conservare non possis, si aliorum naturam imitans omittas
tuam. Ut enim sermone eo debemus uti, qui innatus est nobis, ne, ut
quidam, Graeca verba inculcantes iure optimo rideamur, sic in actio-
112 nes omnemque vitam nullam discrepantiam conferre debemus. Atque
haec differentia naturarum tantam habet vim, ut non numquam mortem sibi ipse consciscere alius debeat, alius in eadem causa non debeat. Num enim alia in causa M. Cato fuit, alia ceteri, qui se in Africa Caesari tradiderunt? Atqui ceteris forsitan vitio datum esset, si se interemissent, propterea quod lenior eorum vita et mores fuerant faciliores, Catoni cum incredibilem tribuisset natura gravitatem eamque ipse perpetua constantia roboravisset semperque in proposito susceptoque consilio permansisset, moriendum potius quam tyranni vultus

aspiciendus fuit. Quam multa passus est Ulixes in illo errore diuturno, 113
cum et mulieribus, si Circe et Calypso mulieres appellandae sunt, inserviret et in omni sermone omnibus adfabilem et iucundum esse se vellet. Domi vero etiam contumelias servorum ancillarumque pertulit, ut ad id aliquando, quod cupiebat, veniret. At Aiax, quo animo traditur, milies oppetere mortem quam illa perpeti maluisset. Quae contemplantes expendere oportebit, quid quisque habeat sui, eaque moderari nec velle experiri, quam se aliena deceant; id enim
maxime quemque decet, quod est cuiusque maxume suum. *Suum* quis- 114
que igitur noscat ingenium acremque se et bonorum et vitiorum suorum iudicem praebeat, ne scaenici plus quam nos videantur habere prudentiae. Illi enim non optumas, sed sibi accommodatissimas fabulas eligunt; qui voce freti sunt, Epigonos Medumque, qui gestu, Melanippam, Clytemestram, semper Rupilius, quem ego memini, Antiopam, non saepe Aesopus Aiacem. Ergo histrio hoc videbit in scaena, non videbit sapiens vir in vita? Ad quas igitur res aptissimi erimus, in iis potissimum elaborabimus; sin aliquando necessitas nos ad ea detruserit, quae nostri ingenii non erunt, omnis adhibenda erit cura, meditatio, diligentia, ut ea si non decore, at quam minime indecore facere possimus; nec tam est enitendum, ut bona, quae nobis data non sint, sequamur, quam ut vitia fugiamus.

115—121 Richtige Berufswahl

Ac duabus iis personis, quas supra dixi, tertia adiungitur, quam 115
casus aliqui aut tempus inponit; quarta etiam, quam nobismet ipsi iudicio nostro accommodamus. Nam regna, imperia, nobilitas, honores divitae, opes eaque, quae sunt his contraria, in casu sita temporibus gubernantur; ipsi autem gerere quam personam velimus, a nostra voluntate proficiscitur. Itaque se alii ad philosophiam, alii ad ius civile, alii ad eloquentiam applicant, ipsarumque virtutum in alia alius ma-
vult excellere. Quorum vero patres aut maiores aliqua gloria praesti- 116
terunt, ii student plerumque eodem in genere laudis excellere, ut Q. Mucius P. f. in iure civili, Pauli filius Africanus in re militari. Quidam autem ad eas laudes, quas a patribus acceperunt, addunt

aliquam suam, ut hic idem Africanus eloquentia cumulavit bellicam gloriam; quod idem fecit Timotheus Cononis filius, qui cum belli laude non inferior fuisset quam pater, ad eam laudem doctrinae et ingenii gloriam adiecit. Fit autem interdum, ut non nulli omissa imitatione maiorum suum quoddam institutum consequantur, maximeque in eo plerumque elaborant ii, qui magna sibi proponunt obscuris orti maio-
117 ribus. Haec igitur omnia, cum quaerimus, quid deceat, complecti animo et cogitatione debemus; in primis autem constituendum est, quos nos et quales esse velimus et in quo genere vitae, quae deliberatio est omnium difficillima. Ineunte enim adulescentia, cum est maxima inbecillitas consilii, tum id sibi quisque genus aetatis degendae constituit, quod maxime adamavit; itaque ante implicatur aliquo certo genere cursuque vivendi, quam potuit, quod optimum esset, iudicare.
118 Nam quod Herculem Prodicus dicit, ut est apud Xenophontem, cum primum pubesceret, quod tempus a natura ad deligendum, quam quisque viam vivendi sit ingressurus, datum est, exisse in solitudinem atque ibi sedentem diu secum multumque dubitasse, cum duas cerneret vias, unam Voluptatis, alteram Virtutis, utram ingredi melius esset, hoc Herculi 'Iovis satu edito' potuit fortasse contingere, nobis non item, qui imitamur, quos cuique visum est, atque ad eorum studia institutaque impellimur; plerumque autem parentium praeceptis imbuti ad eorum consuetudinem moremque deducimur; alii multitudinis iudicio feruntur, quaeque maiori parti pulcherrima videntur, ea maxime exoptant; non nulli tamen sive felicitate quadam sive bonitate naturae sine parentium disciplina rectam vitae secuti sunt viam.

119 Illud autem maxime rarum genus est eorum, qui aut excellenti ingenii magnitudine aut praeclara eruditione atque doctrina aut utraque re ornati spatium etiam deliberandi habuerunt, quem potissimum vitae cursum sequi vellent; in qua deliberatione ad suam cuiusque naturam consilium est omne revocandum. Nam cum in omnibus, quae aguntur, ex eo, quo modo quisque natus est, ut supra dictum est, quid deceat, exquirimus, tum in tota vita constituenda multo est ei rei cura maior adhibenda, ut constare in perpetuitate vitae possimus nobismet
120 ipsis nec in ullo officio claudicare. Ad hanc autem rationem quoniam maximam vim natura habet, fortuna proximam, utriusque omnino habenda ratio est in deligendo genere vitae, sed naturae magis; multo

enim et firmior est et constantior, ut fortuna non numquam tamquam ipsa mortalis cum inmortali natura pugnare videatur. Qui igitur ad naturae suae non vitiosae genus consilium vivendi omne contulerit, is constantiam teneat (id enim maxime decet), nisi forte se intellexerit errasse in deligendo genere vitae. Quod si acciderit (potest autem accidere), facienda morum institutorumque mutatio est. Eam mutationem si tempora adiuvabunt, facilius commodiusque faciemus; sin minus, sensim erit pedetemptimque facienda, ut amicitias, quae minus delectent et minus probentur, magis decere censent sapientes sensim diluere
quam repente praecidere. Commutato autem genere vitae omni ratione 121
curandum est, ut id bono consilio fecisse videamur. Sed quoniam paulo ante dictum est imitandos esse maiores, primum illud exceptum sit, ne vitia sint imitanda, deinde, si natura non feret, ut quaedam imitari possit (ut superioris filius Africani, qui hunc Paulo natum adoptavit, propter infirmitatem valetudinis non tam potuit patris similis esse, quam illi fuerat sui); si igitur non poterit sive causas defensitare sive populum contionibus tenere sive bella gerere, illa tamen praestare debebit, quae erunt in ipsius potestate, iustitiam, fidem, liberalitatem, modestiam, temperantiam, quo minus ab eo id, quod desit, requiratur. Optuma autem hereditas a patribus traditur liberis omnique patrimonio praestantior gloria virtutis rerumque gestarum, cui dedecori esse nefas [et vitium] iudicandum est.

122—123 Neigungen und Altersstufen

Et quoniam officia non eadem disparibus aetatibus tribuuntur 122
aliaque sunt iuvenum, alia seniorum, aliquid etiam de hac distinctione dicendum est. Est igitur adulescentis maiores natu vereri exque iis deligere optimos et probatissimos, quorum consilio atque auctoritate nitatur; ineuntis enim aetatis inscitia senum constituenda et regenda prudentia est. Maxime autem haec aetas a libidinibus arcenda est exercendaque in labore patientiaque et animi et corporis, ut eorum et in bellicis et in civilibus officiis vigeat industria. Atque etiam cum relaxare animos et dare se iucunditati volent, caveant intemperantiam, meminerint verecundiae, quod erit facilius, si *ne* in eius modi quidem

123 rebus maiores natu nolent interesse. Senibus autem labores corporis minuendi, exercitationes animi etiam augendae videntur; danda vero opera, ut et amicos et iuventutem et maxime rem publicam consilio et prudentia quam plurimum adiuvent. Nihil autem magis cavendum est senectuti, quam ne languori se desidiaeque dedat; luxuria vero cum omni aetati turpis, tum senectuti foedissima est; sin autem etiam libidinum intemperantia accessit, duplex malum est, quod et ipsa senectus dedecus concipit et facit adulescentium inpudentiorem intemperantiam.

124—125 Pflichten verschiedener Gruppen

124 Ac ne illud quidem alienum est, de magistratuum, de privatorum [,de civium], de peregrinorum officiis dicere. Est igitur proprium munus magistratus intellegere se gerere personam civitatis debereque eius dignitatem et decus sustinere, servare leges, iura discribere, ea fidei suae commissa meminisse. Privatum autem oportet aequo et pari cum civibus iure vivere neque summissum et abiectum neque se ecferentem, tum in re publica ea velle, quae tranquilla et honesta sint; talem enim
125 solemus et sentire bonum civem et dicere. Peregrini autem atque incolae officium est nihil praeter suum negotium agere, nihil de alio anquirere minimeque esse in aliena re publica curiosum. Ita fere officia reperientur, cum quaeretur, quid deceat, et quid aptum sit personis, temporibus, aetatibus. Nihil est autem, quod tam deceat, quam in omni re gerenda consilioque capiendo servare constantiam.

126—152 *Lebensstil der harmonischen Persönlichkeit*

126—129 Scheu vor Verletzung des Anstandes

126 Sed quoniam decorum illud in omnibus factis, dictis, in corporis denique motu et statu cernitur idque positum est in tribus rebus, for-

mositate, ordine, ornatu ad actionem apto, difficilibus ad eloquendum, sed satis erit intellegi, in his autem tribus continetur cura etiam illa, ut probemur iis, quibuscum apud quosque vivamus, his quoque de rebus pauca dicantur. Principio corporis nostri magnam natura ipsa videtur habuisse rationem, quae formam nostram reliquamque figuram, in qua esset species honesta, eam posuit in promptu, quae partes autem corporis ad naturae necessitatem datae aspectum essent deformem ha-
biturae atque foedum, eas contexit atque abdidit. Hanc naturae tam 127
diligentem fabricam imitata est hominum verecundia. Quae enim natura occultavit, eadem omnes, qui sana mente sunt, removent ab oculis ipsique necessitati dant operam ut quam occultissime pareant; quarumque partium corporis usus sunt necessarii, eas neque partes neque earum usus suis nominibus appellant, quodque facere turpe non est, modo occulte, id dicere obscenum est. Itaque nec actio rerum illarum
aperta petulantia vacat nec orationis obscenitas. Nec vero audiendi 128
sunt Cynici aut si qui fuerunt Stoici paene Cynici, qui reprehendunt et inrident, quod ea, quae turpia non sint, verbis flagitiosa ducamus, illa autem, quae turpia sint, nominibus appellemus suis. Latrocinari, fraudare, adulterare re turpe est, sed dicitur non obscene; liberis dare operam re honestum est, nomine obscenum; pluraque in eam sententiam ab eisdem contra verecundiam disputantur. Nos autem naturam sequamur et ab omni, quod abhorret ab oculorum auriumque approbatione, fugiamus; status incessus, sessio, accubitio, vultus, oculi, ma-
nuum motus teneat illud decorum. Quibus in rebus duo maxime sunt 129
fugienda, ne quid effeminatum aut molle et ne quid durum aut rusticum sit. Nec vero histrionibus oratoribusque concedendum est, ut iis haec apta sint, nobis dissoluta. Scaenicorum quidem mos tantam habet vetere disciplina verecundiam, ut in scaenam sine subligaculo prodeat nemo; verentur enim, ne, si quo casu evenerit, ut corporis partes quaedam aperiantur, aspiciantur non decore. Nostro quidem more cum parentibus puberes filii, cum soceris generi non lavantur. Retinenda igitur est huius generis verecundia, praesertim natura ipsa magistra et duce.

130—132 a Schicklichkeit im Äußerlichen

130 Cum autem pulchritudinis duo genera sint, quorum in altero
venustas sit, in altero dignitas, venustatem muliebrem ducere debemus,
dignitatem virilem. Ergo et a forma removeatur omnis viro non dig-
nus ornatus, et huic simile vitium in gestu motuque caveatur. Nam
et palaestrici motus sunt saepe odiosiores et histrionum non nulli
gestus ineptiis non vacant, et in utroque genere quae sunt recta et
simplicia, laudantur. Formae autem dignitas coloris bonitate tuenda
est, color exercitationibus corporis. Adhibenda praeterea munditia
est non odiosa neque exquisita nimis, tantum quae fugiat agrestem et
inhumanam neglegentiam. Eadem ratio est habenda vestitus, in quo,
131 sicut in plerisque rebus, mediocritas optima est. Cavendum autem est,
ne aut tarditatibus utamur *in* ingressu mollioribus, ut pomparum fer-
culis similes esse videamur, aut in festinationibus suscipiamus nimias
celeritates, quae cum fiunt, anhelitus moventur, vultus mutantur, ora
torquentur; ex quibus magna significatio fit non adesse constantiam.
Sed multo etiam magis elaborandum est, ne animi motus a natura
recedant; quod assequemur, si cavebimus, ne in perturbationes atque
exanimationes incidamus, et si attentos animos ad decoris conserva-
132 tionem tenebimus. Motus autem animorum duplices sunt, alteri cogi-
tationis, alteri appetitus; cogitatio in vero exquirendo maxime ver-
satur, appetitus inpellit ad agendum. Curandum est igitur, ut cogita-
tione ad res quam optumas utamur, appetitum rationi oboedientem
praebeamus.

132 b—137 Angemessene Sprache

Et quoniam magna vis orationis est, eaque duplex, altera contentionis, altera sermonis, contentio disceptationibus tribuatur iudiciorum, contionum, senatus, sermo in circulis, disputationibus, congressionibus familiarium versetur, sequatur etiam convivia. Contentionis praecepta rhetorum sunt, nulla sermonis, quamquam haud scio an possint haec quoque esse. Sed discentium studiis inveniuntur

magistri, huic autem qui studeant, sunt nulli, rhetorum turba referta omnia; quamquam, quae verborum sententiarumque praecepta sunt, eadem ad sermonem pertinebunt. Sed cum orationis indicem vocem 133
habeamus, in voce autem duo sequamur, ut clara sit, ut suavis, utrumque omnino a natura petundum est, verum alterum exercitatio augebit, alterum imitatio presse loquentium et leniter. Nihil fuit in Catulis, ut eos exquisito iudicio putares uti litterarum, quamquam erant litterati; sed et alii; hi autem optime uti lingua Latina putabantur; sonus erat dulcis, litterae neque expressae neque oppressae, ne aut obscurum esset aut putidum, sine contentione vox nec languens nec canora. Uberior oratio L. Crassi nec minus faceta, sed bene loquendi de Catulis opinio non minor. Sale vero et facetiis Caesar, Catuli patris frater, vicit omnes, ut in illo ipso forensi genere dicendi contentiones aliorum sermone vinceret. In omnibus igitur his elaborandum est, si in omni re quid deceat exquirimus. Sit ergo hic sermo, in 134
quo Socratici maxime excellunt, lenis minimeque pertinax, insit in eo lepos; nec vero, tamquam in possessionem suam venerit, excludat alios, sed cum reliquis in rebus, tum in sermone communi vicissitudinem non iniquam putet; ac videat in primis, quibus de rebus loquatur; si seriis, severitatem adhibeat, si iocosis, leporem; in primisque provideat, ne sermo vitium aliquod indicet inesse in moribus; quod maxime tum solet evenire, cum studiose de absentibus detrahendi causa aut per ridiculum aut severe maledice contumelioseque dicitur. Habentur autem plerumque sermones aut de domesticis negotiis aut 135
de re publica aut de artium studiis atque doctrina. Danda igitur opera est, ut, etiamsi aberrare ad alia coeperit, ad haec revocetur oratio, sed utcumque aderunt; neque enim isdem de rebus nec omni tempore nec similiter delectamur. Animadvertendum est etiam, quatenus sermo delectationem habeat, et, ut incipiendi ratio fuerit, ita sit desinendi modus.

Sed quo modo in omni vita rectissime praecipitur, ut perturba- 136
tiones fugiamus, id est motus animi nimios rationi non optemperantes, sic eius modi motibus sermo debet vacare, ne aut ira existat aut cupiditas aliqua aut pigritia aut ignavia aut tale aliquid appareat, maximeque curandum est, ut eos, quibuscum sermonem conferemus, et vereri et diligere videamur. Obiurgationes etiam non numquam

incidunt necessariae, in quibus utendum est fortasse et vocis contentione maiore et verborum gravitate acriore, id agendum etiam, ut ea facere videamur irati. Sed, ut ad urendum et secandum, sic ad hoc genus castigandi raro invitique veniemus nec umquam nisi necessario, si nulla reperietur alia medicina; sed tamen ira procul absit, cum qua
137 nihil recte fieri, nihil considerate potest. Magnam autem partem clementi castigatione licet uti, gravitate tamen adiuncta, ut severitas adhibeatur et contumelia repellatur, atque etiam illud ipsum, quod acerbitatis habet obiurgatio, significandum est, ipsius id causa, qui obiurgetur, esse susceptum. Rectum est autem etiam in illis contentionibus, quae cum inimicissimis fiunt, etiamsi nobis indigna audiamus, tamen gravitatem retinere, iracundiam repellere. Quae enim cum aliqua perturbatione fiunt, ea nec constanter fieri possunt neque iis, qui adsunt, probari. Deforme etiam est de se ipsum praedicare falsa praesertim et cum inrisione audientium imitari militem gloriosum.

138—140 Angemessenes Wohnen

138 Et quoniam omnia persequimur, volumus quidem certe, dicendum est etiam, qualem hominis honorati et principis domum placeat esse, cuius finis est usus, ad quem accommodanda est aedificandi descriptio et tamen adhibenda commoditatis dignitatisque diligentia. Cn. Octavio, qui primus ex illa familia consul factus est, honori fuisse accepimus, quod praeclaram aedificasset in Palatio et plenam dignitatis domum; quae cum vulgo viseretur, suffragata domino, novo homini, ad consulatum putabatur; hanc Scaurus demolitus accessionem adiunxit aedibus. Itaque ille in suam domum consulatum primus attulit, hic, summi et clarissimi viri filius, in domum multiplicatam non repulsam solum rettulit, sed ignominiam etiam et calamitatem.
139 Ornanda enim est dignitas domo, non ex domo tota quaerenda, nec domo dominus, sed domino domus honestanda est, et, ut in ceteris habenda ratio non sua solum, sed etiam aliorum, sic in domo clari hominis, in quam et hospites multi recipiendi et admittenda hominum cuiusque modi multitudo, adhibenda cura est laxitatis; aliter ampla domus dedecori saepe domino fit, si est in ea solitudo, et maxime, si

aliquando alio domino solita est frequentari. Odiosum est enim, cum a praetereuntibus dicitur:

o domus ántiqua, heu quam díspari
Domináre domino!

quod quidem his temporibus in multis licet dicere. Cavendum autem 140 est, praesertim si ipse aedifices, ne extra modum sumptu et magnificentia prodeas; quo in genere multum mali etiam in exemplo est. Studiose enim plerique praesertim in hanc partem facta principum imitantur, ut L. Luculli, summi viri, virtutem quis? at quam multi villarum magnificentiam imitati! quarum quidem certe est adhibendus modus ad mediocritatem*que* revocandus. Eademque mediocritas ad omnem usum cultumque vitae transferenda est. Sed haec hactenus.

In omni autem actione suscipienda tria sunt tenenda, primum ut 141 appetitus rationi pareat, quo nihil est ad officia conservanda accommodatius, deinde ut animadvertatur, quanta illa res sit, quam efficere velimus, ut neve maior neve minor cura et opera suscipiatur, quam causa postulet. Tertium est, ut caveamus, ut ea, quae pertinent ad liberalem speciem et dignitatem, moderata sint. Modus autem est optimus decus ipsum tenere, de quo ante diximus, nec progredi longius. Horum tamen trium praestantissimum est appetitum optemperare rationi.

142—149 Rücksicht auf Zeit und Ort

Deinceps de ordine rerum et de opportunitate temporum dicen- 142 dum est. Haec autem scientia continentur ea, quam Graeci εὐταξίαν nominant, non hanc, quam interpretamur modestiam, quo in verbo modus inest, sed illa est εὐταξία in qua intellegitur ordinis conservatio. Itaque, ut eandem nos modestiam appellemus, sic definitur a Stoicis, ut modestia sit scientia rerum earum, quae agentur aut dicentur, loco suo collocandarum. Ita videtur eadem vis ordinis et collocationis fore; nam et ordinem sic definiunt: compositionem rerum aptis et accommodatis locis, locum autem actionis oportunitatem temporis esse dicunt; tempus autem actionis oportunum Graece εὐκαιρίαν Latine appellatur occasio. Sic fit, ut modestia haec, quam ita interpretamur, ut dixi, scientia sit oportunitatis idoneorum ad agendum

143 temporum. Sed potest eadem esse prudentiae definitio, de qua principio diximus; hoc autem loco de moderatione et temperantia et harum similibus virtutibus quaerimus. Itaque, quae erant prudentiae propria, suo loco dicta sunt; quae autem harum virtutum, de quibus iam diu loquimur, quae pertinent ad verecundiam et ad eorum approbationem, quibuscum vivimus, nunc dicenda sunt.

144 Talis est igitur ordo actionum adhibendus, ut, quem ad modum in oratione constanti, sic in vita omnia sint apta inter se et convenientia; turpe enim valdeque vitiosum in re severa convivio digna aut delicatum aliquem inferre sermonem. Bene Pericles, cum haberet collegam in praetura Sophoclem poetam iique de communi officio convenissent et casu formosus puer praeteriret dixissetque Sophocles: 'O puerum pulchrum, Pericle!' 'At enim praetorem, Sophocle, decet non solum manus, sed etiam oculos abstinentes habere.' Atqui hoc idem Sophocles si in athletarum probatione dixisset, iusta reprehensione caruisset. Tanta vis est et loci et temporis. Ut, si qui, cum causam sit acturus, in itinere aut in ambulatione secum ipse meditetur, aut si quid aliud attentius cogitet, non reprehendatur, at hoc idem si in
145 convivio faciat, inhumanus videatur inscitia temporis. Sed ea, quae multum ab humanitate discrepant, ut si qui in foro cantet, aut si qua est alia magna perversitas, facile apparet nec magnopere admonitionem et praecepta desiderat; quae autem parva videntur esse delicta neque a multis intellegi possunt, ab iis est diligentius declinandum. Ut in fidibus aut tibiis, quamvis paulum discrepent, tamen id a sciente animadverti solet, sic videndum est in vita, ne forte quid discrepet, vel multo etiam magis, quo maior et melior actionum quam sonorum
146 concentus est. Itaque, ut in fidibus musicorum aures vel minima sentiunt, sic nos, si acres ac diligentes esse volumus animadversoresque vitiorum, magna saepe intellegemus ex parvis. Ex oculorum optutu, superciliorum aut remissione aut contractione, ex maestitia, ex hilaritate, ex risu, ex locutione, ex reticentia, ex contentione vocis, ex summissione, ex ceteris similibus facile iudicabimus, quid eorum apte fiat, quid ab officio naturaque discrepet. Quo in genere non est incommodum, quale quidque eorum sit, ex aliis iudicare, ut, si quid dedeceat in illis, vitemus ipsi; fit enim nescio quo modo, ut magis in aliis cernamus quam in nobismet ipsis, si quid delinquitur. Itaque facillume cor-

riguntur in discendo, quorum vitia imitantur emendandi causa magistri. Nec vero alienum est ad ea eligenda, quae dubitationem 147
afferunt, adhibere doctos homines vel etiam usu peritos et, quid iis de quoque officii genere placeat, exquirere. Maior enim pars eo fere deferri solet, quo a natura ipsa deducitur. In quibus videndum est, non modo quid quisque loquatur, sed etiam quid quisque sentiat atque etiam de qua causa quisque sentiat. Ut enim pictores et ii, qui signa fabricantur, et vero etiam poetae suum quisque opus a vulgo considerari vult, ut, si quid reprehensum sit a pluribus, id corrigatur, iique et secum et ab aliis, quid in eo peccatum sit, exquirunt, sic aliorum iudicio permulta nobis et facienda et non facienda et mutanda et corrigenda sunt. Quae vero more agentur institutisque civilibus, de iis 148
nihil est praecipiendum; illa enim ipsa praecepta sunt, nec quemquam hoc errore duci oportet, ut, si quid Socrates aut Aristippus contra morem consuetudinemque civilem fecerint locutive sint, idem sibi arbitretur licere; magnis illi et divinis bonis hanc licentiam assequebantur. Cynicorum vero ratio tota est eicienda; est enim inimica verecundiae, sine qua nihil rectum esse potest, nihil honestum. Eos 149
autem, quorum vita perspecta in rebus honestis atque magnis est, bene de re publica sentientes ac bene meritos aut merentes sic ut aliquo honore aut imperio affectos observare et colere debemus, tribuere etiam multum senectuti, cedere iis, qui magistratum habebunt, habere dilectum civis et peregrini in ipsoque peregrino, privatimne an publice venerit. Ad summam, ne agam de singulis, communem totius generis hominum conciliationem et consociationem colere, tueri, servare debemus.

150—151 Wahl eines auch äußerlich anständigen Berufes

Iam de artificiis et quaestibus, qui liberales habendi, qui sordidi sint, haec fere accepimus. Primum improbantur ii quaestus, qui in odia hominum incurrunt, ut portitorum, ut faeneratorum. Inliberales autem et sordidi quaestus mercennariorum omnium, quorum operae, non quorum artes emuntur; est enim in illis ipsa merces auctoramentum 150
servitutis. Sordidi etiam putandi, qui mercantur a mercatoribus, quod

statim vendant; nihil enim proficiant, nisi admodum mentiantur; nec vero est quicquam turpius vanitate. Opificesque omnes in sordida arte versantur; nec enim quicquam ingenuum habere potest officina. Minimeque artes eae probandae, quae ministrae sunt voluptatum:

Cetárii, lanií, coqui, fartóres, piscatóres,

ut ait Terentius, adde huc, si placet, unguentarios, saltatores totum-
151 que ludum talarium. Quibus autem artibus aut prudentia maior inest aut non mediocris utilitas quaeritur, ut medicina, ut architectura, ut doctrina rerum honestarum, eae sunt iis, quorum ordini conveniunt, honestae. Mercatura autem, si tenuis est, sordida putanda est; sin magna et copiosa, multa undique apportans multisque sine vanitate inpertiens, non est admodum vituperanda, atque etiam, si satiata quaestu vel contenta potius, ut saepe ex alto in portum, ex ipso portu se in agros possessionesque contulit, videtur iure optimo posse laudari. Omnium autem rerum, ex quibus aliquid adquiritur, nihil est agri cultura melius, nihil uberius, nihil dulcius, nihil homine libero dignius; de qua quoniam in Catone maiore satis multa diximus, illinc assumes, quae ad hunc locum pertinebunt.

152—160 Konflikte der vier Kardinaltugenden. Ihr Verhältnis zueinander

152 Sed ab iis partibus, quae sunt honestatis, quem ad modum officia ducerentur, satis expositum videtur. Eorum autem ipsorum, quae honesta sunt, potest incidere saepe contentio et comparatio, de duobus honestis utrum honestius, qui locus a Panaetio est praetermissus. Nam cum omnis honestas manet a partibus quattuor, quarum una sit cognitionis, altera communitatis, tertia magnanimitatis, quarta moderationis, haec in deligendo officio saepe inter se comparentur necesse est.
153 Placet igitur aptiora esse naturae ea officia, quae ex communitate, quam ea, quae ex cognitione ducantur, idque hoc argumento confirmari potest, quod, si contigerit ea vita sapienti, ut omnium rerum affluentibus copiis quamvis omnia, quae cognitione digna sint, summo otio secum ipse consideret et contempletur, tamen, si solitudo tanta sit, ut hominem videre non possit, excedat e vita. Princepsque

omnium virtutum illa sapientia, quam *σοφίαν* Graeci vocant, —
prudentiam enim, quam Graeci *φρόνησιν* dicunt, aliam quandam
intellegimus, quae est rerum expetendarum fugiendarumque scientia;
illa autem sapientia, quam principem dixi, rerum est divinarum et
humanarum scientia, in qua continetur deorum et hominum commu-
nitas et societas inter ipsos; ea si maxima est, ut est certe, necesse est,
quod a communitate ducatur officium, id esse maximum. Etenim
cognitio contemplatioque naturae manca quodam modo atque in-
choata sit, si nulla actio rerum consequatur. Ea autem actio in homi-
num commodis tuendis maxime cernitur; pertinet igitur ad societa-
tem generis humani; ergo haec cognitioni anteponenda est. Atque id 154
optimus quisque re ipsa ostendit et iudicat. Quis enim est tam cupidus
in perspicienda cognoscendaque rerum natura, ut, si ei tractanti con-
templantique res cognitione dignissimas subito sit allatum periculum
discrimenque patriae, cui subvenire opitularique possit, non illa omnia
relinquat atque abiciat, etiamsi dinumerare se stellas aut metiri mundi
magnitudinem posse arbitretur? atque hoc idem in parentis, in amici
re aut periculo fecerit. Quibus rebus intellegitur studiis officiisque 155
scientiae praeponenda esse officia iustitiae, quae pertinent ad homi-
num utilitatem, qua nihil homini esse debet antiquius. Atque illi, quo-
rum studia vitaque omnis in rerum cognitione versata est, tamen ab
augendis hominum utilitatibus et commodis non recesserunt; nam et
erudiverunt multos, quo meliores cives utilioresque rebus suis publicis
essent, ut Thebanum Epaminondam Lysis Pythagoreus, Syracosium
Dionem Plato multique multos, nosque ipsi, quicquid ad rem publi-
cam attulimus, si modo aliquid attulimus, a doctoribus atque doctrina
instructi ad eam et ornati accessimus. Neque solum vivi atque praesen- 156
tes studiosos discendi erudiunt atque docent, sed hoc idem etiam post
mortem monumentis litterarum assequuntur. Nec enim locus ullus est
praetermissus ab iis, qui ad leges, qui ad mores, qui ad disciplinam rei
publicae pertineret, ut otium suum ad nostrum negotium contulisse
videantur. Ita illi ipsi doctrinae studiis et sapientiae dediti ad homi-
num utilitatem suam prudentiam intellegentiamque potissimum con-
ferunt; ob eamque etiam causam eloqui copiose, modo prudenter,
melius est quam vel acutissime sine eloquentia cogitare, quod cogitatio
in se ipsa vertitur, eloquentia complectitur eos, quibuscum communi-

157 tate iuncti sumus. Atque ut apium examina non fingendorum favorum
causa congregantur, sed, cum congregabilia natura sint, fingunt favos,
sic homines, ac multo etiam magis natura congregati adhibent agendi
cogitandique sollertiam. Itaque, nisi ea virtus, quae constat ex homi-
nibus tuendis, id est ex societate generis humani, attingat cognitionem
rerum, solivaga cognitio et ieiuna videatur, itemque magnitudo animi
remota communitate coniunctioneque humana feritas sit quaedam et
immanitas. Ita fit, ut vincat cognitionis studium consociatio hominum
158 atque communitas. Nec verum est, quod dicitur a quibusdam, propter
necessitatem vitae, quod ea, quae natura desideraret, consequi sine
aliis atque efficere non possemus, idcirco initam esse cum hominibus
communitatem et societatem; quodsi omnia nobis, quae ad victum cul-
tumque pertinent, quasi virgula divina, ut aiunt, suppeditarentur, tum
optimo quisque ingenio negotiis omnibus omissis totum se in cogni-
tione et scientia collocaret. Non est ita; nam et solitudinem fugeret et
socium studii quaereret, tum docere tum discere vellet, tum audire tum
dicere. Ergo omne officium, quod ad coniunctionem hominum et ad
societatem tuendam valet, anteponendum est illi officio, quod cogni-
tione et scientia continetur.
159 Illud forsitan quaerendum sit, num haec communitas, quae
maxime est apta naturae, sit etiam moderationi modestiaeque semper
anteponenda. Non placet; sunt enim quaedam partim ita foeda, par-
tim ita flagitiosa, ut ea ne conservandae quidem patriae causa sapiens
facturus sit. Ea Posidonius collegit permulta, sed ita taetra quaedam,
ita obscena, ut dictu quoque videantur turpia. Haec igitur non sus-
cipiet rei publicae causa, ne res publica quidem pro se suscipi volet.
Sed hoc commodius se res habet, quod non potest accidere tempus, ut
160 intersit rei publicae quicquam illorum facere sapientem. Quare hoc
quidem effectum sit, in officiis deligendis id genus officiorum excel-
lere, quod teneatur hominum societate. Etenim cognitionem pruden-
tiamque sequetur considerata actio; ita fit, ut agere considerate pluris
sit quam cogitare prudenter. Atque haec quidem hactenus. Patefactus
enim locus est ipse, ut non difficile sit in exquirendo officio, quid
cuique sit praeponendum, videre. In ipsa autem communitate sunt
gradus officiorum, ex quibus, quid cuique praestet, intellegi possit, ut
prima dis inmortalibus, secunda patriae, tertia parentibus, deinceps

gradatim reliquis debeantur. Quibus ex rebus breviter disputatis intellegi potest non solum id homines solere dubitare, honestumne an turpe sit, sed etiam duobus propositis honestis utrum honestius sit. Hic locus a Panaetio est, ut supra dixi, praetermissus. Sed iam ad reliqua pergamus.

Liber Secundus

1—8 Einleitung

Quem ad modum officia ducerentur ab honestate, Marce fili, atque 1
ab omni genere virtutis, satis explicatum arbitror libro superiore. Sequitur, ut haec officiorum genera persequar, quae pertinent ad vitae cultum et ad earum rerum, quibus utuntur homines, facultatem, ad opes, ad copias; in quo tum quaeri dixi, quid utile, quid inutile, tum ex utilibus quid utilius aut quid maxime utile. De quibus dicere adgrediar, si pauca prius de instituto ac de iudicio meo dixero. Quamquam 2
enim libri nostri complures non modo ad legendi, sed etiam ad scribendi studium excitaverunt, tamen interdum vereor, ne quibusdam bonis viris philosophiae nomen sit invisum mirenturque in ea tantum me operae et temporis ponere. Ego autem, quam diu res publica per eos gerebatur, quibus se ipsa commiserat, omnes meas curas cogitationesque in eam conferebam; cum autem dominatu unius omnia tenerentur neque esset usquam consilio aut auctoritati locus, socios denique tuendae rei publicae, summos viros, amisissem, nec me angoribus dedidi, quibus essem confectus, nisi iis restitissem, nec rursum indignis homine docto voluptatibus. Atque utinam res publica stetisset, quo 3
coeperat, statu nec in homines non tam commutandarum quam evertendarum rerum cupidos incidisset! Primum enim, ut stante re publica facere solebamus, in agendo plus quam in scribendo operae poneremus, deinde ipsis scriptis non ea, quae nunc, sed actiones nostras mandaremus, ut saepe fecimus. Cum autem res publica, in qua omnis

mea cura, cogitatio, opera poni solebat, nulla esset omnino, illae scili-
4 cet litterae conticuerunt forenses et senatoriae. Nihil agere autem cum
animus non posset, in his studiis ab initio versatus aetatis existimavi
honestissime molestias posse deponi, si me ad philosophiam rettulis-
sem. Cui cum multum adulescens discendi causa temporis tribuissem,
posteaquam honoribus inservire coepi meque totum rei publicae
tradidi, tantum erat philosophiae loci, quantum superfuerat amicorum
et rei publicae tempori; id autem omne consumebatur in legendo, scri-
5 bendi otium non erat. Maximis igitur in malis hoc tamen boni assecuti
videmur, ut ea litteris mandaremus, quae nec erant satis nota nostris
et erant cognitione dignissima. Quid enim est, per deos, optabilius
sapientia, quid praestantius, quid homini melius, quid homine dignius?
Hanc igitur qui expetunt, philosophi nominantur, nec quicquam aliud
est philosophia, si interpretari velis, praeter studium sapientiae. Sa-
pientia autem est, ut a veteribus philosophis definitum est, rerum divi-
narum et humanarum causarumque, quibus eae res continentur, scien-
tia; cuius studium qui vituperat, haud sane intellego, quidnam sit,
6 quod laudandum putet. Nam sive oblectatio quaeritur animi requies-
que curarum, quae conferri cum eorum studiis potest, qui semper ali-
quid anquirunt, quod spectet et valeat ad bene beateque vivendum?
sive ratio constantiae virtutisque ducitur, aut haec ars est aut nulla
omnino, per quam eas assequamur. Nullam dicere maxumarum rerum
artem esse, cum minimarum sine arte nulla sit, hominum est parum
considerate loquentium atque in maxumis rebus errantium. Si autem
est aliqua disciplina virtutis, ubi ea quaeretur, cum ab hoc discendi
genere discesseris? Sed haec, cum ad philosophiam cohortamur, accu-
ratius disputari solent, quod alio quodam libro fecimus; hoc autem
tempore tantum nobis declarandum fuit, cur orbati rei publicae mune-
7 ribus ad hoc nos studium potissimum contulissemus. Occurritur autem
nobis, et quidem a doctis et eruditis quaerentibus, satisne constanter
facere videamur, qui, cum percipi nihil posse dicamus, tamen et aliis
de rebus disserere soleamus et hoc ipso tempore praecepta officii per-
sequamur. Quibus vellem satis cognita esset nostra sententia. Non
enim sumus ii, quorum vagetur animus errore nec habeat umquam,
quid sequatur. Quae enim esset ista mens vel quae vita potius non
modo disputandi, sed etiam vivendi ratione sublata? Nos autem, ut

ceteri alia certa, alia incerta esse dicunt, sic ab his dissentientes alia
probabilia, contra alia dicimus. Quid est igitur, quod me impediat ea, 8
quae probabilia mihi videantur, sequi, quae contra, inprobare atque
adfirmandi arrogantiam vitantem fugere temeritatem, quae a sapien-
tia dissidet plurimum? Contra autem omnia disputatur a nostris, quod
hoc ipsum probabile elucere non posset, nisi ex utraque parte causa-
rum esset facta contentio. Sed haec explanata sunt in Academicis no-
stris satis, ut arbitror, diligenter. Tibi autem, mi Cicero, quamquam in
antiquissima nobilissimaque philosophia Cratippo auctore versaris iis
simillimo, qui ista praeclara pepererunt, tamen haec nostra finituma
vestris ignota esse nolui. Sed iam ad instituta pergamus.

9—87 2. Hauptteil: Das Nützliche und die daraus entstehenden Pflichten

9—10 Das Sittlichgute ist zugleich das Nützliche

Quinque igitur rationibus propositis officii persequendi, quarum 9
duae ad decus honestatemque pertinerent, duae ad commoda vitae,
copias, opes, facultates, quinta ad eligendi iudicium, si quando ea,
quae dixi, pugnare inter se viderentur, honestatis pars confecta est,
quam quidcm tibi cupio cssc notissimam. Hoc autcm, dc quo nunc
agimus, id ipsum est, quod utile appellatur. In quo verbo lapsa con-
suetudo deflexit de via sensimque eo deducta est, ut honestatem ab
utilitate secernens constitueret esse honestum aliquid, quod utile non
esset, et utile, quod non honsetum, qua nulla pernicies maior homi-
num vitae potuit afferri. Summa quidem auctoritate philosophi severe 10
sane atque honeste haec tria genera confusa cogitatione distinguunt.
Quicquid enim iustum sit, id etiam utile esse censent, itemque quod
honestum, idem istum; ex quo efficitur, ut, quicquid honestum sit,
idem sit utile. Quod qui parum perspiciunt, ii saepe versutos homines
et callidos admirantes malitiam sapientiam iudicant. Quorum error

eripiendus est opinioque omnis ad eam spem traducenda, ut honestis consiliis iustisque factis, non fraude et malitia se intellegant ea, quae velint, consequi posse.

11—16 Den größten Nutzen hat der Mensch vom Menschen

11 Quae ergo ad vitam hominum tuendam pertinent, partim sunt inanima, ut aurum, argentum, ut ea, quae gignuntur e terra, ut alia generis eiusdem, partim animalia, quae habent suos impetus et rerum appetitus. Eorum autem alia rationis expertia sunt, alia ratione utentia; expertes rationis equi, boves, reliquae pecudes, apes, quarum opere efficitur aliquid ad usum hominum atque vitam; ratione autem utentium duo genera ponunt, deorum unum, alterum hominum. Deos placatos pietas efficiet et sanctitas, proxime autem et secundum deos
12 homines hominibus maxume utiles esse possunt. Earumque item rerum, quae noceant et obsint, eadem divisio est. Sed quia deos nocere non putant, iis exceptis homines hominibus obesse plurimum arbitrantur. Ea enim ipsa, quae inanima diximus, pleraque sunt hominum operis effecta; quae nec haberemus, nisi manus et ars accessisset, nec iis sine hominum administratione uteremur. Neque enim valetudinis curatio neque navigatio neque agri cultura neque frugum fructuumque reliquorum perceptio et conservatio sine hominum opera ulla esse potuis-
13 set. Iam vero et earum rerum, quibus abundaremus, exportatio et earum, quibus egeremus, invectio certe nulla esset, nisi his muneribus homines fungerentur. Eademque ratione nec lapides ex terra exciderentur ad usum nostrum necessarii, nec 'ferrum, aes, aurum, argentum' effoderetur 'penitus abditum' sine hominum labore et manu. Tecta vero, quibus et frigorum vis pelleretur et calorum molestiae sedarentur, unde aut initio generi humano dari potuissent aut postea subvenire, si aut vi tempestatis aut terrae motu aut vetustate cecidissent, nisi communis vita ab hominibus harum rerum auxilia petere didicis-
14 set? Adde ductus aquarum, derivationes fluminum, agrorum inrigationes, moles oppositas fluctibus, portus manu factos, quae unde sine

hominum opere habere possemus? Ex quibus multisque aliis per-
spicuum est, qui fructus quaeque utilitates ex rebus iis, quae sint
inanimae, percipiantur, eas nos nullo modo sine hominum manu atque
opera capere potuisse. Qui denique ex bestiis fructus aut quae com-
moditas, nisi homines adiuvarent, percipi posset? Nam et qui prin-
cipes inveniendi fuerunt, quem ex quaque belua usum habere posse-
mus, homines certe fuerunt, nec hoc tempore sine hominum opera aut
pascere eas aut domare aut tueri aut tempestivos fructus ex iis capere
possemus; ab eisdemque et, quae nocent, interficiuntur et, quae usui
possunt esse, capiuntur. Quid enumerem artium multitudinem, sine 15
quibus vita omnino nulla esse potuisset? Qui enim aegris subveniretur,
quae esset oblectatio valentium, qui victus aut cultus, nisi tam multae
nobis artes ministrarent? quibus rebus exculta hominum vita tantum
distat a victu et cultu bestiarum. Urbes vero sine hominum coetu non
potuissent nec aedificari nec frequentari; ex quo leges moresque con-
stituti, tum iuris aequa discriptio certaque vivendi disciplina; quas res
et mansuetudo animorum consecuta et verecundia est effectumque, ut
esset vita munitior, atque ut dando et accipiendo mutuandisque facul-
tatibus et commodandis nulla re egeremus.

Longiores hoc loco sumus, quam necesse est. Quis est enim, cui 16
non perspicua sint illa, quae pluribus verbis a Panaetio commemoran-
tur, neminem neque ducem bello nec principem domi magnas res et
salutares sine hominum studiis gerere potuisse? Commemoratur ab eo
Themistocles, Pericles, Cyrus, Agesilaus, Alexander, quos negat sine
adiumentis hominum tantas res efficere potuisse. Utitur in re non
dubia testibus non necessariis. Atque ut magnas utilitates adipiscimur
conspiratione hominum atque consensu, sic nulla tam detestabilis
pestis est, quae non homini ab homine nascatur. Est Dicaearchi liber
de interitu hominum, Peripatetici magni et copiosi, qui collectis ceteris
causis eluvionis, pestilentiae, vastitatis, beluarum etiam repentinae
multitudinis, quarum impetu docet quaedam hominum genera esse
consumpta, deinde comparat, quanto plures deleti sint homines homi-
num impetu, id est bellis aut seditionibus, quam omni reliqua cala-
mitate.

17—20 Die Tugend muß alle Menschen zusammenschließen

17 Cum igitur hic locus nihil habeat dubitationis, quin homines plu-
rimum hominibus et prosint et obsint, proprium hoc statuo esse vir-
tutis, conciliare animos hominum et ad usus suos adiungere. Itaque,
quae in rebus inanimis quaeque in usu et tractatione beluarum fiunt uti-
liter ad hominum vitam, artibus ea tribuuntur operosis, hominum
autem studia ad amplificationem nostrarum rerum prompta ac parata
18 virorum praestantium sapientia et virtute excitantur. Etenim virtus
omnis tribus in rebus fere vertitur, quarum una est in perspiciendo,
quid in quaque re verum sincerumque sit, quid consentaneum cuique,
quid consequens, ex quo quaeque gignantur, quae cuiusque rei causa sit,
alterum cohibere motus animi turbatos, quos Graeci πάθη nominant,
appetitionesque, quas illi ὁρμάς, oboedientes efficere rationi, ter-
tium iis, quibuscum congregemur, uti moderate et scienter, quorum
studiis ea, quae natura desiderat, expleta cumulataque habeamus, per
eosdemque, si quid importetur nobis incommodi, propulsemus ulcisca-
murque eos, qui nocere nobis conati sint, tantaque poena adficiamus,
19 quantam aequitas humanitasque patitur. Quibus autem rationibus
hanc facultatem assequi possimus, ut hominum studia complectamur
eaque teneamus, dicemus, neque ita multo post, sed pauca ante di-
cenda sunt. Magnam vim esse in fortuna in utramque partem, vel
secundas ad res vel adversas, quis ignorat? Nam et, cum prospero
flatu eius utimur, ad exitus pervehimur optatos et, cum reflavit, affli-
gimur. Haec igitur ipsa fortuna ceteros casus rariores habet, primum
ab inanimis procellas, tempestates, naufragia, ruinas, incendia, deinde
20 a bestiis ictus, morsus, impetus; haec ergo, ut dixi, rariora. At vero
interitus exercituum, ut proxime trium, saepe multorum, clades im-
peratorum, ut nuper summi et singularis viri, invidiae praeterea mul-
titudinis atque ob eas bene meritorum saepe civium expulsiones, cala-
mitates, fugae, rursusque secundae res, honores, imperia, victoriae,
quamquam fortuita sunt, tamen sine hominum opibus et studiis neu-
tram in partem effici possunt. Hoc igitur cognito dicendum est, quo-
nam modo hominum studia ad utilitates nostras allicere atque excitare

possimus. Quae si longior fuerit oratio, cum magnitudine utilitatis comparetur; ita fortasse etiam brevior videbitur.

21—85 Motive der Menschen, anderen zu nützen

21 Überblick

Quaecumque igitur homines homini tribuunt ad eum augendum atque honestandum, aut benevolentiae gratia faciunt, cum aliqua de causa quempiam diligunt, aut honoris, si cuius virtutem suspiciunt, quemque dignum fortuna quam amplissima putant, aut cui fidem habent et bene rebus suis consulere arbitrantur, aut cuius opes metuunt, aut contra, a quibus aliquid exspectant, ut cum reges popularesve homines largitiones aliquas proponunt, aut postremo pretio ac mercede ducuntur, quae sordidissima est illa quidem ratio et inquinatissima et iis, qui ea tenentur, et illis, qui ad eam confugere conantur. 21

22—30 Liebe und Furcht

Male enim se res habet, cum, quod virtute effici debet, id temptatur pecunia. Sed quoniam non numquam hoc subsidium necessarium est, quem ad modum sit utendum eo, dicemus, si prius iis de rebus, quae virtuti propiores sunt, dixerimus. Atque etiam subiciunt se homines imperio alterius et potestati de causis pluribus. Ducuntur enim aut benevolentia aut beneficiorum magnitudine aut dignitatis praestantia aut spe sibi id utile futurum aut metu, ne vi parere cogantur, aut spe largitionis promissisque capti aut postremo, ut saepe in nostra re publica videmus, mercede conducti. Omnium autem rerum nec aptius 23 est quicquam ad opes tuendas ac tenendas quam diligi nec alienius quam timeri. Praeclare enim Ennius: 22

Quém metuunt, odérunt; quem quisque ódit, periisse éxpetit.

Multorum autem odiis nullas opes posse obsistere, si antea fuit
ignotum, nuper est cognitum. Nec vero huius tyranni solum, quem
armis oppressa pertulit civitas ac paret cum maxume mortuo, interitus
declarat, quantum odium hominum valet ad pestem, sed reliquorum
similes exitus tyrannorum, quorum haud fere quisquam talem interitum
effugit; malus enim est custos diuturnitatis metus contraque benivolen-
24 tia fidelis vel ad perpetuitatem. Sed iis, qui vi oppressos imperio
coercent, sit sane adhibenda saevitia, ut eris in famulos, si aliter teneri
non possunt; qui vero in libera civitate ita se instruunt, ut metuantur,
iis nihil potest esse dementius. Quamvis enim sint demersae leges
alicuius opibus, quamvis timefacta libertas, emergunt tamen haec
aliquando aut iudiciis tacitis aut occultis de honore suffragiis. Acriores
autem morsus sunt intermissae libertatis quam retentae. Quod igitur
latissume patet neque ad incolumitatem solum, sed etiam ad opes et
potentiam valet plurimum, id amplectamur, ut metus absit, càritas
retineatur. Ita facillime, quae volemus, et privatis in rebus et in re
publica consequemur. Etenim qui se metui volent, a quibus metuentur,
25 eosdem metuant ipsi necesse est. Quid enim censemus superiorem illum
Dionysium quo cruciatu timoris angi solitum, qui cultros metuens ton-
sorios candente carbone sibi adurebat capillum? quid Alexandrum
Pheraeum quo animo vixisse arbitramur? qui, ut scriptum legimus,
cum uxorem Theben admodum diligeret, tamen ad eam ex epulis in
cubiculum veniens barbarum, et eum quidem, ut scriptum est, conpunc-
tum notis Thraeciis destricto gladio iubebat anteire praemittebatque
de stipatoribus suis, qui scrutarentur arculas muliebres et, ne quod in
vestimentis telum occultaretur, exquirerent. O miserum, qui fideliorem
et barbarum et stigmatiam putaret quam coniugem! Nec eum fefellit;
ab ea est enim ipsa propter pelicatus suspicionem interfectus. Nec vero
ulla vis imperii tanta est, quae premente metu possit esse diuturna.
26 Testis est Phalaris, cuius est praeter ceteros nobilitata crudelitas, qui
non ex insidiis interiit, ut is, quem modo dixi, Alexander, non a paucis,
ut hic noster, sed in quem universa Agrigentinorum multitudo impe-
tum fecit. Quid? Macedones nonne Demetrium reliquerunt universique
se ad Pyrrhum contulerunt? Quid? Lacedaemonios iniuste imperantes
nonne repente omnes fere socii deseruerunt spectatoresque se otiosos

praebuerunt Leuctricae calamitatis? Externa libentius in tali re quam domestica recordor. Verum tamen, quam diu imperium populi Romani beneficiis tenebatur, non iniuriis, bella aut pro sociis aut de imperio gerebantur, exitus erant bellorum aut mites aut necessarii, regum, populorum, nationum portus erat et refugium senatus, nostri autem magistratus imperatoresque ex hac una re maximam laudem capere studebant, si provincias, si socios aequitate et fide defendissent; itaque 27
illud patrocinium orbis terrae verius quam imperium poterat nominari. Sensim hanc consuetudinem et disciplinam iam antea minuebamus, post vero Sullae victoriam penitus amisimus; desitum est enim videri quicquam in socios iniquum, cum exstitisset in cives tanta crudelitas. Ergo in illo secuta est honestam causam non honesta victoria; est enim ausus dicere, hasta posita cum bona in foro venderet et bonorum virorum et locupletium et certe civium, 'praedam se suam vendere'. Secutus est, qui in causa impia, victoria etiam foediore non singulorum civium bona publicaret, sed universas provincias regionesque uno calamitatis iure comprehenderet. Itaque vexatis ac perditis 28
exteris nationibus ad exemplum amissi imperii portari in triumpho Massiliam vidimus et ex ea urbe triumphari, sine qua numquam nostri imperatores ex Transalpinis bellis triumpharunt. Multa praeterea commemorarem nefaria in socios, si hoc uno quicquam sol vidisset indignius. Iure igitur plectimur. Nisi enim multorum inpunita scelera tulissemus, numquam ad unum tanta pervenisset licentia; a quo quidem rei familiaris ad paucos, cupiditatum ad multos inprobos venit hereditas. Nec vero umquam bellorum civilium semen et causa deerit, 29
dum homines perditi hastam illam cruentam et meminerint et sperabunt; quam P. Sulla cum vibrasset dictatore propinquo suo, idem sexto tricensimo anno post a sceleratiore hasta non recessit; alter autem, qui in illa dictatura scriba fuerat, in hac quaestor urbanus. Ex quo debet intellegi talibus praemiis propositis numquam defutura bella civilia. Itaque parietes modo urbis stant et manent, iique ipsi iam extrema scelera metuentes, rem vero publicam penitus amisimus. Atque in has clades incidimus (redeundum est enim ad propositum), dum metui quam cari esse et diligi malumus. Quae si populo Romano iniuste imperanti accidere potuerunt, quid debent putare singuli? Quod cum perspicuum sit, benevolentiae vim esse magnam, metus inbecillam,

sequitur, ut disseramus, quibus rebus facillime possimus eam, quam
30 volumus, adipisci cum honore et fide caritatem. Sed ea non pariter
omnes egemus; nam ad cuiusque vitam institutam accommodandum
est, a multisne opus sit an satis sit a paucis diligi. Certum igitur hoc
sit idque et primum et maxume necessarium familiaritates habere fidas
amantium nos amicorum et nostra mirantium; haec enim una res
prorsus, ut non multum differat inter summos et mediocres viros, aeque
31 utrisque est propemodum comparanda. Honore et gloria et benivolentia
civium fortasse non aeque omnes egent, sed tamen, si cui haec suppe-
tunt, adiuvant aliquantum cum ad cetera, tum ad amicitias com-
parandas.

31—51 Vertrauen und Ruhm

31—34 Gerechtigkeit erweckt Vertrauen

Sed de amicitia alio libro dictum est, qui inscribitur Laelius; nunc
dicamus de gloria, quamquam ea quoque de re duo sunt nostri libri,
sed attingamus, quandoquidem ea in rebus maioribus administrandis
adiuvat plurimum. Summa igitur et perfecta gloria constat ex tribus
his: si diligit multitudo, si fidem habet, si cum admiratione quadam
honore dignos putat. Haec autem, si est simpliciter breviterque dicen-
dum, quibus rebus pariuntur a singulis, eisdem fere a multitudine. Sed
est alius quoque quidam aditus ad multitudinem, ut in universorum
32 animos tamquam influere possimus. Ac primum de illis tribus, quae
ante dixi, benevolentiae praecepta videamus; quae quidem capitur
beneficiis maxime, secundo autem loco voluntate benefica benevolentia
movetur, etiamsi res forte non suppetit; vehementer autem amor
multitudinis commovetur ipsa fama et opinione liberalitatis, beneficen-
tiae, iustitiae, fidei omniumque earum virtutum, quae pertinent ad
mansuetudinem morum ac facilitatem. Etenim illud ipsum, quod
honestum decorumque dicimus, quia per se nobis placet animosque
omnium natura et specie sua commovet maximeque quasi perlucet ex

iis, quas commemoravi, virtutibus, idcirco illos, in quibus eas virtutes esse remur, a natura ipsa diligere cogimur. Atque hae quidem causae diligendi gravissimae; possunt enim praeterea non nullae esse leviores.
Fides autem ut habeatur, duabus rebus effici potest, si existimabimur 33
adepti coniunctam cum iustitia prudentiam. Nam et iis fidem habemus, quos plus intellegere quam nos arbitramur quosque et futura prospicere credimus et, cum res agatur in discrimenque ventum sit, expedire rem et consilium ex tempore capere posse; hanc enim utilem homines existimant veramque prudentiam. Iustis autem [et fidis] hominibus, id est bonis viris, ita fides habetur, ut nulla sit in iis fraudis iniuriaeque suspicio. Itaque his salutem nostram, his fortunas, his liberos rectissime
committi arbitramur. Harum igitur duarum ad fidem faciendam 34
iustitia plus pollet, quippe cum ea sine prudentia satis habeat auctoritatis, prudentia sine iustitia nihil valet ad faciendam fidem. Quo enim quis versutior et callidior, hoc invisior et suspectior detracta opinione probitatis. Quam ob rem intellegentiae iustitia coniuncta, quantum volet, habebit ad faciendam fidem virium; iustitia sine prudentia multum poterit, sine iustitia nihil valebit prudentia.

35—38 Der Gerechte erwirbt Ruhm

Sed ne quis sit admiratus, cur, cum inter omnes philosophos constet 35
a meque ipso saepe disputatum sit, qui unam haberet, omnes habere virtutes, nunc ita seiungam, quasi possit quisquam, qui non idem prudens sit, iustus esse, alia est illa, cum veritas ipsa limatur in disputatione, subtilitas, alia, cum ad opinionem communem omnis accommodatur oratio. Quam ob rem, ut volgus, ita nos hoc loco loquimur, ut alios fortes, alios viros bonos, alios prudentes esse dicamus; popularibus enim verbis est agendum et usitatis, cum loquimur de opinione
populari, idque eodem modo fecit Panaetius. Sed ad propositum 36
revertamur. Erat igitur ex iis tribus, quae ad gloriam pertinerent, hoc tertium, ut cum admiratione hominum honore ab iis digni iudicaremur. Admirantur igitur communiter illi quidem omnia, quae magna et praeter opinionem suam animadverterunt, separatim autem, in singulis si perspiciunt necopinata quaedam bona. Itaque eos viros suspi-

ciunt maxumisque efferunt laudibus, in quibus existumant se excellentes quasdam et singulares perspicere virtutes, despiciunt autem eos et contemnunt, in quibus nihil virtutis, nihil animi, nihil nervorum putant. Non enim omnes eos contemnunt, de quibus male existumant. Nam quos improbos, maledicos, fraudulentos putant et ad faciendam iniuriam instructos, eos haud contemnunt quidem, sed de iis male existumant. Quam ob rem, ut ante dixi, contemnuntur, ii, qui 'nec sibi nec alteri', ut dicitur, in quibus nullus labor, nulla industria, nulla cura est.
37 Admiratione autem adficiuntur ii, qui anteire ceteris virtute putantur et cum omni carere dedecore, tum vero iis vitiis, quibus alii non facile possunt obsistere. Nam et voluptates, blandissumae dominae, maioris partis animos a virtute detorquent et, dolorum cum admoventur faces, praeter modum plerique exterrentur; vita mors, divitiae paupertas omnes homines vehementissime permovent. Quae qui in utramque partem excelso animo magnoque despiciunt, cumque aliqua iis ampla et honesta res obiecta est, totos ad se convertit et rapit, tum quis non ad-
38 miretur splendorem pulchritudinemque virtutis? Ergo et haec animi despicientia admirabilitatem magnam facit et maxume iustitia, ex qua una virtute viri boni appellantur, mirifica quaedam multitudini videtur, nec iniuria; nemo enim iustus esse potest, qui mortem, qui dolorem, qui exilium, qui egestatem timet, aut qui ea, quae sunt his contraria, aequitati anteponit. Maximeque admirantur eum, qui pecunia non movetur; quod in quo viro perspectum sit, hunc igni spectatum arbitrantur. Itaque illa tria, quae proposita sunt ad gloriam, omnia iustitia conficit, et benivolentiam, quod prodesse vult plurimis, et ob eandem causam fidem et admirationem, quod eas res spernit et neglegit, ad quas plerique inflammati aviditate rapiuntur.

9—43 Gerechtigkeit braucht sogar der Einsame, besonders aber ein Staat

39 Ac mea quidem sententia omnis ratio atque institutio vitae adiumenta hominum desiderat, in primisque ut habeat, quibuscum possit familiares conferre sermones; quod est difficile, nisi speciem prae te boni viri feras. Ergo etiam solitario homini atque in agro vitam agenti

opinio iustitiae necessaria est, eoque etiam magis, quod, eam si non
habebunt, [iniusti habebuntur,] nullis praesidiis saepti multis afficien-
tur iniuriis. Atque iis etiam, qui vendunt emunt, conducunt locant con- 40
trahendisque negotiis implicantur, iustitia ad rem gerendam necessaria
est, cuius tanta vis est, ut ne illi quidem, qui maleficio et scelere pascun-
tur, possint sine ulla particula iustitiae vivere. Nam qui eorum cuipiam,
qui una latrocinantur, furatur aliquid aut eripit, is sibi ne in latrocinio
quidem relinquit locum, ille autem, qui archipirata dicitur, nisi aequa-
biliter praedam dispertiat, aut interficiatur a sociis aut relinquatur;
quin etiam leges latronum esse dicuntur, quibus pareant, quas obser-
vent. Itaque propter aequabilem praedae partitionem et Bardulis Illy-
rius latro, de quo est apud Theopompum, magnas opes habuit et multo
maiores Viriathus Lusitanus; cui quidem etiam exercitus nostri impera-
toresque cesserunt; quem C. Laelius, is qui Sapiens usurpatur, praetor
fregit et comminuit ferocitatemque eius ita repressit, ut facile bellum
reliquis traderet. Cum igitur tanta vis iustitiae sit, ut ea etiam latro-
num opes firmet atque augeat, quantam eius vim inter leges et iudicia
et in constituta re publica fore putamus? Mihi quidem non apud Medos 41
solum, ut ait Herodotus, sed etiam apud maiores nostros iustitiae
fruendae causa videntur olim bene morati reges constituti. Nam cum
premeretur inops multitudo ab iis, qui maiores opes habebant, ad unum
aliquem confugiebant virtute praestantem; qui cum prohiberet iniuria
tenuiores, aequitate constituenda summos cum infimis pari iure retine-
bat. Eademque constituendarum legum fuit causa, quae regum. Ius 42
enim semper est quaesitum aequabile; neque enim aliter esset ius. Id si
ab uno iusto et bono viro consequebantur, erant eo contenti; cum id
minus contingeret, leges sunt inventae, quae cum omnibus semper una
atque eadem voce loquerentur. Ergo hoc quidem perspicuum est, eos
ad imperandum deligi solitos, quorum de iustitia magna esset opinio
multitudinis. Adiuncto vero, ut idem etiam prudentes haberentur, nihil
erat, quod homines iis auctoribus non posse consequi se arbitrarentur.
Omni igitur ratione colenda et retinenda iustitia est cum ipsa per sese
(nam aliter iustitia non esset), tum propter amplificationem honoris et
gloriae. Sed ut pecuniae non quaerendae solum ratio est, verum etiam
collocandae, quae perpetuos sumptus suppeditet, nec solum necessarios,
sed etiam liberales, sic gloria et quaerenda et collocanda ratione est.

43 Quamquam praeclare Socrates hanc viam ad gloriam proximam et quasi compendiariam dicebat esse, si quis id ageret, ut, qualis haberi vellet, talis esset. Quodsi qui simulatione et inani ostentatione et ficto non modo sermone, sed etiam voltu stabilem se gloriam consequi posse rentur, vehementer errant. Vera gloria radices agit atque etiam propagatur, ficta omnia celeriter tamquam flosculi decidunt, nec simulatum potest quicquam esse diuturnum. Testes sunt permulti in utramque partem, sed brevitatis causa familia contenti erimus una. Ti. enim Gracchus P. f. tam diu laudabitur, dum memoria rerum Romanarum manebit; at eius filii nec vivi probabantur bonis et mortui numerum optinent iure caesorum. Qui igitur adipisci veram gloriam volet, iustitiae fungatur officiis. Ea quae essent, dictum est in libro superiore.

44—47 Ruhm durch Krieg und moralische Leistung

44 Sed ut facillime, quales simus, tales esse videamur, etsi in eo ipso vis maxima est, ut simus ii, qui haberi velimus, tamen quaedam praecepta danda sunt. Nam si quis ab ineunte aetate habet causam celebritatis et nominis aut a patre acceptam, quod tibi, mi Cicero, arbitror contigisse, aut aliquo casu atque fortuna, in hunc oculi omnium coniciuntur atque in eum, quid agat, quem ad modum vivat, inquiritur et, tamquam in clarissima luce versetur, ita nullum obscurum potest
45 nec dictum eius esse nec factum. Quorum autem prima aetas propter humilitatem et obscuritatem in hominum ignoratione versatur, ii, simul ac iuvenes esse coeperunt, magna spectare et ad ea rectis studiis debent contendere; quod eo firmiore animo facient, quia non modo non invidetur illi aetati, verum etiam favetur. Prima igitur est adulescenti commendatio ad gloriam, si qua ex bellicis rebus comparari potest, in qua multi apud maiores nostros exstiterunt; semper enim fere bella gerebantur. Tua autem aetas incidit in id bellum, cuius altera pars sceleris nimium habuit, altera felicitatis parum. Quo tamen in bello cum te Pompeius alae [alteri] praefecisset, magnam laudem et a summo viro et ab exercitu consequebare equitando, iaculando, omni militari labore tolerando. Atque ea quidem tua laus pariter cum re publica cecidit. Mihi autem haec oratio suscepta non de te est, sed de genere

toto; quam ob rem pergamus ad ea, quae restant. Ut igitur in reliquis 46
rebus multo maiora opera sunt animi quam corporis, sic eae res, quas ingenio ac ratione persequimur, gratiores sunt quam illae, quas viribus. Prima igitur commendatio proficiscitur a modestia, tum pietate in parentes, in suos benevolentia. Facillume autem et in optimam partem cognoscuntur adulescentes, qui se ad claros et sapientes viros bene consulentes rei publicae contulerunt; quibuscum si frequentes sunt, opinionem adferunt populo eorum fore se similes, quos sibi ipsi delegerint ad imitandum. P. Rutili adulescentiam ad opinionem et 47
innocentiae et iuris scientiae P. Muci commendavit domus. Nam L. quidem Crassus, cum esset admodum adulescens, non aliunde mutuatus est, sed sibi ipse peperit maxumam laudem ex illa accusatione nobili et gloriosa, et, qua aetate qui exercentur, laude adfici solent, ut de Demosthene accepimus, ea aetate L. Crassus ostendit id se in foro optume iam facere, quod etiam tum poterat domi cum laude meditari.

48—51 Hilfe der Redekunst beim Streben nach Ruhm und anderen Gütern

Sed cum duplex ratio sit orationis, quarum in altera sermo sit, in 48
altera contentio, non est id quidem dubium, quin contentio orationis maiorem vim habeat ad gloriam (ea est enim, quam eloquentiam dicimus); sed tamen difficile dictu est, quantopere conciliet animos comitas adfabilitasque sermonis. Exstant epistulae et Philippi ad Alexandrum et Antipatri ad Cassandrum et Antigoni ad Philippum filium, trium prudentissimorum (sic enim accepimus); quibus praecipiunt, ut oratione benigna multitudinis animos ad benivolentiam alliciant militesque blande appellando [sermone] deliniant. Quae autem in multitudine cum contentione habetur oratio, ea saepe universam excitat [gloriam]; magna est enim admiratio copiose sapienterque dicentis; quem qui audiunt, intellegere etiam et sapere plus quam ceteros arbitrantur. Si vero inest in oratione mixta modestia gravitas, nihil admirabilius fieri potest, eoque magis, si ea sunt in adulescente. Sed cum sint 49
plura causarum genera, quae eloquentiam desiderent, multique in nostra

re publica adulescentes et apud iudices et apud populum et apud sena-
tum dicendo laudem assecuti sint, maxima est admiratio in iudiciis;
quorum ratio duplex est. Nam ex accusatione et ex defensione constat;
quarum etsi laudabilior est defensio, tamen etiam accusatio probata
persaepe est. Dixi paulo ante de Crasso; idem fecit adulescens M. An-
tonius. Etiam P. Sulpici eloquentiam accusatio inlustravit, cum sedi-
50 tiosum et inutilem civem, C. Norbanum, in iudicium vocavit. Sed hoc
quidem non est saepe faciendum nec umquam nisi aut rei publicae
causa, ut ii, quos ante dixi, aut ulciscendi, ut duo Luculli, aut patro-
cinii, ut nos pro Siculis, pro Sardis in Albucio Iulius. In accusando
etiam M'. Aquilio L. Fufi cognita industria est. Semel igitur aut non
saepe certe. Sin erit, cui faciendum sit saepius, rei publicae tribuat hoc
muneris, cuius inimicos ulcisci saepius non est reprehendendum; modus
tamen adsit. Duri enim hominis vel potius vix hominis videtur peri-
culum capitis inferre multis. Id cum periculosum ipsi est, tum etiam
sordidum ad famam, committere, ut accusator nominere; quod contigit
M. Bruto summo genere nato, illius filio, qui iuris civilis in primis peri-
51 tus fuit. Atque etiam hoc praeceptum officii diligenter tenendum est, ne
quem umquam innocentem iudicio capitis arcessas; id enim sine scelere
fieri nullo pacto potest. Nam quid est tam inhumanum quam eloquen-
tiam a natura ad salutem hominum et ad conservationem datam ad
bonorum pestem perniciemque convertere? Nec tamen, ut hoc fugien-
dum est, item est habendum religioni nocentem aliquando, modo ne
nefarium impiumque, defendere; vult hoc multitudo, patitur con-
suetudo, fert etiam humanitas. Iudicis est semper in causis verum sequi,
patroni non numquam veri simile, etiamsi minus sit verum, defendere;
quod scribere, praesertim cum de philosophia scriberem, non auderem,
nisi idem placeret gravissimo Stoicorum, Panaetio. Maxume autem et
gloria paritur et gratia defensionibus, eoque maior, si quando accidit,
ut ei subveniatur, qui potentis alicuius opibus circumveniri urgerique
videatur, ut nos et saepe alias et adulescentes contra L. Sullae domi-
nantis opes pro Sex. Roscio Amerino fecimus, quae, ut scis, exstat
oratio.

52—55a Die Wohltätigkeit und ihre Arten

Sed expositis adulescentium officiis, quae valeant ad gloriam adi- 52
piscendam, deinceps de beneficentia ac de liberalitate dicendum est; cuius est ratio duplex; nam aut opera benigne fit indigentibus aut pecunia. Facilior est haec posterior, locupleti praesertim, sed illa lautior ac splendidior et viro forti claroque dignior. Quamquam enim in utroque inest gratificandi liberalis voluntas, tamen altera ex arca, altera ex virtute depromitur, largitioque, quae fit ex re familiari, fontem ipsum benignitatis exhaurit. Ita benignitate benignitas tollitur; qua quo in
plures usus sis, eo minus in multos uti possis. At qui opera, id est virtute 53
et industria, benefici et liberales erunt, primum, quo pluribus profuerint, eo plures ad benigne faciendum adiutores habebunt, dein consuetudine beneficentiae paratiores erunt et tamquam exercitatiores ad bene de multis promerendum. Praeclare in epistula quadam Alexandrum filium Philippus accusat, quod largitione benevolentiam Macedonum consectetur: 'Quae te, malum!' inquit, 'ratio in istam spem induxit, ut eos tibi fideles putares fore, quos pecunia corrupisses? An tu id agis, ut Macedones non te regem suum, sed ministrum et praebitorem sperent fore?' Bene 'ministrum et praebitorem', quia sordidum regi, melius etiam, quod largitionem 'corruptelam' dixit esse; fit enim dete-
rior, qui accipit, atque ad idem semper exspectandum paratior. Hoc 54
ille filio, sed praeceptum putemus omnibus. Quam ob rem id quidem non dubium est, quin illa benignitas, quae constet ex opera et industria, et honestior sit et latius pateat et possit prodesse pluribus; non numquam tamen est largiendum, nec hoc benignitatis genus omnino repudiandum est et saepe idoneis hominibus indigentibus de re familiari inpertiendum, sed diligenter atque moderate; multi enim patrimonia effuderunt inconsulte largiendo. Quid autem est stultius quam, quod libenter facias, curare, ut id diutius facere non possis? Atque etiam sequuntur largitionem rapinae; cum enim dando egere coeperunt, alienis bonis manus afferre coguntur. Ita, cum benevolentiae comparandae causa benefici esse velint, non tanta studia assequuntur eorum, quibus

55 dederunt, quanta odia eorum, quibus ademerunt. Quam ob rem nec ita
claudenda res est familiaris, ut eam benignitas aperire non possit, nec
ita reseranda, ut pateat omnibus; modus adhibeatur, isque referatur ad
facultates. Omnino meminisse debemus, id quod a nostris hominibus
saepissime usurpatum iam in proverbii consuetudinem venit, 'largi-
tionem fundum non habere'; etenim quis potest modus esse, cum et
idem, qui consuerunt, et idem illud alii desiderent?

55b—60 Verschwenderische Wohltätigkeit

Omnino duo sunt genera largorum, quorum alteri prodigi, alteri
liberales, prodigi, qui epulis et viscerationibus et gladiatorum muneri-
bus, ludorum venationumque apparatu pecunias profundunt in eas res,
quarum memoriam aut brevem aut nullam omnino sint relicturi, libera-
les autem, qui suis facultatibus aut captos a praedonibus redimunt aut
aes alienum suscipiunt amicorum aut in filiarum collocatione adiuvant
56 aut opitulantur in re vel quaerenda vel augenda. Itaque miror, quid in
mentem venerit Theophrasto in eo libro, quem de divitiis scripsit; in
quo multa praeclare, illud absurde: est enim multus in laudanda magni-
ficentia et apparatione popularium munerum taliumque sumptuum fa-
cultatem fructum divitiarum putat. Mihi autem ille fructus liberali-
tatis, cuius pauca exempla posui, multo et maior videtur et certior.
Quanto Aristoles gravius et verius nos reprehendit, qui has pecuniarum
effusiones non admiremur, quae fiunt ad multitudinem deliniendam.
Ait enim, 'qui ab hoste obsidentur, si emere aquae sextarium cogerentur
mina, hoc primo incredibile nobis videri omnesque mirari, sed cum
attenderint, veniam necessitati dare, in his immanibus iacturis infinitis-
que sumptibus nihil nos magnopere mirari, cum praesertim neque
necessitati subveniatur nec dignitas augeatur ipsaque illa delectatio
multitudinis ad breve exiguumque tempus *capiatur*, eaque a levissumo
quoque, in quo tamen ipso una cum satietate memoria quoque moriatur
57 voluptatis.' Bene etiam colligit 'haec pueris et mulierculis et servis et
servorum simillimis liberis esse grata, gravi vero homini et ea, quae
fiunt, iudicio certo ponderanti probari posse nullo modo.' Quamquam

intellego in nostra civitate inveterasse iam bonis temporibus, ut splendor aedilitatum ab optimis viris postuletur. Itaque et P. Crassus cum cognomine dives tum copiis functus est aedilicio maximo munere, et paulo post L. Crassus cum omnium hominum moderatissimo Q. Mucio magnificentissima aedilitate functus est, deinde C. Claudius App. f., multi post, Luculli, Hortensius, Silanus; omnes autem P. Letulus me consule vicit superiores; hunc est Scaurus imitatus; magnificentissima vero nostri Pompei munera secundo consulatu; in quibus omnibus quid mihi placeat, vides. Vitanda tamen suspicio est avaritiae. Mamerco, 58
homini divitissimo, praetermissio aedilitatis consulatus repulsam attulit. Quare et, si postulatur a populo, bonis viris si non desiderantibus, at tamen adprobantibus faciundum est, modo pro facultatibus, nos ipsi ut fecimus, et si quando aliqua res maior atque utilior populari largitione adquiritur, ut Oresti nuper prandia in semitis decumae nomine magno honori fuerunt. Ne M. quidem Seio vitio datum est, quod in caritate asse modium populo dedit; magna enim se et inveterata invidia nec turpi iactura, quando erat aedilis, nec maxima liberavit. Sed honori summo nuper nostro Miloni fuit, qui gladiatoribus emptis rei publicae causa, quae salute nostra continebatur, omnes P. Clodi conatus furoresque compressit. Causa igitur largitionis est, si aut necesse est aut utile.
In his autem ipsis mediocritatis regula optima est. L. quidem Philippus 59
Q. f., magno vir ingenio in primisque clarus, gloriari solebat se sine ullo munere adeptum esse omnia, quae haberentur amplissima. Dicebat idem Cotta, Curio. Nobis quoque licet in hoc quodam modo gloriari; nam pro amplitudine honorum, quos cunctis suffragiis adepti sumus nostro quidem anno, quod contigit eorum nemini, quos modo nominavi, sane exiguus sumptus aedilitatis fuit. Atque etiam illae impensae meliores, 60
muri, navalia, portus, aquarum ductus omniaque, quae ad usum rei publicae pertinent. Quamquam, quod praesens tamquam in manum datur, iucundius est; tamen haec in posterum gratiora. Theatra, porticus, nova templa verecundius reprehendo propter Pompeium, sed doctissimi non probant, ut et hic ipse Panaetius, quem multum in his libris secutus sum, non interpretatus, et Phalereus Demetrius, qui Periclem, principem Graeciae, vituperat, quod tantam pecuniam in praeclara illa propylaea coniecerit. Sed de hoc genere toto in iis libris, quos de re publica scripsi, diligenter est disputatum. Tota igitur ratio talium lar-

gitionum genere vitiosa est, temporibus necessaria, et tum ipsum et ad facultates accommodanda et mediocritate moderanda est.

61—64 Edle Freigebigkeit

61 In illo autem altero genere largiendi, quod a liberalitate proficiscitur, non uno modo in disparibus causis adfecti esse debemus. Alia causa est eius, qui calamitate premitur, et eius, qui res meliores quaerit
62 nullis suis rebus adversis. Propensior benignitas esse debebit in calamitosos, nisi forte erunt digni calamitate. In iis tamen, qui se adiuvari volent, non ne adfligantur, sed ut altiorem gradum ascendant, restricti omnino esse nullo modo debemus, sed in deligendis idoneis iudicium et diligentiam adhibere. Nam praeclare Ennius:

Bene fácta male locáta male facta árbitror.

63 Quod autem tributum est bono viro et grato, in eo cum ex ipso fructus est, tum etiam ex ceteris. Temeritate enim remota gratissima est liberalitas, eoque eam studiosius plerique laudant, quod summi cuiusque bonitas commune perfugium est omnium. Danda igitur opera est, ut iis beneficiis quam plurimos adficiamus, quorum memoria liberis posterisque prodatur, ut iis ingratis esse non liceat. Omnes enim inmemorem beneficii oderunt eamque iniuriam in deterrenda liberalitate sibi etiam fieri eumque, qui faciat, communem hostem tenuiorum putant. Atque haec benignitas etiam rei publicae est utilis, redimi e servitute captos, locupletari tenuiores; quod quidem volgo solitum fieri ab ordine nostro in oratione Crassi scriptum copiose videmus. Hanc ergo consuetudinem benignitatis largitioni munerum longe antepono; haec est gravium hominum atque magnorum, illa quasi adsentatorum populi multitudinis
64 levitatem voluptate quasi titillantium. Conveniet autem cum in dando munificum esse, tum in exigendo non acerbum in omnique re contrahenda, vendundo emendo, conducendo locando, vicinitatibus et confiniis, aequum, facilem, multa multis de suo iure cedentem, a litibus vero, quantum liceat et nescio an paulo plus etiam, quam liceat, abhorrentem. Est enim non modo liberale paulum non numquam de suo iure decedere, sed interdum etiam fructuosum. Habenda autem ratio est rei familiaris, quam quidem dilabi sinere flagitiosum est, sed

ita, ut inliberalitatis avaritiaeque absit suspicio; posse enim liberalitate uti non spoliantem se patrimonio nimirum est pecuniae fructus maximus. Recte etiam a Theophrasto est laudata hospitalitas; est enim, ut mihi quidem videtur, valde decorum patere domus hominum inlustrium hospitibus inlustribus, idque etiam rei publicae est ornamento, homines externos hoc liberalitatis genere in urbe nostra non egere. Est autem etiam vehementer utile iis, qui honeste posse multum volunt, per hospites apud externos populos valere opibus et gratia. Theophrastus quidem scribit Cimonem Athenis etiam in suos curiales Laciadas hospitalem fuisse; ita enim instituisse et vilicis imperavisse, ut omnia praeberentur, quicumque Laciades in villam suam devertisset.

65—71 Hilfe für einzelne, besonders durch Beistand vor Gericht

Quae autem opera, non largitione beneficia dantur, haec tum in 65
universam rem publicam, tum in singulos cives conferuntur. Nam in iure cavere, consilio iuvare atque hoc scientiae genere prodesse quam plurimis vehementer et ad opes augendas pertinet et ad gratiam. Itaque cum multa praeclara maiorum, tum quod optime constituti iuris civilis summo semper in honore fuit cognitio atque interpretatio; quam quidem ante hanc confusionem temporum in possessione sua principes retinuerunt, nunc, ut honores, ut omnes dignitatis gradus, sic huius scientiae splendor deletus est, idque eo indignius, quod eo tempore hoc contigit, cum is esset, qui omnes superiores, quibus honore par esset, scientia facile vicisset. Haec igitur opera grata multis et ad beneficiis obstringendos homines accommodata. Atque huic arti fini- 66
tuma est dicendi [gravior] facultas et gratior et ornatior. Quid enim eloquentia praestabilius vel admiratione audientium vel spe indigentium vel eorum, qui defensi sunt, gratia? Huic [quoque] ergo a maioribus nostris est in toga dignitatis principatus datus. Diserti igitur hominis et facile laborantis, quodque in patriis est moribus, multorum causas et non gravate et gratuito defendentis beneficia et patrocinia late patent. Admonebat me res, ut hoc quoque loco intermissionem 67
eloquentiae, ne dicam interitum, deplorarem, ni vererer, ne de me ipso

aliquid viderer queri. Sed tamen videmus, quibus exstinctis oratoribus quam in paucis spes, quanto in paucioribus facultas, quam in multis sit audacia. Cum autem omnes non possint, ne multi quidem, aut iuris periti esse aut diserti, licet tamen opera prodesse multis beneficia petentem, commendantem iudicibus, magistratibus, vigilantem pro re alterius, eos ipsos, qui aut consuluntur aut defendunt, rogantem; quod qui faciunt, plurimum gratiae consequuntur, latissimeque eorum manat
68 industria. Iam illud non sunt admonendi (est enim in promptu), ut animadvertant, cum iuvare alios velint, ne quos offendant. Saepe enim aut eos laedunt, quos non debent, aut eos, quos non expedit; si inprudentes, neglegentiae est, si scientes, temeritatis. Utendum etiam est excusatione adversus eos, quos invitus offendas, quacumque possis, quare id, quod feceris, necesse fuerit nec aliter facere potueris, ceterisque operis et officiis erit id, quod violatum videbitur, compensandum.

69 Sed cum in hominibus iuvandis aut mores spectari aut fortuna soleat, dictu quidem est proclive, itaque volgo loquuntur, se in beneficiis collocandis mores hominum, non fortunam sequi. Honesta oratio est; sed quis est tandem, qui inopis et optimi viri causae non anteponat in opera danda gratiam fortunati et potentis? a quo enim expeditior et celerior remuneratio fore videtur, in eum fere est voluntas nostra propensior. Sed animadvertendum est diligentius, quae natura rerum sit. Nimirum enim inops ille, si bonus est vir, etiamsi referre gratiam non potest, habere certe potest. Commode autem, quicumque dixit, 'pecuniam qui habeat, non reddidisse, qui reddiderit, non habere, gratiam autem et, qui rettulerit, habere et, qui habeat, rettulisse.' At qui se locupletes, honoratos, beatos putant, ii ne obligari quidem beneficio volunt; quin etiam beneficium se dedisse arbitrantur, cum ipsi quamvis magnum aliquod acceperint, atque etiam a se aut postulari aut exspectari aliquid suspicantur, patrocinio vero se usos aut clientes
70 appellari mortis instar putant. At vero ille tenuis, cum, quicquid factum sit, se spectatum, non fortunam putat, non modo illi, qui est meritus, sed etiam illis, a quibus exspectat (eget enim multis), gratum se videri studet neque vero verbis auget suum munus, si quo forte fungitur, sed etiam extenuat. Videndumque illud est, quod, si opulentum fortunatumque defenderis, in uno illo aut, si forte, in liberis eius

manet gratia; sin autem inopem, probum tamen et modestum, omnes non inprobi humiles, quae magna in populo multitudo est, praesidium sibi paratum vident. Quam ob rem melius apud bonos quam apud 71
fortunatos beneficium collocari puto. Danda omnino opera est, ut omni generi satis facere possimus; sed si res in contentionem veniet, nimirum Themistocles est auctor adhibendus; qui cum consuleretur, utrum bono viro pauperi an minus probato diviti filiam collocaret: 'Ego vero', inquit, 'malo virum, qui pecunia egeat, quam pecuniam, quae viro.' Sed corrupti mores depravatique sunt admiratione divitiarum; quarum magnitudo quid ad unum quemque nostrum pertinet? Illum fortasse adiuvat, qui habet. Ne id quidem semper; sed fac iuvare; utentior sane sit, honestior vero quo modo? Quodsi etiam bonus erit vir, ne impediant divitiae, quo minus iuvetur, modo ne adiuvent, sitque omne iudicium, non quam locuples, sed qualis quisque sit! Extremum autem praeceptum in beneficiis operaque danda, ne quid contra aequitatem contendas, ne quid pro iniuria; fundamentum enim est perpetuae commendationis et famae iustitia, sine qua nihil potest esse laudabile.

72—74 Wohltätigkeit bei steter Rücksicht auf das Wohl des einzelnen

Sed, quoniam de eo genere beneficiorum dictum est, quae ad 72
singulos spectant, deinceps de iis, quae ad universos quaeque ad rem publicam pertinent, disputandum est. Eorum autem ipsorum partim eius modi sunt, ut ad universos cives pertineant, partim, singulos ut attingant; quae sunt etiam gratiora. Danda opera est omnino, si possit, utrisque, nec minus, ut etiam singulis consulatur, sed ita, ut ea res aut prosit aut certe ne obsit rei publicae. C. Gracchi frumentaria magna largitio; exhauriebat igitur aerarium; modica M. Octavi et rei publicae tolerabilis et plebi necessaria; ergo et civibus et rei publicae salutaris.
In primis autem videndum erit ei, qui rem publicam administrabit, ut 73
suum quisque teneat neque de bonis privatorum publice deminutio fiat. Perniciose enim Philippus, in tribunatu cum legem agrariam ferret, quam tamen antiquari facile passus est et in eo vehementer se modera-

tum praebuit, — sed cum in agendo multa populariter, tum illud male, 'non esse in civitate duo milia hominum, qui rem haberent.' Capitalis oratio est, ad aequationem bonorum pertinens; qua peste quae potest esse maior? Hanc enim ob causam maxume, ut sua tenerentur, res publicae civitatesque constitutae sunt. Nam, etsi duce natura congregabantur homines, tamen spe custodiae rerum suarum urbium praesidia
74 quaerebant. Danda etiam opera est, ne, quod apud maiores nostros saepe fiebat propter aerarii tenuitatem assiduitatemque bellorum, tributum sit conferendum, idque ne eveniat, multo ante erit providendum. Sin qua necessitas huius muneris alicui rei publicae obvenerit (malo enim quam nostrae ominari; neque tamen de nostra, sed de omni re publica disputo), danda erit opera, ut omnes intellegant, si salvi esse velint, necessitati esse parendum. Atque etiam omnes, qui rem publicam gubernabunt, consulere debebunt, ut earum rerum copia sit, quae sunt necessariae. Quarum qualis comparatio fieri soleat et debeat, non est necesse disputare; est enim in promptu; tantum locus attingendus fuit.

75—77 Der Politiker darf sich nicht bereichern

75 Caput autem est in omni procuratione negotii et muneris publici, ut avaritiae pellatur etiam minima suspicio. 'Utinam', inquit C. Pontius Samnis, ad 'illa tempora me fortuna reservavisset et tum essem natus, quando Romani accipere dona coepissent! Non essem passus diutius eos imperare.' Ne illi multa saecula exspectanda fuerunt; modo enim hoc malum in hanc rem publicam invasit. Itaque facile patior tum potius Pontium fuisse, siquidem in illo tantum fuit roboris. Nondum centum et decem anni sunt, cum de pecuniis repetundis a L. Pisone lata lex est, nulla antea cum fuisset. At vero postea tot leges et proxumae quaeque duriores, tot rei, tot damnati, tantum Italicum bellum propter iudiciorum metum excitatum, tanta sublatis legibus et iudiciis expilatio direptioque sociorum, ut inbecillitate aliorum, non nostra virtute
76 valeamus. Laudat Africanum Panaetius, quod fuerit abstinens. Quidni laudet? Sed in illa alia maiora; laus abstinentiae non hominis est solum, sed etiam temporum illorum. Omni Macedonum gaza, quae fuit maxima, potitus est Paulus; tantum in aerarium pecuniae invexit, ut unius

imperatoris praeda finem attulerit tributorum. At hic nihil domum
suam intulit praeter memoriam nominis sempiternam. Imitatus patrem
Africanus nihilo locupletior Carthagine eversa. Quid? qui eius collega
fuit in censura, L. Mummius, numquid copiosior, cum copiosissimam
urbem funditus sustulisset? Italiam ornare quam domum suam maluit;
quamquam Italia ornata domus ipsa mihi videtur ornatior. Nullum 77
igitur vitium taetrius est, ut eo, unde egressa est, referat se oratio, quam
avaritia, praesertim in principibus et rem publicam gubernantibus.
Habere enim quaestui rem publicam non modo turpe est, sed scele-
ratum etiam et nefarium. Itaque, quod Apollo Pythius oraclum edidit,
Spartam nulla re alia nisi avaritia esse perituram, id videtur non solum
Lacedaemoniis, sed etiam omnibus opulentis populis praedixisse. Nulla
autem re conciliare facilius benevolentiam multitudinis possunt ii, qui
rei publicae praesunt, quam abstinentia et continentia.

78—85 Fehlgeschlagene Reformen unter Antastung des Privatvermögens

Qui vero se populares volunt ob eamque causam aut agrariam rem 78
temptant, ut possessores pellantur suis sedibus, aut pecunias creditas
debitoribus condonandas putant, labefactant fundamenta rei publicae,
concordiam primum, quae esse non potest, cum aliis adimuntur, aliis
condonantur pecuniae, deinde aequitatem, quae tollitur omnis, si habere
suum cuique non licet. Id enim est proprium, ut supra dixi, civitatis
atque urbis, ut sit libera et non sollicita suae rei cuiusque custodia. At 79
que in hac pernicie rei publicae ne illam quidem consequuntur, quam
putant, gratiam; nam cui res erepta est, est inimicus, cui data est, etiam
dissimulat se accipere voluisse et maxime in pecuniis creditis occultat
suum gaudium, ne videatur non fuisse solvendo; at vero ille, qui acce-
pit iniuriam, et meminit et prae se fert dolorem suum, nec, si plures sunt
ii, quibus inprobe datum est, quam illi, quibus iniuste ademptum est,
idcirco plus etiam valent; non enim numero haec iudicantur, sed pon-
dere. Quam autem habet aequitatem, ut agrum multis annis aut etiam
saeculis ante possessum, qui nullum habuit, habeat, qui autem habuit,
amittat? Ac propter hoc iniuriae genus Lacedaemonii Lysandrum 80

ephorum expulerunt, Agim regem, quod numquam antea apud eos acciderat, necaverunt, exque eo tempore tantae discordiae secutae sunt, ut et tyranni existerent et optumates exterminarentur et praeclarissime constituta res publica dilaberetur; nec vero solum ipsa cecidit, sed etiam reliquam Graeciam evertit contagionibus malorum, quae a Lacedaemoniis profectae manarunt latius. Quid? nostros Gracchos, Ti. Gracchi summi viri filios, Africani nepotes, nonne agrariae contentiones perdi-
81 derunt? At vero Aratus Sicyonius iure laudatur, qui, cum eius civitas quinquaginta annos a tyrannis teneretur, profectus Argis Sicyonem clandestino introitu urbe est potitus, cumque tyrannum Nicoclem improviso oppressisset, sescentos exsules, qui locupletissimi fuerant eius civitatis, restituit remque publicam adventu suo liberavit. Sed cum magnam animadverteret in bonis et possessionibus difficultatem, quod et eos, quos ipse restituerat, quorum bona alii possederant, egere iniquissimum esse arbitrabatur et quinquaginta annorum possessiones moveri non nimis aequum putabat, propterea quod tam longo spatio multa hereditatibus, multa emptionibus, multa dotibus tenebantur sine iniuria, iudicavit neque illis adimi nec iis non satis fieri, quorum illa fuerant,
82 oportere. Cum igitur statuisset opus esse ad eam rem constituendam pecunia, Alexandream se proficisci velle dixit remque integram ad reditum suum iussit esse, isque celeriter ad Ptolomaeum, suum hospitem, venit, qui tum regnabat alter post Alexandream conditam. Cui cum exposuisset patriam se liberare velle causamque docuisset, a rege opulento vir summus facile impetravit, ut grandi pecunia adiuvaretur. Quam cum Sicyonem attulisset, adhibuit sibi in consilium quindecim principes, cum quibus causas cognovit et eorum, qui aliena tenebant, et eorum, qui sua amiserant, perfecitque aestumandis possessionibus, ut persuaderet aliis, ut pecuniam accipere mallent, possessionibus cederent, aliis, ut commodius putarent numerari sibi, quod tanti esset, quam suum recuperare. Ita perfectum est, ut omnes concordia con-
83 stituta sine querella discederent. O virum magnum dignumque, qui in re publica nostra natus esset! Sic par est agere cum civibus, non, ut bis iam vidimus, hastam in foro ponere et bona civium voci subicere praeconis. At ille Graecus, id quod fuit sapientis et praestantis viri, omnibus consulendum putavit, eaque est summa ratio et sapientia boni civis, commoda civium non divellere atque omnis aequitate eadem continere.

Habitent gratis in alieno. Quid ita? ut, cum ego emerim, aedificarim, tuear, impendam, tu me invito fruare meo? Quid est aliud aliis sua eripere, aliis dare aliena? Tabulae vero novae quid habent argumenti, 84 nisi ut emas mea pecunia fundum, eum tu habeas, ego non habeam pecuniam? Quam ob rem ne sit aes alienum, quod rei publicae noceat, providendum est, quod multis rationibus caveri potest, non, si fuerit, ut locupletes suum perdant, debitores lucrentur alienum; nec enim ulla res vehementius rem publicam continet quam fides, quae esse nulla potest, nisi erit necessaria solutio rerum creditarum. Numquam vehementius actum est quam me consule, ne solveretur; armis et castris temptata res est ob omni genere hominum et ordine; quibus ita restiti, ut hoc totum malum de re publica tolleretur. Numquam nec maius aes alienum fuit nec melius nec facilius dissolutum est; fraudandi enim spe sublata solvendi necessitas consecuta est. At vero hic nunc victor, tum quidem victus quae cogitarat, ea perfecit, cum eius iam nihil interesset. Tanta in eo peccandi libido fuit, ut hoc ipsum eum delectaret, peccare, etiamsi causa non esset. Ab hoc igitur genere largitionis, ut aliis detur, aliis 85 auferatur, aberunt ii, qui rem publicam tuebuntur, in primisque operam dabunt, ut iuris et iudiciorum aequitate suum quisque teneat et neque tenuiores propter humilitatem circumveniantur neque locupletibus ad sua vel tenenda vel recuperanda obsit invidia, praeterea, quibuscumque rebus vel belli vel domi poterunt, rem publicam augeant imperio, agris, vectigalibus. Haec magnorum hominum sunt, haec apud maiores nostros factitata, haec genera officiorum qui persequentur, cum summa utilitate rei publicae magnam ipsi adipiscentur et gratiam et gloriam.

86—87 Anhang: Wert der Gesundheit und des Geldes

In his autem utilitatum praeceptis Antipater Tyrius Stoicus, qui 86 Athenis nuper est mortuus, duo praeterita censet esse a Panaetio, valetudinis curationem et pecuniae; quas res a summo philosopho praeteritas arbitror, quod essent faciles; sunt certe utiles. Sed valetudo sustentatur notitia sui corporis et observatione, quae res aut prodesse soleant aut obesse, et continentia in victu omni atque cultu corporis

tuendi causa [praetermittendis voluptatibus], postremo arte eorum,
87 quorum ad scientiam haec pertinent. Res autem familiaris quaeri debet iis rebus, a quibus abest turpitudo, conservari autem diligentia et parsimonia, eisdem etiam rebus augeri. Has res commodissime Xenophon Socraticus persecutus est in eo libro, qui Oeconomicus inscribitur, quem nos, ista fere aetate cum essemus, qua es tu nunc, e Graeco in Latinum convertimus. Sed toto hoc de genere, de quaerenda, de collocanda pecunia, (vellem etiam de utenda) commodius a quibusdam optumis viris ad Ianum medium sedentibus quam ab ullis philosophis ulla in schola disputatur. Sunt tamen ea cognoscenda; pertinent enim ad utilitatem, de qua hoc libro disputatum est.

88—89 Konflikt der Pflichten und des Nutzens

88 Sed utilitatum comparatio, quoniam hic locus erat quartus, a Panaetio praetermissus, saepe est necessaria. Nam et corporis commoda cum externis et externa cum corporis et ipsa inter se corporis et externa cum externis comparari solent. Cum externis corporis hoc modo comparantur, valere ut malis quam dives esse, cum corporis externa hoc modo, dives esse potius quam maximis corporis viribus; ipsa inter se corporis sic, ut bona valetudo voluptati anteponatur, vires celeritati,
89 externorum autem, ut gloria divitiis, vectigalia urbana rusticis. Ex quo genere comparationis illud est Catonis senis: a quo cum quaereretur, quid maxume in re familiari expediret, respondit: 'Bene pascere'; quid secundum: 'Satis bene pascere'; quid tertium: 'Male pascere'; quid quartum: 'Arare'; et cum ille, qui quaesierat, dixisset: 'Quid faenerari?', tum Cato: 'Quid hominem', inquit, 'occidere?' Ex quo et multis aliis intellegi debet utilitatum comparationes fieri solere, recteque hoc adiunctum esse quartum exquirendorum officiorum genus. Reliqua deinceps persequemur.

1—6 Einleitung. Ausnützung der Muße

P. Scipionem, M. fili, eum, qui primus Africanus appellatus est, 1
dicere solitum scripsit Cato, qui fuit eius fere aequalis, numquam se minus otiosum esse, quam cum otiosus, nec minus solum, quam cum solus esset. Magnifica vero vox et magno viro ac sapiente digna; quae declarat illum et in otio de negotiis cogitare et in solitudine secum loqui solitum, ut neque cessaret umquam et interdum conloquio alterius non egeret. Ita duae res, quae languorem adferunt ceteris, illum acuebant, otium et solitudo. Vellem nobis hoc idem vere dicere liceret; sed si minus imitatione tantam ingenii praestantiam consequi possumus, voluntate certe proxime accedimus. Nam et a re publica forensibusque negotiis armis impiis vique prohibiti otium persequimur et
ob eam causam urbe relicta rura peragrantes saepe soli sumus. Sed nec 2
hoc otium cum Africani otio nec haec solitudo cum illa comparanda est. Ille enim requiescens a rei publicae pulcherrimis muneribus otium sibi sumebat aliquando et e coetu hominum frequentiaque interdum tamquam in portum se in solitudinem recipiebat, nostrum autem otium negotii inopia, non requiescendi studio constitutum est. Extincto enim senatu deletisque iudiciis quid est quod dignum nobis aut in curia aut
in foro agere possimus? Ita, qui in maxima celebritate atque in oculis 3
civium quondam vixerimus, nunc fugientes conspectum sceleratorum, quibus omnia redundant, abdimus nos, quantum licet, et saepe soli sumus. Sed quia sic ab hominibus doctis accepimus, non solum ex malis eligere minima oportere, sed etiam excerpere ex his ipsis, si quid inesset boni, propterea et otio fruor, non illo quidem, quo debebat is, qui quondam peperisset otium civitati, nec eam solitudinem languere
patior, quam mihi adfert necessitas, non voluntas. Quamquam Africa- 4
nus maiorem laudem meo iudicio assequebatur. Nulla enim eius ingenii monumenta mandata litteris, nullum opus otii, nullum solitudinis munus exstat; ex quo intellegi debet illum mentis agitatione investigationeque earum rerum, quas cogitando consequebatur, nec otiosum nec solum umquam fuisse; nos autem, qui non tantum roboris habemus, ut

cogitatione tacita a solitudine abstrahamur, ad hanc scribendi operam omne studium curamque convertimus. Itaque plura brevi tempore eversa quam multis annis stante re publica scripsimus.

5 Sed cum tota philosophia mi Cicero, frugifera et fructuosa nec ulla pars eius inculta ac deserta sit, tum nullus feracior in ea locus est nec uberior quam de officiis, a quibus constanter honesteque vivendi praecepta ducuntur. Quare, quamquam a Cratippo nostro, principe huius memoriae philosophorum, haec te assidue audire atque accipere confido, tamen conducere arbitror talibus aures tuas vocibus undique
6 circumsonare, nec eas, si fieri possit, quicquam aliud audire. Quod cum omnibus est faciendum, qui vitam honestam ingredi cogitant, tum haud scio an nemini potius quam tibi; sustines enim non parvam expectationem imitandae industriae nostrae, magnam honorum, non nullam fortasse nominis. Suscepisti onus praeterea grave et Athenarum et Cratippi; ad quos cum tamquam ad mercaturam bonarum artium sis profectus, inanem redire turpissimum est dedecorantem et urbis auctoritatem et magistri. Quare, quantum coniti animo potes, quantum labore contendere, si discendi labor est potius quam voluptas, tantum fac ut efficias neve committas, ut, cum omnia suppeditata sint a nobis, tute tibi defuisse videare. Sed haec hactenus; multa enim saepe ad te cohortandi gratia scripsimus; nunc ad reliquam partem propositae divisionis revertamur.

7ff. 3. Hauptteil. Der Konflikt zwischen den Pflichten der Tugend und des Nutzens

7—10 Panaitios führte dieses Thema nicht aus

7 Panaetius igitur, qui sine controversia de officiis accuratissime disputavit, quemque nos correctione quadam adhibita potissimum secuti sumus, tribus generibus propositis, in quibus deliberare homines et consultare de officio solerent, uno, cum dubitarent, honestumne id

esset, de quo ageretur, an turpe, altero, utilene esset an inutile, tertio, si id, quod speciem haberet honesti, pugnaret cum eo, quod utile videretur, quo modo ea discerni oporteret, de duobus generibus primis tribus libris explicavit, de tertio autem genere deinceps se scripsit
dicturum nec exsolvit id, quod promiserat. Quod eo magis miror, quia 8
scriptum a discipulo eius Posidonio est triginta annis vixisse Panaetium, posteaquam illos libros edidisset. Quem locum miror a Posidonio breviter esse tactum in quibusdam commentariis, praesertim cum
scribat nullum esse locum in tota philosophia tam necessarium. Minime 9
vero assentior iis, qui negant eum locum a Panaetio praetermissum, sed consulto relictum, nec omnino scribendum fuisse, quia numquam posset utilitas cum honestate pugnare. De quo alterum potest habere dubitationem, adhibendumne fuerit hoc genus, quod in divisione Panaeti tertium est, an plane omittendum, alterum dubitari non potest, quin a Panaetio susceptum sit, sed relictum. Nam qui e divisione tripertita duas partes absolverit, huic necesse est restare tertiam; praeterea in extremo libro tertio de hac parte pollicetur se deinceps esse dicturum.
Accedit eodem testis locuples Posidonius, qui etiam scribit in quadam 10
epistula P. Rutilium Rufum dicere solere, qui Panaetium audierat, ut nemo pictor esset inventus, qui in Coa Venere eam partem, quam Apelles inchoatam reliquisset, absolveret (oris enim pulchritudo reliqui corporis imitandi spem auferebat), sic ea, quae Panaetius praetermisisset [et non perfecisset] propter eorum, quae perfecisset, praestantiam neminem persecutum.

11—19a Berechtigung der Frage nach dem Konflikt zwischen Tugend und Nutzen

Quam ob rem de iudicio Panaeti dubitari non potest; rectene 11
autem hanc tertiam partem ad exquirendum officium adiunxerit an secus, de eo fortasse disputari potest. Nam, sive honestum solum bonum est, ut Stoicis placet, sive, quod honestum est, id ita summum bonum est, quem ad modum Peripateticis vestris videtur, ut omnia ex altera parte collocata vix minimi momenti instar habeant, dubitandum

non est, quin numquam possit utilitas cum honestate contendere.
Itaque accepimus Socratem exsecrari solitum eos, qui primum haec
natura cohaerentia opinione distraxissent. Cui quidem ita sunt Stoici
adsensi, ut et, quicquid honestum esset, id utile esse censerent nec
12 utile quicquam, quod non honestum. Quodsi is esset Panaetius, qui
virtutem propterea colendam diceret, quod ea efficiens utilitatis esset,
ut ii, qui res expetendas vel voluptate vel indolentia metiuntur, liceret
ei dicere utilitatem aliquando cum honestate pugnare; sed cum sit is,
qui id solum bonum iudicet, quod honestum sit, quae autem huic
repugnent specie quadam utilitatis, eorum neque accessione meliorem
vitam fieri nec decessione peiorem, non videtur debuisse eius modi
deliberationem introducere, in qua, quod utile videretur, cum eo, quod
13 honestum est, compararetur. Etenim quod summum bonum a Stoicis
dicitur, convenienter naturae vivere, id habet hanc, ut opinor, senten-
tiam: cum virtute congruere semper, cetera autem, quae secundum
naturam essent, ita legere, si ea virtuti non repugnarent. Quod cum
ita sit, putant quidam hanc comparationem non recte introductam,
nec omnino de eo genere quicquam praecipiendum fuisse. Atque illud
quidem honestum, quod proprie vereque dicitur, id in sapientibus est
solis neque a virtute divelli umquam potest; in iis autem, in quibus
sapientia perfecta non est, ipsum illud quidem perfectum honestum
14 nullo modo, similitudines honesti esse possunt. Haec enim officia, de
quibus his libris disputamus, media Stoici appellant; ea communia sunt
et late patent; quae et ingenii bonitate multi assequuntur et pro-
gressione discendi. Illud autem officium, quod rectum idem appellant,
perfectum atque absolutum est et, ut idem dicunt, omnes numeros
15 habet nec praeter sapientem cadere in quemquam potest. Cum autem
aliquid actum est, in quo media officia compareant, id cumulate
videtur esse perfectum, propterea quod volgus, quid absit a perfecto,
non fere intellegit; quatenus autem intellegit, nihil putat praeter-
missum; quod idem in poëmatis, in picturis usu venit in aliisque com-
pluribus, ut delectentur imperiti laudentque ea, quae laudanda non
sint, ob eam, credo, causam, quod insit in iis aliquid probi, quod capiat
ignaros, qui quidem, quid in una quaque re vitii sit, nequeant iudicare;
itaque, cum sunt docti a peritis, desistunt facile sententia. Haec igitur
officia, de quibus his libris disserimus, quasi secunda quaedam honesta

esse dicunt, non sapientium modo propria, sed cum omni hominum genere communia. Itaque iis omnes, in quibus est virtutis indoles, 16
commoventur. Nec vero, cum duo Decii aut duo Scipiones fortes viri commemorantur, aut cum Fabricius aut Aristides iustus nominatur, aut ab illis fortitudinis aut ab his iustitae tamquam a sapiente petitur exemplum; nemo enim horum sic sapiens, ut sapientem volumus intellegi, nec ii, qui sapientes habiti et nominati, M. Cato et C. Laelius, sapientes fuerunt, ne illi quidem septem, sed ex mediorum officiorum frequentia similitudinem quandam gerebant speciemque sapientium. Quocirca 17
nec id, quod vere honestum est, fas est cum utilitatis repugnantia comparari, nec id, quod communiter appellamus honestum, quod colitur ab iis, qui bonos se viros haberi volunt, cum emolumentis umquam est comparandum, tamque id honestum, quod in nostram intellegentiam cadit, tuendum conservandumque nobis est quam illud, quod proprie dicitur vereque est honestum, sapientibus; aliter enim teneri non potest, si qua ad virtutem est facta progressio. Sed haec quidem de iis, qui conservatione officiorum existimantur boni. Qui autem 18
omnia metiuntur emolumentis et commodis neque ea volunt praeponderari honestate, ii solent in deliberando honestum cum eo, quod utile putant, comparare, boni viri non solent. Itaque existimo Panaetium, cum dixerit homines solere in hac comparatione dubitare, hoc ipsum sensisse, quod dixerit, 'solere' modo, non etiam 'oportere'. Etenim non modo pluris putare, quod utile videatur, quam quod honestum sit, sed etiam haec inter se comparare et in his addubitare turpissimum est.

Quid ergo est, quod non numquam dubitationem adferre soleat considerandumque videatur? Credo, si quando dubitatio accidit, quale sit id, de quo consideretur. Saepe enim tempore fit, ut, quod turpe 19
plerumque haberi soleat, inveniatur non esse turpe; exempli causa ponatur aliquid, quod pateat latius: Quod potest maius esse scelus quam non modo hominem, sed etiam familiarem hominem occidere? Num igitur se astrinxit scelere, si qui tyrannum occidit quamvis familiarem? Populo quidem Romano non videtur, qui ex omnibus praeclaris factis illud pulcherrimum existimat. Vicit ergo utilitas honestatem? Immo vero honestas utilitatem; *honestatem utilitas* secuta est.

19b—32 *Man darf nie für eigenen Nutzen andere schädigen*

Itaque, ut sine ullo errore diiudicare possimus, si quando cum
illo, quod honestum intellegimus, pugnare id videbitur, quod appel-
lamus utile, formula quaedam constituenda est; quam si sequemur
20 in comparatione rerum, ab officio numquam recedemus. Erit autem
haec formula Stoicorum rationi disciplinaeque maxime consentanea;
quam quidem his libris propterea sequimur, quod quamquam et a
veteribus Academicis et a Peripateticis vestris, qui quondam idem
erant, qui Academici, quae honesta sunt, anteponuntur iis, quae vi-
dentur utilia, tamen splendidius haec ab eis disseruntur, quibus,
quicquid honestum est, idem utile videtur nec utile quicquam, quod
non honestum, quam ab iis, quibus et honestum aliquid non utile et
utile non honestum. Nobis autem nostra Academia magnam licentiam
dat, ut, quodcumque maxime probabile occurrat, id nostro iure liceat
defendere. Sed redeo ad formulam.

21 Detrahere igitur alteri aliquid et hominem hominis incommodo
suum commodum augere magis est contra naturam quam mors, quam
paupertas, quam dolor, quam cetera, quae possunt aut corpori accidere
aut rebus externis. Nam principio tollit convictum humanum et
societatem. Si enim sic erimus adfecti, ut propter suum quisque
emolumentum spoliet aut violet alterum, disrumpi necesse est eam,
22 quae maxime est secundum naturam, humani generis societatem. Ut, si
unum quodque membrum sensum hunc haberet, ut posse putaret se
valere, si proximi membri valetudinem ad se traduxisset, debilitari
et interire totum corpus necesse esset, sic, si unus quisque nostrum ad
se rapiat commoda aliorum detrahatque, quod cuique possit, emolu-
menti sui gratia, societas hominum et communitas evertatur necesse est.
Nam sibi ut quisque malit, quod ad usum vitae pertineat, quam alteri
adquirere, concessum est non repugnante natura, illud natura non
patitur, ut aliorum spoliis nostras facultates, copias, opes augeamus.
23 Neque vero hoc solum natura, id est iure gentium, sed etiam legibus
populorum, quibus in singulis civitatibus res publica continetur, eodem
modo constitutum est, ut non liceat sui commodi causa nocere alteri;
hoc enim spectant leges, hoc volunt, incolumem esse civium coniunctio-
nem; quam qui dirimunt, eos morte, exsilio, vinclis, damno coërcent.

Atque hoc multo magis efficit ipsa naturae ratio, quae est lex
divina et humana; cui parere qui velit (omnes autem parebunt, qui
secundum naturam volent vivere), numquam committet, ut alienum
appetat et id, quod alteri detraxerit, sibi adsumat. Etenim multo magis 24
est secundum naturam excelsitas animi et magnitudo itemque comitas,
iustitia, liberalitas quam voluptas, quam vita, quam divitiae; quae
quidem contemnere et pro nihilo ducere comparantem cum utilitate
communi magni animi et excelsi est. [Detrahere autem de altero sui
commodi causa magis est contra naturam quam mors, quam dolor,
quam cetera generis eiusdem.] Itemque magis est secundum naturam 25
pro omnibus gentibus, si fieri possit, conservandis aut iuvandis maxi-
mos labores molestiasque suscipere imitantem Herculem illum, quem
hominum fama beneficiorum memor in concilio caelestium collocavit,
quam vivere in solitudine non modo sine ullis molestiis, sed etiam in
maximis voluptatibus abundantem omnibus copiis, ut excellas etiam
pulchritudine et viribus. Quocirca optimo quisque et splendidissimo
ingenio longe illam vitam huic anteponit. Ex quo efficitur hominem
naturae oboedientem homini nocere non posse. Deinde, qui alterum 26
violat, ut ipse aliquid commodi consequatur, aut nihil existimat se
facere contra naturam aut magis fugiendam censet mortem, pauper-
tatem, dolorem, amissionem etiam liberorum, propinquorum, amico-
rum quam facere cuiquam iniuriam. Si nihil existimat contra naturam
fieri hominibus violandis, quid cum eo disseras, qui omnino hominem
ex homine tollat? sin fugiendum id quidem censet, sed multo illa peiora,
mortem, paupertatem, dolorem, errat in eo, quod ullum aut corporis
aut fortunae vitium vitiis animi gravius existumat. Ergo unum debet
esse omnibus propositum, ut eadem sit utilitas unius cuiusque et uni-
versorum; quam si ad se quisque rapiet, dissolvetur omnis humana
consortio.

Atque etiam, si hoc natura praescribit, ut homo homini, quicumque 27
sit, ob eam ipsam causam, quod is homo sit, consultum velit, necesse est
secundum eandem naturam omnium utilitatem esse communem. Quod
si ita est, una continemur omnes et eadem lege naturae, idque ipsum
si ita est, certe violare alterum naturae lege prohibemur. Verum autem
primum; verum igitur extremum. Nam illud quidem absurdum est, 28
quod quidam dicunt, parenti se aut fratri nihil detracturos sui commodi

causa, aliam rationem esse civium reliquorum. Hi sibi nihil iuris, nullam societatem communis utilitatis causa statuunt esse cum civibus, quae sententia omnem societatem distrahit civitatis. Qui autem civium rationem dicunt habendam, externorum negant, ii dirimunt communem humani generis societatem; qua sublata beneficentia, liberalitas, bonitas, iustitia funditus tollitur; quae qui tollunt, etiam adversus deos inmortales impii iudicandi sunt. Ab iis enim constitutam inter homines societatem evertunt, cuius societatis artissimum vinculum est magis arbitrari esse contra naturam hominem homini detrahere sui commodi causa quam omnia incommoda subire vel externa vel corporis .... vel etiam ipsius animi, quae vacent iustitia; haec enim una virtus omnium est domina et regina virtutum.

29 Forsitan quispiam dixerit: Nonne igitur sapiens, si fame ipse conficiatur, abstulerit cibum alteri homini ad nullam rem utili? [Minime vero; non enim mihi est vita mea utilior quam animi talis adfectio, neminem ut violem commodi mei gratia.] Quid? si Phalarim, crudelem tyrannum et inmanem, vir bonus, ne ipse frigore conficiatur,
30 vestitu spoliare possit, nonne faciat? Haec ad iudicandum sunt facillima. Nam, si quid ab homine ad nullam partem utili utilitatis tuae causa detraxeris, inhumane feceris contraque naturae legem; sin autem is tu sis, qui multam utilitatem rei publicae atque hominum societati, si in vita remaneas, adferre possis, si quid ob eam causam alteri detraxeris, non sit reprehendendum. Sin autem id non sit eius modi, suum cuique incommodum ferendum est potius quam de alterius commodis detrahendum. Non igitur magis est contra naturam morbus aut egestas aut quid eius modi quam detractio atque appetitio alieni, sed communis utilitatis derelictio contra naturam est; est enim
31 iniusta. Itaque lex ipsa naturae, quae utilitatem hominum conservat et continet, decernet profecto, ut ab homine inerti atque inutili ad sapientem, bonum, fortem virum transferantur res ad vivendum necessariae, qui si occiderit, multum de communi utilitate detraxerit, modo hoc ita faciat, ut ne ipse de se bene existimans seseque diligens hanc causam habeat ad iniuriam. Ita semper officio fungetur utilitati consulens
32 hominum et ei, quam saepe commemoro, humanae societati. Nam quod ad Phalarim attinet, perfacile iudicium est. Nulla est enim societas nobis cum tyrannis, et potius summa distractio est, neque est contra

naturam spoliare eum, si possis, quem est honestum necare, atque hoc omne genus pestiferum atque impium ex hominum communitate exterminandum est. Etenim, ut membra quaedam amputantur, si et ipsa sanguine et tamquam spiritu carere coeperunt et nocent reliquis partibus corporis sic ista in figura hominis feritas et inmanitas beluae a communi tamquam humanitatis corpore segreganda est. Huius generis quaestiones sunt omnes eae, in quibus ex tempore officium exquiritur.

33—34 Beim Konflikt Tugend/Nutzen geht es stets nur um scheinbaren Nutzen

Eius modi igitur credo res Panaetium persecuturum fuisse, nisi 33
aliqui casus aut occupatio eius consilium peremisset. Ad quas ipsas consultationes superioribus libris satis multa praecepta sunt, ex quibus perspici possit, quid sit propter turpitudinem fugiendum, quid sit, quod idcirco fugiendum non sit, quod omnino turpe non sit. Sed quoniam operi inchoato, prope tamen absoluto tamquam fastigium inponimus, ut geometrae solent non omnia docere, sed postulare, ut quaedam sibi concedantur, quo facilius, quae volunt, explicent, sic ego a te postulo, mi Cicero, ut mihi concedas, si potes, nihil praeter id, quod honestum sit, propter se esse expetendum. Sin hoc non licet per Cratippum, at illud certe dabis, quod honestum sit, id esse maxume propter se expetendum. Mihi utrumvis satis est et tum hoc, tum illud
probabilius videtur nec praeterea quicquam probabile. Ac primum in 34
hoc Panaetius defendendus est, quod non utilia cum honestis pugnare aliquando posse dixerit (neque enim ei fas erat), sed ea, quae viderentur utilia. Nihil vero utile, quod non idem honestum, nihil honestum, quod non idem utile sit, saepe testatur negatque ullam pestem maiorem in vitam hominum invasisse quam eorum opinionem, qui ista distraxerint. Itaque, non ut aliquando anteponeremus utilia honestis, sed ut ea sine errore diiudicaremus, si quando incidissent, induxit eam, quae videretur esse, non quae esset, repugnantiam. Hanc igitur partem relictam explebimus nullis adminiculis, sed, ut dicitur, Marte nostro. Neque

enim quicquam est de hac parte post Panaetium explicatum, quod quidem mihi probaretur, de iis, quae in manus meas venerunt.

35—37a Unmoralisches Handeln und Nutzen gibt es nicht zusammen

35 Cum igitur aliqua species utilitatis obiecta est, commoveri necesse est; sed si, cum animum attenderis, turpitudinem videas adiunctam ei rei, quae speciem utilitatis attulerit, tum non utilitas relinquenda est, sed intellegendum, ubi turpitudo sit, ibi utilitatem esse non posse. Quodsi nihil est tam contra naturam quam turpitudo (recta enim et convenientia et constantia natura desiderat aspernaturque contraria) nihilque tam secundum naturam quam utilitas, certe in eadem re utilitas et turpitudo esse non potest. Itemque, si ad honestatem nati sumus eaque aut sola expetenda est, ut Zenoni visum est, aut certe omni pondere gravior habenda quam reliqua omnia, quod Aristoteli placet, necesse est, quod honestum sit, id esse aut solum aut summum bonum; quod autem bonum, id certe utile; ita, quicquid
36 honestum, id utile. Quare error hominum non proborum, cum aliquid, quod utile visum est, arripuit, id continuo secernit ab honesto. Hinc sicae, hinc venena, hinc falsa testamenta nascuntur, hinc furta, peculatus, expilationes direptionesque sociorum et civium, hinc opum nimiarum, potentiae non ferendae, postremo etiam in liberis civitatibus regnandi existunt cupiditates, quibus nihil nec taetrius nec foedius excogitari potest. Emolumenta enim rerum fallacibus iudiciis vident, poenam non dico legum, quam saepe perrumpunt, sed ipsius turpitu-
37 dinis, quae acerbissima est, non vident. Quam ob rem hoc quidem deliberantium genus pellatur e medio (est enim totum sceleratum et impium), qui deliberant, utrum id sequantur, quod honestum esse videant, an se scientes scelere contaminent; in ipsa enim dubitatione facinus inest, etiamsi ad id non pervenerint. Ergo ea deliberanda omnino non sunt, in quibus est turpis ipsa deliberatio.

Atque etiam ex omni deliberatione celandi et occultandi spes
opinioque removenda est. Satis enim nobis, si modo in philosophia ali-
quid profecimus, persuasum esse debet, si omnes deos hominesque celare
possimus, nihil tamen avare, nihil iniuste, nihil libidinose, nihil incon-
tinenter esse faciendum. Hinc ille Gyges inducitur a Platone, qui, cum 38
terra discessisset magnis quibusdam imbribus, descendit in illum hiatum
aeneumque equum, ut ferunt fabulae, animadvertit, cuius in lateribus
fores essent; quibus apertis corpus hominis mortui vidit magnitudine
invisitata anulumque aureum in digito; quem ut detraxit, ipse induit
(erat autem regius pastor), tum in concilium se pastorum recepit. Ibi
cum palam eius anuli ad palmam converterat, a nullo videbatur, ipse
autem omnia videbat; idem rursus videbatur, cum in locum anulum
inverterat. Itaque hac oportunitate anuli usus reginae stuprum intulit
eaque adiutrice regem dominum interemit, sustulit, quos obstare arbi-
trabatur, nec in his eum facinoribus quisquam potuit videre. Sic repente
anuli beneficio rex exortus est Lydiae. Hunc igitur ipsum anulum si
habeat sapiens, nihilo plus sibi licere putet peccare, quam si non haberet;
honesta enim bonis viris, non occulta quaeruntur. Atque hoc loco philo- 39
sophi quidam, minime mali illi quidem, sed non satis acuti, fictam et
commenticiam fabulam prolatam dicunt a Platone; quasi vero ille aut
factum id esse aut fieri potuisse defendat! Haec est vis huius anuli et
huius exempli: si nemo sciturus, nemo ne suspicaturus quidem sit, cum
aliquid divitiarum, potentiae, dominationis, libidinis causa feceris, si
id dis hominibusque futurum sit semper ignotum, sisne facturus. Negant
id fieri posse. Nequaquam potest id quidem; sed quaero, quod negant
posse, id si posset, quidnam facerent. Urguent rustice sane; negant enim
posse et in eo perstant; hoc verbum quid valeat, non vident. Cum enim
quaerimus, si celare possint, quid facturi sint, non quaerimus, possintne
celare, sed tamquam tormenta quaedam adhibemus, ut, si responderint
se inpunitate proposita facturos, quod expediat, facinorosos se esse
fateantur, si negent, omnia turpia per se ipsa fugienda esse concedant.
Sed iam ad propositum revertamur.

40—95 *Scheinbar Nützliches ohne Verletzung der Sittlichkeit?*

40—42 Gemeinwohl im Streit mit Pflichten gegen Einzelmenschen

40 Incidunt multae saepe causae, quae conturbent animos utilitatis specie, non cum hoc deliberetur, relinquendane sit honestas propter utilitatis magnitudinem (nam id quidem improbum est), sed illud, possitne id, quod utile videatur, fieri non turpiter. Cum Collatino collegae Brutus imperium abrogabat, poterat videri facere id iniuste; fuerat enim in regibus expellendis socius Bruti consiliorum et adiutor. Cum autem consilium hoc principes cepissent, cognationem Superbi nomenque Tarquiniorum et memoriam regni esse tollendam, quod erat utile, patriae consulere, id erat ita honestum, ut etiam ipsi Collatino placere deberet. Itaque utilitas valuit propter honestatem, sine qua ne utilitas
41 quidem esse potuisset. At in eo rege, qui urbem condidit, non item; species enim utilitatis animum pepulit eius; cui cum visum esset utilius solum quam cum altero regnare, fratrem interemit. Omisit hic et pietatem et humanitatem, ut id, quod utile videbatur neque erat, assequi posset, et tamen muri causam opposuit, speciem honestatis nec probabilem nec sane idoneam. Peccavit igitur, pace vel Quirini vel Romuli
42 dixerim. Nec tamen nostrae nobis utilitates omittendae sunt aliisque tradendae, cum iis ipsi egeamus, sed suae cuique utilitati, quod sine alterius iniuria fiat, serviendum est. Scite Chrysippus, ut multa: 'Qui stadium', inquit, 'currit, eniti et contendere debet, quam maxume possit, ut vincat, supplantare eum, quicum certet, aut manu depellere nullo modo debet; sic in vita sibi quemque petere, quod pertineat ad usum, non iniquum est, alteri deripere ius non est.'

43—46a Pflicht im Konflikt mit Freundschaft

43 Maxume autem perturbantur officia in amicitiis, quibus et non tribuere, quod recte possis, et tribuere, quod non sit aequum, contra officium est. Sed huius generis totius breve et non difficile praeceptum

est. Quae enim videntur utilia, honores, divitiae, voluptates, cetera generis eiusdem, haec amicitiae numquam anteponenda sunt. At neque contra rem publicam neque contra ius iurandum ac fidem amici causa vir bonus faciet, ne si iudex quidem erit de ipso amico; ponit enim personam amici, cum induit iudicis. Tantum dabit amicitiae, ut veram amici causam esse malit, ut orandae litis tempus, quoad per leges liceat, accommodet. Cum vero iurato sententia dicenda erit, meminerit deum 44
se adhibere testem, id est, ut ego arbitror, mentem suam, qua nihil homini dedit deus ipse divinius. Itaque praeclarum a maioribus accepimus morem rogandi iudicis, si eum teneremus, QUAE SALVA FIDE FACERE POSSIT. Haec rogatio ad ea pertinet, quae paulo ante dixi honeste amico a iudice posse concedi; nam si omnia facienda sint, quae amici velint, non amicitiae tales, sed coniurationes putandae sint. Lo- 45
quor autem de communibus amicitiis; nam in sapientibus viris perfectisque nihil potest esse tale. Damonem et Phintiam Pythagoreos ferunt hoc animo inter se fuisse, ut, cum eorum alteri Dionysius tyrannus diem necis destinavisset et is, qui morti addictus esset, paucos sibi dies commendandorum suorum causa postulavisset, vas factus sit alter eius sistendi, ut, si ille non revertisset, moriendum esset ipsi. Qui cum ad diem se recepisset, admiratus eorum fidem tyrannus petivit, ut se ad amicitiam tertium adscriberent. Cum igitur id, quod utile videtur in 46
amicitia, cum eo, quod honestum est, comparatur, iaceat utilitatis species, valeat honestas; cum autem in amicitia, quae honesta non sunt, postulabuntur, religio et fides anteponatur amicitiae. Sic habebitur is, quem exquirimus, dilectus officii.

46b—49 Politischer Vorteil im Konflikt mit Pflichten gegenüber der Menschheit

Sed utilitatis specie in re publica saepissime peccatur, ut in Corinthi disturbatione nostri; durius etiam Athenienses, qui sciverunt, ut Aeginetis, qui classe valebant, pollices praeciderentur. Hoc visum est utile; nimis enim imminebat propter propinquitatem Aegina Piraeo. Sed nihil, quod crudele, utile; est enim hominum naturae, quam sequi debemus, maxime inimica crudelitas. Male etiam, qui peregrinos urbi- 47

bus uti prohibent eosque exterminant, ut Pennus apud patres nostros, Papius nuper. Nam esse pro cive, qui civis non sit, rectum est non licere; quam legem tulerunt sapientissimi consules Crassus et Scaevola; usu vero urbis prohibere peregrinos sane inhumanum est. Illa praeclara, in quibus publicae utilitatis species prae honestate contemnitur. Plena exemplorum est nostra res publica cum saepe, tum maxime bello Punico secundo; quae Cannensi calamitate accepta maiores animos habuit quam umquam rebus secundis; nulla timoris significatio, nulla mentio pacis. Tanta vis est honesti, ut speciem utilitatis obscuret.
48 Athenienses cum Persarum impetum nullo modo possent sustinere statuerentque, ut urbe relicta coniugibus et liberis Troezene depositis naves conscenderent libertatemque Graeciae classe defenderent, Cyrsilum quendam suadentem, ut in urbe manerent Xersemque reciperent, lapidibus obruerunt. Atqui ille utilitatem sequi videbatur; sed ea nulla
49 erat repugnante honestate. Themistocles post victoriam eius belli, quod cum Persis fuit, dixit in contione se habere consilium rei publicae salutare, sed id sciri non opus esse; postulavit, ut aliquem populus daret, quicum communicaret; datus est Aristides; huic ille, classem Lacedaemoniorum, quae subducta esset ad Gytheum, clam incendi posse, quo facto frangi Lacedaemoniorum opes necesse esset. Quod Aristides cum audisset, in contionem magna exspectatione venit dixitque perutile esse consilium, quod Themistocles adferret, sed minime honestum. Itaque Athenienses, quod honestum non esset, id ne utile quidem putaverunt totamque eam rem, quam ne audierant quidem, auctore Aristide repudiaverunt. Melius hi quam nos, qui piratas inmunes, socios vectigales habemus.

49b—95 *Konflikte zwischen Nutzen und Tugend in Handel und Wandel*

49b—53a Ein Streitfall

Maneat ergo, quod turpe sit, id numquam esse utile, ne tum quidem, cum id, quod esse utile putes, adipiscare; hoc enim ipsum,
50 utile putare, quod turpe sit, calamitosum est. Sed incidunt, ut supra

dixi, saepe causae, cum repugnare utilitas honestati videatur, ut
animadvertendum sit, repugnetne plane an possit cum honestate
coniungi. Eius generis hae sunt quaestiones: si exempli gratia vir bonus
Alexandrea Rhodum magnum frumenti numerum advexerit in Rho-
diorum inopia et fame summaque annonae caritate, si idem sciat com-
plures mercatores Alexandrea solvisse navesque in cursu frumento
onustas petentes Rhodum viderit, dicturusne sit id Rhodiis an silentio
suum quam plurimo venditurus. Sapientem et bonum virum fingimus;
de eius deliberatione et consultatione quaerimus, qui celaturus Rhodios
non sit, si id turpe iudicet, sed dubitet, an turpe non sit. In huius modi 51
causis aliud Diogeni Babylonio videri solet, magno et gravi Stoico,
aliud Antipatro, discipulo eius, homini acutissimo. Antipatro omnia
patefacienda, ut ne quid omnino, quod venditor norit, emptor ignoret,
Diogeni venditorem, quatenus iure civili constitutum sit, dicere vitia
oportere, cetera sine insidiis agere et, quoniam vendat, velle quam
optume vendere. 'Advexi, exposui, vendo meum non pluris quam
ceteri, fortasse etiam minoris, cum maior est copia. Cui fit iniuria?'
Exoritur Antipatri ratio ex altera parte: 'Quid ais? tu cum hominibus 52
consulere debeas et servire humanae societati eaque lege natus sis et ea
habeas principia naturae, quibus parere et quae sequi debeas, ut utilitas
tua communis sit utilitas vicissimque communis utilitas tua sit, celabis
homines, quid iis adsit commoditatis et copiae?' Respondebit Diogenes
fortasse sic: 'Aliud est celare, aliud tacere; neque ego nunc te celo, si
tibi non dico, quae natura deorum sit, qui sit finis bonorum, quae
tibi plus prodessent cognita quam tritici vilitas; sed non, quicquid tibi
audire utile est, idem mihi dicere necesse est.' 'Immo vero', inquiet ille, 53
'necesse est, siquidem meministi esse inter homines natura coniunc-
tam societatem.' 'Memini', inquiet ille; 'sed num ista societas talis est,
ut nihil suum cuiusque sit? Quod si ita est, ne vendundum quidem
quicquam est, sed donandum.'

53b—60 Keine Lüge oder Täuschung bei Verkäufen!

Vides in hac tota disceptatione non illud dici: 'Quamvis hoc turpe sit, tamen, quoniam expedit, faciam', sed ita expedire, ut turpe non sit,

54 ex altera autem parte, ea re, quia turpe sit, non esse faciendum. Vendat
aedes vir bonus propter aliqua vitia, quae ipse norit, ceteri ignorent,
pestilentes sint et habeantur salubres, ignoretur in omnibus cubiculis
apparere serpentes, male materiatae *sint*, ruinosae, sed hoc praeter
dominum nemo sciat; quaero, si haec emptoribus venditor non dixerit
aedesque vendiderit pluris multo, quam se venditurum putarit, num
id iniuste aut inprobe fecerit. 'Ille vero', inquit Antipater; 'quid est
enim aliud erranti viam non monstrare, quod Athenis exsecrationibus
publicis sanctum est, si hoc non est, emptorem pati ruere et
per errorem in maximam fraudem incurrere? Plus etiam est quam
viam non monstrare; nam est scientem in errorem alterum inducere.'
55 Diogenes contra: 'Num te emere coëgit, qui ne hortatus quidem est?
Ille, quod non placebat, proscripsit, tu, quod placebat, emisti. Quodsi,
qui proscribunt villam bonam beneque aedificatam, non existimantur
fefellisse, etiamsi illa nec bona est nec aedificata ratione, multo minus,
qui domum non laudarunt. Ubi enim iudicium emptoris est, ibi fraus
venditoris quae potest esse? Sin autem dictum non omne praestandum
est, quod dictum non est, id praestandum putas? Quid vero est stultius
quam venditorem eius rei, quam vendat, vitia narrare? quid autem
tam absurdum, quam si domini iussu ita praeco praedicet: 'Domum
56 pestilentem vendo?" Sic ergo in quibusdam causis dubiis ex altera
parte defenditur honestas, ex altera ita de utilitate dicitur, ut id, quod
utile videatur, non modo facere honestum sit, sed etiam non facere
turpe. Haec est illa, quae videtur utilium fieri cum honestis saepe
57 dissensio. Quae diiudicanda sunt; non enim, ut quaereremus, exposui-
mus, sed ut explicaremus. Non igitur videtur nec frumentarius ille
Rhodios nec hic aedium venditor celare emptores debuisse. Neque
enim id est celare, quicquid reticeas, sed cum, quod tu scias, id ignorare
emolumenti tui causa velis eos, quorum intersit id scire. Hoc autem
celandi genus quale sit et cuius hominis, quis non videt? Certe non
aperti, non simplicis, non ingenui, non iusti, non viri boni, versuti
potius, obscuri, astuti, fallacis, malitiosi, callidi, veteratoris, vafri.
Haec tot et alia plura nonne inutile est vitiorum subire nomina?
58 Quodsi vituperandi, qui reticuerunt, quid de iis existimandum
est, qui orationis vanitatem adhibuerunt? C. Canius, eques Romanus,
nec infacetus et satis litteratus, cum se Syracusas otiandi, ut ipse dicere

solebat, non negotiandi causa contulisset, dictitabat se hortulos aliquos emere velle, quo invitare amicos et ubi se oblectare sine interpellatoribus posset. Quod cum percrebruisset, Pythius ei quidam, qui argentariam faceret Syracusis, venales quidem se hortos non habere, sed licere uti Canio, si vellet, ut suis, et simul ad cenam hominem in hortos invitavit in posterum diem. Cum ille promisisset, tum Pythius, qui esset ut argentarius apud omnes ordines gratiosus, piscatores ad se convocavit et ab iis petivit, ut ante suos hortulos postridie piscarentur, dixitque, quid eos facere vellet. Ad cenam tempore venit Canius; opipare a Pythio adparatum convivium, cumbarum ante oculos multitudo; pro se quisque, quod ceperat, adferebat, ante pedes Pythi pisces abiciebantur. Tum Canius: 'Quaeso', inquit, 'quid est hoc, Pythi? 59
tantumne piscium? tantumne cumbarum?' Et ille: 'Quid mirum?', inquit, 'hoc loco est, Syracusis quicquid est piscium, hic aquatio, hac villa isti carere non possunt.' Incensus Canius cupiditate contendit a Pythio, ut venderet. Gravate ille primo; quid multa? impetrat. Emit homo cupidus et locuples tanti, quanti Pythius voluit, et emit instructos; nomina facit, negotium conficit. Invitat Canius postridie familiares suos, venit ipse mature; scalmum nullum videt, quaerit ex proximo vicino, num feriae quaedam piscatorum essent, quod eos nullos videret. 'Nullae, quod sciam', inquit; 'sed hic piscari nulli solent; itaque heri mirabar, quid accidisset.' Stomachari Canius; sed quid 60
faceret? nondum enim C. Aquilius, collega et familiaris meus, protulerat de dolo malo formulas; in quibus ipsis, cum ex eo quaereretur, quid esset dolus malus, respondebat: cum esset aliud simulatum, aliud actum. Hoc quidem sane luculente ut ab homine perito definiendi. Ergo et Pythius et omnes aliud agentes, aliud simulantes perfidi, improbi, malitiosi. Nullum igitur eorum factum potest utile esse, cum sit tot vitiis inquinatum.

61—68a Keine „kluge Lüge"! Bei Immobilien verbietet sie das Gesetz

Quodsi Aquiliana definitio vera est, ex omni vita simulatio 61
dissimulatioque tollenda est. Ita, nec ut emat melius nec ut vendat,

quicquam simulabit aut dissimulabit vir bonus. Atque iste dolus malus et legibus erat vindicatus, ut *in* tutela duodecim tabulis, circumscriptio adulescentium lege Plaetoria, et sine lege iudiciis, in quibus additur EX FIDE BONA. Reliquorum autem iudiciorum haec verba maxime excellunt: in arbitrio rei uxoriae MELIUS AEQUIUS, in fiducia UT INTER BONOS BENE AGIER. Quid ergo? aut in eo, QUOD MELIUS AEQUIUS, potest ulla pars inesse fraudis? aut, cum dicitur INTER BONOS BENE AGIER, quicquam agi dolose aut malitiose potest? Dolus autem malus in simulatione, ut ait Aquilius, continetur. Tollendum est igitur ex rebus contrahendis omne mendacium; non inlicitatorem venditor, non, qui contra se liceatur, emptor apponet; uterque, si ad eloquendum venerit, non plus quam semel eloquetur.
62 Q. quidem Scaevola P. f., cum postulasset, ut sibi fundus, cuius emptor erat, semel indicaretur idque venditor ita fecisset, dixit se pluris aestumare; addidit centum milia. Nemo est, qui hoc viri boni fuisse neget; sapientis negant, ut si minoris, quam potuisset, vendidisset. Haec igitur est illa pernicies, quod alios bonos, alios sapientes existimant. Ex quo Ennius 'nequiquam sapere sapientem, qui ipse sibi prodesse non quiret.' Vere id quidem, si, quid esset 'prodesse', mihi cum
63 Ennio conveniret. Hecatonem quidem Rhodium, discipulum Panaeti, video in iis libris, quos de officio scripsit Q. Tuberoni, dicere 'sapientis esse nihil contra mores, leges, instituta facientem habere rationem rei familiaris. Neque enim solum nobis divites esse volumus, sed liberis, propinquis, amicis maxumeque rei publicae. Singulorum enim facultates et copiae divitiae sunt civitatis.' Huic Scaevolae factum, de quo paulo ante dixi, placere nullo modo potest; etenim omnino tantum se negat facturum compendii sui causa, quod non liceat. Huic nec laus
64 magna tribuenda nec gratia est. Sed, sive et simulatio et dissimulatio dolus malus est, perpaucae res sunt, in quibus non dolus malus iste versetur, sive vir bonus est is, qui prodest, quibus potest, nocet nemini, certe istum virum bonum non facile reperimus. Numquam igitur est utile peccare, quia semper est turpe, et, quia semper est honestum virum bonum esse, semper est utile.

65 Ac de iure quidem praediorum sanctum apud nos est iure civili, ut in iis vendendis vitia dicerentur, quae nota essent venditori. Nam, cum ex duodecim tabulis satis esset ea praestari, quae essent lingua

nuncupata, quae qui infitiatus esset, dupli poenam subiret, a iuris consultis etiam reticentiae poena est constituta; quicquid enim esset in praedio vitii, id statuerunt, si venditor sciret, nisi nominatim dictum esset, praestari oportere. Ut, cum in arce augurium augures acturi 66
essent iussissentque Ti. Claudium Centumalum, qui aedes in Caelio monte habebat, demoliri ea, quorum altitudo officeret auspiciis, Claudius proscripsit insulam [vendidit], emit P. Calpurnius Lanarius. Huic ab auguribus illud idem denuntiatum est. Itaque Calpurnius cum demolitus esset cognossetque Claudium aedes postea proscripsisse, quam esset ab auguribus demoliri iussus, arbitrum illum adegit, QUIDQUID SIBI DARE FACERE OPORTERET EX FIDE BONA. M. Cato sententiam dixit, huius nostri Catonis pater (ut enim ceteri ex patribus, sic hic, qui illud lumen progenuit, ex filio est nominandus) — is igitur iudex ita pronuntiavit: 'cum in vendundo rem eam scisset et non pronuntiasset, emptori damnum praestari oportere.' Ergo ad fidem 67
bonam statuit pertinere notum esse emptori vitium, quod nosset venditor. Quod si recte iudicavit, non recte frumentarius ille, non recte aedium pestilentium venditor tacuit. Sed huius modi reticentiae iure civili comprehendi non possunt; quae autem possunt, diligenter tenentur. M. Marius Gratidianus, propinquus noster, C. Sergio Oratae vendiderat aedes eas, quas ab eodem ipse paucis ante annis emerat. Eae serviebant, sed hoc in mancipio Marius non dixerat. Adducta res in iudicium est. Oratam Crassus, Gratidianum defendebat Antonius. Ius Crassus urgebat, 'quod vitii venditor non dixisset sciens, id oportere praestari', aequitatem Antonius, 'quoniam id vitium ignotum Sergio non fuisset, qui illas aedes vendidisset, nihil fuisse necesse dici, nec eum esse deceptum, qui, id, quod emerat, quo iure esset, teneret.' Quorsus haec? Ut illud intellegas, non placuisse maioribus nostris 68
astutos.

68b—72 Nicht durch die „Maschen des Gesetzes" schlüpfen!

Sed aliter leges, aliter philosophi tollunt astutias, leges, quatenus manu tenere possunt, philosophi, quatenus ratione et intellegentia.

Ratio ergo hoc postulat, ne quid insidiose, ne quid simulate, ne quid
fallaciter. Suntne igitur insidiae tendere plagas, etiamsi excitaturus non
sis nec agitaturus? ipsae enim ferae nullo insequente saepe incidunt.
Sic tu aedes proscribas, tabulam tamquam plagam ponas, [domum prop-
69 ter vitia vendas,] in eam aliquis incurrat inprudens? Hoc quamquam
video propter depravationem consuetudinis neque more turpe haberi
neque aut lege sanciri aut iure civili, tamen naturae lege sanctum est.
Societas est enim (quod etsi saepe dictum est, dicendum est tamen
saepius), latissime quidem quae pateat, omnium inter omnes, interior
eorum, qui eiusdem gentis sint, propior eorum, qui eiusdem civitatis.
Itaque maiores aliud ius gentium, aliud ius civile esse voluerunt; quod
civile, non idem continuo gentium, quod autem gentium, idem civile
esse debet. Sed nos veri iuris germanaeque iustitiae solidam et expres-
sam effigiem nullam tenemus, umbra et imaginibus utimur. Eas ipsas
utinam sequeremur! feruntur enim ex optimis naturae et veritatis
70 exemplis. Nam quanti verba illa: UTI NE PROPTER TE FIDEMVE
TUAM CAPTUS FRAUDATUSVE SIM! quam illa aurea: UT IN-
TER BONOS BENE AGIER OPORTET ET SINI FRAUDA-
TIONE! Sed, qui sint 'boni', et quid sit 'bene agi', magna quaestio est.
Q. quidem Scaevola, pontifex maximus, summam vim esse dicebat in
omnibus iis arbitriis, in quibus adderetur EX FIDE BONA, fideique
bonae nomen existimabat manare latissime, idque versari in tutelis
societatibus, fiduciis mandatis, rebus emptis venditis, conductis locatis,
quibus vitae societas contineretur; in iis magni esse iudicis statuere,
praesertim cum in plerisque essent iudicia contraria, quid quemque
71 cuique praestare oporteret. Quocirca astutiae tollendae sunt eaque
malitia, quae volt illa quidem videri se esse prudentiam, sed abest ab
ea distatque plurimum. Prudentia est enim locata in dilectu bonorum
et malorum, malitia, si omnia, quae turpia sunt, mala sunt, mala bonis
ponit ante. Nec vero in praediis solum ius civile ductum a natura
malitiam fraudemque vindicat, sed etiam in mancipiorum venditione
venditoris fraus omnis excluditur. Qui enim scire debuit de sanitate,
de fuga, de furtis, praestat edicto aedilium. Heredum alia causa est.
72 Ex quo intellegitur, quoniam iuris natura fons sit, hoc secundum
naturam esse, neminem id agere, ut ex alterius praedetur inscitia. Nec
ulla pernicies vitae maior inveniri potest quam in malitia simulatio

intellegentiae; ex quo ista innumerabilia nascuntur, ut utilia cum honestis pugnare videantur. Quotus enim quisque reperietur, qui impunitate et ignoratione omnium proposita abstinere possit iniuria?

73—78 Weitere Konfliktsfälle

Periclitemur, si placet, et in iis quidem exemplis, in quibus peccari 73
volgus hominum fortasse non putet. Neque enim de sicariis, veneficis, testamentariis, furibus, peculatoribus hoc loco disserendum est, qui non verbis sunt et disputatione philosophorum, sed vinclis et carcere fatigandi, sed haec consideremus, quae faciunt ii, qui habentur boni. L. Minuci Basili, locupletis hominis, falsum testamentum quidam e Graecia Romam attulerunt. Quod quo facilius optinerent, scripserunt heredes secum M. Crassum et Q. Hortensium, homines eiusdem aetatis potentissimos; qui cum illud falsum esse suspicarentur, sibi autem nullius essent conscii culpae, alieni facinoris munusculum non repudiaverunt. Quid ergo? satin est hoc, ut non deliquisse videantur? Mihi quidem non videtur, quamquam alterum vivum amavi, alterum non
odi mortuum; sed, cum Basilus M. Satrium, sororis filium, nomen suum 74
ferre voluisset eumque fecisset heredem (hunc dico patronum agri Piceni et Sabini; o turpem notam temporum [nomen illorum]!), non erat aequum principes civis rem habere, ad Satrium nihil praeter nomen pervenire. Etenim, si is, qui non defendit iniuriam neque propulsat, cum potest, iniuste facit, ut in primo libro disserui, qualis habendus est is, qui non modo non repellit, sed etiam adiuvat iniuriam? Mihi quidem etiam verae hereditates non honestae videntur, si sunt malitiosis blanditiis, officiorum non veritate, sed simulatione quaesitae. Atqui in talibus rebus aliud utile interdum, aliud honestum videri
solet. Falso; nam eadem utilitatis, quae honestatis, est regula. Qui hoc 75
non perviderit, ab hoc nulla fraus aberit, nullum facinus. Sic enim cogitans: 'Est istuc quidem honestum, verum hoc expedit' res a natura copulatas audebit errore divellere, qui fons est fraudium, maleficiorum, scelerum omnium. Itaque, si vir bonus habeat hanc vim, ut, si digitis concrepuerit, possit in locupletium testamenta nomen eius

inrepere, hac vi non utatur, ne si exploratum quidem habeat id omnino neminem umquam suspicaturum. At dares hanc vim M. Crasso, ut digitorum percussione heres posset scriptus esse, qui re vera non esset heres, in foro, mihi crede, saltaret. Homo autem iustus isque, quem sentimus virum bonum, nihil cuiquam, quod in se transferat, detrahet.
76 Hoc qui admiratur, is se, quid sit vir bonus, nescire fateatur. At vero, si qui voluerit animi sui complicatam notionem evolvere, iam se ipse doceat eum virum bonum esse, qui prosit, quibus possit, noceat nemini nisi lacessitus iniuria. Quid ergo? hic non noceat, qui quodam quasi veneno perficiat, ut veros heredes moveat, in eorum locum ipse succedat? 'Non igitur faciat', dixerit quis, 'quod utile sit, quod expediat?' Immo intellegat nihil nec expedire nec utile esse, quod sit
77 iniustum; hoc qui non didicerit, bonus vir esse non poterit. C. Fimbriam consularem audiebam de patre nostro puer iudicem M. Lutatio Pinthiae fuisse, equiti Romano sane honesto, cum is sponsionem fecisset, NI VIR BONUS ESSET. Itaque ei dixisse Fimbriam se illam rem numquam iudicaturum, ne aut spoliaret fama probatum hominem, si contra iudicavisset, aut statuisse videretur virum bonum esse aliquem, cum ea res innumerabilibus officiis et laudibus contineretur. Huic igitur viro bono, quem Fimbria etiam, non modo Socrates noverat, nullo modo videri potest quicquam esse utile, quod non honestum sit. Itaque talis vir non modo facere, sed ne cogitare quidem quicquam audebit, quod non audeat praedicare. Haec non turpe est dubitare philosophos, quae ne rustici quidem dubitent? a quibus natum est id, quod iam contritum est vetustate, proverbium. Cum enim fidem alicuius bonitatemque laudant, dignum esse dicunt, 'quicum in tenebris mices'. Hoc quam habet vim nisi illam, nihil expedire, quod non deceat, etiamsi
78 id possis nullo refellente optinere? Videsne hoc proverbio neque Gygi illi posse veniam dari neque huic, quem paulo ante fingebam digitorum percussione hereditates omnium posse converrere? Ut enim, quod turpe est, id, quamvis occultetur, tamen honestum fieri nullo modo potest, sic, quod honestum non est, id utile ut sit, effici non potest adversante et repugnante natura.

79—82a Auch großer Gewinn entschuldigt Schlechtigkeit nicht

At enim, cum permagna praemia sunt, est causa peccandi. C. 79
Marius cum a spe consulatus longe abesset et iam septimum annum
post praeturam iaceret neque petiturus umquam consulatum videretur,
Q. Metellum, cuius legatus erat, summum virum et civem, cum ab eo,
imperatore suo, Romam missus esset, apud populum Romanum cri-
minatus est bellum illum ducere; si se consulem fecissent, brevi tempore
aut vivum aut mortuum Iugurtham se in potestatem populi Romani
redacturum. Itaque factus est ille quidem consul, sed a fide iustitiaque
discessit, qui optimum et gravissimum civem, cuius legatus et a quo
missus esset, in invidiam falso crimine adduxerit. Ne noster quidem 80
Gratidianus officio viri boni functus est tum, cum praetor esset col-
legiumque praetorium tribuni plebi adhibuissent, ut res nummaria de
communi sententia constitueretur; iactabatur enim temporibus illis
nummus sic, ut nemo posset scire, quid haberet. Conscripserunt com-
muniter edictum cum poena atque iudicio constitueruntque, ut omnes
simul in rostra post meridiem escenderent. Et ceteri quidem alius alio,
Marius ab subselliis in rostra recta idque, quod communiter composi-
tum fuerat, solus edixit. Ex ea res, si quaeris, ei magno honori fuit;
omnibus vicis statuae, ad eas tus, cerei; quid multa? nemo umquam
multitudini fuit carior. Haec sunt, quae conturbent in deliberatione 81
non numquam, cum id, in quo violatur aequitas, non ita magnum, illud
autem, quod ex eo paritur, permagnum videtur, ut Mario praeripere
collegis et tribunis plebi popularem gratiam non ita turpe, consulem
ob eam rem fieri, quod sibi tum proposuerat, valde utile videbatur.
Sed omnium una regula est, quam tibi cupio esse notissimam, aut illud,
quod utile videtur, turpe ne sit aut, si turpe est, ne videatur esse utile.
Quid igitur? possumusne aut illum Marium virum bonum iudicare
aut hunc? Explica atque excute intellegentiam tuam, ut videas, quae
sit in ea [species] forma et notio viri boni. Cadit ergo in virum bonum
mentiri emolumenti sui causa, criminari, praeripere, fallere? Nihil
profecto minus. Est ergo ulla res tanti aut commodum ullum tam 82
expetendum, ut viri boni et splendorem et nomen amittas? Quid est,
quod adferre tantum utilitas ista, quae dicitur, possit, quantum auferre,

si boni viri nomen eripuerit, fidem iustitiamque detraxerit? Quid enim interest, utrum ex homine se convertat quis in beluam an hominis figura inmanitatem gerat beluae?

82b—85 Tyrannis als Konfliktsfall zwischen Nutzen und Moral

Quid? qui omnia recta et honesta neglegunt, dummodo potentiam consequantur, nonne idem faciunt, quod is, qui etiam socerum habere voluit eum, cuius ipse audacia potens esset? Utile ei videbatur plurimum posse alterius invidia; id quam iniustum in patriam et quam turpe esset, non videbat. Ipse autem socer in ore semper Graecos versus de Phoenissis habebat, quos dicam, ut potero, incondite fortasse, sed tamen, ut res possit intellegi:

Nam sí violandum est iús, regnandi grátia
Violándum est; aliis rébus pietatém colas.

Capitalis Eteocles vel potius Euripides, qui id unum, quod omnium
83 sceleratissimum fuerit, exceperit! Quid igitur minuta colligimus, hereditates, mercaturas, venditiones fraudulentas? ecce tibi, qui rex populi Romani dominusque omnium gentium esse concupiverit idque perfecerit! Hanc cupiditatem si honestam quis esse dicit, amens est; probat enim legum et libertatis interitum earumque oppressionem taetram et detestabilem gloriosam putat. Qui autem fatetur honestum non esse in ea civitate, quae libera fuerit quaeque esse debeat, regnare, sed ei, qui id facere possit, esse utile, qua hunc obiurgatione aut quo potius convicio a tanto errore coner avellere? Potest enim, di immortales! cuiquam esse utile foedissimum et taeterrimum parricidium patriae, quamvis is, qui se eo obstrinxerit, ab oppressis civibus parens nominetur? Honestate igitur deringenda utilitas est, et quidem sic, ut haec duo
84 verbo inter se discrepare, re unum sonare videantur. Non habeo, ad volgi opinionem quae maior utilitas quam regnandi esse possit; nihil contra inutilius ei, qui id iniuste consecutus sit, invenio, cum ad veritatem coepi revocare rationem. Possunt enim cuiquam esse utiles angores, sollicitudines, diurni et nocturni metus, vita insidiarum periculorumque plenissima?

Múlti iniqui atque ínfideles régno, pauci bénivoli,

inquit Accius. At cui regno? Quod a Tantalo et Pelope proditum iure optinebatur. Nam quanto pluris ei regi putas, qui exercitu populi Romani populum ipsum Romanum oppressisset civitatemque non modo liberam, sed etiam gentibus imperantem servire sibi coëgisset? Hunc tu quas conscientiae labes in animo censes habuisse, quae vulnera? 85
Cuius autem vita ipsi potest utilis esse, cum eius vitae ea condicio sit, ut, qui illam eripuerit, in maxima et gratia futurus sit et gloria? Quodsi haec utilia non sunt, quae maxime videntur, quia plena sunt dedecoris ac turpitudinis, satis persuasum esse debet nihil esse utile, quod non honestum sit.

86—88 Beispiele aus Roms Geschichte

Quamquam id quidem cum saepe alias, tum Pyrrhi bello a C. 86
Fabricio consule iterum et a senatu nostro iudicatum est. Cum enim rex Pyrrhus populo Romano bellum ultro intulisset, cumque de imperio certamen esset cum rege generoso ac potenti, perfuga ab eo venit in castra Fabrici eique est pollicitus, si praemium sibi proposuisset, se, ut clam venisset, sic clam in Pyrrhi castra rediturum et eum veneno necaturum. Hunc Fabricius reducendum curavit ad Pyrrhum, idque eius factum laudatum a senatu est. Atqui, si speciem utilitatis opinionemque quaerimus, magnum illud bellum perfuga unus et gravem adversarium imperii sustulisset, sed magnum dedecus et flagitium, quicum laudis certamen fuisset, eum non virtute, sed scelere superatum. Utrum igitur 87
utilius vel Fabricio, qui talis in hac urbe, qualis Aristides Athenis, fuit, vel senatui nostro, qui numquam utilitatem a dignitate seiunxit, armis cum hoste certare an venenis? Si gloriae causa imperium expetundum est, scelus absit, in quo non potest esse gloria; sin ipsae opes expetuntur quoquo modo, non poterunt utiles esse cum infamia. Non igitur utilis illa L. Philippi Q. f. sententia, quas civitates L. Sulla pecunia accepta ex senatus consulto liberavisset, ut eae rursus vectigales essent neque iis pecuniam, quam pro libertate dederant, redderemus. Ei senatus est assensus. Turpe imperio! piratarum enim melior fides quam senatus. At aucta vectigalia, utile igitur. Quousque audebunt dicere quicquam

88 utile, quod non honestum? potest autem ulli imperio, quod gloria debet fultum esse et benivolentia sociorum, utile esse odium et infamia? Ego etiam cum Catone meo saepe dissensi; nimis mihi praefracte videbatur aerarium vectigaliaque defendere, omnia publicanis negare, multa sociis, cum in hos benefici esse deberemus, cum illis sic agere, ut cum colonis nostris soleremus, eoque magis, quod illa ordinum coniunctio ad salutem rei publicae pertinebat. Male etiam Curio, cum causam Transpadanorum aequam esse dicebat, semper autem addebat: 'Vincat utilitas!' Potius doceret non esse aequam, quia non esset utilis rei publicae, quam, cum utilem non esse diceret, esse aequam fateretur.

89—92a Weitere Konflikte

89 Plenus est sextus liber de officiis Hecatonis talium quaestionum: 'sitne boni viri in maxima caritate annonae familiam non alere'. In utramque partem disputat, sed tamen ad extremum utilitate, ut putat, officium derigit magis quam humanitate. Quaerit, si in mari iactura facienda sit, equine pretiosi potius iacturam faciat an servoli vilis. Hic alio res familiaris, alio ducit humanitas. 'Si tabulam de naufragio stultus arripuerit, extorquebitne eam sapiens, si potuerit?' Negat, quia sit iniurium. 'Quid? dominus navis eripietne suum?' 'Minime, non plus quam navigantem in alto eicere de navi velit, quia sua sit. Quoad enim perventum est eo, quo sumpta navis est, non domini est navis, sed
90 navigantium.' 'Quid? si una tabula sit, duo naufragi, eique sapientes, sibine uter*que* rapiat, an alter cedat alteri?' 'Cedat vero, sed ei, cuius magis intersit vel sua vel rei publicae causa vivere.' 'Quid, si haec paria in utroque?' 'Nullum erit certamen, sed quasi sorte aut micando victus alteri cedet alter.' 'Quid? si pater fana expilet, cuniculos agat ad aerarium, indicetne id magistratibus filius?' 'Nefas id quidem est, quin etiam defendat patrem, si arguatur.' 'Non igitur patria praestat omnibus officiis?' 'Immo vero, sed ipsi patriae conducit pios habere cives in parentes.' 'Quid? si tyrannidem occupare, si patriam prodere conabitur pater, silebitne filius?' 'Immo vero obsecrabit patrem, ne id faciat. Si nihil proficiet, accusabit, minabitur etiam, ad extremum, si ad perniciem patriae res spectabit, patriae salutem anteponet saluti

patris.' Quaerit etiam, si sapiens adulterinos nummos acceperit inprudens pro bonis, cum id rescierit, soluturusne sit eos, si cui debeat, pro bonis. Diogenes ait, Antipater negat, cui potius assentior. Qui vinum fugiens vendat sciens, debeatne dicere. Non necesse putat Diogenes, Antipater viri boni existimat. Haec sunt quasi controversa iura Stoicorum. 'In mancipio vendundo dicendane vitia, non ea, quae nisi dixeris, redhibeatur mancipium iure civili, sed haec, mendacem esse, aleatorem, furacem, ebriosum?' Alteri dicenda videntur, alteri non videntur. 'Si quis aurum vendens orichalcum se putet vendere, 92
indicetne ei vir bonus aurum illud esse an emat denario, quod sit mille denarium?' Perspicuum est iam, et quid mihi videatur, et quae sit inter eos philosophos, quos nominavi, controversia.

91 (margin, first line)

92b—95 Wann muß man Versprechen nicht halten?

Pacta et promissa semperne servanda sint, QUAE NEC VI NEC DOLO MALO, ut praetores solent, FACTA SINT. Si quis medicamentum cuipiam dederit ad aquam intercutem pepigeritque, si eo medicamento sanus factus esset, ne illo medicamento umquam postea uteretur, si eo medicamento sanus factus sit et annis aliquot post inciderit in eundem morbum nec ab eo, quicum pepigerat, impetret, ut iterum eo liceat uti, quid faciendum sit. Cum sit is inhumanus, qui non concedat, nec ei quicquam fiat iniuriae, vitae et saluti consulendum. Quid? si qui sapiens rogatus sit ab eo, qui eum heredem faciat, 93
cum ei testamento sestertium milies relinquatur, ut, ante quam hereditatem adeat, luce palam in foro saltet, idque se facturum promiserit, quod aliter heredem eum scripturus ille non esset, faciat, quod promiserit, necne? Promisisse nollem et id arbitror fuisse gravitatis; quoniam promisit, si saltare in foro turpe ducet, honestius mentietur, si ex hereditate nihil ceperit, quam si ceperit, nisi forte eam pecuniam in rei publicae magnum aliquod tempus contulerit, ut vel saltare, cum patriae consulturus sit, turpe non sit.

Ac ne illa quidem promissa servanda sunt, quae non sunt iis ipsis 94
utilia, quibus illa promiseris. Sol Phaëthonti filio, ut redeamus ad fabulas, facturum se esse dixit, quicquid optasset; optavit, ut in currum

patris tolleretur; sublatus est. Atqui is, ante quam constitit, ictu fulminis deflagravit. Quanto melius fuerat in hoc promissum patris non esse servatum! Quid, quod Theseus exegit promissum a Neptuno? cui cum tres optationes Neptunus dedisset, optavit interitum Hippolyti filii, cum is patri suspectus esset de noverca; quo optato impetrato Theseus
95 in maxumis fuit luctibus. Quid? Agamemnon cum devovisset Dianae, quod in suo regno pulcherrimum natum esset illo anno, immolavit Iphigeniam, qua nihil erat eo quidem anno natum pulchrius? Promissum potius non faciendum quam tam taetrum facinus admittendum fuit. Ergo et promissa non facienda non numquam, neque semper deposita reddenda. Si gladium quis apud te sana mente deposuerit, repetat insaniens, reddere peccatum sit, officium non reddere. Quid? si is, qui apud te pecuniam deposuerit, bellum inferat patriae, reddasne depositum? Non credo; facias enim contra rem publicam, quae debet esse carissima. Sic multa, quae honesta natura videntur esse, temporibus fiunt non honesta; facere promissa, stare conventis, reddere deposita commutata utilitate fiunt non honesta. Ac de iis quidem, quae videntur esse utilitates contra iustitiam simulatione prudentiae, satis arbitror dictum.

96—115 *Konflikte des Nutzens mit der Tapferkeit*

96 Sed quoniam a quattuor fontibus honestatis primo libro officia duximus, in eisdem versemur, cum docebimus ea, quae videantur esse utilia neque sint, quam sint virtutis inimica. Ac de prudentia quidem, quam vult imitari malitia, itemque de iustitia, quae semper est utilis, disputatum est. Reliquae sunt duae partes honestatis, quarum altera in animi excellentis magnitudine et praestantia cernitur, altera in conformatione et moderatione continentiae et temperantiae.

97—101a Odysseus und Regulus

97 Utile videbatur Ulixi, ut quidem poëtae tragici prodiderunt (nam apud Homerum, optumum auctorem, talis de Ulixe nulla suspicio est),

sed insimulant eum tragoediae simulatione insaniae militiam subterfugere voluisse. Non honestum consilium, at utile, ut aliquis fortasse dixerit, regnare et Ithacae vivere otiose cum parentibus, cum uxore, cum filio. Ullum tu decus in cotidianis laboribus et periculis cum hac tranquillitate conferendum putas? Ego vero istam contemnendam et abiciendam, quoniam, quae honesta non sit, ne utilem quidem esse arbitror. Quid enim auditurum putas fuisse Ulixem, si in illa simulatione 98
perseveravisset? qui cum maximas res gesserit in bello, tamen haec audiat ab Aiace:

Cuius ípse princeps iúris iurandí fuit,
Quod ómnes scitis, sólus neglexít fidem;
Furere ássimulare, né coiret, ínstitit.
Quodní Palamedi pérspicax prudéntia
Istíus percepset málitiosam audáciam,
Fidé sacratae iús perpetuo fálleret.

Illi vero non modo cum hostibus, verum etiam cum fluctibus, id quod 99
fecit, dimicare melius fuit quam deserere consentientem Graeciam ad bellum barbaris inferendum. Sed omittamus et fabulas et externa; ad rem factam nostramque veniamus. M. Atilius Regulus cum consul iterum in Africa ex insidiis captus esset duce Xanthippo Lacedaemonio, imperatore autem patre Hannibalis Hamilcare, iuratus missus est ad senatum, ut, nisi redditi essent Poenis captivi nobiles quidam, rediret ipse Carthaginem. Is cum Romam venisset, utilitatis speciem videbat, sed eam, ut res declarat, falsam iudicavit; quae erat talis: manere in patria, esse domui suae cum uxore, cum liberis, quam calamitatem accepisset in bello, communem fortunae bellicae iudicantem tenere consularis dignitatis gradum. Quis haec negat esse utilia? quem censes? Magnitudo animi et fortitudo negat.

Num locupletiores quaeris auctores? Harum enim est virtutum pro- 100
prium nihil extimescere, omnia humana despicere, nihil, quod homini accidere possit, intolerandum putare. Itaque quid fecit? In senatum venit, mandata exposuit, sententiam ne diceret, recusavit; quam diu iure iurando hostium teneretur, non esse se senatorem. Atque illud etiam ('o stultum hominem', dixerit quispiam, 'et repugnantem utilitati suae!'), reddi captivos negavit esse utile; illos enim adulescentes esse et bonos duces, se iam confectum senectute. Cuius cum valuisset auctori-

tas, captivi retenti sunt, ipse Carthaginem rediit, neque eum caritas patriae retinuit nec suorum. Neque vero tum ignorabat se ad crudelissimum hostem et ad exquisita supplicia proficisci, sed ius iurandum conservandum putabat. Itaque tum, cum vigilando necabatur, erat in meliore causa, quam si domi senex captivus, periurus consularis remansis-
101 set. At stulte, qui non modo non censuerit captivos remittendos, verum etiam dissuaserit. Quo modo stulte? etiamne, si rei publicae conducebat? potest autem, quod inutile rei publicae sit, id cuiquam civi utile esse?

101b—110 Diskussion der Tat des Regulus

Pervertunt homines ea, quae sunt fundamenta naturae, cum utilitatem ab honestate seiungunt. Omnes enim expetimus utilitatem ad eamque rapimur nec facere aliter ullo modo possumus. Nam quis est, qui utilia fugiat? aut quis potius, qui ea non studiosissime persequatur? Sed quia nusquam possumus nisi in laude, decore, honestate utilia reperire, propterea illa prima et summa habemus, utilitatis nomen non tam
102 splendidum quam necessarium ducimus. Quid est igitur, dixerit quis, in iure iurando? num iratum timemus Iovem? At hoc quidem commune est omnium philosophorum, non eorum modo, qui deum nihil habere ipsum negotii dicunt, nihil exhibere alteri, sed eorum etiam, qui deum semper agere aliquid et moliri volunt, numquam nec irasci deum nec nocere. Quid autem iratus Iuppiter plus nocere potuisset, quam nocuit sibi ipse Regulus? Nulla igitur vis fuit religionis, quae tantam utilitatem perverteret. An ne turpiter faceret? Primum minima de malis. Num igitur tantum mali turpitudo ista habebat, quantum ille cruciatus? Deinde illud etiam apud Accium:

Fregistín fidem?
Néque dedi neque do ínfideli cuíquam

103 quamquam ab impio rege dicitur, luculente tamen dicitur. Addunt etiam, quem ad modum nos dicamus videri quaedam utilia, quae non sint, sic se dicere videri quaedam honesta, quae non sint, 'ut hoc ipsum videtur honestum, conservandi iuris iurandi causa ad cruciatum rever-

tisse; sed fit non honestum, quia, quod per vim hostium esset actum, ratum esse non debuit'. Addunt etiam, quicquid valde utile sit, id fieri honestum, etiamsi antea non videretur. Haec fere contra Regulum. Sed prima videamus.

'Non fuit Iuppiter metuendus ne iratus noceret, qui neque irasci solet 104
nec nocere.' Haec quidem ratio non magis contra Reguli quam contra omne ius iurandum valet. Sed in iure iurando non qui metus, sed quae vis sit, debet intellegi; est enim ius iurandum adfirmatio religiosa; quod autem adfirmate quasi deo teste promiseris, id tenendum est. Iam enim non ad iram deorum, quae nulla est, sed ad iustitiam et ad fidem pertinet. Nam praeclare Ennius:

Ó Fides alma ápta pinnis ét ius iurandúm Iovis!

Qui ius igitur iurandum violat, is Fidem violat, quam in Capitolio 'vicinam Iovis optimi maximi', ut in Catonis oratione est, maiores
nostri esse voluerunt. At enim ne iratus quidem Iuppiter plus Regulo 105
nocuisset, quam sibi nocuit ipse Regulus. Certe, si nihil malum esset nisi dolere. Id autem non modo non summum malum, sed ne malum quidem esse maxima auctoritate philosophi adfirmant. Quorum quidem testem non mediocrem, sed haud scio an gravissimum Regulum nolite, quaeso, vituperare. Quem enim locupletiorem quaerimus quam principem populi Romani, qui retinendi officii causa cruciatum subierit voluntarium? Nam quod aiunt: 'minima de malis', id est ut turpiter potius quam calamitose, an est ullum maius malum turpitudine? quae si in deformitate corporis habet aliquid offensionis, quanta illa depra-
vatio et foeditas turpificati animi debet videri! Itaque nervosius qui 106
ista disserunt, solum audent malum dicere id, quod turpe sit, qui autem remissius, ii tamen non dubitant summum malum dicere. Nam illud quidem:

Néque dedi neque do ínfideli cuíquam

idcirco recte a poëta, quia, cum tractaretur Atreus, personae serviendum fuit. Sed si hoc sibi sument, nullam esse fidem, quae infideli data
sit, videant, ne quaeratur latebra periurio. Est autem ius etiam bellicum 107
fidesque iuris iurandi saepe cum hoste servanda. Quod enim ita iuratum est, ut mens conciperet fieri oportere, id servandum est; quod aliter, id si non fecerit, nullum est periurium. Ut, si praedonibus pactum pro capite pretium non attuleris, nulla fraus est, ne si iuratus quidem id non

feceris; nam pirata non est ex perduellium numero definitus, sed communis hostis omnium; cum hoc nec fides debet nec ius iurandum esse
108 commune. Non enim falsum iurare periurare est, sed, quod EX ANIMI TUI SENTENTIA iuraris, sicut verbis concipitur more nostro, id non facere periurium est. Scite enim Euripides:

Iurávi lingua, méntem iniuratám gero.

Regulus vero non debuit condiciones pactionesque bellicas et hostiles perturbare periurio. Cum iusto enim et legitimo hoste res gerebatur, adverus quem et totum ius fetiale et multa sunt iura communia. Quod ni ita esset, numquam claros viros senatus vinctos hostibus dedidisset.

109 At vero T. Veturius et Sp. Postumius cum iterum consules essent, quia, cum male pugnatum apud Caudium esset, legionibus nostris sub iugum missis pacem cum Samnitibus fecerant, dediti sunt iis; iniussu enim populi senatusque fecerant. Eodemque tempore Ti. Numicius, Q. Maelius, qui tum tribuni pl. erant, quod eorum auctoritate pax erat facta, dediti sunt, ut pax Samnitium repudiaretur; atque huius deditionis ipse Postumius, qui dedebatur, suasor et auctor fuit. Quod idem multis annis post C. Mancinus, qui, ut Numantinis, quibuscum sine senatus auctoritate foedus fecerat, dederetur, rogationem suasit eam, quam L. Furius, Sex. Atilius ex senatus consulto ferebant; qua accepta est hostibus deditus. Honestius hic quam Q. Pompeius, quo, cum in eadem causa esset, deprecante accepta lex non est. Hic ea, quae videbatur utilitas, plus valuit quam honestas, apud superiores utilitatis
110 species falsa ab honestatis auctoritate superata est. — At non debuit ratum esse, quod erat actum per vim. — Quasi vero forti viro vis possit adhiberi. — Cur igitur ad senatum proficiscebatur, cum praesertim de captivis dissuasurus esset? — Quod maximum in eo est, id reprehenditis. Non enim suo iudicio stetit, sed suscepit causam, ut esset iudicium senatus; cui nisi ipse auctor fuisset, captivi profecto Poenis redditi essent; ita incolumis in patria Regulus restitisset. Quod quia patriae non utile putavit, idcirco sibi honestum et sentire illa et pati credidit. Nam quod aiunt, quod valde utile sit, id fieri honestum, immo vero esse, non fieri. Est enim nihil utile, quod idem non honestum, nec, quia utile, honestum, sed, quia honestum, utile. Quare ex multis mirabilibus exemplis haud facile quis dixerit hoc exemplo aut laudabilius aut praestantius.

Sed ex tota hac laude Reguli unum illud est admiratione dignum, 111
quod captivos retinendos censuit. Nam quod rediit, nobis nunc mirabile videtur, illis quidem temporibus aliter facere non potuit; itaque ista laus non est hominis, sed temporum. Nullum enim vinculum ad astringendam fidem iure iurando maiores artius esse voluerunt. Indicant leges in duodecim tabulis, indicant sacratae, indicant foedera, quibus etiam cum hoste devincitur fides, indicant notiones animadversionesque censorum, qui nulla de re diligentius quam de iure iurando iudicabant. L. Manlio A. f., cum dictator fuisset, M. Pomponius tr. pl. 112
diem dixit, quod is paucos sibi dies ad dictaturam gerendam addidisset; criminabatur etiam, quod Titum filium, qui postea est Torquatus appellatus, ab hominibus relegasset et ruri habitare iussisset. Quod cum audivisset adulescens filius, negotium exhiberi patri, accurrisse Romam et cum primo luci Pomponi domum venisse dicitur. Cui cum esset nuntiatum, qui illum iratum allaturum ad se aliquid contra patrem arbitraretur, surrexit e lectulo remotisque arbitris ad se adulescentem iussit venire. At ille, ut ingressus est, confestim gladium destrinxit iuravitque se illum statim interfecturum, nisi ius iurandum sibi dedisset se patrem missum esse facturum. Iuravit hoc terrore coactus Pomponius; rem ad populum detulit, docuit, cur sibi causa desistere necesse esset, Manlium missum fecit. Tantum temporibus illis ius iurandum valebat. Atque hic T. Manlius is est, qui ad Anienem Galli, quem ab eo provocatus occiderat, torque detracto cognomen invenit, cuius tertio consulatu Latini ad Veserim fusi et fugati, magnus vir in primis et, qui perindulgens in patrem, idem acerbe severus in filium.

Sed, ut laudandus Regulus in conservando iure iurando, sic decem 113
illi, quos post Cannensem pugnam iuratos ad senatum misit Hannibal se in castra redituros ea, quorum erant potiti Poeni, nisi de redimendis captivis impetravissent, si non redierunt, vituperandi. De quibus non omnes uno modo; nam Polybius, bonus auctor in primis, ex decem nobilissimis, qui tum erant missi, novem revertisse dicit re a senatu non impetrata; unum ex decem, qui paulo post, quam erat egressus e castris, redisset, quasi aliquid esset oblitus, Romae remansisse; reditu

enim in castra liberatum se esse iure iurando interpretabatur, non recte; fraus enim astringit, non dissolvit periurium. Fuit igitur stulta calliditas perverse imitata prudentiam. Itaque decrevit senatus, ut ille veterator et callidus vinctus ad Hannibalem duceretur. Sed illud
114 maxumum: Octo hominum milia tenebat Hannibal, non quos in acie cepisset, aut qui periculo mortis diffugissent, sed qui relicti in castris fuissent a Paulo et a Varrone consulibus. Eos senatus non censuit redimendos, cum id parva pecunia fieri posset, ut esset insitum militibus nostris aut vincere aut emori. Qua quidem re audita fractum animum Hannibalis scribit idem, quod senatus populusque Romanus rebus afflictis tam excelso animo fuisset. Sic honestatis comparatione
115 ea, quae videntur utilia, vincuntur. C. Acilius autem, qui Graece scripsit historiam, plures ait fuisse, qui in castra revertissent eadem fraude, ut iure iurando liberarentur, eosque a censoribus omnibus ignominiis notatos. Sit iam huius loci finis. Perspicuum est enim ea, quae timido animo, humili, demisso fractoque fiant, quale fuisset Reguli factum, si aut de captivis, quod ipsi opus esse videretur, non quod rei publicae, censuisset aut domi remanere voluisset, non esse utilia, quia sint flagitiosa, foeda, turpia.

116—120 *Konflikte des scheinbaren Nutzens mit den Pflichten der Selbstbeherrschung*

116 Restat quarta pars, quae decore, moderatione, modestia, continentia, temperantia continetur. Potest igitur quicquam utile esse, quod sit huic talium virtutum choro contrarium? Atqui ab Aristippo Cyrenaici atque Annicerii philosophi nominati omne bonum in voluptate posuerunt virtutemque censuerunt ob eam rem esse laudandam, quod efficiens esset voluptatis. Quibus obsoletis floret Epicurus, eiusdem fere adiutor auctorque sententiae. Cum his 'viris equisque', ut dicitur,
117 si honestatem tueri ac retinere sententia est, decertandum est. Nam si non modo utilitas, sed vita omnis beata corporis firma constitutione eiusque constitutionis spe explorata, ut a Metrodoro scriptum est, continetur, certe haec utilitas, et quidem summa (sic enim censent), cum honestate pugnabit. Nam ubi primum prudentiae locus dabitur? an

ut conquirat undique suavitates? Quam miser virtutis famulatus servientis voluptati! Quod autem munus prudentiae? an legere intellegenter voluptates? Fac nihil isto esse iucundius, quid cogitari potest turpius? Iam, qui dolorem summum malum dicat, apud eum quem habet locum fortitudo, quae est dolorum laborumque contemptio? Quamvis enim multis locis dicat Epicurus, sicuti dicit, satis fortiter de dolore, tamen non id spectandum est, quid dicat, sed quid consentaneum sit ei dicere, qui bona voluptate terminaverit, mala dolore. Ut, si illum audiam, de continentia et temperantia, dicit ille quidem multa multis locis, sed aqua haeret, ut aiunt; nam qui potest temperantiam laudare is, qui ponat summum bonum in voluptate? est enim temperantia
libidinum inimica, libidines autem consectatrices voluptatis. Atque in 118
his tamen tribus generibus, quoquo modo possunt, non incallide tergiversantur; prudentiam introducunt scientiam suppeditantem voluptates, depellentem dolores; fortitudinem quoque aliquo modo expediunt, cum tradunt rationem neglegendae mortis, perpetiendi doloris; etiam temperantiam inducunt non facillime illi quidem, sed tamen quoquo modo possunt; dicunt enim voluptatis magnitudinem doloris detractione finiri. Iustitia vacillat vel iacet potius omnesque eae virtutes, quae in communitate cernuntur et in societate generis humani. Neque enim bonitas nec liberalitas nec comitas esse potest, non plus quam amicitia, si haec non per se expetantur, sed ad voluptatem utilitatemve
referantur. Conferamus igitur in pauca. Nam ut utilitatem nullam 119
esse docuimus, quae honestati esset contraria, sic omnem voluptatem dicimus honestati esse contrariam. Quo magis reprehendendos Calliphontem et Dinomachum iudico, qui se dirempturos controversiam putaverunt, si cum honestate voluptatem tamquam cum homine pecudem copulavissent. Non recipit istam coniunctionem honestas, aspernatur, repellit. Nec vero finis bonorum [et malorum], qui simplex esse debet, ex dissimillimis rebus misceri et temperari potest. Sed de hoc (magna enim res est) alio loco pluribus; nunc ad propositum.
Quem ad modum igitur, si quando ea, quae videtur utilitas, honestati 120
repugnat, diiudicanda res sit, satis est supra disputatum. Sin autem speciem utilitatis etiam voluptas habere dicetur, nulla potest esse ei cum honestate coniunctio. Nam, ut tribuamus aliquid voluptati, condimenti fortasse non nihil, utilitatis certe nihil habebit.

121 Habes a patre munus, Marce fili, mea quidem sententia magnum, sed perinde erit, ut acceperis. Quamquam hi tibi tres libri inter Cratippi commentarios tamquam hospites erunt recipiendi; sed, ut, si ipse venissem Athenas (quod quidem esset factum, nisi me e medio cursu clara voce patria revocasset), aliquando me quoque audires, sic, quoniam his voluminibus ad te profecta vox est mea, tribues iis temporis quantum poteris, poteris autem, quantum voles. Cum vero intellexero te hoc scientiae genere gaudere, tum et praesens tecum propediem, ut spero, et, dum aberis, absens loquar. Vale igitur, mi Cicero, tibique persuade esse te quidem mihi carissimum, sed multo fore cariorem, si talibus monitis praeceptisque laetabere.

Literatur

1. Ciceros Leben und Werke: Büchner, K., Cicero. Grundzüge seines Wesens, in: Studien zur röm. Lit., Wiesbaden 1962; 1–24. – *Büchner, K.*, Cicero. Bestand und Wandel seiner geistigen Welt, Heidelberg 1964. – *Büchner, K.*, Das neue Cicerobild, Darmstadt 1971. – *Cauer, Fr.*, Ciceros politisches Denken, Berlin 1903. – *Cauer, P.*, Das Altertum im Leben der Gegenwart, Leipzig 1911. – *Fuhrmann, M.*, Cicero und die römische Republik, München 1989 u. ö. – *Gelzer, M.*, Cicero. Ein biographischer Versuch, Wiesbaden 1969. – *Graff, J.*, Ciceros Selbstauffassung, Heidelberg 1963. – *Heinze, R.*, Ciceros politische Anfänge, in: Vom Geist des Römertums, Darmstadt 1961, 87–141. – *Klingner, Fr.*, Cicero, in: Römische Geisteswelt, 4. A., München 1961, 110–159. – *Kytzler, B.*, Ciceros literarische Leistung, Darmstadt 1973. – *Laurand, L.*, Ciceron, Paris 1935. – *Meyer, Ed.*, Caesars Monarchie und das Prinzipat des Pompejus, Stuttgart 1922. – *Plasberg, O.*, Cicero in seinen Werken und Briefen, Leipzig 1926. – RE, Art. M. Tullius Cicero, 2. Reihe, 13. Halbbd., 1939, 827–1274. – *Schwartz, Ed.*, Cicero, in: Charakterköpfe aus der Antike, 3. A., Leipzig 1950. – *Seel, O.*, Cicero, 2. A., Stuttgart 1961. – *Weißenfels, O.*, Cicero als Schulschriftsteller, Leipzig 1892. – *Zielinski, Thad.*, Cicero im Wandel der Jahrhunderte, 2. A., Leipzig 1908.

2. Zu Ciceros Sprache: Norden, E., Die antike Kunstprosa, Leipzig 1909. – *Laurand, L.*, Etudes sur le style des discours de Cicéron, Paris 1928. – *v. Albrecht, M.*, Ciceros Sprache, in: RE, Supplement 13, Sp. 1237 ff.

3. Cicero und die Philosophie: Bringmann, Kl., Untersuchungen zum späten Cicero, Göttingen 1971. – *Davies, J. C.*, The Originality of Cicero's Philosophical Works, in: Latomus 30, 1971, 105–119. – *Fuchs, H.*, Ciceros Hingabe an die Philosophie, in: Das neue Cicerobild, Darmstadt 1971. — *Görler, W.*, Untersuchungen zu Ciceros Philosophie, Heidelberg 1974. — *Harder, R.*, Die Einbürgerung der Philosophie in Rom, in: Kleine Schriften, München 1960, 330 — 353. — *Knoche, U.*, Cicero: Ein Mittler griechischer Geisteskultur, in: Hermes 87, 1959, 57 — 74. — *Philippson, R.*, M. Tull. Cicero. Die philosophischen Schriften, in RE, s. o. — *Seel, O.*, Cicero und das Problem des römischen Philosophierens, in: Cicero, ein Mensch seiner Zeit, Berlin 1968, 136 ff. – *Stang, N.*, Philosophia, philosophus bei Cicero, in: Symb. Osl. 11, 1932, 82–93. – *Stang, N.*, Zur philosophischen Sprache Ciceros, in: Symb. Osl. 13, 1934, 93–102. – *Süß, W.*, Cicero. Eine Einführung in seine philosophischen Schriften, Wiesbaden 1966. – *Ueberweg, Fr.*, Grundriß der Geschichte der Philosophie des Altertums, Basel 1953, 465 f. – *Weißenfels, O.*, Einleitung in die Schriftstellerei Ciceros, Leipzig 1891. – *Zeller, Ed.*, Die Philosophie der Griechen, 3. Bd., Leipzig 1923, 671 ff.

4. Zu Cicero, de officiis und zur Stoa: Abel, K., Die kulturelle Mission des Panaitios, in: Antike und Abendland 17, 1971, 119–143 – *Atzert, K.*, Die nationalpolitische Bedeutung von Ciceros Werk über die Pflichten einst und jetzt, Breslau 1933. – *Brüser, W. J.*, Der Textzustand von Ciceros Büchern de officiis, Diss. Köln 1951. – *Cataudella, Q.*, Sulle fonti del „de off." di Cicerone, in: Atti I. Congr. Studi Ciceron. 2, Rom 1961, 479–491. – *Dieter, H.*, Ciceros Werk de off. – eine ideologische Tendenzschrift, Diss. Potsdam 1960. – *Fedeli, P.*, Il de off. di Cic.; Problemi e attegiamenti della critica moderna, in: Aufstieg und Niedergang der röm. Welt 1, 4, 1973, 357–427. – *Feger, R.*, Zu einer De off.-Übersetzung von 1488, in: Gymn. 62, 1955, 374–381. – *Fuhrmann, M.*, Brechungen. Wirkungsgeschichtliche Studien zur europäischen Bildungstradition, Stuttgart 1982. – *Gärtner, H. A.*, Cicero und Panaitios, Heidelberg 1974. – *Gigon, O.*, Bemerkungen zu Ciceros de off., in: Politeia und Res Publica. Palingenesia IV. Gedenkschrift R. Stark, Wiesbaden 1969, 267–278. – *ders.*, Der Begriff der Freiheit in der Antike, in: Gymnasium 80, 1973, 34. – *Gilson, E.*, Beredsamkeit und Weisheit bei Cicero, in: Das neue Cicerobild, Darmstadt 1971. – *Glücklich, H. J.*, Ciceros De off. im Unterricht, in: AU 21, 1978, Heft 2, 20–44. – *Görler, W.*, Das Problem der Ableitung ethischer Normen bei Cicero, in: AU 21, 1978, Heft 2, 5–19. – *Goldbacher, A.*, Über den unvollendeten Zustand von Cic.s Schrift de off., in: SB Wien 196, 1921, 3. Heft – *ders.*, Zur Kritik von Cic. off., in: SB Wien 1922, 4. Heft. – *Gould, J. B.*, The Philosophy of Chrysippus, Leiden 1970 u. ö. – *Hampl, F.*, Stoische Staatsethik und frühes Rom, Hist. Zeitschr. 184, 1957, 255 f. – *Heilmann, W.*, Ethische Reflexion und römische Lebenswirklichkeit in Ciceros Schrift „De officiis", Wiesbaden 1982. – *Hellegouarc'h, J.*, Le vocabulaire Latin des relations et des partis politiques sous la république, Paris 1963. – *Hiltbrunner, O.*, Die Schrift De officiis ministrorum des hl. Ambrosius und ihr ciceronisches Vorbild, in: Gymn. 71, 1964, 174–189. – *Hirzel, R.*, Untersuchungen zu Ciceros philosophischen Schriften, 2. Bd., Hildesheim 1964, 721–736. – *Hommel, H.*, Cicero und der Peripatos, in: Gymn. 62, 1955, 319–334. – *Ibscher, G.*, Der Begriff des Sittlichen in der Pflichtenlehre des Panaitios, München 1934. – *Ilting, K. H.*, Antike und moderne Ethik, in: Gymnasium 84, 1977, 149–167 (zu *off.* 3, 21 f.). – *Johann, H. Th.*, Gerechtigkeit und Nutzen. Studien zur ciceronischen und hellenistischen Naturrechts- und Staatslehre, Heidelberg 1981. – *Kerford, G.*, Cicero and Stoic Ethics, in: Cicero and Virgil, Amsterdam 1972. – *Knoche, U.*, Magnitudo animi, in: Philologus, Suppl. 27, 3, 1935. – *Knoche, U.*, Vom Selbstverständnis der Römer, Gymnasium, Beiheft 2, 1962, 31–98. – *Krämer, H.-J.*, Platonismus und hellenistische Philosophie, Berlin 1971. – *Labowski, L.*, Die Ethik des Panaitios, Leipzig 1934. – *Muckle, J. T.*, The de officiis ministrorum of St. Ambrose and the de officiis of Cicero, in: Mediaeval Studies 1, 1939, 63–80. – *Panaetii Rhodii* fragmenta, ed. M. van Straaten, Leiden 1952. – *Perlich, D.*, Otium oder accedere ad rem publicam, in: AU XIII, 1970, 1; 5–16. – *Pohlenz, M.*, To prepon. Ein Beitrag zur Gesch. des griechischen Geistes, Berlin 1933. – *Pohlenz, M.*, Antikes Führertum, Leipzig 1934. – *Pohlenz, M.*, Cicero de officiis III, Göttingen 1936. – *Pohlenz, M.*, Die Stoa. Geschichte einer geistigen Bewegung, 2. A., Göttingen 1959. – *Prete, S.*, La teoria delle marginali d'autore e il testo critico del de off. di Cicerone, in: Giorn. Itali. di filol. 6, 1953, 35–50. – *Puhle, A.*, Persona. Zur Ethik des Panaitios, Frankfurt 1987. – *Reiner, H.*, Die ethische Weisheit der Stoiker heute, in: Gymn. 76, 1969, 330–357. – *Schäfer, M.*, Panaitios bei Cicero und Gellius, in: Gymn. 62, 1955, 334–353. – *Schwartz, Ed.*, Ethik der Griechen, Stuttgart 1951. – *Steinmetz, Fr.-A.*, Die Freundschaftslehre des Panaitios, Wiesbaden 1967. – *van Straaten, M.*, Menschliche Freiheit in der stoischen Philosophie, in: Gymnasium 84, 1977, 501 ff. – *Testard, M.*, Aspects de l'humanisme Ciceronien dans le De off., in: Inform. Littéraire 23, 1971, 220–228. – *Thomas, K. B.*, Textkritische Untersuchungen zu Cicero, De officiis, Münster 1971. – *Thurmair, M.*, Das Decorum als zentraler Begriff in Ciceros Schrift de officiis, in: Studia Humanitatis, München 1973, 63–78. – *Tsekourakis, D.*, Studies in the Terminology of Early Stoic Ethic, Wiesbaden 1974. – *Valente, M.*, L'éthique stoicienne chez Ciceron, Paris 1956. – *Vogt, J.*, Von der Ethik zur Ethologie. Aussagen zur Begriffsgeschichte, in: Gymn. 82, 1975, 331–338. – *Wilamowitz, U. v.*, Panaitios, in: Reden und Vorträge, 4. A., Berlin 1926; 2, 190–215. – *Zorzi, E.*, Note sulla stuttura del III libro del de off., in: Aevum 35, 1961, 136–149.

5. Zur Bedeutung von officium: Atzert, K., S. 15 seiner Übersetzung von de off. – *Bernert, E.*, De vi atque usu vocabuli officii, Diss. Breslau 1930. – *Kilb, G.*, Ethische Grundbegriffe der alten Stoa und ihre Übersetzung durch Cicero, Diss. Freiburg 1939. – *Kilb, G.*, Kathekon – Officium, in: Das neue Cicerobild, Darmstadt 1971, 38–64. – *Naegelsbach, Fr. v.*, Lateinische Stilistik, 9. A., 94. – *Skutsch, Fr.*, in: Glotta 2, 161; 3, 377. – *Wilamowitz, U. v.*, Reden und Vorträge 2, 204.

6. Textausgaben und Kommentare: Ausgaben von *Beier, C.*, Leipzig 1820/21; *Heusinger, M.* und *Zumpt, C. Th.*, Braunschweig 1838; *Stuerenburg, R.*, Leipzig 1843; *Unger, G. F.*, Leipzig 1852; *Gruber, J.*, Leipzig 1874; *Müller, C. F. W.*, Leipzig 1882; *Heine, O.*, 6. A., Berlin 1885; *Schicke, T.*, Leipzig 1885; *Dettweiler, P.*, Gotha 1903; *Sabbadini, R.*, Rom 1913; *Bione, C.* und *Ottolini, A.*, Milano 1960 ff.; *Bernert, E.*, Münster 1961; *Fedeli, P.*, Milano 1965; *Holden, H. A.*, Amsterdam 1966 (Neudruck der Ausgabe von Cambridge 1899); *Atzert, K.*, Leipzig 1966; *Griffin, M. T./Atkins, E. M.*, Cambridge 1991.

7. Übersetzungen: Hoffmann, J. A., Hamburg 1758; *Garve, Christian*, Abhandlungen über die menschlichen Pflichten, Breslau 1784; *Hottinger, J. J.*, Zürich 1800; *Uebelen, G. G.*, Stuttgart 1834; *Richter, F.*, Stuttgart o. J. (Reclam); *Atzert, K.*, Limburg 1951, *Büchner, K.*, Zürich 1953; *Gigon, O.*, Zürich 1958; *Testard, M.*, Ciceron, Les devoirs, Text und Übersetzung, Paris 1965. 1970. – *Higginbotham, J.*, London 1967. – *Gunermann, H.*, Stuttgart (Reclam) 1976. – Vgl. die Übersetzungsprobe von *Theodor Mommsen*, Römische Geschichte, 13. A., Berlin 1922; 3, 520.

8. Didaktische Literatur: *s. S. 22.*

THERESIA GRAW

Glück ist nichts für schwache Nerven

THERESIA GRAW

Glück ist nichts für schwache Nerven

Roman

blanvalet

MIX
Papier aus verantwortungsvollen Quellen
FSC® C014496

Verlagsgruppe Random House FSC® N0011967
Das für dieses Buch verwendete FSC®-zertifizierte Papier
Holmen Book Cream liefert Holmen Paper, Hallstavik, Schweden.

1. Auflage
Deutsche Originalausgabe März 2015
bei Blanvalet, einem Unternehmen der
Verlagsgruppe Random House GmbH, München

Dieses Werk wurde vermittelt durch die
Literarische Agentur Thomas Schlück GmbH, 30827 Garbsen.
Umschlaggestaltung: © Johannes Wiebel | punchdesign,
unter Verwendung von Motiven von Shutterstock.com
Redaktion: Angela Kuepper
AF · Herstellung: sam
Satz: Vornehm Mediengestaltung GmbH, München
Druck und Bindung: GGP Media GmbH, Pößneck
Printed in Germany
ISBN 978-3-442-38325-2

www.blanvalet.de

1.

Wenn nur dieses Klingeln nicht wäre! Wahrscheinlich geht eines der Lämpchen am Kronleuchter bald kaputt. Wirklich ärgerlich. So ein feudales Ambiente hier, und dann nervt dieses Gebimmel. Leise, aber lästig.

»Lassen Sie sich ruhig Zeit mit der Antwort«, sagt die Frau, die sich mir gegenüber in ihrem Sessel zurückgelehnt hat. Eine attraktive Mittfünfzigerin, graue Kurzhaarfrisur, dunkelblauer Hosenanzug. Ihre wohlmanikürten Hände liegen auf einem aufgeklappten Notizblock, in der Rechten hält sie lässig einen schmalen silbernen Kugelschreiber. »Machen Sie es sich bequem, Valentina – ich darf doch Valentina sagen, oder? Wir haben es überhaupt nicht eilig.«

Natürlich haben wir es nicht eilig. Vor allem sie nicht! Wir sitzen seit einer Viertelstunde in ihrem prächtigen Wohnzimmerpraxisbüro zwischen hohen stuckverzierten Wänden, einem breiten, vollgestopften Bücherregal und dem schweren Mahagonischreibtisch vor dem Fenster, und sie verdient an jeder einzelnen Minute, die ich auf diesem tiefen, weichen Ledersofa sitze, egal ob ich etwas sage oder nicht. Je weniger ich sage, desto länger dauert es, und je länger es dauert, desto besser für sie. Wenn ich richtig gerechnet habe, dann hat sie bis jetzt bereits 40 Euro eingenommen, ohne dass wir entscheidend vorangekommen sind. Ich habe gerade mal ein paar Angaben zu meiner Person gemacht. Allmählich muss etwas passieren.

»Es geht mir miserabel«, sage ich endlich und starre auf den kleinen weißen Porzellanelefanten, der mittelmäßig dekorativ vor mir auf dem Glastisch steht. Es fehlt ein Stück vom Rüssel. Vielleicht hat ihn einer meiner Vorgänger aus lauter Verzweiflung abgebissen. »Ich bin seit genau drei Tagen und siebeneinhalb Stunden geschieden, so ganz offiziell mit Richterspruch und Behördenstempel und allem Drum und Dran. Und anstatt froh zu sein, dass das ganze Theater endlich vorbei ist – diese grässlichen Anwaltsbriefe, diese elenden Verhandlungstermine und die ganze miese Trickserei meines Mannes –, stattdessen geht es mir schlecht. Hundeelend. Grauenhaft.«

Der Kronleuchter klingelt immer noch.

Die Frau nickt. »Sie sind enttäuscht, weil Ihr Lebensplan gescheitert ist. Das ist eine verständliche Reaktion. Das muss noch lange keine Depression sein.«

Natürlich nicht. Ich habe am Telefon nur behauptet, womöglich an einer akuten Depression mit Suizidgedanken zu leiden, damit ich schnellstens einen Termin bei ihr bekomme. Ich habe ehrlich gesagt überhaupt keinen Drang danach, sofort die nächstbeste ICE-Strecke aufzusuchen und einem Lokführer das Trauma seines Lebens zu verpassen, aber so richtig blendend geht es mir nun wirklich nicht.

»Empfinden Sie Zorn?«, fragt die Frau weiter und schaut wieder auf, nachdem sie ein paar nicht entzifferbare Kringel auf ihren Block geschrieben hat.

»Klar.« Diesmal muss ich nicht lange nachdenken. »Ich bin stinksauer auf meinen Mann. Auf meinen Exmann, wollte ich natürlich sagen.«

Noch ein zustimmendes Nicken. »Sie sind wütend auf Ihren geschiedenen Mann, weil er Sie enttäuscht hat. Das ist gut. Sie haben ein Recht auf dieses Gefühl.«

»Ich würde ihm am liebsten in die Eier treten, dem Blödmann«, murmele ich.

Jetzt nickt sie nur noch.

Hoffentlich ist sie ihr Geld wert, denke ich. Ich habe keine Erfahrung in diesen Dingen. Ich war bis jetzt noch nie bei einer Therapeutin. Ich bin hergekommen, weil mir jeden Tag auf dem Weg zur U-Bahn dieses Türschild aufgefallen ist: Dr. Roswitha Leberecht – Psychotherapie und Coaching – Leben in Balance. Ich finde, eine Frau mit diesem Namen sollte in der Lage sein, mein Dasein wieder ins Gleichgewicht zu bringen. Ich habe es dringend nötig.

»Er sagt, er will Kinder mit ihr«, knurre ich.

Das Klingeln aus dem Kronleuchter ist wirklich ärgerlich. Jemand sollte Frau Leberecht mal sagen, dass sie ihre Lampe reparieren lassen muss.

»Ich habe immer eine Familie haben wollen, wissen Sie, all die Jahre. Aber Holger hat gesagt, das hat Zeit, Schatz, lass uns erst das Leben genießen und im Beruf Karriere machen. Und dann kommt diese Tussi daher, und plötzlich ist alles anders. Ich könnte ihn ...«

Ich sage nicht, was ich alles könnte, abgesehen von der Sache mit den Eiern. Ich nehme an, Frau Leberecht kann es sich denken. Jedenfalls nickt sie wieder. »Sie sind wütend und empört, weil sich Ihr Ehemann einer anderen Frau zugewandt hat. Weil er mit ihr das Leben leben will, das Sie für Ihre Ehe mit ihm geplant hatten.«

Prima. Das weiß ich selbst, dass ich wütend bin. Kann sie mir nicht endlich den entscheidenden Tipp geben?

Frau Leberecht blickt kurz auf den Notizblock auf ihrem Schoß und dann wieder zu mir hoch.

»Sie sind sechsunddreißig, haben Sie gesagt. Sie sind noch jung. Viele Frauen fangen heutzutage in diesem Alter erst an, sich Gedanken darüber zu machen, ob sie einmal Kinder haben wollen oder nicht. Sie sind eine attraktive Frau, Sie haben einen interessanten Beruf. In Ihrem Leben ist noch alles möglich. Kinder, Karriere – vielleicht auch ein ganz anderer Weg ... Ich bin überzeugt davon, dass wir diese problematische Phase in Ihrem Leben gemeinsam überwinden und dass Sie gestärkt aus dieser Krise hervorgehen werden.«

Was soll sie auch sonst sagen. Ein Satz wie »Ich fürchte, Sie sind ein hoffnungsloser Fall, da kann ich leider nichts machen« gehört sicherlich nicht zu ihrem Repertoire. Ich frage mich, welchen anderen Weg Frau Leberecht neben Kindern und Karriere meinen könnte. K wie Kloster? Ja, vielleicht finden wir in der hundertfünfzigsten Therapiestunde heraus, dass meine wahre Bestimmung darin liegt, für den Rest meines Lebens als verschleierte Nonne hinter dicken Klostermauern zu verschwinden. Wundern würde es mich nicht.

»Erzählen Sie mir von Ihrer Tätigkeit als Personalreferentin bei Bauer und Böhning«, fährt Frau Leberecht fort und lässt den Blick wieder über ihre Notizen wandern. »›Großhandel für Aktenvernichter und Schreddermaschinen‹. Das klingt – hm – interessant, ein bisschen pikant möglicherweise in Ihrer momentanen Lage ...« Hier huscht ein kleines ironisches Lächeln über ihr Gesicht, das aber gleich wieder hinter einer professionellen ernsten Miene verschwindet. »Vielleicht gelingt es Ihnen, Ihre gegenwärtige, verständlicherweise schmerzhafte persönliche Situation als Chance zu begreifen, um beruflich einen neuen Schritt zu tun und diesen Erfolg dann ...«

»Beruflich geht gar nichts«, unterbreche ich sie. Ich habe den Eindruck, das Kronleuchterklingeln ist ein kleines bisschen lauter geworden. »Weder Schritt noch Erfolg. Da stehe ich in einer Sackgasse. Bis gestern hatte ich gedacht, dass ich im nächsten Monat den Job als Bereichsleiterin bekomme. Mein Chef hat seit Wochen entsprechende Andeutungen gemacht und mir geraten, mich zu bewerben. Das habe ich auch getan. Und dann erfahre ich, dass meine neue Kollegin befördert wird, obwohl sie erst seit ein paar Monaten bei uns arbeitet.«

Wahrscheinlich hatte sie beim Bewerbungsgespräch den kürzeren Rock an. Die blöde Schlampe. Das denke ich aber nur.

»Aha«, sagt Frau Leberecht, ohne mit der Wimper zu zucken. »Sie erleiden im Moment also nicht nur eine persönliche Enttäuschung, ausgelöst durch die Trennung von Ihrem Mann, sondern auch eine frustrierende Entscheidung in Ihrem Berufsleben, weil eine Mitbewerberin Ihnen vorgezogen wurde. Es ist nur natürlich, dass Sie mit Ihrer Lebenssituation im Moment unzufrieden sind.«

»Das kann man so sagen.« Muss man wirklich jahrelang Psychologie studiert haben, um zu dieser Erkenntnis zu kommen? Wenn ich rundum glücklich und zufrieden wäre, hätte ich mich doch niemals zu ihr auf dieses peinliche Sofa gesetzt.

»Wie sieht es in Ihrem sozialen Umfeld aus?«, fährt Frau Leberecht fort und rückt sich kurz die Brille zurecht. »Erzählen Sie mir etwas über Ihre beste Freundin.«

Ich zucke mit den Schultern. »Meine eine beste Freundin ist Anfang des Jahres zu ihrem Freund nach Berlin gezogen und hat vor ein paar Wochen ihr erstes Kind bekommen. Die andere macht gerade Flitterwochen auf Mauritius. Gestern kam eine Postkarte von ihr. Ihre frisch verknallten Urlaubsgrüße, garniert mit weißem Sandstrand, Meer und Palmen, haben mich nicht gerade aufgemuntert, das können Sie sich vorstellen.«

»Aha«, macht Frau Leberecht noch einmal, und nach einer winzigen Pause: »Wie steht es mit Ihrer Familie? Geschwister? Eltern?«

Ich schüttele den Kopf: »Da ist auch nicht viel Trost zu holen. Abgesehen von meiner Mutter habe ich keine näheren Verwandten. Meine Zeugung fiel in eine Zeit, in der meine Mutter eine überzeugte Anhängerin der freien Liebe war. Ich befürchte, sie weiß selbst nicht genau, wer mir die andere Hälfte meiner DNA vererbt hat.«

Frau Leberecht zieht ihre linke Augenbraue einen Millimeter in die Höhe. Sie sitzt jetzt sehr aufrecht in ihrem Sessel. Allmählich nähern wir uns offenbar dem therapeutisch interessanten Bereich meiner Vita.

»Berichten Sie mir etwas über Ihre Kindheit, Valentina!«

»Ach Gott.« Mir entweicht ein Seufzer. Gehört das wirklich alles zur Therapie? Mir sind die Details peinlich. »Es war immer ein bisschen chaotisch bei uns, wissen Sie. Als ich klein war, hat meine Mutter in einer Kommune gelebt. Zwölf Leute in einem heruntergekommenen Haus in Schwabing. Die Jungs und Mädels um mich herum waren alle ganz nett und locker, aber ich fand es schwierig, den Überblick zu behalten. Ständig zog jemand ein oder aus, und ich habe nie kapiert, wer gerade mit wem liiert war. Andererseits war es natürlich praktisch, weil immer jemand zu Hause war, der mir bei den Schularbeiten helfen konnte oder mir abends zur Gitarre ein Gutenachtlied vorgesungen hat, wenn meine Mutter unterwegs war. Glauben Sie mir, noch heute kann ich sämtliche Strophen von ›Blowin' in the Wind‹ auswendig.«

Ich halte einen Moment inne. Oder sind derlei Feinheiten irrelevant? Frau Leberecht sieht mich schweigend, aber aufmerksam an. Sie nickt mir aufmunternd zu. Na gut, was soll's, dann erzähle ich eben weiter. Ich bin ja schließlich nicht zum Spaß hier. Vielleicht hilft es mir tatsächlich.

»Meine Mutter ist nicht so der Familientyp, wissen Sie. Gerade organisiert sie ein Protestcamp in Alaska. Sie demonstriert da seit ein paar Tagen mit Greenpeace gegen Ölbohrungen in einem Naturschutzgebiet. Sie ist hauptberuflich Umweltaktivistin. Dabei ist sie inzwischen über sechzig. Sie war immer sehr engagiert in diesen Dingen. Schon als Studentin war sie als Friedensaktivistin unterwegs und protestierte mit ihren Freunden gegen den Vietnamkrieg, später gegen Atomkraft, gegen das Wettrüsten, gegen die Konsumgesellschaft, gegen die Benachteiligung der Frau, gegen Umweltverschmutzung und gegen Gentechnik. Wogegen halt so protestiert werden muss. Wissen Sie, ich bin wirklich sehr stolz darauf, dass sich meine Mutter um die Rettung der Welt kümmert. Aber manchmal finde ich, sie hätte sich zwischendurch ruhig ein bisschen mehr um ihre eigene Tochter kümmern können.«

Frau Leberecht blinzelt leicht. Sie sagt jetzt nicht einmal mehr »Aha«, sondern kritzelt eifrig auf ihren Notizblock. Ich schätze, sie hat den Haken gefunden, bei dem sie mit ihrer Therapie ansetzen kann: Vaterlosigkeit, Mutter-Tochter-Konflikt, Verlustängste und so. Kein Wunder wahrscheinlich, dass es mit meiner Beziehung nicht geklappt hat. Ich rede einfach weiter:

»Wo immer auf diesem Planeten Bäume gerodet werden sollen, Gelbbauchunken in ihrem Biotop bedroht sind oder die Jagd auf Wale ansteht, ist meine Mutter mit ihren Plakaten und Gummistiefeln dabei. Sie geht völlig darin auf.«

»Und kann man davon leben?« Ich bezweifele, dass Frau Leberecht es tatsächlich in Erwägung zieht, beruflich umzusatteln.

»Sie finanziert sich seit ein paar Jahren über ihre Homepage«, erkläre ich. »›You-and-me-will-change-the-world.com‹. Sie hat da eine Kontonummer angegeben, und es gibt tatsächlich Leute, die ihr Geld spenden. Zumindest gelegentlich. Außerdem arbeitet sie freiberuflich bei Greenpeace.«

»Sehr interessant.« Frau Leberecht macht sich weiter Notizen. »Und wohnt sie immer noch in der Kommune?«

Ich schüttele den Kopf.

»Nein. Ich war ungefähr fünfzehn, als meine Mutter feststellte, wie vorteilhaft es ist, wenn man nicht ständig erst die Küche putzen muss, bevor man sich morgens eine Tasse Kaffee machen möchte, und wenn es keinen Belegungsplan fürs Badezimmer gibt, an den sich sowieso niemand hält ...«

»Und Ihr Vater? Haben Sie mit Ihrer Mutter je über Ihren Vater gesprochen?«

Es war zu befürchten gewesen, dass diese Frage kommen würde. Eigentlich wollte ich mich ja hier über meinen bescheuerten Exmann auslassen und über meinen hinterhältigen Chef und vielleicht auch noch über meine infame Kollegin. Aber doch nicht über meinen Erzeuger, von dem ich nicht einmal den Namen kenne! Wahrscheinlich denkt Frau Leberecht, dass ich einen Vaterkomplex habe. So ein ausgemachter Blödsinn. Ich kenne den Typen doch gar nicht.

»Meine Mutter will darüber nicht reden«, antworte ich. »Männer werden völlig überschätzt, sagt sie immer. Wie gesagt, ich nehme an, sie hatte bei ihren Männerbekanntschaften den Überblick verloren, damals in den Siebzigern, als sie als einer der letzten Hippies unterwegs war und noch immer an Frieden, Freiheit und den immerwährenden Sommer der Liebe glaubte.«

»Nahm Ihre Mutter damals Drogen? Marihuana? LSD vielleicht?«

»LSD?« Jetzt wird's mir aber allmählich zu bunt. »Woher soll ich das wissen? Ich war ja nicht dabei. Vielleicht hat sie mal was geraucht, was weiß ich. Seit ich sie kenne, lebt meine Mutter jedenfalls sehr gesund. Im Übrigen wollte ich mit Ihnen über meine eigenen Probleme sprechen und nicht über die meiner Mutter.«

Das Letzte sage ich ein bisschen patzig, aber Frau Leberecht lässt sich nicht aus der Ruhe bringen.

»Ich muss Ihr gesamtes Umfeld kennen, um einen Einblick in Ihre Psyche zu erhalten. Es gehört alles zusammen, Valentina.«

Frau Leberecht blickt diskret auf ihre schmale goldene Armbanduhr. Wahrscheinlich ist meine Therapiestunde jetzt zu Ende. Toll. Da habe ich ihr alles Mögliche über meine Blumenmädchen-Mutti erzählt und weiß immer noch nicht, wie ich es anstellen soll, meinem eigenen verkorksten Leben den nötigen positiven Schub zu geben. Vielleicht sollte ich mir ein paar Gänseblümchen in die Haare flechten und nach San Francisco fliegen.

»Es sind nicht die Probleme an sich, die uns das Leben schwer machen, sondern unser Festhalten daran – sagt Buddha. Ich denke, wir haben einen guten Ansatz für unsere Therapie gefunden.« Frau Leberecht klappt ihren Notizblock zusammen, erhebt sich lächelnd und reicht mir die Hand. »Ich würde gern mit Ihnen weiterarbeiten. Wollen wir einen Termin für nächste Woche ausmachen? Es wäre wichtig, dass wir unser Gespräch konsequent durchführen.«

Na klar. Am besten zweimal wöchentlich bis ans Ende meines Lebens. Falls ich nicht vorher ins Kloster gehe. Oder nach Kalifornien. (Noch eine Option mit K!) Ausreichend therapeutischen Sprengstoff scheint es in meiner unorthodoxen Familienführung ja zu geben. Vielleicht bekomme ich nach drei Jahren Dauertherapie wenigstens einen Rabatt.

»Natürlich. Ich bin am nächsten Dienstag wieder hier«, sage ich und überlege, wie Frau Leberecht und Buddha eigentlich darauf kommen, dass ich an meinen Problemen festhalte. Ich habe meinen Mann an eine andere abgetreten, ich habe meine Karriere einer Kollegin überlassen, und ich habe mich noch nie ernsthaft beschwert, dass meine Mutter lieber in der Welt herumdemonstriert, statt sich für mich ein bisschen mehr um eine heile Familie zu bemühen. Ich finde, gerade im Loslassen bin ich sehr gut.

Auf dem Weg zur Tür bleibe ich stehen. »Sie sollten Ihren Kronleuchter reparieren lassen. Eines der Lämpchen klingelt die ganze Zeit. Ein ganz hoher, stechender Ton. Stört Sie das nicht?«

Frau Leberecht schaut mich erstaunt an und horcht einen Moment.

»Es klingelt? Im Kronleuchter? Das habe ich noch gar nicht bemerkt.«

Sie geht zur Tür und knipst den Schalter aus. Augenblicklich liegt das Zimmer im trüben Dämmerlicht dieses regnerischen Aprilnachmittags. Aber es klingelt immer noch.

»Die Lampe ist es nicht«, sage ich und schaue mich suchend in ihrem Zimmer um. »Woher kann das Klingeln bloß kommen? Haben Sie irgendwo noch ...«

»Tinnitus!«, ruft Frau Leberecht. »Kann es sein, dass Sie einen Tinnitus haben? Ohrgeräusche?«

»Ich? Wieso sollte ich Ohrgeräusche haben! Ich hatte noch nie Ohrgeräusche. Vielleicht – vielleicht hat jemand im Zimmer nebenan vergessen, den Wecker auszustellen?«

Frau Leberecht blickt mich mit dem Hauch eines Kopfschüttelns an.

»Es gibt keinen Wecker in meiner Toilette. Ich befürchte wirklich, dass Sie Ohrgeräusche haben. Womöglich bahnt sich bei Ihnen ein Hörsturz an. Kein Wunder bei all dem Stress in letzter Zeit. Sie sollten das nicht auf die leichte Schulter nehmen. Das ist ein Fall für den Ohrenarzt. Wenn nicht für den Neurologen. Gehen Sie am besten sofort zu einem Fachmann!«

2.

Es ist Freitagvormittag, Viertel nach elf. Ich sitze vor einer Tasse Milchkaffee und einem gigantischen Stück Erdbeersahnetorte im Café Glockenspiel und schaue hinunter auf den reich bevölkerten Marienplatz. Üblicherweise ist das nicht die Zeit, in der ich es mir in einem hauptsächlich von Touristen heimgesuchten Lokal gemütlich mache und eine derart üppige Zwischenmahlzeit einnehme. Eigentlich müsste ich jetzt mit unserer neuen Bereichsleiterin zusammensitzen und die Termine für die nächste Woche durchgehen. Aber wer hätte das gedacht: Frau Leberecht lag richtig mit ihrer Annahme! Ich bin arbeitsunfähig. Und zwar für die nächsten drei Wochen. So lange hat der Ohrenarzt mich krankgeschrieben, nachdem er heute früh bei mir einen mittelschweren Tinnitus diagnostiziert hat.

»Wenn Sie nicht sofort einen Gang runterschalten, droht Ihnen ein Kollaps«, hat er gesagt. »Sie müssen zur Ruhe kommen. Nehmen Sie sich Zeit für sich. Schlafen Sie, lesen Sie, kochen Sie sich etwas Schönes, gehen Sie spazieren. Tun Sie sich etwas Gutes. Genießen Sie Ihr Leben.«

Tja, danke, Doc, guter Tipp. Die Frage ist nur: Wie genießt man sein Leben, wenn es sich gerade zu einer kapitalen Katastrophe entwickelt hat?

Auf der Suche nach einer Antwort auf diese Frage bin ich bei meiner Torte im Café Glockenspiel gelandet. Nach dem Motto: Auf dem Weg zu Genuss und Entspannung könnte der Verzehr von fünfhundert Kalorien vorübergehend gute Dienste leisten.

Geschmacklich klappt das auch ganz gut, die Torte ist himmlisch. Sahnig, fruchtig, toll. Gegen mein akustisches Problem hilft sie leider nicht. Ganz im Gegenteil. Das Klingeln in meinem Gehörgang schwillt gerade dramatisch an und geht in einen markerschütternden Radetzkymarsch über.

Ach, das ist ja gar nicht mein kaputtes Ohr. Das Handy in meiner Tasche meldet Gesprächsbedarf.

Meine Mutter.

»Hallo, Valentina! Alles klar bei dir?«

Es rauscht und knirscht im Hörer. Angesichts der Tatsache, dass sich meine Mutter gerade in Übersee befindet und ich ihre Handyrechnung nicht durch einen umfangreichen Bericht über die unerfreulichen Ereignisse der vergangenen Tage strapazieren will, fasse ich meine Lage in den drei Worten »Es geht so« zusammen.

»Ach ja, hattest du nicht neulich deinen Scheidungstermin? Bin leider nicht dazu gekommen, früher anzurufen. War es sehr schlimm?«

Von Holgers zufriedenem Grinsen nach dem Richterspruch, von der Proseccoflasche, die aus der Umhängetasche seiner neuen Gefährtin herauslugte, von meiner Psychotherapie, dem Tinnitus und der Krankschreibung kann ich ihr ja immer noch erzählen, wenn sie zurück ist.

»Ich hab es überstanden«, sage ich deshalb und füge schnell hinzu, um Nachfragen zu entgehen: »Und wie ist es bei dir in Alaska? Ist ja irre, dass du von der Arktis aus anrufen kannst. Wie läuft eure Protestaktion?«

»Ach, das ist leider schiefgegangen. Wir mussten unser Camp abbrechen. Vor ein paar Tagen ist in der Region ein furchtbarer Schneesturm aufgezogen. Es wäre zu gefährlich gewesen dortzubleiben. Wir werden es vielleicht im Sommer wieder versuchen. Erst mal haben wir umdisponiert. Ich bin jetzt in Brasilien.«

»In Brasilien? Um Himmels willen, Mutti, was machst du in Brasilien?«

Ich stelle mir vor, wie meine Mutter und ihre Öko-Aktivisten-Freunde in Bikinis und Badehosen am Strand der Copacabana liegen, die Doppeldaunen-Polarschlafsäcke bequem unter den Köpfen zusammengerollt. Aber ich ahne schon, dass sie keinen Erholungsurlaub unter südamerikanischer Sonne plant.

»Wir schließen uns einer Protestaktion gegen das Abholzen des Regenwalds an. Das ist ein ganz wichtiges Klimaschutzprojekt. Wir bleiben noch so lange in Rio, bis unsere Truppe vollständig ist, und dann fliegen wir zusammen an den Amazonas ...«

»An den Amazonas? Ach Mutti, du bist verrückt! Hast du dir schon mal überlegt, wie viel CO_2 du in die Luft pustest, während du kreuz und quer durch die Welt jettest? Ich glaube, du würdest mehr für den Klimaschutz tun, wenn du zu Hause auf dem Sofa sitzen und ein gutes Buch lesen würdest.«

»Sei nicht albern, Valentina. Irgendjemand muss doch die Menschen aufrütteln, die Politik unter Druck setzen, sonst passiert überhaupt nichts. Hör zu! Ich habe ein Problem: Mir ist gestern Abend mein Geldbeutel geklaut worden. Geld, Kreditkarte, Ausweis, alles futsch.«

»Ach du Schreck! Und jetzt?«

»Die Karten habe ich schon gesperrt, aber ich muss so schnell wie möglich zum Konsulat und mir einen neuen Ausweis besorgen, sonst komme ich nicht weiter. Ich habe blöderweise die Kopie meines Reisepasses zu Hause vergessen. Sie müsste irgendwo in einer Schublade in meinem Schreibtisch liegen. Kannst du sie mir nachher faxen? Ich geb dir gleich mal die Faxnummer meines Hotels. 0055…«

»Moment, ich brauche erst was zum Schreiben.«

Hektisch krame ich in meiner Handtasche nach einem Stift. Meine Mutter kann ja nicht wissen, dass ich heute Vormittag nicht im Büro sitze und statt eines Kugelschreibers eine Kuchengabel vor mir auf dem Tisch liegt. Ich kritzele die Nummer auf die dünne weiße Papierserviette. Hoffentlich kann ich das Gekrakel später noch entziffern.

»Danke, Valentina. Wunderbar. Bitte beeil dich mit dem Faxen. Ich melde mich, wenn alles geklappt hat.«

»Viel Glück, Mutti.«

Weg ist sie wieder. In meinen Ohren bleibt nur ein leises Klingeln zurück.

Lustlos stopfe ich den Rest der Torte in mich hinein. Hatte ich tatsächlich eine Sekunde lang gedacht, meine Mutter würde ihr Klimaschutz-Protestprogramm vorzeitig abbrechen und zurück nach München kommen, um ihrer frisch geschiedenen Tochter tröstend die Hand zu halten? Das wäre ja mal was ganz Neues gewesen. Sie hatte nicht einmal an meinem ersten Schultag Zeit, mich in die Klasse zu begleiten, weil sie dringend für die Wiedereinbürgerung von Bibern in Bayern demonstrieren musste. Oder war es gegen den Bau eines Hotelkomplexes, der eine Population von Sumpfspitzmäusen bedrohte? Ich weiß es nicht mehr so genau. Netterweise half mir eine von Mamas WG-Freundinnen damals, das richtige Klassenzimmer zu finden. Aber ich frage mich: Wenn meine Mutter der Ansicht war, dass ich bereits als Sechsjährige ganz gut ohne sie klarkommen würde, wie sollte sie jetzt, wo ich eine erwachsene, selbstständige Frau bin, glauben, dass ich gelegentlich ein wenig moralische Unterstützung gebrauchen könnte?

Ach verdammt! Was nützt einem der schönste arbeitsfreie

Tag, wenn man ihn allein mit einem Stück Torte verbringen muss! Ein Haufen Sahne beseitigt keine Probleme, sondern schafft höchstens ein paar neue im Hüftbereich. Ich muss den Tatsachen ins Auge sehen: Mein Leben ist das einer einsamen Solistin. Kein Mann, keine Mutter, kein Vater, keine Geschwister, keine Freundin – was für eine miserable Personalpolitik!

Ich bin mir sicher, meine persönlichen Rückschläge der letzten Zeit wären leichter zu ertragen, wenn ich ein bisschen mehr Verwandtschaft hätte. Schon als kleines Mädchen habe ich sämtliche Schulfreundinnen um ihre Familien beneidet. Die hatten immer das komplette Programm um sich herum: Mutter, Vater, Bruder und Schwester, manchmal mehrere von beiden Sorten und im besten Fall noch einen Golden Retriever oder eine Siamkatze. Wahlweise ein paar Kanarienvögel. Zum Kindergeburtstag strömten dann noch jede Menge Tanten, Onkel, Cousins und Cousinen herbei, und es gab reichlich Geschenke. Was für ein beneidenswertes Spektakel das am Kaffeetisch immer war! Dazu fantastische Schokoladen- oder Buttercremetorten mit Smarties drauf, bunte Clownsservietten und Luftballons in Häschenform. Himmlisch. So hätte ich auch gern gelebt.

Aber meine Mutter hielt nicht viel von alledem.

»Schätzchen, so was ist doch total spießig«, sagte sie immer, wenn ich zwischen Schützt-den-Regenwald-Puzzle und Bedrohte-Tiere-deiner-Heimat-Memory hin und wieder das Thema Geschwister ansprach. Oder mich erkundigte, wann es denn endlich mal einen richtigen Papa für mich gäbe. Oder wenigstens Clownsservietten.

»Ach Valentina!« Ich höre ihre Stimme noch heute. »Wir wollen doch nicht zum Establishment gehören, oder?«

Ich leider doch. Ich hätte furchtbar gern zum Esstäblischmänt gehört (oder wie immer man das komische Wort aussprach) und so spießig wie möglich gelebt. Inklusive Reihenhaus und Salzteignamensschild an der Tür (»Hier wohnen Mama, Papa, Valentina – und Lumpi!«). Ich bin mir sicher, ich war das einzige Kind im Hort, das den Begriff »Establishment« kannte. Jedenfalls so halbwegs. Für mich war das eine ferne, begehrenswerte Welt, die meiner Vorstellung vom Paradies ziemlich nahe kam. Im Establishment gäbe es jeden Tag Torte. Und einen Papa.

Keine Ahnung, warum das mit meiner Mutter und der großen Liebe nie geklappt hat. Ich für meinen Teil habe mir in dieser Hinsicht Mühe gegeben. Wie gern hätte ich wenigstens selbst eine Familie gegründet, am Anfang, als mit Holger noch alles in Ordnung war. Mit zwei bis drei allerliebsten, süßen kleinen Kindern in Hellblau und Rosa. So wie die Familie, die da hinten im Eck am Fenster sitzt. Wie aus dem Bilderbuch: Mama, Papa und zwei Kinder, die sich beim Ausflug in die Stadt eine kleine Kuchenpause gönnen. Allerliebst! Na gut, das Idealbild wird ein bisschen getrübt durch das grässliche Geschrei, welches das kleine zahnlose Monster in seinem Kinderwagen veranstaltet. Und es wäre auch angenehmer, wenn die größere Schwester nicht ununterbrochen mit zwei Kaffeelöffeln auf sämtlichen Tellern und Tassen herumtrommeln und damit das ganze Lokal nerven würde. Ja, vielleicht wäre die Szene sogar noch ein bisschen zauberhafter, wenn sich die Eltern nicht gerade in raumfüllender Lautstärke darüber austauschen würden, wer von beiden dafür verantwortlich ist, dass der geplante Erwerb des neuen Flachbildfernsehers ein solches Fiasko geworden ist ...

Aber trotzdem. Abgesehen von diesen kleinen Unzulänglichkeiten handelt es sich ganz sicher um eine glückliche, beneidenswerte Familie. Die ich nicht habe und weshalb ich aller Wahrscheinlichkeit nach dazu verdammt bin, den Rest meines Lebens allein bei einem ungesunden Stück Torte zu sitzen.

Wenn ich Holger und seine neue Tussi demnächst dabei erwische, wie sie selig lächelnd einen Kinderwagen durch die Straße schieben, erwürge ich ihn eigenhändig.

Es sei denn, Frau Leberecht überzeugt mich rechtzeitig davon, im Umgang mit meinem Exmann eine andere Strategie anzuwenden.

3.

Im Arbeitszimmer meiner Mutter begrüßt mich stumm die Kaktusarmee auf dem Fensterbrett. Wenigstens brauche ich mich nicht um irgendwelche Pflanzen zu kümmern, während Frau You-and-me-will-change-the-world auf dem Globus unterwegs ist. Diese hässlichen stacheligen Burschen halten es gut und gerne ein paar Wochen ohne Wasser aus. Aber ein bisschen frische Luft täte der Wohnung gut. Ich reiße das Fenster auf, und gleich strömt eine freundliche Frühlingsbrise ins Zimmer. Die Sonne ist wunderbar nach drei Regentagen. Jetzt schnell ran an den Schreibtisch, die Kopie finden, nach Brasilien faxen und dann nach Hause in die Badewanne. Vorher vielleicht noch ein Abstecher in meine Lieblings-Secondhand-Boutique »La Dolce Vita«, um mir die ein oder andere ebenso tröstende wie preisreduzierte Luxusklamotte zu kaufen, und zwischendurch ein Anruf bei Jimmy's Pizza.

Das ist mein Plan für den Rest des Tages. Der Arzt hat gesagt, ich solle mein Leben genießen, und ich finde, ein opulentes Schaumbad mit Pizzabegleitung und der Erwerb eines atemberaubenden (und unfassbar teuer aussehenden) Textils gehören unbedingt dazu.

Zuerst aber muss ich diese blöde Kopie finden.

Auf Mutters Schreibtisch herrscht das gewöhnliche kreative Chaos zwischen Computer, Bildschirm und Drucker: Stapel von Schriftstücken, Fotos, Flugblätter, Zeitungsausschnitte. Im Regal an der Wand stehen ein paar Dutzend

Aktenordner, in denen sie ihre sämtlichen politischen Aktionen der vergangenen vierzig Jahre dokumentiert hat: »Vietnam« lese ich in kaum noch erkennbaren, ausgeblichenen Buchstaben auf einem Aufkleber, »Nato-Doppelbeschluss«, »Gorleben«, »Wackersdorf«, »Startbahn«, »Stuttgart 21« ... Meine Mutter hat wirklich überall mitgemischt. Aber über die Biografie meiner Erzeugerin kann ich mir bei meiner nächsten Therapiestunde noch genug Gedanken machen. Jetzt geht es darum, ihre Ausweiskopie zu finden. Also los.

Schublade eins: Befund negativ. Stifte, Lineale, Radiergummis, ein zerknülltes Taschentuch, ein Lippenstift, eine zerbrochene Sonnenbrille, sonst nichts.

Schublade zwei: dito. Briefumschläge, Briefmarken, Tesafilm, eine zerknickte Ansichtskarte aus Bad Wörishofen, zwei halb abgebrannte rote Kerzen, ein kaputtes Handy nebst Ladekabel, nichts.

Schublade drei: auch nichts.

Und so weiter.

Ich krame sämtliche zwölf Schubladen am Schreibtisch noch mal durch, doch leider vergebens. Mutters Reisepasskopie ist nicht zu finden. Ob ihr das Blatt vielleicht irgendwie unter einen der Papierstapel auf dem Tisch geraten ist? Bei ihrem anarchischen Ablagesystem wäre das kein Wunder. Ich gehe sämtliche Zettel, Briefe und Notizen durch, die in wilden Haufen zusammengetürmt auf der Tischplatte liegen. Aber das einzig Interessante, das ich finde, ist eine Mahnung ihrer Hausratversicherung aus dem Jahr 2012, weil sie vergessen hat, rechtzeitig den Beitrag zu bezahlen. Ich nehme an, das hat sich inzwischen erledigt, lege dieses Schreiben aber trotzdem ganz oben auf den Stapel, damit sie es ordentlich abheften kann, wenn sie nach Hause kommt. Ansonsten: nichts. Kein Pass, keine Kopie, keine Weiterreise an den Amazonas. Sieht so aus, als müsse sich meine Mutter aus dem Klimaschutzprogramm ihrer Freunde ausklinken und dafür etwas länger in Rio de Janeiro bleiben.

Ich aber habe nicht vor, noch länger in ihrer Wohnung zu bleiben. Die Badewanne wartet. Was kann ich dafür, dass meine Mutter ein gestörtes Verhältnis zur Ordnung hat und ich ihre Ausweiskopie nicht auftreiben kann!

Mit Schwung werfe ich das Fenster wieder zu. Allerdings bewege ich mich dabei wohl etwas ungeschickt. Oder wehte da gerade ein heftiger Frühlingswindstoß von draußen herein? Was auch immer es war: Der komplette Papierberg auf dem Schreibtisch wirbelt in der nächsten Sekunde durch die Luft und landet auf dem Fußboden. Und zwar genau in der am schlechtesten zugänglichen Ecke des Zimmers, zwischen Tisch und Regal. Verdammt! Es bleibt mir nichts anderes übrig, als hinterherzukriechen und den ganzen Kram wieder aufzusammeln.

Ich klaube gefühlte zweihundertfünfzig Zettel vom Parkett, und gerade als ich den letzten kleinen Kassenbon aufgehoben habe, entdecke ich etwas Merkwürdiges. Hinter dem Regal, zwischen Wand und Aktenordnern, klemmt eine Pappschachtel. Eine flache weiße Pappschachtel. Nanu, denke ich. Was ist denn das? Wer weiß, wie lange die da schon feststeckt. Womöglich vermisst meine Mutter sie seit Jahren. Allerdings frage ich mich, wie es physikalisch möglich sein kann, dass eine Schachtel oben vom Regal in diesen schmalen Zwischenraum rutscht. Andererseits: Es ist so manches physikalisch Unmögliche seltsamerweise doch möglich. Hummeln zum Beispiel können theoretisch gar nicht fliegen, habe ich mal gehört. Ihre Flügel sind viel zu klein, um diese dicken Körper durch die Luft zu tragen. Zum Glück haben Hummeln keine Ahnung von Physik und fliegen trotzdem munter durch die Gegend. Der Hummelflug, ein naturwissenschaftliches Mysterium.

Noch so ein naturwissenschaftliches Mysterium ist diese Schachtel hinter dem Regal. Eine Sekunde lang zuckt der Gedanke durch mein Gehirn, dass meine Mutter sie absichtlich versteckt haben könnte. Aber das wäre ja albern. Sie ist doch keine pubertierende Tagebuchschreiberin. Wieso sollte sie so etwas Kindisches tun! Vor wem sollte sie irgendetwas in ihrer eigenen Wohnung verstecken?

Ich ziehe die Schachtel vorsichtig heraus. Wie ich feststelle, handelt es sich um eine uralte Pralinenpackung, Edle Auslese in Zartbitter, bedruckt mit vergilbten Blumenmotiven, hauptsächlich in grässlichen Rosa-Orange-Tönen. Vom Design her tippe ich auf ein Herstellungsdatum in den frühen Siebzigerjahren. Die Schachtel ist ganz leicht. Entweder sind die Pralinen vor Jahrzehnten zu schimmeligem Staub zerfallen, oder es liegt etwas anderes darin. Ich will ja nicht neugierig sein, aber weil ich Möglichkeit Nummer eins nicht ausschließen kann und das Wohlergehen meiner Mutter nicht durch gesundheitsgefährdende Sporen in ihrer Raumluft aufs Spiel setzen möchte, hebe ich den Deckel hoch, um Gewissheit zu haben.

Pralinen liegen jedenfalls nicht darin. Sondern zu meinem großen Erstaunen: eine Krawatte. Ein abscheuliches breites Ding mit einem psychedelischen Fantasiemuster darauf, das den Blumenranken auf der Pralinenschachtel in seiner Geschmacklosigkeit in nichts nachsteht. Allerdings überwiegen hier Grün- und Brauntöne in den aberwitzigsten Schattierungen und Verschnörkelungen. Wieso, um Himmels willen, bewahrt meine Mutter eine dermaßen abscheuliche Krawatte hinter ihrem Bücherregal auf? Wahrscheinlich ist es tatsächlich so, wie Frau Leberecht befürchtet: Meine Mutter scheint bisweilen ganz schön auf Droge gewesen zu sein! Wahrscheinlich weiß sie gar nicht mehr, dass dieses üble Teil hier herumliegt. Ich hole die Krawatte heraus (natürlich 100 Prozent Polyester! Wenn es wenigstens edle Seide wäre ...) und deponiere das gute Stück neben mir auf dem Boden.

Es liegt noch etwas in der Schachtel: ein sorgfältig ausgeschnittener Zeitungsartikel, das Papier ist alt und brüchig und an einer Seite eingerissen. *Studenten wehren sich gegen Abriss der Kulturfabrik*, heißt es in der Überschrift. Ich überfliege den Text: *Rund hundert Studenten haben gestern gegen den geplanten Abriss des ehemaligen Industriegebäudes Hammerbach in München-Giesing demonstriert. Auf dem Gelände soll ein modernes Einkaufszentrum nach den Plänen des international erfolgreichen Architekten Werner Enzinger entstehen. Die Studenten haben das Gebäude nach Bekanntwerden der Abrisspläne vor einem halben Jahr besetzt. Sie wollen erreichen, dass darin Ateliers und Ausstellungsräume für Kunststudenten eingerichtet werden. Architekt Enzinger stellte sich am Nachmittag den Demonstranten und diskutierte mit ihnen. Vonseiten der Stadt heißt es bislang, man werde an den Abrissplänen festhalten. Es gehe um viele Arbeitsplätze* ... Und so weiter, und so weiter.

Über dem Artikel ist ein Foto abgedruckt, das eine Gruppe langmähniger jugendlicher Demonstranten zeigt: viele von ihnen in Jeans und Parka, manche in Schlaghosen und wallenden Hemden, einer hat seine Faust in den Himmel gereckt. Ein anderer trägt ein Plakat in den Händen. »Kunst statt Kommerz«, kann ich darauf entziffern. Ganz vorn im Bild steht eine junge Frau, sie trägt einen bodenlangen Rock, ein Batikshirt und ein schmales Stirnband über den langen, gescheitelten Haaren. Sie ist die Einzige, die einigermaßen vergnügt aussieht. Als ich genauer hinschaue, erkenne ich: Das ist ja meine Mutter! Meine Mutter in jungen Jahren, wie ich sie von anderen Fotos kenne. Mitte zwanzig, schätze ich. Wahrscheinlich war dies das erste Mal, dass über sie in der Zeitung berichtet wurde. Wahrscheinlich hat sie den Artikel deshalb aufbewahrt. Aber warum nicht in einem ihrer Aktenordner, sondern in einer Schachtel hinter dem Regal, zusammen mit einer hässlichen Krawatte? Ihr gegenüber steht ein Mann, wahrscheinlich der berühmte Architekt, gegen den sich dieser Studentenprotest richtet: ein nicht mehr ganz so junger Mensch in feinem Zwirn und blanken Schuhen. Wie es aussieht, reden er und meine Mutter gerade miteinander. Er sieht nicht unfreundlich aus, soweit ich das auf dem grobkörnigen Zeitungsfoto erkennen kann. Man könnte fast meinen, dass er meine Mutter anlächelt. Mein Blick fällt auf seine Krawatte, und ich kneife die Augen zusammen, um genauer hinsehen zu können. Die Farben kann ich auf dem Schwarz-Weiß-Bild natürlich nicht erkennen, aber das Muster ist eindeutig dasselbe. Ich schlucke. Wie kam meine Mutter in den Besitz seiner bescheuerten Krawatte, und wieso hat sie dieses monströse Teil so lange aufbewahrt?

Ich betrachte den Zeitungsartikel noch einmal, und dann sehe ich das Datum: Der Bericht ist vom 25. Mai 1976. Ich spüre ein seltsames Rumoren in meinen Eingeweiden. Das Klingeln in meinen Ohren kommt in der Lautstärke eines Presslufthammers zurück. Dieses Foto ist fast genau neun Monate vor meiner Geburt aufgenommen worden. Hat das irgendetwas zu sagen? Mit zitternden Händen nehme ich das Stück Zeitung aus der Schachtel.

In dem Moment erschallt in meiner Hosentasche der Radetzkymarsch.

»Valentina!«, höre ich meine Mutter, nachdem es mir gelungen ist, trotz meiner unter dem Schreibtisch zusammengefalteten Körperhaltung das Handy aus der Hose zu ziehen. »Suchst du schon nach der Kopie? Mir ist eingefallen, dass ich sie kurz vor der Abreise an meine Kühlschranktür gehängt habe. Sie müsste da unter einem der Magneten stecken. Bist du in meiner Wohnung? Valentina?«

»Ja, Mama«, ächze ich und krieche, das Telefon ans Ohr gedrückt, unter dem Tisch hervor. »Alles bestens so weit. Dann ist es ja kein Wunder, dass ich in deinem Arbeitszimmer nichts finden konnte ...« Jedenfalls nichts, was meiner Mutter bei der beschleunigten Wiederbeschaffung ihres Ausweises helfen würde. »Du bekommst dein Fax sofort.«

»Super. Danke dir. Tschüss!«

Ich gehe in die Küche und zupfe die Kopie von der Kühlschranktür. Eine halbe Minute später fiept das Fax in Richtung Brasilien. Dann widme ich mich wieder der Pralinenschachtel.

Liebste Doris!, steht in makelloser Handschrift auf dem vergilbten und verknickten Blatt Papier, das ich unter dem Zeitungsartikel gefunden habe. *Es bricht mir das Herz, dass ich dir diesen Brief schreiben muss ...*

4.

Ich habe auf den Besuch bei »La Dolce Vita« verzichtet. Das Verlangen danach, meine Garderobe dramatisch aufzurüsten, hat sich in Luft aufgelöst. Der Appetit auf Pizza ist mir ebenso vergangen wie die Lust auf ein Lavendel-Rosenholz-Entspannungsschaumbad. Das Klingeln in meinem Ohr ist noch da, aber im Moment kann ich mich nicht darum kümmern.

Ich sitze auf meinem Sessel im Wohnzimmer und streichle Esmeralda. Ich muss nachdenken, und das kann ich am besten, wenn ich dabei neun Kilo warmes Fell auf dem Schoß habe. Esmeralda ist ein Hase, ein belgischer Riese, genauer gesagt eine belgische Riesin mit schwarz-weiß gescheckten Fell. Sie trat vor acht oder neun Jahren in mein Leben, als die Tochter meiner damaligen Nachbarin kurzfristig eine Ferienbetreuung für ihr Haustier brauchte. Nach sechs Wochen hatte ich mich so sehr daran gewöhnt, Esmeralda bei mir zu haben (und noch mehr hatte sich das Kind meiner Nachbarin daran gewöhnt, Esmeralda nicht mehr bei sich zu haben), dass die Häsin in meinen Besitz überging. Holger hielt mich damals zwar für völlig übergeschnappt. Aber ich sagte, solange wir noch kein Baby hätten, könnte ich mich doch um ein so süßes Tier wie Esmeralda kümmern. Inzwischen sind die Nachbarn längst weggezogen, Holger lebt mit einer anderen Frau zusammen, und Kinder habe ich noch immer keine. Nur Esmeralda ist mir geblieben. Meine

Mitbewohnerin ist anschmiegsam, treu, weitgehend stubenrein und hat nichts dagegen, abends mit mir auf dem Sofa zu sitzen, meine »How-I-met-your-Mother«-DVDs zu schauen und sich die Ohren kraulen zu lassen. Anders als Holger ist sie dabei naturgemäß eher schweigsam. Wenigstens gibt sie keine dämlichen Kommentare über meinen angeblich fragwürdigen Fernsehgeschmack ab.

Heute allerdings ist der Fernseher aus. Heute ist es totenstill in meinem Wohnzimmer, denn ich muss nachdenken. Über Studentendemonstrationen in den Siebzigerjahren, über hässliche Krawatten, über berühmte Architekten, über traurige Abschiedsbriefe, über alleinerziehende Mütter und vor allem über die Frage, wie das alles miteinander zusammenhängt.

Vor mir auf dem Tisch liegt die ominöse Pralinenschachtel, die ich aus dem Arbeitszimmer meiner Mutter mit nach Hause genommen habe. Natürlich gehört es sich nicht, jemandem etwas wegzunehmen. Es gehört sich schon gar nicht, Briefe zu lesen, die eindeutig an jemand anderen gerichtet sind. Aber in diesem Fall finde ich irgendwie, dass ich ein Recht auf Informationen habe. Ein Recht auf Informationen über einen Mann, von dem ich den dringenden Verdacht habe, dass es sich bei ihm um meinen unbekannten Vater handeln könnte.

Liebste Doris, lese ich zum mindestens zwanzigsten Mal an diesem Nachmittag. Die wichtigsten Sätze des Briefes kann ich inzwischen auswendig. Also im Grunde alle Sätze. *Es bricht mir das Herz, dass ich Dir diesen Brief schreiben muss. Die vergangenen Wochen mit Dir waren wie ein Traum. Du bist eine großartige, liebenswerte Frau, mit der ich gern mein Leben verbracht hätte. Aber es darf so nicht weitergehen. Ich kann verstehen, wenn Du jetzt wütend über mich bist: Aber ich darf Dich nicht wiedersehen. Es geht nicht. Es geht wirklich nicht! Es tut mir leid, dass ich den Kopf verloren habe. Ich hätte irgendwann die Notbremse ziehen sollen, ich weiß. Aber es ging alles so schnell. Ich habe mich so plötzlich in Dich verliebt und nicht eine Sekunde lang daran gedacht, wie es weitergehen soll. Ich kann nicht für Dich da sein, liebste Doris. Ich kann meine Frau nicht im Stich lassen. Bitte verzeih mir. Versuch nicht, mich zu erreichen. Es würde alles nur noch schlimmer machen. Behalte mich in Erinnerung. Ich wünsche Dir, dass Du glücklich wirst. Ich werde mein Leben lang an Dich denken. In Liebe, Dein Werner.*

Was für ein Brief! In Liebe, Dein Werner. Dein Werner Enzinger, internationaler Super-Architekt. Der Lover meiner Mutter, der sie hat sitzen lassen. Da hatte sie eine Affäre mit einem verheirateten Mann und sagt mir kein Sterbenswort. Schwärmt mir was vom Leben in der Kommune vor, und dann so was: Kriegt ein Kind von einem Typen, der das personifizierte Establishment ist. Ich kann es nicht fassen. Und sie hat diesen Brief siebenunddreißig Jahre lang heimlich aufbewahrt. (Falls sie ihn nicht doch irgendwann vergessen hat, nachdem er ihr vor langer Zeit mal hinter das Regal gerutscht ist.)

Es steht kein Datum auf dem Brief. Und natürlich keine Adresse. Ich gehe mal schwer davon aus, dass die ganze Geschichte irgendwann Ende Mai 1976 begonnen hat. Ob sie sich bei dieser Demo kennengelernt haben, von der in dem Zeitungsartikel die Rede ist? Und dann? Was passierte, nachdem meine Mutter diesen Brief bekam? Hat sie sich brav daran gehalten und nie wieder Kontakt zu ihm aufgenommen? Oder ist sie wenigstens irgendwann mal mit ihrem Ballonbauch zu ihm hingefahren und hat im Beisein der holden Gattin ein bisschen Rabatz gemacht? Sofern sie wusste, wo er wohnte. Verdient hätte er es, der ach so tolle Herr Enzinger:

Macht sich nach ein paar amüsanten Tagen mit der kleinen süßen Münchner Studentin einfach aus dem Staub.

Je länger ich über alles nachdenke, desto wütender werde ich. Frau Leberecht wird ihre helle Freude an mir haben, wenn ich ihr bei meiner nächsten Therapiestunde ein paar neue Details aus dem Leben meiner engsten Verwandtschaft erzähle.

Esmeralda wird unruhig. Wahrscheinlich muss sie pinkeln. Ich setze sie zurück in ihre Behausung, damit es kein Malheur gibt, und gehe in die Küche. Ich brauche dringend einen heißen Tee. Mir ist plötzlich kalt und irgendwie seltsam zumute.

Mein Gott, ich bin meinem Vater auf der Spur. Nach sechsunddreißig Jahren Ungewissheit und bohrenden Fragen liegt die Antwort vor mir. Ob er weiß, dass es mich gibt? Wahrscheinlich nicht. Meine Mutter hätte seine Korrespondenz sicherlich aufbewahrt, wenn es eine gegeben hätte. So wie sie den Zeitungsartikel mit seinem Bild, seine Krawatte und diesen schrecklich traurigen Brief aufbewahrt hat.

Ob sie ihn sehr geliebt hat?, überlege ich, während ich auf das Kochen des Wassers warte. Ist er der Grund dafür, dass sie nie wieder eine vernünftige Beziehung zu einem Mann gehabt hat? Jedenfalls keine, die ihr wichtig genug war, um zu heiraten und noch ein paar Kinder zu bekommen. Warum hat sie nie mit mir über diesen Mann sprechen wollen?

Ich stelle das Tablett mit der dampfenden Teekanne und der dicken, rot geringelten Tasse auf meinen Wohnzimmertisch und fahre den Laptop hoch. Noch vor dem ersten Schluck tippe ich »Werner Enzinger« bei Google ein. Zweihundertdreiundfünfzigtausend Suchergebnisse bietet mir das Internet. Das hilft mir nicht wirklich weiter. Der Zusatz »Architekt« verschlankt die Angelegenheit immerhin auf hundertsechzigtausend. Gut, dass der Mann nicht Hans Müller heißt.

Ich scrolle durch die Seiten, um den Ex meiner Mutter näher kennenzulernen. »Stararchitekt Enzinger baut Museum in Berlin«, lese ich. »Ganz Wien staunt über neues Enzinger-Hochhaus«, und »Enzinger gewinnt Ausschreibung für neue Hafensiedlung in Köln«. Der Mann ist ja wirklich überall im Einsatz, tatsächlich ein ganz Großer seines Fachs. Allerdings ist der letzte Artikel – wie ich feststelle – über zehn Jahre alt. In jüngster Zeit scheint es still geworden zu sein um den Herrn Stararchitekten. Ob er gestorben ist? Meiner groben Schätzung nach müsste er Mitte Siebzig sein. Aber bei so einem bekannten Mann stünde sicherlich irgendwo im Netz ein Nachruf.

Nach einigen Klicks finde ich die Antwort. Es ist ein Bericht im Oberbayerischen Anzeiger, der vor zehn Jahren ins Internet gestellt wurde: »Architekt Werner Enzinger geht in den wohlverdienten Ruhestand. Aus gesundheitlichen Gründen gibt er die Betreuung der geplanten Rathaus-Erweiterung in Oberbichlberg ab. ›Gern hätte ich den Neubau in meiner Heimatgemeinde weiter begleitet‹, sagt der 64-jährige, ›aber mein Gesundheitszustand lässt das leider nicht zu.‹ Die Durchführung des Umbaus hat ein Kollege aus München übernommen. Es handelt sich dabei um ...«

Der Rest des Artikels interessiert mich nicht mehr. Ich schaue auf das Foto neben dem Text. Ein älterer Herr mit akkurat gestutzten grauen Haaren blickt ernst in die Kamera, ein ganz anderer Typ als auf dem alten Zeitungsfoto aus der Schachtel. Den hätte ich im Leben nicht wiedererkannt. Wenigstens trägt er auf diesem Bild eine anständige Krawatte. Werner Enzinger, Architekt aus Starnberg. Falls er noch lebt, ist er vierundsiebzig Jahre alt.

Und wohnt keine halbe Stunde Autofahrt von mir entfernt.

Warum habe ich bloß auf einmal so klamme Finger? Da hilft auch kein Hagebuttentee. Vor allem wenn der längst kalt geworden ist. Ich fahre den Laptop herunter und bleibe einen Moment in meinem dunklen Wohnzimmer sitzen. Am liebsten würde ich jetzt gleich bei Frau Leberecht anrufen und fragen, ob ich wegen eines akuten psychischen Notfalls noch mal vorbeikommen darf. Stattdessen rufe ich endlich bei Jimmy's Pizza an und bestelle eine Jumbo Venezia mit extra viel Oliven. Dann lasse ich heißes Wasser in die Badewanne laufen.

5.

Ich wache etwa gleichzeitig mit der Amsel vor meinem Fenster auf. Also praktisch mitten in der Nacht. Es ist noch nicht einmal richtig hell draußen. Aber ich bin erstaunlicherweise genauso munter wie der flötende Vogel.

»Hallo, Esmeralda!«, begrüße ich meine Mitbewohnerin im Wohnzimmer und ziehe die Vorhänge auf. Esmeralda verdreht irritiert die Ohren. So früh am Morgen sieht sie mich nicht oft. Ich schalte den Laptop ein, bevor ich in die Küche schlurfe und die Kaffeemaschine anwerfe.

Fünf Minuten später bin ich wieder im Internet. Ich gebe seinen Namen bei der Bildersuche ein und klicke mich durch die Fotos, die mir Google bietet. Architekt Enzinger beim Spatenstich, Architekt Enzinger beim Richtfest, Architekt Enzinger beim Bürgermeister, bei irgendeiner Preisverleihung ... Mal mit hochgekrempelten Ärmeln, meist im grauen Anzug, immer seriös dreinblickend. Auf manchen Fotos wird er von einem Pulk Menschen umringt, mal steht er allein da, meist vor einem seiner futuristisch anmutenden Gebäude, die hauptsächlich aus großen Glasfassaden und kahlen Betonwänden bestehen. So musste man in den vergangenen Jahrzehnten wahrscheinlich bauen, wenn man ein berühmter Architekt werden wollte.

Ein aktuelles Bild ist nicht dabei. Dann kommt ein Foto, das ich mir besonders genau ansehe: »Architekt Enzinger vor seiner Villa am Ufer des Starnberger Sees«, steht darunter.

Wow, denke ich. Was heißt hier Villa! Der Mann wohnt ja praktisch in einem Palast! Ob er sein Haus selbst entworfen hat? Wahrscheinlich. Privat bevorzugt dieser Herr Enzinger jedenfalls einen weniger kühlen Baustil als bei seinen Rathäusern und Museumsgebäuden: Mit den vier weißen Säulen neben der Haustür, den beiden breiten, geschwungenen Steintreppen, die rechts und links zum Eingang hinaufführen, mit dem Erker und dem halbrunden Balkon, den großen grünen Fensterläden und der weiß gekiesten Auffahrt mit den üppigen, rot blühenden Rosenbüschen dahinter sieht das Enzinger'sche Anwesen aus wie ein amerikanisches Südstaatenhaus. Da könnte man glatt die nächste Version von *Vom Winde verweht* drehen. Schade, dass keine Adresse dabeisteht. Das hätte ich mir ja wirklich mal gern aus der Nähe angesehen.

Ich starre auf das Foto, bis mir etwas auffällt. Ich kneife die Augen zusammen. Hängt da nicht das Schild mit der Hausnummer an dem hohen weißen Zaun? Ich nehme jedenfalls an, dass es sich bei dem kleinen blauen Rechteck um die Hausnummer handelt. Falls nicht jemand ein Flugblatt des örtlichen Kasperletheaters an die Holzlatte geklebt hat.

Ich klicke auf den Zoom, bis es nicht mehr weiter geht. Dann halte ich den Atem an und konzentriere mich auf die verpixelten Buchstaben und Ziffern, bis meine Augen brennen. Oberer Seeuferweg 29 steht da. Ich bin mir ganz sicher.

Zwanzig Minuten später sitze ich im Auto.

6.

Machen Sie sich einen schönen Tag, hat mein Arzt gesagt. Und was kann schöner sein als ein Tag, der mit einem vergnüglichen Ausflug zum Starnberger See beginnt und danach mit einer kleinen Reise nach Süden weitergeht. Ich habe nämlich beschlossen, ganz spontan nach Italien zu fahren. Warum nicht so lange südwärts rollen, bis es draußen warm genug ist, um in einem luftigen Kleid in einem Straßencafé zu sitzen und ein Stracciatellaeis zu essen! Bis ich weit genug weg bin von allen lieblosen Exmännern, allen hinterlistigen Scheidungsanwälten, allen nervigen Kolleginnen, allen jungen Müttern und flitternden Freundinnen, die mich in den vergangenen Monaten zur Verzweiflung gebracht haben. Ich darf drei Wochen lang nicht zur Arbeit gehen, ich muss mich erholen. Also lege ich kurzfristig ein paar Tage Urlaub ein – und zwar mit einem neugierigen Zwischenstopp am Starnberger See! Ich habe Esmeralda und mein halb gestorbenes Orchideenstämmchen auf der Fensterbank der freundlichen alten Dame im vierten Stock anvertraut und wahllos ein paar Klamotten in meine Reisetasche geworfen. Der Tank ist voll. Die Reise kann beginnen.

Mein Navi meckert ein bisschen, als ich den Oberen Seeuferweg eingebe. Wie ich dem Display entnehme, handelt es sich um eine Privatstraße in einem Kaff außerhalb von Starnberg, direkt am Wasser gelegen und nur für Anwohner zugänglich. Ist ja klar, dass so ein Stararchitekt a.D. nicht in irgendeiner gewöhnlichen Nachbarschaft wohnt, wo Hinz und Kunz mal schnell vorbeifahren und Guten Tag sagen können. Egal. Ich schon. Ich fahre los, raus aus München. Die Straßen sind fast menschenleer um diese frühe Uhrzeit. Ich komme gut voran. Es geht immer munter Richtung Süden, die Autobahn entlang, dann kreuz und quer durch Starnberg und runter zum See. Ein paar Kilometer hinter dem Ortsausgang ignoriere ich das Straßenschild, das die Weiterfahrt verbietet, sofern man nicht im Besitz einer speziellen Durchfahrtsgenehmigung ist. So weit kommt's noch, denke ich und gebe Gas. Ich bin eine freie Bürgerin in einem freien Land, ich werde ja wohl noch den Oberen Seeuferweg durchfahren dürfen.

Nach etwa fünfzig Metern verlässt mich dann aber doch der Mut. Ich parke meinen bescheidenen Mazda vor einem verwitterten Bootshaus. Es sieht so aus, als sei es seit Längerem nicht mehr benutzt worden. Die Einfahrt ist von Unkraut überwuchert. Da wird wohl auch in der nächsten halben Stunde keiner rein- oder rausfahren wollen. Ich beschließe, den weiteren Teil dieser bemerkenswerten Straße bei einem Spaziergang zu erkunden.

Der Obere Seeuferweg ist schmal, aber atemberaubend. Links schimmert der See durch die paar dünnen Fichten, hier und da liegt ein Segelboot an einem Steg. Ein paar Enten quaken im morgendlichen Schilf herum. Auf der anderen Straßenseite erahne ich gewaltige Villen hinter meterhohen Mauern und Hecken. Wie es scheint, möchte man nicht gesehen werden als Anwohner des Oberen Seeuferwegs. Und am liebsten anonym bleiben: Auf den wenigsten Klingelschildern stehen Namen. Dafür gibt es pro Haus etwa drei bis vier Garagen. Respekt. Aber irgendwo muss man seine vielen Porsches und Ferraris ja abstellen.

Der einzige Mensch, der mir zu dieser frühen Morgenstunde begegnet, ist eine junge Frau in einem pinkfarbenen Sportanzug, die drei dünne kleine Windhunde an einer Leine ausführt, ohne mich eines Blickes zu würdigen.

Ehe ich michs versehe, stehe ich vor der Nummer 29.

Das Haus sieht genauso aus wie auf dem Foto im Internet. Ein Südstaatentraum. Willkommen auf Tara.

Die Villa ist ein bisschen in die Jahre gekommen, aber noch immer bestens in Schuss. Allerdings ist die Auffahrt jetzt nicht mehr gekiest, sondern mit hellen Natursteinplatten ausgelegt. Und natürlich blühen die Rosenbüsche noch nicht. Stattdessen ist die Wiese vor dem Haus mit gelben Büscheln von Narzissen übersät. Rechts und links der Auffahrt blühen Tulpen in allen möglichen Rot- und Orangetönen, dazwischen jede Menge mir unbekannte Blumengewächse in Blau, Weiß und Lila. Das Paradies eines jeden Gärtners, beschienen von der kühlen Aprilmorgensonne.

Ich bleibe vor dem hohen weißen Zaun stehen und lasse das Ganze auf mich wirken. Sehr beeindruckend, dieses Anwesen. Ich frage mich: Wenn die hier schon so einen gigantischen Vorgarten haben, wie sieht es dann erst hinter dem Haus aus? Wahrscheinlich gibt es da einen richtigen Park mit Swimmingpool und Tennisplatz.

Tja, so kann man natürlich auch wohnen. Das also ist das Zuhause des Herrn Architekten Werner Enzinger. Hierhin ist er zurückgekehrt, nachdem er anno 1976 seine kleine folgenreiche Affäre mit diesem Hippiemädchen aus der Schwabinger Kommune hatte. Klar, so eine gepflegte Hütte gibt man nicht so schnell auf, schon gar nicht für eine flüchtige Liebesgeschichte mit ungewissem Ausgang.

Enzinger steht in fein gravierten Buchstaben auf dem Messingklingelschild am Tor. Immerhin, der berühmte Mann lebt freundlicherweise nicht inkognito in seiner Villa. Ob meine Mutter vor vielen Jahren auch mal heimlich hier gestanden hat? Seufzend, was für ein Leben ihr entgangen ist, weil der gute Herr Enzinger schon mit einer anderen verheiratet war? Aber wie hätte sie seine Adresse finden können! Damals, ganz ohne Google und Internet!

Ich zucke zusammen, weil es in der Gegensprechanlage am Klingelschild zu knacken und knarzen beginnt.

»Kommen Sie ruhig herein«, sagt eine weibliche Stimme. »Ich mache das Tor auf.«

Mit leisem Schnurren und wie von Zauberhand bewegt, fährt das hohe weiße Zauntor zur Seite. Erst jetzt entdecke ich die Kamera, die an der Garagenwand hängt und direkt auf mich gerichtet ist. Ein rotes Lämpchen blinkt. Mein Gott, ich werde beobachtet! Ich wurde die ganze Zeit schon beobachtet, wie ich hier herumspioniert habe. Sehr gruselig!

»Worauf warten Sie?«, fragt die Stimme aus dem Lautsprecher. »Kommen Sie doch bitte herein.«

Wieso will diese Frau unbedingt, dass ich sie besuche? Passiert das öfter, dass hier jemand in aller Herrgottsfrühe staunend vor dem Haus steht und spontan zum Kaffeetrinken eingeladen wird? Sind die immer so gastfreundlich, die Enzingers?

»Hallo? Können Sie mich hören?« Die Stimme in der Gegensprechanlage gibt nicht auf. »Sprechen Sie Deutsch?«

Wahrscheinlich sollte ich mich jetzt umdrehen und ganz schnell zum Auto zurückgehen. Ich sollte nach Hause fahren oder nach Italien oder sonst wohin und meinen Tinnitus auskurieren. Ich sollte diese vermaledeite Schachtel mitsamt dem Brief, dem Zeitungsartikel und der blöden Krawatte wieder hinter Mutters Regal verschwinden lassen und dann nie mehr daran denken. Wäre es nicht der reine Wahnsinn, durch dieses schöne Tor zu spazieren, diese prächtige Auffahrt hinaufzugehen, in diesen reizenden Palast einzutreten und meinem unbekannten Erzeuger einen Besuch abzustatten? Was sollte der von mir denken? Und was überhaupt sollte ich ihm sagen? Bin ich denn lebensmüde?

Offensichtlich ja. Denn meine Schuhsohlen knirschen schon über den Steinplattenweg, während sich hinter mir summend das Tor schließt.

7.

»Sie sind ein bisschen zu früh, aber das macht nichts.«

Die alte Dame, die mich an der Haustür erwartet, schaut mich ernst, aber nicht unfreundlich an. »Mein Name ist Brigitte Enzinger. Herzlich willkommen. Mein Mann ist gleich da. Gehen Sie doch bitte mit mir durch ins Wohnzimmer.«

»Guten Tag«, sage ich höflich und schüttle kurz ihre ausgestreckte Hand. Meinen Namen behalte ich sicherheitshalber für mich. Glücklicherweise fragt sie nicht danach.

Wenn ich bloß irgendeinen Schimmer hätte, wen diese Lady erwartet hat. Ich werde hier doch hoffentlich nicht in irgendwas Kriminelles verwickelt? Menschenhandel? Drogenschmuggel? Aber Frau Enzinger sieht eigentlich ziemlich unverdächtig aus mit ihren schulterlangen, weiß-grau melierten Haaren und dem dunkelblauen Wollkleid, auf dem eine dicke Perlenkette liegt. Also folge ich ihr ebenso brav wie neugierig durch den Flur. Interessant, wie die Enzingers so leben. Auch hier drinnen ist alles sehr nobel: Dicke, rot gemusterte Perserteppiche auf hellen Marmorfliesen, eine hüfthohe, original chinesische Bodenvase (ich bin mir ziemlich sicher, dass der Topf mit dem blauen, blumenumrankten Drachenungeheuer mehr oder weniger direkt aus der Ming- oder Qing-Dynastie in diesen Haushalt gekommen ist), und der breite geschnitzte Schrank an der Wand sieht auch eher nach schwerer Antiquität aus als nach einem Schnäppchen vom XXL-Möbelhaus. Überhaupt: So viel Platz für einen

Flur! Was für eine Verschwendung! In Bangladesch leben drei Großfamilien auf solch einer Fläche.

Und dann erst das Wohnzimmer. Wobei: Was heißt hier Wohnzimmer – es ist ja praktisch ein Ballsaal. Frau Enzinger hat eine breite weiße Flügeltür aufgestoßen, und das Erste, was ich sehe, ist der riesige Kamin auf der anderen Seite des Raumes, wo allerdings in dieser frühen Stunde noch kein Feuer flackert. Auf dem breiten weißen Sims steht in goldverschnörkeltem Rahmen eine südländische Landschaft in Öl. Ein bisschen altmodisch, das Bild. Aber wahrscheinlich war es teuer. Ich nehme an, die Enzingers haben nicht nur in Antiquitäten, sondern auch ein bisschen in alte Kunst investiert. Von Ikea ist der Schinken jedenfalls nicht. Ebenso wenig der schätzungsweise fünf Meter lange, schwere Holztisch in der Mitte des Raumes. Mit den hohen Lederstühlen drumherum macht mir das Ensemble nicht gerade den Eindruck, als würde es unter der Bezeichnung Ingatorp, Lyrestad oder Björkudden im Katalog stehen. Da könnte glatt Artus mit seiner kompletten Ritterrunde tafeln, und es wäre immer noch Platz für ein paar klampfende Minnesänger dazwischen. Die dazugehörigen Damen in ihren langen wallenden Kleidern könnten bequem in den tiefen englischen Clubsesseln Platz nehmen, von denen ein halbes Dutzend zu einem breiten Rechteck angeordnet vor der bodentiefen Fensterfront steht. Durch die man übrigens einen – aber holla! – fantastischen Ausblick hat: Hinter einer riesigen halbrunden Terrasse, die von einer Marmorsäulenbrüstung eingefasst ist, schaut man in endloses Frühlingsgrün. Ich glaube, auf diesem Rasen da draußen könnte man tatsächlich Tennis spielen. Oder ein Fußballfeld einrichten. Sofern die prächtigen bunten Blumenrabatten und die rosa knospenden Kirschbäume rechts und links davon keinen Schaden nehmen. Und dahinten? Was schimmert da so blau hinter dem undefinierbaren Gesträuch? Ist das nicht ... Tatsächlich, ein Pool! Ach Mutti, wenn du das sehen könntest, denke ich, und dann noch: Gratuliere, Herr Enzinger. Wer so wohnt, der hat es wirklich geschafft.

»Da sind Sie ja schon«, brummt eine Stimme hinter mir, und ich fahre erschrocken herum. Als ich ihn sehe, bringe ich nicht einmal einen Gruß heraus.

Da ist er. Der Mann, den ich seit ungefähr sechsunddreißig Jahren kennenlernen möchte. Der Mann vom Zeitungsfoto. Der den Brief geschrieben hat. Der Mann mit der Krawatte. Mein – Vater!

Ich hatte ihn mir imposanter vorgestellt. Kräftiger. Sein Gesicht ist bleich und eingefallen, graue Augenbrauen wuchern unter seiner hohen Stirn, die mittlerweile schlohweißen Haare trägt er etwas länger und nach hinten gekämmt. Er mustert mich mit zusammengekniffenen Augen. Ein mürrischer Mensch in grauer Strickjacke und ausgetretenen Lederpantoffeln, ganz leger und schlipslos. Er sieht anders aus, als ich erwartet hatte. Überhaupt ist alles ganz anders, als ich erwartet hatte, denn Herr Enzinger sitzt in einem Rollstuhl.

»Guten Morgen«, stammle ich endlich.

»Na, Sie sind mir ja vielleicht ein früher Vogel.« Enzinger rollt näher auf mich zu, ohne mich aus den Augen zu lassen. »Mit der Agentur war ausgemacht, dass Sie erst um halb zehn kommen. Aber mir ist das recht. Wenn es nach meiner Frau gegangen wäre, hätten Sie schon vor drei Monaten bei uns angefangen.«

»Hm«, sage ich unbestimmt, und ich hoffe, es klingt so, als hätte ich eine Ahnung, wovon er spricht.

»Wie war doch noch gleich Ihr Name?«

Schlagartig bricht mir der kalte Schweiß aus allen Poren. War ja klar, dass das nicht lange gut gehen konnte. Ich sage den falschen Namen, und schon fliegt der Schwindel auf.

Ich zögere eine Sekunde oder zwei. Dann krächze ich schicksalsergeben »Valentina Meyer« und verfluche meinen Wahnwitz, durch das offene Tor gegangen zu sein.

»Valentina Meyer?«, mischt sich Frau Enzinger in die Unterhaltung ein. Das Erstaunen in ihrer Stimme ist nicht zu überhören. »Wieso Valentina Meyer? Die Agentur hat uns eine Eva angekündigt. Eva Glatschinski oder so ähnlich.«

»Tja«, sage ich und danke Holger insgeheim für seinen unverfänglichen Nachnamen. Weil mich die beiden nicht sofort achtkantig aus ihrem Haus geworfen haben, pokere ich tapfer weiter: »Das mit Eva hat leider nicht geklappt. Eva ist ... äh, also Eva ist, na ja, sie ist krank geworden. Grippe, glaube ich. Höchst ansteckend. Jedenfalls bin ich kurzfristig eingesprungen.«

Für was und wen auch immer ich eingesprungen bin, in Gottes Namen. Hoffentlich für nichts Verbotenes.

»Auch gut«, brummelt Herr Enzinger. »Dann klappt das mit der Verständigung besser. Mein Polnisch ist nicht besonders gut.«

Aha. Eva Glatschinski-oder-so-ähnlich kommt also aus Polen.

»Wie wäre es mit einem Kaffee?«, fragt Frau Enzinger zu meiner übergroßen Erleichterung. Das Eva-Valentina-Problem scheint sich irgendwie in Luft aufgelöst zu haben.

»Setzen Sie sich doch endlich mal hin.« Herr Enzinger weist mit einem Nicken neben sich auf die Sessellandschaft. »Sie machen mich ganz verrückt, wie Sie da so herumstehen.«

Ich lasse mich erschöpft in tiefes Leder sinken. Täusche ich mich, oder beben meine Knie?

»Ein Kaffee wäre toll«, seufze ich wahrheitsgemäß.

Frau Enzinger greift zu einem Telefon, das dezent versteckt hinter einem Vorsprung an der Wand hängt.

»Nicole«, höre ich sie sagen. »Bringst du uns bitte noch eine Tasse Kaffee?«

Dann hängt sie das Telefon wieder ein. Leute wie die Enzingers haben natürlich Personal für so was. Sehr lässig.

»Erzählen Sie uns von sich!« Frau Enzinger setzt sich mir gegenüber in einen Sessel und verschränkt erwartungsvoll ihre edel beringten Hände im Schoß. Ihr Gatte schaut mich schweigend und sehr direkt mit seinen tiefblauen Augen an. Ich fühle mich unbehaglich. Dem alten Herrn wird doch hoffentlich nichts aufgefallen sein? Manche Leute sagen, ich sähe meiner Mutter ähnlich. Ob ihm irgendetwas an mir verdächtig vorkommt? Aber das mit meiner Mutter ist doch schon so lange her. Er kann sich unmöglich noch genau an ihr Gesicht erinnern. Im Übrigen war sie damals viel jünger, als ich es jetzt bin. Ich versuche, mir das Zeitungsfoto ins Gedächtnis zu rufen und mir vorzustellen, wie er vor siebenunddreißig Jahren ausgesehen hat und was meine Mutter wohl sexy an ihm gefunden haben mag. Aber ich kann nichts erkennen, außer einem schlecht gelaunten alten Mann, der durchaus mal ein Paar neue Pantoffeln gebrauchen könnte.

Und der allmählich ungeduldig wird, weil ich vor lauter Sinnieren versäumt habe, auf die Frage zu antworten.

»Sie sind ja stumm wie ein Fisch«, knurrt er. »Wir würden gern wissen, welche Erfahrungen Sie bisher haben.«

Und ich würde gern wissen, welcherlei Erfahrungen ich jetzt sinnvollerweise nennen sollte.

»Nun ...«, ich lasse mir Zeit mit der Antwort und versuche meine Nervosität zu unterdrücken, während mein Herz donnert wie die Glocken der Frauenkirche beim Zwölfuhrgeläut. »Ich war – also in den vergangenen Jahren war ich wirklich in vielen Bereichen tätig ...«

»Wie lange arbeiten Sie denn schon in der Altenpflege?«, fällt mir Frau Enzinger leicht genervt ins Wort, und schlagartig wird mir alles klar. Na, logisch: Sie haben eine polnische Perle erwartet, eine professionelle Pflegerin, die ihnen eine Agentur vermittelt hat und die sich wahrscheinlich um Herrn Enzinger kümmern soll.

»Oh«, mache ich erleichtert. »Ja, natürlich, die Altenpflege. Klar. Also, ich arbeite schon seit einigen Jahren in der Pflege.«

Hauptsächlich allerdings in der Raumpflege, und zwar jeden Donnerstag, wenn ich meine Wohnung sauber mache. Aber Pflege ist Pflege, da muss man ja nicht kleinlich sein. Die Enzingers scheinen mit meiner Antwort jedenfalls zufrieden.

Zumindest für eine Sekunde. Denn Frau Enzinger erkundigt sich gleich weiter: »Und wen haben Sie zuletzt betreut?«

»Tja, zuletzt, wie soll ich sagen, also in den letzten Jahren, nun ja, da habe ich – da habe ich eine ältere Dame betreut. Eine Belgierin. Sie heißt Esmeralda.« Dass es sich bei dieser Dame um eine Häsin handelt, halte ich für ein zu vernachlässigendes Detail. Immerhin ist Esmeralda mindestens zehn. Das ist das Greisenalter für einen Hasen. So betrachtet, kann ich mit Fug und Recht behaupten, langjährige Erfahrungen in der Altenpflege zu haben.

»Und jetzt?«, will Frau Enzinger wissen. »Ist die Dame verstorben?«

»O nein, keineswegs. Esmeralda ist, äh – sie ist sozusagen in eine Senioren-WG gezogen. Betreutes Wohnen, Sie wissen schon ...«

Esmeralda bekommt von der Dame aus dem vierten Stock jeden Tag frisches Wasser, eine Ladung Nagerglück und die Kloecke in ihrem Käfig sauber gemacht. Wenn das kein betreutes Wohnen unter Senioren ist!

Die Enzingers nicken synchron. Bis jetzt schlage ich mich tapfer.

Bevor diese inquisitorische Fragerei weitergeht, schwingt

die Wohnzimmertür auf, und eine junge Frau kommt mit einem Tablett herein. Ich schätze sie auf ungefähr zwanzig, Typ Schneewittchen. Allerdings trägt sie ihre rabenschwarzen Haare in einem kurzen, frechen Fransenschnitt, der ihr – das muss ich neidlos zugeben – ausgezeichnet steht.

»Das ist Nicole«, erklärt Frau Enzinger. »Sie hilft uns zwei, drei Mal in der Woche im Haushalt. Nicole, das ist Valentina. Sie wird sich künftig um meinen Mann kümmern.«

»Hallo!«, sagen Nicole und ich gleichzeitig. Nicole verzieht ansonsten keine Miene und stellt das Tablett mit der Kaffeetasse auf den kleinen Ablagetisch neben mir. Sie sieht wirklich gut aus in ihrer Jeans und der weißen Hemdbluse. Allerdings wäre sie noch hübscher, wenn sie mit ihren schönen braunen Augen mal ein bisschen lächeln würde. Wahrscheinlich färbt die schlechte Laune ihres Chefs langfristig ab. Mit wortlosem Gruß verlässt Nicole das Wohnzimmer.

»Ich würde sagen, Sie trinken jetzt in Ruhe Ihren Kaffee aus«, schlägt Frau Enzinger vor. »Dann zeige ich Ihnen Ihr Zimmer, Valentina. Wir haben ein kleines Apartment unter dem Dach, da werden Sie wohnen. Und anschließend führe ich Sie ein bisschen durchs Haus, damit Sie Bescheid wissen.«

In diesem Moment schlägt irgendwo im Gebäude eine Uhr. Ich verschlucke mich beinahe an dem heißen Kaffee. Mein Gott, es ist bestimmt gleich halb zehn, und die echte Eva wird jeden Moment auftauchen! Was mache ich eigentlich hier? Bin ich von allen guten Geistern verlassen? Ich muss verschwinden, bevor es zur Katastrophe kommt. Aber wie bloß?

Ob ich nach der Toilette fragen soll, um dann heimlich durchs Fenster zu steigen? Aber was, wenn das Fenster vergittert ist? Und wie bekomme ich das Eingangstor auf? Wenn ich versuche drüberzuklettern, geht wahrscheinlich sofort ein Mordsalarm los.

»Alles in Ordnung mit dem Kaffee? Oder ist er Ihnen zu stark?« Herr Enzinger hat mich nicht aus den Augen gelassen. Als sich unsere Blicke kreuzen, fühle ich mich aus unerklärlichen Gründen ertappt und spüre, dass ich rot werde.

»Alles bestens«, flüstere ich. »Ich – ich war nur gerade in Gedanken.«

Natürlich würde ich mir liebend gern dieses tolle Haus ansehen und noch ein bisschen was über die beiden Enzingers erfahren. Vor allem über Herrn Enzinger. Seit wann mag er im Rollstuhl sitzen? Ob er einen Unfall gehabt hat? Oder ist es eine Krankheit, die ihn vor zehn Jahren dazu gebracht hat, den Neubau des Oberbichlberger Rathauses abzugeben? Und erst all die vielen anderen Dinge, die ich gern wissen würde: Ob er weiß, dass er eine Tochter hat? Ob er manchmal noch an meine Mutter denkt? Ob er seine Entscheidung von damals bereut? Oder ob er das alles schon längst verdrängt und vergessen hat? Nie wieder werde ich die Chance bekommen, mit meinem Vater zu sprechen. Mein Vater – was für eine ungewohnte Vokabel! Ich finde übrigens nicht, dass ich ihm besonders ähnlich sehe. Abgesehen davon, dass auch ich blaue Augen und ärgerlicherweise relativ kräftige Augenbrauen habe. Aber das haben Milliarden anderer Menschen auch.

Tja, meine vielen Fragen werde ich unbeantwortet mit auf meine kleine Reise in den Süden nehmen. Fest steht, ich muss jetzt elegant und unauffällig von hier verschwinden. Bis jetzt habe ich mehr Glück als Verstand gehabt, ich möchte das Schicksal wirklich nicht noch weiter herausfordern. Und als ich den letzten Schluck Kaffee ausgetrunken habe, weiß ich die Lösung:

»Vielleicht könnte ich zuerst mein Gepäck aus dem Auto holen?«, frage ich scheinheilig.

»Ja, natürlich. Ich rufe Nicole, damit sie Ihnen beim Tragen der Taschen hilft.«

Noch bevor Frau Enzinger sich erhoben hat, um wieder zum Telefon zu gehen, springe ich auf.

»Aber nein, das ist doch nicht nötig. Ich kann meine Tasche wirklich selbst tragen. Überhaupt kein Problem.« Bloß keine Nicole jetzt. Ich möchte nur, dass mir jemand das Tor aufmacht. Dann laufe ich zu meinem Auto und mache mich auf und davon. Wenn später die echte Eva klingelt, bin ich längst über alle Berge.

Herr Enzinger kramt umständlich in seiner Jackentasche.

»Hier ist die Fernbedienung für das Tor«, sagt er und hält mir einen silbrigmetallischen Gegenstand hin, etwa im Format eines größeren Feuerzeugs. »Das Ding kann ich mit meinen kaputten Fingern ja sowieso nicht mehr richtig benutzen. Die Taste mit dem Plus macht das Tor auf, Minus macht es wieder zu. Ansonsten gibt es unten am Tor auch einen Code. Geben Sie viermal die Fünf in den Ziffernblock am Zaun ein. Unsere Garagen befinden sich an der Straße. Sie können Ihr Auto ganz links davor parken. Das ist der Platz für Besucher.«

Ich nehme die Fernbedienung entgegen. Die werde ich in den Briefkasten werfen, wenn ich draußen bin, beschließe ich. Und falls ich irgendwann doch noch mal Sehnsucht haben sollte zurückzukommen, dann weiß ich ja jetzt, wie die Zauberformel heißt, mit der ich das Tor öffnen kann. Aber ich fürchte, das mit dem Besuch bei meinem Vater hat sich mit dem heutigen Tag erledigt.

Ich schaue noch mal auf. Beherzt begegne ich Enzingers Blick und halte ihm ein paar Sekunden lang stand. Dieses Gesicht will ich in Erinnerung behalten: seine blauen Augen mit den buschigen Brauen, die nach hinten gekämmten weißen Haare. Schon in ein paar Minuten wird diese Begegnung hier Vergangenheit sein.

Herr Enzinger schaut unbewegt zurück, dann, urplötzlich, verzieht sich sein Gesicht zu einem matten Lächeln.

»Wir sind froh, dass Sie bei uns sind«, sagt er und räuspert sich, als sei er es nicht mehr gewohnt, solche Freundlichkeiten von sich zu geben. »Auf ein glückliches Zusammenleben in unserem Haus.«

Ich spüre ein unangenehmes Kratzen im Hals. Wieso sagt er denn auf einmal so was? Ist der etwa gerührt?

Ich bin es auch. Am liebsten würde ich heulen. Oder mit den Füßen trampeln. Oder ihm einfach erzählen, wer ich in Wahrheit bin.

Aber ich kann mich gerade noch zurückhalten. Stattdessen lächele ich mechanisch, nicke und sage: »Danke, Herr Enzinger. Bis gleich also.« Dann stehe ich auf. An der Tür drehe ich mich noch mal kurz um, sehe, wie die beiden schweigend vor dem breiten Fenster sitzen, und verlasse das Wohnzimmer. Ich gehe ganz langsam zurück durch den langen Flur, wo ich die Finger über den alten geschnitzten Schrank gleiten lasse, wie um Abschied zu nehmen. Draußen vor der Haustür bleibe ich ein paar Sekunden lang stehen und atme tief durch. Ich habe es geschafft. Ich habe es tatsächlich geschafft, meinen Vater zu sehen und ein paar Worte mit ihm zu wechseln. Und nicht nur das: Ich bin sogar heil aus seinem Haus herausgekommen, ohne eine Katastrophe angerichtet zu haben.

Seltsamerweise bin ich überhaupt nicht erleichtert, als ich die rechte der breiten Treppen hinunterschleiche, durch den prächtigen Blumengarten hindurch bis zum Tor gehe, das auf Knopfdruck mit leisem Summen erst auf- und dann wieder zufährt. Draußen werfe ich die Fernbedienung mit einem metallisch klingenden Plopp in den Briefkasten.

8.

Wir begegnen uns etwa auf Höhe von Hausnummer 21. Die Frau ist groß und stämmig und hat kurze lockige Haare, die in einem etwas zu violetten Rotton schimmern. Ich schätze, sie ist etwa zehn Jahre älter als ich und zieht, trotz der Morgenkühle schwitzend, einen gewaltigen, quietschenden Rollkoffer hinter sich her. Ich bin mir sicher, dass sie keine Anwohnerin des Oberen Seeuferwegs ist. Sonst hätte sie sich garantiert ein Taxi geleistet. Und einen neuen Koffer.

»Hallo«, spreche ich die Fremde an. »Sind Sie zufälligerweise Eva Glatschinski – oder so ähnlich?«

Die Frau schaut erschrocken auf und bleibt stehen.

»Ja, bitte?«, fragt sie. »Woher kennen Sie mich?«

Ich weiß gar nicht, was in mich gefahren ist. Was fällt mir denn ein, diese fremde Frau anzusprechen? Wie komme ich dazu, die künftige Pflegerin meines Vaters hier mitten auf der Straße ... Aber bevor sich mein Verstand mit vernünftigen Gegenargumenten einschalten kann, ist es schon zu spät. Jetzt oder nie – sagt etwas in mir. Eine bessere Gelegenheit werde ich in hundert Jahren nicht bekommen.

»Hören Sie, Eva«, sage ich hastig. »Mein Name ist Valentina. Ich bin eine Tochter von Herrn Enzinger.«

Es hilft ja nichts. Ich muss sie einweihen, das ist meine einzige Chance. Entweder sie macht mit, oder ich fliege auf.

Fürs Erste schaut Eva mich nur weiterhin erschrocken an. Ich rede schnell weiter, bevor mich der Mut verlässt: »Er weiß allerdings nicht, dass ich seine Tochter bin. Herr Enzinger und meine Mutter hatten vor vielen Jahren mal eine ... Na ja, Sie wissen schon ...«

»Sie sind Kind von andere Frau?« Jetzt erst bemerke ich den harten slawischen Akzent in ihrer Stimme. Ich nicke.

»Ja, aber – wie gesagt – er weiß nicht, dass es mich gibt. Ich habe erst vor Kurzem erfahren, dass Herr Enzinger mein Vater ist. Ich bin heute zum ersten Mal in seinem Haus gewesen. Es war ein Zufall, dass sie mich hineingelassen haben. Sie haben mich mit Ihnen verwechselt. Sie haben gedacht, ich wäre die neue Pflegerin.«

»Ja – und jetzt?«, fragt Eva misstrauisch. »Was ist los? Muss ich gehen. Möchte ich nicht zu spät kommen.«

»Warten Sie, Eva.« Ich räuspere mich. »Es klingt vielleicht seltsam, aber ich würde gern an Ihrer Stelle den Job als Pflegerin bei den Enzingers übernehmen. Nur vorübergehend. Nur für eine Woche oder zwei ...«

Eva runzelt die Stirn, und dann schüttelt sie langsam den Kopf: »Nein, geht nicht, Frau Valentina. Ist meine Job. Habe ich Vertrag mit Agentur Seniorenglück. Ab sofort. Habe ich schriftlich, kann ich zeigen.«

»Ja, ich weiß. Sie werden Ihren Pflegejob ja auch bekommen. Ganz sicher. Nur vielleicht noch nicht heute ...«

»Nein, ist unmöglich«, ruft Eva jetzt eine Spur lauter und energischer und fasst nach dem Griff ihres Koffers. »Habe ich Vertrag, muss arbeiten gehen und Geld verdienen. Zu Hause in Krakau ist meine alte Mutter sehr krank und braucht viele *medycyna*, viele teure Medizin. Muss ich ihr Geld schicken, kann jetzt nicht zurück nach Polen gehen.«

»Liebe Eva, Sie sollen doch nicht nach Polen zurückgehen. Sie sollen natürlich auch Ihr Geld bekommen. Es läuft alles wie geplant. Es ist nur so ... Wollen Sie nicht einfach noch ein paar Tage Ferien in München machen? Spazieren

Sie durch den Englischen Garten oder an der Isar entlang! Besuchen Sie ein Museum oder das Schloss! Machen Sie einen Stadtbummel! Sie können solange in meiner Wohnung wohnen. Hier ...« Ich ziehe mein Schlüsselbund aus der Jackentasche. »Das ist mein Wohnungsschlüssel. Es ist alles da, was Sie brauchen. Genießen Sie doch einfach noch ein bisschen Ferien. Ruhen Sie sich aus! Ich gehe solange für Sie arbeiten. Nur für ein paar Tage, bis ich hier alles geklärt habe. Ich erzähle den Enzingers, Sie seien krank geworden und könnten erst etwas später anfangen. Und die Leute von Seniorenglück erfahren kein Wort.«

Ich muss wahnsinnig sein. Ich muss völlig durchgedreht sein. Was fällt mir ein, dieser wildfremden Frau meinen Wohnungsschlüssel zu geben? Ich sollte umgehend einen Termin bei Frau Leberecht machen und nicht eher von ihrer Couch aufstehen, bis ich diesen kompletten Blackout überwunden habe. Ich habe doch nicht mehr alle Tassen im Schrank! Habe ich allen Ernstes von dieser Eva verlangt, dass wir tauschen? Außerdem habe ich nicht den geringsten Schimmer, wie man einen alten Mann pflegt, und vor allem wie ich es auf die Schnelle anstellen soll, den ganzen Schlamassel mit Enzingers geklärt zu haben.

Eva sieht mich skeptisch an. Wahrscheinlich findet sie auch, dass ich nicht mehr alle Tassen im Schrank habe.

»Bitte, liebe Eva!« Jetzt flüstere ich fast. »Sie würden mir einen riesengroßen Gefallen tun. Es ist ... es ist furchtbar wichtig für mich. Und für Sie ist es doch auch ein Gewinn. Überlegen Sie doch mal: Die Agentur schickt Ihnen Geld, während Sie sich in München amüsieren.«

Dieses Argument scheint zu wirken.

»Ist das auch alles so in Ordnung?«, fragt sie mit einem letzten Zweifeln in der Stimme.

»Alles bestens«, versichere ich. »Kommen Sie!«

Eva zuckt kapitulierend die Schultern und nimmt mir die Schlüssel ab.

»Wenn ich entdecke, dass Sie machen Betrug, ich gehe zu Agentur und hole Polizei und sage Herrn Enzinger alles, was passiert ist.«

»Ich werde Sie nicht betrügen«, verspreche ich, worauf sie wieder ihren Koffer in die Hand nimmt. Wir gehen zusammen zu meinem Auto. Ich hole meinen zerknitterten München-Stadtplan aus dem Handschuhfach und zeige ihr, wo ich wohne und welche U-Bahn-Station sie nehmen muss. Dann tauschen wir unsere Handynummern aus.

»Am besten lassen Sie Ihr Telefon immer eingeschaltet«, bitte ich. »Auch nachts. Vielleicht muss ich Sie zwischendurch mal anrufen, wenn ich nicht weiß, was ich tun soll.«

Eva nickt und lässt meine Schlüssel und den Stadtplan in ihrer zerknautschten Handtasche verschwinden. Jetzt kichert sie sogar ein bisschen.

»Ist besser, auf neue Wege zu stolpern, als auf alte Pfade stehen zu bleiben – sagt chinesisches Sprichwort. Ist wahr, nicht?«

Ich habe zwar keine Ahnung, was diese seltsame asiatische Weisheit mit ihrer oder meiner Pflegetätigkeit im Hause Enzinger zu tun hat, aber Hauptsache, Eva macht mit.

»Noch eine Frage«, fällt es mir siedend heiß ein. »Was – was genau soll ich überhaupt tun, so als Pflegerin von Herrn Enzinger? Ist er querschnittsgelähmt? Muss ich ihn auch zum Klo bringen und waschen und solche Sachen?« Mein Gott – vielleicht sollte ich mir die ganze Geschichte doch noch mal überlegen.

Eva schüttelt den Kopf.

»Nein, ist nicht so sehr krank. Leute von Seniorenglück sagen, Herr Enzinger hat schweren Unfall gehabt vor einigen Jahren. Kann er Beine und Hände nicht mehr gut benutzen.

Kann noch bisschen stehen und laufen, aber macht große Schmerzen. Vor drei Monaten hat Rollstuhl besorgt, weil bequemer ist für ihn. Braucht nicht viele Pflege. Enzingers wollen mich für ein bisschen Gesellschaft. Bisschen spazieren gehen. Bisschen Haushalt. Bisschen sprechen. Ist guter Job. Ist gute Bezahlung und guter Job. Nix anstrengend. Können auch Sie, wenn Sie nicht haben gelernt Pflegerin für alte Leute.«

»Danke, Eva. Vielen Dank. Ich werde Sie bald anrufen.«

Ich sage ihr noch, dass sie sich netterweise auch um Esmeralda und meine Orchideenpflanze kümmern möge und unbedingt der freundlichen alten Dame im vierten Stock Bescheid sagen soll. Eva schüttelt grinsend den Kopf und winkt mir noch einmal zu. Dann rollt sie mit ihrem Koffer die Straße zurück zur nächsten Bushaltestelle, und ich steige in mein Auto. Wie vereinbart stelle ich es vor der Enzinger'schen Garage ganz links ab. Ich hole meine Tasche mit den kurzen, dünnen Kleidern und den leichten italienischen Sandaletten aus dem Kofferraum, und es tut mir gar nicht leid, dass ich all die luftigen Klamotten umsonst eingepackt habe. Nachdem ich den Code eingegeben habe, fährt das Tor auf, und ich schlendere zurück zum Haus. Es ist ganz still im Garten. Nicht mal ein Vogel piept. Nur in meinen Ohren hat wieder ein leises Klingeln eingesetzt, und ich frage mich, wie ich den Enzingers erklären soll, dass ich die Fernbedienung in den Briefkasten geworfen habe.

9.

»Es geht mir vor allem darum, dass mein Mann etwas aufgeheitert wird«, erklärt mir Frau Enzinger. »Er ist psychisch angeschlagen in letzter Zeit. Ich mache mir große Sorgen um ihn, wissen Sie. Ich bin sehr erleichtert, dass wir jetzt eine pflegerische Fachkraft im Hause haben. Ich schaffe das alles einfach nicht mehr.«

Ich lasse das mit der Fachkraft unkommentiert und nicke nur. Frau Enzinger hat mir in der vergangenen halben Stunde das ganze Haus gezeigt. Inklusive Hauswirtschaftsraum (»Aber waschen, bügeln und putzen ist ja in erster Linie Nicoles Abteilung«), Treppenlift (»Damit mein Mann weiterhin das Schlafzimmer und sein ehemaliges Arbeitszimmer im ersten Stock benutzen kann«) und meinem Apartment unter dem Dach (»Von Ihrem Zimmer aus können Sie sogar auf den Starnberger See schauen!«). Tatsächlich: Wenn ich mich vor dem Fenster ganz links auf die Zehenspitzen stelle, erkenne ich zwischen den Fichtenwipfeln hindurch ein bisschen Wasser. Die Aussicht wird allerdings leicht getrübt durch einen dünnen weißen Vogelkackfleck, der außen auf der Fensterscheibe klebt. Da hat wahrscheinlich eine Möwe mit Verdauungsbeschwerden was fallen lassen. Der Klecks hat in etwa die Form von Sylt. Ich frage mich, wie ich den wegwischen soll. Mein Fenster ist ein Dachfenster, das man nur unten aufklappen kann, der Fleck ist aber oben. Na ja, egal. Ich habe ein Zimmer mit Aussicht –

auf den Starnberger See und Sylt gleichzeitig. Wo kriegt man so was sonst noch geboten!?

Jetzt sitzen wir in einem Raum, den Frau Enzinger »ihren kleinen Salon« nennt, auf zwei winzigen Stühlchen, deren barocke Polster mit einer rosenumrankten Schäferidylle bestickt sind. Vor uns steht ein Kirschholztischchen mit verschnörkelten Beinen, an der Wand ein passender Sekretär, die Ablagefächer sind mit goldverzierten Mokkatässchen dekoriert. An den Wänden des Zimmers kleben Tapeten mit einem opulenten rosaroten Blumenmuster, von dem mir fast schwindelig wird.

»Wissen Sie«, fährt Frau Enzinger fort. »Ich nehme an, das hat mit seinem runden Geburtstag zu tun. Mein Mann wird in der nächsten Woche fünfundsiebzig. Das ist ja auch ein Alter, in dem man schon mal nachdenklich werden kann. Besonders in seiner problematischen Situation, nicht wahr?«

Ich weiß nicht, wie alt Frau Enzinger ist, aber ich hoffe, dass bei ihr das Nachdenken schon vor ihrem fünfundsiebzigsten Geburtstag angefangen hat. Doch ich will nicht unhöflich sein und erwidere mit einem halb zustimmenden Schulterzucken. Fürs Erste hält sie unsere Unterhaltung sowieso für beendet und steht auf.

»So, Valentina, jetzt ist es Zeit für einen kleinen Spaziergang. Ein bisschen frische Luft wird meinem Mann guttun. Ich muss leider zu Hause bleiben. Heute spüre ich mein Rheuma in den Knien wieder ganz schrecklich. Ich bin ja auch nicht mehr so beweglich wie früher. Vielleicht können Sie mit ihm am See entlanggehen.«

Okay. Ein Spaziergang mit meinem Vater. Jetzt wird es ernst. Mein erster Einsatz als Pflegerin. Ich hole tief Luft.

Herr Enzinger schaut von seiner Zeitung auf, als ich zu ihm ins Wohnzimmer komme. »Dann mal hinaus mit uns in diesen wunderschönen Frühlingstag«, rufe ich betont freundlich, was ihm allerdings nicht gerade einen Sturm der Begeisterung entlockt.

»Wenn Sie es noch ein paar Minuten aushalten, würde ich wenigstens diesen Artikel gern zu Ende lesen.«

Hm. Ein besonders enthusiastischer Outdoor-Freak scheint dieser Enzinger ja nicht gerade zu sein. Ich warte, bis er endlich seine Zeitung zusammenfaltet und auf den Tisch legt.

»Na, dann ist jetzt wohl Ausgang angesagt«, seufzt er.

Ja, denke ich, da müssen wir durch.

Ob ich ihm Straßenschuhe anziehen soll?, überlege ich. Oder kann er seine Pantoffeln anbehalten? Er bleibt ja sowieso die ganze Zeit in seinem Rollstuhl sitzen. Aber irgendwie fände ich es entwürdigend, den alten Mann in seinen ausgelatschten Pantoffeln durch die Gegend zu karren.

Glücklicherweise erscheint Frau Enzinger in diesem Moment mit dem erforderlichen Equipment.

»Jacke und Schuhe finden Sie immer an der Garderobe in der Diele«, erklärt sie und reicht mir beides. Ich knie vor Enzingers Rollstuhl, ziehe ihm die Lederschlappen von den Füßen und schaffe es, ihm seine Halbschuhe anzuziehen, ohne eine Knöchelverstauchung zu verursachen. Jedenfalls beklagt er sich nicht. Auch das Überziehen seines beigefarbenen Altherrenblousons erweist sich als nicht ganz unkomplizierte, aber lösbare Aufgabe.

»Okay, das wäre geschafft«, strahle ich ihn an. Enzinger nickt nur.

Hoffentlich merkt er nicht, dass ich noch nie zuvor einen Rollstuhl angefasst habe. Aber das kann ja so schwierig nicht sein. Ich habe in meinem Leben schon einiges geschoben, das vier Räder hatte: Einkaufswagen, Gepäckwagen, Kinderwagen (Letzteres, als eine ehemalige Kollegin im Mutterschutz unser Büro besucht hat), da werde ich ja wohl mit einem Rollstuhl klarkommen. Zumal es ein eher schlichtes Modell ist. Ich hätte von Enzingers ja eigentlich etwas Nobleres erwartet, mehr Hightech. Einen Rollstuhl mit Elektroantrieb und Dreigangschaltung vielleicht, mit schnittigen Chromfelgen. Aber für Anfänger wie mich ist so ein Basismodell wahrscheinlich die bessere Wahl.

Beim ersten Kontakt liegen die Griffe schon mal gut in der Hand. Es fühlt sich ein bisschen an wie der Lenker eines altmodischen Damenfahrrads.

»Wo möchten Sie gerne spazieren gehen?«, frage ich, während ich Enzinger in seinem Rolli flott durch den langen Flur schiebe – und beiße mir sofort auf die Zunge. Spazieren gehen ist in seinem Zustand ja wohl eindeutig das falsche Wort. Andererseits klingt »Wohin soll ich Sie denn rollen?« noch bescheuerter.

»Vor allem habe ich nicht vor, die große Treppe vor der Haustür zu nehmen«, brummt Enzinger. »Wenn Sie nichts dagegen haben, benutzen wir die Rampe am Nebenausgang. Das hat den unschlagbaren Vorteil, dass ich nicht gleich an Ihrem ersten Arbeitstag die Stufen hinunterstürze und mir das Genick breche.«

Ich bremse abrupt. »O ja, klar. Entschuldigung.«

Verdammt, das nenne ich Sarkasmus. Wieso habe ich bloß nicht daran gedacht, dass der Herr des Hauses den vornehmen Treppenaufgang nicht mehr benutzen kann! Wie dämlich von mir. Ob er was bemerkt hat? Einer professionellen Pflegerin wäre das bestimmt nicht passiert. Die hätte sich rechtzeitig nach einem alternativen Ausgang erkundigt. Umständlich wuchte ich den Rollstuhl in die andere Richtung und öffne die richtige Tür.

Ohne weitere Zwischenfälle rollen wir aus dem Haus und den Steinplattenweg entlang. Lediglich ein paar vorwitzige Tulpen müssen dran glauben, weil ich auf der leicht abschüssigen Zufahrt nicht ganz Kurs halten kann und gelegentlich mit den Rädern rechts und links zu dicht an den Blumenrabatten entlangschramme. Verdammt, warum hat dieses Teil denn auch nicht mal eine Handbremse!

Enzinger nimmt die lädierten Tulpen klaglos hin. Wahrscheinlich ist er heilfroh, dass ich nicht komplett die Kontrolle über den Rollstuhl verliere und ihn mit Schwung gegen das Zauntor krachen lasse.

Er wundert sich nicht einmal, weshalb ich am Tor darauf verzichte, die Fernbedienung zu benutzen.

Schweigend bewegen wir uns den Oberen Seeuferweg entlang. Der Rollstuhl läuft fast wie von selbst. Ich habe alles im Griff. Nur mit dem lockeren Gespräch hapert es etwas.

Auf mein »Alles in Ordnung bei Ihnen?« kommt nur ein undefinierbares Grunzen zurück.

Ich versuche es mit: »Großartig, dieses schöne Wetter, nicht wahr?« Aber auch darauf reagiert Enzinger lediglich mit einem mäßig interessierten Schulterzucken. Verdammt, da ist ja der See gesprächiger.

»Eine schöne Wohngegend haben Sie sich ausgesucht«, fällt mir endlich ein halbwegs origineller Beitrag zu unkompliziertem Small Talk ein. »Und Ihr Haus ist natürlich das allerschönste.«

Oder ist das jetzt ein bisschen übertrieben? Am Ende glaubt er, die neue Pflegerin wolle sich bei ihm anbiedern, und findet mich unsympathisch. Vielleicht sollte ich eine kleine kritische Bemerkung anschließen.

»Ich bin etwas erstaunt, dass Sie als Architekt sich ein eher konservatives Haus gebaut haben«, sage ich deshalb. »Ihre anderen Gebäude wirken so futuristisch. Ich habe mir Fotos von einigen Ihrer Objekte angesehen. Wirklich sehr beeindruckend.«

Er kann ruhig wissen, dass ich mich auf meinen Job bei

diesem berühmten Architekten mit einer kleinen Internetrecherche vorbereitet habe.

»Ursprünglich hatte ich für unser Haus andere Pläne«, erklärt Enzinger. Plötzlich ist er hellwach. Womöglich hält er mich für eine heimliche Hobby-Architektin. »Es sollte eigentlich aus zwei ineinandergeschobenen Glasquadern bestehen. Das wäre ein spektakuläres Gebäude geworden, damals vor vierzig Jahren, hell und luftig, eine Sensation. Ich hatte die Entwürfe schon komplett ausgearbeitet. Aber meiner Frau gefiel das nicht. Sie fand das Haus zu kühl und zu modern. Brigitte wollte lieber ein schönes gemütliches Zuhause haben, wissen Sie, mit Säulen, Erkern, Balkonen und alldem. Tja, und ihr zuliebe habe ich es dann auch so gebaut. Das Konzept mit den Glasquadern habe ich ein paar Jahre später bei einem Museum in Kopenhagen umgesetzt.«

Kopenhagen ist mir egal. Aber bei den Worten »ihr zuliebe« und »gemütliches Zuhause« spüre ich einen kleinen neidischen Stich irgendwo zwischen Herz und Nieren. Erstens erinnert es mich daran, dass Enzinger seiner Gattin zuliebe auch eine andere bittere Entscheidung getroffen hat: nämlich die, meine Mutter zu verlassen. Und zweitens denke ich, dass ich vielleicht in diesem schicken Südstaatenpalast hätte aufwachsen können, wenn sich die Dinge damals anders entwickelt hätten. Wenn meine Mutter und er zusammengeblieben wären. Wenn statt »Vater unbekannt« ein »Werner Enzinger« in meine Geburtsurkunde eingetragen worden wäre, mit allen Konsequenzen.

»Tja«, macht Enzinger und fährt fort, als hätte er meine Gedanken gelesen: »Manchmal läuft das Leben eben nicht ganz so, wie man es sich vorgestellt hat.«

Da hat er recht, der alte Mann. Und die Expertin für besonders schiefgelaufene Lebensläufe bin ich.

»Aber Sie haben es doch traumhaft hier am See«, versuche ich es mit aufmunternden Worten. »Ihr Haus ist wunderschön. Und dann erst diese Aussicht! Das ist schon etwas ganz Besonderes, dieser Blick auf die Wellen und die Segelboote ...«

Leider kommt meine tröstende These bei Enzinger nicht besonders gut an.

»Sicher ist es schön hier. Wir haben unser Haus ja an diesem Ort gebaut, weil wir das Wasser lieben. Aber glauben Sie mir, es macht mir keinen Spaß mehr, auf den See zu schauen. Ich hasse es geradezu, unser Segelboot am Steg liegen zu sehen und zu wissen, dass ich nie mehr darauf segeln werde. Wir vermieten es ab und zu, damit es überhaupt noch benutzt wird.«

»Aber warum segeln Sie denn nicht mehr?«

»Die Schmerzen, Valentina. Was soll ich auf einem Boot, wenn ich mich doch nicht mehr vernünftig bewegen kann! Früher bin ich fast an jedem Wochenende auf den See rausgefahren. Bei Wind und Wetter. Sobald ich ein paar Stunden Zeit hatte. Es gibt nichts Schöneres, als über die Wellen zu gleiten und hautnah die Elemente zu spüren. Diese Schwerelosigkeit. Die Freiheit, die einem dabei um den Kopf weht. Herrlich! Aber das ist lang vorbei. Ich war seit acht Jahren nicht mehr auf dem Wasser. Es geht einfach nicht mehr.«

»Das tut mir leid für Sie«, sage ich wahrheitsgemäß. »Gibt es denn nicht jemanden, mit dem Sie mitsegeln können? Das habe ich auch schon mal gemacht. Im Urlaub, mit Bekannten. Schön gemütlich auf dem Boot sitzen und sich die Sonne ins Gesicht scheinen lassen. Super.«

Enzinger schüttelt den Kopf.

»Das ist nicht dasselbe. Da könnte ich mich ja gleich in einen Liegestuhl legen. Ich will an der Pinne sitzen, die Großschot in der Hand halten, mich bei Starkwind über die Reling hängen und die Gischt im Gesicht spüren ... Verstehen Sie das?«

»Hm«, mache ich ratlos. »Vielleicht finden Sie ja doch Gefallen daran, die Sache mal etwas ruhiger anzugehen. Probieren Sie es doch einfach mal aus.«

Aber Herr Enzinger hört mir gar nicht richtig zu.

»Es macht wirklich keinen Spaß, alt und krank zu sein«, klagt er. »Verdammt zur Untätigkeit. Können Sie sich vorstellen, wie das ist? Auf einmal ist alles aus: kein Segeln mehr, kein Radfahren, kein Klettern, kein Bergwandern. Ich weiß gar nicht mehr, wann ich zum letzten Mal auf einem Gipfel gestanden und in die Ferne geschaut habe. Für immer vorbei.«

Er stößt einen Seufzer aus, auf den mir keine Antwort einfällt. Und weil ich nichts sage, redet er gleich weiter.

»Ich vermisse das alles. Mein ganzes früheres Leben. Bis vor ein paar Jahren war ich von morgens bis abends im Büro und auf den Baustellen unterwegs. Überall. Wissen Sie, dass ich ein richtig gefragter Mann war? Ich habe internationale Verhandlungen geleitet und Pressekonferenzen gegeben, in München, in Berlin, in Rom und Paris. Mit meinen Gebäuden habe ich den Städten ein neues Gesicht gegeben. Ich habe Diskussionen ausgelöst. Ich habe die Welt verändert. Und jetzt? Jetzt kann ich nicht mal mehr einen Bleistift vernünftig in der Hand halten. Ich sitze nur noch herum und starre Löcher in die Luft. Finden Sie nicht, dass das ein bisschen zu wenig ist?«

»Nun ja«, setze ich an und habe nicht den geringsten Plan, wie ich diesen unglücklichen alten Mann aufmuntern soll. »Sie können trotzdem noch eine ganze Menge tun, auch wenn Sie im Rollstuhl sitzen: ins Museum gehen und ins Theater. Sie können den ganzen Tag lang Bücher lesen oder Filme anschauen. Oder Chinesisch lernen. Das hat die Oma einer meiner Freundinnen gemacht. Sie hat sich zum siebzigsten Geburtstag einen Volkshochschulkurs Chinesisch gewünscht, und dann hat sie tatsächlich angefangen, diese komplizierten Schriftzeichen zu erlernen ...«

»Das ist es nicht«, fällt mir Enzinger ins Wort. »So habe ich mir meinen Ruhestand nicht vorgestellt. Für was sollte ich jetzt noch Chinesisch lernen? Nach China komme ich doch sowieso nie mehr! Und ich will mir nicht den ganzen Tag lang Filme anschauen. Ich war mein Leben lang aktiv, und das wollte ich bleiben. Ich hatte gedacht, wenn ich in Rente bin, dann könnte ich endlich all die Dinge tun, für die ich während meines Berufslebens keine Gelegenheit hatte: eine Jeepsafari durch die Serengeti zum Beispiel oder ein Segeltörn in der Karibik, Golfspielen meinetwegen. Aber nichts da. Anstatt mein Leben zu genießen, kann ich kaum mehr durch die Gegend humpeln und sitze den ganzen Tag in diesem verdammten Rollstuhl. Ich bin ein nutzloser alter Mann.«

Wütend schlägt Enzinger mit der Faust auf die Armlehne.

Ich fühle mich hilflos. In diesem Moment wünsche ich mir, ich hätte Psychologie studiert und nicht Betriebswirtschaft. Ob ich ihm bei Gelegenheit mal vorschlagen soll, einen Termin bei Frau Leberecht zu vereinbaren? Sie hat bestimmt eine Idee, wie man ihm wieder etwas Lebensfreude beibringen kann. Ich glaube, Enzinger hat es noch nötiger als ich.

»Neulich habe ich in der Zeitung einen Bericht über einen Mann gelesen, der mit seinem Rollstuhl mitten in der Nacht quer durch Berlin gefahren ist«, fällt mir ein. »Zehn Kilometer, ohne Licht, ohne Karte.«

»Ja und?« Enzinger klingt nicht besonders beeindruckt. »Was hat er dann gemacht, am anderen Ende der Stadt?«

»Keine Ahnung. Vielleicht hat er sich einfach nur gefreut, dass er es geschafft hat.«

»Pah«, spottet Enzinger, »was für eine tolle Leistung.«

Ob es wohl einen Rollstuhlfahrer gibt, der in einem Segelboot die Welt umrundet hat? Ich werde das mal googeln. Vielleicht würde sich Enzinger von so einer Aktion beeindrucken lassen.

Schweigend marschieren wir weiter. Jedenfalls marschiere ich. Enzinger sitzt reglos da. Das einzige Geräusch, das wir hören, ist das ferne Tuten eines Ausflugsdampfers irgendwo auf dem See.

Während ich noch überlege, welches Gesprächsthema ich anschneiden könnte, um unsere Unterhaltung wieder in Gang zu bringen, entdecke ich am Ende der Straße ein paar gelb gestreifte Sonnenschirme.

»He«, rufe ich, »dahinten ist ja ein Café am Seeufer. Was halten Sie davon, wenn wir eine kleine Pause machen und uns den Tag mit einem schönen Stück Kuchen versüßen? Erdbeersahnetorte vielleicht? Ein paar Dinge gibt es glücklicherweise noch, die Sie auch im Rollstuhl genießen können.«

Leider gehört Torte nicht dazu.

»Ich darf keinen Kuchen essen, Valentina. Ich muss auf mein Cholesterin achten.«

Mist! Das hätte ich als seine Pflegerin bestimmt wissen müssen.

Herrn Enzinger ist mein Fauxpas offenbar nicht aufgefallen: »Ersparen Sie mir den Anblick von Erdbeersahnetorte. Außerdem hasse ich es, in der Öffentlichkeit etwas zu essen oder zu trinken. Wenn Sie mir einen Gefallen tun wollen, drehen Sie um. Am besten fahren wir wieder nach Hause.«

Der macht es einem wirklich nicht leicht, dieser Herr Enzinger. Der alte Brummelbär. Aber natürlich wende ich nicht. Ich finde, das Gespräch fängt gerade an, interessant zu werden.

»Mögen Sie Erdbeersahnetorte auch so gern?«, frage ich, um ihn von der Tatsache abzulenken, dass ich mich seiner

Anweisung zum Heimkehren widersetze und ihn stur weiter geradeaus rolle.

»Sehr. Das ist ja das Schlimme.«

»Dann«, kichere ich, »haben wir etwas gemeinsam. Erdbeersahnetorte ist das Größte!«

Allerdings verfehlt mein Ablenkungsmanöver seine Wirkung: »Wo fahren Sie denn hin, Valentina? Ich habe doch gesagt, dass ich nach Hause möchte.«

»Ach, kommen Sie, Herr Enzinger. Wir sind doch gerade erst losgegangen. Das Wetter ist traumhaft. Wir könnten wenigstens eine Tasse Kaffee am Seeufer trinken.«

Enzinger murmelt etwas, das nicht gerade nach Begeisterung klingt, aber der ganz große Protest hört sich anders an, und deshalb kehren wir ein.

Jedenfalls würden wir gerne einkehren, wobei es aber ein Problem gibt: Das Café am Seeufer ist an diesem Samstagvormittag kein Geheimtipp. Sämtliche Tische und Stühle des Lokals sind mit Ausflüglern belegt. Alle Welt scheint diesen ersten warmen Frühlingstag im Freien genießen zu wollen. Ein Trupp bunt gekleideter Radausflügler grölt bierselig an zwei zusammengeschoben Tischen. Drei ältere Damen in Landhaustracht feiern irgendeinen Anlass mit Prosecco. Kinder toben über den kleinen Spielplatz neben dem Haus. Kellner balancieren mit Tabletts voller klirrender Gläser über dem Kopf zwischen den Sonnenschirmen durch. Auf der Terrasse spielt eine fünfköpfige Swingband in weißen Anzügen »In the Mood«. Ein großer Bereich des Wirtsgartens ist offenbar für eine Hochzeitsgesellschaft abgesperrt, die Tische dort sind mit weißem Tuch und rosa Blumenschmuck eingedeckt.

Neben uns steht ein älteres Pärchen in Cordhosen und karierten Wanderhemden am Eingang und wartet allem Anschein nach darauf, dass irgendein Tisch frei wird.

»Sieht schlecht aus«, konstatiert Enzinger, aber er wirkt eher erleichtert, dass alle Plätze besetzt sind.

Während ich mich noch umsehe, ob es nicht doch irgendwo zwei unbemerkte leere Stühle gibt, kommt ein korpulenter Kellner auf uns zu.

»Ein Platz für zwei, die Dame und der Herr?«, fragt er mit einem Blick auf Enzinger und mich. Und noch bevor ich genickt habe, fährt er freundlich fort: »Dahinten wird gleich ein Tisch frei. Die Herrschaften haben schon bezahlt.«

Als das Wanderpärchen neben uns ebenfalls entdeckt, dass da gerade zwei Leute im Lokal aufstehen, wollen die beiden gleich losstürmen und den Tisch in Beschlag nehmen, doch unser freundlicher Kellner hält sie zurück: »Tut mit leid, die Plätze sind reserviert. Aber für Sie finde ich sicherlich gleich auch etwas.«

Und mit einem Nicken begleitet er Enzinger und mich zu einem Tisch direkt an der Wasserlinie, wo er einen der Stühle zur Seite stellt, damit ich stattdessen Enzingers Rollstuhl an den Tisch schieben kann.

»Sehen Sie«, raune ich Enzinger triumphierend zu, als der Kellner sich wieder zurückgezogen hat. »Manchmal hat es durchaus Vorteile, im Rollstuhl zu sitzen. Sonst würden wir noch immer am Eingang stehen.«

Enzinger gibt nur ein Schnauben von sich. Wahrscheinlich würde er lieber den ganzen Tag lang auf zwei Beinen am Tor auf Einlass warten, als hier im Rollstuhl am Tisch zu sitzen. Und das kann ich durchaus verstehen. Aber egal. Das Gutelauneprogramm muss weitergehen. Ich werde alle Register ziehen, damit er sich ein bisschen wohlfühlt und mich mag.

»Also, was darf's sein, Herr Enzinger?«

Ich habe die Speisekarte aufgeklappt und studiere das Angebot: »Wie wäre es mit einem Milchkaffee? Oder lieber

Apfelschorle? Und – ha! – hier gibt es tatsächlich Erdbeersahnetorte. Was halten Sie davon, wenn wir uns ein Stück davon genehmigen? Nur ein ganz kleines. Ausnahmsweise. Um meinen Einstand zu feiern. Ich glaube, ein paar Happen Sahne können Sie vertragen, oder?«

Ich zwinkere ihm zu und kann beinahe sehen, wie es in seinem Gehirn arbeitet. Vermutlich fragt er sich gerade, wie kolossal unvernünftig es wäre, jetzt aus reiner Lust so etwas Ungesundes und ärztlich Verbotenes wie ein Stück Sahnetorte zu verspeisen. Vielleicht denkt er außerdem darüber nach, was für eine unfassbar inkompetente, alle Grundregeln der Ernährungsmedizin missachtende Pflegerin er sich da an Land gezogen hat.

Was auch immer ihm durch den Kopf gegangen sein mag, er zuckt ergeben mit den Schultern und sagt: »Na, meinetwegen. Aber wirklich nur ein winziges Stück. Das wird mich hoffentlich nicht gleich umbringen.«

»Natürlich nicht. Manchmal muss man was Verbotenes tun, damit das Leben Spaß macht.«

Wenig später stehen zwei große Tassen Kaffee vor uns und zwei gewaltige Stücke Erdbeersahnetorte, jeweils mit einer dicken roten Erdbeere darauf. Es sieht köstlich aus. Noch köstlicher als das Tortenstück neulich im Café Glockenspiel. Ich kann mich nicht zurückhalten und futtere gleich los.

»Schmeckt großartig!«

Enzinger widmet sich erst dem Kaffee. Er umfasst den Henkel seiner Tasse mit der Faust und stellt sie nach zwei Schlucken umständlich wieder ab. Sie kippelt ein bisschen, und es klirrt auf der Untertasse, aber es schwappen nur ein paar Tropfen über. Ich sehe, wie ihn der Balanceakt anstrengt, und mir wird klar, weshalb er keine Lokale mag: Die Feinmotorik seiner Hände funktioniert nicht mehr einwandfrei, und er kann die Tasse nicht richtig greifen. Deshalb geniert er sich wahrscheinlich, weil es ein bisschen tollpatschig aussieht, wenn er trinkt. Aber andererseits: Wieso sollte sich der Mann für den Rest seines Lebens im Haus verkriechen, nur weil sein Auftreten bei Tisch nicht ganz den Regeln der Etikette entspricht? Immerhin klappt das Trinken ohne größere Überschwemmungen.

Dann zieht Enzinger seinen Teller mit der Torte näher zu sich heran. Umständlich gabelt er ein Stück auf, aber bevor er den Bissen in den Mund genommen hat, fällt ein Erdbeersahneklacks auf das Tischtuch.

Diesmal liegt das aber nicht an seinen erlahmten Händen, sondern daran, dass jemand quer durch das Gartenlokal an unseren Tisch gestürzt ist und Enzinger mit einem kräftigen Schlag auf die Schulter beinahe aus dem Gleichgewicht bringt.

»Mensch, Werner, das gibt's doch nicht. Dich habe ich ja eine Ewigkeit lang nicht mehr gesehen!«

Enzinger lässt die Gabel mit einem Scheppern auf seinen Teller fallen und dreht sich um.

»Jürgen ...«, murmelt er nur.

Bei Jürgen handelt es sich um einen braun gebrannten, drahtigen Mittsechziger mit welligen grauen Haaren, gekleidet in Jeans und weißes Poloshirt mit hochgestelltem Kragen, auf der Nase eine dunkle, goldgerahmte Sonnenbrille. Neben ihm steht eine wohlgeformte Lady, die eine rosarote Sonnenkappe auf den schimmernden Mahagonilocken trägt. Sie hat eine hautenge Dreivierteljeans an und ein ebenso körperbetonendes Top in braun-grünem Flecktarnmuster mit neckischen Strasssteinchen drauf, das ihren Barbiebusen beeindruckend zur Geltung bringt. Dazu ist sie reichlich geschminkt und an allen dafür vorgesehenen Körperteilen mit Gold behängt, beringt und gelocht. Die Frau sieht nicht schlecht aus, aber verwirrend: Ich frage mich, ob sie nun dreißig Jahre älter ist als ich oder zehn Jahre jünger. Irgendwas passt da nicht. Ihr Lächeln wirkt wie festgezurrt. Wahrscheinlich hat der Chirurg ihres Vertrauens beim letzten Mal etwas zu stramm gezogen.

»Ja, Werner, wo warst du denn all die Jahre? Ach Gott, du bist ja auf einmal ein richtig alter Mann geworden.« Das ist ihr einziger Kommentar. Das mit dem alten Mann flötet sie aber gleich zweimal hintereinander, damit Enzinger es auf keinen Fall überhört.

Ihr Partner ist deutlich mitteilsamer: »Ich hab dich erst gar nicht erkannt! Seit wann sitzt du denn im Rollstuhl? Das letzte Mal, als wir uns getroffen haben, warst du doch noch mit einem Stock unterwegs. Das muss mindestens fünf Jahre her sein. Ist es mit deiner Hüfte so schlimm geworden?«

»Grüß dich, Jürgen.« Enzingers Stimme klingt nicht besonders begeistert über das Zusammentreffen. »Tja, wie du siehst, haben sich meine alten Knochen nicht zum Besseren entwickelt. Vor drei Monaten habe ich kapituliert. Irgendwann war das mit dem Laufen keine gute Idee mehr. Ich habe chronische Schmerzen und bin vor ein paar Monaten noch einmal an der Treppe gestürzt und ... Na ja, im Rollstuhl fühle ich mich einfach sicherer. – Valentina, das sind Jürgen und Heike, Bekannte aus dem Segelclub. Und das ist Valentina, meine ...«

Er stockt. Ich merke, dass er versucht, den Begriff »Pflegerin« zu umgehen. Wahrscheinlich klingt ihm das Wort zu sehr nach Seniorenheim, nach Demenz und Bettpfanne. »... unsere ... Haushaltshilfe. Brigitte und ich sind froh, dass wir Unterstützung haben.«

»Werner, Werner, ich kann es nicht fassen.«

Jürgen lässt seine Blicke kopfschüttelnd über Enzingers Rollstuhl wandern, als würde er beim Gebrauchtwarenhändler den Wert einer automobilen Rarität taxieren. Dann betrachtet er das bekleckerte Tischtuch. »Ist doch tragisch, dich so zu sehen. Und mit dem Essen klappt es auch nicht mehr richtig? Mach dir nichts draus. Es gibt Schlimmeres. Wie geht es dir denn sonst so? Komm doch mal wieder in den Club! Wenn es mit dem Segeln nichts mehr wird, dann schau doch einfach mal auf ein Bierchen vorbei.«

»Du kennst unseren neuen Partyraum ja noch gar nicht«, ereifert sich die Tarnmusterdame. »Eine entzückende Location. Total stylisch. Wir hatten eine supertolle Einweihungsfeier im Herbst. Sehr exquisit. Und getanzt haben wir ...« An dieser Stelle bricht sie ab. Wahrscheinlich ist ihr aufgegangen, dass sich Enzingers Interesse an Tanzveranstaltungen neuerdings in Grenzen hält. Es sei denn, er hätte einen Kurs in Rollstuhlsalsa belegt. Aber ich glaube, dafür ist er nicht so der Typ.

»Heike und ich sind vorigen Donnerstag aus Antigua zurückgekommen«, plaudert Jürgen weiter, was die Gesprächsatmosphäre nicht wesentlich verbessert. »Eine großartige Tour. Die hätte dir auch gefallen. Wir waren vier Wochen mit dem Katamaran unterwegs: St. Lucia, Martinique, Guadeloupe ... Ich sage dir, die Karibik ist ein Traum! Geile Wellen, geiles Wetter, geiles Essen. Ich habe doch voriges Jahr meine Firma verkauft. Jetzt haben wir endlich Zeit für die wichtigen Dinge im Leben, stimmt's, Heikemaus? Ich sage dir, Werner, wir genießen den Ruhestand in vollen Zügen. Morgen zeigen wir im Club unser Video vom Urlaub. Komm doch einfach vorbei! Wir haben sensationelle Bilder gemacht.« Und mit einem zähnebleckenden Grinsen in meine Richtung setzt er hinzu: »Du kannst deine fesche kleine Helferin gern mitbringen.«

»Nein«, antwortet Enzinger erstaunlich brüsk, als Jürgen seinen Redeschwall endlich unterbricht, um Luft zu holen. (Und ich diesem Trottel für die »fesche kleine Helferin« am liebsten eine geklebt hätte.) »Das klappt leider nicht. Morgen ist ganz schlecht.«

Keine Ahnung, was auf Enzingers Terminkalender steht. Ich glaube nicht, dass morgen was Wichtiges anliegt. Vermutlich hat er schlichtweg keine Lust auf diesen Angeber. Ich jedenfalls würde lieber den ganzen Tag gefesselt im Bett verbringen, als diesem karibikgebräunten Jürgen und seiner aufgetakelten Heikemaus auch nur eine Minute lang bei der Präsentation ihrer extrem supertollen Luxussegelreise zuzusehen.

»Mensch, Werner!« Jürgen schnalzt kopfschüttelnd mit der Zunge. »Du im Rollstuhl. Ausgerechnet du. Wo du doch immer derjenige warst, der bei jedem Wetter auf dem See unterwegs war. Aber keiner entgeht seinem Schicksal, nicht wahr? Wer weiß, ob ich in einem Jahr noch so munter herumlaufen kann ... Überleg dir das mit morgen doch noch mal, Werner. Wenn du erst unsere Aufnahmen siehst, wirst du dir wie in alten Zeiten vorkommen, das sag ich dir. Da vergisst du dein Handicap sofort.«

Enzinger betrachtet grimmig das massakrierte Stück Torte auf seinem Teller. Ich hätte gern irgendetwas Zurechtweisendes zu Jürgen gesagt, wenn ich schon nicht handgreiflich werden darf. Aber erstens steht es mir wahrscheinlich nicht zu, und zweitens fällt mir leider auch nichts Schlagfertiges ein.

»Also Werner, wir müssen jetzt los. Bin noch zum Golfen verabredet. Da hab ich ja auch mein kleines Handicap, nicht wahr? Hahaha!«

Jürgen lacht dröhnend und sperrt dabei den Mund so weit auf, dass seine Goldfüllungen in der Sonne blitzen. Heikes Lächeln bleibt konstant. Wahrscheinlich würde irgendwas reißen, wenn sie ihre Lippen über einen bestimmten Winkel hinaus auseinanderzöge.

»Nichts für ungut, alter Junge.« Enzinger zuckt zusammen, als Jürgen ihm einen jovialen Klaps auf die Schulter gibt. »Toi, toi, toi, mein Lieber. Mast- und Schotbruch wünsch ich dir! Und immer schön die Ohren steif halten!«

Noch eine Lachsalve, und weg sind die beiden. Ich schaue ihnen nach wie einer Fata Morgana.

»Tja, Valentina«, murmelt Enzinger und schiebt seinen Teller mit der Torte zur Seite. »Verstehen Sie jetzt, weshalb ich mein Leben lieber gemütlich zu Hause verbringe?«

Na gut. Ich gebe zu, es war eine dämlich Idee, Enzinger in dieses Café zu schleppen. Plan gescheitert. Das mit der guten Laune hat sich wohl erst mal erübrigt. Stattdessen habe ich dafür gesorgt, dass er sich fühlt wie ein Trottel. Es wäre wirklich besser gewesen, ich hätte auf seine Bitte gehört, und wir wären rechtzeitig umgekehrt. Verdammt! Schon am allerersten Tag bin ich als Betreuerin komplett gescheitert. Aber wie hätte ich denn ahnen können, dass wir ausgerechnet diesen beiden Vollidioten begegnen würden?

»Ach, wir lassen uns doch von so einem Dummschwätzer nicht die Laune verderben!«, behaupte ich kühn. »Und die Karibik wird sowieso überschätzt. Da kriegt man bloß einen Sonnenbrand und Hautkrebs und wird beim Schwimmen von Haien gefressen. Da lobe ich mir doch den lieblichen Anblick des Starnberger Sees.«

Enzinger schaut mich wortlos an. Ich fürchte, das mit den Haien und dem Sonnenbrand ist nicht sein größtes Problem.

10.

Es ist ganz still in dem großen Haus. Nach dem Essen haben sich die beiden Enzingers zur Siesta in ihre Schlafgemächer zurückgezogen, während Nicole und ich zusammen das Geschirr aufgeräumt haben. Nicole ist neunzehn und studiert im zweiten Semester Romanistik und Theaterwissenschaften in München, aber eigentlich möchte sie Schauspielerin werden. Und zwar beim Film, wie sie betont. Sie habe da gute Kontakte, sagt sie, und ein paar vielversprechende Bewerbungen an verschiedenen Schauspielschulen laufen. Leider seien ihre Eltern ziemlich spießig und in finanzieller Hinsicht nicht ganz so großzügig, wie sie sich das eigentlich vorgestellt habe, und deshalb sehe sie sich dazu gezwungen, ihren Lebensunterhalt vorübergehend mit ihrem Haushaltsjob bei Enzingers aufzubessern. Sehr viel mehr war aus ihr nicht herauszubekommen während der gemeinsamen Küchenarbeit. Entweder ist Schneewittchen sehr schüchtern oder aber – was mir die wahrscheinlichere Variante ist – sehr eingebildet und hält mich für eine langweilige alte Schachtel, mit der sie als künftiger Filmstar lieber nicht ihre Zeit vergeuden möchte.

Als Nicole mit einem schnellen »Also bis Montag dann« das Haus verlässt, hänge ich die Geschirrtücher an den Haken. Ich nehme den Briefkastenschlüssel aus der Schublade, die Frau Enzinger mir bei unserem Hausrundgang am Vormittag gezeigt hat, und laufe vor zum Eingangstor. Gott sei Dank hat noch niemand die Post aus dem Kasten geholt. Unter den Briefen liegt unentdeckt meine Fernbedienung. Ich nehme alles heraus, schließe den Briefkasten wieder zu und will gerade zum Haus zurückgehen, als ich von irgendwoher eine Stimme höre.

»Hallo! Sie sind bestimmt die neue Pflegerin.«

Ich fahre zusammen. Mitten in den Rosenbüschen steht ein Mann auf einer Leiter und winkt mir grinsend mit einer Gartenschere zu. »He, tut mir leid. Ich wollte Sie nicht erschrecken.«

»Ach ... Äh. Nichts passiert.«

Glatt gelogen. Irgendetwas ist doch passiert. Ich leide nämlich plötzlich an einem unerklärlichen Herzstillstand. Oder was immer das für ein verwirrendes Gefühl zwischen den Rippen sein mag, das der Anblick des Fremden in mir ausgelöst hat. (Wobei ich mir nicht sicher bin, ob das Gefühl tatsächlich zwischen den Rippen stattfindet.)

Der Mann steigt von der Leiter und kommt auf mich zu, sich die Hände an seiner zerschlissenen Jeans abwischend. Er ist vielleicht ein paar Jahre älter als ich. Sein graues T-Shirt ist fleckig und an der rechten Schulter winkelförmig eingerissen. In seinen dunklen Locken haben sich ein paar borkige Brösel verfangen.

»Herzlich willkommen im Hause Enzinger«, sagt er und reicht mir die Hand.

Ich kriege gerade mal ein hauchdünnes »Hallo« raus.

»Sorry«, sagt er lachend. »Ich fürchte, meine Finger sind immer noch ein bisschen klebrig vom Baumharz.«

Meinetwegen hätte er seine Finger mit drei Lagen Pattex bestreichen können, und ich hätte trotzdem mit Vergnügen seine Hand ergriffen. Dieser Mann ist mit Abstand der attraktivste, der mir außerhalb des Fernseh- und Kinoprogramms jemals begegnet ist.

»Sie – Sie beschneiden gerade die Rosen?«, frage ich dämlicherweise. Was sollte er denn sonst mit seiner Schere in den Büschen tun? Blattläuse kastrieren?

»Ja«, sagt er und wuschelt sich die Brösel aus den Haaren. »Ich bin ein bisschen spät dran in diesem Jahr. Aber ich denke, ich bekomme noch alles rechtzeitig hin. Und in ein paar Wochen sieht es hier dann wieder mal aus wie im Rosenblütenwunderland.«

Ich nicke. Der Gärtner also. War ja klar, dass sich die Enzingers einen Profi für ihr Gartenparadies leisten. Wo hier doch alles so toll grünt und blüht. So macht man das in der Upperclass: Frauen für drinnen, Kerle für draußen. Und was für ein Kerl! Ich weiß nicht, warum, aber ich stehe auf Unterarme. Auf schöne männliche Unterarme. Und die hier sind geradezu perfekt: nicht zu wenig und nicht zu stark muskulös, dazu leicht gebräunt von der Sonne. Man sieht, dass er es gewohnt ist, kräftig zuzupacken, und dass er viel im Freien arbeitet.

»Ich bin übrigens der Felix«, sagt der Gärtner mit den schönen Unterarmen und hört nicht auf, mich anzugrinsen.

»Valentina«, sage ich schwach. Mehr fällt mir im Moment nicht ein.

»Sie kümmern sich ab heute um unseren alten Herrn? Das wird ihm guttun. Er ist leider etwas grantig in letzter Zeit. Ich hoffe, zu Ihnen war er bislang einigermaßen nett.«

Der Gärtner scheint sich ja gut im Hause Enzinger auszukennen. Wahrscheinlich ackert er schon sein halbes Leben lang auf diesem Anwesen herum und kennt jeden Winkel hier wie seine Westentasche. Und die Launen seines Chefs auch.

»Herr Enzinger ist in Ordnung«, behaupte ich und hoffe, es klingt nach der Gelassenheit einer Pflegerin mit langjähriger Berufserfahrung. »Es macht sicher keinen Spaß, im Rollstuhl zu sitzen. Da würden Sie und ich auch gelegentlich in eine verdrießliche Stimmung geraten.«

Felix nickt. »Das stimmt allerdings.« Dann setzt er hinzu: »Ist es okay, wenn wir Du zueinander sagen? Wir werden in der nächsten Zeit ja öfter mal miteinander zu tun haben.«

»Klar«, nicke ich. Ganz klar. So läuft das unter Hausangestellten. Beim Personal gibt es keine förmliche Anrede. Wenn dieser Felix wüsste, dass ich die Tochter seines Chefs bin! Da würde er aber staunen, der Herr mit dem grünen Daumen – der doch jetzt nicht etwa schon wieder Anstalten macht, sich von mir ab- und seinen Rosenbüschen zuzuwenden? Bitte noch nicht!

»Das ... das ist bestimmt eine Menge Arbeit, so ein riesiges Grundstück zu pflegen«, rufe ich schnell. Zugegeben, meine Wortbeiträge zeugen bis jetzt nicht gerade von übermäßigem Scharfsinn. Aber irgendetwas muss ich schließlich sagen, um dieses Gespräch noch ein bisschen am Laufen zu halten.

Tatsächlich bleibt Felix stehen.

»Allerdings«, nickt er. »Hier ist man immer gut beschäftigt. Zu jeder Jahreszeit: Bäume schneiden, Blumenzwiebeln setzen, Rasen mähen, Laub kehren ...«

Mit großer Geste breitet er die Arme aus, als wolle er das ganze Grundstück umfassen, und da sehe ich die tiefe rote Schramme, die sich seinen rechten Arm entlangzieht.

»Mein Gott! Sie sind – äh, du bist ja verletzt! Du blutest. Du musst sofort ...«

»Ach, der kleine Kratzer da. Das ist nicht weiter schlimm. Da hat mich wohl ein Dorn erwischt. Selbst schuld. Was mache ich mich auch im kurzärmeligen T-Shirt an den Rosen zu schaffen.«

»Du solltest die Wunde unbedingt versorgen lassen«, erkläre ich und gebe mich eine Sekunde lang der B-Movietauglichen Fantasie hin, wie es wäre, wenn Felix mit vor Schmerz zusammengebissenen Zähnen auf einer Pritsche läge und ich mich mit Tupfer, Skalpell und einer dicken Rolle Mullverband über seinen entblößten Oberkörper ... Nein! Stopp! So ein Quatsch. Wie komme ich denn darauf?

»Nicht dass du am Ende eine Blutvergiftung bekommst«, sage ich also in der Hoffnung, dass es möglichst fachkundig klingt. »Oder Tollwut.«

»Tollwut?« Felix lacht. »Du meinst, der große böse Rosenkäfer könnte mich gebissen und infiziert haben?«

Mist. Da habe ich wohl was verwechselt.

»Ich meinte natürlich Tetanus«, beeile ich mich zu sagen. Mit medizinischer Kompetenz punkte ich hier jedenfalls nicht gerade. Sehr bedauerlich.

»So gern ich mich von dir verarzten lassen würde«, grinst Felix, und vor meinem inneren Auge nimmt die Mullbindenszene schon wieder verdächtig Gestalt an, »ich muss hier weitermachen, sonst werde ich nicht rechtzeitig fertig. Leider bin ich heute schon verplant, sonst wäre ich zum Kaffeetrinken geblieben. Wir sehen uns!«

»Ja, auf jeden Fall. Ich – ich bin ja jetzt hier quasi zu Hause!« Diesen Satz kann ich mir einfach nicht verkneifen.

Felix nickt und winkt mir noch einmal mit der Gartenschere zu, bevor er zurück auf die Leiter klettert.

Ich schaue ihm ein bisschen länger als nötig nach, wie er da in den Rosen herumschnippelt. Wenn mich nicht alles täuscht, hat die Operation Enzinger soeben eine weitere höchst erfreuliche Wendung genommen. Ein kleiner Flirt mit diesem ansehnlichen Gärtner, das ist genau das, was mir hier noch gefehlt hat. Und die Pleite mit meiner mangelnden medizinischen Expertise werde ich bei Gelegenheit schon wieder ausbügeln.

Schade, dass dieser Felix nicht zum Kaffeetrinken bleibt,

denke ich, während ich zurück zum Treppenaufgang schlendere. Das hätte der Stimmung im Hause sicher nicht geschadet. Im Grunde scheinen sie ja herzensgut zu sein, die Enzingers. Wenn sie sogar dem Gärtner mit seinem zerrissenen T-Shirt gelegentlich so etwas wie Familienanschluss bieten, können es keine schlechten Menschen sein.

11.

Der Tag endet zuverlässig mit Einbruch der Dunkelheit. Ich lasse mich erschöpft auf die Kante meines Bettes fallen. Zwar kann ich vor Müdigkeit kaum die Augen offen halten, aber an Schlaf ist trotzdem nicht zu denken. Die Ereignisse der letzten vierundzwanzig Stunden wirbeln durch meinen Kopf wie ein Haufen bunter Socken im Wäschetrockner. Gestern noch saß ich betrübt und ohne Vater auf Frau Leberechts Couch, heute wohne ich schon unter seinem Dach.

Ich schaue mich im Zimmer um. Bei der Behausung für ihr Personal waren die Enzingers mit dem Luxus zurückhaltender. Mein Apartment hat eher den Charme einer Tiroler Zirbenstube: ein rustikales Holzbett mit rot karierter Bettwäsche, dazu der passende Kleiderschrank, vor dem Fenster ein Tisch mit gedrechselten Beinen und ein ebensolcher Stuhl. Ich blicke ein letztes Mal für heute hinaus auf das dunkle Stückchen Starnberger See und den syltförmigen Vogelkackfleck auf der Fensterscheibe, dann ziehe ich die Jalousie herunter. Willkommen in deinem neuen Zuhause, Valentina Meyer.

Apropos Zuhause: Was Eva wohl gerade in meiner Wohnung macht? Ich finde, es ist Zeit, sich mal kurz mit ihr in Verbindung zu setzen. Hoffentlich hat sie alles gefunden, und Esmeralda fremdelt nicht angesichts ihres ständig wechselnden Betreuungspersonals. Ich ziehe mein Handy aus der Tasche und wähle den Kontakt »SOS Eva«.

»Hallo, Frau Valentina«, meldet sie sich, noch bevor ich etwas gesagt habe. Aha, sie hat meine Telefonnummer also auch schon mit dem dazugehörigen Namen eingespeichert.

»Guten Abend, Eva, wie geht es Ihnen? Hat alles geklappt?«

»O ja, ist alles gut. Habe ich alles gut gefunden.«

»Super.«

»Schöne Wohnung haben Sie. Musste ich fast gar nichts umräumen.«

»Umräumen?« Ich bin irritiert. »Wieso? Was mussten Sie denn umräumen?«

»Nicht viel. Nur ein paar Möbel. Musste ich Bett an andere Wand schieben. Im Wohnzimmer Sofa an andere Seite rücken und Sessel herumdrehen. Bücherregal steht jetzt neben Tür, kleine Kommode ist in Flur – und Orchideenblume auf Fensterbrett in Küche.«

»Wie bitte? Warum das denn?« Allmählich werde ich nervös.

»Alles gut. So ist besser. So Energie kann richtig fließen. Wegen Feng-Shui, wissen Sie. Feng-Shui bringt Chi-Fluss in Schwung. War bei Ihnen nicht in Ordnung. Jetzt ist alles gut. Werden Sie sehen. Werden Sie sich zu Hause richtig wohlfühlen.«

Ich verstehe kein Wort. Was hat meine Wohnung mit Feng-Shui zu tun? Warum soll bei mir zu Hause irgendwas fließen, abgesehen vom Wasser in die Badewanne?

Wie auch immer. Ich kann mich jetzt nicht darum kümmern. Soll Eva sich meine Wohnung so einrichten, wie sie es mag. Hauptsache, sie verscherbelt meine Möbel nicht bei eBay.

»Okay. Feng-Shui. Meinetwegen, wenn es Ihnen so lieber ist ...« Ich kann ja alles wieder an seinen Platz rücken, wenn ich nach Hause komme.

»Aber habe ich das Chi noch nicht gefunden«, fährt Eva

fort. »Überlege, ob ich Wand in Wohnzimmer nicht besser sollte gelb streichen.«

»Anstreichen? Gelb?! Bitte nicht gelb!« Jetzt bricht mir doch der Schweiß aus.

»Na gut, werde noch nachdenken. Vielleicht ist auch helle Braun besser.«

»O nein, Braun auf keinen Fall. Bitte nicht die Wände streichen, Eva ...«

Mir scheint, die polnische Pflegefachkraft ist etwas unterfordert mit der Betreuung meines Hasen.

»Vielleicht hilft auch bisschen *Dekoracja*. Schöne Dekoration. Habe ich Windspiele gekauft, für Fenster in Schlafzimmer und Küche, Frau Valentina. Aus Muscheln, Holz und Federn, sehr gut. Habe ich gleich aufgehängt und heute bei Abendessen sofort gespürt, wie es hat den Fluss von meine Energie verstärkt.«

Ich merke auch schon, dass es wirkt. Hoffentlich lässt Eva ihre überschüssige Energie nicht wirklich an meinen Wänden aus. Welcher Teufel hat mich eigentlich geritten, als ich ihr meinen Wohnungsschlüssel gab? Vielleicht wäre es schlauer gewesen, sie vorhergehend in einem Hotel unterzubringen. Aber das lässt sich jetzt nicht mehr ändern.

»Gehe ich morgen ein paar Kerzen kaufen und große Glasschale für bunte Blüten. Habe in Ihren Schränken keine solche Schale gefunden. Ist aber ganz wichtig für positive Atmosphäre. Werden Sie das gleich fühlen, wenn Sie bald zurückkommen von Pflege bei Enzingers.«

Ich unterdrücke einen Seufzer. Notfalls werde ich Eva ein paar Umzugskartons zur Verfügung stellen, damit sie ihren Krimskrams wieder mitnehmen kann. Ich frage mich, ob sie bei den beiden hier auch erst mal sämtliche Möbel Yin-und-Yang-mäßig durch die Gegend schiebt, bevor sie anfängt zu arbeiten. Da werden die Enzingers aber staunen, wenn Eva an sämtlichen Fenstern Mobiles aus Strandgut aufhängt und die Wände streichen will. Na, da hat sie in der Hütte hier jedenfalls reichlich zu tun.

»Und wie geht Ihnen bei Enzinger?«, erkundigt sie sich. »Läuft alles gut mit Betreuung von Vater?«

»Es ist sehr aufregend. Noch habe ich ihm nicht gesagt, wer ich bin. Ich weiß noch nicht, wie mir der Herr Enzinger gefällt. Er scheint mir ziemlich griesgrämig zu sein.«

»Ist doch keine Wunder bei alte Mann, der im Rollstuhl sitzen muss, nicht wahr? Deshalb sie haben Pflegerin in Haus geholt, damit sie macht ein bisschen gute Stimmung. Seine Frau kann das nicht schaffen alleine. Müssen Sie viel spazieren gehen mit ihm, draußen in Natur, im Sonnenschein. Ist gut, dass jetzt Frühling und schöne Wetter. Da bekommt bessere Laune. Machen Sie Ausflüge mit ihm. Reden Sie über schöne Dinge. Seine Frau ist in große Sorge, dass er bekommt tiefe Depression.«

»Okay, Eva. Ich werde ihm ein Programm bieten, dass ihm die Ohren flattern.«

»Aber nix mit Stress, Frau Valentina. Ist alte Mann und braucht auch Ruhe und Erholung.«

»Klar, Eva. Erst das volle Programm und dann die Erholung.«

Ruhe und Erholung. Das hatte der Arzt mir doch auch verordnet. Deshalb wollte ich ja nach Italien. Egal, da kann ich auch noch ein anderes Mal hinfahren.

Ich verabschiede mich von Eva und schalte mein Handy aus. Dann schalte ich es gleich wieder ein. Ich brauche für Eva noch einen Klingelton. Diese kleinen musikalischen Einlagen sind doch der Hauptspaß an einem Handy. Ich liebe es, den Leuten spezielle Klingeltöne zu geben. Wenn meine Berliner Freundin anruft (falls sie in ihrer neuen Eigenschaft als Mutter jemals wieder Zeit haben sollte anzurufen), ertönt die

Melodie von »Es geht ein Bi-Ba-Butzemann ...«. Für meine seit Kurzem verheiratete Freundin habe ich mir sinnigerweise Wagners Hochzeitsmarsch ausgesucht. Bei der neuen Bereichsleiterin in der Firma ertönt der Säbeltanz und bei meiner Mutter bekanntlich der Radetzkymarsch. Was aber passt am besten zu SOS-Eva? Ich probiere ein paar Töne auf meinem Smartphone aus und entscheide mich schließlich für eine jaulende US-Polizeisirene. Wenn Eva anruft, ist es immer dringend.

Dann schalte ich mein Handy wirklich aus. Es klingelt immer noch ganz tief in meinem Kopf.

12.

»Wie – ich soll in Ihr Auto steigen?«

Herr Enzinger schaut mich mit gerunzelter Stirn an. Es ist Tag zwei meiner unverhofften Tätigkeit als Seniorenbetreuerin. Ich fühle mich heute etwas besser als gestern, beinahe schon semiprofessionell. Mein ahnungsloser Vater und ich sind zu unserem vormittäglichen Spaziergang aufgebrochen, und ich habe ihm soeben erklärt, dass ich eine kurzfristige Programmänderung plane. Eva hat gesagt, ich soll was Schönes mit ihm unternehmen, und genau das werde ich jetzt tun. Vielleicht ergibt sich ja bei dieser kleinen Spazierfahrt die Gelegenheit, ihm ein bisschen auf den Zahn zu fühlen.

»Was haben Sie vor mit mir, Valentina?«

»Wir machen einen Sonntagsausflug, wir zwei. Garantiert ohne Kaffee und Kuchen und hoffentlich ohne lästige Segelclubangeber. Eine Fahrt ins Grüne. Beziehungsweise ins Blaue. Ihre Frau ist unterwegs zum Bridgespielen mit ihren Freundinnen, da müssen wir doch nicht allein im Haus herumsitzen.«

»Warum nicht? Bequemer, als sich in Ihre kleine Rostlaube zu zwängen, wäre das allemal«, knurrt Enzinger mit einem skeptischen Seitenblick auf meinen hinten rechts leicht angeschrammten Kleinwagen.

»Wenn Sie ein größeres Auto haben, können wir auch gerne damit fahren!«, meckere ich etwas patziger als beabsichtigt. Dieser Mann hat aber auch an allem etwas auszusetzen. Was ist denn so schlimm an einem kleinen Sonntagsausflug? Er hat sich doch gestern noch beklagt, dass sein Leben so fade ist.

Ich überlege kurz, ob es wirklich eine so gute Idee war, meine unerwarteten freien Tage mit Enzinger zu verbringen. So richtig sympathisch kommt er bislang nicht rüber. Klar, er ist nicht mehr so fit wie früher, aber muss man deshalb gleich so ein Miesepeter sein? Was habe ich eigentlich davon, wenn ich meinen Vater kennenlerne und dabei feststelle, dass ich ihn nicht mag? Manchmal ist es vermutlich besser, nicht zu wissen, von wem man abstammt. Vielleicht sollte ich schnell die Reißleine ziehen und hier verschwinden, um mir noch ein paar Illusionen über ihn zu bewahren. Vielleicht sollte ich noch heute Eva anrufen und sie bitten, ihre Feng-Shui-Utensilien zusammenzupacken, sofort herzukommen und ihren Job anzutreten – und mich endlich auf meine Urlaubsreise nach Italien machen.

Aber ich will nichts überstürzen. Diesen einen Tag heute will ich wenigstens noch abwarten.

»Gut.« Enzinger stößt ein unergründliches Glucksen aus. »Dann nehmen wir mein Auto. Machen Sie mal die Garage auf. Da links ist der Ziffernblock zum Öffnen. Der Code ist der gleiche wie am Gartentor.«

»Äh – ich weiß nicht recht.«

»Jetzt machen Sie schon. Haben Sie noch nie ein Garagentor gesehen?«

»Jedenfalls keines, das so breit ist wie dieses hier.«

»Los jetzt. Sie sind doch sonst nicht schüchtern!«

Da kann man nicht widersprechen. Ich tippe die Nummer ein, und als das Dreifachtor hochrollt, stockt mir der Atem.

»Also«, höre ich Enzingers Stimme. »Was darf es sein? Jaguar oder Porsche Cabrio? Suchen Sie sich eins aus, die Schlüssel stecken. Mit dem Bentley ist leider meine Frau unterwegs.«

»Okay«, entfährt es mir heiser. »Jetzt kann ich verstehen, weshalb Sie es langweilig finden, im Rollstuhl herumzufahren.«

Während ich ehrfürchtig den chromblitzenden Fuhrpark bestaune, hat Enzinger schon eine Entscheidung getroffen: »Ich würde sagen, bei dem Wetter nehmen wir das Cabrio. Oder?«

Ich schlucke. »Sind Sie sicher? Vielleicht sollte ich lieber erst einen Blitzkurs im Fahren von Luxuslimousinen buchen, bevor wir starten.«

»Wieso das denn? Ein Auto ist ein Auto: Lenkrad, Kupplung, Bremse, Gas – damit kennen Sie sich ja wohl aus.«

»Das schon. Aber ich habe Angst, drei- bis vierhundert PS vor die Garagenwand zu setzen.«

»Fünfhundertdreißig«, erklärt Enzinger seelenruhig. »Turbo S. Im Übrigen besteht kein Anlass, den Rückwärtsgang einzulegen.«

Da hat er recht, das Auto steht bereits startklar in Fahrtrichtung. Außerdem sind die Enzingers bestimmt gut versichert, denke ich, und wann in meinem Leben werde ich je wieder die Chance bekommen, in einem solchen Wahnsinnsteil durch die Landschaft zu düsen? Also klappe ich die Tür des silbernen Flitzers auf, krieche ehrfürchtig in den tiefen, stramm gepolsterten schwarzen Ledersitz, atme einmal durch und starte den Motor. Augenblicklich röhrt es in der Garage wie in der Boxengasse der Formel 1. Es klingt nicht schlecht. Da der Stellplatz leicht abschüssig ist, brauche ich nur die Handbremse zu lösen und lasse den Porsche Zentimeter für Zentimeter ins Freie rollen, es geht wie von selbst, ganz ohne Gas zu geben. Na also.

Zwei Minuten später liegt der Rollstuhl zusammengeklappt in dem schmalen Zwischenraum hinter den Rückenlehnen, und Enzinger sitzt neben mir.

»Auf geht's«, sagt er, als sein Gurt einschnappt.

Okay, denke ich, er hat es so gewollt.

Noch bevor ich das Gaspedal ernsthaft angetippt habe, springt der Wagen vorwärts wie ein hungriger sibirischer Tiger beim Anblick einer üppigen Hirschkuh. Gott sei Dank geht die Windhunddame in diesem Moment nicht vor dem Haus spazieren. Bei meinem unkontrollierten Startversuch hätte ich garantiert eines ihrer dürren Viecher erlegt.

Aber dann bekomme ich Motor und Getriebe unter Kontrolle. Sekunden später dröhnen wir den Oberen Seeuferweg entlang. Ich finde, die 530 PS machen sich gut unter meinem Hintern. Das Auto geht ab wie ein Spaceshuttle. Wahrscheinlich kann es sogar fliegen, wenn man den richtigen Knopf drückt. Aus unerklärlichen Gründen habe ich plötzlich Verständnis für all die Porsche-Idioten, die ich sonst immer verachtet habe, wenn sie mit permanenter Lichthupe und Linksblinker durch die Landschaft heizen. Ich fühle mich wie eine Mischung aus Sebastian Vettel und Captain Kirk.

Wahnsinn! Natürlich werde ich meinen Deal mit Eva nicht so schnell rückgängig machen: Wer will schon mit einer billigen Blechkiste nach Italien tuckern, wenn er die Möglichkeit hat, mit einem Super-Turbo-Porsche am Starnberger See entlangzudüsen?

»Sie sind sich schon darüber im Klaren, dass das hier im Wohngebiet eine Tempo-dreißig-Zone ist?«, merkt Enzinger an, kurz bevor ich die Schallgeschwindigkeit erreicht habe (jedenfalls dem Gefühl nach). Ich trete auf die Bremse, dass es uns fast aus den Sitzen hebt.

»Sorry«, murmele ich. »Hab gar nicht bemerkt, wie schnell wir geworden sind.«

Immerhin funktionieren die Bremsen genauso flott wie das Gaspedal. In einigermaßen angemessener Geschwindigkeit schweben wir die Straße entlang. An einer roten Ampel genieße ich die bewundernden Blicke aus dem Auto hinter uns. (Ich gehe mal davon aus, dass es bewundernde Blicke sind.)

»Ich glaube, an dieses Fahrzeug könnte ich mich gewöhnen, Herr Enzinger.«

Mit demonstrativer Beschleunigung, laut röhrend und zugegebenermaßen etwas knapper als nötig ziehe ich an einer Radfahrerin vorbei, die mühsam eine kleine Steigung hinaufstrampelt. Als ich im Rückspiegel sehe, wie sie mir empört hinterhergestikuliert, erkenne ich, dass es Nicole ist. Ups. Hoffentlich hat sie mich nicht erkannt. An der Seite von Enzinger in seinem offenen Wagen ist die Wahrscheinlichkeit allerdings groß. Hoffentlich hält sie mich jetzt nicht für eine asoziale Rasersau.

Nach für meinen Geschmack viel zu kurzer Zeit erreichen wir das Ziel unserer kleinen Reise, nämlich den Parkplatz am Zugang zur Starnberger Seepromenade. Allerdings sind dort noch ein paar Umrundungen nötig, bevor ich eine freie Stelle finde, deren Ausmaße für Enzingers edles Auto und meine mageren Einparkkünste gleichermaßen geeignet sind. Nach schätzungsweise siebenundzwanzig Zügen steht der Porsche in der Parklücke wie eine Eins. (Na ja, sagen wir Zwei plus.)

»Da sind wir«, erkläre ich und steige aus. »Unser Sonntagsspaziergang kann beginnen.«

»Das ist jetzt nicht Ihr Ernst«, stöhnt Enzinger, während ich mich damit abmühe, den hinter den Sitzen verkeilten Rollstuhl aus dem Auto zu zerren. Ich wünschte, ich hätte in den letzten Monaten etwas mehr Bizeps-Work-out absolviert und nicht so viel über mein verkorkstes Leben gejammert.

»Sie wollen nicht wirklich mit mir über die Uferpromenade bummeln! An einem sonnigen Sonntag zusammen mit einer Million Bayerntouristen und anderen heimatlosen Ausflüglern. Was ist denn das für eine Idee! Da hätten wir ja gleich zum Stachus fahren können.«

Ich kann mich jetzt nicht um seine Bedenken kümmern, denn ich bin schwer damit beschäftigt, den dämlichen Rollstuhl wieder auseinanderzuklappen. Es ist doch wirklich ärgerlich: Da besitzt Enzinger ein Auto, dessen kompliziertes Hightech-Verdeck sich auf Knopfdruck sanft und geräuschlos ein- und ausfalten lässt, und bei diesem doofen Rollstuhl versagt die Mechanik.

Als das schwarze Ungetüm endlich so auf der Straße steht, wie ich es haben will, bin ich schweißgebadet. (Dabei habe ich bloß am falschen Teil gezogen. Wie ich feststelle, lässt sich der Rollstuhl quasi mit einem Finger auseinanderklappen, wenn man es richtig macht.) Meine Unternehmungslust ist ungebremst: »Im Gegensatz zum Stachus haben wir hier eine traumhafte Aussicht und keine achtspurige Straße drumherum. Mit den paar Spaziergängern kommen wir schon klar.«

Enzinger brummelt etwas Unverständliches, lässt sich aber ohne weitere Widerworte von mir aus dem Autositz heraus- und in den Rollstuhl hineinhelfen, und dann setzen wir uns in Bewegung.

Auf der Uferpromenade ist tatsächlich die Hölle los. Die schlendernden Menschenmassen und die Atmosphäre erinnern mich stark an das Oktoberfest. (Wobei hier natürlich weniger getrunken und gesungen wird.) Es sieht ganz so aus, als hätten sämtliche Menschen im Großraum München beschlossen, an diesem Frühlingstag raus an den Starnberger See zu fahren.

Im Slalom umkurve ich Hindernisse aller Art: gemächlich flanierende Senioren (»Ich glaube, so einen warmen Tag im April hatten wir zuletzt 1968, was meinst du, Hilda?«), kleine Jungen, die auf ihrem Bobbycar über das Pflaster rumpeln (»Wo willst du denn hin, Tobi! Nicht so schnell. Tobi, bleib stehen! Tooobiii!«), hemmungslos mitten auf dem Weg herumknutschendes Jungvolk (wortlos logischerweise), engagierte Hobbyfotografen (»Noch ein Schritt nach links, Schatzi. Ja, super, und jetzt noch ein Bild mit den Schwänen im Hintergrund«), Kinderwagen mit kreischender Fracht oder ohne, Hunde jeder Größe teils mit, teils ohne Leine, und nicht zu vergessen die Haufen von Entenkacke, denen es auf dem Pflaster flott auszuweichen gilt.

»Wenn Sie noch schneller solche Haken schlagen, werde ich seekrank«, beschwert sich Enzinger.

Zugegeben, ich hatte mir das Ganze etwas idyllischer vorgestellt: Enzinger, ich, die ein oder andere Ente im Wasser und ansonsten nur einsame Natur drumherum. Aber weil ich an dem sonntäglichen Getümmel auf der Promenade nichts ändern kann, versuche ich Enzinger durch betont ekstatische Ausrufe vom Anblick der Menschenmassen abzulenken: »Sehen Sie doch mal, was für eine Wahnsinnsaussicht man hier hat! Wie traumhaft schön sich die weißen Segel auf dem Wasser bauschen. Und ein Himmel ist das, wie gemalt. Und dann erst die Berge! Finden Sie nicht auch, dass sie so nah aussehen, als könnte man in einer halben Stunde rüberschwimmen? Irre! Ich glaube, wir haben Föhn!«

Ich plappere, was das Zeug hält. Aber sosehr ich mich auch anstrenge, gute Laune zu verbreiten: Enzinger ist immun gegen jede Art von Frohsinn. Er brummelt die ganze Zeit unzufrieden vor sich hin: »Föhn oder nicht Föhn: Man hat nichts von der tollen Aussicht, wenn so viel Publikum im Weg steht. Was meinen Sie, warum ich mir für viel Geld ein Haus mit einem großen Grundstück am See gekauft habe? Sicher nicht, damit ich meinen Sonntagvormittag in diesem Gedränge verbringe. Jetzt weiß ich wenigstens, wie sich ein Gnu fühlt, das mit seiner Herde auf dem Weg zum Wasserloch ist. Wie angenehm es wäre, jetzt still und friedlich mit einer Tasse Kaffee auf meiner Terrasse zu sitzen und den

Blick in den Garten zu genießen. Ich weiß gar nicht, weshalb ich Ihnen erlaubt habe, mich gegen meinen Willen hierherzuschleppen ...«

Er hat nicht ganz unrecht, aber jetzt sind wir nun mal hier. Über mangelndes Engagement kann der werte Herr sich jedenfalls nicht beklagen.

»Ach, Herr Enzinger. Sie sehen das alles viel zu pessimistisch. Glauben Sie mir, es wird Ihnen gefallen.«

Am Steg liegt ein Ausflugsdampfer und trötet.

»Da sehen Sie!«, rufe ich. »Wir kommen genau richtig. Die MS Bavaria sticht gleich in See.«

»Was denn jetzt noch!«, ächzt Enzinger. »Wollen Sie etwa eine Schiffstour mit mir unternehmen?«

»Ja, natürlich. Sie haben mir gestern gesagt, dass Sie seit acht Jahren nicht mehr auf dem Wasser waren. Ich finde, heute ist ein guter Tag, um das zu ändern.«

Während ich den Rollstuhl über die Holzbohlen des Stegs rumpeln lasse, sehe ich, wie Enzinger ungläubig den Kopf schüttelt. Hoffentlich überlegt er nicht gerade, ob er sich bei Seniorenglück beschweren und eine andere Betreuerin anheuern soll. Eine, die eine weniger ehrgeizige Tagesplanung verfolgt und nichts dagegen hat, dass er den Rest seines Lebens in Ruhe und Frieden auf der blumenumrankten Terrasse hinter seinem Haus verbringt.

Und hoffentlich ist dieses Schiff überhaupt geeignet für einen Rollstuhl, überlege ich.

Letzteres ist glücklicherweise der Fall. Wir kommen ohne Probleme an Bord. Am Ticketschalter drängen sich die Menschen, darüber dröhnt aus einem Lautsprecher »Resi i hol di mit mein Traktor ab«. Es riecht nach Kaffee und Pommes frites. Irgendwo brüllt jemand, dass der Willi ihm unbedingt ein Weißbier mitbringen möge. Als wir nach endlosem Anstehen am Kassenschalter endlich an der Reihe sind, erfahre ich, dass Rollstuhlfahrer in Begleitung kostenlos mitfahren dürfen. Auch gut.

»Können wir gleich nach draußen?«, fragt Enzinger erschöpft.

»Klar«, antworte ich. »Auf welche Seite möchten Sie? Backbord oder steuerbord?«

Das sind die einzigen beiden nautischen Fachbegriffe, die ich kenne. Wobei »kennen« eigentlich zu viel gesagt ist, denn ich kann mir nie merken, welches Wort für welche Seite steht. Glücklicherweise verlangt Enzinger keine weiteren Erläuterungen und sagt schwach: »Vielleicht finden wir ein halbwegs friedliches Plätzchen ganz vorn am Bug.«

Wo vorn ist, weiß ich. Ich manövriere ihn durch die Schar der Schiffsreisenden, bis wir die Spitze des Sonnendecks erreicht haben. Freundlicherweise machen ein paar Ausflügler die Poleposition frei für den Rollstuhl. Ich lasse die Bremse des Stuhls einrasten und halte mich an der Reling fest, denn die MS Bavaria setzt sich gerade brummend in Bewegung. Augenblicklich klicken um uns herum Dutzende Fotoapparate und Handykameras. Begeisterte »Ahs« und »Ohs« begleiten die Abfahrt.

»Schiff ahoi!«, rufe ich Enzinger munter zu. »Es geht schon los!« Aber der sitzt regungslos in seinem Rollstuhl und schaut schweigend auf das Wasser.

Geräuschvoll dreht sich die Bavaria vom Starnberger Ufer weg, eine Schaumspur auf dem Wasser verbreitend. Ein paar Möwen fliegen kreischend um das Schiff herum. Jemand wirft Kekskrümel in die Luft. Dann nimmt das Schiff Fahrt auf, und unsere Haare wehen im Wind. Hoffentlich holt sich Enzinger keine Erkältung.

»Wie fühlen Sie sich?«, rufe ich nach ein paar Minuten andächtiger Seebeobachtung. »Um uns herum nichts als Wasser, und man hat einen fantastischen Ausblick. Ist das nicht ein bisschen so wie damals, als Sie auf Ihrem Boot über die Wellen gesegelt sind?«

»Sie haben nicht viel Erfahrung mit Segeln, nicht wahr?« Enzinger blickt mich schräg an. »Sonst würden Sie niemals auf die Idee kommen, einen Ausflugsdampfer mit einem Segelboot zu vergleichen!«

Tja, Charme ist etwas anderes. Aber Enzinger ist ein kranker alter Mann. Ich will ihm seine wenig liebenswürdige Bemerkung verzeihen.

»Ich weiß, dass es nicht das Gleiche ist«, antworte ich unverdrossen. »Aber immerhin sind Sie mal wieder mitten auf dem Wasser, und darauf kommt es doch an: Die Perspektive ist genauso wie von einem Segelboot aus! Was für ein zauberhaftes Uferpanorama. Gleich kommen wir an Ihrem Haus vorbei. Wann haben Sie Ihr Haus das letzte Mal vom See aus gesehen?«

Enzinger antwortet nicht. Er blickt weiter starr und schweigend auf die Wellen und auf die Segelboote, die übers Wasser flitzen, und sieht missmutiger aus denn je.

Allmählich werde ich ungeduldig. Es ist doch nicht meine Schuld, dass er im Rollstuhl sitzt, denke ich. Warum ist er denn andauernd so mürrisch? Ich will doch nur, dass er sich wohlfühlt, und dafür gebe ich mein Bestes. Andere alte Leute würden mir aus Dankbarkeit einen Strauß Blumen schenken, wenn ich sie zu einem Schiffsausflug einladen würde. Könnte er sich nicht wenigstens mal ein bisschen Mühe geben und lächeln? Ein kleines bisschen vielleicht. Nur eine Sekunde lang. Und wenn es bloß aus reiner Höflichkeit wäre.

Aber Enzinger lächelt nicht.

Vielleicht hat er ja Schmerzen, überlege ich. Vielleicht ist es etwas Ernstes. Am Ende braucht er dringend einen Arzt, und ich merke nichts. Ob ich Eva anrufen soll, um mir ein paar kompetente Ratschläge geben zu lassen? Aber das geht ja nicht, solange Enzinger neben mir sitzt.

»Fühlen Sie sich wohl?«, frage ich sicherheitshalber. »Oder vertragen Sie es nicht, wenn das Schiff schaukelt?«

Dabei schaukelt es praktisch gar nicht. Der Starnberger See liegt so flach da wie ein Pfannkuchen. Ich frage mich, woher die paar Segler den Wind zum Segeln nehmen.

»Passt schon.« Immerhin ringt sich Enzinger zu einer halbwegs informativen Antwort durch. Ein akuter Notfall liegt offenbar nicht vor.

Ach Mensch. Was soll ich mir denn noch einfallen lassen, um diesem Mann auch nur einen Hauch von Frohsinn zu bereiten? Soll ich vielleicht einen Kopfstand machen? Oder mir eine rote Pappnase aufsetzen und auf der Reling balancieren, während ich mit einem halben Dutzend roher Eier jongliere? Allmählich gehen mir die Ideen aus.

Eine einzige habe ich noch, als am Ufer eine bekannte Silhouette auftaucht.

»Da!«, rufe ich. »Sehen Sie dahinten die weißen Säulen durch die Fichten schimmern? Ist das nicht Ihr Haus? Klar, das ist es. Das Anwesen von Scarlett O'Hara ist ein Hühnerstall dagegen! Sehen Sie doch nur! Man kann sogar die grünen Fensterläden erkennen. Und da vorn am Steg, da liegt Ihr Segelboot! Können Sie es sehen?«

Mehr Euphorie geht nicht. Lauter hätte ich auch nicht gejubelt, wenn ich Jesus entdeckt hätte, wie er neben der MS Bavaria übers Wasser spaziert.

»Klar kann ich es sehen«, antwortet Enzinger, ohne mich eines Blickes zu würdigen. »Schreien Sie doch nicht so herum! Ich bin zwar behindert, aber taub und blind bin ich nicht.«

Er hätte mir genauso gut eine Ohrfeige geben können. Taumelnd lasse ich mich auf eine der hölzernen Sitzbänke fallen. Ich glaub, ich spinne. Hat jemand schon mal so einen garstigen alten Mann erlebt? Wie kann man nur so abweisend sein! Und so einer soll mein Vater sein?

Nachdem ich eine Portion Luft geschnappt habe, schalte ich auf Angriff über. Ich lasse mir ja vieles gefallen, aber irgendwann ist auch meine Geduld zu Ende. Als Pflegerin habe ich ein Recht auf ein gewisses Maß an Höflichkeit. Und als Tochter sowieso. Auch als Tochter inkognito.

»Hören Sie mal«, sage ich zu Enzinger. Die Phase, in der ich mit Engelszungen auf ihn eingeredet habe, ist definitiv vorbei. »Es tut mir leid, dass Sie im Rollstuhl sitzen. Aber es gibt keinen Grund, mich so barsch zu behandeln. Ich kann schließlich nichts dafür. Ich versuche, hier ein schönes Sonntagsprogramm auf die Beine zu stellen« – okay, diese Formulierung ist schon wieder Mist! –, »und Sie meckern die ganze Zeit nur an allem herum. Hüftschaden hin oder her, wissen Sie was: Wahrscheinlich hat Ihre Frau deshalb eine Pflegerin für Sie organisiert, weil sie Ihre schlechte Laune nicht mehr den ganzen Tag lang ertragen hat.«

Ich atme tief durch. Ein paar Ausflügler, die in der Nähe an der Reling lehnen, haben ihre Blicke demonstrativ von uns abgewendet und starren auf den See. Ein laut ausgetragener Familienzwist ist vermutlich nicht gerade das Begleitprogramm, das sie sich für ihren Sonntagsausflug erhofft hatten. Ein kleiner Junge in einer viel zu großen Lederhose fragt laut: »Mama, warum zankt die Frau mit dem Opa?« Die Antwort kann ich nicht verstehen, denn seine Eltern nehmen ihn an die Hand und wechseln taktvoll auf die andere Seite des Schiffes.

»Wissen Sie was, Herr Enzinger? Eigentlich wollte ich an diesem Wochenende schön gemütlich irgendwo in Italien in der Sonne sitzen und Eis essen. Stattdessen bin ich jetzt hier und muss Ihre ganze Miesepetrigkeit ertragen. Wäre ich doch bloß weitergefahren!«

Er kann das ruhig wissen. Wenn er mich jetzt feuert, ist es mir nur recht.

»Aber dann wurde Eva krank. Deshalb habe ich meinen Urlaub abgeblasen und bin für sie eingesprungen, um Ihnen zu helfen.«

Na gut, ich habe doch noch die Kurve gekriegt.

»Und anstatt sich zu freuen, dass jemand für Sie da ist, behandeln Sie mich wie ... wie ... wie den letzten Dreck. Das ist gemein. Ich habe wirklich genug eigene Sorgen. Ich bin nämlich selbst ein bisschen krank. Ich habe einen Tinnitus, und mein Arzt hat gesagt, ich soll mich drei Wochen lang erholen.«

Enzinger bewegt sich jetzt leicht in seinem Rollstuhl. Immerhin sieht er so aus, als würde er mir zuhören.

»Ich muss auch an meine Gesundheit denken«, maule ich weiter. »Ich muss mich schonen. Wenn ich noch länger mit einem Grobian wie Ihnen zusammen bin, kriege ich garantiert einen Hörsturz. Und zwar noch heute. Dann muss ich ins Krankenhaus, und Sie können sehen, wo Sie bleiben.«

Ich weiß nicht, warum mir plötzlich die Tränen in die Augen schießen. Aus Wut vielleicht oder aus Erschöpfung, aus Hilflosigkeit oder Selbstmitleid? Aus Enttäuschung über meinen Vater? Was weiß ich. Wahrscheinlich wegen allem gleichzeitig.

Ich ziehe ein Taschentuch aus der Hosentasche und putze mir geräuschvoll die Nase. Das war's. Noch heute werde ich hier alles hinschmeißen. Ich werde gleich bei Eva anrufen. Dieser dämliche Enzinger kann sich seinen blöden Porsche sonst wohin stecken. Eva soll ihren Job hier heute Nachmittag noch antreten. O ja. Definitiv. So geht das nicht weiter.

»Egoistisch und undankbar sind Sie«, schniefe ich. »Hat Ihnen das schon mal jemand gesagt? Ich wollte doch wirklich nur Ihr Bestes!« Noch ein unkontrollierter Schluchzer.

Zwei Mädchen kommen schwatzend auf uns zu und kehren erschrocken wieder um, als sie mich sehen. Eine erwachsene Frau, die in der Öffentlichkeit heult, ist eben nichts für sensible Menschen.

Aber ich bin noch nicht fertig mit meiner Tirade.

»Sie wohnen in einem Palast mit einer der schönsten Aussichten, die man in diesem Land haben kann. Sie brauchen nur mit den Fingern zu schnipsen, und schon kommt jemand angelaufen und bringt Ihnen einen Kaffee oder Ihre Hausschuhe oder was Sie sonst gerade wünschen. Sie haben Autos in Ihrer Garage stehen, von denen eines allein mehr kostet, als viele Menschen auf dieser Welt in ihrem ganzen Leben durch harte Arbeit verdienen ... Wenn Sie schon schlecht drauf sind, was sollen dann eigentlich all die vielen Leute sagen, die einsam und allein in ihrem quietschenden, verrosteten Secondhand-Rollstuhl sitzen und nicht wissen, wovon sie ihren nächsten Einkauf bei Aldi bezahlen sollen? Und überhaupt: Es gibt noch viel schlimmere Schicksale als Ihres. Manche Menschen sind komplett querschnittsgelähmt, vom Halswirbel ab. Die können sich noch nicht mal am Ohrläppchen kratzen, wenn es juckt. Haben Sie darüber schon mal nachgedacht?«

So. Jetzt ist es raus. Jetzt kann ich wirklich meine Sachen packen. Das ist das Ende des Projekts »Finde deinen Vater«. Und wenn schon! Ich bin nicht traurig darüber. Überhaupt nicht. So ein dämlicher Vater kann mir nämlich gestohlen bleiben. Da will ich lieber gar keinen haben. Nicht zu glauben, dass sich meine Mutter mal in so einen unsympathischen, wehleidigen Menschen verliebt hat. Nie und immer! So bekifft ist kein Mensch. Wahrscheinlich war sie heilfroh, als er endlich Schluss gemacht hat. Kein Wunder, dass sie mir nie etwas über ihn erzählen wollte.

»Sie haben wenigstens eine Frau, die sich um Sie sorgt!«

Ich weiß gar nicht, warum ich eigentlich noch weiter rede. Die Worte strömen einfach ungefiltert aus mir heraus. Irgendwie habe ich das Gefühl, ich muss hier auch noch ein paar Anklagepunkte im Sinne meiner Mutter anbringen, solange ich die Gelegenheit dazu habe. »Jeder hat sein Päckchen Kummer zu tragen: Menschen, die um ihren Job betrogen werden. Töchter, die ohne ihren Vater aufwachsen. Frauen, die von ihrem Mann verlassen werden. Oder von ihrem Geliebten, dessen Kind sie gerade unter dem Herzen tragen ...«

Diese Formulierung finde ich selbst so ergreifend, dass mir ein weiterer Schwall Tränen aus den Augen strömt. Ich drücke mir mein zerknülltes, nasses Taschentuch ins Gesicht und wünschte, ich hätte heute früh auf mein Make-up verzichtet. Wahrscheinlich ist meine Wimperntusche inzwischen so verlaufen, dass ich aussehe wie dieser Joker in dem gruseligen Batman-Film.

»Es tut mir leid«, vernehme ich plötzlich Enzingers Stimme. »Wenn ich mir das so anhöre, scheine ich ja wirklich ein ziemlich ekliger Kerl zu sein.«

Ehe ich etwas sagen kann, legte er seine Hand auf meinen Arm, eine alte, faltige Männerhand, gesprenkelt mit jeder Menge Altersflecken in unterschiedlichen Brauntönen. Ich verfalle sofort in eine Schockstarre.

»Sie haben ja recht, Valentina. Ich sollte wirklich netter zu Ihnen sein. Ich weiß auch nicht, weshalb ich immer so grantig bin. Früher hatte ich eigentlich selten schlechte Laune. Jedenfalls damals, als ich noch kein Krüppel war.«

Ich betrachte seine fleckige Hand auf meinem Arm und denke, es wäre mir lieber, er hätte das Wort Krüppel nicht gebraucht. Vor allem aber es wäre mir lieber, ich hätte ihn nicht so angebrüllt. Mir ist mein flammendes Plädoyer jetzt ein bisschen peinlich. Auch wenn sich die anderen Ausflügler längst verkrümelt haben und Enzinger und ich allein im Bug sitzen. Ach Gott, was ist bloß in mich gefahren? Diese ganze Vatergeschichte setzt mir eindeutig mehr zu, als ich erwartet hatte.

Er schaut mir direkt ins Gesicht.

»Sie sind wirklich sehr freundlich zu mir, Valentina. Sie haben sich so viel Mühe gegeben, damit ich einen schönen Sonntag habe. Entschuldigen Sie bitte, dass ich das nicht ausreichend gewürdigt habe. Es ist natürlich wunderbar, nach all den Jahren mein Haus und mein Boot mal wieder vom See aus zu sehen. Vielen Dank für diesen schönen Ausflug. Ich bin froh, dass Sie bei mir sind.«

»Ist schon in Ordnung!«, stammele ich hinter meinem wimperntuschebefleckten Taschentuch. »Ich hätte Sie nicht so anschreien dürfen. Ich habe ja keine Ahnung, wie sich das anfühlt, im Rollstuhl zu sitzen.«

»Ich weiß nicht, ob Sie das verstehen. Ich komme einfach noch immer nicht damit klar, dass sich mein Leben so drastisch verändert hat.«

Er macht eine Pause. Ich schweige andächtig.

»Ach Valentina, was nützen mir mein Geld und mein schönes Haus, wenn ich doch gar nichts mehr tun kann. Nichts mehr, als mich von anderen Leuten in der Gegend herumschieben zu lassen. So einen wie mich braucht doch kein Mensch auf dieser Welt. Was kriege ich denn noch allein auf die Reihe? Sagen Sie es mir! Andauernd muss ich mir helfen lassen. Ich will so nicht leben. Ich bin nur noch lästig. Sonst nichts.«

Ich schlucke.

»Aber nein, Herr Enzinger, das dürfen Sie nicht sagen.«

»Doch, das darf ich.«

Eine Weile lang bleibt er stumm, und wir lauschen dem Brummen des Schiffsmotors, dem Kreischen der Möwen und den Bordlautsprechern, die uns jetzt mit einem zünftigen »Mia san die lustigen Holzhackerbuam« beschallen.

»Wann war denn das mit Ihrem Unfall?«, wage ich Enzinger zu fragen. »Und was ist überhaupt passiert?«

Enzinger schaut hinunter auf seine rechte Hand, die immer noch auf meinem Arm liegt.

»Es war auf einer Baustelle vor zehn Jahren«, erzählt er. »Der Neubau des Oberbichlberger Rathauses. Ganz genau weiß ich gar nicht mehr, wie es passiert ist. Ich bin ausgerutscht und einen Aufzugschacht hinuntergestürzt. Fünf Meter tief. Die Leute haben mich immerhin lebend wieder herausgezogen, aber danach war nichts mehr wie zuvor: eine ausgekugelte Schulter, ein paar gebrochene Rippen, ein Riss in der Milz, ein gequetschter Nerv im Handgelenk und ein Trümmerbruch der Hüfte. Ich habe monatelang im Krankenhaus gelegen, und die Ärzte haben mich wieder halbwegs zusammengeflickt. Mit meiner Karriere als Architekt war es vorbei. Wie sollte ich mit einer kaputten rechten Hand noch vernünftig arbeiten, geschweige denn mit meinen lädierten Knochen auf Baustellen herumklettern! Es hat sich herausgestellt, dass ein Bauarbeiter die Absperrung des Schachtes nicht richtig angelegt hatte, und ich habe einen Haufen Geld als Entschädigung bekommen. Aber davon bin ich auch nicht gesund geworden. Dabei hatte ich doch noch so viel vor in meinem Leben.«

Enzinger macht wieder eine Pause, und als ich nichts sage, fährt er fort: »Ich wünschte, ich hätte nicht immer gedacht: Später mach ich das alles. Später, wenn ich im Ruhestand bin. Ich wünschte, ich hätte mir früher die Zeit für all die schönen Dinge genommen. Jetzt ist es vorbei. Na ja. In den ersten Jahren konnte ich wenigstens noch an Krücken gehen. Aber es wurde immer beschwerlicher, meine Hüfte heilte nicht richtig, und auf einmal bin ich ein gebrechlicher alter Mann, der schief im Rollstuhl sitzt. Was für ein Absturz, nicht wahr? Eine Sekunde, ein falscher Tritt, und alles ist hin. Vorbei die Zeiten, in denen ich mein Leben bestimmt habe, in denen ich ein erfolgreicher, selbstbewusster Mensch war, den die Leute bewundert und respektiert haben. Und jetzt? Jetzt haben sie bestenfalls Mitleid mit mir, weil ich meine Kaffeetasse kaum mehr an den Mund führen kann. Darauf kann ich gern verzichten. Ich hasse es, peinlich zu sein.«

»Das sehen Sie völlig falsch«, widerspreche ich. »Was ist daran peinlich, an Krücken zu gehen oder im Rollstuhl zu sitzen? Ganz im Gegenteil. So ein Leben zu meistern ist doch viel beeindruckender, als wenn einer munter auf zwei Beinen durch die Gegend läuft. Im Übrigen haben Sie immer noch einen klugen Kopf, und auf jeden Fall können Sie stolz sein auf all das, was Sie in all den Jahren erreicht haben.«

»So? Kann ich das?«

»Ja, natürlich. Sie haben dafür gesorgt, dass in vielen Städten dieser Welt aufregende Gebäude stehen. Dass die Menschen in Kopenhagen ein wunderschönes Museum aus Glaswürfeln haben. Und die Leute von Oberbichlberg ein tolles Rathaus. Warum fahren Sie nicht einfach mal wieder hin und schauen sich an, was Sie geschaffen haben!«

»Liebe Valentina, Sie haben wirklich verrückte Ideen. Was sollte ich denn da? Ich will mit diesen Häusern nichts mehr zu tun haben. Sie würden mich nur noch mehr daran erinnern, dass etwas Großartiges in meinem Leben unwiederbringlich verloren ist.«

»Herr Enzinger, Sie haben die falsche Einstellung. Natürlich ist vieles für immer vorbei. Die Karriere als Architekt wahrscheinlich genauso wie die eines Marathonläufers. Aber trotzdem kann jeden Tag etwas Neues, Aufregendes passieren, man muss sich nur darauf einlassen. Wer sich nur noch in seinem Haus verschanzt und Trübsal bläst, vergibt sich eine Menge Chancen.«

»Ach Valentina. Sie sind drollig, aber naiv. Ich bin ein alter, kranker Mann. Was soll in meinem Leben denn noch Aufregendes passieren?«

»Wer weiß, Herr Enzinger. Wer weiß.«

Aber er macht nur eine abwehrende Handbewegung und starrt wieder still aufs Wasser.

13.

»Valentina, ich glaube, ich muss ein ernstes Wort mit Ihnen reden.«

Es war ja klar, dass Frau Enzinger über meinen ausgedehnten Ausflug mit ihrem Mann nicht besonders begeistert sein würde. Vielleicht hätte ich ihr vorher Bescheid sagen sollen, dass wir nicht nach zwanzig Minuten, sondern erst am Nachmittag zurückkommen würden. Mit strenger Mine empfängt sie mich und Enzinger im Wohnzimmer.

»Ich habe mir furchtbare Sorgen gemacht. Ich habe Sie mindestens fünfmal auf Ihrem Handy angerufen. Können Sie mir sagen, wo Sie die ganze Zeit über gewesen sind?«

»Wir haben eine kleine Schiffstour auf dem See unternommen. Bei dem Lärm habe ich das Klingeln leider nicht gehört.«

»Eine Schiffstour? Den ganzen Tag lang? Sind Sie noch zu retten? Das ist doch viel zu anstrengend für meinen Mann.«

»Aber warum denn? Er hat die ganze Zeit bequem in seinem Rollstuhl gesessen ...«

Während Frau Enzinger nach Luft schnappt, mischt sich ihr Mann mit matter Stimme ein:

»Lass mal gut sein, Brigitte. Es ist alles in Ordnung. Ich wollte einfach ganz spontan mal wieder aufs Wasser. Wir hätten dich natürlich anrufen sollen, entschuldige. Aber wir hatten einen wunderschönen Tag.«

Ich werfe ihm einen dankbaren Blick zu, und er fährt fort,

als wäre das Ausflugsthema damit erledigt: »Wie war es bei deinen Freundinnen?«

»Ach, alles wie immer. Doro überlegt, sich eine Wohnung auf Teneriffa zu kaufen, und Marita und Elsa haben schon wieder versucht, mich zu einem Aquarell-Malkurs zu überreden. Als wenn ich für so einen Quatsch Zeit hätte.«

»Aber warum denn nicht? Jetzt, wo Valentina im Haus ist, kannst du doch öfter mal eine Pause machen und an dich denken. Vielleicht wäre ein Malkurs ja genau das Richtige für dich.«

»Werner, ich bitte dich …«

»Ich finde, du solltest wenigstens darüber nachdenken. Ein wenig Entspannung würde dir guttun, Liebes. Aber wie auch immer. Tatsächlich bin ich erschöpft nach diesem langen Tag und ruhe mich vor dem Abendessen noch ein bisschen aus.«

Enzinger rollt aus dem Wohnzimmer. Kurz danach höre ich aus der Diele das Surren des Treppenlifts.

»Sie sind doch Altenpflegerin.« Frau Enzinger sieht mich ratlos an. »Sie müssen doch wissen, dass er seinen täglichen Mittagsschlaf braucht und keine anstrengenden Ausflüge machen sollte. Was haben Sie sich bloß dabei gedacht?«

»Gelegentliche Exkursionen auch im hohen Alter sind außerordentlich inspirierend und gesundheitsfördernd«, erkläre ich. Und weil mir gerade nichts Schlaueres einfällt, fahre ich fort: »Das Ganze beruht auf dem chinesischen Prinzip von Yin und Yang, wissen Sie. Feng-Shui. Sie haben ja sicherlich schon mal davon gehört: die Harmonie von Wind und Wasser. Der Einklang der Elemente. Man muss positive Energien zum Strömen bringen. Und wo findet man eine bessere Harmonie von Wind und Wasser als bei einer Schiffstour, nicht wahr?«

Ich weiß nicht, ob ich mich hier gerade um Kopf und Kragen rede. Aber je länger ich darüber nachdenke, desto mehr finde ich, dass meine Theorie eigentlich sehr vernünftig klingt.

»Yin und Yang?«, wiederholt Frau Enzinger nach ein paar Sekunden ungläubigen Schweigens.

»Ja. Sie wissen doch, dass uns die chinesische Heilkunst seit Jahrtausenden überlegen ist. Ich habe kürzlich eine intensive Fortbildung in diesem Bereich gemacht. Es ist wirklich äußerst interessant.«

Wenn Eva wüsste, dass ich sie gerade zur Koryphäe einer auf Feng-Shui basierenden Gesundheitslehre gemacht habe! Sie würde staunen.

Frau Enzinger staunt auch.

»Na gut«, sagt sie schließlich. »Meinem Mann scheint der Ausflug ja gefallen zu haben. Aber es wäre nett, wenn Sie mich künftig rechtzeitig informieren, falls Sie wieder irgendwelche anstrengenden Exkursionen mit ihm planen. Am besten besprechen wir das auch mit unserem Arzt. Sie werden Dr. Friedrich morgen früh kennenlernen. Er besucht meinen Mann jede Woche.«

Ein Arzt kommt ins Haus? Ein echter Fachmann der Humanmedizin? Gott bewahre! Dem kann ich wahrscheinlich nicht so einfach mit Yin und Yang kommen. Ob ich es schaffe, mir bis morgen früh eine ansteckende Krankheit zuzulegen, mit der ich mich in Quarantäne verabschieden kann, um seinen peinlichen Fragen zu entgehen? Aber wenn Enzingers Arzt erfährt, dass seine Betreuerin ein infektiöses Leiden erwischt hat, wird er sich vermutlich erst recht für mich interessieren. Fatal!

»Wenn Sie mögen, können Sie sich bis zum Abendessen freinehmen«, erklärt Frau Enzinger. Ich bin mir nicht sicher, ob sie mir einen Gefallen tun oder mich bloß für ein paar Stunden los sein möchte. Jedenfalls bin ich froh darüber, endlich mal wieder etwas Zeit für mich zu haben.

»Gern«, sage ich. »Ich werde eine Runde spazieren gehen. Spätestens um halb sieben bin ich wieder da.«

Planlos schlendere ich aus dem Enzinger'schen Anwesen. Was macht man einsam und allein mit zwei freien Stunden am Sonntagnachmittag, wenn man keinen Fernseher, kein Buch und keinen vernünftigen Internetanschluss hat? Auf einen Schaufensterbummel durch Starnberg habe ich keine Lust, wenn alle Geschäfte geschlossen sind und ich nicht wenigstens die ein oder andere Klamotte anprobieren kann.

Ich beschließe, Enzingers Segelboot einen Besuch abzustatten, und spaziere durch das lichte Fichtenwäldchen die paar Meter hinunter zum See. Leider ist der Steg durch ein Tor aus Maschendraht nebst dickem Vorhängeschloss abgesperrt. Es wäre ja auch zu schön gewesen, wenn das Boot frei zugänglich gewesen wäre. Abgedeckt mit einer vermoosten blauen Plane schaukelt es auf dem Wasser. Nur ganz oben auf der Mastspitze flattert einsam ein rot-weiß gestreifter Bayern-München-Wimpel. Ob Enzinger früher wohl ein richtiger Fußballfan war?

Ich stelle mir vor, wie es gewesen sein mag, als Enzinger zum letzten Mal in einem schicken Poloshirt und kurzer Hose mit einem eleganten Satz in dieses Boot gesprungen ist, seiner Frau ein »Brigitte, hol schon mal die Leinen ein« zurufend. (Oder was immer man einander zuruft, wenn man zum Segeln aufbricht.)

Ob er damals, vor vielen Jahren, meiner Mutter von seinem Boot erzählt hat? Ob sie davon geträumt haben, miteinander segeln zu gehen?

Ein Geräusch hinter mir lässt mich zusammenzucken.

»Na, hast du Lust auf eine Runde Segeln, Valentina?«

Diese Stimme lässt mein Herz – jawohl, so kitschig es auch klingen mag –, diese Stimme lässt mein Herz hüpfen. Und zwar mindestens hinauf bis zum höchsten Fichtenwipfel. Ich fahre herum und stehe Felix gegenüber. Heute nicht in zerrissenem T-Shirt, sondern in einem einwandfreien hellblauen Hemd mit hochgekrempelten Ärmeln, das ihn vorzüglich kleidet.

»Hallo!«, strahle ich ihn an. »Was machst du denn hier? Du wirst doch wohl am hochheiligen Sonntag nicht im Garten arbeiten wollen?«

»Natürlich nicht«, sagt er. »Ich wollte gerade im Haus nach dem Rechten sehen, da habe ich dich hier entdeckt und bin abgebogen.«

Der Gärtner wird mir immer sympathischer. Dass er sich nicht nur um das Wohlergehen der Pflanzen kümmert, sondern auch um das der Enzingers selbst, und dafür noch seine kostbare Freizeit am Sonntagnachmittag opfert – das finde ich sehr bemerkenswert.

Hoffentlich ist er kein Gauner, schießt es mir durch den Kopf. Einer, der sich bei den alten Leuten Liebkind macht in der Hoffnung, dass sie ihm aus lauter Dankbarkeit den einen oder anderen Sportwagen zukommen lassen. Oder das Boot. Oder gleich das ganze Anwesen.

Aber das will ich mir jetzt lieber nicht vorstellen. Das Einzige, was ich mir vorstellen will, ist ein spektakulärer Flirt mit dem attraktivsten Grünflächenpfleger unter der Sonne, der soeben zugegeben hat, mir nachgelaufen zu sein.

»Das ist gerade ein ungünstiger Zeitpunkt, um nach den Enzingers zu sehen«, behaupte ich. »Ich war den ganzen Tag lang mit ihm unterwegs, und er hat sich zu seiner wohlverdienten Siesta zurückgezogen. Wenn ich es richtig verstanden habe, möchte die Dame des Hauses nach ein paar anstrengenden Bridgerunden mit ihren Freundinnen jetzt auch gern ihre Ruhe haben.«

Besonders raffiniert war das jetzt gerade nicht. Deutlicher hätte ich Felix gar nicht sagen können, dass er sein soziales

Engagement doch bitte einzig und allein auf mich ausrichten möge.

»Okay«, grinst er, »dann muss ich solange wohl mit dir vorliebnehmen. Allerdings finde ich es für einen Segelausflug heute doch schon etwas spät. Hast du Lust, spazieren zu gehen?«

»Nichts lieber als das«, rutscht es mir raus, und ich spüre angesichts meiner wenig diskret geäußerten Begeisterung eine heftige Röte über mein Gesicht flammen. Schnell füge ich ein relativierendes »Das wollte ich sowieso gerade tun« hinzu.

»Fein. Dann mal los. Kennst du das Café Kaiserblick?«

»Klar, da habe ich erst gestern mit Herrn Enzinger bei Kaffee und Kuchen gesessen.«

»Kaffee und Kuchen im Lokal?«, staunt Felix. »Er hasst es, in der Öffentlichkeit zu essen. Wie hast du ihn dazu gebracht? Wenn ich ihm so etwas vorschlage, lehnt er jedes Mal ab.«

»Tja, gelernt ist gelernt. Ich bin eben Profi im Umgang mit älteren Herrschaften.«

Dann sitze ich mit Felix im Café. Seltsamerweise ist es heute trotz des weiterhin herrlichen Wetters und der reichlich strömenden Besucher auch ohne Rollstuhl kein Problem gewesen, einen Platz zu bekommen. Meine Bekanntschaft mit Felix steht eindeutig unter einem guten Stern.

»Erzähl mir was von dir!«, sagt er. »Was hast du gemacht, bevor du den Job hier übernommen hast?«

Es widerstrebt mir, auch Felix die Lügengeschichte mit der alten Dame Esmeralda und dem betreuten Wohnen aufzutischen. Aber reinen Wein mag ich ihm auch noch nicht einschenken. Womöglich läuft er schnurstracks zu den Enzingers und erzählt ihnen aus lauter Loyalität die Wahrheit über meine Spionagetätigkeit. Und dann ist hier alles aus, noch bevor es richtig angefangen hat.

»Ach«, sage ich deshalb gedehnt. »Heute ist so ein wunderschöner Tag. Lass uns lieber über etwas anderes reden als über die Arbeit.«

»Auch gut. Keine Angaben zu Arbeit und Beruf. Dann will ich aber alles andere von dir wissen. Also schieß los: Hobbys, Familienstand, Sternzeichen, Lieblingsfilm ...«

»Halt, langsam!«

Verdammt schwierig, mit einem Mann Kontakt zu knüpfen, wenn man nicht sagen kann, wer man ist, aber trotzdem nicht schwindeln möchte. Ich beschließe, mit meinem Familienstand anzufangen. Da kann ich problemlos bei der Wahrheit bleiben, und außerdem ist dieses Detail ja auch sehr entscheidend, falls Felix längerfristige persönliche Planungen mit mir in Erwägung ziehen sollte. Ich erzähle ihm von meiner Scheidung. Seltsamerweise kommt es mir so vor, als sei der Gerichtstermin schon monatelang her.

»Vor nicht einmal einer Woche?« Felix sieht wirklich mitfühlend aus. »Das ist ja noch entsetzlich frisch, du Arme. Und was war der Grund für eure Trennung? Oder ist das zu indiskret?«

»Natürlich ist das viel zu indiskret. Aber ich verrate es dir trotzdem: Erst wollte ich Kinder und Holger nicht. Dann wollte Holger Kinder, allerdings mit einer anderen Frau, was ich natürlich nicht wollte ... Na ja, du kannst es dir denken.«

»Oje. Das klingt beschissen.«

»Das klingt nicht nur so, das ist beschissen.«

Warum habe ich den Eindruck, dass ein Gespräch mit Felix über meine gescheiterte Ehe hilfreicher wäre als jede teure Therapiestunde bei Frau Leberecht? Ich wette, wenn ich mich mit ihm täglich im Café Kaiserblick treffen und meine bescheidenen Lebenserfahrungen vor ihm ausbreiten würde, wäre mein Tinnitus nach nicht einmal einer Woche verschwunden.

Mal sehen, was sich da machen lässt.

»Und du?«, frage ich. »Wie ist dein Familienstand?« Wenn er jetzt sagt, dass er schwul ist und seit fünfundzwanzig Jahren in einer glücklichen Männerbeziehung lebt, springe ich kopfüber in den See und tauche bis Weihnachten nicht mehr auf. Weihnachten übernächsten Jahres.

»Bei mir war es andersherum«, sagt Felix. »Meine Freundin war nicht so der Familienmensch, deshalb haben wir uns vor einem halben Jahr getrennt. Es hat keinen Sinn weiterzumachen, wenn man eine dermaßen unterschiedliche Vorstellung vom gemeinsamen Leben hat.«

Gott sei Dank, der Sprung in den Starnberger See bleibt mir erspart. Wäre mir sowieso viel zu kalt gewesen. Und das mit dem Familienmenschen klingt sehr sympathisch.

Ich hätte so gern gewusst, wie er dazu gekommen ist, Gärtner zu werden, wie und wann er die Enzingers kennengelernt hat und in welchen Villengärten er sonst noch ackert. Aber ich habe nun mal beschlossen, das Thema Beruf auszuklammern, deshalb ist es nur fair, dass ich Felix auch nicht danach frage. Das Thema Familie und Herkunft spare ich ebenfalls aus. Es widerstrebt mir zu verraten, dass ich vaterlos mit einer Hippiemutter in einer Kommune aufgewachsen bin. Am Ende denkt er noch, ich hätte meine Jugend im wilden Drogenrausch und mit ungezügeltem Sex verbracht, und macht lieber einen Bogen um mich.

Glücklicherweise erwartet Felix keine ausführlichen Informationen über meine nähere Verwandtschaft, sondern entwickelt sehr erfreuliche Pläne für unsere nähere Zukunft:

»Wollen wir mal was miteinander unternehmen? Ich könnte mir vorstellen, dass du abends lieber was anderes machen möchtest, als auf deinem Zimmer zu sitzen, nachdem du den ganzen Tag mit den alten Herrschaften verbracht hast. Gehst du gern tanzen? Hast du am nächsten Samstag Zeit?«

Tanzen? Mit Felix? Gleich am nächsten Samstag? Aber klar. Egal ob ich beim Tango, beim Wiener Walzer oder bei der Polonaise Körperkontakt mit ihm aufnehme: Dieser Vorschlag katapultiert ihn auf meiner von null bis zehn reichenden Sympathieskala gleich auf Platz 11. Mindestens.

»Klingt toll. Wohin gehen wir?«

Den Club, den Felix vorschlägt, kenne ich zwar nicht, aber das spielt natürlich überhaupt keine Rolle. Ich glaube, ich habe mich nicht mehr so sehr auf ein Date gefreut, seit ich mich vor zwölf Jahren in der Uni-Cafeteria zum ersten Mal mit Holger verabredet habe. Wie begeistert ich damals war, als dieser durchtrainierte Typ mit der Tennistasche über der Schulter mich am Schokoladenautomaten ansprach, wo ich mir gerade ein Snickers gönnen wollte, um mich über eine unerfreuliche Wendung in meiner Studienlaufbahn zu trösten: »Du brauchst dir doch nichts Süßes zu kaufen, du bist doch selber süß genug.« Damals fand ich seine Bemerkung extrem charmant und witzig, bei heutiger nüchterner Betrachtung klingt der Spruch nur noch peinlich. Aber mit vierundzwanzig und der frischen Erkenntnis, dass ich die Klausur »betriebsinternes Informations- und Kommunikationsmanagement« zum zweiten Mal nicht bestanden hatte, war ich empfänglich für Schmeicheleien. Ich hielt Holger für so etwas wie den Erzengel, den das Schicksal mir gesandt hatte, um mich mit der hundsgemeinen Welt und ihren ungerechten BWL-Professoren zu versöhnen. Ich sagte sofort zu, als er mich fragte, ob wir uns am Abend sehen würden. Nun, es wurde bekanntlich mehr als ein Abend daraus. Im Nachhinein betrachtet wäre es sicher besser gewesen, wenn ich das Snickers genommen hätte und nicht Holger.

Jetzt also ein Date mit Felix. Und das kann nur besser werden als damals. Inzwischen bin ich keine Studentin in Krisenstimmung mehr, sondern eine gelassene Frau mit

Lebens-, Ehe- und Therapieerfahrung, die mit Krisen aller Art sehr professionell umgeht. (Jedenfalls heute.) Ich kann wirklich nicht meckern: Die Sache mit dem Gärtner und mir entwickelt sich ausgezeichnet.

Wir reden über Gott und die Welt. Genauer gesagt über das Verhältnis von Mann und Frau und warum es manchmal nicht klappt miteinander.

Zum Beispiel der Klassiker: Warum stellen Männer ihre benutzte Kaffeetasse grundsätzlich auf und niemals in die Spülmaschine? Meine These: Das hat soziobiologische Ursachen, liegt begründet in archaischem Revierverhalten aus der Zeit, als Männer noch wilde Tiere waren.

»Du meinst«, fragt Felix, »weil es unhygienisch wäre, an strategisch wichtigen Orten in der Wohnung Duftmarken zu setzen, positioniert ein Mann seine Kaffeetasse, um sein Territorium zu markieren?«

»Hast du eine bessere Erklärung?«

Hat er natürlich nicht. Nur das Bekenntnis, dass die Tassenproblematik auch seine Freundin regelmäßig in den Wahnsinn getrieben hat. Ich beschließe, diese Angelegenheit lockerer zu nehmen, sollte es zwischen Felix und mir in ferner Zukunft jemals Diskussionen über ein falsch positioniertes Stück Geschirr geben.

Die Materie »zwischengeschlechtliche Probleme« ist unerschöpflich und bringt uns ziemlich schnell zum nächsten Thema. Aus aktuellem Anlass: geeignete Methoden zur Überwindung von Liebeskummer.

Unsere spontane Fallanalyse ergibt, dass wir dabei völlig unterschiedliche Strategien verfolgen. Ich schwöre auf das Prinzip Konsum gegen Kummer. Dazu gehören unbedingt: der reichliche Verzehr von Torte und Pizza (in dieser Reihenfolge), ausgiebige Schaumbäder in unterschiedlichen Parfümierungen, der wiederholte Besuch bei der Kosmetikerin meines Vertrauens und (ganz wichtig) der Kauf von neuer Garderobe, wobei der Grundsatz gilt: Je größer der Schmerz, desto tiefer der Ausschnitt, desto steiler der Absatz.

»Oh«, sagt Felix, »dann müsste ich dir ja eigentlich wünschen, dass du nicht so viele sexy Klamotten im Schrank hast. Wie schade!«

Ich finde, es gibt eindeutig uncharmantere Männer.

Er hat die Trennung von seiner Freundin eher sportlich genommen und nach eigenen Angaben »wie verrückt trainiert«. (Man sieht es ja an seinen wohlgeformten Unterarmen!)

»Aber irgendwann fragst du dich, was für ein miserables Leben das eigentlich ist, wenn deine beiden besten Freunde deine Sportschuhe sind.«

Da könnte ich Abhilfe schaffen, denke ich. Doch noch bevor mir der Satz »Lass mich dein Turnschuh sein!« über die Lippen kommt, fährt Felix hoch.

»Mist! Es ist ja gleich schon halb sieben. Ich muss los.«

Ich eigentlich auch. Mein freier Nachmittag ist leider um. Dabei könnte ich noch bis morgen früh hier sitzen und mit Felix über verflossene und über künftige Lieben reden, wobei ich bei Letzterem eine tragende Rolle zu übernehmen gedenke.

Sein »Ich bin gleich noch verabredet« klingt da natürlich kontraproduktiv. Nicht dass ich direkt eifersüchtig wäre, aber ich würde trotzdem gern wissen, mit wem er sich heute Abend noch trifft.

»Ach, so ist das. Der Herr hat noch ein Rendezvous ...«

»Nein, nein. Das ist kein Rendezvous.« Felix lächelt, aber dabei sieht er ein bisschen aus wie ein kleiner Junge, der beim Naschen erwischt wird. »Ich treffe mich noch mit Nicole.«

»Nicole?« Ich kann es nicht fassen. Ausgerechnet Schneewittchen. »Wieso triffst du Nicole?«

»Es ist nicht so, wie du denkst, Valentina. Sie hat nur ein paar Fragen an mich. Wenn ich sie richtig verstanden habe, hat sie gerade Stress zu Hause. Sie plant mit ein paar Freundinnen drei Wochen Cluburlaub auf den Kanaren, und ihre Eltern haben keine Lust, ihr alles zu bezahlen. Jetzt will sie versuchen, für ihren Dreitagesjob im Haus ein bisschen mehr Geld zu bekommen, und erwartet von mir ein paar strategische Tipps für die Gehaltsverhandlungen.«

»Und da bist du der Richtige?« Das »Warum sollte sie da ausgerechnet den Gärtner fragen?« verkneife ich mir, weil ich Felix nicht kränken will.

»Na, wer denn sonst. Ich kenne Nicole schon, seit sie ein kleines Mädchen ist. Du brauchst dir keine Sorgen zu machen ...« Seine letzte Bemerkung garniert er mit einem ziemlich frechen Grinsen, das ich den ganzen Abend lang noch vor Augen habe. Später ärgere ich mich, dass ich Felix nicht gefragt habe, wann er sich das nächste Mal um die Enzinger'schen Rosen kümmert und um die Tulpen, die Narzissen, die Fliederbäume, die Apfelbäume, den Rasen und die Ligusterhecke und alle anderen Gewächse, die dringend darauf warten, dass er Hand an sie legt.

So wie ich. Denn ich finde, bis Samstag dauert es noch eine Ewigkeit. Zum Glück tröstet der kleine Abschiedskuss ein bisschen, den Felix mir beim Davoneilen auf die Wange gedrückt hat. Der fühlt sich so gut an, dass ich erwäge, heute Abend auf das Abschminken zu verzichten.

14.

Dr. Friedrich ist viel jünger, als ich gedacht hatte. Ich hatte einen korpulenten Senior erwartet, etwa in der Altersklasse der Enzingers. Stattdessen steht ein frischer, sportlicher Typ vor mir, der gerade dem Set von *Grey's Anatomy* entsprungen sein könnte. Er trägt eine helle Leinenhose und ein dunkelblaues Hemd mit aufgeschlagenen Ärmeln, hat allerdings praktisch kein einziges Haar mehr auf dem Kopf. Was ich persönlich für kein besonders großes Problem halte, denn Bruce Willis oder Andre Agassi zum Beispiel haben ja auch recht blanke Schädel und gelten trotzdem allgemein als nicht gerade hässlich. Von Pep Guardiola, dem ebenso feschen wie weitgehend haarlosen Trainer von Bayern München, mal ganz zu schweigen. Sehr erfreulich, dieser Doktor. Man könnte fast den Eindruck gewinnen, die Enzingers hätten bei der Auswahl ihres Mitarbeiterstabs durchaus auch auf die optische Komponente geachtet.

Dr. Friedrich erwischt mich in der Küche, wohin ich mich am Montagmorgen gleich nach dem Frühstück verzogen habe in der Hoffnung, durch einen intensiven Geschirrspülmarathon seiner fachärztlichen Begutachtung entgehen zu können. Aber natürlich habe ich die Rechnung ohne die Hausherrin gemacht: Kaum dass Dr. Friedrich das Haus betreten hat, steht Frau Enzinger schon mit ihm bei mir in der Küchentür.

»Und hier möchte ich Ihnen unsere neue Pflegehilfe vorstellen: Valentina. Ich habe Ihnen ja schon von ihr erzählt.«

Ach Gott, hoffentlich auch ein bisschen was Nettes.

»Guten Morgen, Valentina!« Dr. Friedrich schaut mich aus wachen grauen Augen an und verzieht keine Miene, als ich ihm vor lauter Nervosität die Hand mit dem tropfenden Spülhandschuh reiche. In letzter Sekunde reiße ich mir das Gummiteil von den Fingern. Verdammt, was guckt denn der so ernst? Wenn er mich jetzt fragt, was für gymnastische Übungen ich zur Förderung der Oberbeinbeweglichkeit für Herrn Enzinger entwickelt habe und wie ich mit seinen erhöhten Cholesterinwerten umzugehen gedenke, bin ich geliefert. Da hilft mir auch kein Feng-Shui.

»Schön, dass Sie da sind«, sagt der Doktor. »Es wird Herrn Enzinger guttun, ein bisschen mehr Gesellschaft zu haben. Was halten Sie davon, wenn wir uns gleich mal zusammensetzen und uns etwas unterhalten?«

Unterhalten? Um Himmels willen, worüber will er sich denn mit mir unterhalten? Wohl kaum über das Wetter.

»Am besten gehen wir raus auf die Terrasse. Da sind wir ungestört.«

Das ist es ja gerade. Mir käme eine ordentliche Störung jetzt sehr gelegen.

Während ich noch einen Moment abwarte, nickt Frau Enzinger mir zu: »Gehen Sie nur. Der Abwasch läuft nicht weg. Notfalls kann sich auch Nicole später darum kümmern. Der Doktor ist jetzt wichtiger.«

Dann sitze ich neben Dr. Friedrich in einem hohen, mit dicken orangefarbenen Polstern ausgestatteten Teakholzstuhl und warte auf seine Fangfragen. Das hätte ich mir denken können, dass man nicht einfach so im Vorbeigehen als Pflegehilfe eingestellt wird. Jetzt kommt der ärztliche Eignungstest, und ich werde in Bausch und Bogen durchfallen. Wenn ich wenigstens nicht so entsetzlich nervös wäre. Ich glaube, ich kann keinen einzigen klaren Gedanken fassen.

Wahrscheinlich gerate ich bereits ins Stottern, wenn er mich nur nach meinem Geburtsdatum fragt oder nach meiner Krankenversicherung.

Zunächst redet der Arzt erstaunlicherweise doch über das Wetter: »Unglaublich, wie sommerlich es schon ist. Und das Ende April ...«

Wahrscheinlich will er mich mit beiläufiger Konversation in Sicherheit wiegen und überfällt mich dann hinterrücks mit gemeinen Spezialfragen zum Thema Altersinkontinenz oder Angina Pectoris. Ich bleibe jedenfalls auf der Hut und reagiere mit einem zustimmenden »Hm, wahrscheinlich liegt das am Klimawandel«. Ob ich es schaffe, ihn von den vielfältigen Aspekten der Geriatrie abzulenken, indem ich ihn in ein Gespräch über globale Strategien gegen die Erderwärmung verwickele? Dank Mutters Engagement in dieser Sache kann ich da wenigstens ein bisschen mitreden.

Der Doktor scheint die CO_2-Problematik aber eher locker zu nehmen: »Wenn es am Klimawandel liegt, dass der Garten hier so wunderschön aussieht, habe ich nichts dagegen. Ich finde, blühende Oleanderbüsche machen sich auch nördlich der Alpen sehr gut.«

Damit hat er recht. Schweigend lasse ich den Blick umherwandern. Enzinger – oder eher Felix – hat zwei riesige Terrakottakübel mit weiß und rosa blühendem Oleander rechts und links auf die Terrasse gestellt. Außerdem haben die vergangenen sonnigen Tage die Blüten an den Büschen und Bäumen im Garten praktisch explodieren lassen. Sogar der Flieder ist schon voller lila Puscheln.

»Ich schätze, für diesen Traum von einem Garten ist weniger der Klimawandel verantwortlich sondern eher der Gärtner«, beeile ich mich zu sagen. »Felix hat wirklich ein Händchen fürs Grüne.«

Es kann nicht schaden, beiläufig mein ausgezeichnetes

Verhältnis zu Felix zu erwähnen. Der Doktor soll ruhig wissen, dass ich mit dem Gärtner per Du bin. Dass ich also bei Enzingers schon voll integriert und quasi aus der Hausgemeinschaft nicht mehr wegzudenken bin – egal wie mein medizinischer Eignungstest ausfällt.

Dr. Friedrich nickt mir freundlich zu: »In der Tat, der kann was, der Felix. Das ist ein richtiges Paradies hier.«

O ja, ein Paradies. Leider eines ohne Fluchtweg. Denn nun wird es doch ernst:

»Jetzt mal zur Sache, Valentina. Wie ich hörte, arbeiten Sie schon länger in der Seniorenbetreuung. Hatten Sie schon einmal mit einer Pseudarthrose zu tun?«

Pseuda- was? Das klingt sehr unangenehm. Jetzt bloß keinen Fehler machen.

»O nein, Dr. Friedrich, damit hatte ich zum Glück noch nie etwas zu tun. Ich ... ich bin absolut gesund.«

Das stimmt. Abgesehen von meinem Tinnitus. Aber das ist keine ansteckende Krankheit, deshalb brauchen sie mich jedenfalls nicht zu entlassen.

»Davon gehe ich aus.« Dr. Friedrich lächelt. Wahrscheinlich denkt er, ich hätte einen Witz gemacht. »Ich wollte wissen, ob Sie während Ihrer Pflegetätigkeit schon mal einen Patienten mit einem nicht heilenden Knochenbruch gepflegt haben und ob Sie sich mit den Komplikationen auskennen: Fehlstellung, Muskelschwund, Gelenkprobleme, Schmerzen.«

Ach so. Enzingers kaputte Hüfte. Der Unfall. Der Grund, weshalb er im Rollstuhl sitzt. Das hätte ich wissen müssen. Verdammt, warum sagt der Doktor denn das nicht gleich?

»Äh, nein, bedauere. Mit einem solchen Patienten hatte ich bislang noch nicht zu tun. Ist das etwa ein Problem?«

Dr. Friedrich schüttelt den Kopf: »Natürlich nicht. Vielleicht ist es sogar besser, wenn Sie unbefangen an die Sache herangehen.«

Wenn der wüsste, *wie* unbefangen ich an diese Sache herangehe! Da würde ihm sein hübsches Lächeln ganz schnell vergehen.

»Sehen Sie zu, dass sich Herr Enzinger von seiner angeschlagenen Hüfte nicht unterkriegen lässt. Ich weiß, dass er große Schmerzen hat, aber er will sich nicht noch einmal operieren lassen.«

»Aber warum denn nicht? Wenn das doch helfen würde?«

»Es ist natürlich immer auch ein Risiko. Wissen Sie, was Enzinger mir einmal gesagt hat: ›Ich kenne jemanden, der operiert wurde, und als er aus der Narkose aufwachte, war er ein Idiot. Das jedenfalls soll mir nicht passieren. Da rolle ich lieber für den Rest meines Lebens im Rollstuhl herum.‹« Dr. Friedrich zuckt mit den Schultern. »Gegen den Willen meines Patienten bin ich machtlos.«

»Aber er ist doch so unglücklich im Rollstuhl.«

»Er will da einfach nichts riskieren, Valentina. Eigentlich könnte er trotz seiner Behinderung noch einiges unternehmen. Aber er hat sich in letzter Zeit sehr zurückgezogen. Helfen Sie ihm. Zeigen Sie ihm, dass er noch Freude am Leben haben kann.«

»Ich bemühe mich ja. Aber seine Frau bremst mich in dieser Hinsicht. Sie war nicht sehr glücklich über den Schiffsausflug, zu dem ich ihn gestern entführt habe. Sie findet, es könnte alles zu anstrengend für ihn sein.«

»Frau Enzinger ist sehr verunsichert. Sie macht sich große Sorgen um ihren Mann und möchte ihn am liebsten nur noch mit Glacéhandschuhen anfassen. Ihn aber immer nur zu schonen ist genau der falsche Weg. Dann wird Herr Enzinger schon bald überzeugt sein, dass er wirklich nichts mehr schafft. Aber ich will ihm keine Psychopharmaka verschreiben, damit er bessere Laune bekommt. Dafür sind Sie jetzt da. Damit wieder etwas Leben und Heiterkeit ins Haus kommen.«

»Ach so ...«

»Ja, Valentina. Das war der Grund, weshalb ich Enzingers empfohlen habe, eine Pflegerin zu engagieren. Zum einen natürlich, damit Frau Enzinger entlastet wird. Sie ist ja auch schon über siebzig, und manchmal plagt sie ihr Rheuma mehr, als sie zugeben würde. Aber vor allem hatte ich darauf gehofft, dass Herr Enzinger jemanden an seine Seite gestellt bekommt, der frischen Wind bringt, durch den seine Lebensgeister wieder geweckt werden. Der ihn ein bisschen aus dem goldenen Käfig herausholt, in dem er sich verkrochen hat. Und sei es bei einem kleinen Sonntagsausflug.«

»Bei dem er sich die ganze Zeit über den Trubel drumherum beschwert?«

Der Doktor lächelt mich an.

»Es schadet nichts, wenn er mal wieder sieht, wie sich das richtige Leben da draußen anfühlt.«

»Sie meinen also – ich habe alles richtig gemacht?«

»Absolut richtig. Machen Sie weiter so. Eine Frau wie Sie, forsch und fröhlich, vielleicht ein bisschen unkonventionell – die hat hier im Haus gefehlt.«

Traraa! Ein Tusch bitte! Ich bin eine begnadete Altenpflegerin. Jetzt ist es amtlich. Ich habe das Okay eines ausgebildeten Mediziners. Falls es mir bei Bauer und Böhning nicht mehr gefällt, kann ich problemlos umschulen. K wie Krankenpflege. Vielleicht hat Frau Leberecht instinktiv gewusst, wie meine wahre Bestimmung aussieht. Frau Leberecht?! Da fällt mir etwas ein: Ich habe morgen meinen nächsten Termin bei ihr. Hilfe! Das hatte ich ja komplett vergessen. Morgen Nachmittag um 16 Uhr. Verdammt. Wie soll ich es anstellen, schon drei Tage nach meinem Antritt bei Enzingers freizubekommen? Ich muss dringend mit den beiden darüber reden. Könnte es sein, dass die geschätzte Frau Esmeralda morgen ihren hundertsten Geburtstag feiert? ...

»So, ich denke, wir haben alles besprochen.« Der Doktor steht auf und reicht mir die Hand. »Ich sehe jetzt mal nach meinem Patienten.«

Er lächelt mich schon wieder an. Pep Guardiola lässt grüßen. Ich muss sagen, dieser Doktor Friedrich ist ein sehr angenehmer Mensch. Wenn mir wirklich mal was wehtun sollte, also außerhalb des Herz-Schmerz-und-Seele-Bereichs, für den Frau Leberecht zuständig ist, dann werde ich mich vertrauensvoll an ihn wenden.

»Sie können mich jederzeit anrufen, wenn Sie Fragen haben«, sagt er und reicht mir seine Visitenkarte. Dr. med. Jens Friedrich jun., darunter die Adresse seiner Praxis in Starnberg und ein paar Telefonnummern.

»Ich bin den Enzingers auf ganz besondere Weise verbunden«, erklärt er noch. »Ich kenne die beiden seit Jahrzehnten. Schon mein Vater war ihr Hausarzt, bis ich seine Praxis übernommen habe.«

»Okay«, nicke ich. Heißt das jetzt, ich soll ganz besonders gut auf Enzinger aufpassen? Hoffentlich geht nichts schief.

»Wahrscheinlich wollen Sie sich jetzt um das Mittagessen kümmern, nicht wahr? Kochen Sie was Schönes für Herrn Enzinger. Etwas, das ihm richtig gut schmeckt. Sie wissen ja: Essen hält Leib und Seele zusammen.«

Mit diesen Worten verschwindet er im Haus.

Tja: Kochen Sie mal was Schönes. Das sagt sich so leicht! Ich mag zwar ein Naturtalent in der Seniorenpflege sein, das gilt aber leider nicht für den Bereich des Kochens. Dabei ist es nicht so, dass ich nicht gerne koche. O doch, durchaus. Ich bemühe Jimmy's Pizzadienst keineswegs täglich. Allerdings hält sich mein Repertoire zwischen Herd und Ofen in engen Grenzen. Am liebsten koche ich Ravioli aus der Dose sowie Tiefkühllasagne »Bologneser Art« oder Mini-Frühlingsrollen »Thai style« mit würziger Gemüsefüllung à 20 Stück.

Wobei mir natürlich bewusst ist, dass es sich bei diesen Gerichten nicht um Kochen im eigentlichen Sinn handelt. Aber auch der geübte Umgang mit Aufbacktemperatur und Küchenwecker will schließlich gelernt sein und führt bei mir regelmäßig zu erfreulichen kulinarischen Ergebnissen. Außerdem leiste ich Vorzügliches im Bereich der Spiegeleierbraterei, was allerdings als gesundes, leicht bekömmliches Mittagessen in einem Seniorenhaushalt mit Cholesterinproblematik vermutlich kaum gut ankommt.

An den vergangenen beiden Tagen hat sich Frau Enzinger um das leibliche Wohl ihres Gatten gekümmert. Es gab einmal Züricher Geschnetzeltes mit Spätzle und einmal etwas Undefinierbares auf Gemüsebasis mit Hühnchen. Das schmeckte beides nicht besonders raffiniert, eine spezielle Diät konnte ich darin aber auch nicht erkennen. Wahrscheinlich ist es einigermaßen egal, was ich koche, sonst hätte mir der Doktor sicher nähere Instruktionen erteilt.

Ich beschließe, mich vor Ort im Bioladen inspirieren zu lassen. »Am besten kaufen Sie sämtliche Lebensmittel bei Dinkelkorn«, hatte Frau Enzinger mir heute früh erklärt. »Es gibt weit und breit keinen Naturkostladen mit einem besseren Angebot.«

Also auf zu Dinkelkorn.

Während der Autofahrt (wieder mit dem schicken Porsche! »Nehmen Sie den Wagen ruhig, wenn es Ihnen so viel Spaß macht«, hat Enzinger gesagt. Ich habe den tollsten Job unter der Sonne!) – also, während der Autofahrt versuche ich ein paar Mal, Eva zu erreichen. Aber sie geht nicht ans Telefon. Das Einzige, was ich höre, ist eine fremde weibliche Stimme, die mir in flüssigstem Polnisch etwas komplett Unverständliches sagt, das mit »Automatitschna Sekretarka« (oder so ähnlich) endet.

»Hallo, Eva«, erkläre ich in der Hoffnung, dass ich auf ihren

Anrufbeantworter spreche und mich nicht gerade in Vertragsverhandlungen über ein Zweijahresabo der polnischen *Auto Motor und Sport* eingelassen habe. »Hier ist Valentina. Bitte rufen Sie mich doch so schnell wie möglich mal an.«

Ich ärgere mich: Anstatt mir zu erklären, welches meiner Möbelstücke sie in welche Ecke gerückt hat, hätte sie mir am Samstagabend lieber erzählen sollen, was man einem gesundheitlich angeschlagenen Senior idealerweise zum Mittagessen kochen sollte. Wer ist denn hier die ausgebildete Altenpflegerin – sie oder ich?

Als ich mit meinem Einkaufskorb durch den Laden schlendere (bei Dinkelkorn ist alles Natur, sogar der Einkaufskorb: Hier sammelt man seine Einkäufe in einem Bastbehälter!), entdecke ich eine alte Dame in einem lindgrünen Häckeljäckchen, die vor mir mit prüfenden Blicken zwischen den Regalen »glutenfreie Produkte« und »Makrobiotik« umherwandert. Prima, denke ich. Was die Dame kocht, kann für Enzingers nicht verkehrt sein. Ich folge ihr noch zu den Abteilungen »Köstliches aus Tofu« und »Tees für jede Lebenslage«. Leider aber scheint sie ebenso unentschlossen zu sein wie ich und geht nach ausgiebiger Recherche lediglich mit einer Packung Kürbiskerne in ihrem Bastkörbchen zur Kasse.

Ich muss also allein weiterkommen. Meine Zuversicht wächst erneut beim Blick auf das Schild »Bücher und kleine Helfer«. Sehr gut! Da sollte sich doch ein Hinweis auf Wohlschmeckendes für die Seniorenküche finden lassen. Beim Stöbern im Regal fallen mir gleich zwei schmale Bändchen ins Auge: *Abenteuer Gesundheit* und *Sündiges aus Küche und Keller*. Ich persönlich finde ja, das Letztere klingt interessanter. Aber wahrscheinlich steht doch wieder was ganz anderes darin, als man erwartet.

Auf dem Titelbild ist eine feuerrote Chilischote abgebildet, und in dem Moment fällt mir doch etwas ein, was ich kochen kann: Chili con Carne. Das ist es! Mein Klassiker seit Schulzeiten, den es bei mir praktisch immer zu essen gibt, sofern mehr als drei Menschen zusammenkommen. Na klar: unkompliziert in der Zubereitung und spektakulär im Geschmack. Eines der wenigen Gerichte, das ich zustande bringe, ohne es vorher aus einer Tiefkühlpackung purzeln zu lassen. Das Rezept stammt aus dem Kochbuch *So schmeckt es Che Guevara*, eine fleckige Kladde, die damals in unserer Schwabinger WG auf dem Regal in der Küche stand und von dort irgendwie in meinen Haushalt geraten ist.

Sogar Holger hat immer voller Begeisterung den letzten Rest aus seinem Teller gekratzt, wenn ich Chili con Carne gemacht habe, obwohl er sonst kein ausgewiesener Anhänger meiner Kochkünste war. »Schnuckischatz, das war großartig«, pflegte er immer zu sagen. (Jedenfalls in den Zeiten, als er mich noch Schnuckischatz nannte.)

Also Chili con Carne, die perfekte Speise für mein erstes selbst gemachtes Mittagessen im Hause Enzinger. Darin bin ich unschlagbar, und sie werden es lieben.

Wenn Eva oder ihre Automatentante zurückrufen, lasse ich mich von ihr in Sachen Schonkost und Seniorendiätküche fachkundig beraten. Für die Zukunft. Für alle Fälle.

Dinkelkorn ist wirklich sehr gut sortiert. Meine Einkäufe sind schnell erledigt. Sogar ein paar dicke rote Chilischoten lachen mich aus der Gemüsetheke an. Aber die lasse ich dann doch lieber liegen, auch wenn die Gefahr besteht, dass mein Chili ohne sie ein bisschen langweiliger schmeckt als sonst. Doch das sind die Enzingers ja gewohnt. Heute kein Teufelszeug. Ich will die Gaumen der alten Leute nicht gleich beim ersten Mal überfordern.

Guter Dinge räume ich meine Einkäufe in den Kofferraum und fahre zurück zum Oberen Seeuferweg. Dort schleppe ich den vollgepackten Korb ins Haus, wo mich Nicole im Flur empfängt, einen Wischmopp in der Hand, mit den Füßen einen Wassereimer vor sich her schiebend, den roten Teppich hat sie zur Seite gerollt. Aha, Montag ist also Putztag im Hause Enzinger. Ihrem Gesichtsausdruck nach zu urteilen bereitet ihr der Reinigungsjob nicht besonders viel Vergnügen. Ich frage mich, was ihr überhaupt Vergnügen bereitet. Wahrscheinlich hielte sie es für angemessener, jetzt in einem Liegestuhl auf der Terrasse zu sitzen, eine Piña Colada zu schlürfen und dabei in der *InStyle* zu blättern, während ich den Hausputz übernehme.

»Hallo, Nicole«, rufe ich betont freundlich. »Schon wieder fleißig?«

Das sollte eigentlich nach einer netten Grußformel klingen, kommt aber ein bisschen tantenhaft rüber. Schneewittchen grinst nur matt und murmelt ein müdes Hallo. Wahrscheinlich steckt ihr noch ein anstrengendes Partywochenende in den Knochen. In einem Überschwang von guter Laune beschließe ich, sie ein bisschen aufzuheitern.

»Ich habe gehört, du gehst bald in Urlaub mit deinen Freundinnen? Die Kanaren sind toll. Da war ich vor ein paar Jahren auch schon mal.«

»Wieso?« Sie starrt mich entgeistert an. »Was weißt du von meinem Urlaub?«

»Felix hat mir davon erzählt«, erkläre ich leichthin, als wäre das die größte Selbstverständlichkeit. »Ich bin gestern mit ihm unterwegs gewesen.«

Nicole kann ruhig wissen, dass sie sich felixmäßig keine Hoffnung zu machen braucht. Sicher ist sicher.

»Ach«, macht sie und zieht die Augenbrauen zusammen. »Du triffst dich mit Felix? Wieso das denn?« Doch sie erwartet gar keine Antwort und setzt mürrisch hinzu: »Ist mir aber eigentlich total egal. Im Übrigen geht es dich gar nichts an, was ich in meiner Freizeit mache.«

Ich fürchte, auf dem Weg zu Schneewittchens guter Laune bin ich irgendwo falsch abgebogen. Sie setzt den Wischmopp wieder an und signalisiert mir durch ein Kopfnicken, dass ich ihr bitte nicht im Weg herumstehen möge.

Ich trete einen Schritt zur Seite und versuche es noch einmal. Da wir uns ja von nun an öfter unter demselben Dach aufhalten werden, wäre es sicher gut, ein halbwegs gedeihliches Miteinander zu entwickeln.

»Übrigens kümmere ich mich heute um das Mittagessen.« Vielleicht verbessert es ihre Stimmung, wenn ich ihr klarmache, dass ich schließlich auch nicht zum Spaß hier bin. »Ich komme gerade vom Einkaufen. Rate mal, was es gibt.«

Nicole zuckt gelangweilt mit den Schultern.

»Ab heute ist Schluss mit dem faden Senioren-Food«, erkläre ich feierlich. »Es gibt Chili con Carne nach mexikanischer Art.«

»Chili con Carne?« Jetzt schaut sie doch auf. »So ein scharfes Zeug? Das essen die Enzingers nie im Leben, das sag ich dir gleich.«

»Natürlich die harmlose Variante«, erkläre ich schnell. »Ohne Chilischoten. Ich bin ja nicht lebensmüde.«

»Ach.«

»Hoffentlich schmeckt es dir trotzdem.«

Ich finde, ich bin wirklich nett zu ihr. Eigentlich hat sie so viel Freundlichkeit gar nicht verdient. Aber was tut man nicht alles für ein bisschen Harmonie unter den Hausangestellten.

Und tatsächlich, es geschieht etwas Erstaunliches: Schneewittchen lächelt! Na ja, ihren Gesichtsausdruck als Lächeln zu bezeichnen ist vielleicht ein bisschen übertrieben, aber sie sieht auf einmal gar nicht mehr so griesgrämig aus.

»Tja«, sagt sie, »dann gibt's hier ja wohl endlich mal was Anständiges zu essen.«

Ich glaube, sie freut sich tatsächlich, dass sie nicht länger Frau Enzingers ödes Grünzeug ertragen muss. Wahrscheinlich würde ich auch schlechte Laune kriegen, wenn ich drei Mal in der Woche ungesalzenen Spinat essen müsste.

Fünf Minuten später stehe ich in der Küche und ziehe einem Pfund Zwiebeln die Schale ab. Das wird ein wunderbarer Einstand: Ich werde den Enzingers ein Mittagessen servieren, als hätte ich eine höhere Haushaltsschule mit Erster-Klasse-Diplom abgeschlossen.

Voller Elan zerhacke ich die Zwiebeln und die Knoblauchzehen, bis mir die Tränen aus den Augen laufen. Ich hole das Hackfleisch aus dem Kühlschrank und öffne die Dosen mit den Bohnen und den Tomaten und dem Mais. Ich brate und rühre und denke mir, im Grunde macht Kochen ja doch ziemlich viel Spaß, ich sollte mir nicht so oft eine Pizza bestellen.

In bester Laune gebe ich noch etwas Salz, Pfeffer und Paprikapulver in die rotbraune Masse, rühre gut um und probiere eine Löffelspitze davon. Eigentlich gehört noch ein Teelöffel Kreuzkümmel hinein, soweit ich mich erinnere, aber dieses Gewürz gibt es bei Enzingers nicht. Stattdessen noch eine Runde Salz, Pfeffer und Paprikapulver. Ein bisschen Rosmarin, ein bisschen Oregano. Noch mal probieren. Okay. Jetzt ist es in Ordnung. Es schmeckt rund und sehr tomatig, vor allem aber brav: Nichts beißt in den Augen, nichts kratzt im Hals. Ich habe gerade das Würzstadium erreicht, bei dem Holger immer gesagt hat: »Ich ahne, wie es schmecken könnte. Jetzt noch eine halbe Flasche Tabasco und ein Dutzend Jalapeños, und dein Chili ist perfekt.«

Ich durchstöbere den Enzinger'schen Kühlschrank und finde tatsächlich ein Fläschchen Tabasco. Es ist noch fast voll. Keine Ahnung, aus welchem Jahrhundert es stammt. Ich schüttele es. Der Inhalt sieht ganz normal aus, keine

Anzeichen von Schimmel, keine Fremdkörper, kein Leben drin. Ich mache es auf und rieche dran. Gleich schießen mir die Tränen in die Augen. Also alles in Ordnung mit dem Tabasco. Wahrscheinlich haben die Enzingers irgendwann in geraumer Vorzeit, als sie noch einen lebhafteren Appetit hatten, mal eine muntere Grillparty gegeben.

Natürlich hüte ich mich, auch nur einen Tropfen Tabasco ins Essen zu geben. Aber vielleicht mag Nicole ihr Chili ja nachher, genauso wie ich, etwas aufpeppen. Ich stelle die Flasche auf ein Tablett, dazu vier Teller und das Besteck und bin gerade dabei, das Brot in Scheiben zu schneiden, als Schneewittchen in die Küche kommt.

»Keine Sorge, bin gleich wieder weg«, sagt sie und öffnet die Tür zur Abstellkammer, um ihre Putzutensilien wegzuräumen. Dabei lässt sie den Blick über das Chaos aus Gemüseschalen, Gewürzdosen und Verpackungsresten wandern, das ich auf der Arbeitsplatte angerichtet habe. »Aber die Küche musst du nachher schon selbst aufräumen, klar?«

»Logisch, darum kümmere ich mich. Kein Problem. Magst du schon mal ein bisschen probieren?«

Ich bin so unglaublich reizend zu ihr, ich weiß gar nicht, was mit mir los ist. Sie kann sich wirklich nicht beklagen.

Nicole zögert einen Moment, dann nimmt sie mir den Löffel ab und kostet.

»Gar nicht mal so schlecht«, sagt sie gnädig. »Bisschen fade vielleicht für meinen Geschmack. Aber den Enzingers schmeckt es vermutlich.« Na also. Es klappt doch mit uns beiden.

Mit Blick auf das Tablett fügt sie hinzu: »Wie wäre es mit ein paar Blumen zur Deko? Ich an deiner Stelle würde im Garten ein bisschen was Buntes pflücken und auf den Tisch stellen. Die stehen auf so was, die Enzingers.«

Spricht's und verschwindet wieder. Was für eine gute Idee!

Vielleicht ist Nicole doch gar nicht so übel. Manche Menschen brauchen eben länger, um sich an einen neuen Mitbewohner zu gewöhnen.

Ich schalte die Kochplatte auf die niedrigste Stufe und lasse mein Chili noch ein bisschen vor sich hin blubbern. Höchste Zeit, sich um die Tischdekoration zu kümmern.

Mit einer Küchenschere bewaffnet, durchstreife ich den Garten. Leider ist noch kein Wasser im Swimmingpool, sonst hätte ich mich an den Beckenrand gesetzt und ein bisschen meine Füße gebadet. Jetzt ist eine hellblaue Plane über das Becken gespannt, so muss ich meine Fantasie bemühen. Ich stelle mir eine sommerliche Poolparty vor, mit Musik, Lampions, Gläsern voller bunter Cocktails – und ich an Felix' Seite im Mittelpunkt des Geschehens. In meiner Vorstellung sieht das schon mal ganz toll aus, hoffentlich klappt es auch mit der Umsetzung.

Ich blicke zum Haus zurück und sehe Nicole, wie sie aus einem der oberen Fenster eine Tischdecke ausschüttelt. Oder ein Bettlaken. Das kann ich auf die Entfernung nicht genau erkennen. Ich winke ihr zu, aber da ist sie auch schon wieder im Zimmer verschwunden. Vielleicht hat sie mich nicht gesehen. Ich beende meine Tagträumerei am Pool und spaziere weiter durch die Blumenbeete, als wäre ich die Schlossherrin persönlich. Ich zwicke hier eine Tulpe ab, da eine Narzisse und auch den ein oder anderen blühenden Obstbaumzweig. Wollen wir doch mal sehen, wie hoch meine Begabung in Sachen Ikebana ist.

Zwanzig Minuten später sitzen wir am Tisch, Nicole, das Ehepaar Enzinger und ich. Ehrlich gesagt, ich bin aufgeregt. Hoffentlich schmeckt ihnen mein Chili. Ich habe noch nie für fremde Leute gekocht.

»Das sind aber hübsche Blumen«, sagt Nicole und wirft mir über die Vase hinweg ein zuckersüßes Lächeln zu. Na so was. Jetzt bin ich mir tatsächlich sicher, dass das Eis zwischen uns gebrochen ist.

»Ja, das sieht interessant aus«, findet Herr Enzinger, wobei er gar nicht so sehr meinen floralen Tischschmuck, sondern eher die duftende, dampfende rotbraune Masse in der großen Schüssel im Blick hat. »Immerhin mal was anderes.«

»Es riecht ziemlich streng. Ist da etwa Knoblauch drin?« Frau Enzinger hält die Nase über die Schüssel und schnüffelt demonstrativ. Ich habe nicht den Eindruck, als würde sie gerade ihre ungebremste Leidenschaft für mittelamerikanische Esskultur entdecken. »Was *ist* das, Valentina?«

»Das ist mein Lieblingsgericht, Frau Enzinger. Was Mexikanisches. Lassen Sie sich überraschen.«

»Mexikanisch?« Frau Enzinger bleibt skeptisch und rührt prüfend mit dem großen Löffel in der Schüssel herum: »Ist da auch genug Gemüse drin?«

»Na klar. Jede Menge Tomaten.«

Tomaten sind ja immer harmlos und gesund, und ihre Erwähnung scheint Frau Enzinger auch gleich etwas zu beruhigen. Ihr Gatte betrachtet die ungewohnte Speise mit etwas größerer Aufgeschlossenheit. Ich häufe ihm eine Kelle Chili auf seinen Teller, und weil er nicht sofort »Dankeschön, das reicht erst mal« sagt, bekommt er gleich noch eine zweite Kelle hinterher. Während er sich eine Scheibe Brot dazu nimmt, teile ich den anderen mein Chili aus.

»Da bin ich jetzt aber mal gespannt«, murmelt Enziger und greift nach seiner Gabel.

Zwei Sekunden später erfüllt ein markerschütternder Hustenanfall den Raum. Enzingers Gesicht läuft dunkelrot an. Er röchelt und greift sich an die Kehle, in Sturzbächen laufen ihm die Tränen über das Gesicht.

Mein Gott, durchfährt es mich, was ist denn jetzt los? Kann es sein, dass er einen allergischen Schock erlitten hat? Gibt es Menschen, die allergisch sind gegen Knoblauch oder dicke Bohnen? Muss er jetzt sterben, und ich bin schuld daran?

Aus Enzingers verzerrtem Mund kommt so etwas wie: »Hilfe! Wasser! Schnell!«

»Werner, was ist los!«, schreit Frau Enzinger und springt auf, dass die dicken Creolen an ihren Ohrläppchen in Turbulenzen geraten. »Um Himmels willen, was haben Sie gekocht, Valentina?«

»Nichts Besonderes«, schreie ich zurück, während ich Herrn Enzinger ein Glas Wasser an den Mund setze, das er austrinkt, ohne aufzusehen. Als er fertig ist, stehen Schweißperlen auf seiner Stirn. Aber er kann allmählich wieder ruhig atmen.

»Grundgütiger, das war scharf«, krächzt er. »So was habe ich ja noch nie gegessen.«

Frau Enzinger starrt mich an und dann die Flasche Tabasco auf dem Tisch.

»Valentina! Was haben Sie da ins Essen getan?«

»Ich weiß nicht. Ich meine: wirklich nichts Spezielles. Es ist nicht scharf, ganz sicher nicht. Garantiert. Ich habe es doch selbst probiert. Mein Chili würde sogar ein Baby vertragen. Ich hab den Tabasco nur zum Nachwürzen hingestellt.«

Ich tauche meine Gabel in die Chilimasse und koste. Augenblicklich steht mein Hals unter Feuer.

»Mein Gott«, wimmere ich. »Das ... das kann nicht sein! Das kann ich mir wirklich nicht erklären.«

»Haben Sie allen Ernstes ein Chili con Carne gekocht?«, herrscht Frau Enzinger mich an und schiebt ihren unberührten Teller zurück. »Mit Zwiebeln und Knoblauch und Bohnen und dem ganzen Drum und Dran?«

Ich kann gerade nicht antworten, weil ich damit beschäftigt bin, mein Wasserglas in schnellen Schlucken leer zu trinken, um nicht zu sterben.

Herr Enzinger hat seine Stimme schon wiedergefunden: »Das ist ja lebensgefährlich, was Sie da gekocht haben, Valentina. Hölle, Tod und Teufel. Wollen Sie uns etwa umbringen?«

Als hätte ich Fliegenpilze reingeschnippelt!

Mir gelingt nur ein Flüstern: »Aber nein. Natürlich nicht. Da ist nicht mal das kleinste Fitzelchen Chilischote drin.«

Frau Enzinger schnappt nach Luft.

»Und warum ist das Essen dann so scharf? Lügen Sie mich bitte nicht an! Mein Mann hat einen äußerst empfindlichen Magen und sehr sensible Schleimhäute. Kräftige Gewürze sind bei uns absolut tabu. Als Altenpflegerin kennen Sie sich doch mit Schonkost aus. Wie kommen Sie auf die Idee, so etwas Gemeingefährliches wie Chili Con Carne zu kochen?«

Ich schlucke. Allmählich nimmt meine Stimme wieder einen etwas vertrauteren Klang an.

»Ich habe wirklich keine Chilischoten ins Essen getan, Frau Enzinger. Das schwöre ich Ihnen. Und nicht den kleinsten Spritzer Tabasco. Sehen Sie, die Flasche ist noch ganz voll.«

Zum Beweis meiner Unschuld hebe ich das Tabascofläschchen auf – und erschrecke: Es ist fast leer!

Irritiert sehe ich zu Frau Enzinger und dann zu Nicole hinüber. Warum sagt sie eigentlich die ganze Zeit nichts?

»Nicole, du hast das Chili vorhin doch probiert«, rufe ich. »Es war doch alles in Ordnung – oder?«

Nicole zieht eine Augenbraue hoch: »Ehrlich gesagt, Valentina, ich fand dein Chili ziemlich scharf und habe mich schon gewundert, dass du uns so ein höllisches Essen vorsetzen willst ...«

Ich starre sie an und kann nicht glauben, was ich da gehört habe. Erst als ich sehe, wie sich ein kleines hämisches Grinsen in ihrem Gesicht ausbreitet, durchfährt mich endlich die Erkenntnis: Sie war es! Sie muss den Tabasco in den Topf gegossen haben. Wahrscheinlich ist sie in die Küche geschlichen, als sie mich vom oberen Fenster aus hinten im Garten gesehen hat. Deshalb ist sie auch so schnell im Haus verschwunden. Vermutlich hatte sie den Anschlag von Anfang an geplant, und den Tipp mit den Blumen hat sie sich nur deshalb ausgedacht, um freie Bahn zu haben! Das perfekte Schauspiel. Ich kann es nicht fassen: Nicole hat mich reingelegt. Sie ist gar nicht das Schneewittchen, Nicole ist die böse Königin. Sie hat mein Chili Con Carne vergiftet.

»Du Miststück! Du gemeines, hinterhältiges Biest«, würde ich ihr am liebsten zuschreien. Aber ich wage es nicht, mich hier so aufzuführen. Deshalb belasse ich es dabei, sie finster anzuschauen.

»Tja«, murmelt Nicole so leise, dass nur ich es hören kann, und schiebt den Teller mit dem ruinierten Chili zur Seite. »Erst wie ein Blödmann durch die Gegend rasen und dann noch nicht mal kochen können ... Zu dämlich aber auch.«

Also doch der Porsche.

Als sich unsere Blicke kreuzen, meine ich beinahe ein Knistern zu hören, solche Spannung liegt in der Luft. Und alles nur, weil ich mit Enzingers 530-PS-Schleuder fahren darf, während sie sich mit ihrem lahmen Klapperfahrrad abstrampeln muss? Okay, der Überholvorgang war zwar knapp gestern, aber immerhin habe ich sie nicht umgefahren.

Vielleicht sollte ich das beim nächsten Mal tun.

15.

»Ich bin froh, dass er nicht gestorben ist«, sage ich später am Telefon zu Eva. Es ist Siesta im Hause Enzinger, und ich habe mich zur Rekonvaleszenz in meine Zirbenstube zurückgezogen.

»Glaube ich Ihnen.« Eva gibt ein amüsiertes Geräusch von sich. »Wäre schlecht in Arbeitszeugnis: ›Patient an dritte Tag verstorben wegen akute Chili-Vergiftung.‹ Damit Sie kriegen nie mehr neue Job ...«

»Machen Sie bitte keine Witze, Eva. Ich hatte schon Angst, Enzinger hätte einen allergischen Schock bekommen. Ab sofort gibt es hier nur noch gedünstete Erbsen, das verspreche ich Ihnen. Und vor allem werde ich meine Kochtöpfe nicht mehr für eine Sekunde aus den Augen lassen.«

»Ist besser so, wenn böse Fee in Haus.«

Eva kichert ins Telefon. Ich habe ihr von der Sache mit Nicole und dem mutmaßlichen Sabotageakt erzählt. Eva hat vorgeschlagen, eine Überwachungskamera in der Küche zu installieren. Oder gleich eine Selbstschussanlage. Ich wette, wenn diese resolute polnische Perle das Regiment in Enzingers Küche übernommen hat, traut sich Nicole keine Gemeinheiten mehr.

»Und was gab dann zum Mittagessen, nach Tabasco-Fiasko«, will Eva noch wissen. »Nulldiät für alle?«

»Nein, nein. Frau Enzinger hat ein paar Portionen Kartoffelsuppe aus dem Tiefkühlschrank aufgekocht. Der alte

Enzinger hat natürlich gleich mal wieder gemosert und gesagt: Jetzt beschäftigen wir schon zwei Haushaltshilfen, und es gibt trotzdem jede Woche den gleichen Eintopf ...«

»Haben Sie nix gesagt, dass Sie nix schuld sind an schlechte Essen, sondern böse junge Frau?«

»Nein, wie denn? Ich kann doch nicht beweisen, dass Nicole was in mein Chili geschüttet hat. Ach Eva, ich habe mir das hier irgendwie einfacher vorgestellt ...«

Es ist einen Moment still im Telefon. Dann sagt Eva seelenruhig: »Ist keine Problem für mich, Frau Valentina. Kann ich sofort heute Nachmittag kommen und Arbeit anfangen, wenn Sie nicht mehr Job machen möchten bei Enzingers.«

Wie im Zeitraffer laufen die vergangenen drei Tage in meinem Kopf ab. Ich sehe Enzinger vor mir, wie er mich mit mürrisch heruntergezogenen Mundwinkeln anblickt, seine Frau, wie sie mit strengem Gesicht an mir herumkritisiert, und natürlich diese boshafte Nicole, wie sie mir quer über den Mittagstisch hämisch zugrinst. Ich bin mir auf einmal nicht mehr sicher, ob ich das alles noch länger mitmachen will.

»Wissen Sie, Eva«, sage ich langsam. »Bei unserem Schiffsausflug gestern, da hatte ich für einen Moment das Gefühl ... Wie soll ich sagen, da dachte ich plötzlich, jetzt verstehen wir uns, jetzt sind wir uns auf einmal ganz nah. Aber heute beim Mittagessen – da war das Gefühl wieder weg. Da war er genauso schlecht gelaunt und distanziert wie immer.«

»Wäre ich auch schlecht gelaunt, wenn ich mir Hals verbrannt hätte bei Essen. Finde ich ganz normal. Und sowieso: Manche Leute brauchen ein bisschen länger, bis ... wie sagt man? Bis Eis schmilzt? Herr Enzinger ist vielleicht seit viele Jahre unglücklicher Mann. Kann sich das nicht in einige Stunden und wegen paar Spaziergänge ändern. Müssen Sie haben Geduld, Frau Valentina. Ohne Mühe geht nix. Wie sagt

Konfuzius: ›Ist besser, kleines Licht anzumachen, als über Dunkelheit zu schimpfen.‹ Und haben Sie genug Lichter in Leben von Enzinger angemacht, werden Sie sehen, wie hell er leuchtet.«

»Mensch, Eva, Sie sind ja eine richtige Philosophin ...«

»Ja, vielleicht. – Aber was jetzt? Soll ich kommen und Job machen, oder wollen Sie noch ein bisschen versuchen mit fremde Vater?«

»Ich werde es noch ein bisschen versuchen mit ihm. Wenn ich jetzt aussteigen würde, dann würde ich mir wahrscheinlich für den Rest meines Lebens vorwerfen, nicht alles getan zu haben, um ihn richtig kennenzulernen.«

»Kluges Mädchen. Ist besser, wenn man nicht gleich Pistole auf Wiese wirft.«

Es dauert einen Moment, bis ich begreife, welche Redewendung Eva gerade gemeint hat. Manchmal klingt sie einfach zu drollig. Doch im nächsten Moment ist mir mein Grinsen schon wieder vergangen.

»Morgen muss ich unbedingt ein ordentliches Essen auf den Tisch bringen, Eva. Können Sie mir vielleicht helfen? Ich bin sowieso keine besonders gute Köchin, und Sie kennen doch sicher jede Menge seniorentaugliche Rezepte ...«

Klar kennt Eva die. Wir vereinbaren, dass sie mir jeden Morgen eine SMS mit einem leckeren, leicht nachzukochenden und vor allem garantiert pfefferfreien Rezept schickt. Ich habe die Tabascoflasche sicherheitshalber in den Müll geworfen. Jedenfalls damit kann Nicole mir mein Essen nicht mehr ruinieren.

»Und jetzt ist Zeit für schöne Programm am Nachmittag, nicht wahr, Frau Valentia?«

O ja: Fingernägel lackieren, Schuhe kaufen, Eis essen, auf einer Bank in der Sonne einen Krimi lesen. Klingt nach der optimalen Freizeitgestaltung für einen Montagnachmittag.

Leider ist das nicht mein Programm, sondern Evas, wie sie mir berichtet.

»Gestern habe ich auch *Zamek* besucht, Schloss von Nymphenburg. Hat mir so gut gefallen. So ein wunderschöner Park. Und habe gesehen, da ist jetzt kleine Ausstellung über Architektur in München.«

Draußen surrt der Treppenlift. Enzinger hat seine Mittagspause beendet.

»Wie war das? Was haben Sie gerade gesagt, Eva? Eine Ausstellung über Architektur? Vielleicht ist das was für Herrn Enzinger. Was gibt es denn da zu sehen?«

»Oh, ich habe leider nicht angeschaut. Wollte bei Sonnenschein lieber im Park spazieren gehen. Habe nur Plakat gesehen.«

»Aber die Ausstellung ist ganz sicher im Schloss – oder?«

»Ja, in kleine Raum in erste Stock. Wollen Sie Ausflug machen mit Herrn Enzinger?«

»Vielleicht. Ich bin mir nicht sicher, ob er mitmacht.«

Ich höre ein Geräusch vor meiner Tür, dann klopft es.

»Ich muss Schluss machen«, flüstere ich Eva zu und laut sage ich: »Ja bitte?«

Hastig lege ich mein Handy zur Seite und streiche über die Bettdecke. Bisher hat mich noch niemand in meiner Kemenate besucht. Umso überraschter bin ich, als Enzinger die Tür öffnet und mit ernster Mine hereinrollt. Gleich neben dem Kleiderschrank bleibt er stehen.

»Hören Sie, Valentina. Was das ungenießbare Essen heute Mittag angeht ...«

Ich ahne schon, was jetzt kommt: Wegen absoluter Unfähigkeit fristlos entlassen. Eine Haushaltshilfe, die nicht kochen kann? Fehlbesetzung. Ich kann ihn praktisch schon hören: Nach reiflicher Überlegung sind meine Frau und ich zu dem Entschluss gekommen ... Ich nehme an, Sie haben

Verständnis für unsere Entscheidung ... und so weiter und so fort. Hoffentlich schicken die Enzingers wenigstens kein Protestschreiben an Seniorenglück, damit Eva nicht auch noch Ärger bekommt.

Enzinger blickt mich an. Ich schaue tapfer zurück. Wenigstens soll er mir in die Augen sehen, wenn er mich feuert.

»Nehmen Sie sich die Sache bitte nicht so zu Herzen«, fährt er fort und räuspert sich, als klemme ihm immer noch ein Stück Chili im Rachen. »Das kann ja mal passieren, dass man im Eifer des Gefechts ein paar Gewürze verwechselt. Vor allem wenn man das erste Mal in einer fremden Küche kocht und ein bisschen nervös ist. Morgen klappt das bestimmt schon besser, nicht wahr?«

Augenblicklich flattert ein Schwarm Schmetterlinge in meinem Bauch auf. Jedenfalls so was Ähnliches. Ich werde gar nicht entlassen! Herr Enzinger hat mich getröstet. Herr Enzinger hält zu mir. Er ist extra in mein Zimmer gekommen, um mir das zu sagen.

»Ganz bestimmt«, flüstere ich. Für einen Augenblick ist das vertraute Gefühl vom Schiff wieder da. Dieses Alles-wird-gut-und-mein-Vater-mag-mich-Gefühl. Aber wirklich nur für einen Augenblick. Dann dreht sich Enzinger unwirsch mit seinem Rollstuhl herum, als sei es ihm peinlich, dass er nett zu mir gewesen ist, und sagt mit gewohnt ruppiger Stimme: »Na, und jetzt ist es wohl wieder an der Zeit, Gassi zu gehen, nicht wahr?«

Sprachlos schaue ich ihm nach.

»Aber Herr Enzinger, Sie sind doch kein ...«

Noch bevor mir das Wort »Dackel« entschlüpfen kann, ist er schon wieder hinaus in den Flur gerollt.

Glücklich wie ein Schulmädchen trabe ich wenig später die Treppe hinunter. Es ist doch noch nicht alles aus. Meine Geheimmission im Hause Enzinger geht in die nächste Runde.

Als ich am Hauswirtschaftszimmer vorbeikomme, höre ich eindeutige Geräusche: Das Zischen einer Dampfdüse, das Klappern eines Bügeleisens, das zurückgestellt wird – und dann dringt plötzlich Nicoles Stimme durch die angelehnte Tür, laut und theatralisch: »Wann treffen wir drei uns das nächste Mal? Bei Regen, Donner, Wetterstrahl? Wenn der Wirrwarr ist zerronnen, Schlacht verloren und gewonnen …«

Erst denke ich, jetzt ist Nicole vollends übergeschnappt. Aber dann erinnere ich mich an den Text: Das ist Shakespeare, die Anfangsszene von *Macbeth*, der Auftritt der drei Hexen, als sie die ganze Katastrophe mit Mord und Totschlag im Königshaus ankündigen. Wahrscheinlich probt Nicole während der Hausarbeit für ihre Aufnahmeprüfung bei der Schauspielschule. Ich kann mich nicht zurückhalten und reiße die Tür auf. Nicole breitet gerade ein weißes Hemd auf dem Bügelbrett aus, auf dem Tisch vor ihr liegt, angelehnt an einen Stapel Handtücher, ein aufgeschlagenes Reclamheft. Erschrocken fährt sie herum.

»Die Stelle mit den Hexen brauchst du doch nicht zu üben«, sage ich und grinse sie an. »Da bist du wirklich ein Naturtalent.«

Ich weide mich eine Sekunde lang an ihrem verblüfften, leicht ins Dämliche tendierenden Gesichtsausdruck, dann verschwinde ich, bevor sie sich von dem Schreck erholt hat und mich mit ihrem wütenden Blick durchbohrt. Hat sie mir wirklich ein »Blöde Kuh!« nachgezischt – oder gehörte das schon wieder zu Shakespeare?

Ich weiß natürlich, dass ich eigentlich viel zu reif und abgeklärt bin, um mich auf einen Zickenkrieg mit einer Neunzehnjährigen einzulassen. Andererseits: Ein bisschen Spaß muss sein. Und: Fußballtechnisch betrachtet mag meine Gegnerin zwar weiterhin deutlich in Führung liegen, aber zumindest ist mir gerade ein Anschlusstreffer gelungen.

Ich finde Enzinger auf der Terrasse, die Zeitung auf dem Schoß, aber er liest nicht darin, sondern schaut gedankenverloren auf den rosa blühenden Oleanderbusch.

Ich setze mich neben ihn auf einen Gartensessel.

»Wenn es Ihnen zu langweilig ist, immer am See entlangzuspazieren, können wir gern auch mal was anderes machen, Herr Enzinger. Dann fahren wir heute eben in die Stadt. Im Schloss Nymphenburg ist gerade eine Ausstellung über Architektur in München zu sehen. Wie wäre das? Tun wir heute zur Abwechslung mal was für die Bildung!«

»Wie, Bildung?«

Enzinger sieht mich an, als hätte ich ihm vorgeschlagen, das WM-Finale beim Frauen-Schlammcatchen anzusehen.

»Eine Freundin hat mir von der Ausstellung erzählt. Genau weiß ich auch nicht, was es da zu sehen gibt. Irgendwas mit Architektur, das müsste Sie doch interessieren. Außerdem ist es im Schloss bestimmt schön kühl bei diesem warmen Wetter, und viele Leute sind sicher auch nicht da ...«

Mehr Argumente fallen mir auf die Schnelle nicht ein.

»Schloss Nymphenburg«, grummelt er. »Sie haben schon wieder Einfälle! Sehe ich aus wie ein japanischer Tourist? Im Übrigen haben wir heute nicht viel Zeit für Ausflüge.«

Ich gebe es auf, beleidigt zu sein.

»Wieso? Warum haben wir keine Zeit?«

»Weil doch die Kinder heute Abend kommen.«

»Welche Kinder?«

Keine Ahnung, weshalb diese Ankündigung plötzlich eine Schnappatmung bei mir verursacht.

»Ja, hat meine Frau Ihnen das nicht erzählt? Unser Sohn und unsere Tochter, der Schwager, unser Enkel ... die ganze liebe Familie rückt an.«

Was sagt er da? Die Enzingers haben Kinder? Klar, weshalb sollten sie keine Kinder haben. Viele Leute haben Kinder, besonders in der Generation der Enzingers. Allerdings – bei dieser Erkenntnis setzt mein Herzschlag für eine Sekunde aus und danach mit einem Rums wieder ein – bedeutet das: Wenn Enzinger mein Vater ist und wenn er Kinder hat, dann habe ich: Geschwister. Jawohl! Halbgeschwister genau genommen, aber was macht das schon. Ich habe einen Bruder und eine Schwester, und ich werde sie noch heute kennenlernen. Und Tante bin ich auch! Ich habe eine richtige Verwandtschaft. Familienbande. Heute bricht ein neues Zeitalter an.

Jedenfalls sobald ich mich hier geoutet habe und sie mich alle vor Glück und Freude schluchzend in die Arme schließen.

»Es geht um meinen Geburtstag«, spricht Enziger weiter, als ich vor Aufregung nichts mehr sagen kann. »Ich werde ja demnächst fünfundsiebzig.«

»Ich weiß«, hauche ich endlich. »Das ist doch wunderbar.«

»Wie man's nimmt.« Enzinger runzelt seine ohnehin schon runzelige Stirn. »So wie ich meine Familie kenne, planen sie wieder ein Riesenbrimborium. Das war schon vor fünf Jahren so, bei meinem Siebzigsten. Unser Haus war ein Taubenschlag. Alles, was im Umkreis Rang und Namen hat, kam zum Gratulieren vorbei. Der Bürgermeister, der Landrat. Was weiß ich noch, wer damals alles in der Tür stand. Wahrscheinlich dachten sie, ich würde den nächsten runden Geburtstag nicht mehr erleben, und sie haben Reden auf mich gehalten, als wäre ich schon tot. Tja. Jetzt werden sie wieder auf der Matte stehen und ein Loblied auf vergangene Zeiten singen. Ich bin gespannt, was sie sich diesmal einfallen lassen.«

»Hm. Das klingt nicht gerade so, als würden Sie sich auf Ihren Geburtstag freuen.«

»Doch, doch. Natürlich freue ich mich. Wer hätte vor zehn Jahren gedacht, dass ich dieses gesegnete Alter erreichen werde.«

Er macht eine kleine Pause, dann fährt er fort: »Mir wäre es allerdings lieber, ich könnte den Tag mit etwas weniger Trubel verbringen.«

»Warum verreisen Sie nicht einfach?«

»Ach Valentina, so einfach geht das nicht. Ich habe ja auch eine gewisse gesellschaftliche Verpflichtung. Jedenfalls ist meine Familie dieser Ansicht. Für sie gehört es eben dazu, dass der Bürgermeister eine Rede hält und das örtliche Blasorchester ein Ständchen spielt, wenn der Herr Architekt a. D. Werner Enzinger einen großen Geburtstag feiert. Dieses Vergnügen werde ich ihnen wohl lassen müssen.«

»Ich dachte immer, dass sich das Geburtstagskind vergnügen soll.«

Enzinger stößt ein kleines, nicht sehr lustiges Lachen aus.

»Ich fürchte, damit ist es ab einem gewissen Alter vorbei.«

»Aber heute haben wir noch Zeit für Vergnügungen, Herr Enzinger, heute fahren wir ins Schloss.«

»Welches Schloss?« Unbemerkt ist Frau Enzinger hinter mir auf die Terrasse getreten. Ich hoffe, sie hat die Kritik ihres Mannes an den geplanten Geburtstagsfeierlichkeiten und vor allem das Wort »Riesenbrimborium« nicht gehört.

»Nymphenburg. Da soll es eine Architekturausstellung geben«, sagt Enzinger. »Valentina meint, ich müsste mal wieder was für meine Bildung tun.«

»Wie wäre es, wenn Sie mitfahren, Frau Enzinger?«, rufe ich, bevor sie etwas erwidern kann. »Machen wir doch alle zusammen einen kleinen Nachmittagsausflug.«

»Jetzt? Nach München? Aber wir haben doch ...«

»Wir haben doch noch ein paar Stunden Zeit, bis Ihre Kinder kommen«, falle ich ihr ins Wort. Dabei denke ich »meine

Geschwister« und bekomme schon wieder Herzrasen. Ich kann unmöglich den Rest des Nachmittags hier im Haus herumsitzen und dem Besuch entgegenfiebern. Da schaue ich mir lieber eine langweilige Ausstellung im Schloss an.

Erstaunlicherweise hat Frau Enzinger keine weiteren Einwände. Wahrscheinlich fragt sie sich sowieso schon die ganze Zeit, ob es eine gute Idee ist, dass ihr Mann immer nur allein mit seiner Betreuerin unterwegs ist. Sie will tatsächlich mitkommen – jedenfalls unter bestimmten Bedingungen: »Aber ich fahre auf keinen Fall mit dem Bentley in die Stadt, Werner. Du weißt, wie furchtbar ist das finde. Das machen meine Nerven nicht mehr mit, diese vielspurigen Straßen, dieser Verkehr, und dann immer dieser Stress mit der Parkplatzsuche ...«

»Kein Problem, Liebes, Valentina fährt.«

»Wie? Ich? Den Bentley?«

Meine Nerven machen das auch nicht mit. Ich habe mich doch gerade erst an den irren Porsche gewöhnt. Aber da ist leider kein Platz für drei. Beim Jaguar ist der TÜV fällig, wie ich erfahren habe. Und mein zerbeultes Auto gefällt Enzinger ja nicht.

»Vielleicht sollten wir die S-Bahn nehmen ...«

»Die S-Bahn? Das kommt überhaupt nicht infrage, Valentina. Ich habe doch nicht drei so fabelhafte Autos in meiner Garage stehen, um mich in öffentlichen Verkehrsmitteln von fremden Leuten anhusten zu lassen.«

Nun gut. Ich fahre Bentley. Verbuche ich das Ganze eben unter »neue Lebenserfahrungen«.

Der Bentley ist ein schönes großes weißes Schiff. Innen alles aus Wurzelholz, Alu und hellem gestepptem Leder. Kein Staubfussel, nirgends. Ein Geruch wie frisch aus der Manufaktur. Dies ist definitiv kein Auto, in dem man unterwegs Schokolade oder Pommes essen sollte. Die Türen fallen mit einem satten Geräusch ins Schloss, und als ich den Motor starte, hört man – nichts. Fast nichts. Es schnurrt nur ein bisschen. Das große geflügelte B mitten auf dem Lenkrad macht mich nervös. Hatte ich den Porsche schon als luxuriös empfunden? Das hier ist der helle Wahnsinn.

»Worauf warten Sie?«, fragt Enzinger, der neben mir sitzt. »Das Auto verfügt über jede Menge Komfort, aber Sie müssen schon selbst ein bisschen Gas geben, wenn Sie losfahren wollen.«

Ich schicke lautlos ein Stoßgebet in den Himmel und betätige das Pedal. Der Wagen rollt los, und siehe da: Ich kann nicht nur Porsche, ich kann auch Bentley. Und ich fühle mich gut dabei. Ich bin durchaus nicht unbegabt für Luxus. Ich wünschte, meine Mutter würde mich jetzt sehen oder noch besser: Holger oder unsere neue Bereichsleiterin. Da würden sie einen ganz neuen Eindruck von mir bekommen.

Das Auto fährt wie auf Schienen. Sehr majestätisch. Es würde mich nicht wundern, wenn Frau Enzinger von der Rückbank aus jetzt huldvoll ihren Untertanen am Straßenrand zuwinken würde wie die Queen. Leider stehen keine Untertanen am Straßenrand. Nur ein Mann an einer Bushaltestelle, und der ist mit seinem Smartphone beschäftigt.

Mit jedem Kilometer, den der Bentley dahinschnurrt, fühle ich mich wohler. Ich rase nicht, ich genieße ehrfürchtig. Kurz überlege ich, ob ich nicht einfach bei Bauer und Böhning kündigen, Eva nach Polen zurückschicken und den Rest meines Lebens als Chauffeurin bei Enzingers verbringen soll. Es gibt weiß Gott noch andere Karrieren als die einer Personalreferentin bei einem Großhändler für Schreddermaschinen.

Meine Euphorie endet abrupt, als wir uns dem Nymphenburger Schloss nähern. Jetzt verstehe ich, was Frau Enzinger mit ihrer Parkplatzpanik meinte. Es ist schon schwierig genug, in der Stadt einen Abstellplatz für ein normales Auto zu finden, wie etwa für einen leicht angeschrammten Mazda. Aber dieser Bentley ist ungefähr so groß wie zwei Mazdas, mindestens, und ich habe keine Ahnung, was ich jetzt mit ihm machen soll. Sämtliche Parkplätze vor dem Schloss sind belegt mit Autos, Motorrädern, Wohnmobilen und Reisebussen aus aller Welt. Nicht mal einer von den Behindertenparkplätzen ist frei. Am liebsten würde ich gleich wieder nach Hause fahren.

»Stellen Sie den Wagen doch einfach direkt vor dem Schloss ab«, schlägt Enzinger vor, nachdem ich eine Viertelstunde lang hilflos herumgekurvt bin.

»Direkt vor dem Schloss? Das ist doch kein Parkplatz, das ist für Fußgänger und für die Optik. Sehen Sie mal: Da steht ›Durchfahrt verboten‹ auf dem Schild.«

»Ich weiß, aber wir bleiben ja nicht lang. Außerdem habe ich einen Schwerbehindertenausweis.«

Er holt das Papier aus dem Handschuhfach und legt es unter die Windschutzscheibe wie einen Parkzettel.

»Aber ein Schwerbehindertenausweis setzt nicht die Straßenverkehrsordnung außer Kraft«, gebe ich zu bedenken.

»Sie können gern weiter herumfahren und einen Parkplatz suchen«, mosert er. »Ich sehe mir mit meiner Frau dann schon mal die Ausstellung an.«

Schwitzend und mit hochrotem Kopf steuere ich den Wagen an dem Durchfahrt-verboten-Schild vorbei (es bleiben rechts und links jeweils nur ein paar Zentimeter bis zu den Pollern) und lasse ihn direkt bis zum Schlossaufgang rollen. Jedenfalls kann ich mich jetzt nicht über mangelnde Aufmerksamkeit beklagen. Sämtliche Schlossbesucher starren uns an. Vermutlich erwarten sie, dass ein ferner Verwandter von König Ludwig persönlich aus dem Bentley steigt.

Enzinger öffnet die Autotür. Ich habe den Rollstuhl noch

nicht aus dem Kofferraum geholt, als die ersten Passanten schon ihre Fotoapparate zücken und auf den Auslöser drücken. Das ist ja auch ein tolles Fotomotiv: Bentley mit Schloss, Schwänen und Wasserfontäne im Hintergrund, dazu ein mutmaßlicher Spross des Wittelsbacher Herrschaftsgeschlechts. Oder sonst ein Promi. Das bekommt man nicht jeden Tag zu sehen. Ehe ich Enzinger zum Schlosseingang schiebe, ziehe ich selbst mein Handy aus der Tasche und mache ein Beweisbild von mir mit dem ganzen erlauchten Drumrum. Das glaubt mir sonst keiner.

Im Schloss ist es genauso, wie ich es mir vorgestellt hatte: Angenehm kühl, und bei dem schönen Wetter sind nicht allzu viele Besucher drinnen. Die paar russischen und japanischen Reisegruppen verteilen sich in den verschiedenen Abteilungen. Zügig durchstreifen wir die barocken Säle, betrachten verschnörkelte Stuckwände, pompöse Möbelstücke, goldglänzende Spiegelgalerien, die ganze Pracht und Herrlichkeit der verblichenen bayerischen Könige, um endlich etwas abseits den Raum mit der Sonderausstellung zu finden: »Münchner Architektur im Wandel der Zeiten«. Der Saal ist erstaunlich karg und nüchtern, durch die weiß verhängten Fenster fällt milchiges Nachmittagslicht auf das blanke Parkett. Nur eine Handvoll Besucher hat sich hierher verirrt. Leise murmelnd durchschreiten sie den Raum.

»Das hätten Sie sich gestern schon einfallen lassen können, Valentina, anstatt mich auf dieses lärmende Touristenschiff zu zerren ...«, merkt Enzinger an und rollt los.

Bei der Ausstellung handelt es sich um eine Bilderschau. An den Wänden reihen sich Abbildungen von Gebäuden und Gesichtern der vergangenen Jahrhunderte. Vorgestellt werden wichtige Architekten der Stadt, angefangen bei den ersten Baumeistern des Nymphenburger Schlosses und diverser anderer Prunkbauten, die mit barocker Wallemähne und ernsten Gesichtern aus dunklen Ölgemälden herabblicken, über schwarz gekleidete Männer mit Hut auf grobkörnigen Fotografien aus dem 19. Jahrhundert bis zu ...

»Ja, was ist das denn!«

Enzinger ist schon zur gegenüberliegenden Seite des Ausstellungsraums vorgerollt und hat mit einem Ruck vor einem Foto angehalten. Als ich näher komme und mein Blick auf das Bild fällt, sehe ich darauf: Enzinger. Enzinger im schwarzen Rollkragenpullover. Ernst, aber zufrieden lehnt er an einer hellen Holzwand, die Hände lässig in den Hosentaschen, und blickt knapp am Betrachter vorbei sinnierend in die Ferne. Ein Mann, der Stolz und Erfolg ausstrahlt, der mit sich und seinem Leben im Reinen ist. Haarschnitt und Gesichtsausdruck nach zu urteilen muss das Foto ungefähr zehn Jahre alt sein. Es erinnert mich an das Bild aus dem Internetartikel, in dem über Enzingers Rückzug aus dem Berufsleben berichtet wurde. Aber wahrscheinlich ist es noch ein bisschen älter. So entspannt wie auf dieser Aufnahme hat Enzinger nach dem Unfall wahrscheinlich nie mehr ausgesehen. Neben dem Foto ist, wie bei den anderen Bildern im Raum, eine Tafel angebracht, auf der über seine wichtigsten architektonischen Projekte informiert wird. Dazu ein paar Beispielfotos. Ein gläsernes Museumsgebäude, ein betongrauer Schulneubau, sogar eine U-Bahn-Haltestelle, futuristisch ausgeleuchtet. Die Einkaufspassage von Giesing ist leider nicht dabei. Eine weitere Tafel gibt Auskunft über Enzingers berufliche Entwicklung (»studierte Architektur und Design in München, London und Zürich ..., einer der wichtigsten Architekten Deutschlands ..., löste in den Siebzigerjahren einen kritischen Diskurs über urbane Architektur aus ..., hat sich vor einigen Jahren aus der Öffentlichkeit zurückgezogen ...«) sowie ein paar biografische und persönliche Angaben (»verheiratet, zwei erwachsene Kinder« – tja, da wird demnächst wohl eine Korrektur fällig).

»Ist schon merkwürdig, wenn einen da das eigene Gesicht von der Wand anschaut«, sagt Enzinger verblüfft.

»Warum hast du nicht gesagt, dass du auch in der Ausstellung präsentiert wirst?« Seine Frau blickt abwechselnd auf das Foto und den leibhaftigen Enzinger. »Haben sie dich nicht zur Eröffnung eingeladen?«

»Hm«, macht Enzinger. »Ich erinnere mich, dass ich vor ein paar Monaten öfter mal Post von der bayerischen Schlösserverwaltung bekommen habe. Wahrscheinlich ging es dabei um die Ausstellung. Aber ich habe die Briefe ungelesen weggeworfen. Ich dachte, das sei sowieso bloß wieder Werbung.«

»Ach Werner, das ist nicht dein Ernst. Da wirst du hier im Schloss so schön präsentiert und weißt es nicht einmal. Wie unhöflich, dass wir uns bei den Ausstellungsmachern nicht gemeldet haben.«

»Hm«, macht Enzinger noch einmal. »Jetzt verstehe ich auch, weshalb mich dieser Zeitungsfritze neulich dauernd angerufen hat.«

»Ein Reporter von der Zeitung? Das wusste ich ja gar nicht, Werner. Und was wollte er von dir?«

Enzinger macht eine abwehrende Handbewegung.

»Er hat gefragt, ob er ein Interview mit mir machen könne. Ich dachte, er sucht bloß wieder so einen halb toten Promi, den er für die Rubrik ›Was macht eigentlich inzwischen ...‹ ausgraben kann, und darauf hatte ich nun wirklich keine Lust. Ich habe ihm gesagt, er möge mich bitte nicht mit solchen Albernheiten belästigen.«

»Ach Werner«, stöhnt Frau Enzinger. »Du hättest dem Mann wenigstes einmal zuhören sollen!«

»Ich konnte doch nicht wissen, dass ich den Leuten hier

wirklich noch so wichtig bin«, brummt er. »Ist doch alles schon so lange her.«

»Der Bau des Nymphenburger Schlosses ist noch viel länger her«, wende ich mit einem Nicken in Richtung der Ölbilder an der gegenüberliegenden Wand ein. »Und die Architekten von damals werden auch in hundert Jahren noch wichtig sein. Genau wie Sie. Solange Ihre wunderbaren Gebäude stehen, wird man sie nicht vergessen.«

Ich lasse den Blick noch einmal durch den Raum schweifen. Enzinger in einer Reihe mit all den bedeutsamen Baumeistern der Geschichte. Das sieht wirklich gut aus.

»Sehen Sie!«, rufe ich triumphierend. »Sie haben allen Grund, stolz auf sich zu sein. Das habe ich Ihnen doch gestern schon gesagt.«

Enzinger richtet sich in seinem Rollstuhl auf. Er legt den Kopf schräg, wendet den Blick aber nicht von dem Foto ab.

»Vielleicht haben Sie ja sogar recht, Valentina«, murmelt er. »Vielleicht war es tatsächlich eine gute Idee, heute hierherzukommen.«

Dann widmet er sich dem Text, der auf den Informationstafeln neben seinem Bild steht. Er lässt sich viel Zeit dabei. Ich glaube, er liest ihn mindestens drei Mal hintereinander.

Draußen vor dem Schloss blendet die Sonne. Am meisten aber blendet der Bentley. Ich bin froh, dass er nicht abgeschleppt wurde. Allerdings klemmt deutlich sichtbar ein Knöllchen hinter einem der Scheibenwischer.

»Herrje«, sagt Frau Enzinger. »Das hätte ja nun wirklich nicht sein müssen.«

Ich sehe Enzingers finstere Mine schon vor mir. Gleich fängt er sicher wieder an zu meckern.

»Ach was«, sagt er zu meinem großen Erstaunen. »Du musst das positiv sehen, Brigitte.« Er zieht den Strafzettel heraus und faltet ihn mit größter Gelassenheit auseinander. »Für zehn Euro haben wir einer Politesse heute eine große Freude gemacht. Was meinst du, was für einen Riesenspaß sie hatte, dass sie endlich mal so einem blöden Bentley-Bonzen ein fettes Knöllchen verpassen konnte. Ich finde, das war unsere gute Tat des Tages. Und jetzt ab nach Hause, bevor sie doch noch den Abschleppwagen ruft.«

Ich glaube, seine Frau denkt auch gerade, sie habe nicht richtig gehört.

16.

Es ist früher Abend, ich stehe vor meinem knarzenden Kleiderschrank in Kiefer Natur und betrachte kritisch die magere Auswahl an Klamotten, die mir für diesen denkwürdigen Abend zur Verfügung stehen. In ein paar Minuten kommt der Besuch, und ich möchte unbedingt einen guten Eindruck machen an dem Tag, an dem ich meine Halbgeschwister kennenlerne. Schließlich wird das so etwas wie ein historischer Augenblick sein, da möchte man nicht in unvorteilhafter Garderobe auftreten.

Wie wäre es mit einem luftigen hummerfarbenen Seidenkleidchen mit Spaghettiträgern und dazu farblich passenden Riemchenstilettos? Ich schlüpfe vorsichtig hinein. Das Ensemble hatte ich eingepackt, als ich noch davon ausging, in den nächsten zwei Wochen den ein oder anderen römischen, florentinischen oder venezianischen Kellner im mediterranen Sonnenschein zu bezirzen. Es handelt sich zugegebenermaßen um ein wenig dezentes Outfit, aber das »Nicht jeder kann das so gut tragen wie Sie« der Verkäuferin hatte mich sofort überzeugt. Das Kleid habe ich erst vor ein paar Wochen bei »La Dolce Vita« erworben, als Trostpreis nach einem der vielen zermürbenden Termine beim Scheidungsanwalt. Für die Summe, mit der meine Kreditkarte danach belastet wurde, hätte ich auch locker eine Woche in einem All-inclusive-Club auf Mallorca buchen können. (Und das trotz eines famosen 50-Prozent-Rabatts, weil es sich um ein

Kleid aus der Vorvorjahreskollektion handelt!) Aber ich hatte damals gerade keine Zeit für Urlaub, sondern nur eine knappe halbe Stunde zur Verfügung, um mein angeknackstes Selbstbewusstsein wieder etwas zu begradigen. Und da kam mir dieses farbenfrohe Modell von Versace (und die wie immer äußerst kompetente Beratung durch meine sehr motivierte Oberbekleidungs-Lieblings-Fachverkäuferin) gerade recht.

Bis heute hatte ich allerdings noch keine Gelegenheit, mein neu erworbenes Luxusteil zu tragen. Ich meine, zwischen März und April sind sogar in München die Tage rar, an denen es so warm ist, dass man ein Kleid mit Spaghettiträgern anziehen kann. Und bei näherer Betrachtung befürchte ich, dass auch jetzt nicht die richtige Gelegenheit dafür ist. Warm genug wäre es zwar, aber schließlich bin ich nicht zu einer Gartenparty bei Millionärs & Co. eingeladen, sondern serviere den Enzingers lediglich möglichst unauffällig ein paar Tassen Tee, während sie ihre Familienangelegenheiten besprechen. Ich sollte es mit meinem Auftritt besser nicht übertreiben, sonst ... Weiter komme ich mit meinen Gedanken nicht, weil aus dem Erdgeschoss eindeutige Geräusche zu hören sind: Es klingelt, Türen fliegen auf, Türen fliegen zu, Schritte trappeln über den Marmorboden, im Hausflur gibt es ein großes Willkommenshallo. »Da seid ihr ja endlich, meine Lieben ... Wie war die Fahrt?«

Meine Familie ist angekommen. Ich glaube, ich bin nervös.

Mit leicht zitternden Knien – und plötzlich wünschend, ich würde etwas weniger Auffallendes als mein rotes Hummerkleid tragen – stöckele ich die Treppe hinab. Als ich die Tür zum Wohnzimmer aufstoße, stehe ich meiner Schwester gegenüber.

»Das ist Cora«, stellt mir Frau Enzinger die Besucher vor, »mit ihrem Mann Bernd und Philipp, ihrem Sohn.«

»Hallo«, sagt Cora und gibt mir die Hand.

»Valentina«, hauche ich. Ich spüre kurz nach, ob ich irgendwelche schwesterlichen Schwingungen spüre. Aber mir fällt nichts Besonderes auf. Vielleicht liegt es daran, dass wir ja auch nur zur Hälfte miteinander verwandt sind.

Cora ist schätzungsweise Mitte vierzig, groß und schlank, eher so der Gazellentyp, kein Gramm Fett, nirgends. Der lebendige Beweis, dass eine Frau, die Kinder bekommen hat, nicht zwangsläufig dick werden muss, sondern manchmal auch dürr. Ihre Haare sind kurz und blond, und sie trägt ein elegantes dunkelblaues Kostüm im Businesslook. Sehr schick und geschmackvoll. Das werde ich ihr demnächst mal sagen. So von Schwester zu Schwester.

Die Körpermasse, die Cora fehlt (plus schätzungsweise zehn bis zwanzig Kilo dazu), trägt ihr Gatte mit großer Gelassenheit um die Leibesmitte. Über Bernds Gürtel wölbt sich ein gewaltiger praller Bauch. Als er mich zur Begrüßung leutselig an sich drückt, fühlt es sich so an, als würde ich meinen großen grünen Gymnastikball umarmen.

»Na, das ist aber schön, dass die Schwiegereltern jetzt professionelle Unterstützung im Haus haben«, sagt Bernd und klopft mir jovial auf die Schulter, nachdem er mich endlich wieder losgelassen hat.

»Ja. Das sehe ich auch so.« Erleichtert darüber, dass ich an Bernds stürmischer Begrüßung nicht erstickt bin, frage ich mich, was eine Gazelle wie Cora an diesem übergewichtigen Nilpferd finden kann. Na ja, wahrscheinlich ist Bernds Bauch voller innerer Werte.

»Und du, Philipp?« Frau Enzinger wendet sich an den schätzungsweise zehn- bis elfjährigen Jungen, der mit überkreuzten Beinen auf einem Sessel vor dem Fenster lümmelt. »Willst du Valentina nicht auch Guten Tag sagen?«

Will er eher nicht. Der Junge – er hat ein paar nette Sommersprossen auf der Nase, aber für meinen Geschmack trägt er sein engelhaftes Blondhaar im Nacken deutlich zu lang – ist schwer mit etwas beschäftigt, das wie ein Smartphone aussieht und zischende und explosionsartige Geräusche von sich gibt, wenn man mit dem Finger über das Display fährt.

»Hi!«, sagt er, ohne aufzusehen. Vermutlich steht er gerade kurz vor einem neuen Rekord bei seinem Irgendwaskaputtmachen-Spiel und hat keine Zeit, sich um etwas so Uninteressantes wie die neue Pflegehilfe seines Großvaters zu kümmern. Wenn der wüsste, dass seine uneheliche Halbtante vor ihm steht! Vielleicht würde er dann doch seinen neuen Zehntausend-Punkte-Highscore vergessen. Oder worum es bei diesem Ballerspiel da gehen mag.

»Unser Sohn verspätet sich wieder mal«, knurrt Enzinger nach einem Blick auf seine Armbanduhr.

»Er kommt *immer* zu spät«, bemerkt die Gazelle, ohne aufzusehen. Sie hat sich inzwischen auf einen Sessel gesetzt und einen kleinen Tabletcomputer aus ihrer Handtasche gezogen, an dem sie sich zu schaffen macht.

Ich höre das Geräusch von schnellen Schritten aus der Diele. Dann springt die weiße Flügeltür auf, und herein kommt zu meiner großen Verblüffung: Felix.

»Hallo, miteinander!«, ruft er in die Runde und wirft mir – wie ich finde – ein besonders freundliches Lächeln zu. »Super Kleid, Valentina! Koralle steht dir gut.«

Ich wundere mich gerade, weshalb die Enzingers kein bisschen erstaunt sind, dass der Gärtner hier so einfach in das Familientreffen hineinplatzt, und wieso der überhaupt nicht angeklingelt hat, als Enzinger zu mir heranrollt mit den Worten:

»Ich glaube, unseren Sohn Felix haben Sie ja schon kennengelernt, Valentina, nicht wahr?«

Mir bleibt die Luft weg.

Was hat er gesagt? Sein Sohn Felix?? O mein Gott. Felix ist gar nicht der Gärtner? Felix ist ... Enzingers Sohn?

Meine Beine fühlen sich plötzlich so an, als wären keine Knochen drin, sondern bloß Schokoladenpudding. Bloß weil einer mit der Gartenschere in den Rosenbüschen herumwerkelt, muss er noch lange kein Gärtner sein. Felix ist ... ich kann es nicht fassen ... Felix ist nicht der Gärtner, sondern mein Bruder, mein Halbbruder, mein Verwandter. Ich habe mit meinem Halbbruder geflirtet! Ich habe mich einer erotischen Mullbindenfantasie mit meinem Halbbruder hingegeben!

Ich glaube, mir ist schlecht. Ich glaube, ich muss ganz schnell ...

»Alles in Ordnung mit dir, Valentina?«

Und jetzt legt dieser Bruder auch noch ganz fürsorglich seinen Arm um mich!

»Du siehst auf einmal so blass aus. Was ist los? Willst du dich setzen? Soll ich dir ein Glas Wasser holen?«

Ein Glas Wasser macht auch keinen Gärtner aus ihm. Bitte loslassen, denke ich nur. Ab sofort nicht den geringsten Körperkontakt mehr. Ab sofort einen Sicherheitsabstand von mindestens zweieinhalb Metern zwischen uns. Und das mit dem Date am Samstag kannst du auch vergessen. Aber ich bringe kein Wort heraus.

Felix nimmt meinen Arm, die andere Hand legt er prüfend auf meine Stirn, als hätte ich Fieber. Von einem Sicherheitsabstand hält er jedenfalls gar nichts.

»He«, sagt er. »Ich mache mir Sorgen um dich. Du wirst mir doch hoffentlich nicht krank werden?«

Gestern noch wäre ich im siebten Himmel gewesen, wenn Felix sich so hingebungsvoll um mich gekümmert hätte. Aber doch nicht jetzt, wo ich weiß, dass er – ach Gott, ich will es mir wirklich nicht vorstellen ...

»Es ist nichts, es ist wirklich nichts«, bringe ich heraus und taste nach einem Sessel. Das Wohnzimmer fängt an, sich zu drehen, erst ganz langsam, dann immer schneller, und auf einmal kippt es um.

17.

»Vielleicht ist sie schwanger.«

Coras Worte sind das Erste, was ich höre, als ich wieder zu mir komme.

Ich mache vorsichtig die Augen auf und erblicke eine Tapete in zartem hellgrünem Streifenmuster und einen leicht wehenden Fenstervorhang mit einem rosa Rosenblütendessin darauf. An der Wand hängt eine antike Uhr mit langen schwingenden Pendeln. Wie ich feststelle, liege ich auf dem Sofa im Gästezimmer. (Enzingers haben natürlich auch ein Gästezimmer im Erdgeschoss, für Besucher, die länger bleiben, und für medizinische Notfälle wie mich.) Cora lehnt an der geöffneten Tür, neben mir kniet Felix, presst einen kalten nassen Lappen auf meine Stirn und schaut mich sehr unbrüderlich an. Ich mache die Augen gleich wieder zu.

»Hallo, Valentina«, höre ich seine Stimme. Er klingt ehrlich besorgt. Ich hoffe, er ist nur deshalb beunruhigt, weil die Pflegekraft für seinen Vater auszufallen droht und er keine Lust auf den ganzen bürokratischen Kram hat, der erforderlich ist, um eine Ersatzhilfe zu organisieren. Es könnte aber auch sein, dass ein völlig unangemessenes anderes Gefühl dahintersteckt. Falls Letzteres der Fall sein sollte, muss ich es ihm ganz schnell abgewöhnen.

»Geht es dir wieder besser? Oder sollen wir Doktor Friedrich anrufen?«

»Ich weiß auch nicht, was auf einmal mit mir los war«,

murmele ich und versuche mich aufzurichten. »Schwanger bin ich jedenfalls nicht.«

Felix sieht mit einem Mal sehr erleichtert aus. Entweder weil sich herausgestellt hat, dass ich noch lebe, oder weil ich gesagt habe, dass ich nicht schwanger bin. Wahrscheinlich beides.

»Du hast uns allen einen riesigen Schreck eingejagt, als du so plötzlich umgekippt bist«, sagt er. Und wieso schaut er mich dabei so an wie ein verliebter Truthahn? Ich glaube, ich möchte wieder ohnmächtig werden.

»Es war ja auch schrecklich stickig im Wohnzimmer.« Cora scheint Abstand von ihrer Schwangerschaftstheorie nehmen zu wollen. »Ich glaube, da braut sich ein dicker Föhn zusammen. Vielleicht reagierst du sensibel auf Wetterumschwünge?«

Ich reagiere sensibel auf die Erkenntnis, dass der Mann, in den ich mich verguckt habe, mein Bruder ist. Ich finde, das ist ein verständlicher Grund, um einen Schwächeanfall zu erleiden.

»Es geht schon wieder. Ich brauche keinen Arzt.«

Aber Felix besteht darauf, dass Doktor Friedrich mich durchcheckt: »Nicht dass du was verschleppst, und dann brichst du am Ende komplett zusammen.«

»Ja, das wäre blöd. Dann müsstet ihr euch eine neue Pflegerin für euren Vater suchen, nicht wahr?«

Felix seufzt: »Mensch, Valentina, das ist nun wirklich ganz und gar nicht das Problem.«

Okay. Er macht sich also wirklich Sorgen um mich. Höchste Zeit, das »Komm-mir-bloß-nicht-zu-nah-Programm« zu starten.

Zunächst tritt aber erst mal Frau Enzinger ins Zimmer.

»Geht es ihr wieder etwas besser?«, flüstert sie Cora zu. Ich finde ja, Frau Enzinger hätte mich auch direkt ansprechen können, wo ich doch schon wieder aufrecht und eindeutig nicht mehr ohnmächtig auf dem Sofa sitze. Immerhin bedenkt sie mich – nachdem Cora genickt hat – mit einem erleichterten Lächeln.

»Ruhen Sie sich noch ein bisschen aus, Valentina. Lassen Sie sich alle Zeit der Welt. Gott, bin ich froh, dass Ihnen nichts Ernstes passiert ist. Und wir ...«, ihr Blick gilt nun Felix und Cora, »... wir setzen uns dann schon mal zusammen, um Vaters Geburtstag zu besprechen.«

»Ist es in Ordnung, wenn wir dich für ein paar Minuten allein lassen?«

Ich nicke Felix zu. Das ist sehr in Ordnung. Ich möchte jetzt nichts lieber, als allein gelassen zu werden.

»Bin gleich wieder da«, meint Felix und drückt kurz meine Hand. »Ruf mich, wenn du etwas brauchst – okay? Ich lasse die Tür offen.«

Dann verschwinden die drei nebenan im Wohnzimmer zur Familienkonferenz. Ich lasse mich ermattet zurück aufs Sofa fallen. Ist denn das zu fassen? Ich hatte mir immer so sehr einen großen Bruder gewünscht. Und einen neuen Mann zum Verlieben auch. Aber doch nicht beides in ein und derselben Person! Ich finde, was mich betrifft, geht das Schicksal verdammt sparsam mit passenden Männern um.

Gut, dass wir uns noch nicht richtig geküsst haben, Felix und ich.

Weil ich über inzestuöse Beziehungen lieber nicht länger nachdenken will, konzentriere ich mich auf die Geräusche und Stimmen aus dem Wohnzimmer nebenan. Ich sollte sowieso Bescheid wissen, was die Enzingers für den großen Geburtstag planen, und deshalb höre ich zu.

»So, Papa«, vernehme ich Coras Stimme. »Ich habe schon einiges in die Wege geleitet. Du kannst dir vorstellen, dass dir an deinem Fünfundsiebzigsten jede Menge wichtige Leute gratulieren wollen. Ich lese dir mal vor, was bis jetzt auf meiner Agenda steht.«

»Gleich eine ganze Agenda«, murmelt Enzinger. »Ist das mein Geburtstag oder der Weltwirtschaftsgipfel?«

»Bitte, Papa, hör mir doch erst mal zu, bevor du wieder Einwände hast. Ich hab euch die Excel-Tabelle übrigens per E-Mail geschickt, damit ihr euch später noch mal alles in Ruhe ansehen könnt. Also: Los geht es um acht Uhr fünfzehn mit dem Besuch des Bürgermeisters ...«

»Schon um Viertel nach acht? Da bin ich doch noch gar nicht richtig wach.«

»Ich weiß, dass das früh ist, aber der Bürgermeister hat den ganzen Tag über wichtige Termine und Sitzungen. Das nächste Zeitfenster wäre erst um siebzehn Uhr dreißig gewesen. Das ist ja viel zu spät. Ich finde es völlig in Ordnung, dass der Bürgermeister dir als Erster gratuliert. Was sagst du, Mama?«

»Da hat Cora recht. Der Bürgermeister ist wichtig. Da müssen wir eben zeitig aufstehen, Werner.«

»Gut«, fährt Cora fort. »Machen wir weiter. Ich nehme an, der Bürgermeister wird eine kleine Ansprache halten, dazu ein Gläschen Champagner, wahrscheinlich ist auch ein Reporter dabei, der ein paar Fotos für *Starnberg aktuell* macht, wenn wir Glück haben wird auch ein Artikel für die *Süddeutsche* daraus. Ich schätze, das Ganze wird so bis neun dauern. Dann sollten sie allerdings auch wieder weg sein, denn für neun Uhr habe ich den Vizepräsidenten der Bayerischen Architektenkammer eingeplant. Der Präsident selbst ist blöderweise an deinem Geburtstag auf einer Konferenz in Berlin, aber was soll's, dann müssen wir eben mit dem Ersatzmann vorliebnehmen. Gratulation, Blumenübergabe, Champagner, ein paar warme Worte ... Ich denke, um Viertel vor zehn dürfte er wieder abziehen.«

»Sehr gut. Und dann?«

»Zehn Uhr Auftritt der Gebirgsschützen. Gratulation, vielleicht ein paar Böllerschüsse ...«

»Böllerschüsse?«, murmelt Enzinger. »Muss das sein?«

»Sie werden es schon nicht übertreiben, Papa. Aber ein paar Knaller sollten zu deinem Fünfundsiebzigsten schon drin sein. Jedenfalls berechne ich für den Auftritt der Gebirgsschützen etwa eine Stunde. Champagner, Small Talk. Danach wollte der Pfarrer kurz vorbeikommen.«

»Der Pfarrer? Was will denn der? Soll ich etwa wieder was spenden? Vielleicht für die Renovierung des Glockenturms, die sie seit zwanzig Jahren ankündigen?«

»Nein, Papa. Der Pfarrer kommt, weil er dir einfach nur gratulieren möchte. Ich finde, in deinem Alter kann ein Segen der Kirche nicht schaden.«

»Okay. Der Pfarrer. Kleine Ansprache, ein Glas Champagner ... Das dauert wie lange?«

»Ich denke, das geht schnell«, wirft Felix ein. »Er wird ja sicher keine ausufernde Predigt halten.«

»Auf meiner Agenda endet das Vormittagsprogramm mit dem Besuch des Pfarrers um elf Uhr dreißig. Danach habe ist eine längere Pause vorgesehen, damit du dich etwas ausruhen kannst.«

»Wunderbar, Cora, das klingt gut. Wenn ich richtig gerechnet habe, dann habe ich bis dahin einschließlich euch etwa zwei Dutzend Gratulanten die Hände geschüttelt und fünf Gläser Champagner getrunken. Da kann ich eine Pause gut gebrauchen. Ich schätze, dann werde ich erst mal drei Stunden schlafen.«

»Für drei Stunden schlafen ist an deinem Geburtstag keine Zeit, Papa. Ich habe für dreizehn Uhr einen Tisch in der Alten Linde bestellt. Mittagessen in kleinerem Kreise, nur die Familie.«

»Gott sei Dank, ein kleiner Kreis.«

»Ja. Natürlich gehören dazu auch dein Bruder Kurt mit Tante Hilda, den Kindern und Enkeln, Mamas Schwestern, Ella, Betti nebst Familien sowie Onkel Franz. Und Großtante Trude dürfen wir natürlich auch nicht vergessen, sonst wäre sie sicher beleidigt. Allen habe ich schon Einladungskarten geschickt, und sie haben bereits zugesagt. Sie lassen dich übrigens herzlich grüßen. Es kommen auch noch ein paar Leute aus deinem früheren Büro. Kollege Biesinger natürlich, die Rautenacker und vielleicht Dr. Jelinek. Er wollte sich noch mal melden und Bescheid sagen. Außerdem habe ich noch die nächsten Nachbarn eingeladen, aber natürlich nur die allernächsten. Also von Hausnummer fünfzehn bis fünfunddreißig, nichts Großes. Es wäre wirklich unhöflich, sie von deiner Geburtstagsfeier auszuschließen.«

»Fünfzehn bis fünfunddreißig ...«, grummelt Enzinger.

»Stangls aus Nummer achtzehn sind im Urlaub«, bemerkt Frau Enzinger, was ihr Gatte mit einem erleichterten »Zum Glück, wenigstens die Stangls sind weg« quittiert.

»Warum gehen wir denn in die Alte Linde«, meldet sich plötzlich Philipp zu Wort. »Das ist doch ein totaler Spießerladen. Warum gehen wir nicht ins Mayer's? Da war mein Kumpel Oskar neulich nach der Beerdigung seiner Oma, und zum Nachtisch gab es Mousse au Chocolate all-you-can-eat. Das muss super gewesen sein. Sie haben gewettet, wer am meisten essen kann, und nachher haben alle gekotzt! Ich meine natürlich nur die Kinder, nicht die Erwachsenen.«

»Philipp!«, grätscht die Gazelle dazwischen. »Bitte behalte das für dich, das ist nicht unser Niveau.«

»Ich finde, Mousse au Chocolate all-you-can-eat klingt sehr interessant.« Felix kann es nicht lassen, seine Schwester ein bisschen zu ärgern. Die lässt sich davon aber nicht beeindrucken:

»Lasst mich noch schnell die Termine für den Nachmittag vorstellen. Das ist wirklich nicht mehr viel. Um fünfzehn Uhr habe ich ein Treffen mit einem Mitarbeiter des Kultusministeriums arrangiert. Darauf bin ich wirklich stolz. Es wird sicherlich sehr interessant für dich. Einer der Höhepunkte des Tages. Wir lassen uns alle Zeit der Welt mit dem Termin. Erst um sechzehn Uhr dreißig geht es weiter. Dann kommt kurz der Landrat zum Gratulieren und anschließend noch eine Abordnung vom Männergesangsverein mit ihrem Geburtstagsständchen – und ich verspreche dir, Papa, spätestens um achtzehn Uhr sind alle wieder weg.«

»Prima. Achtzehn Uhr. Dann habe ich es geschafft. Ach Cora, lieb, dass du dir so viel Arbeit gemacht hast. Aber am meisten freue ich mich darauf, wenn der ganze Trubel erst vorbei ist.«

»Du wirst nur einmal im Leben fünfundsiebzig, Papa. Hinterher wirst du glücklich sein, dass dir so viele Leute gratuliert haben.«

»Und denk dran, Werner«, mahnt Frau Enzinger, »der Doktor hat gesagt, du sollst wieder mehr unter die Leute gehen.«

»Ich weiß, Brigitte, ich weiß.«

Dann ist es still im Wohnzimmer. Nur ganz leise Zisch- und Explosionsgeräusche sind zu vernehmen – und ein durchdringendes Schnarchen.

»Schau mal, Cora«, sagt Enzinger leise. »Dein Mann ist schon allein beim Anhören des Geburtstagsprogramms vor Erschöpfung eingeschlafen ...«

18.

Der letzte Arzt, der mich untersucht hat (nämlich der, der meinen Tinnitus diagnostizierte), war ein dicker alter Mann, der leicht nach Knoblauch gerochen hat. Vermutlich, weil er sich gesund ernährte. Jedenfalls war er nicht im Entferntesten so attraktiv wie der Doktor, der gerade äußerst sanft die Manschette seines Blutdruckmessgeräts um meinen Oberarm legt. Dabei brauchte man gar keine ausgefeilte Medizintechnik, um festzustellen, dass mein Herz im Presto pumpert. Ein Mann wie Doktor Friedrich ist das beste Mittel gegen zu niedrigen Blutdruck. Das Blut rauscht mir durch den Kopf, als wollte es zu den Ohren raussprudeln. Ich weiß auch nicht, weshalb mich die Nähe dieses Burschen so nervös macht.

»Alles wunderbar«, sagt er lächelnd und zieht den Klettverschluss der Manschette wieder auf. »Hundertdreißig zu neunzig. Daran ist nichts auszusetzen. Tut Ihnen etwas weh?«

Ich schüttele erschrocken den Kopf. Wenn er mich jetzt bittet, den Oberkörper frei zu machen, und mit seinem Stethoskop an meinem Busen herumhorchen will, renne ich raus.

Ich sitze noch immer auf dem plüschigen Sofa in Enzingers Gästezimmer und finde es ziemlich unangemessen, dass Felix tatsächlich den Arzt gerufen hat. Nur wegen einer lächerlichen kleinen Ohnmacht. Vor hundert Jahren hätten sie mir ein Riechfläschchen unter die Nase gehalten, und alles wäre gut gewesen. Andererseits: Vor hundert Jahren hauchten die Leute auch schon mal gern im zarten Alter von sechsunddreißig Jahren ihr Leben aus, weil die medizinische Versorgung ein paar entscheidende Lücken aufwies. Und das war ja eher nicht so toll.

»Nein, Doktor Friedrich, ich sage doch, ich bin kerngesund. Es war unverantwortlich von Familie Enzinger, Sie anzurufen und von Ihren wirklich wichtigen Patienten wegzuholen.«

»Sie *sind* eine wirklich wichtige Patientin, Valentina.« Der Doktor schaut mir beunruhigend tief in die Augen. Ich nehme mal an, um zu überprüfen, ob sich auf meiner Netzhaut Hinweise auf lebensgefährliche Krankheiten befinden. Gelbfieber vielleicht oder Lepra. Irgendetwas, das sich mit Seniorenbetreuung nicht hundertprozentig verträgt. Weshalb sonst sollte er mich so anschauen? Der Befund (welcher auch immer) scheint wohl unauffällig zu sein. Herr Friedrich klappt seinen Arztkoffer zu, während er weiterspricht:

»Und wir möchten sichergehen, dass mit Ihnen alles in Ordnung ist, Valentina. Geschieht es öfter, dass Sie ohnmächtig werden?«

»Nein – äh, eher nicht.«

»Gab es etwas Ungewöhnliches in jüngster Zeit? Hat Sie etwas besonders aufgeregt?«

»Aufgeregt? Oh nein, was sollte mich denn aufregen! Wahrscheinlich ist es wegen der großen Geburtstagsfeier, die hier bald ansteht. Ich bin es nicht gewohnt, mich um so viele wichtige Leute zu kümmern. Wahrscheinlich macht mich das nervös. Ich hatte bislang noch nicht sehr viel mit der Starnberger High Society zu tun.«

Er steht auf, reicht mir die Hand und bedenkt mich mit einem Lächeln, bei dem sogar Lara Croft dahinschmelzen würde.

»Aber das braucht Sie nicht zu beunruhigen, Valentina. Um die Feierlichkeiten kümmert sich die Familie. Sie sind nur hier, um Herrn Enzinger zu unterhalten. Und zwar Enzinger senior«, fügt er lachend hinzu. Eine Bemerkung, die mein Gesicht umgehend in einen blühenden Klatschmohn verwandelt. Wieso hat man gerade dann eine so gute Durchblutung, wenn man sie am allerwenigsten braucht?

Aber ich glaube, Dr. Friedrich hat meine kleine Hitzewallung gar nicht wahrgenommen. Mit federnden Schritten spaziert er aus dem Zimmer, um sich um seinen nächsten Patienten zu kümmern: Herrn Enzinger. Senior natürlich. Irritiert schaue ich seinem glänzenden Hinterkopf nach, bis er die Tür hinter sich zuklappt.

19.

»Wie geht es Ihnen, Valentina? Haben Sie etwas gegen Ihren Tinnitus unternommen?«

Frau Leberecht trägt heute ein schwarz-weiß gemustertes Kostüm, was ihr eine gewisse Ähnlichkeit mit einem Zebra verleiht. Ein Zebra, das sich ein magentafarbenes Seidentuch um den Hals geschlungen hat. Apropos Zebra: Der Porzellanelefant auf dem Tischchen vor mir sieht heute noch lädierter aus als beim letzten Mal. Der Rüssel ist jetzt komplett abgebrochen. Die goldenen Stoßzähne sind nur noch rudimentär vorhanden, und der Schwanz ist auch weg.

»Er ist versehentlich vom Tisch gefallen«, erklärt Frau Leberecht, als sie meinem verwunderten Blick folgt. »Ich hatte kürzlich einen sehr lebhaften Klienten hier. Der Mann hat seine Aggressionen einfach nicht unter Kontrolle ... Aber was soll's. Erzählen Sie bitte von sich! Wie ist es Ihnen seit unserer letzten Sitzung ergangen?«

»Ich weiß gar nicht, wo ich anfangen soll, so viel hat sich ereignet.«

»Tatsächlich?« Frau Leberecht hat bereits ihren Block und den silbernen Kugelschreiber gezückt. Sie sieht aus, als könne sie es gar nicht abwarten, wieder ihre undefinierbaren Kringel aufs Papier zu bringen.

»Stellen Sie sich vor, ich habe meinen Vater kennengelernt. Und den Rest meiner Familie, und dann habe ich mich in meinen Bruder verknallt. Und ich glaube, er auch ein bisschen in mich. Obwohl ich zunächst natürlich gar nicht wusste, dass er mein Bruder ist. Und er weiß es immer noch nicht ...«

»Stopp, stopp, Valentina. Was reden Sie denn da? Jetzt mal bitte ganz langsam und der Reihe nach. Das ist ja nicht zu glauben. Also dies ist wirklich ein *äußerst* interessanter Fall. Wie ist das alles passiert?«

Na klar. Jetzt bin ich ein Fall. Wahrscheinlich verfasst sie im Geiste bereits eine wissenschaftliche Abhandlung über mich, mit der sie sich *summa cum laude* an der Uni habilitieren wird: »Die bizarre Familienkonstellation der Valentina Meyer im Spiegel ihrer psychischen Defekte« oder so ähnlich.

Ich skizziere kurz die Ereignisse der vergangenen Tage, und Frau Leberecht kringelt über ihren Notizblock, als gelte es, einen neuen Weltrekord in Schnellschrift aufzustellen.

»Unfassbar«, murmelt sie immer wieder und schüttelt den kurz geschorenen grauen Kopf. »Sehr bemerkenswert. Das ist ja wirklich nicht zu glauben.«

Ich wette, so einen speziellen Fall wie mich hat sie in all den Jahren noch nie auf ihrer Couch gehabt. Ich bin ein kleines bisschen stolz auf mich.

»Wie soll ich denn jetzt weitermachen?«, frage ich schließlich, als ich mit dem Erzählen fertig bin und Frau Leberecht von ihrem Notizblock aufschaut. »Einerseits bin ich froh, meinen Vater gefunden zu haben. Andererseits befinde ich mich in einer Zwickmühle, was Felix angeht. Sie wissen schon, ich fände es weniger kompliziert, wenn er nicht mein Bruder wäre.«

Frau Leberecht legt den Kopf zur Seite und überlegt einen Moment. Dann sagt sie:

»Woher wissen Sie denn mit Bestimmtheit, dass dieser Herr Enzinger wirklich Ihr Vater ist?«

»Na, hören Sie mal. Ich habe doch den Brief gelesen. Er und meine Mutter haben sich geliebt. Sonst hätte sie doch nicht den Zeitungsartikel und die Krawatte aufbewahrt. Oder?«

»Ich bezweifle nicht, dass die beiden sich geliebt haben. Aber Sie sagten, Ihre Mutter habe als Hippie gelebt, mit – nun ja – recht unübersichtlichen Männerbekanntschaften. Könnte es nicht auch sein, dass sie sich aus lauter Enttäuschung über die Trennung von ihrem Geliebten – das ist natürlich reine Spekulation, Valentina –, dass sie sich umgehend mit einem anderen Mann getröstet hat? Sie sprachen doch selbst davon ... einen Moment ...« Frau Leberecht blättert in ihrem Notizblock zurück. »Sie zitierten bei unserer letzten Sitzung Ihre Mutter mit den Worten, Männer würden überbewertet. Das könnte doch ein Hinweis darauf sein, dass Ihre Mutter in der Zeit Ihrer Zeugung – ich meine, bei einer Hippiefrau, die die freie Liebe praktiziert, wäre das ja wirklich nichts Ungewöhnliches –, also dass Ihre Mutter in dieser Zeit noch etliche andere Geliebte hatte ...«

»Sie meinen, Enzinger ist gar nicht mein Vater?«

Frau Leberecht zuckt mit den Schultern, während sie mich bedauernd anblickt: »Das halte ich für denkbar.«

Ich lausche eine Weile schweigend dem Klingeln in meinen Ohren und überlege, was ich bei dieser Erkenntnis empfinde. Sollte das etwa alles ein Irrtum gewesen sein? Habe ich mich in den vergangenen Tagen um den falschen Mann gekümmert? Mich an den falschen Mann gewöhnt, den falschen Mann inzwischen auch irgendwie ein bisschen – ja! – lieb gewonnen? Andererseits, wenn Enzinger nicht mein Vater ist, dann ist auch Felix nicht mein Bruder, dann könnte ich bedenkenlos ...

Ach Gott. Das ist mir jetzt wirklich ein bisschen zu viel Durcheinander. Bei solch einem Gefühlschaos heilt mein Tinnitus jedenfalls nicht.

»Nur ein DNA-Test kann Ihnen Gewissheit verschaffen«, erklärt Frau Leberecht.

»Ein DNA-Test? Wie soll das denn gehen? Soll ich Enzingers Zahnbürste klauen und in ein Labor geben?«

»Das wäre die beste Möglichkeit. Ein paar Haare von ihm täten es auch. Übrigens: Mein Schwager leitet ein Labor, das sich auf Verwandtschaftsanalysen spezialisiert hat. Es liegt gar nicht weit von hier. Ich könnte dafür sorgen, dass Sie sehr schnell einen Termin bekommen, damit Sie wissen, woran Sie sind.«

»Das wäre ... das wäre natürlich fantastisch.«

»In zwei Tagen wüssten Sie Bescheid.«

»Also gut. Ich lasse mir etwas einfallen, um an Enzingers Zahnbürste zu kommen.«

»Sagen Sie doch einfach, die Zahnbürste sei Ihnen beim Putzen auf den Boden gefallen, und er brauche eine neue. Und anstatt die alte in den Müll zu werfen, stecken Sie sie einfach ein.«

Die ist ja ganz schön durchtrieben, diese Frau Leberecht. Aber anders geht es wohl nicht.

»Danke, das ist ein guter Tipp. Ich bringe die Zahnbürste bei meiner nächsten Sitzung mit.«

Als ich eine halbe Stunde später mit klopfendem Herzen ihre Praxis verlasse, weiß ich immer noch nicht, was ich denken soll. Will ich, dass Enzinger mein Vater ist? Oder will ich, dass Felix nicht mein Bruder ist? Verdammt. Eigentlich will ich beides. Aber das geht nun mal nicht. Das eine schließt das andere aus.

»Hallo, Eva!«

Ich habe mir überlegt, dass ich mal wieder in meiner Wohnung nach dem Rechten sehen könnte, und auf meinem Handy SOS Eva angerufen.

»Wie geht es Ihnen in meiner Feng-Shui-optimierten Bude? Haben Sie ein gutes Karma heute?«

»Wieso Karma? Das ist indisch. Was hat meine Karma mit Feng-Shui zu tun?«

»Ach, keine Ahnung. Ich wollte eigentlich bloß fragen, ob ich mal kurz vorbeikommen kann. Ich bin gerade in der Nähe und würde aus meinem Kleiderschrank gern ein paar frische Klamotten mitnehmen.« Sofern ich meinen Kleiderschrank nach ihrer Umräumaktion wiederfinde.

»Aber natürlich, Frau Valentina. Freue ich mich, wenn Sie mich besuchen kommen. Ich koche einen Tee.«

Na, die fühlt sich ja schon richtig zu Hause in meinen vier Wänden, denke ich. Hoffentlich erkenne ich meine Wohnung noch wieder und es stehen nicht überall Buddhastatuen, Wasserspiele und Bambustischchen herum.

Das ist glücklicherweise nicht der Fall, stelle ich eine Viertelstunde später fest, nachdem mir Eva auf mein Klingeln hin die Tür geöffnet hat. Ich finde es tatsächlich gar nicht so übel, wie Eva meine Möbel im Wohnzimmer angeordnet hat. Der ganze Raum wirkt irgendwie heller und großzügiger, die breite Glasschale mit den Blumenblüten macht wirklich was her – und den anmutig plätschernden Zimmerspringbrunnen mit den drei abwechselnd rosa und blau leuchtenden Kaskaden aus weißem Speckstein, der auf dem Tisch steht, kann ich ja aus dem Fenster werfen, falls Eva sich weigert, ihn wieder mitzunehmen. Nur dass Esmeraldas Käfig jetzt in der Küche steht, gefällt mir nicht. Ich glaube, ihr auch nicht. Ich wette, sie vermisst Jan Hofer und den Rest des täglichen Fernsehprogramms.

Ich nehme Esmeralda gleich auf den Arm und vergrabe mein Gesicht in ihrem weichen Fell. Sie riecht wunderbar nach Heu und Holzspänen. Eva scheint sich gut um sie zu kümmern. Aber wenn mich nicht alles täuscht, freut sich die Häsin trotzdem, mich endlich wiederzusehen. So interpretiere ich jedenfalls die Tatsache, dass sie keine Anstalten macht, von meinem Arm zu springen. Ich behalte Esmeralda gleich auf dem Schoß, während ich mich auf mein Sofa setze und Eva mir eine Tasse Tee reicht. Das Getränk verbreitet ein mysteriöses Odeur jenseits von Hagebutte, Kamille, Pfefferminze und all den anderen Sorten, die ich üblicherweise in meiner Küchenschublade habe.

»Uh«, entfährt es mir nach dem ersten Schluck. »Was ist das denn? Schmeckt ziemlich – herb.« Und dabei ist herb noch ein sehr freundliches Adjektiv.

»Rosmarintee«, erklärt Eva lächelnd. »Verwöhnt das Feuer-Chi.«

»Das was?« Ich fände es ja besser, wenn der Tee meine Geschmacksnerven verwöhnen würde.

»Hat heilende Wirkung«, erklärt Eva. »Krampflösend. Gut gegen Schwächen von Kreislauf, schlechte Appetit und gestörte Verdauung. Und gut gegen Rheuma.«

»Oh, prima. Aber ich hab kein Rheuma, und auch ansonsten funktioniert so weit alles bestens. Gibt es vielleicht einen Tee gegen Ohrensausen?«

Aber Eva versteht das Wort Ohrensausen nicht, und ich kann es ihr auch nicht verständlich machen. Egal. Es ist vielleicht besser so. Am Ende kennt sie tatsächlich einen Tee gegen Tinnitus, und der würde wahrscheinlich noch schrecklicher schmecken als dieser hier.

Ich bringe Eva auf den neuesten Stand meines Lebens mit Enzinger, und Eva erzählt mir, welche neuen Ausstellungen und Theaterpremieren sie sich in München schon angeschaut hat. Allerdings hat sie nicht viel Zeit für Gespräche von Frau zu Frau. Sie hat eine Verabredung mit einem Typen, den sie in der Alten Pinakothek kennengelernt hat. (Direkt vor einem üppigen Gemälde von Rubens, wie sie mir mit seligem Lächeln erklärt. Ich finde, sie hat recht: Wenn eine Frau von Evas Ausmaßen vor einem Rubensgemälde in einen Flirt verwickelt wird, dann kann sie das durchaus als positives Zeichen werten.)

»Viel Vergnügen«, rufe ich ihr nach, bevor ich die Wohnungstür hinter ihr schließe.

Als Eva weg ist, unterziehe ich meinen Kleiderschrank einer eingehenden Prüfung. Jedenfalls hatte ich vor, meine Klamotten auf ihre Pflegejob-Tauglichkeit hin zu scannen, aber ich komme nicht dazu, weil mein Blick sofort nach dem Öffnen der Schranktüren auf die Pralinenschachtel fällt, die ich vor meinem überstürzten Aufbruch am Samstagmorgen auf einem Stapel T-Shirts abgelegt habe. Okay, mir scheint, das Kleidereinpacken muss noch ein bisschen warten. Jetzt ist erst einmal Zeit für eine neue Runde Krawattenmeditation und Vergangenheitsbeschwörung.

Also zurück aufs Sofa und vorsichtig den Deckel von der Schachtel gehoben. Wie eine kostbare Reliquie falte ich Enzingers Brief auseinander. Während ich mir noch einmal durchlese, was er damals geschrieben hat, sehe ich sein faltiges Gesicht vor mir, seine schlohweißen Haare und die Flecken auf seinen Händen. Ich vergleiche das Foto des Zeitungsartikels mit dem alten Mann, den ich kennengelernt habe, und versuche ein paar Gemeinsamkeiten zu entdecken. Bald werde ich Gewissheit haben, denke ich. Bald lasse ich eine DNA-Analyse machen, und dann weiß ich Bescheid, ob er mein Vater ist oder nicht. Vielleicht weiß ich ja dann sogar mehr als meine Mutter.

Ich hole die Krawatte heraus und lasse sie durch meine Hand gleiten – und dann entdecke ich es: ein Haar! Tatsächlich: Ein Haar klebt an der Krawatte. Ein kurzes, weiches, schönes schwarzes Haar klebt da direkt neben dem Polyesteretikett. Das Haar eines Mannes im besten Mannesalter, das Haar, das Enzinger irgendwann vor siebenunddreißig Jahren ausgefallen ist und sich an seine Krawatte geheftet hat. Damals, als er noch keinen weißen Schädel hatte, sondern meine Mutter mit einem prächtigen schwarzen Schopf beeindruckte.

Was für ein unfassbares Glück! Ich habe ein Haar gefunden, das mir den Beweis liefern wird, ob Enzinger mein Vater ist oder eben nicht. Ich brauche gar keine Zahnbürste zu klauen.

Ich habe in meinem Leben genug *Tatorte* und *Polizeirufe* gesehen, um zu wissen, dass ich jetzt nichts überstürzen darf. Keinesfalls mit meinen Fingern dieses Haar berühren. Ich lege die Krawatte auf den Tisch, so vorsichtig, als wären zehn Kilo hochexplosiver Sprengstoff darin versteckt. Dass mir dieses kostbare Corpus Delicti jetzt bloß nicht wegfliegt! Aus der Küche ziehe ich einen Gefrierbeutel von der Rolle. Muss der steril sein? Egal. Ich überlege, ob ich das Haar mit einer Pinzette abzupfen soll. Aber womöglich bricht mir dabei ein entscheidender Millimeter ab. Wer weiß, wie brüchig ein siebenunddreißig Jahre altes Manneshaar ist! Also falte ich die Krawatte vorsichtig zusammen, lege sie behutsam in den Beutel und verschließe das Ganze mit einem Clip. So, jetzt kann kein Fitzelchen DNA verloren gehen. Im Badezimmer hole ich ein Wattestäbchen aus dem Schrank und belutsche es intensiv an beiden Enden, ich fahre mir über die Zunge und die Innenseite der Wange, bis ich denke, dass ich genügend Gene abgeschabt habe, und verstaue es ebenso in einem Beutel.

Dreißig Sekunden später habe ich Frau Leberecht am Telefon.

»Entschuldigen Sie, dass ich so spät noch anrufe. Ich weiß, dass Sie eigentlich nicht mehr im Dienst sind. Aber ich muss Sie heute noch ganz dringend treffen. Unbedingt.

Stellen Sie sich vor, ich habe eine DNA-Spur meines mutmaßlichen Vaters gefunden. Können Sie dafür sorgen, dass die Sachen noch heute in das Labor Ihres Schwagers kommen?«

20.

Achtundvierzig Stunden. In achtundvierzig Stunden bekomme ich Bescheid, hat der Schwager von Frau Leberecht gesagt. Ich habe ihn gleich heute früh angerufen und gefragt, ob er die Tüten mit der Krawatte und dem Wattestäbchen unversehrt erhalten hat und wie lange er für die Untersuchung benötigt.

Nun heißt es abwarten. Um mich auf andere Gedanken zu bringen, unternehme ich wieder einen kleinen Ausflug mit Enzinger. Wobei: Klein ist vielleicht nicht ganz richtig. Seine Frau hat jedenfalls ganz schön komisch geschaut, als ich angekündigt habe, dass ich mit Enzinger heute eine Expedition auf die Zugspitze plane.

»Sind Sie sich sicher, dass das eine gute Idee ist? Wie wollen Sie denn mit meinem Mann durch die Berge kraxeln?«

Ich habe sie freundlich darauf hingewiesen, dass es seit über fünfzig Jahren eine Gondelbahn gibt, die den wanderfaulen Bergfreund von Grainau aus bequem und muskelschonend in gut zehn Minuten auf den Gipfel bringt. Frau Enzinger hat trotzdem nur voller Sorge den Kopf geschüttelt:

»Aber die dünne Luft da oben, Valentina. Ob das auch das Richtige ist für meinen Mann? Er hat so empfindliche Atemwege, und ich weiß nicht, ob diese Höhe gut für sein Herz ist.«

»Für mein Herz wird es ganz wunderbar sein, mal wieder die Alpen von oben zu sehen«, hat Enzinger erklärt. »Warum kommst du nicht einfach mit, Brigitte? Ein kleiner Ausflug in die Berge würde dir auch guttun. Wir waren so lange nicht mehr im Gebirge.«

»Ich habe keine Zeit, das weißt du doch. Für dein Geburtstagsfest ist jede Menge zu organisieren. Wir müssen noch zur Alten Linde fahren und das Menü besprechen, über den Blumenschmuck für die Tische und die Sitzordnung hat sich auch noch keiner Gedanken gemacht, und außerdem wollte ich mit Valentina heute eigentlich mal unseren Glasschrank durchgehen; ich weiß gar nicht, ob wir genügend Champagnerkelche für unsere Besucher haben.«

Sie macht sich das Leben wirklich schwer, die gute Frau. Enzinger findet das auch.

»Warum machen wir das nicht morgen alle zusammen, Liebes? Genieß mit uns doch heute den schönen Tag.«

»Wie soll ich den Tag genießen, wenn noch so viel zu tun ist, Werner? Du weißt doch, dass es mich nervös macht, alles auf den letzten Drücker zu erledigen. Wenn es sein muss, dann fahrt in Gottes Namen heute auf die Zugspitze. Aber bitte beschwer dich nicht, wenn du morgen Kopfschmerzen hast oder Herzprobleme oder was weiß ich.«

Heute jedenfalls hat Enzinger weder das eine noch das andere. Entspannt sitzt er neben mir und lässt sich die weißen Haarsträhnen durchs Gesicht wehen. Ich habe mir erbeten, wieder mit dem Porsche Cabrio fahren zu dürfen. Der Bentley ist auch ein tolles Auto, aber für mich irgendwie eine Nummer zu groß.

Wir flitzen über die Autobahn. Ich wusste gar nicht, wie viel Spaß es macht, mit einem arroganten Grinsen im Gesicht über die linke Spur zu brettern und all die lahmen Kisten vor mir, die nicht von selbst aus Ehrfurcht weichen, mit der Lichthupe nach rechts zu verscheuchen. Vorübergehend leiste ich mir halt mal einen schlechten Charakter. Ab einem gewissen Tempo strubbelt einem der Fahrtwind allerdings ganz schön heftig durch die Haare. Beim nächsten Mal muss ich mir unbedingt so ein schickes Kopftuch umbinden und eine dieser riesigen Sonnenbrillen aufsetzen wie Grace Kelly in ihren besten Zeiten. Und dann soll Schneewittchen mich sehen und vor Neid tot umfallen! Na ja, jedenfalls umfallen.

Leider bin ich nicht die Allerschnellste. Ein Maserati mit italienischem Kennzeichen schießt heran und drängt mich gnadenlos ab. Mit aufjaulendem Motor ist er innerhalb von Sekunden südwärts aus meinem Blickfeld verschwunden. Ach, Italien! Könnte man dem doch hinterherfahren!

»Wäre nett, wenn Sie bei Ihrem nächsten Geschwindigkeitsrekordversuch das Verdeck schließen«, bemerkt Enzinger, als ich kurz vor Garmisch den Fuß vom Gas nehme. »Sonst fliegt mir noch meine Prothese aus dem Mund.«

Nun, immerhin weiß ich jetzt, dass er kein Toupet trägt.

Eine halbe Stunde später schaukeln wir dem Gipfel entgegen. Ein freundlicher Mensch der Zugspitzbahn hat Enzingers Rollstuhl über eine Rampe am Nebeneingang in die Gondel geschoben, und jetzt genießen wir die Aussicht. Wir und geschätzte fünfundzwanzig andere Tagesausflügler, größtenteils gekleidet in Funktionsanoraks und zünftige sand- bis olivfarbene Wanderhosen mit Rundumreißverschlüssen in Kniehöhe, bunte Rucksäcke über der Schulter und Hightech-Alu-Stöcken in der Hand. Das heißt, ich würde die Aussicht auch gern genießen, aber leichte Schwindelgefühle und ein ungewisses Magengrummeln halten mich davon ab. Ich finde, es geht viel zu schnell und viel zu steil bergauf, und für meinen Geschmack (und mein physikalisches Grundempfinden) gibt es unterwegs viel zu wenig Stützpfosten. Mein einziger Trost ist die Hoffnung, dass eine Seilbahn, die schon seit über fünfzig Jahren problemlos Millionen von

Menschen den Berg rauf- und runterkarrt, nicht gerade an dem Tag abstürzen wird, an dem ich mich darin aufhalte. Aber so richtig vertrauensvoll wirkt das Ganze nicht auf mich.

Dabei ist das Panorama, das sich unter unseren Füßen und um uns herum auftut, wirklich atemberaubend. Gebirgsblick vom Feinsten, Fichtenwald und Bergsee inklusive. Die Gondel ist erfüllt von begeistertem Geraune und Gemurmel, aus dem eine Stimme klar und deutlich herausklingt:

»Mensch, kuck doch mal, Ilse, der Eibsee da unten? Wat fürn tollet Blau. Wat meinze, is doch voll dat Blau von Schalke, finnze nich auch?«

Ja, Ilse findet das auch.

Dann schweigen die Schalkefans ehrfürchtig.

Enzinger kann aus seiner tiefen Sitzposition gerade so aus dem Fenster schauen. Er macht nicht im Geringsten den Eindruck, als hätte er irgendwelche physikalischen Zweifel an der Funktionstüchtigkeit der Seilbahn.

»Sie sagen ja gar nichts«, merkt er an. »Bei unserem Schiffsausflug am Samstag haben Sie noch praktisch wegen jeder Möwe herumgequiekt, als hätten Sie einen leibhaftigen Archäopteryx vor Augen. Oder geht es Ihnen etwa nicht gut?«

Er schaut mir prüfend ins Gesicht.

»Sie sehen ein bisschen blass aus um die Nase. Falls Sie befürchten, seekrank zu werden, sollten Sie lieber auf der Bergseite aus der Gondel schauen. Das hilft gegen Übelkeit.« Und als ich noch zögere, setzt er hinzu: »Nun machen Sie schon. Ich brauche hier keinen Aufpasser.«

Doch der Seitenwechsel in der Gondel entfällt, weil das Telefon in meiner Jacke vertraute Geräusche von sich gibt. Lange nicht mehr den Radetzkymarsch gehört. Ich ziehe mein Handy heraus. Die Stimme Brasiliens. Ausgerechnet jetzt.

»Hallo, Valentina«, sagt meine Mutter. »Ich wollte dir nur

Bescheid geben, dass im Konsulat alles wunderbar geklappt hat. Wir sind schon praktisch mitten im Dschungel und steigen gleich um auf ein Greenpeace-Schiff, dann fahren wir den Amazonas entlang. Wir werden die Zerstörung des Regenwaldes dokumentieren und dabei eine Petition gegen ein neues Waldgesetz in Brasilien starten.«

Bevor ich auch nur ein »Aha« einschieben kann, plaudert meine Mutter weiter. Ihr Mitteilungsbedürfnis ist heute nicht zu bremsen, offenbar ist ihr die zu erwartende Handyrechnung im Moment egal.

»Das Tollste dabei ist: Wir haben einen Fernsehjournalisten dabei, der einen Film über unsere Aktion dreht. Ist das nicht großartig?«

»Klar, super, Mama. Aber ich kann jetzt gar nicht ...«

»Der Mann kommt auch aus München«, fährt meine Mutter fort. »Ein überaus sympathischer Mensch. Ist das nicht erstaunlich? Da reist man bis ans Ende der Welt, und dann lernt man jemanden kennen, der nur ein paar Straßen weiter wohnt. Verrückt, findest du nicht?«

»Allerdings.« Noch verrückter finde ich aber, dass man mitten im brasilianischen Dschungel so einen perfekten Handyempfang hat.

»Du bist so einsilbig heute, Schatz. Freust du dich nicht, dass demnächst über deine Mutter im Fernsehen berichtet wird?«

»O doch, natürlich.«

»Ich hoffe, du bist stolz auf mich. Und du? Wie läuft es bei dir so?«

»Ähm«, mache ich, um Zeit zu gewinnen. Wieso um Himmels willen habe ich diesen Anruf angenommen? Was immer ich jetzt sage, wird mich in Schwierigkeiten bringen. Und sämtliche fünfundzwanzig Mitreisenden in der Seilbahn hören zu.

Die Antwort »Ich gondele gerade mit meinem mutmaßlichen Vater auf die Zugspitze« fällt aus naheliegenden Gründen aus. Die unbestimmte Variante »Och, ich mach bloß gerade einen kleinen spontanen Ausflug, weil ich wegen eines mittelschweren Tinnitus momentan nicht ins Büro muss« käme bei Herrn Enzinger zu Recht etwas merkwürdig an. Und meine Mutter würde vermutlich einen Herzinfarkt bekommen, wenn ich ihre Anfrage mit einem ehrlichen »Ich habe kürzlich meinen neuen Job als Pflegerin beim Herrn Architekten Enzinger angetreten und unternehme mit ihm gerade eine kleine Vergnügungsfahrt« beantworten würde.

Ich entschließe mich, lässig in die Offensive zu gehen: »Wir sind unterwegs auf die Zugspitze, und es ist traumhaftes Wetter. Eine super Fernsicht.«

»Wieso auf die Zugspitze? Bist du nicht in der Firma? Und wer ist ›wir‹? Macht ihr einen Betriebsausflug?«

»Ach Mutti!«, rufe ich. »Ich kann dich auf einmal gar nicht mehr richtig verstehen. Die Leitung ist ganz schlecht. Hallo? Ich höre fast nur noch ein Rauschen. Hallo?«

»Bei mir rauscht nichts. Ich verstehe dich klar und deutlich.«

»Hallo? Hallo? Bist du noch da?«

Ich drücke auf die rote Taste. Wenn man ein peinliches Telefonat abbrechen möchte, dann muss man so tun, als bräche die Leitung zusammen. Das habe ich mal irgendwann in einem Film gesehen.

Leider ist das hier kein Film. Zehn Sekunden später scheppert der Radetzkymarsch aufs Neue durch die Gondel. »Herrschaftszeiten!«, brummelt irgendein Bergfreund im hinteren Bereich der Kabine, der entweder kein Freund von Marschmusik ist oder generell ein Problem mit deutlich hörbaren Klingeltönen während eines Bergausflugs hat. Diesmal schalte ich das Telefon komplett aus, ohne den Anruf anzunehmen, und lasse es wieder in meiner Jackentasche verschwinden. Vor Schreck ist meine leichte Übelkeit verschwunden.

»Sie können ruhig mit Ihrer Mutter telefonieren, während Sie mit mir unterwegs sind«, sagt Enzinger. »Das ist doch selbstverständlich. Vielleicht war die Leitung beim zweiten Anruf wieder in Ordnung. Sie hätten es noch einmal probieren sollen.«

Ich sage lieber nichts und wende den Blick wieder der Landschaft zu, die jetzt nur noch aus steilen Felswänden besteht und mit zunehmender Höhe eine immer arktischere Optik annimmt. Am Gipfel liegt meterhoch Schnee.

Als wir aus der Bergstation auf die Aussichtsplattform kommen, ist die Luft schneidend kalt wie in einer Tiefkühltruhe. Das Thermometer am Haus zeigt minus acht Grad an. Rundherum ist alles weiß. Enzinger zieht eine Wollmütze aus der Jackentasche und setzt sie auf. Mir werden wahrscheinlich innerhalb von fünf Minuten die Ohren abfrieren, weil hier oben ein ziemlich frischer Wind geht. Bei der Planung unseres Ausflugs hatte ich leider vergessen, dass ein sonniger Frühlingstag am Starnberger See nicht automatisch wohlige Wärme auf der Zugspitze bedeutet.

»Hier, nehmen Sie die!« Enzinger holt eine zweite Mütze hervor und reicht sie mir: »Die hat meine Frau mir mitgegeben, damit Sie uns nicht krank werden.«

»Oh, vielen Dank!«

Ich setze mir die rote wollene Kopfbedeckung auf und denke: Auch wenn sie es mit ihrer Sorge gelegentlich übertreibt, manchmal ist Frau Enzinger tatsächlich vorausschauender als ich.

Wir sehen uns um. Nur einen Katzensprung oberhalb der Bergstation leuchtet auf dem Felsen das goldene Gipfelkreuz in der Sonne. Mit dem Rollstuhl haben wir natürlich keine Chance, den schmalen, steilen Pfad hinaufzukommen. Aber wie ich feststelle, ist der sowieso noch gesperrt: »Kein Durchgang wegen Eis und Schnee«, steht auf dem Schild an der Kette.

»Was für ein Fernblick!«, seufzt Enzinger. Ich rolle ihn, so nah es geht, an die Brüstung, wo wir unsere Blicke über den Gletscher und die verschneiten Alpengipfel wandern lassen.

»Ich komme mir vor wie in einem Flugzeug«, sage ich. »Es sieht fantastisch aus, so hoch über allen Bergen.«

»Es müssen fast dreißig Jahre her sein, seit ich das letzte Mal hier oben gestanden habe«, erzählt Enzinger. »Damals waren wir mit den Kindern hier. Da waren sie noch klein. Kaum zu glauben, wie schnell die Jahre vergangen sind. Nie mehr habe ich mir Zeit dafür genommen, und als ich dann endlich genug Zeit dafür hatte, na ja, das habe ich Ihnen ja schon erzählt: Dann kam der Unfall.«

»Und dann kam ich«, erkläre ich in aller Unbescheidenheit, »und endlich erfuhren Sie, dass ein Berg im einundzwanzigsten Jahrhundert nicht mehr zwangsläufig zu Fuß bestiegen werden muss. Ein Hoch auf die barrierefreie hochalpine Fördertechnik, die es auch einem Rollstuhlfahrer ermöglicht, Gipfelgenüsse zu erleben.«

»Ein Hoch auf Sie, wenn Sie mir auch nur einen Gipfel aus diesem Panorama nennen können«, kontert Enzinger, worauf ich ratlos mit den Schultern zucke. Bin ich Luis Trenker oder was?

»Also den Mount Everest sieht man jedenfalls nicht von hier. So viel steht fest. Wahrscheinlich eher den Wendelstein. Der dicke dahinten vielleicht?«

»Tja. Das wäre der Wendelstein, wenn ihn jemand aus den Bayerischen Alpen ausgegraben und in der Schweiz wieder eingegraben hätte. Sie haben ja überhaupt keinen Orientierungssinn, Valentina. Warum kennen Sie sich hier oben denn gar nicht aus? Das ist ja geradezu ein Frevel für jemanden, der in München aufgewachsen ist.«

»Tut mir leid. Ich bin ohne viel Gebirgserfahrung sozialisiert worden. Meine Mutter hatte immer so viel zu tun und keinen Sinn fürs Bergsteigen.«

»Das ist aber sehr schade. Und warum ist Ihr Vater nicht mit Ihnen zum Wandern gegangen?«

»Na ja, mein Vater ... Wie soll ich sagen ... Ich habe nie einen Vater gehabt, wissen Sie. Er hat – er hat uns noch vor meiner Geburt verlassen.«

Diesen Teil der Wahrheit kann Enzinger ruhig erfahren. Es gibt Millionen Kinder, die ohne ihren Vater aufwachsen. Und im Übrigen weiß er wahrscheinlich sowieso nicht, dass er mit dieser sympathischen Anti-Einkaufszentrum-Demonstrantin in den wilden Siebzigerjahren ein Kind gezeugt hat. Da gibt es keinen Grund, misstrauisch zu werden.

Enzinger sieht tatsächlich nicht den geringsten Bezug zu seiner Biografie: »Oh, das ist aber schade«, meint er. »Und Ihr Vater hat sich gar nicht um Sie gekümmert?«

»Nein, stellen Sie sich das mal vor: Ich habe ihn niemals kennengelernt.«

Jedenfalls nicht bis zum vorigen Samstag. Sofern der DNA-Test unsere Verwandtschaft bestätigt.

»Das tut mir aber leid für Sie, Valentina. Was für eine traurige Sache. Das gehört sich wirklich nicht, dass ein Mann Mutter und Kind im Stich lässt. Die Familie ist immer das Wichtigste. Ich finde, Sie hätten einen besseren Vater verdient.«

»Tatsächlich? Was für einen denn?«

»Einen, der Verantwortung übernimmt. Einen Vater, der zum Beispiel mit seiner Tochter auf die Zugspitze fährt und ihr das Bergpanorama erklärt.«

»Ach ...«

»Einer, der Sie als kleines Mädchen über den Zebrastreifen führt und bei den Mathehausaufgaben hilft und Sie später über den ersten Liebeskummer hinwegtröstet.«

»Und über den zweiten und den dritten«, murmele ich und versuche, nicht an Felix zu denken.

»Ja. Was Väter eben so tun müssen. Vor allem hätten Sie einen Vater verdient, der stolz darauf ist, so eine wunderbare, patente und resolute Frau wie Sie zur Tochter zu haben.«

Ich hoffe sehr, dass der DNA-Test positiv ausfällt. Dann werden wir ja sehen, wie stolz mein Vater auf mich ist. Ich glaube, allmählich könnten wir uns mögen. Dies wäre jetzt beinahe der richtige Moment, um aus der Deckung zu kommen. Wo wir doch schon beim Thema Familie sind. Aber ich will das Ganze nicht weiter vertiefen. Noch nicht. Nicht, bevor das Labor sein Okay gibt. Nicht bevor ich mir hundert Prozent sicher bin, dass Enzinger der richtige Mann ist und nicht bloß einer von vielen verflossenen Liebhabern meiner Mutter.

Deshalb schlucke ich bloß und sage: »Danke, Herr Enzinger.«

Aber der ist mit seinen Ovationen noch gar nicht fertig: »Wissen Sie was, Valentina, wenn ich Ihr Vater wäre, dann wäre ich stolz auf meine Tochter, weil sie einem alten kranken Mann zeigt, dass das Leben trotz Rollstuhl noch mehr zu bieten hat als eine Terrasse mit Aussicht auf Tulpen.«

»Zum Beispiel die Aussicht auf Berge!«, rufe ich übermütig in das Alpenpanorama hinein, lehne mich gegen die Brüstung und breite die Arme aus, als wäre ich Kate Winslet auf der Titanic.

»Vorsicht!« Enzinger greift erschrocken nach meiner Jacke. »Fallen Sie da bloß nicht runter.«

Es ist sehr schön, einen Vater zu haben, der sich Sorgen um mich macht.

»Gut«, sagt er jetzt. »Erkunden wir doch mal die Berge hier. Mir scheint, Sie haben da eine ordentliche Portion Nachhilfe nötig. Ich will versuchen, ein bisschen was von dem gutzumachen, was Ihr Vater versäumt hat.«

»O ja.« Ich gebe mir Mühe, nicht allzu breit zu grinsen. »Das ist eine wunderbare Idee.«

Ein paar Sekunden lang betrachten wir die endlose kristallklare Bergwelt unter dem ziemlich schalkeblauen Himmel.

»Also, den Großglockner da hinten, den werden Sie doch wohl erkennen. Oder? Diese Doppelspitze da drüben. Das ist immerhin der höchste Berg Österreichs. Und da ganz hinten – sehen Sie?« Ich folge Enzingers ausgestrecktem Zeigefinger mit meinem Blick, aber ich erkenne nichts als mindestens tausend verschieden geformte Felsspitzen mit jeder Menge Schnee und Eis darauf. »Das müsste der Ortler sein. Heute ist die Sicht so klar, dass man bis nach Italien sehen kann.«

»Bis Italien? So weit?«

»Ja, das müssten etwa zweihundert Kilometer sein. Wir haben einen großartigen Tag für unseren Ausflug erwischt. Es kommt nicht alle Tage vor, dass man von hier bis nach Italien sehen kann.«

»Italien, ach, Herr Enzinger, das klingt wunderbar. Finden Sie nicht auch? Das klingt nach Wärme und Vanilleeis, nach einem Capuccino an der Spanischen Treppe oder an der Rialtobrücke. Jetzt durch Rom oder Venedig zu spazieren, eine himmlische Vorstellung, oder?«

Enzinger nickt. »O ja, Venedig. Das ist eine wunderbare Stadt.«

Wahrscheinlich hat er gerade auch große Lust auf einen Cappuccino unter südlicher Sonne. Auf jeden Fall wäre es da wärmer als hier oben. Schweigend schauen wir in die Ferne, wo wir irgendwo hinter den blauen Bergen die Gondeln auf dem Canal Grande vermuten.

»Waren Sie schon mal in Venedig?«, fragt Enzinger schließlich. Ich schüttele den Kopf.

»Nein, ehrlich gesagt, noch nie. Ich war schon in Rom und in Florenz und in Mailand, aber Venedig ...« Ich zucke mit den Schultern. »Da bin ich komischerweise noch nie hingefahren. Ich möchte aber gern. Ich stelle es mir traumhaft vor. Und Sie? Sie waren sicher schon hundertmal in Venedig, oder? Schon wegen der Architekturbiennale.«

»Nein, erstaunlicherweise habe ich es in meinem Leben auch nie nach Venedig geschafft. Leider.«

»Warum fahren Sie nicht mal hin?«

»Das ... das geht doch nicht, Valentina. In meinem Zustand kann man nicht einfach nach Venedig fahren.«

»Aber warum denn nicht?«

»Na, hören Sie mal, wie sollte ich denn in meinem Rollstuhl durch Venedig kurven? Was glauben Sie, wie ich über die vielen Brücken kommen soll? All die Stufen! Dieses Gefährt kann leider nicht fliegen. Ich wäre wirklich sehr gern mal nach Venedig gefahren, aber ...« Er zuckt mit den Schultern. »Vorbei ist vorbei.«

»Ich wette, Sie wären nicht der erste Rollstuhlfahrer, der Venedig besucht. In die Bergbahn haben Sie es doch auch geschafft. Wenn Sie möchten, rufe ich in Venedig an und erkundige mich im Fremdenverkehrsbüro, ob das funktioniert.«

»Lassen Sie das lieber, Valentina. Es hat keinen Sinn. Mir wäre das alles sowieso zu viel. Allein die weite Fahrt. Ich kann nicht mehr so lange im Auto sitzen, wissen Sie. Mich strengt das alles zu sehr an.«

»Davon merke ich heute aber nichts. Ich finde, Sie haben eine ziemlich gute Kondition. Sie schaffen viel mehr, als Sie denken. Vor ein paar Tagen hätten Sie auch nicht geglaubt, dass Sie heute mit mir auf der Zugspitze stehen würden.«

»Da haben Sie recht. Aber Venedig – das ist noch mal was ganz anderes.«

»Warum denn? Venedig liegt doch nicht am Ende der Welt. Es erwartet ja niemand von Ihnen, dass Sie ein Wochenende auf der Internationalen Raumstation verbringen.«

»Für mich ist Venedig genauso weit weg.«

»Ach was, fünf Stunden, vielleicht sechs. Viel länger fährt man nicht von Starnberg aus. Und man kann doch jederzeit eine Pause einlegen.«

»Ich möchte mir noch nicht einmal vorstellen müssen, fünf Stunden lang im Auto zu sitzen.«

»Dann stellen Sie sich etwas anderes vor: venezianische Palazzi im goldenen Abendsonnenlicht, mit geringelten Hemden und Strohhüten bekleidete Gondolieri, die ›O sole mio‹ singen, gurrende Tauben auf dem Markusplatz ...«

»Und eine Million laut schwatzende Touristen dazwischen, die sich von einem Andenkenstand zum anderen durch die Gassen schieben ... Glauben Sie mir, Valentina, ich weiß, wann es Zeit ist, sich von dem ein oder anderen Lebenstraum zu verabschieden.«

»Ach, jetzt fangen Sie nicht wieder damit an, Herr Enzinger. Wenn es jetzt Ihr Lebenstraum wäre, Tiefseetaucher zu werden, könnte ich Sie verstehen. Aber eine Reise nach Venedig – das ist nun wirklich keine große Sache.«

»Für jemanden im Rollstuhl doch, Valentina. Außerdem haben wir keine Zeit für Ausflüge. Jetzt muss ich erst mal meinen Geburtstag feiern.«

»Ja, aber danach können Sie doch fahren. Ein paar Tage Venedig würden ihnen guttun. Und Ihrer Frau auch. Zur Erholung nach dem Geburtstagsstress. Ich komme gern mit.«

Zwei Wochen habe ich noch, denke ich. Zwei Wochen Tinnituskrankheitsurlaub, und dann ist das hier vorbei. Bis dahin muss ich mit Enzinger alles geklärt haben. Warum bekomme ich bei diesem Gedanken Magenschmerzen?

»Reden wir nicht mehr darüber, Valentina. Vergessen wir Venedig!« Das sagt er in einem so drängenden Tonfall, dass ich es nicht wage zu widersprechen.

21.

Als ich drei Stunden später mit Enzingers Rollstuhl über den Gartenweg auf die Terrasse einbiege, erwartet uns dort schon Felix mit einem Geschirrtuch in der Hand. Auf dem Tisch vor ihm stehen ungefähr drei Dutzend leere Sekt-, Wein- und Wassergläser, die in der Sonne funkeln.

»Da seid ihr ja endlich!« Er winkt uns mit dem Geschirrtuch zu. »Mutter hat mich dazu verdonnert, die Gläser zu entstauben. Was ich persönlich für absolut überflüssig halte. Wie sollen sie im Schrank Staub angesetzt haben? Leider bin ich kein besonders begabter Gläserputzer. Ich habe schon zwei Stück zerschmettert. Feinstes niederbayerisches Kristall. Wenn ich nicht bald professionelle Unterstützung bekomme, bleiben nicht genug Gläser übrig, um mit all deinen Geburtstagsgästen anzustoßen, Papa. Hilfst du mir, Valentina?«

»Mein lieber Sohn, Valentina ist nicht zu uns gekommen, um dir bei der Arbeit zu helfen.«

»Das ist kein Problem, Herr Enzinger. Ich mach das gern.«

Eine gute Gelegenheit, diesen Felix mal ins Gebet zu nehmen: Es ist noch nicht einmal drei Uhr nachmittags, und er treibt sich schon wieder in seinem Elternhaus herum. Hat der denn keinen Beruf?

»Sag mal, müsstest du jetzt nicht irgendwo im Büro sein und arbeiten?«, frage ich und greife nach dem zweiten Tuch, das zusammengefaltet auf dem Tisch liegt. Das gemeinsame Blankputzen von elterlichen Kristallgläsern scheint mir durchaus eine angemessene geschwisterliche Betätigung zu sein. Auch wenn mir seine Gegenwart angesichts unseres unerwarteten Verwandtschaftsverhältnisses noch immer eine gewisses Unbehagen bereitet. Vielleicht hilft es, die Situation zu neutralisieren, wenn wir über so etwas Unaufregendes wie den Beruf sprechen. Über seinen Beruf, versteht sich.

»Nachdem ich erfahren habe, dass du hier gar nicht der Gärtner bist, frage ich mich ...«

»Was? Du hast gedacht, ich wäre hier der Gärtner?« Felix bricht in schallendes Gelächter aus. »Hast du das gehört, Papa? Valentina hat mich für deinen Gärtner gehalten. Ich hoffe, du beschwerst dich nie wieder darüber, wie schief ich die Hecke geschnitten habe!«

Enzingers Antwort kann ich nicht mehr richtig verstehen, denn er ist bereits ins Haus gerollt, seiner wohlverdienten Siesta entgegen.

»Sag, Felix, bist du auch Architekt?«

»O nein. Dazu fehlt mir bedauerlicherweise jedes Talent. Natürlich hätten es meine Eltern gern gesehen, wenn ich in Vaters Fußstapfen getreten wäre und sein Büro übernommen hätte. Ich habe auch angefangen, Architektur zu studieren. Aber dann ist mir ziemlich schnell klar geworden: Ein Leben zwischen Zeichenbrett und Computer? Nein danke. Wenn ich Begriffe wie ›Planungswettbewerb‹ oder ›Bauausschreibung‹ auch nur höre, bekomme ich einen Würgereiz. Ich arbeite am liebsten in der freien Natur, bei Wind und Wetter, sonst werde ich unerträglich. Ich bin Segellehrer. Ich leite eine Surf- und Segelschule in Starnberg.«

Ah, Segelschule. Daher die kräftigen sonnengebräunten Unterarme.

»Wieso bist du heute nicht auf dem Wasser? Ich meine:

An so einem sonnigen Nachmittag müsste eine Segelschule doch Hochbetrieb haben.«

»Das schon. Aber ich habe zum Glück ein paar fähige Mitarbeiter. Die übernehmen gelegentlich gern mal das Kommando, wenn der Chef anderweitig in wichtiger Mission unterwegs ist.«

Er schenkt mir einen vielsagenden Blick, worauf ich demonstrativ den Kopf senke und mich in das Entstauben der Gläser vertiefe.

»Wenn du magst, kannst du einen Privatkurs bei mir buchen«, fährt Felix munter fort. »Für dich ist die erste Stunde gratis. Vielleicht auch die zweite und die dritte.«

Ich wünschte, er würde aufhören, ständig mit mir zu flirten.

»Oh, danke, lieber nicht«, rufe ich schnell. »Ich glaube, ich bin ganz schlecht im Segeln.«

»Hast du es schon mal probiert? Nicht? Woher willst du dann wissen, ob Segeln etwas für dich ist? Demnächst nehme ich dich mal mit aufs Wasser. Dann werden wir ja sehen, wie es dir gefällt. Vielleicht am Sonntag? Das Wetter soll prima bleiben.«

Am Sonntag? Ich schätze, bis dahin hat er längst erfahren, dass ich seine Schwester bin. Danach hat er bestimmt keine Lust mehr, mit mir zum Segeln zu gehen.

»Aber erst mal sehen wir uns ja am Samstag«, fährt Felix fort und stellt ein frisch geputztes Weinglas schwungvoll zu den anderen auf den Tisch zurück. »Wie wäre es, wenn ich dich um halb acht hier abhole?«

Verdammt, ich muss dieses Samstagsdate mit Felix stornieren. Und zwar sofort. Es gibt nichts Peinlicheres, als mit dem eigenen Bruder zum Tanzen zu gehen, der nicht weiß, dass er mein eigener Bruder ist. (Und falls der DNA-Test negativ ausfallen sollte? Falls weder Enzinger noch Felix mit mir verwandt sind? Na, dann muss ich eben wieder umdisponieren.)

»Wir können vorher noch was essen gehen«, fährt Felix fort, als ich nichts sage. »Was magst du am liebsten? Spanisch? Italienisch? Indisch?«

»Na ja, also ... das klingt alles gut, aber ehrlich gesagt ...«

In diesem Moment jault eine US-Polizeisirene über die Terrasse. Ich ziehe mein Handy aus der Hosentasche. Für diese Unterbrechung könnte ich Eva küssen!

»Hallo!«, rufe ich in mein Telefon. »Was gibt's?«

Zuerst höre ich nur ein Schluchzen, dann ein gestammeltes: »Es tut mir so sehr leid ...«

»Eva! Was ist denn los?«

Noch ein Schluchzer. Oje, hoffentlich ist nichts mit ihrer kranken Mutter passiert.

»Ich weiß nicht, wie konnte geschehen, Frau Valentina. Gestern Abend war sie noch gesund und munter.«

O Gott. Es ist wirklich was mit ihrer Mutter.

»Wer denn? Was denn? Nun sagen Sie schon!«

Wahrscheinlich muss sie sofort zurück nach Polen fahren. Natürlich muss sie das.

»Es tut mir so leid ... Aber Esmeralda ...«

»Esmeralda? Wieso – was ist mit Esmeralda?«

»Sie ist tot«, schnieft Eva. »Als ich heute Morgen kam, um frisches Wasser zu geben, da war Leben zu Ende. Lag ganz still in Heu und hat nicht mehr gerührt.«

»Esmeralda ist tot?«, flüstere ich.

»Ja, ganz mausetot. Ist so schrecklich traurig, Frau Valentina. Hatte ich gerade guten Platz mit gutem Feng-Shui für sie gefunden, aber sie es nicht hat überlebt. Ich weiß nicht, warum ist sie gestorben ...«

»Ach Eva.« Ich schlucke. Gott sei Dank ist es wenigstens nicht ihre Mutter. Ich bin gerührt, dass Eva über das Hinscheiden meiner Häsin so traurig ist. Hoffentlich hält sie sich nicht für schuldig, weil sie Feng-Shui-mäßig möglicherweise einen fatalen Fehler begangen hat. Vielleicht war die Chi-Strömung doch zu stark für meinen kleinen Hasen.

»Esmeralda war schon sehr alt«, versuche ich sie zu trösten. »Es war ja klar, dass sie irgendwann einmal sterben würde. Und es gibt doch keinen schöneren Tod, als friedlich einzuschlafen, nicht wahr?«

»Ach, Frau Valentina. Aber sollte nix sterben, wenn gerade ich muss aufpassen!« Eva putzt sich geräuschvoll die Nase. »Und was jetzt passiert mit tote Hasenfrau? Kann ich sie doch nicht einfach in den Mülleimer ...«

»Nein!«, rufe ich ins Telefon. »Auf keinen Fall. Ich – ich will sie auch noch mal sehen.«

»Müssen wir Esmeralda beerdigen, nicht wahr? Mit Musik und feierliche Zeremonie auf Tierfriedhof. Finden Sie auch?«

»Ja, unbedingt. Am Samstag!«

»Samstag? So spät? Ist noch drei Tage bis Samstag. Was mache ich so lange mit Esmeralda? Soll ich in Tiefkühlfach legen?«

»Nein!«, krächze ich. Die Vorstellung, dass meine warme weiche Häsin schockgefrostet werden soll, jagt mir einen Schauer über den Rücken. Aber wahrscheinlich ist sie sowieso schon kalt. Und bei diesen sommerlichen Temperaturen kann man das tote Tier ja schlecht ein paar Tage im Wohnzimmer herumliegen lassen.

»Na gut«, murmele ich deshalb. Den Satz »Legen Sie Esmeralda aber bitte in eine Plastiktüte« kann ich mir gerade noch verkneifen. Eva ist eine patente Frau, sie wird im Vorfeld der Bestattung schon wissen, was zu tun ist. Ich sage noch: »Vielen Dank, dass Sie sich um alles kümmern, und danke, dass Sie mich angerufen haben.«

Dann drücke ich auf den Knopf. Ich schaue zu Felix auf.

»Ist was Schlimmes passiert?«, fragt er.

»Esmeralda ist gestorben«, hauche ich.

Felix blickt mich mitfühlend an: »Ist das nicht die alte Dame, die du betreut hast, bevor du zu uns gekommen bist?«

Ich nicke, wage aber nicht, ihm dabei in die Augen zu sehen. »Ja. Und am Samstag ist die Beerdigung.«

»Am Samstag? Ausgerechnet? Dann wird das wohl nichts mit unserer Verabredung, oder?«

Ich schüttele den Kopf und versuche so bekümmert auszusehen, als wäre gerade meine eigene Oma gestorben: »Das geht auf keinen Fall. Wir ... wir müssen unsere Verabredung leider verschieben.«

Esmeralda ist eine wahre Freundin. Sie gibt ihr Leben hin, um mir aus der Klemme zu helfen. Ich werde ihr einen prächtigen Grabstein auf den Tierfriedhof setzen. Aus echtem Marmor mit goldenen Buchstaben drauf. Und bei diesem Gedanken steigen mir tatsächlich die Tränen in die Augen. In wessen Fell soll ich mich denn jetzt vergraben, wenn mich der nächste Weltschmerz packt?

Felix fasst meine Hand.

»Wenn du möchtest, begleite ich dich auf die Beerdigung.«

Ich schüttele stumm den Kopf.

22.

»Guten Morgen, Frau Meyer. Hier ist Dr. Rüter.«

Der Anruf erwischt mich vor dem Gemüseregal bei Dinkelkorn, wo ich gerade überlege, ob ich den Enzingers langweiligen Kohlrabi oder langweiligen Blumenkohl zum Mittagessen kochen soll. Den Bruchteil einer Sekunde denke ich: Rüter? Wer zum Henker ist Rüter? Da hat sich wohl jemand verwählt.

Bei seinen nächsten Worten aber schnellt mein Puls in die Höhe: »Familia-Diagnostik, München. Sie haben bei uns einen Vaterschaftstest in Auftrag gegeben.«

Mein Gott! Frau Leberechts Schwager! Das Labor! Die achtundvierzig Stunden sind um. Vor Schreck rutscht mir der Kohlrabi aus der Hand, fällt mit dumpfem Knall auf den Fliesenboden und rollt quer über den Gang in Richtung Tiefkühltruhe. Egal, soll er da Wurzeln schlagen, ich muss jetzt zuhören.

»Ja, bitte?«, flüstere ich und kralle mich an meinem Bastkörbchen fest. »Haben Sie ... haben Sie schon ein Ergebnis für mich?«

»Ja, in der Tat, wir haben ein eindeutiges Ergebnis.«

Ich höre ein Lächeln in seiner Stimme. Gott sei Dank. Das heißt doch wohl: Bingo, die Vaterschaft ist bestätigt, oder? Er freut sich mit mir. Das schwarze Haar hat den Beweis geliefert. Nun bekomme ich die Gewissheit, auf die ich schon so lange warte. Und dann kann ich Enzinger endlich die Wahrheit sagen. Meinem Vater! Meinem einzigen waschechten biologischen Originalvater. Und Felix kann ich auch alles beichten. Wenn er erfährt, dass ich in Wahrheit seine Schwester bin, wird er verstehen, weshalb mir die Lust aufs Flirten vergangen ist, obwohl er beinahe mein Traummann gewesen wäre. Alles wird sich klären. Alles wird gut. Enzinger wird mich glücklich in die Arme schließen, und Felix ...

»Es tut mir leid, Ihnen sagen zu müssen, dass es bei der DNA, die Sie eingereicht haben, keine Übereinstimmung mit Ihrer Speichelprobe gibt.«

Was sagt er da? Ich glaube, mein Handy ist kaputt.

»Keine Übereinstimmung?«, krächze ich. Warum habe ich plötzlich so ein Kribbeln in den Beinen? Und im Bauch und im Kopf und überall? Warum gibt es nichts zum Hinsetzen bei Dinkelkorn? Nicht den kleinsten Schemel. Nicht einmal eine wackelige Bananenkiste. Ich möchte mich unbedingt sofort hinsetzen. Mit zitternden Knien lehne ich mich an die Gemüsetheke.

»Und – Sie sind sich ganz sicher? Sie haben nicht vielleicht irgendwelche Proben verwechselt?«

»Nein, ganz sicher nicht. Eine Verwandtschaft ist absolut ausgeschlossen, Frau Meyer. Ich kann Ihnen zu hundert Prozent versichern, dass es sich bei dem Träger der DNA nicht um Ihren Vater handelt.«

Für einen Moment habe ich Angst, schon wieder ohnmächtig zu werden. Es rauscht ein Orkan durch mein Gehirn. Enzinger ist nicht mein Vater. Enzinger ist definitiv nicht mein Vater. Nicht. Nein. Niemals. Es war die falsche Fährte. Ich habe meinen Vater immer noch nicht gefunden. Der Mann, um den ich mich hier seit einer Woche mit aller Hingabe kümmere, ist nur ein fremder Mann, ein völlig fremder Mann, der für mein Leben absolut keine Bedeutung hat. Es war alles umsonst. Es war sinnlos! Und ich war mir so sicher, dass ich meinen Vater gefunden hätte. Ich glaube, ich muss heulen.

»Alles in Ordnung mit Ihnen?«

Jemand fasst mich an den Ellenbogen. Die alte Frau in der lindgrünen Häkelstrickjacke steht neben mir und schaut mich besorgt an. »Vielleicht sollten Sie kurz an die frische Luft gehen. Sie sehen etwas grünlich aus um die Nase.«

»Es ... es geht schon. Vielen Dank!«, flüstere ich zurück. »Das ... das ist sicherlich nur der Salat, der so ein komisches Licht macht. Gehen Sie nur.«

Die Frau zögert noch, als überlege sie, ob sie sich womöglich strafbar macht, wenn sie mich in diesem Zustand hier stehen lässt, dann zieht sie schulterzuckend von dannen. Ich starre auf den weiß gefliesten Fußboden. Ich möchte mit der bitteren Erkenntnis, dass Enzinger doch nicht mein Vater ist, lieber allein bleiben. Ich spüre ein Kratzen im Hals und ein verdächtiges Brennen in den Augenwinkeln.

Mein Gott, ich bin eine selbstständige, erwachsene Frau. Ich werde doch hier zwischen Ökokohlrabi und Bioblumenkohl nicht anfangen zu flennen.

»Sind Sie noch da?«, fragt der Mann am Telefon.

»Ja, natürlich. Ich bin nur ... schrecklich enttäuscht. Wissen Sie, ich war mir so sicher, dass das Haar an der Krawatte von meinem Vater stammt ...«

»Tja, das ist leider definitiv nicht der Fall.«

Jetzt entfährt mir doch ein Schluchzer. Verdammt. Und ich hatte mich schon so sehr als Enzingers Tochter gefühlt, die demnächst mit Fanfaren und großem Trara in die familiäre Traumvilla aufgenommen wird.

»Es sei denn«, fährt der Mann an meinem Ohr fort, »es sei denn, bei Ihrem Vater handelt es sich um einen Hasen.«

Es dauert fünf Sekunden, bis ich verstanden habe, was er gesagt hat. Aber begriffen habe ich es nicht.

»Wie bitte? Um was?«

»Einen Hasen. Belgischer Riese, schätze ich.«

»Hä? Belgischer Riese?«

Schlagartig ist mir klar, weshalb die Stimme des Mannes die ganze Zeit so klingt, als grinse er: Die DNA-Probe war absolut wertlos. Das Haar auf der Krawatte stammt gar nicht von Enzinger. Oh nein, das Haar ist von Esmeralda. Natürlich! Ich hatte die Häsin auf dem Schoß, bevor ich die Krawatte aus der Schachtel geholt habe, und dabei muss sich ein schwarzes Haar aus ihrem Fell gelöst haben. Ich Trottel habe ein Hasenhaar ins Labor gegeben! Wieso habe ich nicht früher daran gedacht? Wie hätte denn auch Enzingers Haar siebenunddreißig Jahre lang an der Krawatte kleben bleiben sollen! Wie dämlich von mir. Wer weiß, wie oft meine Mutter das gute Stück in all der Zeit in die Hand genommen hat. Da wäre das Haar doch längst mal abgefallen. Und überhaupt: Wie konnte ich ein Hasenhaar für ein Menschenhaar halten!

»Ich ... ich verstehe«, stammele ich ins Telefon. »Es war das falsche Haar. Das ist dann natürlich nicht geeignet für einen Vaterschaftstest.« Jetzt muss sogar ich beinahe lachen. Nichts ist entschieden, ich habe wieder Hoffnung. »Also müssen wir noch mal von vorn anfangen. Ich ... ich hatte eigentlich sowieso vor, Ihnen eine Zahnbürste meines mutmaßlichen Vaters zur Untersuchung vorbeizubringen. Ich werden gleich heute versuchen ...«

»Wir haben Glück«, unterbricht mich Herr Rüter. »Wir haben an der Krawatte eine andere DNA-Spur gefunden.«

»Eine andere DNA-Spur?«

»Ja. Einen kleinen Blutstropfen. Einen winzigen Fleck. Er war auf dem bunten Stoffmuster kaum zu erkennen. Der Mann, der die Krawatte getragen hat, muss sich beim Rasieren geschnitten haben. Dann ist der Stoff wahrscheinlich versehentlich an die Wunde geraten. Es war wirklich nur eine minimale Blutspur, vermutlich einige Jahrzehnte alt, und es war nicht ganz einfach, sie zu analysieren. Aber wir haben es geschafft, Frau Meyer. Wir haben keine Kosten und Mühen gescheut, weil Sie eine Klientin meiner Schwägerin sind. Wir haben ein belastbares Testergebnis.«

»O nein. Wirklich? Und jetzt?«

»Volltreffer! Sie können sich ganz sicher sein. Der Mann, der diese Krawatte getragen hat, ist zu 99,9 Prozent Ihr Vater.«

Ich schlucke. »Nur zu 99,9 Prozent?«

»Das heißt: absolute Gewissheit. Ich gratuliere Ihnen, Frau Meyer.«

»Oh. Ja, danke«, hauche ich. »Vielen Dank. Es kommt auf einmal so unerwartet. Erst dachte ich, na ja ... Und jetzt doch ... Ich – ich kann es nicht glauben. Es ist ... wunderbar. Ich – ach, ich könnte Sie küssen.«

»Das ist nett von Ihnen, aber diese Zärtlichkeiten sollten Sie sich vielleicht lieber für Ihren Vater aufsparen ... Alles Gute, Frau Meyer. Ich schicke Ihnen das Ergebnis der Laboranalyse demnächst noch per Post zu.«

Als Herr Rüter aufgelegt hat, bleibe ich wie benommen neben der Gemüsetheke stehen und betrachte mein Handy.

Ich habe einen Vater. Nach sechsunddreißig Jahren und zweieinhalb Monaten habe ich einen Vater bekommen. Meinen eigenen Vater.

Und jetzt heule ich doch.

Dann sprinte ich mit tränenverschmiertem Gesicht zu der lindgrünen Häkeljackenoma, die gerade nachdenklich vor dem Regal mit den Sojamilchprodukten steht, und falle ihr um den Hals.

»Ich habe meinen Vater gefunden!«, schluchze ich in ihre grauen Kringelhaare. »Stellen Sie sich das mal vor! Nach so vielen Jahren weiß ich endlich ganz sicher, wer mein Vater ist. Und das Beste daran: Ich wohne gerade bei ihm!«

Glücklicherweise lächelt sie freundlich und nachsichtig und murmelt so etwas wie: »Das ist aber schön, mein Kind.« Vielleicht ist sie ja auch schwerhörig. Jedenfalls erklärt sie mich nicht für geistesgestört und erträgt meinen wirren Gefühlsausbruch, ohne den psychiatrischen Notdienst zu alarmieren, damit der mich in eine geschlossene Anstalt einweist.

Den Rest des Tages verbringe ich debil grinsend und überlege die ganze Zeit, wie ich es anstellen soll, das entscheidende Gespräch mit Enzinger einzuleiten. Aber seine Gattin gibt mir keine Gelegenheit dazu. Frau Enzinger begleitet mich auf Schritt und Tritt. Wenn ich koche, treibt sie sich neuerdings auffällig häufig in der Küche herum. Wahrscheinlich will sie sicherstellen, dass ich nicht heimlich wieder so ein mörderisches Mahl zubereite wie am Montag. Dabei braucht sie sich wirklich keine Sorgen zu machen. Die Sache mit Evas SMS-Rezepten klappt bis jetzt ausgezeichnet. Heute ist Putenschnitzel mit Salzkartoffeln und gedämpftem Blumenkohl dran. (Ich hoffe, ein Mitarbeiter von Dinkelkorn findet den Kohlrabi, der mir unter die Tiefkühltruhe gerollt ist, bevor er dort vermodert.) Jedenfalls kann man wirklich nicht meckern.

Das Essen verläuft friedlich und ohne jeden lebensbedrohlichen Atemstillstand. Nicole ist diesmal nicht dabei, worüber ich nicht traurig bin. Wie Frau Enzinger sagte, leidet Schneewittchen gerade an einer schweren Erkältung, und es sei besser, wenn sie ein paar Tage zu Hause bliebe. Meinetwegen kann die junge Dame auch noch eine gepflegte Magen-Darm-Grippe dazubekommen, gern in Verbindung mit Pest und Cholera. Ich vermisse Nicole jedenfalls nicht.

Nach dem Mittagessen lässt Frau Enzinger ihren Gatten und mich immer noch nicht allein. Ständig gibt es etwas wegen der Geburtstagsfeier zu besprechen und zu erledigen. Sogar unser täglicher kleiner Spaziergang fällt aus. Stattdessen kommt am Nachmittag der Chefkoch aus der Alten Linde vorbei und präsentiert den Enzingers die Menükarten. Nachdem die beiden sich endlich auf eine Speisenfolge geeinigt haben (legierte Morchelsuppe mit Schnittlauchklößchen, danach flambierte Rehnüsschen an Cognac-Sahne-Sauce, Pastinakenpüree und Wurzelgemüse und zum Abschluss ein Dialog von Früchten an Bayerischer Creme), diskutieren sie eine geschlagene Viertelstunde lang darüber, ob die Servietten bei Tisch lieber als Seerose oder als Lilie gefaltet werden sollen oder doch besser in Form einer Lotusblüte. Vor allem diskutieren Frau Enzinger und der Koch. Ihr Mann und ich sitzen schweigend daneben und staunen.

»Ach Brigitte«, seufzt Enzinger schließlich. »Das ist doch egal. Meinetwegen können wir die Servietten auch zusammengeknüllt neben den Teller legen. Ich möchte einfach nur ein paar schöne, entspannte Stunden mit meiner Familie verbringen.«

»Wir werden schöne und entspannte Stunden haben, wenn wir uns vorher ein paar Gedanken darüber machen. Du wirst nur einmal im Leben fünfundsiebzig, lieber Werner. Ich finde, dafür können wir uns ruhig ein bisschen anstrengen.«

»Ich hätte mehr entspannte Stunden, wenn wir uns nicht so anstrengen müssten.«

»Nachher wirst du froh sein, dass alles so wunderbar gelaufen ist. Es wird eine prächtige Feier, an die wir uns noch jahrelang erinnern werden. Im Übrigen: Ich habe so lange als Innenarchitektin gearbeitet, dass ich mich freue, meine Erfahrung zumindest gelegentlich mal wieder einbringen zu können.«

Sie einigen sich auf die Lilienform. Ich glaube, der Koch ist auch heilfroh, als der Nachmittag endlich herum ist und er wieder in seiner Restaurantküche verschwinden kann, um sich dem operativen Geschäft zu widmen, in dem das Falten von Servietten nur eine untergeordnete Rolle spielt.

Leider ist nach der Serviettennummer immer noch nicht Schluss mit den Planungen. Frau Enzinger kennt kein Pardon. Sie nimmt mich mit ins Ankleidezimmer (die haben natürlich auch für ihre Klamotten einen eigenen Raum), wo auf einer Kleiderstange etwa auf einer Länge von drei Metern dunkle Anzüge in den verschiedensten Variationen hängen, dazu mindestens dreimal so viele weiße Hemden, von der phänomenalen Auswahl an Krawatten ganz zu schweigen (was die Muster angeht, hat sich Enzingers Geschmack in den vergangenen siebenunddreißig Jahren eindeutig gebessert). Am liebsten hätte sie, dass ihr Mann sämtliche Anzüge nebst Hemden zur Probe anzieht. Aber der weigert sich, nachdem er festgestellt hat, dass der erste dunkle Anzug noch immer einigermaßen passt.

»Ich sitze doch eh nur die ganze Zeit im Rollstuhl, Brigitte, da merkt kein Mensch, dass mir die Hose etwas zu weit geworden ist.«

Worauf seiner Frau einfällt, dass sich noch niemand um die Tischordnung in der Alten Linde gekümmert hat. Wir sitzen stundenlang um einen Din-A4-Block herum, während sie mögliche Varianten der Platzvergabe aufs Papier kritzelt. Anschließend bin ich über sämtliche Konflikte und Animositäten im Bilde, die sich innerhalb der letzten fünfzig Jahre in der Familie und der Nachbarschaft zugetragen haben, aber die endgültige Tischordnung hat Frau Enzinger immer noch nicht gefunden.

»Warum sollen sich die Leute nicht einfach hinsetzen, wo sie wollen?«, stöhnt Enzinger.

»Das gehört sich einfach nicht. Wir wollen doch, dass sich alle wohlfühlen. Ich würde sagen, wir denken nach dem Abendessen noch mal darüber nach.«

Kurzum, der Tag vergeht in pausenlosen Festvorbereitungen an der Seite seiner Gattin, und als ich mich zu später Stunde in mein Zimmer zurückziehe, weiß Enzinger noch immer nicht, wer da in Wahrheit unter seinem Dach lebt.

23.

Es ist wirklich eine fabelhafte Beerdigung geworden. Der Trauerzug war zwar eher überschaubar (Eva, ich und die Inhaberin des Tierfriedhofs, wobei die Zeremonie hauptsächlich darin bestand, ein paar Formulare zu unterschreiben und die Nutzungsgebühr für die kommenden fünf Jahre zu bezahlen), aber das Grab ist schön. Es liegt auf einer von Maulwurfshaufen gesprenkelten Wiese im Schatten einer mageren Birke. Eva hat eine Palette Primeln im Baumarkt besorgt und von einem Spaziergang an der Isar einen dicken runden Stein mitgebracht, auf den sie mit schwarzem Edding »Esmer. – R.I.P.« geschrieben hat. Mehr Buchstaben passten nicht drauf. Das mit dem Grabstein aus Marmor und den goldenen Lettern muss ich ein anderes Mal organisieren. Ich bin froh, dass die letzte Ruhestätte meiner Häsin schon am Tag ihrer Beerdigung sehr würdevoll aussieht. Es gibt Blumen und einen Gedenkstein, das ist mehr, als die meisten toten Haustiere erwarten können. Esmeraldas sterbliche Überreste ruhen zwischen denen eines Jack Russell Terriers (das unscharfe Foto eines nach einem Ball schnappenden Hundes ziert dessen hölzernes Grabkreuz, darunter ein Schild mit der Aufschrift: »In Treue, Dankbarkeit und Liebe – unvergessen«) und einer nicht näher definierten »Schnuffeline«. Jedenfalls steht das auf der weißen Schleife des leicht verwelkten Blumenkranzes. Dieser Todesfall scheint noch nicht lange her zu sein. Ich hoffe, meine Häsin liegt gut zwischen den beiden anderen Viechern, und sie machen ihr keinen Stress im Jenseits.

Nachdem wir die Blumen eingepflanzt und den Stein auf dem Grab positioniert haben, bleiben Eva und ich einen Moment unschlüssig stehen. Ich überlege, ob es jetzt eventuell Zeit wäre, mit viel Gefühl und Inbrunst »Time to Say Goodbye« anzustimmen. Aber ich traue mich nicht. Ich bin nicht so der Vorsängertyp. In blinzele schräg zu Eva hinüber. Sie hält den Kopf gesenkt und murmelt etwas. Meine Güte, betet sie etwa? Hoffentlich bekreuzigt sie sich gleich nicht noch. Ich weiß ja, dass viele Polen sehr gläubig sind, aber fromme Worte auf einem Tierfriedhof? Ist das nicht übertrieben? Andererseits: Bei so vielen Hunden in der Nachbarschaft können Esmeralda ein paar Wünsche für ein sicheres Geleit auf dem Weg ins Nirwana sicher nicht schaden.

Ich bleibe stumm stehen und frage mich, was ich Enzingers nachher erzählen soll, wenn sie sich erkundigen, wie es mir auf der Beerdigung der alten Dame ergangen ist. Wie lang der Trauerzug war, was es anschließend zu essen gegeben hat und all so was. Vermutlich fanden sie es merkwürdig, dass ich in Jeans und blau geblümter Bluse zur Trauerfeier gefahren bin. Aber das war die dunkelste Garderobe, die ich in meinem Dachstubenkleiderschrank gefunden habe. Ich habe nichts Schwarzes dabei. Wer packt schon Trauerkleidung in seine Tasche, wenn er einen Kurztrip nach Italien plant?! Eva hat ihre Bekleidung vor der Abreise aus Polen vorausschauender zusammengestellt. Sie trägt einen anthrazitfarbenen Hosenanzug, der zwar ihr voluminöses Gesäß unvorteilhaft betont, farblich aber absolut angemessen ist für die heutige Veranstaltung. Was ja eigentlich auch kein Wunder ist: Schließlich ist Eva als Altenpflegerin im Einsatz, da muss man grundsätzlich immer wieder mal mit Beerdigungen rechnen.

»Gehen wir noch Kaffee trinken miteinander?«, reißt sie mich aus meinen Gedanken. Offenbar hat sie ihre Andacht beendet und sich wieder weltlicheren Zielen zugewandt.

»Gute Idee!«

Leider finden wir kein Café in der näheren Umgebung des Tierfriedhofs. Es gibt nur eine Tankstelle auf der anderen Straßenseite.

»Wie wäre es damit?«, frage ich. »Da bekommen wir wenigstens einen Kaffee!«

Eva zuckt zustimmend mit den Schultern und marschiert los. In Ermangelung einer gemütlicheren Alternative lehnen wir uns an einen schmalen, wackeligen Plastikstehtisch inmitten von Dieselschwaden verbreitenden Zapfsäulen, lärmenden Münzstaubsaugern und der dröhnenden Waschanlage. Der Kaffee in den Pappbechern schmeckt stark, aber scheußlich, egal wie viel Zucker ich auch hineinschütte.

»In Polen würde jetzt Wodkaflasche auf Tisch stehen«, klärt mich Eva über die Beerdigungsfeierlichkeiten in ihrer Heimat auf. »Und viele gute Essen. Außerdem mindestens hundert Leute, und alle erzählen, wie schön früher alles war.«

»Hm«, sinniere ich betrübt. »Ich wäre schon froh, wenn zu meiner Beerdigung zehn Leute kämen!«

Was Eva erstaunlich wenig findet. Weil ich gerade in melancholischer Stimmung bin, erzähle ich ihr in finstersten Farben von meinem Leben, das bis jetzt nicht ganz so verlaufen ist, wie ich es mir gewünscht hätte. Vor allem nicht in der letzten Zeit. »Und jetzt ist auch noch Esmeralda tot.«

Eva legt ihren schweren Arm um meine Schultern: »Ach, meine liebe Valentina, aber dafür hast du jetzt neue Freundin aus Polen!« Angesichts der traurigen Ereignisse ist sie zu einem tröstenden Du übergegangen. »Du weißt doch: Nur wer sich ändert, der lebt.«

Wahrscheinlich ist das wieder so eine asiatische Weisheit,

diesmal allerdings mit begrenztem Wahrheitsgehalt. Esmeralda hat sich in den letzten drei Tagen stark verändert und lebt definitiv nicht mehr.

»Danke, Eva!«, nuschele ich trotzdem.

»Mit hundert Leute wird heute nix mehr auf diese Feier von Beerdigung«, stellt Eva nüchtern fest und entlässt mich aus ihrer Umarmung. »Aber vielleicht klappt wenigstens mit Schnaps.«

Resolut, wie sie ist, hält sich Eva nicht lange mit Reflexionen auf. Sie inspiziert das Kassenhäuschen und kommt zwei Minuten später wieder heraus, eine klare Flasche triumphierend in die Höhe reckend. Leider gibt es keine Gläser. Aber weil Schnaps ja alle Bakterien tötet, trinken wir abwechselnd einen Schluck direkt aus der Flasche.

»Vor allem wird auf polnische Beerdigungen viel gesungen!« Mit tiefer Stimme trägt sie ein polnisches Trauerlied vor und besteht darauf, dass ich mitsinge. Ich befürchte allerdings, dass ich nicht nur Probleme mit der Melodie habe, sondern auch einen ganz grässlichen Akzent. Wobei mein Polnisch mit jedem weiteren Schluck Wodka geschmeidiger wird. Eva findet das auch.

Weil ich nur wenige Erfahrungen mit Beerdigungen habe, weiß ich nicht, was man bei uns üblicherweise zu solchen Gelegenheiten singt. Mir fällt »Candle in the Wind« ein, was ich von diversen royalen Trauerfeierlichkeiten im Fernsehen kenne und todesmutig intoniere. An den Stellen, an denen ich nicht weiterkomme, trällert Eva helfend mit. Wenn wir beide nicht weiterwissen, trinken wir einen Schluck Wodka. Dann fällt uns der Text wieder ein. Jedenfalls irgendein Text. Wir werden immer besser. Nach ein paar Minuten singen wir sogar zweistimmig!

Dass uns die Leute beim samstäglichen Autosaugen komisch anschauen, ist uns völlig egal. Wir sind schließlich trauernde Angehörige, die über eine Beerdigung hinwegkommen müssen, und jeder trauert nun mal auf seine Weise. Eva bringt mir noch ein paar polnische Stimmungslieder bei. Das zwar nur mit mäßigem Erfolg, aber die Stimmung an unserem wackeligen Stehtisch wird trotzdem immer besser.

Ich revanchiere mich mit deutschem Liedgut. Am besten kann ich »It Never Rains in Southern California« und »We Shall Overcome«, wobei Eva anmerkt, dass das streng genommen gar keine deutschen Lieder seien. Ich finde aber doch, schließlich haben das unsere Jungs in der Kommune früher die ganze Zeit gesungen.

Bei »Im Frühtau zu Berge« und »Der Mond ist aufgegangen« grölt Eva laut und deutlich mit. Erstaunlicherweise kann sie die Liedtexte besser als ich.

»Wir haben in Deutschkurs gelernt«, erklärt sie mit federnder Stimme. Von da kennt sie auch »Am Brunnen vor dem Tore« und »Ein Vogel wollte Hochzeit machen«. Das Tierlied gefällt uns am besten. Mit jedem Schluck Wodka werden wir kreativer und erfinden quiekend vor Lachen neue Strophen: »Das Schwahahein, das Schwahahein, das säuft den ganzen Schnaps allein.« Und dann kreische ich die absolute Krönung unseres musikalischen Poetry Slams über die Tankstelle: »Der Kormoran, der Kormoran, der schaut sich gern 'nen Porno an.«

Diese Strophe gefällt auch Eva mit Abstand am besten. Wir brüllen sie in anschwellender Lautstärke, mindestens zehn Mal hintereinander, begleitet von kreischendem Gelächter, bis vor lauter Krakeelen der Tisch umfällt. Wir können uns gerade noch aufeinanderstützen, um nicht hinterherzufallen, gackern aber noch immer wie ein ganzer Hühnerhof auf Speed. Das bringt leider den Tankstellenbetreiber auf den Plan, bei dem es sich offenbar um einen völlig humorfreien und literaturabstinenten Menschen handelt. Er stürzt aus seinem Kassenhäuschen, brüllt etwas von »Jetzt ist aber Feierabend« und »Hausverbot« und schmeißt uns raus. Aber wir wollten sowieso gerade gehen. Wie soll man eine anständige polnische Beerdigung feiern, wenn die Wodkaflasche leer ist? Arm in Arm mäandern Eva und ich zwischen den Zapfsäulen hindurch zurück zur Straße und singen das Lied vom Kormoran, bis wir heiser sind.

Eine Stunde später wanke ich durch den Enzinger'schen Flur. Ich stolpere über die Kante des Perserteppichs, touchiere kurz den Antiquitätenschrank, worauf ich ein wenig das Gleichgewicht verliere, kann aber der chinesischen Drachenvase gerade noch ausweichen. Immerhin bin ich klar genug, um zu wissen, dass das Vogelhochzeitslied beim Heimkommen von einer Beerdigung nicht angemessen wäre. (Vor allem nicht die Strophe mit dem Kormoran.) Deshalb singe ich etwas anderes. Nämlich lautstark »Im Frühtau zu Berge wir ziehn ...«

Ich nehme die Kurve ins Wohnzimmer etwas zu knapp und poltere mit der linken Schulter gegen die Flügeltür. Das »Fallera ...« erstirbt mir auf den Lippen, als ich sehe, wie die beiden Enzingers mich anstarren.

»Mein Gott, Valentina«, entfährt es Frau Enzinger. »Sie sind ja total besoffen« sagt sie nicht, dazu ist sie viel zu vornehm. Aber dieser Satz steht auch unausgesprochen klar und deutlich im Raum. Herr Enzinger wählt einfühlsame Worte: »War die Beerdigung so schlimm?« Worauf ich nicke, und als ich den Mund öffne, um etwas Erklärendes zu äußern, kommt nur ein Schluckauf heraus. Ich mache den Mund gleich wieder zu.

In diesem Augenblick erscheint Nicole hinter mir und bringt ein mit Geschirr beladenes Tablett herein. Schade, dass sie ausgerechnet heute wieder gesund ist. Sie streift mich mit einem »Aus-dem-Weg-du-böde-Kuh«-Seitenblick, bleibt aber ansonsten wortlos wie immer.

»Möchten Sie mit uns zu Abend essen?«, fragt mich Frau Enzinger vorsichtig. Aber als ich die Teller mit Lagen von Schinken, Salami, Mortadella, Gouda, Brie und Emmentaler sehe und vor allem rieche, da spüre ich ein verdächtiges Grummeln tief in meinem Innern, und mir wird klar, dass ich so schnell wie möglich in meine Kemenate verschwinden muss. Ich schaffe es gerade noch die Treppen hinauf in mein Badezimmer. Den Rest des Abends widme ich mich einer intensiven Betrachtung der Kloschüssel.

Am nächsten Tag bin ich krank und schäme mich. Mir ist so elend, dass ich nicht mal aufstehen kann. Frau Enzinger kommt am Vormittag in mein Zimmer, stellt mir Pfefferminztee und Zwieback ans Bett und sagt kopfschüttelnd: »Was war denn das für eine Beerdigung?« Und: »Eigentlich sollten Sie ja *uns* versorgen ...«

»Tut mir leid«, murmele ich. »Kommt nicht wieder vor.« Und bevor sie aus dem Zimmer gegangen ist, rufe ich ihr nach: »Danke, dass Sie nicht Nicole geschickt haben!«

Frau Enzinger dreht sich an der Tür um und sieht mich mit einem Blick an, den ich – wenn ich nicht wüsste, was für eine disziplinierte Frau sie ist – beinahe als mütterlich bezeichnen würde.

Später ruft Eva an und erkundigt sich mit klarer Stimme, ob ich Enzingers endlich die ganze Geschichte erzählt habe und ob sie ihren Job als Pflegerin jetzt bald mal antreten könne. Es sei ihr nämlich allmählich langweilig in meiner Wohnung, jetzt wo ihre einzige Mitbewohnerin verstorben sei.

»Bist du nicht tot?«, wundere ich mich.

»Ich? Warum sollte *ich* tot sein? War dein Hase, den wir haben begraben. Hast du schon vergessen?«

Polnische Mägen sind offenbar etwas robuster als meiner.

Am Nachmittag besucht mich auch noch Dr. Friedrich. Er setzt sich auf den Stuhl neben meinem Bett, legt seine Hand auf meine Stirn und rät mir, viel zu trinken. »Wasser natürlich!«, wie er grinsend hinzufügt. »Damit Sie Ihren Mineralstoffhaushalt wieder in den Griff bekommen.«

Ein Arzt wie er hat ja sicher schon viel Unappetitliches gesehen. Mir ist es trotzdem peinlich, ungeschminkt, mit grünlicher Gesichtsfarbe, schwitzend und mit verklebten Haaren vor ihm zu liegen.

Glücklicherweise sieht wenigstens Felix von einem Krankenbesuch ab. Wahrscheinlich hätte er mich bloß mitleidig angesehen und gesagt: »Wärst du mal besser mit mir tanzen gegangen.«

Sonntag. Drei Tage sind vergangen. Drei Tage, seit es nicht mehr nur eine dringende Vermutung ist, sondern eine durch ein erbbiologisches Gutachten zweifelsfrei bestätigte Tatsache: Enzinger ist mein Vater.

Zeit, Bilanz zu ziehen. Und zwar eine sehr ernüchterte Bilanz.

I. Gelegenheiten zur entscheidenden Aussprache mit Enzinger, weil wir ein paar Minuten allein sind miteinander: 9

Genutzte Gelegenheiten zur entscheidenden Aussprache mit Enzinger, weil wir ein paar Minuten allein sind miteinander: 0

(Ich bringe es einfach nichts übers Herz, ihm die Wahrheit zu sagen. Entweder hat er gerade halbwegs gute Laune, die ich ihm mit meinem heiklen Geständnis auf keinen Fall verderben will. Oder er guckt sowieso schon wieder leicht miesepetrig aus der Wäsche, da brauche ich mit meiner Geschichte auch nicht mehr anzukommen.)

II. Gelegenheiten, Nicole eins auszuwischen (z. B. ihr mit der chinesischen Ming-Qing-Ping-Bodenvase von hinten eins über die Rübe zu geben oder sie mit Schwung eine der beiden Freitreppen vor der Haustür hinunterzuschubsen): 4

Genutzte Gelegenheiten dazu: 0,5 (Einmal habe ich im Flur den Stecker des Staubsaugerkabels aus der Steckdose gezogen, als sie gerade nebenan den kleinen Salon saugte, und bin weggelaufen, bevor sie mich gesehen hat. Das ist vielleicht keine besonders große Tat, aber manchmal hilft ja angeblich auch die Politik der kleinen Nadelstiche.)

III. Bemerkenswerte Neuentwicklungen: 1 (Dr. Friedrich und ich sagen jetzt nämlich Du zueinander. Bei seiner Visite an meinem wodkabedingten Krankenbett hat er sich sehr freundlich mit Handschlag und einem »Ich bin übrigens der Jens« verabschiedet. So abstoßend habe ich anscheinend doch nicht ausgesehen. Ich finde ja, Jens ist ein sehr schöner Name, und es schadet nie, einen Medizinmann in der näheren Bekanntschaft zu haben.)

IV. Beunruhigende Weiterentwicklungen: 1 (Felix kommt jeden Abend nach dem Ende seiner Segelkurse zu uns und fragt, wann ich denn endlich mal richtig Zeit für ihn habe. Ich freue mich ja, wenn er da ist, aber ich weiß nicht, wie lange ich mich noch mit meinem angeblichen Kummer über das Ableben der alten Dame Esmeralda herausreden und ein richtiges Date mit ihm ablehnen kann. Außerdem hat er gesagt, dass er mich doch an meinem Krankenbett besucht hat. Aber ich hätte so tief und fest geschlafen, dass er bald wieder rausgegangen sei. Hoffentlich habe ich nicht geschnarcht!)

24.

Meiner Ansicht nach hätten ein paar niedliche Zwiebeltürmchen und allerlei anderes barocke Geschnörkel besser in die Gegend gepasst als dieser kühle Kastenbau, vor dem Enzinger und ich gerade stehen. Immerhin sind wir im tiefsten Oberbayern, und zwar in dem malerischen Örtchen Oberbichlberg, keine zwanzig Minuten in südöstlicher Richtung von Starnberg entfernt, wenn man sich mit dem Porsche weitgehend an die Geschwindigkeitsbegrenzungen hält. Wir sind in Enzingers Geburtsstadt. Hier wäre ich als Kind bestimmt ganz oft in den Sommerferien hingefahren, um meine Großeltern väterlicherseits zu besuchen, wenn ich sie zu ihren Lebzeiten jemals kennengelernt hätte.

Wenngleich die Bausubstanz in Oberbichlberg hauptsächlich aus bajuwarisch-barocken Bauernhäusern mit dunklen, geschnitzten Rundum-Holzbalkonen und der obligatorischen Geranienherrlichkeit besteht: Käme man als Architekt von Welt heutzutage mit dieser Stilrichtung an, würde man vermutlich nur erreichen, dass einem der Vogel gezeigt wird. Was sich Enzinger für den Neubau des Oberbichlberger Rathauses ausgedacht hat, gehört eher in die Kategorie ultracool: Ich betrachte die riesige, schätzungsweise zehn Meter breite Glasfassade, die hoch bis über den ersten Stock des Gebäudes reicht. Die Wände darüber und daneben sind mit schweren rotbraunen Metallplatten versehen, die einen ziemlich verrosteten Eindruck machen. Aber ich nehme an, das ist Absicht.

»So sieht das also inzwischen aus«, sagt Enzinger, nachdem er das Gebäude ein paar Minuten lang schweigend betrachtet hat. »Hier war ich wirklich schon lange nicht mehr. Und wissen Sie was, es gefällt mir immer noch ausgezeichnet. Ich bin so froh, dass Sie mich hergefahren haben, liebe Valentina. Ohne Sie wäre ich wahrscheinlich mein Lebtag nicht mehr hierhergekommen.«

Enzinger ist so anders seit ein paar Tagen. Ich frage mich, ob es der Besuch in der Architekturaustellung war, der diesen Wandel ausgelöst hat. Man könnte ihn glatt für einen fröhlichen, freundlichen Mann halten.

»Wie gefällt Ihnen mein Rathaus?«

»Schick!«, sage ich. »Vor allem die Glasfassade. Man kann den Leuten in den Büros beim Arbeiten zusehen und gucken, ob sie geputzte Schuhe haben!«

»Das war eigentlich nicht meine Absicht.«

»Sondern?«

Enzinger richtet sich auf, so weit ihm das in seinem Rollstuhl möglich ist, und dann sprudelt es auf einmal nur so aus ihm heraus: »Mit der Glasscheibe soll die Transparenz der öffentlichen Verwaltung und der Politik symbolisiert werden. Bürgerservice und demokratische Kontrolle als Kernpunkte des Gemeindewesens. Sie stehen im Gegensatz zu Verkrustungen und Kungelei, was wiederum durch die Metallplatten ausgedrückt wird. Verstehen Sie, was ich meine?«

»Äh, ja, so ungefähr. Aber die Metallplatten sind inzwischen schon ganz verrostet! Müsste man da nicht mal mit einem großen Sandstrahler anrücken, damit hier wieder alles anständig glänzt?«

»O nein. Auf keinen Fall.« Enzinger hebt lächelnd einen Finger. »Das wäre völlig verfehlt. Der Rost ist hier ein Sinnbild für die Vergänglichkeit. Will sagen, in unserer modernen

Gesellschaft ist kein Platz für Verschleierungen jedweder Art und dunkle Machenschaften.«

»Du liebe Zeit, Herr Enzinger«, unterbreche ich seinen Vortrag. »Sie haben sich ja richtig was dabei gedacht, als Sie das Rathaus entworfen haben.«

»Ja, natürlich. Was haben Sie denn erwartet?« Seine Stimme klingt fast ein bisschen beleidigt. Aber er sieht noch immer zufrieden aus, während er spricht. »Glauben Sie, ein Architekt entwirft nur vier Wände, ein Dach und ein paar Fenster und Türen dazwischen?«

Ehrlich gesagt: ja. Und vielleicht noch ein paar Klos und Treppen und Stromleitungen dazu. Ich habe mir bislang überhaupt noch keine Gedanken über die Arbeitsweise eines Architekten gemacht. Warum auch? Ich wusste doch nicht, dass mein Vater ein berühmter Architekt ist.

Auf der anderen Seite des Rathausvorplatzes ist ein nicht mehr ganz junges Pärchen stehen geblieben, beide reichlich in grüne Loden gekleidet. Ich denke gerade: Was schauen die denn so neugierig zu uns herüber?, da wagt es die Frau, mit dem Finger auf Enzinger zu zeigen. Ich fasse es nicht. Was für eine bodenlose Unverschämtheit! Mein Vater ist doch kein kurioses Zootier. Die Erinnerung an die Café-Katastrophe mit Jürgen und Heikemaus ist noch zu frisch. Noch einmal lasse ich nicht zu, dass andere Leute meinem Vater die Laune verderben. Nicht heute! Nicht an einem Tag, an dem mein Vater zum ersten Mal richtig glücklich aussieht.

Im Stechschritt überquere ich den Rathausvorplatz und baue mich vor den beiden auf.

»Was gibt's da so komisch zu gucken!«, schimpfe ich, meinen ganzen Mut zusammennehmend. »Haben Sie noch nie einen Mann im Rollstuhl gesehen?«

Die beiden blicken mich erschrocken an, zeigen ansonsten aber erstaunlich wenig Unrechtsbewusstsein.

»Sagen Sie, junge Frau, ist das dort drüben nicht der Herr Architekt Enzinger?«, fragt der Mann mit einem Nicken in Enzingers Richtung, und die Dame fügt eifrig hinzu: »Er hat doch damals den Neubau für das Rathaus entworfen ... Er war das doch, oder? So vor zehn, zwölf Jahren?«

»Äh – ja. Das stimmt.« Ich bin kurz verwirrt.

»Fantastisch!« Jetzt reden die beiden durcheinander. »Er ist ein so begnadeter Architekt. Schade, dass er schon so lange im Ruhestand ist. Haben Sie etwas dagegen, wenn wir den Herrn Architekten kurz begrüßen? Wir sind nämlich große Verehrer seiner Baukunst. Neulich erst waren wir in Kopenhagen und haben dieses phänomenale Glasquadermuseum bewundert. Wirklich, sehr beeindruckend!«

Ach, so ist das. Ich bin begeistert. Mein Vater hat Fans!

»Er gibt Ihnen bestimmt gern ein Autogramm, wenn Sie das wünschen«, rufe ich den beiden nach, während sie auf Enzinger zugehen, ihm die Hand schütteln und ihn in ein gestenreiches Gespräch verwickeln.

Ein ungewohntes Hochgefühl durchflutet mich. So ähnlich fühlen sich die Töchter von Mick Jagger oder Julio Iglesias wahrscheinlich jeden Tag. Die wissen ja auch schon länger, dass sie berühmte Väter haben. Ich bin so unglaublich stolz auf Enzinger. Auf meinen Vater! Meinen durch einen DNA-Test eindeutig belegten Vater! Diesen großartigen Architekten, der dafür gesorgt hat, dass sich die Leute in Oberbichlberg jedes Mal, wenn sie ihren Ausweis verlängern oder eine neue Biotonne beantragen wollen, Gedanken über Demokratie und Bürgernähe machen können. (Sofern sich ihnen die tiefere Bedeutung der Glas-und-Rost-Fassade erschließt.) Vor dem die Leute Hochachtung haben, zu dessen Gebäuden sie pilgern und dem sie auf offener Straße die Hand schütteln. (Auch wenn sie leider doch kein Autogramm von ihm haben wollen, wie ich feststelle, als das architekturbegeisterte Pärchen nach einem kurzen Gespräch mit Enzinger in der Drehtür des Rathauses verschwindet.)

Ich hätte nie gedacht, dass ich mal richtig stolz sein würde auf meinen Vater, geht es mir durch den Sinn, während ich zu ihm zurückschlendere. Jahrzehntelang war ich davon ausgegangen, der Mann, der mich gezeugt hat, wäre einer dieser schluffigen Jugendfreunde meiner Mutter. Kalle vielleicht, den immer so ein süßlich-modriger Zigarettenqualmgeruch umgab und mit dessen zerbeultem VW-Bus wir einmal in den Sommerferien wochenlang durch Südfrankreich gegurkt sind, bis die Kiste irgendwo zwischen Toulouse und Montpellier schlappmachte und wir mit dem Zug nach Hause fahren mussten. Oder Manni, der seine langen, nicht gerade unfettigen Haare zu einem Zopf gebunden trug, den ganzen Tag bei uns in der Küche saß, Gitarre spielte und dabei »It Never Rains in Southern California« sang. Nette Kerle waren das, durchaus musikalisch teilweise, aber immer ein bisschen zu entspannt und außerhalb des Schwabinger Viertels um den Elisabethmarkt herum leider kein Stück berühmt. Ich habe lieber einen Vater, den ich bewundern kann. Einen, der echte Fans hat! (Oh: Hab ich etwa doch einen Vaterkomplex?? Vielleicht sollte ich das bald mit Frau Leberecht besprechen. Oder sind das die Gene, die er mir vererbt hat?)

Egal. Vor allem freue ich mich darüber, dass mein Vater heute zum ersten Mal, seit ich ihn kennengelernt habe, richtig gute Laune hat. Vielleicht ist dies endlich der richtige Tag, um ihm ...

»Das waren ja zwei sehr sympathische Menschen!« Enzinger strahlt. Er sieht glatt zehn Jahre jünger aus. Erstaunlich, dass ein paar freundliche Worte von fremden Leuten jemanden so glücklich machen können. »Ah – und da kommt gleich noch ein sympathischer Mensch dazu!«

Ich drehe mich um und sehe, wie Dr. Friedrich, der ja neuerdings Jens heißt, auf uns zuspaziert. Sehr lässig gekleidet in Jeans und Lederjacke, woraus ich schließe, dass er gerade nicht in ärztlicher Mission unterwegs ist.

»Grüß Sie, Herr Enzinger! Hallo, Valentina!« Er reicht erst Enzinger, dann mir die Hand. »Mal wieder zu Besuch in der alten Heimat, der Herr Architekt?«

»Sie wissen doch, Herr Doktor, den Täter treibt es immer wieder an den Ort des Verbrechens zurück.«

»Und Sie – äh, du?«, frage ich Jens entgeistert. An das Du muss ich mich erst noch gewöhnen. »Was machst denn du in Oberbichlberg?«

»Ich wohne hier. Oder eher: wohnte. Aber reden wir nicht drüber.« Jens macht eine abwehrende Handbewegung. »Beziehungsstress und so ... Ich bin vor Kurzem aus unserer Wohnung ausgezogen und habe mich gerade umgemeldet.«

Ich denke gerade: Trennung, Scheidung, Katastrophen – jetzt wird das Gespräch aber interessant, als schmissige Marschmusik in meiner Handtasche erklingt. Meine Mutter und ihr untrügliches Gespür für Situationen, in denen sie besser nicht anrufen sollte! Leider kann ich nicht jedes Mal den Trick mit der schlechten Verbindung anbringen.

»Nun gehen Sie schon dran«, sagt Enzinger, während ich noch zögere und der Radetzkymarsch in anschwellender Lautstärke über den Rathausplatz scheppert. »Das Geklingel kenne ich doch. Das ist sicher wieder Ihre Mutter, nicht wahr? Sie können Ihr unbekannterweise gerne Grüße von mir ausrichten. Auch wenn Ihre Mutter mit diesem einen Mann bedauerlicherweise Pech hatte, ist ihre Tochter trotzdem wunderbar geraten. Das dürfen Sie ihr ruhig sagen, Valentina.«

Ich trete einen Schritt zur Seite und ziehe das Handy aus der Tasche.

»Hallo, Mama, wie geht es dir?«

»Wo bist du, Valentina?!« Die Stimme meiner Mutter klingt alarmiert.

»Wieso? Wo soll ich sein?«

»Wer ist die Frau in deiner Wohnung?«

»Meine Wohnung? Wie – was machst du in meiner Wohnung? Ich denke, du bist im Urwald?«

»Ich bin wieder zurück.«

»Jetzt schon?«

Wie schnell die Zeit vergeht, wenn man als Seniorenbetreuerin unterwegs ist.

»Ja, und da stehe ich vor deiner Tür, und eine fremde Frau macht mir auf. Sie sagt, du wohnst jetzt in Starnberg? Was ist denn los bei dir?«

Ach Gott. Diese Komplikation hat mir gerade noch gefehlt.

»Wieso – äh ...« Ich versuche, Zeit zu gewinnen. »Warum hast du denn nicht vorher angerufen?«

Als ob das wirklich geholfen hätte! Hätte ich Eva etwa im Kleiderschrank verstecken sollen?

»Ich dachte, du freust dich, wenn ich dich überrasche.«

»Ach Mutti ...« Ich nicke Jens zu, der sich jetzt mit einem kurzen Winken von Enzinger und mir verabschiedet und quer über den Rathausplatz zurück zu seinem Auto geht. Schade eigentlich. Das Gespräch über seine Beziehungskrise hätte ich gern vertieft.

»Hab ich mir doch gedacht, dass das Ihre Mutter ist!«, sagt Enzinger laut und deutlich, während ich noch überlege, was ich ihr antworten soll. Ich presse einen Finger auf das Mikrofon meines Handys, aber es ist zu spät. Meine Mutter hat ihn schon gehört:

»Wer war das denn, Valentina? Ist da ein Mann bei dir?«

Verwunderter hätte sie auch nicht geklungen, wenn Enzinger Klingonisch mit mir gesprochen hätte. Während ich noch fieberhaft über eine Antwort nachdenke, redet Enzinger weiter:

»Bitte, Valentina, sagen Sie Ihrer Mutter, dass wir sehr glücklich darüber sind, Sie in unserem Haus zu haben.«

»Was hat der Mann gesagt? Ich konnte ihn so schlecht verstehen. Wer ist das, Valentina?«

Mir bricht der Angstschweiß aus. Ich bin es nicht gewohnt, mit solchen psychischen Stresssituationen spontan umzugehen.

»Ist doch egal, Mama ...«

Wundersamerweise fängt meine Mutter plötzlich an zu lachen:

»Ach Valentina, Schatz! Störe ich da etwa gerade ein Schäferstündchen? Bist du verliebt?«

Meine Mutter wertet mein gestammeltes »Na ja, wie soll ich sagen« offenbar als Zustimmung.

»Du hast einen neuen Freund? Aber warum erzählst du mir das denn nicht gleich? Ich freue mich doch so sehr mit dir, dass du die Sache mit Holger endlich überwunden hast. Wer ist denn der Glückliche? Und wie lange geht das denn schon mit euch, dass ihr gleich zusammengezogen seid.«

»Oh, ja, Mutti, wie soll ich sagen ...« Ich vermeide den Blickkontakt mit Enzinger. »Ja, äh, schon eine ganze Weile, und – ja, es ist alles ganz wunderbar. Ich ... ich soll dich auch ganz herzlich von ihm grüßen. Aber weißt du was, ich habe jetzt gar keine Zeit, lange mit dir zu telefonieren ...«

»Ach, das verstehe ich doch, mein liebes verliebtes Mädchen. Ich will euch auch gar nicht weiter aufhalten. Aber ich würde deinen Herzbuben ja gern einmal kennenlernen. Soll ich euch besuchen kommen in Starnberg? Wo wir uns doch so lange nicht gesehen haben. Ich habe furchtbar viel zu erzählen. Wir könnten miteinander am See spazieren gehen. Du und ich und dein neuer Freund. Das Wetter ist ja wirklich schön hier.«

»Ach, Mama ich weiß nicht, ob das jetzt eine so gute Idee ist ...«

»Valentina, seit wann bist du denn so schüchtern?«

»Ich bin nicht ...«

»Was hältst du davon, wenn wir uns heute Nachmittag an der Starnberger Seepromenade treffen? Sobald du im Büro fertig bist. Da gibt es doch dieses schöne Lokal. Wie heißt das noch mal gleich? Undosa, glaube ich. Habt ihr Zeit? Du und dein neuer Freund? So gegen fünf?«

»Heute Nachmittag? Nein, Mama, das ist ganz schlecht. Ich habe heute gar keine Zeit ...«

»Aber natürlich haben Sie Zeit, liebe Valentina«, fällt mir Enzinger ins Wort. »Nehmen Sie sich heute Nachmittag ein bisschen frei für Ihre Mutter. Das ist doch überhaupt kein Problem.«

»Wie war das, Valentina? Was hat er gesagt? Wie heißt er eigentlich, dein neuer Freund?«

»Mama, wir reden heute Nachmittag«, murmele ich schnell ins Telefon. »Um fünf am Seerestaurant Undosa.«

»Wunderbar. Ich bin schon so gespannt auf deinen Neuen ...«

Ich drücke auf den Knopf, ohne mich richtig verabschiedet zu haben.

25.

An der Seepromenade ist heute praktisch tote Hose. Jedenfalls verglichen mit dem Wahnsinnsgetümmel vom vorigen Sonntag. Nur ein paar vereinzelte Spaziergänger trotten gemütlich an den Tulpenrabatten entlang. Zwei flotte Joggerinnen, von denen eine einen dreirädrigen Kinderwagen vor sich herschiebt, traben plaudernd über den Weg. Auf einer der grünen Parkbänke liest ein Mann seine Zeitung. Ich betrachte das Ganze von der Terrasse des Restaurants aus, wo ich mich an einem Tisch direkt neben dem blumengeschmückten Mäuerchen nahe am Wasser niedergelassen habe. Gerade will ich mir zur Sondierung des Angebots die Speisekarte greifen, da entdecke ich sie: meine Mutter, wie sie mir über die Seepromenade entgegenschlendert. Als sie sich dem Lokal nähert, drehen sich alle Köpfe auf der Terrasse zu ihr um. Kein Wunder: Sie sieht aus, als käme sie geradewegs aus Woodstock. Sie trägt ihren knöchellangen, bunt geringelten Strickmantel, der ihr um die Beine weht, ihre offenen, mittlerweile mehr grauen als braunen Haare reichen ihr fast bis zur Hüfte. Die Gläser ihrer Sonnenbrille haben in etwa die Ausmaße von Untertassen, und bis zur Höhe ihres Bauchnabels baumeln ungefähr ein Dutzend Glasperlenketten in unterschiedlichen Farben und Formen. Ich glaube, wenn Janis Joplin sich gesünder ernährt hätte (und nicht gestorben wäre), dann sähe sie jetzt ungefähr so aus wie meine Mutter.

»Hi, Valentina«, ruft sie schon von Weitem, streckt mir ihre Hand entgegen und formt lächelnd zwei Finger zum Victory-Zeichen.

Von gewöhnlichen mitteleuropäischen Begrüßungsformeln hält sie nicht viel. Aber ich will mich nicht beklagen. Ich bin ja schon froh, dass sie mich nicht mit diesem peinlichen rauchigen »Peace, Mädchen!« empfängt, wie sie es sonst meistens tut.

»Hallo, Mama. Schön, dich heil wiederzusehen. Wie ist eure Kampagne im Urwald gelaufen?«

»Ach Valentina.« Kopfschüttelnd lässt sie sich mir gegenüber am Tisch nieder. »Die Sache lief erst ganz gut an, aber dann haben wir unsere Aktion ein paar Tage früher als geplant beendet.«

»Beendet? Schon wieder? Was ist euch denn diesmal in die Quere gekommen?«

Irgendwie scheint ihre Umweltschutzaktion in Übersee unter keinem guten Stern gestanden zu haben.

»Na ja, die Polizei hat unsere Blockade geräumt.«

»Die Polizei? Mensch, Mama. Was ist denn passiert?«

»Ach, wir haben nur die Zufahrt zu einem Rodungsgebiet versperrt. Es war völlig überzogen von diesen dämlichen Holzfällern, gleich Alarm zu schlagen. Nur weil ihre LKW-Flotte und die Bagger nicht durchkamen. Lächerlich. Aber glücklicherweise konnten wir nach einer Nacht im Gefängnis wieder gehen.«

»Waas? Du warst im Gefängnis?!«

Ich bin die Tochter einer Kriminellen. O Gott.

»Nur ein paar Stunden. Wir konnten gleich wieder raus, nachdem wir versprochen hatten, das Land mit der nächsten Maschine zu verlassen.«

Wenigstens hat sie nichts Schlimmes verbrochen.

»Wahnsinn, Mama ...«

»Blöd ist nur, dass ich vorläufig nicht mehr nach Brasilien einreisen darf.«

Wahrscheinlich weil sie die Gefängniswärter unflätig beschimpft hat. Oder den brasilianischen Justizminister. Was weiß ich. Hauptsache, sie ist wieder heil zu Hause.

»Ach Mama. Ich fände es sowieso besser, wenn du dich in der nächsten Zeit wieder mehr um den Naturschutz in der Nachbarschaft kümmerst. Wie früher: Wildbienen, Kaulquappen, Mauereidechsen. Es gibt doch auch hier jede Menge Viecher zu schützen ...«

Meine Mutter wischt ein paar nicht vorhandene Krümel von der Tischdecke und seufzt: »Vielleicht hast du recht, Valentina. So eine brasilianische Gefängnispritsche ist wirklich nicht besonders bequem, das sage ich dir. Und heiß war es in Brasilien, nicht zum Aushalten.«

Sie nestelt in ihrem Jutebeutel, zieht einen kleinen Atomkraft-nein-danke-Aufkleber heraus und pappt ihn an den dicken gläsernen Zuckerstreuer, der zwischen uns auf dem Tisch steht.

»Mama, was machst du denn da?«, sage ich vorwurfsvoll. »So habe ich das nicht gemeint, als ich sagte, du sollst dich wieder stärker zu Hause engagieren! Lass das. Das ist Sachbeschädigung.«

»Quatsch!« Sie klebt noch einen an die Rückenlehne des freien Klappstuhls neben sich. »Das ist eine verfassungsmäßig garantierte freie Meinungsäußerung.«

»Bist du dir sicher? Außerdem popeln die Leute vom Lokal die Aufkleber doch sowieso gleich wieder ab, wenn wir weg sind.«

Meine Mutter zuckt mit den Schultern.

»Na und? Dann haben sie während des Abpopelns wenigstens ausgiebig Zeit, über die Energiewende und die Problematik des Atomstroms nachzudenken. Die Teile hier kleben nämlich wie der Teufel. Hallo!«, spricht sie im selben Atemzug den Kellner an, der gerade den Nebentisch abräumen will. »Eine Bionade Holunder bitte. Du auch?«

Das Letzte gilt mir. Ja, ich auch.

Ach, meine Mutter und ihr umweltpolitisches Sendungsbewusstsein. Warum kann sie in ihrem Alter nicht endlich mal ihre Passion fürs Häkeln entdecken, für Sudoku oder fürs Töpfern. Für irgendein friedliches, seniorentaugliches Hobby, bei dem nicht dauernd die Gefahr besteht, dass sie mit dem Gesetz in Konflikt gerät. Und mit sonstigen Gepflogenheiten. Mit Schaudern erinnere ich mich daran, wie sie vor vielen Jahren einmal bei der Weihnachtsfeier meiner Schulklasse aufgetaucht ist. Ich muss ungefähr zehn Jahre alt gewesen sein, und es war das erste Mal, dass meine Mutter bei einer solchen Feierlichkeit mit dabei war. Ich war sehr glücklich. Es duftete großartig nach Lebkuchen, Kokosmakronen und Pfeffernüssen. Alle anderen Mütter hatten zur Dekoration unseres Klassenzimmers Tannenzweige mitgebracht, Bienenwachskerzen oder Lichterketten. Dann kam meine Mutter und rollte allen Ernstes ein zwei mal drei Meter großes Plakat mit der Aufschrift »Keine Wiederaufbereitungsanlage Wackersdorf« aus, das sie an der Längsseite des Klassenraums anbringen wollte. Meine Lehrerin musste sehr lange mit ihr diskutieren, um sie über die Bedeutung von kindgerechten Weihnachtsfeiern aufzuklären. Meine Mutter konterte mit dem Hinweis, dass man Kindern gar nicht früh genug und gerade in der Weihnachtszeit die Bedeutung des Energiesparens nahebringen müsse. Meine Lehrerin schaffte es trotzdem irgendwie, meine Mutter von der Plakataktion abzubringen.

Mir war die ganze Sache entsetzlich unangenehm. Ich habe mich wochenlang nicht getraut, meinen Mitschülern in die Augen zu sehen. Noch heute bekomme ich Herzrasen, wenn mir der Geruch von Lebkuchen in die Nase steigt.

»Wo ist er denn jetzt eigentlich, dein neuer Freund?«

Meine Mutter lässt mir keine Gelegenheit, länger über traumatische Erlebnisse im Kindesalter nachzudenken. »Ich denke, ich sollte ihn heute kennenlernen. Jetzt erzähl doch mal!«

»Mein Freund hat leider keine Zeit«, erkläre ich ausweichend und überlege gerade, aus welchem Grund mein nicht vorhandener Allerliebster ein Treffen mit seiner zukünftigen Schwiegermutter wohl platzen lassen könnte, als mir der Atem stockt. Erst denke ich, ich habe Halluzinationen. Aber dann sehe ich ihn klar und deutlich: Enzinger!

Enzinger sitzt etwa auf Höhe des Schiffsanlegers in seinem Rollstuhl, hinter ihm geht Felix, und die beiden kommen ganz langsam, aber Schritt für Schritt auf das Lokal zu, in dem ich mit meiner Mutter sitze. Das kann doch nicht wahr sein! Was, um Himmels willen, machen die beiden hier? Ich dachte, Enzinger hasst die Seepromenade!?

»Alles in Ordnung, Valentina? Warum guckst du auf einmal so komisch?«

Ich antworte nicht. Ich bin intensiv damit beschäftigt zu hoffen, dass Enzinger eine starke Sehschwäche hat. Noch ist er vielleicht fünfzig Meter von unserem Tisch entfernt. Immerhin sitzt meine Mutter mit dem Rücken zu ihm, aus diesem Blickwinkel kann er sie auf keinen Fall erkennen. Aber mich. Sobald er und Felix mich entdecken, werden sie in dreißig Sekunden hier sein. Ich habe genau dreißig Sekunden, um eine Katastrophe zu verhindern.

»Mama, los, wir müssen weg hier.«

Ich springe auf.

»Wieso weg hier? Ich habe mein Glas noch nicht einmal zur Hälfte ausgetrunken.«

»Das macht nichts. Lass es stehen. Wir müssen verschwinden. Sofort.«

Ich krame in meinem Geldbeutel, ziehe einen Zwanzig-Euro-Schein heraus und klemme ihn unter den Zuckerstreuer. Auf das Wechselgeld kann ich leider nicht mehr warten.

»Was ist denn auf einmal los mit dir?«

Meine Mutter dreht sich um. Felix und Enzinger sind von der Seepromenade abgebogen und haben bereits eindeutig Kurs auf unsere Terrasse genommen.

»Wer ist das dahinten?«, fragt sie. »Kennst du den Mann im Rollstuhl und den anderen?«

»Mama!« Ich zerre am Ärmel ihres Strickmantels. »Sieh da nicht hin! Wir müssen jetzt sofort verschwinden!«

»Wer ist das?« Meine Mutter kann so furchtbar halsstarrig sein. »Ist das etwa dein Freund? Habt ihr euch gestritten? Willst du deshalb nicht, dass er kommt?«

»Ja, ja«, brülle ich, fasse ihren Arm, ziehe sie vom Stuhl hoch und hinter mir her durch die Tischreihen. Ich sehe gerade noch, wie Felix mir ebenso fröhlich wie energisch zuwinkt, bevor wir hinter der Hausmauer verschwinden.

»Ihr müsst miteinander reden«, erklärt meine Mutter atemlos. Die Glasperlenketten über ihrem Bauch klimpern im Takt ihrer schnellen Schritte. »Flucht ist keine Lösung.«

»Doch, Mama, Flucht ist hier die einzige Lösung.« Ich schubse sie in einen Nebeneingang des Lokals. Zur Verwunderung des Personals durchqueren wir hastig die Restaurantküche.

»Das ist völlig falsch, Valentina. – Verzeihen Sie die kleine Störung, meine Damen und Herren! – Wenn du möchtest, Mädchen, rede ich mit deinem Freund. In jeder Beziehung gibt es mal eine Krise. Ich könnte vermitteln zwischen euch. Es gibt immer einen Ausweg.«

Allerdings. Und dieser Ausweg führt uns auf der anderen Seite des Gebäudes wieder hinaus auf die Promenade. Von

Felix und Enzinger ist nichts mehr zu sehen. Sie dürften an der Seeseite inzwischen die Terrasse des Lokals erreicht haben und nach uns suchen.

»Die sahen doch beide sehr sympathisch aus, Valentina. Ich weiß gar nicht, wieso du vor ihnen wegläufst. Ist dein Freund Altenpfleger? Das ist doch ein wunderbarer Beruf. Er hat ganz gewiss ein gutes Herz. Du solltest unbedingt mit ihm reden.«

Na, wenigstens hat meine Mutter Enzinger nicht wiedererkannt. Langfristig braucht sie vermutlich eine Brille.

Wir hetzen die Promenade entlang. Ich halte meine Mutter fest am Arm, damit sie nicht auf die Idee kommt, sich selbstständig zu machen und eigenmächtig einen Versöhnungsversuch zu starten.

»Valentina!«

Bilde ich mir das ein, oder ist es tatsächlich Felix' Stimme, die uns hinterherruft? »He, Valentina, warte doch mal!«

Ich drehe mich um. Er ist es. Er steht am Ausgang des Lokals und winkt mir zu. Ich winke zurück und rufe im Laufen: »Tut mir leid, hab gerade keine Zeit. Meine Mutter muss unbedingt die nächste S-Bahn erwischen!«

»S-Bahn? Was ist denn das für ein Unfug!« Keuchend versucht meine Mutter, ihren Arm aus meiner Umklammerung zu befreien. »Dein Freund will sich mit dir aussprechen. Es ist noch nicht zu spät. Du kannst das Schlimmste noch verhindern.«

»Ich bin gerade dabei«, japse ich.

»Weißt du was, Valentina.« Meine Mutter bleibt mit einem Ruck stehen und dreht sich energisch zu mir um. »So klappt das nie im Leben mit dir und den Männern, wenn du immer wegläufst. Du kannst doch nicht einfach aufgeben, bloß weil zwischendurch mal was schiefgelaufen ist. Wenn du einen Mann richtig liebst, dann musst du um ihn kämpfen.«

»Kämpfen? Um einen Mann?!«

Ich schaue meine Mutter entgeistert an. Das sagt ja genau die Richtige.

26.

Es ist der Tag vor Enzingers Geburtstag. Zum ersten Mal, seit ich hier wohne, scheint nicht die Sonne, als ich morgens um Viertel nach sieben die Jalousie am Fenster meiner Zirbenstube hochziehe. Stattdessen wabern dichte, finstere Wolken über den Himmel, kein Stückchen Blau in Sicht. Der See schimmert grau durch die Fichten. Nirgendwo auf dem Wasser blitzt auch nur das kleinste weiße Segel auf. Selbst die Blüten im Garten hängen irgendwie trüb und blass im Gesträuch herum. Schade, denke ich, ausgerechnet jetzt, wo die großen Festivitäten anstehen, verabschiedet sich dieser verfrühte Sommerausbruch.

»Machen wir trotzdem unseren Spaziergang?«, frage ich Enzinger beim Frühstück. »Wir können ja einen Schirm mitnehmen, falls es nachher anfangen sollte zu regnen.«

»Klar gehen wir. Wir sind ja nicht aus Zucker.«

»Aber bleibt bitte nicht zu lange fort«, erklärt Frau Enzinger. »Wir haben heute wahnsinnig viel zu tun, Valentina. Jemand muss das Blumenarrangement für den Wohnzimmertisch von der Gärtnerei abholen und beim Bäcker Semmeln und Brezen für morgen früh bestellen. Außerdem müssen wir die Betten für unsere Logiergäste noch herrichten. Cora, Bernd und Philipp reisen heute schon an und bringen Großtante Trude netterweise mit. Keine Sorge, Valentina, Sie brauchen nicht für die ganze Familie zu kochen. Ich habe das Abendessen für alle beim Cateringservice bestellt. Heute

Mittag bleibt die Küche kalt. Ich bin sowieso viel zu nervös, um etwas Vernünftiges zu essen. Jeden Moment müsste übrigens der Mann vom Partyservice vorbeikommen. Der kümmert sich um die Außendekoration. Es wird perfekt aussehen. Sehr festlich und sehr stilvoll. Es wird dir wunderbar gefallen, Werner.«

Enzinger seufzt. Am meisten gefällt ihm, glaube ich, dass seine Frau keine weiteren Tagesordnungspunkte auflistet.

»So ein Spektakel«, murmelt er und schaut tief in seine Kaffeetasse. »Dabei hab ich doch bloß Geburtstag ...«

»Allerdings, und zwar deinen fünfundsiebzigsten, wenn ich dich erinnern darf«, erklärt seine Gattin, während sie energisch mit einem kleinen Löffel die Spitze ihres Sechs-Minuten-Eis bearbeitet. »So ein Ehrentag gehört gebührend gefeiert, lieber Werner. Da mache ich keine halben Sachen.«

»Ich weiß, meine Liebe, ich weiß.«

»Schade, dass du mein Engagement so wenig würdigst, Werner.« Frau Enzinger wirkt leicht pikiert. »Früher konnte dir keine Party verrückt genug sein. Früher hast du immer gefeiert, bis der Wirt die Tür zugesperrt hat.«

»Tja«, macht Enzinger, »früher ist lange her.«

Das Café Kaiserblick ist verwaist, als wir eine Stunde später auf unserer vormittäglichen Wanderung vorbeikommen. Nur ein Tisch ist besetzt, da sitzen drei alte Männer zusammen und spielen Karten. Ihre Biergläser haben sie mit Bierfilzen abgedeckt. Wahrscheinlich, damit es nachher nicht reinregnet. Es sieht nämlich stark nach Regen aus. Der Himmel hängt so tief und trüb, dass man meint, die Wolken mit der ausgestreckten Hand berühren zu können.

Heute machen wir einen Bogen um das Café und gehen weiter den schmalen Fußweg am Ufer entlang, am Bootsverleih vorbei, wo die bunten Kähne einsam und verlassen im Wasser dümpeln. Selbst das Kassenhäuschen ist verriegelt und verrammelt. An der Tür klebt ein in Plastikfolie gewickeltes Pappschild: »Witterungsbedingt vorübergehend geschlossen.«

Enzinger ist heute wieder sehr schweigsam. Wahrscheinlich ist er melancholisch, weil morgen ein weiteres Lebensjahr rum ist, was ihn – man muss der Wahrheit ins Auge sehen – dem Ende seines Lebens ein Stück näher bringt. Andererseits gilt das grundsätzlich für jeden Geburtstag. Doch über das Ende des Lebens im Allgemeinen und das von Enzinger im Speziellen will ich jetzt auf keinen Fall nachdenken.

Vielmehr denke ich über den richtigen Dreh nach, wie ich Enzinger endlich schonend meine wahre Identität beibringen könnte. Allmählich wird es wirklich Zeit, ich kann Evas Job ja nicht für immer übernehmen. In meiner Fantasie habe ich meine Aussprache mit Enzinger schon hundertfach erlebt. Da endete dieses Gespräch jedes Mal mit einer glückstränenreichen Umarmung und größtmöglicher Begeisterung bei allen Beteiligten inklusive anschließendem Champagnergelage. Aber was mache ich eigentlich, wenn er sich überhaupt nicht darüber freut, im fortgeschrittenen Greisenalter zu erfahren, dass er seit Jahrzehnten eine uneheliche Tochter hat? Vor allem, dass diese Tochter sich klammheimlich in seine Familie eingeschlichen und wochenlang unter Vorspiegelung falscher Tatsachen sein Privatleben ausspioniert hat? Vielleicht wird er stinksauer und wirft mich aus dem Haus und will nie wieder etwas mit mir zu tun haben. Schon wieder diese Frage: Möchte ich lieber einen Vater haben, der mich nicht kennt – oder einen, der mich nicht mag?

»Was sind Sie denn heute wieder so schrecklich stumm?« Enzinger dreht sich in seinem Rollstuhl mühsam ein Stück zu mir um. »Ich habe Sie eingestellt, damit Sie mich unterhalten. Wenn ich allein und schweigsam durch die Gegend fahren wollte, dann hätte ich mir einen Elektrorollstuhl angeschafft. Los, seien Sie nicht so langweilig, erzählen Sie mir was!«

»Ich – ich denke nur über Ihren Geburtstag nach. Wie es morgen wohl so werden wird und ob Ihre Verwandtschaft mich mag und all das.«

»Natürlich mag meine Verwandtschaft Sie. Wir alle mögen Sie. Das müssen Sie doch längst gemerkt haben.«

Fragt sich nur, wie lange noch ...

Ich weiß nicht, ob das ein Zeichen des Schicksals sein soll, aber in diesem Moment fängt es an zu regnen. Nicht stark, aber immerhin fallen stetige Tropfen vom Himmel, ein unerfreulicher kleiner Nieselregen von der Sorte, der einen, wenn man schon in einer leicht bedrückten Stimmung ist, noch ein bisschen deprimierter macht. Ich ziehe einen Schirm aus dem Netz, das hinten am Rollstuhl hängt, spanne ihn auf und reiche ihn Enzinger.

»Hier, ich hoffe, der schützt Sie ein bisschen vor dem Regen, bis wir daheim sind.«

Ich ziehe mir die Kapuze meiner Jacke über den Kopf und wende den Rollstuhl.

»Halt, was tun Sie denn da?«, ruft Enzinger und schwenkt empört den Schirm. »Wer hat Ihnen gesagt, dass wir schon nach Hause gehen sollen? Das bisschen Regen ist ja wohl kein Problem. Los, fahren Sie weiter. Ich habe keine Lust, daheim einem frustrierten Mann vom Partyservice zu begegnen, der nicht weiß, wie er hundertfünfzig Papierlampions im Garten aufhängen soll, ohne dass sie klatschnass werden.«

Darauf habe ich auch keine Lust. Also rollen wir weiter.

»Wir könnten heute zur Abwechslung mal in den Biergarten gehen«, sagt Enzinger nach einer Weile weiteren Schweigens. »Dahinten, kurz hinter dem Bootsverleih, kommt ein netter kleiner Biergarten.«

»In den Biergarten? Bei Regen?«

»Na, klar. Bei schlechtem Wetter habe ich wenigstens nicht so viel Publikum. Außerdem kann ich ein großes Bierglas besser fassen als eine Kaffeetasse.«

»Ja, aber ...«

»Kein aber. Wir gehen in den Biergarten. Ich finde, heute ist ein guter Tag dafür. Es gibt da einen Balkon, unter dem man im Trockenen sitzen kann, soweit ich mich erinnere. Sie haben doch selbst gesagt, ich soll nicht immer nur zu Hause herumhocken. Sie haben völlig recht. Wer weiß, wie lange ich noch lebe, Valentina. Ich finde, ich sollte unbedingt noch einmal in einen Biergarten gehen, bevor es zu spät ist.«

»Sagen Sie doch nicht so was!« Ich mag es nicht, wenn alte Leute vom Sterben reden. Vor allem mag ich es nicht, wenn mein frisch gefundener alter Vater vom Sterben redet, jetzt wo mein Leben mit ihm doch gerade erst angefangen hat. Ich seufze. »Also gut, wenn Sie meinen, Herr Enzinger, dann gehen wir zusammen in den Biergarten. Aber wundern Sie sich nicht, wenn Sie morgen mit Grippe im Bett liegen!«

»Jetzt reden Sie schon wie meine Frau«, brummt Enzinger, worauf ich leise lachen muss.

Ich rolle ihn langsam weiter. Vielleicht ist der Biergarten ja geschlossen. Vielleicht hängt auch ein Pappschild mit witterungsbedingten Hinweisen am Eingangstor, und dann können wir nach Hause gehen. Ich habe nämlich schon quietschnasse Füße in meinen ehemals weißen Sommer-Sonne-Ferien-Leinenschuhen und überhaupt keine Lust, einen Schnupfen zu bekommen, nur weil Enzinger plötzlich eine bizarre Lebensfreude entwickelt.

Leider ist der Biergarten geöffnet.

»Ja, Grüß Gott, der Herr Enzinger, des gibt's ja ned! San Sie's wirklich?«

Der Biergarten ist nicht nur geöffnet, es erwartet uns sogar eine herzliche persönliche Begrüßung durch eine in ein üppig ausgeschnittenes rotblumiges Dirndl gekleidete reifere Dame, die ihre sichtbar blondierte Löckchenpracht mit einem Schirm vorm Regen schützt. »Dass Sie noch mal zu uns kommen, und des bei so einem greisligen Wetter!«

Die Dame – ich nehme an, es handelt sich um die Wirtin des Lokals, hörbar ein Urgestein des Ortes – wäre Enzinger, glaube ich, am liebsten um den Hals gefallen. Sieht so aus, als wäre er hier mal Stammgast gewesen. Sie schüttelt erst seine Hand, dann meine. Darauf zieht sie irgendwo unter ihrer Dirndlschürze ein Putztuch hervor und wischt direkt an der Hauswand über einen Biertisch.

»Da können Sie sich hinsetzen, untern Balkon, da regnet's ned hin. Warten S', ich rück den Stuhl weg, dann haben S' mehr Platz zum Sitzen.«

Sonst ist weit und breit kein Gast zu sehen.

»Was darf's sein? Zwoa Helle?«

»Ich glaube eher nicht.« Zweifelnd schaue ich Enzinger an. »Gleich schon Bier am Vormittag, das ist vielleicht keine so gute Idee. Wir haben noch eine Menge zu erledigen heute, und ...«

»Zwei Helle sind wunderbar«, fällt mir Enzinger ins Wort. »Ich habe morgen Geburtstag, das wird anstrengend genug, da möchte ich heute schon mal in Ruhe mit dem Feiern anfangen.«

»Ja, genau, Herr Enzinger. Des find ich auch. Man muss sein Leben auskosten, so lang man noch eins hat. Kommen S' jetzt wieder öfter zu uns? Ich muss schon sagen, mein Mann und ich, wir haben Sie sehr vermisst die letzte Zeit. Schön, dass es Ihnen wieder a bisserl besser geht. Und im

Rollstuhl sind S' jetzt doch wieder recht beweglich, oder ned? Jedenfalls, wenn S' so a nette Dame dabeihaben, die mit Ihnen spazieren geht.«

Die Wirtin wirft mir einen charmanten Blick zu und verschwindet mit wogenden Hüften im Haus. Enzinger schaut ihr mit hochgezogenen Augenbrauen nach.

»Mit der Vroni war ich zusammen in einer Klasse, stellen Sie sich das mal vor. Wir waren fünfzehn oder sechzehn, als sie von der Schule gegangen ist, und ein paar Jahre später hat sie mit ihrem Mann dann diesen Biergarten übernommen. Früher bin ich fast jede Woche hergekommen. Ich weiß gar nicht mehr, wann sie angefangen hat, Sie zu mir zu sagen. Ich glaube, als ich meinen ersten Architekturpreis gewonnen habe und ein großer Bericht über mich in der Zeitung stand. So vor vierzig Jahren müsste das gewesen sein ... Ach Valentina, wo ist die Zeit bloß geblieben?«

Das frage ich mich auch.

Enzinger und ich sitzen nebeneinander an der Hauswand und schauen in den verlassenen Biergarten. Die Tische und Bänke glänzen nass im Regen. Überall liegen matschige weiße Kastanienblüten herum, die der Regen von den Bäumen gespült hat.

Vroni bringt uns das Bier.

»Prost, Valentina«, sagt Enzinger und hebt sein Glas mit beiden Händen. »Auf die letzten Stunden meines fünfundsiebzigsten Lebensjahrs. Wenn ich morgen aufwache, bin ich ein uralter Mann!«

»Quatsch, Herr Enzinger. Dann sind Sie nur ein paar Stunden älter als heute. Aber vergessen Sie nicht, sich den Wecker zu stellen, damit Sie auf den Beinen sind, wenn in der Früh Ihr Besuchsmarathon beginnt.«

Enzinger verdreht die Augen. »Mussten Sie mich jetzt unbedingt daran erinnern?«

Er vertieft sich in sein Bierglas. Ich mich auch. Das Bier schmeckt erstaunlich gut zu dieser frühen Stunde. Hoffentlich bin ich nicht wieder betrunken, wenn wir nach Hause kommen.

»Wissen Sie was, Valentina: Wir genehmigen uns jetzt mal einen ordentlichen Schweinsbraten. Es gibt nichts Besseres zu einem Bier als einen guten Schweinsbraten, mit Kraut und Knödeln und allem Drum und Dran.«

Ich glaube, Enzinger ist jetzt schon ein bisschen betrunken.

»Schweinsbraten? Sind Sie verrückt?«

Ich hoffe, Enzinger verzeiht mir meinen ruppigen Protest. Aber ich finde, ich habe recht: »Wir haben doch gerade erst gefrühstückt, und außerdem: Wie ungesund ist das denn! Denken Sie überhaupt nicht mehr an Ihre Blutwerte?«

»Nein«, sagt Enzinger. »Ich denke nicht an meine Blutwerte. Auch nicht an meine zertrümmerte Hüfte oder meine kaputte Hand. Ich denke einfach nur daran, dass mir das Bier schmeckt, dass ich im Trockenen sitze und dass ich noch lebendig bin. – Vroni!« Er winkt der Wirtin zu, die sich gerade mit einem struppigen Besen am Hauseingang zu schaffen macht. »Bringen Sie uns doch bitte zweimal Schweinsbraten mit Kraut und Knödeln. Die junge Dame hier hat Hunger und kann ein bisschen Speck auf den Rippen gut gebrauchen.«

»Was fällt Ihnen denn ein, ich habe doch gar keinen Hunger. Ich möchte auf keinen Fall ...«

»Vronis Mann macht den besten Schweinsbraten von Oberbayern. Wenn nicht sogar weltweit. Den müssen Sie unbedingt probiert haben.«

Unsere Gläser sind halb leer, als Vroni uns zwei Teller mit einem gewaltigen Stück Schweinsbraten, zwei riesigen Knödeln mit Sauce und einem Berg von Kraut auf den Tisch stellt. Besteck und Servietten stecken in einem tönernen Krug auf dem Tisch.

»So kenn ich Sie, Herr Enzinger!« Vroni lacht. »Gut drauf, mit einem gesunden Appetit. Wie früher! Lassen Sie sich's schmecken, Sie haben es sich verdient. Und, nix für ungut: Ein bisserl mehr Speck auf den Rippen tät Ihnen auch nicht schaden, so mager wie Sie geworden sind.«

Allmählich regnet es stärker, und ein ungemütlicher Wind setzt ein. Enzinger spannt unseren kleinen Schirm wieder auf und hält ihn schützend über den Tisch, damit die Getränke und der Braten nicht verwässert werden. Trotzdem strahlt er über sein ganzes faltiges Gesicht.

»Wir haben schon schlechtere Tage erlebt, nicht wahr, meine liebe Valentina?«

Ich stecke mir schnell ein großes Stück Braten in den Mund, damit ich etwas habe, auf dem ich herumkauen kann und das mich davon abhält, irgendetwas zu antworten, in dem das Wort Papa vorkommt.

Noch bevor ich mein Bierglas ausgetrunken haben, spüre ich zweierlei: Erstens, ich bin sehr glücklich, zweitens, und das, obwohl mir der Regen allmählich in den Nacken tropft. Offenbar hat der Balkon ein Loch.

»Wollt's ned lieber in die Stubn kommen?«, fragt Vroni besorgt, als sie die leer gegessenen Teller abräumt. Nur ein paar Brocken Knödel sind übrig geblieben. »Des is ja wirklich a furchtbares Wetter heut.«

Ich hätte nichts dagegen, mich allmählich ins Trockene zu verziehen, aber Enzinger bleibt stoisch sitzen.

»Wenigstens den Pflanzen tut der Regen gut«, meint er.

»Wenn S' a schöns Wetter wollen«, erklärt Vroni, »dann müssen S' nach Italien fahren. Meine Tochter hat gestern vom Urlaub aus der Toskana angerufen, da hat's jetzt fünfundzwanzig Grad.«

»Das hört sich gut an«, seufzt Enzinger. Er schiebt sein Bierglas zur Seite, zieht die Geldbörse aus seiner Jackentasche und reicht Vroni ein paar Scheine.

Na endlich, denke ich. Zeit für den Heimweg.

»Wenn wir jetzt nach Hause gehen, sind wir in zwei Minuten durchgeweicht wie eine Babywindel am Morgen«, sagt Enzinger. »Wir sollten lieber mit dem Taxi fahren. Vroni, sind Sie so nett und rufen uns ein Taxi, bitte!«

27.

»Zum Oberen Seeuferweg 29«, sagt Enzinger. Er sitzt vorn neben dem Taxifahrer, ich mit angewinkelten Beinen hinter ihm auf der Rückbank, der Rollstuhl liegt im Kofferraum. Mittlerweile schaffe ich es in nicht einmal drei Sekunden, das Teil auseinander- oder zusammenzuklappen. Und dabei brauche ich gar nicht mehr richtig hinzuschauen. Bald kann ich mich bei Seniorenglück ganz offiziell um einen Job als Pflegerin bewerben.

Das Taxi rollt los. Der Regen klatscht gegen die Windschutzscheibe. Einer der Scheibenwischer quietscht ein bisschen.

Kurz hinter dem Biergarten entdecke ich eine bekannte Gestalt auf der Straße: Die Frau mit den Hunden muss natürlich bei jedem Wetter raus. Die Arme. Sie ist heute mit einem signalroten Regencape bekleidet, dazu passenden Gummistiefeln und Hut. Die drei Hunde trotten neben ihr an schlaffen Leinen durch die Pfützen. Sie tragen schottisch karierte Regenbedeckungen und sehen aus, als verwünschten sie den Moment der Evolution, an dem sie aufgehört haben, Wölfe zu sein.

Gut, dass ich schön warm im Taxi sitze und den Uferweg nicht mehr zurücklaufen muss, denke ich. Ich könnte meine Leinenschuhe jetzt schon auswringen. Wie froh bin ich, wenn ich mir diese nassen, schmutzigen Dinger endlich von den Füßen ziehen kann. Mit einem Taschentuch versuche ich, ein paar Schlammspritzer von den Schuhspitzen zu putzen. Aber es hilft nicht viel. Wieso habe ich mir bei dem Wetter eigentlich keine Gummistiefel angezogen?

»So, da wär ma schon«, höre ich den Taxifahrer nach ein paar Minuten sagen und dann, als der Wagen zum Stehen gekommen ist, ein erstauntes: »Sappralott! Wos is'n da los?«

»Hilfe«, stöhnt Enzinger mit ungläubiger Stimme. »Mein Zuhause sieht aus wie der Times Square.«

Ich blicke auf.

Durch das Enzinger'sche Anwesen ranken sich kreuz und quer Hunderte Meter Lichterketten mit unzähligen bunten, blinkenden Lämpchen. Dazwischen hängen leuchtende Lampions in allen Farben des Regenbogens, und die Blumenbeete neben der Auffahrt sind gespickt mit weißen Stangen, an denen goldene Wimpel flattern. Am aufsehenerregendsten aber ist der mannshohe, von einer großen goldenen Schleife eingefasste Lorbeerkranz, der über dem Hauseingang prangt, in seiner Mitte unübersehbar und nicht weniger golden glänzend ein Schild mit einer verschnörkelten 75, zu allem Überfluss rechts und links von zwei riesigen Halogenscheinwerfern angestrahlt.

»Wahnsinn«, flüstere ich beeindruckt. »Ihre Familie meint es wirklich ernst mit dem großen Bahnhof für Ihren Geburtstag.«

»I hab noch nie so an auf'putzten Garten g'sehn«, erklärt der Taxifahrer andächtig. »Kimmt da die Queen zu B'suach?«

»Und das ist nur der Vorgarten ...« Enzinger schüttelt den Kopf. »Was hat sich meine Frau bloß dabei gedacht?«

Das frage ich mich auch.

»Immerhin sieht es so aus, als sei die Deko tatsächlich wasserfest«, bemühe ich mich um einen positiven Aspekt. »Sogar die Lampions wirken im Regen sehr stabil.«

»Ja, leider. Der Mann vom Partyservice hat ganze Arbeit geleistet.«

»Ich wette, der Bürgermeister wird vor Neid erblassen, wenn er Sie morgen besuchen kommt. Noch nicht mal bei seinem fünfzigsten Dienstjubiläum würde ihm ein solcher Empfang bereitet werden.«

Enzinger antwortet mir nicht. Schweigend betrachtet er das Leuchten und Blinken in seinem Garten.

»Sieht das nicht ein bisschen aus wie im Zirkus?«, fragt er nach einer Weile.

Ich finde ja, es sieht aus wie Zirkus, Dorf-Disco und amerikanische Weihnachten gleichzeitig. Aber ich will das ästhetische Empfinden seiner Frau nicht kränken, deshalb sage ich laut: »Na ja, vielleicht könnte man diese Dekoration auch als Ausdruck reinster Lebensfreude interpretieren.«

Enzinger seufzt: »Ich verstehe unter Lebensfreude etwas anderes.« Er macht nicht den Eindruck, als habe er es eilig, ins Haus zu kommen.

»Des macht dann fünf Euro neunzig«, bringt sich der Taxifahrer mit einem Räuspern wieder ins Gespräch.

Enzinger rührt sich nicht.

Vielleicht wartet er darauf, dass ich den Rollstuhl aus dem Kofferraum hole und auseinanderklappe? Aber als ich mich an dem Hebel meiner Tür zu schaffen mache, ruft Enzinger:

»Stopp! Warten Sie mal!«, und zum Taxifahrer gewandt: »Mir ist gerade eingefallen, dass ich unbedingt noch etwas Wichtiges erledigen muss. Fahren Sie bitte weiter!«

»Was – was haben Sie denn jetzt auf einmal so Dringendes zu tun?«, frage ich verwundert. »Wollen wir das Blumengebinde von der Gärtnerei abholen?«

Der Taxifahrer startet den Motor.

»Guad. Wohin soll's noch gehn?«

»Venedig«, erklärt Enzinger seelenruhig.

»Was? – Venedig?«, fragt der Fahrer verdutzt. »Wie jetzt? Meinen S' das Bella Venezia, die neue Pizzeria in Starnberg?«

»Nein, ich meine nicht die neue Pizzeria. Ich meine die Stadt Venedig in Italien, die Stadt mit den Brücken und Kanälen und den Gondeln.«

»Des versteh i ned. Sie wolln, dass i Sie jetzt nach Italien fahr?«

»Ganz genau«, erklärt Enzinger würdevoll. »Ich hoffe, Sie haben noch genug Benzin im Tank. Rufen Sie Ihre Frau an, und sagen Sie ihr, dass Sie heute Abend später nach Hause kommen. Wir fahren jetzt nach Venedig.«

»Herr Enzinger!« Ich beuge mich vor, aber ich kann seinen Gesichtsausdruck von hinten nicht sehen. »Sie machen einen Scherz, nicht wahr?«

»Nein, Valentina, ich mache durchaus keinen Scherz. Ich habe soeben beschlossen, meinen Geburtstag in Venedig zu verbringen.«

»Des is unmöglich«, murmelt der Taxifahrer. »Des san mehr als fünfhundert Kilometer. Des san bestimmt sechs Stunden Fahrt von da. Des tät Sie a Vermögen kosten ...«

»Das macht nichts. Ich besitze ein Vermögen. Ich bin durchaus in der Lage, tausend Euro für eine Fahrt nach Venedig auszugeben.«

»Tausend Euro?«, rufen der Taxifahrer und ich gleichzeitig.

»Oder ist das nicht genug?«, fragt Enzinger.

»Doch, schon. Also guad. Warum ned. Fahrn ma nach Venedig.«

Der Fahrer legt den Gang ein, und der Wagen rollt los. Ich muss dringend etwas tun.

»Herr Enzinger. Wir können jetzt wirklich nicht nach Venedig fahren. Das wäre vollkommen irre. Sie haben morgen Geburtstag. Ihre Familie hat ein gigantisches Fest für Sie vorbereitet. Der Bürgermeister wird kommen und der Landrat und die Gebirgsschützen ...«

»Eben, genau deshalb fahren wir jetzt nach Venedig.«

»Es wird eine Katastrophe geben! Was wollen Sie Ihrer Frau sagen?«

»Sie haben doch sicher Ihr Handy dabei, Valentina. Wir rufen meine Frau gleich an und sagen ihr, dass wir kurzfristig das Geburtstagsprogramm geändert haben.«

»Das ist unmöglich. Das ist absolut unmöglich. Cora wird einen Anfall bekommen.«

»Das ist leider nicht ausgeschlossen, aber damit müssen wir leben.«

»Stopp!«, schreie ich den Taxifahrer an, als wir das Leuchten und Blinken des Gartens hinter uns gelassen haben und mit zunehmender Geschwindigkeit den Oberen Seeuferweg entlangrollen. »Bleiben Sie stehen! Halten Sie sofort an! Sie dürfen keinen Meter weiterfahren.«

Der Taxifahrer bremst verunsichert.

»Bitte hören Sie nicht auf die junge Dame«, erklärt Enzinger in aller Seelenruhe. »Sie hat nichts zu sagen. Ich bin ihr Chef, und ich habe beschlossen, dass wir jetzt nach Venedig fahren.«

»Herr Enzinger«, japse ich, als der Taxifahrer weiterfährt. »Das kann ich nicht zulassen. Ich muss auf Sie aufpassen ...«

Wahrscheinlich ist ihm das Bier nicht bekommen. Oder es war was in den Knödeln. Ich hätte im Biergarten überzeugender Einspruch erheben sollen.

»Lehnen Sie sich zurück, und entspannen Sie sich, Valentina.«

»Wie soll ich mich entspannen? Im Übrigen müssen wir sowieso noch mal ins Haus, bevor wir losfahren. Wir müssen unsere Zahnbürsten holen und frische Wäsche mitnehmen!«

»Warum denn? Ich nehme an, dass es auch in Venedig Geschäfte gibt, in denen man Zahnputzzeug und Unterhosen kaufen kann.«

»Aber mein Geburtstagsgeschenk! Mein Geburtstagsgeschenk für Sie liegt noch in meinem Zimmer!« (Ich habe Enzinger neulich aus München ein paar neue Lederschlappen mitgebracht. Hoffentlich hatte seine Frau eine etwas originellere Idee.)

»Ich brauche kein Geschenk. Ich wünsche mir von Ihnen zum Geburtstag, dass Sie mit mir nach Venedig fahren.«

»Herr Enzinger«, sage ich schwach, während vor den Autofenstern die Häuser von Starnberg vorbeiziehen. »Was wird Ihre Familie sagen? Sie werden das hier spätestens morgen bereuen ...«

»Ich verstehe gar nicht, weshalb Sie so beunruhigt sind, Valentina. Sie waren es doch, die mir immer gesagt hat, ich solle mich nicht in meinem Haus verkriechen und noch etwas Schönes unternehmen in meinem Leben. Sie haben doch vorgeschlagen, dass wir zusammen nach Venedig fahren. Ja, Sie hatten recht: Ich schlage all meinen Geburtstagsgästen ein Schnippchen und verbringe ein paar zauberhafte Tage in Venedig.«

»Ja, aber ... doch nicht jetzt. Das ist absolut verrückt!«

»Vermutlich ist es wirklich verrückt. Aber es ist mir egal. Wissen Sie was, Valentina: Seit ich denken kann, war ich immer nur vernünftig und verantwortungsvoll. Als Ehemann, als Familienvater, vor allem als Architekt. Ich habe mein Leben damit verbracht, die Neigungswinkel von Dachschrägen zu berechnen, Wärmeschutzverordnungen zu befolgen, mich mit statischen Gegebenheiten auseinanderzusetzen und mit elektrischen Schaltkreisen. Ich hatte für alles einen Plan, und an den habe ich mich immer penibel gehalten. Kein Bleistiftstrich ohne Richtlinie, kein Mausklick ohne Konzept. Ich finde, es wird Zeit, dass ich mal etwas Verrücktes und Unvernünftiges tue, finden Sie nicht?«

»Sie ham schon recht«, grunzt der Taxifahrer und legt eine CD ein. »'s Leben wär langweilig, wenn ma immer bloß vernünftig wär.«

Sekunden später schmettert Adriano Celentano sein »Azzurro« durch den Wagen. Der Taxifahrer summt schief mit und klopft im Takt mit dem rechten Zeigefinger aufs Lenkrad. Selbst Enzinger bewegt seinen Kopf im Rhythmus.

Ich lasse mich in meinen Sitz zurückfallen und beschließe, meinen Widerstand aufzugeben. Okay. Warum nicht mit dem Taxi nach Venedig. Warum nicht mal etwas völlig Irres machen. Ich sage nichts mehr. Dabei weiß ich genau, dass Enzinger schon einmal in seinem Leben etwas sehr Unvernünftiges getan hat. Sonst wäre ich schließlich nicht hier.

28.

»I bin übrigens der Moosberger Franzl«, sagt unser Taxifahrer, kurz nachdem wir auf die Autobahn aufgefahren sind. »Wenn mia schon so lang miteinand' im Auto sitzen, sollten wir uns doch bekannt machen, oder?«

»Enzinger«, sagt Herr Enzinger. »Und das ist meine reizende Pflegerin Valentina Meyer. Die Perle unseres Hauses. Sie passt normalerweise auf, dass ich keinen Unsinn mache.«

»So, so«, macht der Moosberger Franzl und grinst mich durch den Rückspiegel an.

Ich runzele die Stirn.

»Wir sollten jetzt wirklich Ihre Frau anrufen.« Das habe ich nun schon dreimal gesagt, aber Enzinger hat immer nur abgewunken. »Wenn wir schon durchbrennen, sollten wir ihr wenigstens Bescheid sagen«, erkläre ich. »Ich wette, sie macht sich längst Sorgen, weil wir so lange wegbleiben.«

Enzinger zögert immer noch: »Wollen wir nicht lieber bis Innsbruck warten? Dann kann sie uns nicht mehr einholen, falls sie uns hinterherfahren will ...«

»Herr Enzinger! Denken Sie denn gar nicht an Ihre Familie? Sie werden alle furchtbar enttäuscht sein.«

»Okay, okay, Sie haben wie immer recht, Valentina. Ich rufe meine Frau an. Geben Sie mir doch bitte mal Ihr Handy.«

Ich hole das Telefon aus meiner Tasche, löse die Tastensperre und reiche es ihm nach vorn. Seufzend tippt Enzinger eine Nummer ein. Ich glaube, es hat noch nicht mal richtig geklingelt, als seine Frau den Hörer abnimmt. Ich nehme ein gereiztes Fiepen wahr. Beim Anblick meiner Nummer auf dem Display denkt sie natürlich, dass ich am Telefon bin, und beschwert sich gleich wortreich bei mir über unsere Verspätung.

»Nein, Liebes, ich bin's«, sagt Enzinger. »Mach dir keine Sorgen, Brigitte ... Nein, es ist nichts passiert. Wir sitzen im Taxi ... Ja, ja, genau, der Regen ... Natürlich ist Valentina bei mir ... Nein, nein, wir haben uns nicht verlaufen ... Ich weiß, dass die ersten Gäste schon da sind. Sag Trude liebe Grüße von mir und Cora und Felix auch ... Wann wir nach Hause kommen? Tja, das ist schwer zu sagen ... Beeilen? Hör mal, Brigitte, es tut mir leid, aber ich habe den Ablauf des Programms geändert. Du musst die ganze Feier morgen absagen. Es gibt keinen Empfang und keine Party. Ich werde nicht zu Hause sein ... Doch, das ist mein voller Ernst ... Beruhige dich! Nein, Brigitte, ich bin nicht betrunken ... nein, auch nicht dement, keine Sorge ... Ja, natürlich weiß ich, dass meine Entscheidung ziemlich spät kommt, aber es ist jetzt nicht mehr zu ändern. Wir sind gerade unterwegs nach Venedig.«

Es folgt ein aufgeregter Redeschwall seiner Frau, der in schrillen Wortfetzen bis zu mir auf den Rücksitz dringt.

»Wie wäre es denn, wenn du einfach nachkommst, Liebes«, schlägt Enzinger vor. »Cora und Felix können dich zum Flughafen fahren, und dann machen wir uns zusammen ein paar schöne Tage. Ich weiß doch, dass dir dieser ganze Trubel im Grunde auch zu viel ist ... Warum sollte das eine Schnapsidee sein? ... Doch, man kann auch in meinem Alter noch ganz spontan ...«

Ich höre, wie seine Frau etwas antwortet, dann ist es plötzlich still im Telefon. Enzinger reicht mir das Handy.

»Meine Frau möchte Sie sprechen.«

Ich halte die Luft an.

»Ja? Hallo?«, sage ich unsicher.

»Valentina, was haben Sie mit meinem Mann gemacht?«

»Nichts, gar nichts! Er hat ganz plötzlich Lust bekommen, nach Venedig zu reisen. Das ist alles.«

»Das ist alles? Das ist unmöglich! Wie konnten Sie das zulassen? Es gibt eine Katastrophe, wenn er morgen nicht hier ist. Was soll ich denn dem Bürgermeister sagen?«

»Ich weiß es auch nicht. Sagen Sie den Leuten, er sei krank geworden. Ich ...«

»Sie sorgen auf der Stelle dafür, dass er wieder nach Hause kommt.«

»Frau Enzinger, das wird nicht funktionieren. Glauben Sie mir, ich habe die ganze Zeit versucht, ihn umzustimmen. Aber Ihr Mann hat es sich in den Kopf gesetzt, jetzt nach Venedig zu fahren, und deshalb ...«

»Mein Mann ist alt und verwirrt und offenbar nicht mehr im Vollbesitz seiner geistigen Kräfte. Im Taxi nach Venedig, ich bitte Sie! Mein Mann weiß ja gar nicht mehr, was er tut.«

»O doch! Ich habe Ihren Mann noch nie so klar, frisch und fit erlebt wie heute.«

»Was für ein Unsinn! Und ausgerechnet Venedig! Die Stadt ist doch völlig ungeeignet für einen Rollstuhlfahrer.«

»Seien Sie unbesorgt, Frau Enzinger. Ich bin mir ganz sicher, dass wir einen Weg finden werden ...«

»Valentina, Sie bringen meinen Mann auf der Stelle zurück, oder Sie sind entlassen!«

Es klickt in meinem Telefon. Ich bleibe sprachlos zurück.

»Sie hat gesagt, ich werde entlassen, wenn ich Sie nicht sofort nach Hause bringe«, stammele ich schließlich.

»Papperlapapp!« Enzinger dreht sich grinsend zu mir um. »Das Gegenteil ist der Fall: Sie werden fristlos entlassen, wenn Sie es wagen, mich jetzt nach Hause zu bringen. – Ach

Valentina, ziehen Sie doch nicht ein so betrübtes Gesicht. Meine Frau wird sich schon wieder beruhigen.«

»Das glaube ich kaum«, murmele ich. Da steht das nächste Telefonat an: Mein Handy klingelt, und diesmal ist Cora am Apparat.

»Valentina«, ruft sie nicht minder aufgebracht als ihre Mutter. »Was ist bei euch los? Stimmt es, dass mein Vater die Geburtstagsfeier abgesagt hat und dass ihr auf dem Weg nach Venedig seid?«

»Ja. Es tut mir leid, dass es Schwierigkeiten gibt. Aber ...«

»Wo seid ihr gerade? Du musst ihn dazu überreden, eine Pause einzulegen. Eine lange Pause. Eine Stunde oder besser zwei. Vielleicht schaffst du es, dass er ein Nickerchen im Auto macht. Dann kommen wir nach und holen ihn ab. Fahrt einfach beim nächsten Rastplatz ab und sag mir dann Bescheid. Okay?«

»Cora, ich fürchte, das wird nichts. Er würde mir so was nie verzeihen ...«

»Valentina! Er würde es dir nie verzeihen, wenn du ihn dermaßen in sein Unglück rennen lässt. Du musst auf jeden Fall verhindern, dass er nach Venedig fährt. Er hat morgen Geburtstag. Er muss unbedingt hier sein. Du weißt doch, was das für ein Tag sein wird. Eine Riesensache, mit Presse und Bürgermeister und jemandem vom Kultusministerium. Es ist alles vorbereitet und geschmückt und bis auf die letzte Sekunde durchgeplant.«

»Ich weiß, Cora, und genau das ist der Grund, weshalb er abgehauen ist.«

»Valentina! Du hast Verantwortung für ihn! Du darfst nicht zulassen, dass er sich seinen Geburtstag ruiniert.«

»Ich glaube, das sieht er anders. Er wirkt sehr erleichtert darüber, dass er dem ganzen Brimborium entkommen ist.«

»Brimborium? Ich habe eine spektakuläre Geburtstagsfeier für ihn organisiert. Damit er merkt, wie wichtig er den Leuten noch ist. Dass sie ihn nicht alle vergessen haben. Ach Valentina, was wäre das für eine Blamage, wenn morgen die Gäste auftauchen, und Vater ist nicht da. Das geht auf keinen Fall. Das ist ... Warte mal, Felix möchte dich sprechen.«

Ach herrje, Felix auch noch. Ich wünschte, der Akku in meinem Handy wäre leer.

»Mensch, Valentina!« Felix' Stimme klingt besorgt, aber nicht so gereizt wie die seiner Mutter und seiner Schwester. »Was macht ihr denn für verrückte Sachen? Wieso büxt Vater am Tag vor seinem Geburtstag aus?«

»Er mag das Geblinke in seinem Garten nicht und hat keine Lust auf langweilige Ansprachen von Bürgermeistern, Landräten und all den Leuten. Er möchte einfach ein paar schöne gemütliche Tage in Venedig verbringen.«

»Das kann ich ja gut verstehen, aber das hätte er sich doch wohl etwas früher einfallen lassen müssen.«

»Die Idee kam ihm leider sehr spontan.«

»Und wieso ausgerechnet Venedig?«

»Ich weiß es nicht. Er hat einfach gerade Lust darauf.«

»Hm. Und was machen wir jetzt?«

»Ich habe keine Ahnung, Felix, wirklich nicht. Ich fürchte, ihr müsst alle Gäste ausladen.«

»Wie soll das denn gehen? Wenn wir herumerzählen, Vater sei plötzlich so krank geworden, dass er seinen Geburtstag nicht feiern kann, steht übermorgen wahrscheinlich schon sein Nachruf in der Zeitung. Die Leute werden glauben, dass er kurz vor dem Ableben steht.«

»Vielleicht kann Jens ... äh, Dr. Friedrich eine plausible Krankheit empfehlen? Etwas, das nicht lebensgefährlich ist, aber sehr ansteckend und sehr unerfreulich? Windpocken zum Beispiel. Und aus Rücksicht auf die Gesundheit der Gratulanten wird die Feier deshalb verschoben ...«

»Warum habe ich bloß plötzlich so einen verrückten Vater? Er war doch sonst immer so vernünftig. War das ganz sicher seine Idee, oder hast du ihm diesen Floh ins Ohr gesetzt?«

»Nein! Was denkst du denn! Wieso sollte ich deinen Vater auf die Idee bringen, am Tag vor seinem Geburtstag nach Venedig zu flüchten?«

»Ich weiß nicht«, murmelt Felix, und nach einer kleinen Pause fährt er fort: »Ich wünschte, ich könnte mitfahren nach Venedig. Soll ich nachkommen?«

»Nein, nein, auf keinen Fall!«

Das wäre ja noch schöner. Die Stadt der Gondeln und der Liebe, und ich habe meinen verknallten Bruder an der Backe!

»Na ja. Was soll's. Dann versuche ich jetzt mal, hier die Wogen zu glätten. Windpocken, hm, vielleicht ist das gar keine so schlechte Idee. Mal sehen, wie wir das hinbekommen. – Fahrt ihr mal weiter nach Venedig und meldet euch, wenn ihr gut angekommen seid.«

Mit einem tiefen Seufzer schiebe ich das Handy in die Tasche zurück.

»Sie haben übrigens gerade Windpocken bekommen«, sage ich zu Enzinger.

Er zwinkert mir durch den Rückspiegel zu.

»Das klingt wunderbar!«

Wir machen ständig Pausen.

Schon am Rastplatz Höhenrain halten wir das erste Mal an, weil Enzinger aufs Klo muss. Da sind wir gerade mal zehn Minuten auf der Autobahn. Ich hege die winzige Hoffnung, dass er sich das mit dem Ausflug nach Venedig anders überlegt hat und Franzl bittet, umzukehren und uns doch lieber nach Hause zu fahren. Aber Pustekuchen!

»Vronis Bier fordert seinen Tribut!«, erklärt Enzinger. Ich schiebe ihn im Rollstuhl zu einer Behindertentoilette und bin ein bisschen nervös, weil ich nicht weiß, ob und wie ich ihm bei seinen Verrichtungen assistieren soll. Um Eva diesbezüglich anzurufen ist es ein bisschen zu spät. Aber er winkt ab, als ich unschlüssig vor der Klotür stehen bleibe, und verschwindet im Toilettenabteil. Ich bin froh, dass er das noch allein kann. So genau wollte ich meinen Vater jetzt doch nicht kennenlernen.

In der Nähe von Innsbruck fahren wir schon wieder von der Autobahn ab, weil Franzl eingefallen ist, dass unser Benzin nicht mehr bis Venedig reicht und dass es in Österreich wahrscheinlich billiger ist als in Italien. Als er nach dem Tanken zurück zum Wagen kommt, trägt er drei Flaschen Mineralwasser in den Händen.

»Mia woll'n ja ned verdursten bis Venedig, oder?«

Hinter dem Brenner hört es auf zu regnen. Wir fahren am ersten Rastplatz hinter der Grenze raus, nachdem Enzinger erklärt hat: »Ich würde sagen, es ist höchste Zeit für den ersten original italienischen Caffè!« Franzl versorgt uns an einem windigen Verkaufsstand mit Espresso, den wir mit Blick auf wolkenverhangene Berge einnehmen, und wir sind uns einig, dass ein Kaffee in Italien völlig anders und vor allem sehr viel besser schmeckt als zu Hause.

Ungefähr ab Brixen weitet sich die Landschaft. Weinstöcke und Apfelplantagen säumen die Hänge neben der Straße, dazwischen steht hier und da sehr malerisch eine Burg. Und damit das Ganze noch hübscher aussieht, scheint jetzt auf alles die Sonne.

»Schade, dass es nicht Herbst ist«, sagt Enzinger und lässt den Blick zufrieden über die grüne Gegend schweifen. »Ich hätte große Lust, mir einen frischen Apfel zu klauen. Aber leider hängen ja um diese Jahreszeit noch keine Früchte an den Bäumen.«

»Mia könnt'n welche kaufen«, meint Franzl, setzt den Blinker und rollt von der Autobahn. Wir kurven durch hübsche Südtiroler Dörfer, rechts und links ein Meer von Apfelblüten, bis wir tatsächlich einen Obstbauern finden, der an seinem Hoftor mit einem großen Schild (»Prima Äpfel und Trauben aus eigenem Anbau«) für seine Erzeugnisse wirbt. Wir kaufen ein bisschen Obst als Wegzehrung, und weil Franzl im Gegensatz zu Enzinger und mir heute noch nicht viel gegessen hat, lassen wir uns an einem roh gezimmerten Holztisch im Garten nieder und genehmigen uns zwischen Weinreben und Apfelbäumen eine Platte Südtiroler Speck und Käse mit Brot, wobei hauptsächlich Franzl futtert. Enzinger und ich sind noch satt von Vronis Schweinsbraten. Aus großen Gläsern trinken wir frisch gepressten Apfelsaft. Danach fühlen wir uns gesund und gestärkt und sehen zu, dass wir weiterfahren.

Weiter südlich wird die Landschaft mediterraner. Die Häuser sind jetzt mit bräunlichstrohgelben Dachschindeln bedeckt, dazwischen stehen große dunkelrot blühende Oleanderbäume. Und als ich auch noch die ersten Zypressen am Straßenrand entdecke, weiß ich: Jetzt sind wir wirklich in Italien. Wie immer, wenn ich südliche Pflanzen unter südlicher Sonne live und in Farbe vor mir sehe, geht mir das Herz auf. Wer hätte das gedacht, schießt es mir durch den Kopf, und ich kann mir ein Grinsen nicht verkneifen: Es hat also tatsächlich noch geklappt mit meiner Reise in den Süden. Und wie! Ich weiß nicht, was ich verrückter finde an dieser Fahrt: dass ich in einem Taxi sitze oder dass ich mit meinem Vater unterwegs bin.

Als wir an Rovereto vorbeifahren, schlage ich vor, einen kleinen Abstecher zum Gardasee zu machen. Inzwischen ist es draußen heiß geworden, und ich würde gern ein erfrischendes Bad nehmen. Wenigstens ein erfrischendes Fußbad, was die realistischere Variante wäre angesichts der Tatsache, dass ich meinen Bikini nicht dabeihabe. Aber Enzinger meint: »Da kriegen Sie am Ende bloß Lust, einen Surfkurs zu buchen. Und dann verlieben Sie sich in den Surflehrer und wollen nicht weg, und wir kommen nicht mehr nach Venedig.«

Kurz vor der Ausfahrt nach Verona frage ich: »Und wie wäre es mit einem Besuch in der Stadt von Romeo und Julia? Wir könnten etwas für unsere Bildung tun und den Julia-Balkon ansehen. Oder die Arena.«

Aber Enzinger antwortet nicht.

»Den Bildungsausflug nach Verona müssn S' ein andermal unternehmen«, sagt Franzl nach einem Blick auf den Beifahrersitz. »Ihr Chef is eingeschlafen.«

Also nicht nach Verona. Auch gut. Aber Schlafen ist eine gute Idee. Allmählich habe ich nämlich genug Landschaft gesehen. Trotz der malerischen Zypressen und Pinien und mittlerweile auch gelegentlichen Palmen am Straßenrand. Die Nachmittagssonne und das Dröhnen des Motors machen müde. Ich strecke mich, so gut es geht, auf der Rückbank aus und beschließe, auch ein bisschen zu dösen. Der Franzl wird den Weg nach Venedig schon allein finden. Der ist schließlich Taxifahrer, und es ist sein Job, matte, müde Leute irgendwohin zu karren.

Als ich die Augen wieder aufmache, sehe ich Wasser. Wasser hinter der Leitplanke, in der frühen Abendsonne schimmernde leichte Wellen, darin kleine Inselchen, jede Menge Boote und hohe Holzpfosten, auf denen Möwen sitzen. Wir fahren auf einer Brücke über das Meer!

»Da ist Venedig«, sagt Franzl, als er sieht, dass ich mich aufrichte. »Sehn S'? Da vorn is die Stadt. Mia san gleich da.«

»Herr Enzinger!«

Ich schüttele ihn an der Schulter. »Aufwachen! Schnell! Wir sind in Venedig!«

Franzl stoppt den Wagen neben einem mehrstöckigen hässlichen Parkhaus. Wir stehen an einer vierspurigen Straße, zur Linken lärmt es auf einem riesigen Busbahnhof.

»Ende der Reise«, sagt er. »Weiter kommen mia ned mit dem Auto.«

»Schade!«

So habe ich mir Venedig nicht vorgestellt. Ziemlich großstädtisch, die Umgebung: Beton, Asphalt, Fabrikschlote, Baukräne, Werbeplakate, Altglascontainer ... Keine Spur von romantischen Kanälen, Brücken und Gondeln. Der Satz »Da hätten wir ja gleich zum Stachus fahren können« liegt mir auf der Zunge.

»Sind Sie sich sicher, dass wir nicht versehentlich in Wanne-Eickel gelandet sind?«, murmele ich.

Franzl lacht nur.

Enzinger richtet sich in seinem Sitz auf und streckt sich. »Ah, endlich in Venedig! Wunderbar! Wie sieht's aus, Franzl«, fragt er, während er in seiner Geldbörse kramt und ihm zwei lila Geldscheine reicht und nach sekundenlangem Zögern noch zwei grüne dazu. Enzinger hat offenbar ein sehr großzügiges Verhältnis zum Trinkgeld. »Begleiten Sie uns noch für ein paar Tage in Venedig?«

»Des tät i gern, wenn i a Ausbildung zum Gondoliere hätt. Aber i glaub, mit meinem Auto kann ich Ihnen da ned weiterhelfen.« Lässig schiebt Franzl die Scheine in die Brusttasche seines Hemdes. »Außerdem ham meine Frau und i morgen unsern dreißigsten Hochzeitstag. I muass mi sputen, dass i zeitig dahoam bin, dass i ihr 's Frühstück ans Bett bring. Geld für an großen Rosenstrauß hab i jetzt ja gnuag.«

Ach, das ist wahre romantische Liebe, denke ich und bin ein bisschen neidisch auf Franzl und seine unbekannte Frau und auf das gemeinsame Frühstück im Bett. Wenn ich daran denke, dass Holger schon unseren zweiten Hochzeitstag vergessen hatte und es ihm nicht einmal einfiel, als ich ihm an jenem Morgen spärlich mit meiner neuen roten Spitzenunterwäsche bekleidet den Kaffee ans Bett brachte – eine Aktion, die er lediglich mit einem »Was machst du denn heute für einen Stress?« kommentierte ... Aber diesem trüben Gedanken gebe ich mich nicht länger hin: Warum sollte ich mich über meinen verflossenen Ehemann ärgern, wenn doch ein paar zauberhafte Tage mit meinem frisch gefundenen Vater in Venedig vor mir liegen!

Zum letzten Mal hievt uns Franzl den Rollstuhl aus dem Kofferraum. Dann sind wir startklar. Ich habe auf einmal ein mulmiges Gefühl. Mir fehlt mein Gepäck. Ich bin es nicht gewohnt, ein paar Tage Urlaub zu machen, ohne mindestens eine Tasche dabeizuhaben. Immerhin habe ich die Griffe des Rollstuhls in der Hand.

»Tja«, sagt Franzl und reicht Enzinger augenzwinkernd seine Visitenkarte. »Des war a schöne Fahrt mit Ihnen. Rufen S' mi an, wenn S' wieder abgeholt werden woll'n.«

Dann steigt er ins Auto. Wir winken Franzl nach, als er sein Taxi wendet, sich in den Verkehr einreiht – und gleich wieder anhält. Hat er was vergessen oder gar einen Motorschaden?

Gar nichts von beidem, wie sich herausstellt: Franzl springt aus dem Wagen und läuft auf drei Rucksacktouristinnen zu, die sich am Straßenrand heftig diskutierend über eine ausgebreitete Landkarte beugen. Ich höre, wie er »Can I help you?« zu ihnen sagt, Englisch mit einem lustigen bayerischen Akzent. Dann vernehme ich Satzfetzen wie »beautiful Munich« und »Oktoberfest«, »Beergarden« und »Neuschwanstein Castle«. Scheinen Amerikanerinnen zu sein, mit denen er da plaudert. Amerikanerinnen auf Europareise. Franzl nickt ihnen zu und lacht und zeigt auf sein Taxi. Die drei schauen sich kurz an und dann – ich glaub, ich spinne – laden sie doch tatsächlich ihre Rucksäcke in den

Kofferraum und setzen sich ins Auto. Franzl dreht sich zu uns um, grinsend von einem Ohr zum anderen, und zeigt uns einen hochgereckten Daumen.

»Damit i ned so allein bin auf der langen Rückfahrt!«, brüllt er uns noch zu. Damit steigt auch er zurück in sein Taxi und fährt mit den drei Damen an Bord davon.

»Geschäftstüchtig ist er ja«, sagt Enzinger kopfschüttelnd. »Das muss man ihm lassen.«

Sprachlos schauen wir dem Wagen hinterher, wie er mit zunehmender Geschwindigkeit Richtung Festland verschwindet. Dann stehen Enzinger und ich allein in Venedig.

»Wo bitte geht es jetzt zum Canal Grande?«, frage ich und schaue mich ratlos um. »Und zur Rialtobrücke? Und zum Markusplatz?«

»Ich würde sagen, im Prinzip immer geradeaus«, meint Enzinger mit einem Kopfnicken, »denn dort, wo wir herkommen, war definitiv nichts dergleichen zu sehen.«

Also schiebe ich los, manövriere Enzingers Rollstuhl kreuz und quer über den Busparkplatz, vorbei an Trauben von Menschen mit Koffern, Taschen und Rucksäcken, an Reisebussen aus aller Herren Länder, die mit knatterndem Motor herumstehen und stinkende Dieselschwaden verbreiten.

»Da!«, schreie ich. »Sehen Sie den Verkaufsstand da vorn? Jede Menge Postkarten, Sonnenhüte und ›I-love-Venice‹-T-Shirts. Wunderbar! Da sind wir richtig. Da geht's garantiert zum echten Venedig.«

Ohne nach rechts und links zu sehen, sprinte ich mit dem Rollstuhl los, den roten Coca-Cola-Sonnenschirm des Kiosks fest im Blick. Wir sind keine fünf Meter weit gekommen, als das Dröhnen einer mehrstimmigen Hupe neben mir beinahe mein Trommelfell zerfetzt. Bremsen quietschen. In letzter Sekunde reiße ich den Rollstuhl zurück. Verdammt, fast hätte uns ein Bus gestreift.

»Was machen Sie denn da, Valentina«, schimpft Enzinger. »Passen Sie doch auf! Der Tod in Venedig war nicht mein Plan. Erst will ich wenigstens noch in Ruhe meinen Geburtstag feiern.«

»'tschuldigung.«

Der Busfahrer gestikuliert wild herum, und dann entdecke ich die gelbe Markierung auf dem Asphalt, ein Strichmännchen zwischen zwei Linien, was wohl den behördlich genehmigten Weg für die Fußgänger kennzeichnen soll. Vorsichtig und ohne uns weiter in Lebensgefahr zu bringen, überquere ich den Busbahnhof auf der vorgeschriebenen Spur. Als wir den Verkaufsstand erreicht haben, entdecke ich hinter ein paar Bäumen tatsächlich, was wir gesucht haben: Wasser. Ein Kanal, ein echter venezianischer Kanal. Grüngrau schimmernde Wellen schwappen gegen hohe alte Häuserwände, davor morsche Holzpfosten, ein Schiff tuckert gemächlich vorbei. Wir kommen näher und sehen weiter vorn einen Ponton im Wasser liegen. Davor ein großes Boot mit flachem Dach, bei dem eine Menge Leute ein und aussteigen.

»Na also«, sagt Enzinger. »Da ist eine Vaporetto-Haltestelle. Es kann weitergehen.«

»Vapo-was?«

»Vaporetto. Die venezianischen Linienschiffe. Damit können wir direkt zum Hotel fahren.«

»Aber wie wollen Sie denn da reinkommen?«, entfährt es mir, während wir am Ufer entlangrollen. »Finden Sie nicht, dass diese schwimmende Haltestelle ziemlich kippelig aussieht? Und das Boot erst ... Wenn Sie ins Wasser fallen, bringt Ihre Frau mich um.«

Herr Enzinger ignoriert meine Einwände.

»Ach was. Sie haben es neulich selbst gesagt: Ich bin sicher nicht der erste Rollstuhlfahrer, der Venedig besucht.

Die Bootsleute werden schon dafür sorgen, dass ich trockenen Fußes an Deck komme.«

Enzinger hat recht. Es liegen überall Rampen, und auf dem Schiff gibt es direkt neben dem Einstieg einen Platz für seinen Rollstuhl. Da kann er sich sogar anschnallen. Kaum sind wir an Bord, da werden schon die Taue von den Pollern gelöst, und ein Uniformierter verriegelt den Zustieg. Es geht los!

Ich sitze direkt am offenen Fenster und lasse mir den Fahrtwind durchs Gesicht wehen. Jetzt sind wir also tatsächlich mitten in Venedig! Mein Vater und ich in der schönsten und romantischsten Stadt der Welt. Ich fühle mich, als hätte ich ein Glas Champagner auf ex getrunken. Von jetzt ab werde ich jede Sekunde genießen, beschließe ich – auch wenn ich keine Ahnung habe, was Enzinger vorhat und wohin dieses Schiff uns eigentlich bringen soll. Der Weg ist das Ziel, sagt man, und dieser Weg ist traumhaft.

Wir schippern über den Canal Grande, vorbei an prächtigen Palästen, deren Wände im milden Abendlicht schimmern, so wie ich es mir immer vorgestellt habe. An manchen Fassaden bröckelt der Putz, dann wieder strahlen marmorne Säulen und Fensterbogen wie frisch renoviert. Ich entdecke allerliebst mit Geranien geschmückte winzige Balkone, verwunschene Gärten zwischen den Mauern oder bunt bepflanzte Dachterrassen in luftiger Höhe. Ich möchte am liebsten überall gleichzeitig hinschauen: auf die hohen halbrunden Brücken, auf denen sich die Touristen drängen und Fotos machen. In die kleinen Seitenkanäle, über die sich hier und da Wäscheleinen spannen, von einem Haus zum anderen, mit flatternden Hemden und Hosen daran. Auch auf die vielen Boote, die den Kanal befahren, die großen Linienboote, die kleinen Motorflitzer, die Gondeln, schlank und schwarz, bei denen ich mich frage, wie es die Gondolieri schaffen, ihre

Schiffchen stehend durch dieses Getümmel zu steuern, ohne das Gleichgewicht zu verlieren. Ich schaue und schaue und denke: Venedig ist traumhaft, Venedig ist noch viel schöner, als ich es mir vorgestellt hatte. Am liebsten hätte ich Enzinger umarmt.

Wir sind ungefähr zwanzig Minuten gefahren, haben an verschiedenen Haltestellen an- und abgelegt, als Enzinger auf einmal anfängt, wild mit den Armen zu wirbeln.

»Das ist es, Valentina. Hier müssen wir raus. Haltestelle Vallaresso am Markusplatz. Hier ist unser Hotel. Das sieht gut aus. Das nehmen wir. Machen Sie schnell.«

So hektisch habe ich ihn noch nie erlebt. Ich löse die Bremse seines Rollstuhls und schiebe ihn vorsichtig die Rampe hinunter.

»Da!«, ruft Enzinger als wir wieder festen Boden unter den Füßen haben. »Wie gefällt Ihnen das? Hotel Splendid Palace. Mit Blick auf die Lagune. Gleich um die Ecke ist der Markusplatz. Sieht es nicht prächtig aus? Ich wüsste nicht, wo man in Venedig schöner wohnen könnte.«

Wir stehen vor einem dieser schicken venezianischen Palazzi mit weiß verputzter Fassade und leicht orientalisch anmutenden Fenstern, vor jedem Zimmer ein verschnörkelter kleiner Balkon mit roter Markise darüber. Über der Eingangstür flattert eine Kollektion von Fahnen im Abendwind. Keine Ahnung, wie Enzinger dieses Hotel vom Schiff so schnell entdecken konnte. Manchmal ist er ja wirklich fix. Eine Jugendherberge scheint mir das jedenfalls nicht gerade zu sein. Hoffentlich hat Enzinger seine schwarze Amex-Karte in der Tasche.

Hoffentlich hat Enzinger gleich zwei schwarze Amex-Karten in der Tasche, denke ich, als wir die Hotelhalle betreten. Verschüchtert bleibe ich an der Eingangstür stehen.

»Ich bin hier fehl am Platz«, raune ich Enzinger zu und

versuche, dabei möglichst lässig auszusehen, so als würde ich ihm gerade mitteilen, dass ich nur deshalb sofort wieder rausgehen muss, weil ich bedauerlicherweise mein Hermèstäschchen in der Gondel vergessen habe. »Dieses Hotel ist nicht meine Kragenweite. Die sehen doch sofort, dass ich in so einen Laden nicht hingehöre. Lassen Sie uns lieber ganz schnell verschwinden, bevor die uns rausschmeißen!«

»Unsinn!«, macht Enzinger, ergreift seine Räder und rollt unbeirrt zur Rezeption.

Ich bleibe verlegen zurück, bereit, sofort zu verschwinden, falls einer vom Sicherheitspersonal kommt und mich strengen Blickes vor die Tür setzen will.

Die Hotellobby ist ein Palast aus Stuck und Marmor. Auf dem Fußboden glänzen erlesene Mosaiken, die ich mit meinen schmutzigen Schuhen unmöglich betreten kann. Wo bin ich hier bloß gelandet? Rundherum sehe ich nichts als kunstvoll verzierte Säulen, Balkone und Emporen, dazwischen breite geschwungene Treppen. An den Wänden reiht sich ein riesiges Ölbild neben das andere, wie in einem Museum. Und dann all die Kronleuchter! Ich habe gar nicht gewusst, dass es so gewaltige Kronleuchter gibt. Vierstöckig! Hoffentlich sind wenigstens Energiesparlampen drin. Sie beleuchten riesige Liliengestecke auf vornehmstem Mobiliar, das wahrscheinlich mindestens so alt ist wie Venedig selbst: zierliche Tischchen und plüschige Barocksessel vor schweren rotgoldenen Brokatvorhängen. Ich glaube, so ein nobles Haus habe ich überhaupt noch nie gesehen. Nicht einmal im Kino. Und jetzt stehe ich mittendrin.

Enzinger hingegen ist überhaupt nicht beeindruckt. Er plaudert mit der Empfangsdame, als ginge es darum, ein Big Tasty Menu bei McDonald's zu bestellen. Wahrscheinlich hat er früher öfter in solchen Palästen Urlaub gemacht. Ob ich hier auch lässig ein und aus gehen würde, wenn ich als seine

Tochter aufgewachsen wäre? Ich komme nicht dazu, diesen Gedanken zu Ende zu denken, denn Enzinger winkt mich zu sich heran, und ich löse mich ganz allmählich aus meiner Verkrampfung. Mit gesenktem Kopf schleiche ich zu ihm hin. Wahrscheinlich starren mich alle Leute an und fragen sich, was ich hier zu suchen habe. Wie mich diese Frau hinter dem Tresen schon anguckt! Lässt ihre Blicke ungeniert an mir rauf- und runterwandern. Was bildet die sich eigentlich ein? Wenn ich wenigstens nicht diese schlammverkrusteten Schuhe anhätte!

»Es hat alles geklappt«, sagt Enzinger und reicht mir einen schweren Schlüssel mit einer dicken dunkelroten Quaste dran. »Wir haben noch zwei Zimmer bekommen. Ich würde vorschlagen, wir machen uns jetzt ein bisschen frisch, und dann sehen wir uns draußen nach einem schönen Lokal um.«

»Wie soll ich mich denn frisch machen, wenn ich keine anderen Klamotten dabeihabe?«, flüstere ich.

»Sie finden hier sicherlich etwas in Ihrem Zimmer.«

»Na ja, vielleicht im Bad eine kleine Not-Zahnbürste und ein Probepäckchen Haarshampoo, aber sicher keine schicken Schuhe.«

Enzinger zuckt lächelnd mit den Schultern und sagt: »Eine schöne Frau kann nichts entstellen und ein paar ausgelatschte Schuhe schon gar nicht. Wenigstens sehen Ihre Treter sehr bequem aus, und das ist ja durchaus von Vorteil, wenn man ein paar Tage durch Venedig spaziert.«

Das stimmt allerdings.

Wir fahren mit dem Aufzug in den dritten Stock. Der Teppich im Flur ist so dick und weich, dass ich dem Rollstuhl einen kräftigen Schubs geben muss, um voranzukommen.

»Oh«, sage ich, als ich Enzingers Zimmer aufsperre.

Mir war schon klar gewesen, dass die Räume in diesem

Hotel nicht gerade das Ambiente der Bahnhofsmission haben würden. Aber das hier? All dieser Plüsch und Stuck, dieser cremefarbene, seidig glänzende Baldachin über dem Himmelbett, diese goldenen Schnörkel und Seidentapeten an den Wänden, dieser glänzende Holzboden mit den kostbaren Teppichen, diese funkelnden blütenförmigen Lampenschirme und die duftenden Blumensträuße und vor allem dieser Blick aus dem Fenster auf die Lagune und das Inselchen gegenüber mit der malerischen Kirche darauf ... He, soll das hier tatsächlich mein wirkliches und wahres Leben sein, oder bin ich irgendwie in einen 3-D-Film geraten?

»Ich glaube, hier werde ich mich an meinem Geburtstag wohlfühlen«, sagt Enzinger und rollt quer durchs Zimmer. »Die Dachterrasse müssen wir uns allerdings teilen. Ich hoffe, das stört Sie nicht allzu sehr. Ihr Zimmer ist direkt nebenan.«

»Eine Dachterrasse haben wir auch noch?«, hauche ich.

»Ja, aber heute werden Sie dort nicht viel Zeit verbringen können, um die Abendsonnenstimmung zu genießen.« Enzinger schaut auf seine Uhr. »Ich würde sagen, wir treffen uns in einer halben Stunde unten in der Lobby, damit wir nicht zu spät zum Essen kommen. Ist das in Ordnung?«

Ich kann nur noch nicken. Dann renne ich aus Enzingers Zimmer, schließe meines auf und lasse mich mit Schwung und mit einem kindischen Juchzer rücklings auf mein Himmelbett fallen. Mit ausgebreiteten Armen und Beinen bleibe ich liegen und starre mit dem allerbreitesten Grinsen im Gesicht auf den zartrosa Baldachin, der ungefähr drei Meter über mir unter der Zimmerdecke schwebt. Ich fühle mich wie die Prinzessin auf der Erbse. Allerdings ohne Erbse und ohne dass irgendwo was drückt.

29.

»Was meinen Sie, Herr Enzinger: Wollen wir in Ihren Geburtstag reinfeiern? Es sind nur noch drei Stunden.«

»Was für eine schöne Idee, liebe Valentina. Das habe ich ja seit Jahren nicht mehr gemacht! Ich bin mir aber nicht sicher, ob ich es schaffe, noch so lange wach zu bleiben. Das war doch ein sehr langer und anstrengender Tag für einen alten Mann wie mich.«

Enzinger und ich sitzen in einem Restaurant direkt neben unserem Hotel, draußen auf einer Art Balkon über dem Wasser, und betrachten die Lichter auf der Lagune. Wahrscheinlich schaffe ich es selbst nicht mehr, mich bis Mitternacht wach zu halten. Auch für mich war das ein langer, anstrengender Tag: Da verlasse ich am Vormittag nichts ahnend das Haus für einen kleinen Spaziergang und lande am Abend in Venedig. Jetzt bin ich sehr satt und sehr müde und möchte eigentlich nur noch in den seidigen Laken und Kissen meines rosaroten Himmelbetts verschwinden.

Wir hatten ein köstliches dreigängiges Menü und eine Flasche Rotwein dazu, und niemand hat schief geschaut, weil Enzinger das Besteck in den Händen hält wie der Räuber Hotzenplotz seinen Krummdolch. Die sind eben sehr diskret hier und haben Stil.

Ein paar Schlucke Wein sind noch im Glas. Enzinger hebt seines.

»Zum Wohl, liebe Valentina. Danke, dass Sie sich dem

Protest meiner Familie widersetzt haben und mit mir nach Venedig gefahren sind.«

Ich schlucke.

»Danke, Herr Enzinger, dass ich mit Ihnen hier sein darf. Danke für dieses wahnwitzige Hotel. Ich habe noch nie in einem so großen Bett geschlafen. Und ich hoffe, dass Ihre Familie uns das hier irgendwann mal verzeiht ...«

»Aber natürlich wird sie das. Machen Sie sich keine Sorgen, Valentina.«

Wir sehen uns an. Er lacht sehr nett und väterlich, und ich lasse den Blick schnell in mein Weinglas plumpsen, damit ich nicht auf die Idee komme, ihm um den Hals zu fallen und etwas zu sagen, das mit den Worten »Wissen Sie eigentlich, was ich Ihnen die ganze Zeit schon sagen will« anfängt. Jetzt noch nicht, denke ich. Heute ist er zu müde, um das entscheidende Gespräch zu führen. Wir haben ja noch ein paar Tage Zeit. Vielleicht sage ich es ihm morgen. Sozusagen als Geburtstagsgeschenk bekommt er dann eine Tochter. Oder ist das keine gute Idee? Hm. Spätestens übermorgen. Aber dann ganz bestimmt!

»Was halten Sie davon, wenn wir noch eine klitzekleine Runde über den Markusplatz drehen?«, schlägt Enzinger vor. »Falls Sie noch unternehmungslustig sind. Ein paar Minuten Abendspaziergang, glaube ich, wären jetzt genau das Richtige.«

Enzinger ist erstaunlich fit. Keine Spur mehr von seiner Griesgrämigkeit. Es kommt mir so vor, als wäre die Schicht für Schicht von ihm abgeblättert, seit wir zusammen bei der Architekturausstellung waren. Und Venedig scheint ihm richtig gutzutun. Keine Ahnung, weshalb die Leute in dieser Stadt immer so melancholisch werden und düstere Filme drehen oder traurige Bücher schreiben, in denen am Ende ein alter Mann stirbt. Für Enzinger hat Venedig was absolut Belebendes.

»Wir sind in einer Minute da«, fährt er fort. »Ich habe mir das im Hotel auf dem Stadtplan angesehen.«

Ich rolle Enzinger durch das nächtliche Venedig, ein Gässchen links, ein Gässchen rechts, und schon schlendere ich mit ihm über den festlich illuminierten Markusplatz.

»Das ist sie also«, sagt Enzinger andächtig und schaut sich um, »die berühmteste Piazza der Welt.«

Ich finde ja, die weißen Lichterketten an den Fassaden der Prachtbauten rundum sehen ein bisschen aus wie die Weihnachtsbeleuchtung beim Kaufhof am Marienplatz, nur dass die Sterne, Herzen und Rentiere hier glücklicherweise fehlen. Und alles ist viel gigantischer. Natürlich bin ich beeindruckt. Ich stehe mitten auf diesem Platz, zu dem jedes Jahr Millionen Menschen aus aller Welt pilgern und dessen Anblick ich bislang vor allem aus Parfümwerbespots und den Donna-Leon-Krimis im Fernsehen kannte.

Das große Geviert unter dem Campanile ist erfüllt vom Gemurmel der vielen Touristen und vom Aufblitzen ihrer Fotoapparate. Ab und zu fliegen Scharen von Tauben auf. Andenkenverkäufer bieten ihre Waren feil, und dazwischen schleichen dubiose Männer mit großen Rosensträußen herum. Glücklicherweise kauft Enzinger keine, das wäre mir schrecklich peinlich gewesen.

Wir bleiben für ein paar Minuten stehen, um dem Konzert eines kleinen Orchesters unter den Laubengängen zu lauschen (Mozarts *Kleine Nachtmusik*, wie passend!), dann spazieren wir am Campanile, an der Basilika San Marco und am Dogenpalast vorbei.

»Morgen müssen wir uns das alles näher ansehen«, meint Enzinger. »Am besten stehen wir früh auf, damit wir da sind, bevor die anderen Touristen kommen und die Schlange am Ticketschalter kilometerlang wird.«

»Dass Sie sich freiwillig in dieses Getümmel stürzen wollen …«, kichere ich. »Als ich mit Ihnen an der Starnberger Seepromenade spazieren gegangen bin, haben Sie sich noch über die vielen Leute beschwert. Und jetzt sind wir ausgerechnet in Venedig. Ist das nicht eine der meistbesuchten Städte der Welt?«

»Kann schon sein«, sagt Enzinger. »Aber Venedig ist was anderes. Sie wollen Venedig doch hoffentlich nicht mit Starnberg vergleichen. Und mich hoffentlich nicht mit dem schlecht gelaunten Alten, der ich vor zwei Wochen noch war.«

»Nein, Herr Enzinger, vor allem das nicht.«

Wir lassen uns treiben. Wir flanieren durch enge Gässchen und kehren um, wenn uns die Stufen einer kleinen Brücke in die Quere kommen. Wir biegen ab, wenn uns eine kleine Seitenstraße interessant erscheint, weil zwischen den Hauswänden so eine hübsche Laterne baumelt oder ein morscher Torbogen eine besonders verwunschene Aussicht verspricht. Manchmal bleiben wir vor einem Schaufenster stehen und betrachten die Auslage oder studieren die ausgehängte Speisekarte eines lauschigen Lokals.

Einmal klingelt mein Handy, Frau Enzinger ist dran. Sie will wissen, wie es uns geht, und klingt gar nicht mehr so zornig wie heute Morgen. Eher ein bisschen traurig, und auf einmal tut sie mir leid. Wahrscheinlich wäre ich auch sauer geworden, wenn mein Mann am Tag vor seinem Geburtstag plötzlich und ohne Vorwarnung mit seiner Pflegerin abgehauen wäre und mich mit dem ganzen Festtagsvorbereitungsstress allein gelassen hätte. Ich reiche Enzinger das Telefon weiter.

Nach dem Gespräch mit seiner Frau ist Enzinger noch ein bisschen stiller als vorher. Schweigend machen wir uns auf den Rückweg zum Hotel.

»Sagen Sie mal ehrlich«, kommt es auf einmal unvermittelt. »Macht Ihnen diese Maskerade Spaß?«

Mit einem Ruck stoppe ich den Rollstuhl.

»Welche – äh – welche Maskerade?«

Er kann es nicht wissen. Er kann es wirklich nicht wissen. Oder?

»Na, diese Verkleidung und das ganze Tamtam.«

Hat er von Anfang an gewusst, dass ich keine echte Pflegerin bin? Ob er deshalb mit mir nach Venedig gefahren ist? Weit weg von seiner Familie, um mit mir hier in der Ferne ganz in Ruhe ein Hühnchen zu rupfen? Vielleicht hat er bei Seniorenglück angerufen und sich nach mir erkundigt, weil ich ihm verdächtig vorkam. Aber wieso hat er so lange gewartet, um mir den Kopf zu waschen?

»Tja, also ... äh ...«

»Ich mag diesen ganzen Quatsch nicht. Ich kann es nicht leiden, wenn man sich hinter einer Maske versteckt und für jemand anders ausgibt«, fährt Enzinger fort. »Und Sie?«

Ob er mich wegen Betrugs anzeigen wird? Kann man für so etwas eigentlich in den Knast kommen? Ich sehe die Schlagzeile in der Zeitung schon vor mir: Millionärsehepaar ausgetrickst – Münchner Landgericht verurteilt falsche Pflegerin. Ach Gott, hätte ich doch bloß ein bisschen mehr Gehirnschmalz aufgewendet, als ich Eva zu diesem Deal überredet habe.

»Nun, Herr Enzinger, also ... es tut mir wirklich leid. Wie soll ich sagen ...«

»Vor allem diesen Vogelschnabel finde ich ganz grässlich.«

»Diesen – waaas?«

»Na, diese abscheuliche Vogelmaske da oben. Oder hier vorn, dieses gruselige Clownsgesicht. Was für eine Fratze. Furchtbar. Ich verstehe nicht, wie vernünftige Menschen Vergnügen daran haben können, sich mit so etwas zu schmücken.«

Wir stehen vor dem Schaufenster eines Maskenladens.

Dutzende verzerrte Porzellangesichter starren uns aus hohlen Augen an. Ich glaube, ich muss lachen. Ach, *davon* spricht Enzinger.

»Oh – Sie meinen den Karneval in Venedig?«

»Natürlich. Was sonst! Eine schreckliche Erfindung. Wenn Sie mir eine Freude machen wollen, Valentina, entführen Sie mich bitte niemals zum Karneval nach Venedig. Die roten Pappnasen vom Rhein sind ja schon schlimm genug, aber diese Verkleidungen hier finde ich noch schlimmer. So was Düsteres. Da bekommt man ja Depressionen!«

»Bloß nicht!«, kichere ich und steuere seinen Rollstuhl um die Ecke.

Als ich wenig später die Tür zu meinem Hotelzimmer öffne, bleibe ich erschrocken stehen.

Auf der kleinen Polsterbank am Fußende meines Bettes stehen fünf Einkaufstüten. Fünf große, stabile Einkaufstüten aus Karton in Weiß, Grau und Schwarz. Ich bin mir ganz sicher, dass sie vorhin, als ich zum ersten Mal hier reingekommen bin, noch nicht da waren. Die werden mein Zimmer doch nicht versehentlich an jemand anders vergeben haben, während ich mit Enzinger beim Abendessen war? An jemand, der zum Shoppen nach Venedig gekommen ist und seine Beute schnell hier abgestellt hat, um dann im venezianischen Nachtleben zu verschwinden? Andererseits: Es steht kein Koffer herum, keine Tasche und auch sonst nichts, was auf einen anderen Hotelgast hinweisen könnte.

Ich sehe mir die Tüten näher an. Dior, Gucci, Prada ... Na, da hat aber jemand mit einem sehr dicken Geldbeutel zugeschlagen. Donnerwetter. Weil die Tüten in meinem Zimmer stehen, finde ich, dass ich ein Recht habe hineinzuschauen, und das tue ich auch. In der einen Tüte befinden sich Kleider: eines mit langen Ärmeln in Zartrosa gemustert, eines grünblau schimmernd mit kurzen Ärmeln, das dritte ärmellos mit langer Knopfleiste in Dunkelblau. Ich ziehe sie nacheinander heraus und halte sie mir an. Es gibt durchaus hässlichere Modelle. In der zweiten Tüte entdecke ich ein Paar Sandalen: geflochtene braune Lederriemchen und ein kleiner Absatz in genau der richtigen Höhe: schick, aber nicht unbequem. Außerdem ein Paar feine Sneaker aus dunkelblauem Wildleder. In der dritten Tüte liegen eine Jeans, zwei verhältnismäßig schlichte Polohemden und Baumwollsöckchen. Aus der vierten Tüte ziehe ich ein cremefarbenes schimmerndes Nachthemd heraus, und in der fünften Tüte stecken, ach du Schreck: Dessous! Und was für welche. Höschen und BHs aus hauchdünner Seide und verwegener Spitze, Sündiges in Schwarz, Weiß, Rot und Lila ... Ich klappe die Tüte schnell wieder zu.

Was soll das? Wer hat diese Klamotten in mein Zimmer gebracht?

Ich nehme den Hörer des Telefons auf meinem Nachtschränkchen ab und wähle die Nummer des Empfangs.

»Hören Sie«, sage ich, nachdem sich der Mann an der Rezeption gemeldet hat. »Hier ist Valentina Meyer, Zimmer Nummer 348. Mir ist etwas Merkwürdiges passiert. Ich weiß nicht, wie ich Ihnen das erklären soll. In meinem Zimmer liegen fremde Sachen herum.«

»Fremde Sachen? Was für Sachen?«

»Tüten. Tüten mit Kleidung und Schuhen. Kann es sein, dass jemand mein Zimmer verwechselt hat?«

»Ah – nein, natürlich nicht. Die Lieferung hatte Ihr Vater für Sie bestellt.«

»Mein – Vater? Äh ...« Na gut, dieses Detail können die vom Hotel nicht wissen. Aber den Rest kapiere ich nicht. »Welche Lieferung? Was meinen Sie?«

»Ihr Vater hat uns mitgeteilt, dass es bei der Anreise Probleme mit Ihrem Gepäck gegeben hat. Er hat uns darum gebeten, dafür zu sorgen, dass Sie für die nächsten Tage frische Garderobe auf Ihr Zimmer bekommen. Unsere Hausdame hat sich gleich darum gekümmert. Bedauerlicherweise wusste sie nicht, welche Designer Sie üblicherweise tragen. Aber ich hoffe, Ihnen gefällt die Auswahl, und wir haben Ihre Konfektionsgröße getroffen. Bitte probieren Sie alles an. Wenn etwas nicht passt oder Ihnen das ein oder andere nicht zusagt, werden wir Ihnen selbstverständlich etwas Alternatives zukommen lassen. Sie können sich auf den exklusiven Service unseres Hauses verlassen.«

»Oh, toll, danke.« Jetzt ist mir klar, weshalb mich die Frau am Empfang vorhin so intensiv gemustert hat. Sie hat mich gar nicht schief angeguckt, sie hat bloß überlegt, ob ich in eine 36 oder in eine 38 passe. »Aber, wie viel ..., äh, ich meine, die Kosten ...«

Verdammt, wie soll ich diesem vornehmen Herrn am anderen Ende der Telefonleitung zu verstehen geben, dass ich mir im Leben keine fünf Tüten voller Gucci- und Prada-Kram leisten kann. (Die garantiert nicht mal reduziert waren!)

»Bitte seien Sie unbesorgt. Ihr Vater hat uns wissen lassen, dass er sämtliche Aufwendungen in unserem Haus übernimmt. Genießen Sie Ihren Aufenthalt. Darf ich Ihnen als Entschuldigung für die Unannehmlichkeiten, die Sie hatten, ein Glas Champagner aufs Zimmer bringen lassen?«

Wie jetzt – erst bekomme ich einen Haufen Wahnsinnsfummel geschenkt und dann noch Champagner zum Trost, weil ich nicht gleich wusste, was ich mit den Tüten anfangen soll?

»Möchte die Dame vielleicht auch ein paar Erdbeeren dazu?«

Klar, warum nicht! Ob der mir noch ein Schälchen Kaviar anbietet, wenn ich länger schweige? Was für ein irres Hotel! Ich glaub, hier will ich öfter hin!

Nachdem ich ein ungläubiges »Ja, gerne« gestottert habe, lege ich den Hörer wieder auf. Ich atme tief durch, und dann nehme ich die Luxustüten in Angriff. Olé! Ich schüttele ihren Inhalt wild durcheinander auf meinem Bett aus und veranstalte meine eigene spektakuläre Modenschau vor dem hohen goldumrankten Spiegel. Ich fühle mich großartig! Ich finde, ich habe genau die richtige Figur für Nobelmarken. Und die Empfangsdame hat wirklich einen guten Blick für die Figur von Frauen, auch wenn diese in einem zerknitterten H&M-Outfit durch die Hotelhalle laufen, das muss man ihr lassen. Es passt alles wie angegossen. Sogar die Schuhe! Nur das eine Poloshirt ist eine Winzigkeit zu eng und der lila BH eine Spur zu groß. Aber in den wachse ich ja vielleicht noch rein. Notfalls polstere ich ihn mit Klopapier aus. Freiwillig rücke ich dieses ausgesprochen niedliche Teil mit den vielen kleinen aufgedruckten rosa Schleifchen jedenfalls nicht heraus. Überhaupt nichts von diesen Teilen rücke ich jemals wieder heraus. Ich bin ja nicht verrückt! Nie wieder werde ich so viele feine Klamotten auf einmal geschenkt bekommen.

Ich sehe hinreißend aus. Ich sehe aus wie eine sehr zahlungskräftige Venezianerin, die sich nicht entscheiden kann, welche Garderobe sie für ihr erstes Date mit George Clooney wählen soll.

Eine Viertelstunde später habe ich heißes Wasser in meine löwenfüßige Badewanne eingelassen und den kompletten Flakon Maiglöckchenduftperlen, der auf einem Tischchen am Fenster stand, dazugekippt. Ich tauche ein in einen halben Meter Badeschaum und proste meinem rechten dicken Zeh mit dem Champagner zu, den mir ein freundlicher weiß befrackter Herr kurz vorher aufs Zimmer gebracht hat.

Herzlichen Glückwunsch, Valentina, diesmal hast du den Jackpot geknackt!

Herzlichen Glückwunsch? Da war doch noch was! Mit einem Satz (und einer heftig schwappenden Welle, die sich über die schwarz-weißen Marmorfliesen ergießt) springe ich aus der Wanne. Ich laufe – ohne mir Zeit fürs Abtrocknen zu nehmen – in mein Schlafzimmer zurück, wobei ich eine breite Tropfspur auf dem Mahagoniparkett hinterlasse. (Oder was immer das für ein hoffentlich sehr robustes Luxusholz sein mag.)

»Hören Sie«, rufe ich ins Telefon, kaum dass ich die Stimme des Mannes am Empfang wieder im Ohr habe. »Sie müssen mir einen dringenden Gefallen tun. Ich habe etwas furchtbar Wichtiges vergessen ...«

30.

Für eine gigantische Geburtstagstorte mit fünfundsiebzig Kerzen darauf hat es nicht mehr gereicht. Aber der Nachtportier (oder welcher dienstbare Geist es auch gewesen sein mag, den ich gestern Abend mit meinem hektischen Anruf aufgeschreckt habe) hat immerhin dafür gesorgt, dass auf unserem Frühstückstisch eine dicke weiße Kerze steht und daneben, auf einem kleinen Extratisch, eine riesengroße Kristallvase mit fünfundsiebzig dunkelroten Rosen darin. Ich nehme an, es sind fünfundsiebzig. So viele habe ich jedenfalls bestellt – mit dem Hinweis, dass ich diese Rechnung übrigens bitte schön selbst bezahlen möchte.

Die paar Leute, die weiter hinten im Raum auf ihren barocken Polsterstühlchen an den weiß gedeckten Tischen sitzen und aus zierlichen Porzellantassen ihren Morgenkaffee trinken, schauen schon die ganze Zeit verstohlen herüber. Zwei nicht mehr ganz taufrische Damen tuscheln miteinander. Wahrscheinlich fragen sie sich, welcher Promi hier gleich auftaucht, um seinen Geburtstag zu feiern, und ob sie es wagen sollten, ein Handyfoto zu machen.

»Meine Güte, Valentina! Was haben Sie denn da angestellt?«

Ich habe kaum den Docht der Kerze angezündet, da rollt Enzinger schon hinter mir in den Frühstücksraum. »Was für ein großer Strauß! Das ist doch nicht etwa eine Rose für jedes Lebensjahr? Es sind so viele. Bin ich wirklich schon so alt? Und – lassen Sie sich mal anschauen: Was für ein schönes Kleid Sie tragen! Dunkelblau steht Ihnen ausgezeichnet. Und die hübschen Sandalen dazu ...«

»Herzlichen Glückwunsch zum Geburtstag, Herr Enzinger. Ich wünsche Ihnen einen zauberhaften Tag, den Sie nie mehr vergessen werden.«

Schade, dass ich mein Geburtstagsgeschenk nicht dabeihabe. Ich würde ihm jetzt so gern ein liebevoll verziertes Päckchen überreichen, damit er etwas zum Auswickeln hat. Aber andererseits kämen mir die neuen Pantoffeln in diesem pompösen Ambiente doch etwas popelig vor.

Ich beuge mich zu Enzinger hinunter, um ihm zu gratulieren, und ehe ich michs versehe, hat er mich in die Arme genommen und an sich gedrückt. Ich halte die Luft an und mache schnell die Augen zu, um mir das Gefühl dieser Sekunde für den Rest meines Lebens einzuprägen. Eines ist sicher: Ich werde diesen Tag nie vergessen. Den Tag, an dem mich mein Vater zum ersten Mal umarmt hat. An dem ich zum ersten Mal seine weiche Haut auf meiner Wange spüre und mich seine dünnen weißen Haare an der Nase kitzeln. Der Tag, von dem ich noch vor zwei Wochen gedacht hatte, dass ich ihn nie erleben würde. Ich wünschte, ich könnte dieses Gefühl in eine Tupperdose stecken und für immer frisch halten.

»Sie sind mir schon ein Schätzchen«, murmelt Enzinger, während ich mich wieder aufrichte. »Wo haben Sie die Blumen denn so schnell herbekommen?«

»Ach, Sie wissen doch«, zwinkere ich ihm zu, »dieses Hotel hat einen vorzüglichen Service. Die schicken einem nicht nur was zum Anziehen aufs Zimmer, wenn man freundlich darum bittet, sondern zaubern auch einen Strauß Rosen herbei, wenn ein wichtiger Gast des Hauses hier kurzfristig seinen Geburtstag feiert.«

»Ach Valentina, was für ein feiner Geburtstagsmorgen! Und wie angenehm, dass kein Bürgermeister und kein Männergesangsverein vor der Tür stehen. Vielen Dank, dass Sie sich so lieb um alles kümmern. Kein Wunder, dass die Leute hier im Hotel glauben, Sie wären meine Tochter, nicht wahr?«

Er lächelt mich an, und ich lächele tapfer zurück. Wenn er wüsste, wie recht die alle haben! Heute werde ich es ihm sagen, beschließe ich. Heute ist der Tag, an dem sein Leben eine ungeahnte Wendung nehmen wird. Ich bin mir ganz sicher, dass er mich heute noch einmal in die Arme schließen wird, und dann werden wir mit einem Glas Champagner nicht nur auf seinen Geburtstag anstoßen, sondern auch auf die unerwartete Familienerweiterung.

Bevor wir aber auf was auch immer anstoßen, schnurrt mein Handy »Let It Be« von den Beatles. (Ich habe den Klingelton dieses Anrufers neulich den veränderten Umständen angepasst. »I Was Made For Lovin' You« von Kiss passte einfach nicht mehr.) Eine Sekunde zögere ich, aber dann gehe ich doch dran.

»Guten Morgen, Valentina, hier ist Felix. Wie geht es dir und dem Geburtstagskind? Ist Vater schon auf?«

»Na klar. Wir sitzen am Frühstückstisch und genießen den Ausblick auf die venezianische Morgensonne!«

»Beneidenswert! Da würde ich jetzt gern daneben sitzen und die Milch in deiner Kaffeetasse umrühren …«

»Warte, ich geb dir deinen Vater.«

Jetzt ist aber Schluss mit dem Geflirte. Ich reiche Enzinger mein Telefon weiter, ehe mein Bruder noch weitere Dinge zu mir sagt, die ihm leidtun würden, wenn er demnächst die Wahrheit über mich erfährt.

Offensichtlich findet am Oberen Seeuferweg gerade eine Familienzusammenkunft statt. Neben Felix gratulieren nacheinander auch Frau Enzinger, Cora nebst Gatte Bernd und Sohn und noch ein paar weitere mir unbekannte Verwandte, wie ich Enzingers – erstaunlich gut gelaunten – Antworten entnehme. Da wird sich die Familie daheim sicherlich wundern.

»Wie ist die Stimmung zu Hause?«, frage ich, als Enzinger das Telefon nach zehn Minuten zurück auf den Tisch legt.

»Sie scheinen akzeptiert zu haben, dass ich meinen Geburtstag auswärts verbringe. Felix meinte, dass sie jetzt auf mein Wohl anstoßen und ein paar von den Champagnerflaschen öffnen. Das scheint mir sehr vernünftig. Sollen sie ruhig feiern! Allerdings hat meine Frau angekündigt, dass sie die Dekoration im Vorgarten noch ein paar Tage hängen lassen. Damit ich noch etwas davon habe, wenn ich nach Hause komme, meinte sie.«

»Warum haben Sie nicht gesagt, dass Sie nicht eher zurückkommen, bis die Zirkusbeleuchtung wieder abgebaut ist?«

»Ich bin doch nicht verrückt, Valentina. Dann rollen sie die Lichterketten womöglich noch heute wieder ein, und wir hätten keinen Grund mehr, länger hierzubleiben. Das wäre doch schade, oder?«

Wie nett er aussieht, wenn er seine Falten zu so einem verschmitzten Lächeln zusammenschiebt wie jetzt. Das hätte er schon viel früher tun sollen, anstatt all die Jahre mit finsterer Miene in seinem Haus herumzusitzen.

Im Rollstuhl kommt man nicht sehr weit herum in Venedig. Auf den Campanile fährt zwar ein Aufzug, aber die drei Stufen vor dem Eingang sind für Enzinger unpassierbar.

»Die Stufen schaffe ich nicht. Gehen Sie nur hinauf«, sagt er. »Noch sind nicht so viele Leute da. Es macht mir nichts aus, hier unten ein bisschen allein zu bleiben.«

»Nein, das kommt gar nicht infrage. Wir sind nicht nach Venedig gefahren, damit Sie mir zuschauen, wie ich eine Sehenswürdigkeit nach der anderen besuche.«

Ich betrachte den alten Turm. Die mickrigen Stufen bis zum Eingang wird man ja wohl ...

»Scusi, Signori!«, spreche ich fünf junge Männer an, die neben dem Campanile herumblödeln und ein paar Tauben auf dem Pflaster ärgern, indem sie Kirschkerne nach ihnen spucken. »Wäre es vielleicht möglich, dass Sie ...«

Ich brauche nur auf Enzinger zu weisen und dann auf den Eingang zum Campanile, da haben die fünf es schon begriffen. Sie packen den Rollstuhl rechts und links und hieven ihn die Stufen hinauf, ohne auf Enzingers »Ja, was machen Sie denn da mit mir?!« zu achten.

Wenig später trägt uns ein rumpelnder Aufzug nach oben, und dann schauen wir aus fast hundert Metern Höhe auf den Markusplatz herab. Jedenfalls schaue ich. Enzinger sitzt in seinem Rollstuhl und hat aus dieser Perspektive vor allem einen guten Blick auf das Gemäuer, die Fenstersimse und den blauen Himmel.

»Kommen Sie«, sage ich. »Das müssen Sie sehen. Ich helfe Ihnen beim Aufstehen. Doktor Friedrich hat mir gesagt, wenn Sie wollen, können Sie ein paar Schritte gehen. Das tun Sie zu Hause ja auch.«

Ich reiche ihm meinen Arm, und er hebt sich umständlich aus dem Rollstuhl. Ich sehe ihm an, dass er Schmerzen hat, aber ich glaube, der Blick, der sich ihm bietet, entschädigt ihn für alles: Unter uns breitet sich der riesige Markusplatz aus, klein wie Strichmännchen wuseln die Menschen über die sonnige Fläche, die Anstellschlange vor dem Markusdom ist ein bunter Wurm. Weiter hinten breitet sich das Häusermeer der Stadt aus, Abertausende rote Dächer, Kuppeln und Kirchtürme. Von den vielen Kanälen Venedigs ist von hier oben nichts zu sehen. Aber der Blick geht weit hinaus auf die Lagune und die Inseln. An der Kaimauer unterhalb des Campanile dümpeln Gondeln dicht an dicht, aufgereiht wie Schwalben auf einer Stromleitung.

»Danke, Valentina«, sagt Enzinger schließlich. »Es ist unglaublich schön, das alles mit eigenen Augen zu sehen. Was für eine zauberhafte Stadt!« Er schüttelt den Kopf. »Kaum zu glauben, dass ich hier oben bin, nicht wahr? Das ist ein wunderschönes Geburtstagsgeschenk. Ich danke Ihnen von Herzen.«

»Ich freue mich genauso«, sage ich wahrheitsgemäß und lächele ihn verlegen an. Ich wette, die Pantoffeln hätten ihm nicht halb so gut gefallen wie dieser kleine Ausflug mit Aussicht.

Kurz darauf durchstreifen wir den Dogenpalast, so weit wir mit Enzingers Rollstuhl über Rampen und Aufzüge kommen. Wir bestaunen nahezu fußballfeldgroße Säle und raumfüllende Ölgemälde. Enzinger interessiert sich natürlich vor allem für die Architektur des Palastes. Hier ist er ganz in seinem Element. Mir wird fast schwindelig, als er ausführlich über Arkadenreihen, Bogenzwickel und Dreipassornamente referiert.

Nebenan im Markusdom geht unsere Bildungsexkursion gleich weiter. Was für eine Pracht: goldene Wände und glänzende Mosaiken, wohin man auch schaut. Da schweigt sogar Enzinger ehrfürchtig. Aber nur so lange, bis wir wieder draußen in der Sonne stehen.

»Was meinen Sie«, fragt er und reibt sich unternehmungslustig die Hände. »Wollen wir uns ein schönes Plätzchen für eine kleine Stärkung suchen? Das berühmte Café Florian unter den Arkaden am Markusplatz ist genau das richtige, um einen fünfundsiebzigsten Geburtstag zu feiern. Finden Sie nicht auch?«

Wir suchen uns einen kleinen runden Tisch in der Sonne. Um uns herum wird in allen Sprachen dieser Welt geschnattert, und hinter uns jazzt ein Musikantentrio. Ich lehne mich in meinem Stuhl zurück. Genauso hatte ich mir meine kleine Reise nach Italien vorgestellt, damals, als ich auf der Flucht vor allen Widrigkeiten dieser Welt Richtung Süden fuhr und im Oberen Seeuferweg eigentlich nur einen fünfminütigen Zwischenstopp einlegen wollte: Sonne, Musik und Cappuccino. Auf einen männlichen Gesprächspartner hatte ich dabei ja irgendwie spekuliert, allerdings eher in Gestalt eines netten Kellners oder charmanten Stadtführers. Und jetzt plaudere ich mit meinem eigenen Vater. Darauf ein Prosit.

Enzinger hat uns zwei Gläser Champagner spendiert. Ich habe nur kurz auf die Getränkekarte geschielt und will lieber gar nicht wissen, was für ein Vermögen wir gerade schlürfen. Wahrscheinlich könnte man für den Preis drei Wochen lang die Hirseration für ein Flüchtlingslager in der Sahelzone finanzieren. Venedig ist nichts für sparsame Leute.

»Auf uns!«, sagt Enzinger. »Bitte schauen Sie nicht so kritisch, Valentina. Ich weiß schon, was Sie jetzt denken. Aber glauben Sie mir, ich gebe mein Geld lieber für ein Glas Champagner mit Ihnen aus als für ein dreigängiges Mittagessen mit all meinen Nachbarn von der Hausnummer fünfzehn bis fünfunddreißig, die sich das ganze Jahr über nicht bei mir blicken lassen.«

»Ich habe mich auch seit Jahren nicht blicken lassen«, bemerke ich frech, ermutigt durch den Champagner, der mir angenehm prickelnd die Kehle hinunterläuft. Ich muss das entscheidende Gespräch endlich mal einleiten.

»Tja«, sagt Enzinger und schaut mich an. »Jetzt sind Sie ja glücklicherweise da.«

Ich rutsche nervös auf meinem Stuhl herum. Was genau wollte ich ihm eigentlich sagen? Noch ein Schluck Champagner. Wenn ich das Glas leer getrunken habe, fällt mir bestimmt etwas ein.

Die Kapelle beginnt urplötzlich »Happy Birthday« zu spielen. Verblüfft schauen Enzinger und ich uns an.

»Das gibt's doch nicht«, ruft er. »Wie haben Sie das denn geschafft, Valentina? Mit welchen geheimnisvollen Zeichen haben Sie der Combo zu verstehen gegeben ...«

»Tut mir leid, Herr Enzinger. Das war ich nicht.«

Schräg gegenüber sitzt eine junge Familie an einem Tisch. Die Frau hält sich erschrocken die Hände vor den Mund und sieht so aus, als wisse sie nicht, ob sie vor Rührung weinen oder lachen soll. Neben ihr sitzen ihr Mann und drei Kinder und klatschen begeistert in die Hände. Offenbar ist da gerade eine fabelhafte Geburtstagsüberraschung geglückt.

»Wie mir scheint«, staunt Enzinger, »sind wir nicht die Einzigen, die heute hier Geburtstag feiern.«

»Wenn Sie möchten, bestelle ich Ihnen auch ein Lied.«

Enzinger schüttelt den Kopf. »Ach was, lassen Sie nur. Ich möchte einfach nur mit Ihnen hier sitzen und reden.«

Prima, das will ich auch. Fragt sich nur, worüber. Kaum habe ich mir vorgenommen, Enzinger von seiner ungeahnten Vaterschaft zu berichten, ist mein Sprachzentrum blockiert. Das Einzige, was mir im Moment einfällt, ist ein Satz wie: »Schönes Wetter heute, oder?« Aber der kommt irgendwie nicht infrage.

»Da sitzen wir beide also mitten in Venedig.«

Na ja, Enzingers Gesprächsbeitrag ist auch nicht wesentlich origineller.

»Wer hätte das gedacht, dass ich auf meine alten Tage noch mal hierherkomme«, fährt er fort und lässt den Blick über den Markusplatz schweifen. »Wissen Sie, Valentina, es ist lange her, da hatte ich mal eine Reise nach Venedig geplant. Stellen Sie sich vor, wir hatten schon die Reiseführer studiert und uns ein Hotel ausgesucht, wir wollten eigentlich gleich am nächsten Tag losfahren, und dann ...«

Enzinger bricht ab und starrt auf das Champagnerglas, das er umständlich in den Händen dreht. Das geschliffene Glas wirft helle Lichter auf die weiße Tischdecke.

»Was war dann? Warum sind Sie nicht gefahren? War der Unfall daran schuld?«

»Nein, das war viele Jahre vor dem Unfall. Als ich nach Venedig fahren wollte, war ich noch jung und gesund.«

Ich sehe ihn erwartungsvoll an, aber er spricht nicht weiter. Die Kapelle spielt jetzt schwungvoll »What a Wonderful World«.

»Wollen Sie mir erzählen, was dann dazwischenkam?«, frage ich. Nicht dass ich neugierig wäre, aber wenn er schon so komisch anfängt, soll er mir diese Sache bitte schön auch zu Ende erzählen. Schließlich schaltet man den Fernseher auch nicht einfach mitten im Film aus. Außerdem tut es gut, mit jemandem über Dinge zu reden, die einem auf der Seele liegen. Das weiß ich von Frau Leberecht.

»Ich denke oft darüber nach«, sagt Enzinger, ohne mich anzusehen. »Vielleicht habe ich damals den größten Fehler meines Lebens gemacht. Dabei weiß ich bis heute nicht, ob der Fehler darin bestand, nicht nach Venedig gefahren zu sein oder die Reise überhaupt geplant zu haben.«

»Muss ich das jetzt kapieren?«, frage ich stirnrunzelnd. »Was ist so schlimm daran, nach Venedig zu fahren?«

»Nun ja.« Enzinger macht eine Pause, als überlege er, ob er tatsächlich weiterreden soll. Als frage er sich, ob eine Pflegerin, die erst seit Kurzem in seinem Haushalt lebt und vor allem dazu da ist, seinen Rollstuhl durch die Gegend zu schieben und cholesterinarme Mahlzeiten zuzubereiten, diese Geschichte überhaupt etwas angeht. Als Enzinger schließlich spricht, wird mir klar, warum er gezögert hat:

»Weil ich mit einer anderen Frau verreisen wollte, obwohl ich schon mit Brigitte verheiratet war.«

Jetzt schaut er mich doch kurz an mit seinen tiefblauen Augen, die auf einmal einen melancholischen Glanz angenommen haben. Ich fühle einen seltsamen Druck in der Magengegend. Ich glaube, ich wäre nicht gut als Therapeutin geeignet.

»Es tut mir leid, wenn ich Sie enttäusche, Valentina. Ich hoffe, Sie halten mich jetzt nicht für einen schlechten Menschen.«

Ich schüttele schnell den Kopf, wartend, dass er weitererzählt. Aber Enzinger schweigt und trinkt einen kleinen Schluck Champagner. Ich kann nichts trinken. Meine Arme liegen wie festgetackert auf der Tischplatte. Als er nach einer Weile schließlich doch wieder zu sprechen beginnt, erst langsam und stockend, dann in immer flüssigeren Sätzen, da puckert mein Herz wie ein kaputter Motor.

»Ich bin eigentlich eine treue Seele, aber manchmal kann man es nicht verhindern, dass man sich in einen anderen Menschen verliebt, obwohl man es eigentlich nicht dürfte. Es passiert einfach, man kann sich nicht dagegen wehren. Man tut etwas, von dem man weiß, dass es falsch ist. Aber auf der anderen Seite fühlt es sich so richtig an ... Kennen Sie das? – Ach, was rede ich denn da, Valentina. Die Sache ist längst vergangen und vergeben. Es war vor Jahrzehnten. Ich war ein völlig anderer Mensch. Wissen Sie was, ich habe es heute früh ausgerechnet. Es ist genau siebenunddreißig Jahre her, diese Sache mit der anderen Frau. Was für eine lange Zeit, nicht wahr? Waren Sie da überhaupt schon geboren?«

Ich starre ihn an. Ich möchte gern irgendetwas antworten. Aber ich kann nicht. Ich habe auf einmal überhaupt keine Spucke mehr im Mund.

»Seltsam«, fährt er fort, »ich habe noch mit niemandem

über diese Geschichte gesprochen. Das war immer mein dunkles Geheimnis. Können Sie das bitte für sich behalten? Ich weiß gar nicht, weshalb ich ausgerechnet Ihnen davon erzähle. Vielleicht weil wir in Venedig sind und weil ich es endlich einmal loswerden muss? Und weil Sie mich ein kleines bisschen an diese Frau erinnern? Ja, Valentina, auf eine unerklärliche Weise sind Sie ihr ähnlich. Sie war genauso hinreißend wie Sie, so voller Energie, Begeisterung und Lebensfreude, man fühlte sich einfach glücklich in ihrer Nähe. Ich werde sie nie vergessen, diese Frau von damals, auch wenn natürlich längst alles für immer vorbei ist.«

Enzinger macht eine Pause. Ich habe das Gefühl, gleich zu ersticken.

»Was – was war denn da los, damals?« Meine Stimme ist nur noch ein Krächzen.

»Wollen Sie das wirklich wissen? Ich möchte Sie nicht langweilen mit alten Männergeschichten. Vielleicht möchten Sie lieber etwas von sich erzählen? Von Ihrer Mutter? Von Ihrer Familie?«

»O nein, reden Sie weiter, bitte, unbedingt. Es ist sehr interessant. Wirklich.«

Ich bekomme einen Schreikrampf, wenn er mir die Sache nicht sofort und in allen Einzelheiten berichtet.

»Nun, vielleicht haben Sie recht. Sie sind ein lieber Mensch, Valentina. Wie vertraut Sie mir nach diesen zwei Wochen schon sind. Erstaunlich, nicht wahr? Als gehörten Sie immer schon zu meiner Familie. Und vielleicht ist ein fünfundsiebzigster Geburtstag ja auch genau der richtige Anlass für eine kleine Lebensbeichte.«

Enzinger trinkt langsam einen Schluck Champagner, wie um sich zu wappnen. Ich lausche ihm atemlos.

»Ich war Ende dreißig. Mit meiner Karriere als Architekt ging es gerade steil bergauf. Ich bekam einen faszinierenden

Auftrag nach dem anderen. Ich konnte kein Projekt ablehnen, ich habe von morgens bis abends geschuftet, aber es war wunderbar. Ich fühlte mich stolz und einzigartig und zu wirklich Großem berufen. Ich bekam meine ersten internationalen Auszeichnungen. Ich war wie im Rausch. Aber je besser es beruflich lief, desto schwieriger wurde es zu Hause. Die Kinder waren klein und anstrengend, keine Nacht, in der man vernünftig schlafen konnte. Unsere Nerven lagen blank. Meine Frau war früher eine erfolgreiche Innenarchitektin. Sie hatte ihren Beruf den Kindern zuliebe aufgegeben und bat mich, weniger zu arbeiten und mehr für die Familie da zu sein, aber das konnte ich nicht. Ich war so erfolgreich. Ich wollte berühmt werden und Häuser bauen, von denen die Welt noch in hundert Jahren reden würde. Wir hatten Streit ...«

Enzinger schüttelt den Kopf, als könne er nicht mehr verstehen, was damals passierte.

»Und dann bin ich ihr begegnet. Ich hatte den Auftrag bekommen, in München ein Einkaufszentrum zu bauen, und ich hatte nicht erwartet, dass es so viel Widerstand dagegen geben würde.«

»Was für ein Widerstand?« Als wenn ich es nicht wüsste! Als wenn ich das Zeitungsfoto mit Enzinger und den demonstrierenden Studenten nicht genau vor Augen hätte.

»Für den Bau sollte ein altes Industriegebäude abgerissen werden, und es gab eine Menge Leute, die dagegen protestierten, junge Leute. Sie wollten das alte Gebäude lieber in ein Studentenwohnheim umwandeln oder Ateliers für junge Künstler schaffen. Oder sonst was damit machen, bloß kein Einkaufszentrum.«

»Kunst statt Kommerz«, rutscht es mir raus.

»Genau«, nickt Enzinger, »das war die Parole damals in den Siebzigern. Sie kennen sich gut aus.«

Ich nippe an meinem Champagner, aber ich schmecke nichts, während ich Enzinger weiter zuhöre.

»Plötzlich stand diese Frau da, inmitten der tobenden Menge von Demonstranten. Eine wunderschöne junge Frau. Während die anderen wütend skandierten, kam sie seelenruhig auf mich zu und lächelte mich an und sagte: ›Sie sind also dieser Architekt, der hier das scheußliche Einkaufszentrum bauen will? Wollen Sie wirklich, dass die Leute immer mehr Fernseher und Kaffeemaschinen und Krawatten und das ganze andere blöde Zeug kaufen? Wollen Sie wirklich verhindern, dass viele begabte Studenten eine Möglichkeit bekommen, ihre künstlerischen Fähigkeiten auszuleben?‹«

»Sagte sie tatsächlich – Krawatten?«, flüstere ich.

Enzinger nickt.

»Ich habe kein einziges ihrer Worte vergessen. Ich weiß nicht, warum, aber sie trafen mich mitten ins Herz. Glauben Sie an Liebe auf den ersten Blick, Valentina?«

»Ich – oh, äh, ich weiß nicht ...« Vor allem weiß ich nicht, weshalb Felix' Grinsen schon wieder vor meinen Augen auftaucht. Mein Bruder hat in diesem Zusammenhang überhaupt nichts in meinem Kopf zu suchen. Und in meinem Herzen noch weniger. Ich versuche, an meine erste Begegnung mit Holger vor dem Schokoladenautomaten zu denken, aber ich kann mich plötzlich nicht mehr daran erinnern.

»Wie dem auch sei«, fährt Enzinger fort. »Irgendetwas hatte diese Frau in mir ausgelöst. Ich bot ihr und einigen ihrer Mitstreiter an, mit mir über das Einkaufszentrum zu diskutieren. Ich wollte die Sache friedlich beilegen. Jeder Tag, an dem der Bau blockiert wurde, kostete einen Haufen Geld. Ich musste weiterkommen. Ich wollte den jungen Leuten erklären, wie wichtig das Einkaufszentrum für die Wirtschaftsentwicklung der Stadt sein würde, dass es Arbeitsplätze schaffe und einen Imagegewinn bedeute ... Kurzum, wir trafen uns am Abend in einem Lokal. Sie kam mit einigen ihrer Freunde, und wir redeten uns die Köpfe heiß bis tief in die Nacht.«

»Und dann?«

»Und dann fuhren wir alle wieder nach Hause. Nichts passierte. Tags darauf nahm ich mir ein Hotelzimmer in München, in der Nähe meines Büros, damit ich abends nicht immer den Weg nach Starnberg fahren musste und mehr Zeit für das Bauprojekt hatte. Aber ich glaube, das war nicht der eigentliche Grund. Der eigentliche Grund dafür war diese bezaubernde junge Frau. Doris. So hieß sie. Doris Krömrath. Klingt das nicht wunderschön?«

Als Enzinger den Namen meiner Mutter ausspricht, durchfährt es mich wie ein Stromschlag. Jedenfalls stelle ich mir vor, dass sich so ein Stromschlag anfühlt.

»Ich traf Doris wieder«, erzählt Enzinger. »Diesmal ohne ihre Studentenfreunde. Wir redeten weiter, längst nicht mehr über das Einkaufszentrum. Wir redeten über alles in der Welt, über ihr Biologiestudium, über Umweltschutz, über Krieg und Frieden, über Architektur und soziale Gerechtigkeit, und ich fühlte mich so leicht und glücklich wie noch nie. Es war, als hätten sich all meine Probleme auf einmal in Luft aufgelöst. Nichts mehr auf dieser Welt war wichtig außer dieser wunderbaren, klugen Frau. Stellen Sie sich vor, Valentina, ich hatte mich tatsächlich in diese Studentin verliebt, obwohl sie so viele Jahre jünger war als ich. Und sie liebte mich, das war das Allerschönste. Es war wie ein Wunder. Nun ... den Rest können Sie sich denken.«

Ich kann gar nichts denken. In meinem Kopf ist nur noch Watte. Ich warte darauf, dass Enzinger weiterredet.

»Ich habe schließlich für das Einkaufszentrum einen Kompromiss durchgesetzt. Die Ladenpassage wurde gebaut, aber es wurde ein Begegnungszentrum für junge Künstler integriert. Studenten konnten dort günstige Ateliers anmieten, einige Räume wurden sogar durch ein Stipendium kostenlos vergeben. Ich habe meine Pläne komplett umgeworfen, Stadt und Eigentümer haben mitgemacht, und so wurden Kunst und Kommerz unter einem Dach vereint. Dank dieser zauberhaften Frau, die mit ihrem Charme die Welt verändert hat.«

Die Welt verändern. »You and me will change the world.« Die Homepage meiner Mutter. Ihr Motto. Es ist ihr Motto seit damals. Seit sie mit Enzinger zusammen war. Er hat sie geliebt. Sie haben sich wirklich geliebt. Das war nicht nur eine belanglose Sache, so eine Hippie-Affäre unter vielen. Das war echt. Ich bin ein Kind der Liebe. Er hat es bloß nicht gewusst. Und ich auch nicht.

Ich will mehr wissen, aber Enzinger schweigt. Ich warte ein paar Sekunden. Bitte nicht aufhören zu erzählen, denke ich. Bitte nicht jetzt, wo es gerade spannend wird.

»Und mit dieser Frau wollten Sie hierher, nach Venedig?«, hake ich schließlich nach.

»Ja, das war unser Plan. Drei Wochen lang lebten wir zusammen, heimlich natürlich, und wir wollten weg von allem. Weg von dem Stress mit dem Einkaufszentrum, weg von ihren Freunden und von meinen Mitarbeitern, die nicht erfahren durften, dass wir ein Paar waren, vor allem aber weg von der Tatsache, dass ich seit zehn Jahren mit einer anderen Frau verheiratet war und zwei Kinder hatte. Ja, wir hatten unsere Flucht geplant, unsere Flucht aus der Realität, und die traumhafteste Stadt, die uns einfiel, war Venedig. Da wollten wir hin, unbeobachtet herumspazieren, in einer Gondel über die Kanäle fahren, einen Cappuccino auf dem Markusplatz trinken und unser Leben miteinander genießen wie jedes andere Liebespaar auch.«

»Und warum haben Sie es nicht getan? Warum Sind sie damals nicht nach Venedig gefahren?«

»Ich hatte sogar schon im Hotel angerufen und ein Zimmer bestellt. Es war dasselbe Hotel, in dem wir jetzt logieren, Valentina. Damals war es noch nicht ganz so luxuriös wie heute, aber ein wunderbarer Ort zum Träumen. Aber eben nur zum Träumen. Am Tag, bevor wir wegfahren wollten, regte sich mein Gewissen. Mein schlechtes Gewissen, wie Sie sich denken können. Ich war doch verheiratet. Brigitte und ich, wir hatten uns so lange auf die Kinder gefreut, jetzt waren sie endlich da, und ich liebte Cora und Felix so sehr. Wir hatten unser Haus gebaut und den Rest unseres Lebens gemeinsam geplant. Ich konnte das doch nicht alles hinwerfen. Sosehr ich Doris auch liebte, ich hatte schließlich Verantwortung für meine Familie, für Brigitte und die Kinder. Ach Valentina, es brach mir das Herz, aber ich musste mich von Doris trennen. Und das habe ich dann auch getan. Dabei konnte ich ihr noch nicht mal in die Augen sehen. Ich war schrecklich feige. Stellen Sie sich das mal vor, ich habe ihr einfach einen Abschiedsbrief geschrieben und sie gebeten, sich nie mehr bei mir zu melden. Ich hatte Angst, dass ich sonst wieder schwach werden würde.«

»Und?«

»Es gibt kein ›und‹. Das war die ganze Geschichte. Eine traurige Geschichte. Später habe ich Brigitte alles gebeichtet, das war eine schlimme Zeit. Aber sie hat mir schließlich verziehen unter der Bedingung, dass ich nie wieder Kontakt zu dieser Frau aufnehme.«

»Haben Sie ... haben Sie nie wieder etwas von ihr gehört?«

»Nein, niemals. Sie hat sich nie mehr bei mir gemeldet. Ich schäme mich, weil ich sie so mies behandelt habe. Sie hätte wenigstens noch ein langes Gespräch verdient und vielleicht auch einen letzten Kuss. Aber ich habe mich nicht getraut, sie noch einmal zu sehen. Seitdem habe ich ein schlechtes Gewissen, weil ich sie so unvermittelt aus meinem Leben gestoßen habe. Ich weiß nicht, was sie von mir denkt. Manchmal frage ich mich, ob sie mich verstehen kann oder ob sie mich hasst. Ich weiß es nicht. Ich hoffe, dass sie glücklich geworden ist in ihrem Leben. Sie war ja noch so jung damals. Ich denke öfter an sie, dann stelle ich mir vor, dass sie einen wunderbaren Ehemann hat und drei oder vier nette Kinder, so wie sie sich das gewünscht hatte.«

Meine Mutter hatte mal eine große Familie gewollt? Sehr interessant. Schade, dass sie sich von diesem Traum vor Längerem verabschiedet hat.

»Ich sehe sie manchmal in Gedanken vor mir, wie sie da jetzt irgendwo lebt mit ihrer großen, glücklichen Familie in einem großen, glücklichen Haus, mit Apfelbäumen im Garten und vielleicht einem Goldfischteich. Wie sie sich alle zum Abendessen um den großen Tisch versammeln oder am Wochenende zum Bergwandern gehen. Oder gemeinsam an einer Umweltschutzaktion teilnehmen. Ob sie noch in München lebt oder inzwischen in irgendein kleines Dorf gezogen ist, wo sie näher an der Natur ist? Ob sie ihrem Mann von mir erzählt hat? Ich werde es nie erfahren. Inzwischen müsste Doris über sechzig sein. Wahrscheinlich hat sie jetzt auch schon ein paar Enkel.«

Nein, Herr Enzinger, hat sie leider nicht. Keinen Mann und keinen Enkel, keine Großfamilie am Abendbrottisch, keinen einzigen Apfelbaum, bloß eine einsame Tochter und viele traurige Erinnerungen, die sie siebenunddreißig Jahre lang in einer alten Pralinenschachtel hinter ihrem Regal versteckt hat und vor denen sie in den hintersten Winkel der Welt flieht, indem sie gegen jedes Umweltschutzproblem auf diesem Globus protestiert.

Unsere Champagnergläser sind leer. Enzinger winkt den

Ober heran und bestellt zwei neue. Gut so, denke ich. Her mit dem Prickelwasser, danach habe ich mir bestimmt genug Mut angetrunken, um Enzinger zu offenbaren, wem er da gerade das tiefste Geheimnis seines Lebens anvertraut hat.

»Vor einiger Zeit habe ich sie im Internet entdeckt«, sagt Enzinger. Mir fällt fast das Glas aus der Hand.

»Was haben Sie?«

»Ich habe sie gegoogelt. Das ist schon etliche Jahre her, aber ich habe sie gleich gefunden.«

Enzinger schaut mich mit einem Blick an, der beinahe etwas Verschwörerisches an sich hat.

»Aber erzählen Sie das bitte nicht meiner Frau. Es ist ein bisschen gegen unsere Abmachung.«

»Nein, nein«, stammele ich, »keine Sorge. Was – was ist denn aus dieser – äh – aus Doris geworden?«

»Oh, sie ist sich absolut treu geblieben: Sie engagiert sich jetzt stark für den Umweltschutz.«

Das kann ich bestätigen.

»Und zwar international! Neulich hat sie am Amazonas gegen die Abholzung des Regenwaldes protestiert. Stellen Sie sich das mal vor: am Amazonas! Sie arbeitet jetzt mit Greenpeace zusammen.«

Ich glaube, ich kippe gleich vom Stuhl. Woher weiß er das denn?

»Das Internet ist schon eine unglaubliche Erfindung, nicht wahr, Valentina? Doris hat eine tolle Homepage, auf der sie von ihrem Engagement berichtet. Ich sehe sie mir manchmal an. Fällt mir zwar nicht ganz leicht, mit meinen krummen Händen auf der Tastatur meines Computers herumzutippen. Aber mit zwei Fingern und viel Geduld klappt es.«

So ein Schlawiner. Da glaubt jeder, der alte Mann sitzt seit Jahren frustriert und tatenlos in seinem Rollstuhl herum, dabei googelt er munter seine Exgeliebte.

»Es ist so faszinierend, worum sich diese Frau alles kümmert!« Enzinger ist richtig in Fahrt geraten. Man könnte fast den Eindruck bekommen, er freue sich, endlich mal jemandem von seinen geheimen Recherchen erzählen zu können. »Daheim in München baut sie Krötenschutzzäune am Perlacher Forst auf, und dann ist sie wieder am anderen Ende der Welt unterwegs und macht bei einer Kampagne gegen die Zerstörung des Regenwaldes mit. Doris ist eine, die nicht nur redet, sie tut auch was. Das habe ich schon damals so sehr an ihr gemocht. Es gehört ganz schön viel Mut dazu, sich in Brasilien mit einer Holzfirma anzulegen, um die illegale Rodung von Urwaldbäumen zu verhindern, finden Sie nicht auch?«

Verdammt, dieser Enzinger weiß ja mehr über die Aktivitäten meiner Mutter als ich. Welche Holzfirma? Vielleicht sollte ich mir ihre Homepage öfter anschauen.

»Wissen Sie was, Valentina: Ich bin immer noch stolz auf sie. Ich beneide sie auch ein bisschen, weil sie noch so viel leistet in ihrem Leben, während ich ... Aber lassen wir das.«

Enzinger macht eine kleine Pause und trinkt einen Schluck Champagner, bevor er fortfährt: »Ehrlich gesagt, ein bisschen beneide ich auch den Mann, mit dem sie ihr Leben verbringt. Ich glaube, sie ist die gleiche hinreißende Frau wie früher. Nein, ich weiß, dass sie es ist. Ich habe mir natürlich auch ihre Fotos im Internet angesehen. Sie hat sich eigentlich kaum verändert seit damals. Sie ist nach wie vor eine wunderschöne Frau, nur ihre Haare sind etwas grau geworden.«

»Ach.«

»Beeindruckend, wie sie zu ihrem Älterwerden steht und sich nicht die Haare färbt ...«

»Äh.« Ich erröte ein wenig in Gedanken an die Packung »Glanz Effect Glossy Chocolate Praliné«, mit der ich die nachlassende jugendliche Leuchtkraft meines Schopfes erst neulich wieder auf Vordermann gebracht habe. Ab einem gewissen Alter muss man sich entscheiden, ob man natürlich schön oder lieber ein bisschen besser aussehen will.

»Doris hat auf ihrer Internetseite eine E-Mail-Adresse angegeben. Manchmal überlege ich, ob ich ihr schreiben soll. Ob sie sich noch an mich erinnern würde? Aber ich will nicht wieder ein Versprechen brechen, das ich Brigitte gegeben habe. Außerdem wüsste ich nicht, was ich ihr schreiben sollte.«

»Vielleicht einfach, dass Sie immer noch ab und zu an sie denken?«

»Und was sollte das nützen? Ich will keine alten Wunden aufreißen. Wahrscheinlich ist sie tatsächlich seit dreißig Jahren glücklich mit ihrem Traummann verheiratet und möchte nicht mehr an diese alte Geschichte mit mir erinnert werden.«

Traummann? Ach Enzinger, ihr Traummann sitzt mir gerade gegenüber – und hat keinen blassen Schimmer davon.

Ich zucke mit den Schultern und gebe zu bedenken: »Und wenn es anders ist?«

»Nein, nein, Valentina, ich werde sie nicht belästigen. Nie und nimmer.«

Sein Lächeln bekommt jetzt etwas Verschmitztes: »Aber etwas tue ich doch für sie.«

»Sie tun etwas?«

»Ja.« Enzinger stößt wieder diesen winzigen amüsierten Grunzlaut aus. (Gut, dass ich diese akustische Absonderlichkeit nicht von ihm geerbt habe. Er klingt ein bisschen wie ein kleines Wildschwein, das sich im Wald verirrt hat.) »Doris hat auf ihrer Homepage eine Kontonummer angegeben, da kann man für Umweltschutzprojekte spenden, und wissen Sie was: Ich überweise ihr jeden Monat etwas auf ihr Konto. Seit siebzehn Jahren schon. Eine hübsche Summe, damit sie Gutes damit tun kann. Ich möchte ihr unbedingt etwas Gutes tun. Anonym natürlich und immer in unterschiedlichen Beträgen, sie soll ja nicht wissen, dass ich dahinterstecke.«

Ich starre ihn mit offenem Mund an. Enzinger ist das? Enzinger zahlt meiner Mutter regelmäßig Geld? Enzinger finanziert ihr Leben? Ihre Hausratversicherung? Ihre neue Fotokamera? Ihre Reise nach Amerika? Und ich hatte mich immer gefragt, was für Irre das sind, die da bei Mutters Fundraising mitmachen. Unfassbar! Es ist ihr ehemaliger Liebhaber, der Mann, der mein Vater ist.

»Verstehen Sie mich nicht falsch, Valentina, aber auf diese Weise kann ich vielleicht ein bisschen wiedergutmachen, was ich ihr damals angetan habe.«

»Ich bin mir nicht sicher, ob das mit Geld irgendwie aufzuwiegen ist«, wage ich anzumerken.

Enzinger seufzt.

»Natürlich will ich mich nicht freikaufen von meiner Schuld. Ich möchte nur das Gefühl haben, noch ein kleines bisschen an ihrem Leben teilzunehmen.«

Ich denke, es wäre schön gewesen, wenn er ein bisschen an meinem Leben teilgenommen hätte. Aber von seiner jüngsten Tochter weiß er ja nichts. Noch nichts!

»Bedauern Sie manchmal, dass Sie damals nicht anders entschieden haben?«

»Dass ich nicht bei ihr geblieben bin? Dass wir nicht nach Venedig gefahren sind?«

Ich nicke.

»Ich denke oft daran. Aber es gab damals keinen anderen Weg. Wenn ich Doris ein paar Jahre früher begegnet wäre … Wenn ich nicht verheiratet gewesen wäre … Wenn unsere Kinder noch nicht da gewesen wären … Tja, dann wäre unser

Leben wohl ganz anders verlaufen. Ich wäre gemeinsam mit ihr durch die Welt gereist und hätte Protestplakate gegen die illegale Rodung des Regenwaldes in die Bäume gehängt. Vielleicht wäre ich dann niemals auf dieser Baustelle gewesen und hätte auch keinen Unfall gehabt.«

Enzinger lächelt für eine Sekunde, diesmal ist es ein bitteres Lächeln. Dann wird er ernst.

»Aber nun ist es zu spät. Wir sind auf zwei unterschiedlichen Lebensbahnen unterwegs, und es gibt keine Chance, dass wir irgendwann wieder zusammenfinden könnten. Und sei es nur für ein kleines Gespräch bei einer Tasse Kaffee in irgendeinem Lokal.«

Doch, Herr Enzinger, es gibt eine Chance.

Aber das denke ich nur.

Ich nippe noch einmal an meinem Glas. Komischerweise macht mich der Champagner überhaupt nicht mutig. Eigentlich wäre doch jetzt genau der richtige Zeitpunkt, um ein paar Verwandtschaftsverhältnisse klarzustellen. Aber ich habe nicht die geringste Ahnung, wie ich anfangen soll. Ich schiebe erst mal noch eine Frage dazwischen:

»Und weshalb sind Sie seit damals nie nach Venedig gefahren? Sie hätten doch mit Brigitte herfahren können, sozusagen zur Versöhnung.«

Enzinger zuckt mit den Schultern.

»Es war mir unmöglich, Valentina. Ich weiß nicht, ob Sie das verstehen. Venedig, das war die Stadt meiner Träume, meiner Träume von einem Leben mit Doris. Mein Sehnsuchtsort. Ich wollte mit Doris nach Venedig fahren oder überhaupt nicht. Das hatte ich mir damals geschworen, und dabei bin ich konsequent geblieben. Ich habe sogar mehrere Einladungen zur Architektur-Biennale ausgeschlagen.«

»Und jetzt? Wieso sind Sie jetzt hergefahren? Ausgerechnet mit mir?«

»Ich kann es Ihnen nicht erklären, Valentina. Ich habe nicht darüber nachgedacht. Als wir gestern zusammen im Taxi saßen und ich diese schreckliche Geburtstagsdekoration im Garten sah – da wollte ich einfach nur weg von allem. Weg von meinem Leben im Oberen Seeuferweg, von meiner Familie, von meiner Verantwortung. Ich fühlte mich plötzlich wieder an früher erinnert. Ich weiß nicht, warum. Kaum zu glauben, Valentina, aber seit dem Tag, an dem Sie zum ersten Mal bei uns im Wohnzimmer standen, erinnern Sie mich irgendwie an Doris. Es ist merkwürdig, nicht wahr? Ich habe keine Ahnung, weshalb es so ist. Dann denke ich mir wieder, es gibt über sieben Milliarden Menschen auf der Welt, da ist es doch kein Wunder, dass zwei sich zufälligerweise ein kleines bisschen ähnlich sind, oder?«

Ich spüre, wie mir eine hitzige Röte ins Gesicht steigt. Ich räuspere mich. Das genau ist der Moment, in dem ich mit meiner Beichte anfange. Jetzt oder nie. Ich weiß jetzt, was ich ihm sagen werde:

»Keineswegs, Herr Enzinger. Das ist kein Zufall.«

Ich breche ab, denn Enzinger stellt das halb geleerte Champagnerglas, das er sich gerade zum Mund führen wollte, mit einer heftigen Bewegung auf den Tisch und verzieht sein Gesicht, als hätte er plötzlich Schmerzen. Ich glaube, er hat mich gar nicht gehört.

»Was ist los mit Ihnen?«

»Nichts, nichts, es geht schon. Ich – ich fühle mich nur plötzlich etwas schwach. Wahrscheinlich hat mich das viele Erzählen angestrengt, und mir ist die Erinnerung auf den Magen geschlagen. Oder der Champagner. Ich habe schon lange keinen Champagner mehr getrunken.«

»Sind Sie sicher, dass alles in Ordnung ist?«

Mein Gott, sollte ich jetzt seinen Puls fühlen? Macht man das nicht als Profi so? Eva hätte bestimmt ein Blutdruckmessgerät in ihrer Handtasche und würde Enzinger sofort die Manschette um den Arm legen.

»Keine Sorge, Valentina, es ist alles bestens.«

Ich bin mir sicher, dass er lügt. Denn bestens sieht Enzinger nicht gerade aus. Eher beunruhigend. Als wäre er innerhalb von Sekunden um zehn Jahre gealtert. Sein Gesicht hat auf einmal einen leichten Grauschimmer angenommen.

»Würde es Ihnen etwas ausmachen, wenn wir jetzt zurück ins Hotel gehen?« Seine Stimme klingt matt. »Reden wir ein anderes Mal weiter. Ich möchte mich einen Moment hinlegen. Nur ein paar Minuten ausruhen. Das war doch ein anstrengender Vormittag. Es ist nichts Schlimmes, Valentina, machen Sie sich keine Gedanken!«

Mache ich mir aber doch. Er wird doch wohl nicht auf einmal krank sein? Ernsthaft krank? Ob ich sicherheitshalber Jens Friedrich kontaktieren sollte? Oder wenigstens Eva? Oder besser gleich den hiesigen Notarzt alarmieren? Aber vielleicht würde das nur unnötige Panik verbreiten. Ach verdammt. Woher soll ich wissen, was hier medizinisch erforderlich ist, ich hab so was doch nicht gelernt.

Eines aber weiß ich sicher: Das mit meinem großen Geständnis kann ich erst mal vergessen. Wenn ihm die Erinnerung an damals schon so zusetzt, was würde erst passieren, wenn er erfährt, dass ich seine Tochter bin? Am Ende kriegt er vor Schreck noch einen Herzinfarkt. Dafür möchte ich auf keinen Fall verantwortlich sein.

31.

Schweigend und klaglos lässt Enzinger sich zurück ins Hotel rollen. Im Zimmer angekommen, trinkt er gleich zwei Fläschchen Mineralwasser aus der Minibar, und ich finde, er sieht sofort ein bisschen frischer aus.

»Jetzt mache ich eine kleine Siesta, wenn's recht ist«, murmelt er und schält sich umständlich aus seiner Strickjacke, während ich ihm die Schuhe ausziehe. »Ein Nickerchen wirkt Wunder bei mir. Unterstehen Sie sich, einen Arzt zu rufen. Ich möchte Venedig genießen und nicht die medizinische Versorgung im Ospedale Sankt Wasweißich!«

Vielleicht war es ja wirklich nur der Champagner, denke ich, während ich die Schuhe neben sein Bett stelle und die Jacke in den Schrank hänge. Vielleicht verträgt er in seinem Alter tatsächlich keine zwei Gläser mehr.

Auf Zehenspitzen schleiche ich hinaus auf die Dachterrasse, wo ich sicherheitshalber doch gleich Jens auf seinem Handy anrufe. Ich will lieber kein Risiko eingehen. Kaum sagt er seinen Namen, als ich ihm auch schon ins Wort falle:

»Wie viel Champagner verträgt ein Mann von fünfundsiebzig Jahren?«

»Hallo? Bist du das, Valentina?«

»Ja, ich bin mit Herrn Enzinger in Venedig, und wir haben mit ein bisschen Champagner seinen Geburtstag gefeiert. Auf einmal ist ihm so seltsam zumute geworden ...«

Ich höre, wie Jens leise lacht. Verdammt, so wie ich das

beschrieben habe, klingt es, als hätte Enzinger bloß einen im Tee.

»Ich meine – kann es sein, dass Champagner nicht gut für sein Herz ist?«

Falls das eine Frage ist, deren Antwort man als Altenpflegerin unbedingt wissen müsste, habe ich bei diesem Teil meiner Ausbildung eben mal ein paar Tage gefehlt.

»Keine Sorge, Valentina, ein oder zwei Gläschen Champagner können Herz und Gefäßen sogar durchaus guttun. Er wird ja nicht gleich eine ganze Flasche ausgetrunken haben, oder?«

»Nein, natürlich nicht. Wir haben uns unterhalten. Er hat viel erzählt, von früher, und dann wurde er auf einmal ganz blass und wollte nur noch schlafen gehen ...«

»Ich glaube, du brauchst dir keine Sorgen zu machen. Es klingt ganz so, als wäre Enzinger fast wieder der Alte, ein Mann, der sein Leben genießt. Champagner in Venedig! Richtig beneidenswert! Frau Enzinger hat mir schon davon erzählt, dass er Hals über Kopf vor den Geburtstagsfeierlichkeiten geflohen ist. Auch wenn ihr das natürlich nicht gefällt: Ich glaube, das ist die beste Idee, die Enzinger seit Langem hatte. Genießt euren kleinen Ausflug, Valentina – und ruf mich jederzeit wieder an, wenn du Fragen hast. Ich hoffe, ich konnte dich ein bisschen beruhigen.«

Und ich hoffe, dass der Doktor richtigliegt mit seiner Ferndiagnose. Am liebsten hätte ich mir noch eine fachliche Zweitmeinung eingeholt. Aber als ich bei SOS Eva anrufe, meldet sich nur wieder ihr polnischer Anrufbeantworter. Wahrscheinlich ist sie mit Herrn Rubens unterwegs und möchte nicht gestört werden.

Ich schleiche mich noch einmal zurück in Enzingers Zimmer, um mich zu überzeugen, dass wirklich alles in Ordnung ist. Er liegt noch exakt so in seinem Bett, wie ich ihn vor fünf

Minuten verlassen habe, die Augen geschlossen, die Arme verschränkt auf der Bettdecke, ohne sich auch nur einen Millimeter gerührt zu haben. Ich wünschte, er würde schnarchen wie ein Wasserbüffel, dann wüsste ich wenigstens, dass er noch atmet. Aber Enzinger liegt ganz still und reglos da. Ob das alles seine Richtigkeit hat? Vorsichtig beuge ich mich über das Bett – und fahre mit einem Schrei zurück, als er plötzlich die Augen aufschlägt.

»Ich bin noch nicht tot, falls Sie das gedacht haben«, brummt er und dreht sich geräuschvoll auf die andere Seite. »Sie müssen leider noch eine Weile mit mir vorliebnehmen. Und jetzt wäre es nett, wenn Sie mich zum Ausruhen endlich allein lassen würden.«

Na schön, denke ich. Dass Enzinger zu makabren Späßen aufgelegt ist, scheint mir ein gutes Zeichen zu sein. Jedenfalls macht er mir nicht den Eindruck, als wäre umgehend eine Notoperation am offenen Herzen erforderlich.

Während Enzinger leise schnaufend seiner Siesta entgegendämmert, schleiche ich mich zurück auf die Dachterrasse. Ich glaube, ich brauche auch ein bisschen Erholung.

Erleichtert lasse ich mich draußen auf eine dieser superschicken, weiß bepolsterten Sonnenliegen aus dunkelbraunem Rattan fallen. Gar nicht so einfach, der Job einer Pflegerin. Als ich mich mit Eva auf diesen Deal eingelassen habe, war mir nicht klar, dass man dabei verdammt viel Verantwortung für einen Menschen übernimmt. Ich beschließe, ab sofort besser auf Enzinger aufzupassen. Das Nachmittagsprogramm wird jedenfalls weniger aufregend ausfallen, schwöre ich mir. Weniger aufwühlende Gespräche, weniger nervige Touristenschwärme um uns herum, weniger Sehenswürdigkeiten, weniger Trubel. Gibt es so etwas überhaupt in Venedig?

Aber darüber werde ich mir erst nachher den Kopf zerbrechen. Zuerst muss ich diese Wahnsinnsaussicht von hier oben bestaunen. Die azurblaue Lagune von Venedig im 180-Grad-Panorama, Gondeln, Vaporettos und Kirchturm inklusive. Das Sonnenlicht funkelt auf dem Wasser, als hätte jemand Diamanten ausgeschüttet. Ich fühle mich sehr glamourös. Audrey Hepburn und Grace Kelly können sich nicht glamouröser gefühlt haben.

Und weil ich mir gerade so herrlich dekadent vorkomme, rufe ich beim Zimmerservice an. Nach einem aufregenden Vormittag, an dem ich ein paar venezianische Sehenswürdigkeiten besichtigt, mit Champagner Enzingers Geburtstag gefeiert, seine Lebensbeichte gehört habe und ihm beinahe erzählt hätte, dass ich seine Tochter bin, brauche ich jetzt dringend eine kleine Stärkung. Grace Kelly und Audrey Hepburn hätten wahrscheinlich Kaviar bestellt, aber ich beschränke mich auf einen Kaffee und ein Käse-Sandwich. Schließlich zahlt Enzinger hier alles, und ich will sein Reisebudget nicht übermäßig strapazieren.

Keine fünf Minuten später klopft es an meiner Zimmertür, und ein freundlicher Bediensteter bringt mir das Gewünschte auf einem silbernen Tablett auf die Terrasse. Ein paar Pralinen liegen auch noch dabei. Sehr aufmerksam. Ich glaube, ich werde diesem Haus im Online-Hotel-Bewertungsportal die volle Punktzahl zukommen lassen. Falls dieses Hotel so etwas überhaupt nötig hat.

Extrapunkte würde es außer für die Pralinen auch für das Handy-Ladekabel geben, das mir der junge Mann mit heraufgebracht hat. Nach den vielen Telefongesprächen seit gestern hat mein Handy vorhin ein paar verdächtig quäkende Geräusche von sich gegeben. Akku bald leer, heißt das, und natürlich habe ich mein Ladekabel nicht dabei, was ein Problem hätte werden können, denn Frau Enzinger sollte uns und ich sollte vor allem Eva jederzeit erreichen können. Aber alles kein Problem: Dieses schicke Hotel konnte mir auch in diesem Fall aushelfen.

Nachdem ich genüsslich an meinem Sandwich herumgemümmelt und den Kaffee leer geschlürft habe, schließe ich träge die Augen und lausche dem Geknatter und Getute der Boote auf dem Wasser. Vom Markusplatz wehen ein paar Fetzen Musik herauf. Schwach vernehme ich von irgendwoher die monotonen Erläuterungen eines Englisch sprechenden Reiseleiters: »The Doge's Palace is built in Gothic style and one of the main landmarks of the city of Venice ...« Mehr kann ich nicht verstehen, denn aus einem Fenster in der Nähe dringt soeben der akustische Höhepunkt einer in energischem Italienisch geführten Beziehungsdebatte, die abrupt endet, nachdem deutlich das Scheppern von Porzellan und das Knallen einer Tür zu hören sind.

Dann ist es still. Viel zu still.

Irgendwas fehlt.

Ich fahre hoch. Das Klingeln ist weg. Ich lausche in meinen Kopf hinein, aber da klingelt nichts mehr. Ich presse mir die Hände auf die Ohren: nichts. Gar nichts. Kein Summen, kein Fiepen, kein Klingeln. Aus.

Wo ist mein Tinnitus geblieben?

Ich stehe auf und laufe ein paar Meter vor bis zur Brüstung und wieder zurück. Ich schüttele den Kopf. Ich ziehe an meinen Ohrläppchen. Ich warte: eine Sekunde, zwei Sekunden, drei Sekunden. In meinen Ohren bleibt es still und stumm. Der Tinnitus ist weg!

Wann habe ich das Klingeln eigentlich zum letzten Mal gehört?, überlege ich, während ich mich zurück in die weißen Polster sinken lasse. Heute Vormittag? Gestern? Vor drei Tagen? War das Klingeln noch da, als ich heute früh auf dem Campanile unter der großen Glocke gestanden habe? Gestern, als wir stundenlang im Taxi saßen? An dem Tag, als

Eva und ich grölend Esmeraldas Beerdigung gefeiert haben? Ich weiß es nicht mehr. In letzter Zeit war so verdammt viel los in meinem Leben, da habe ich glatt vergessen, auf mein Ohrensausen zu achten.

Egal, wann und wie es passierte: Hauptsache, ich bin wieder gesund. Mein Leben ist herrlich.

Apropos herrlich: Mein von Glücksgefühlen berauschter Blick fällt auf zwei leichenbleiche Beine, die da knieabwärts unter dem Saum meines Kleides herausschauen. Igitt, gehören die zu mir? Ich glaube, meine Haxn haben seit dem vergangenen August keinen Sonnenstrahl mehr abbekommen und machen einen reichlich unbezaubernden Eindruck. Herrlich ist was anderes. Höchste Zeit für eine ausgiebige Körperbräunung. Wofür habe ich denn hier dieses äußerst bequeme Möbelstück und diese phänomenale Terrasse unter südlicher Sonne!

Ich gehe ins Zimmer zurück, knöpfe das Kleid auf, lasse es auf den Boden gleiten und betrachte mich und den spärlichen Rest meiner Garderobe im Spiegel. Nun ja, wie ein Bikini sieht dieser Hauch von Unterwäsche nicht gerade aus. Eher wie etwas Halbverbotenes für gewisse Stunden. Dieses schwarz getupfte Ensemble ist von der Sorte, die spezielle Körperteile aufs Beachtlichste hebt und betont. Gerade an den Stellen, an denen man es am wenigsten erwarten würde, ist das bisschen Stoff erschreckend durchsichtig. Im Grunde sieht man darin nackter aus, als wenn man gar nichts anhätte. Aber egal. Mangels Alternative will ich das mal als Badebekleidung durchgehen lassen. Ich finde, ich kann solche Dessous durchaus noch tragen. Jedenfalls wenn ich allein bin. Es wird schon kein Lüstling vom Campanile aus sein Superteleobjektiv auf das neckische Schleifchen an meinem BH scharf stellen. Und wenn, dann soll er halt glotzen, der Spanner.

Mit nackten Füßen trabe ich übers Parkett. Ob dieses vorzügliche Hotel vielleicht sogar ein bisschen Sonnencreme im Bad versteckt hat? Ratsam wäre eine solche Behandlung wahrscheinlich, bevor ich mich und meine fahle Haut der italienischen Mailuft hingebe. Ich will ja nicht gleich einen Sonnenbrand bekommen. Doch ehe ich meine diesbezügliche Recherche beginnen kann, klopft es an der Zimmertür.

Ich zucke zusammen und verharre für eine Sekunde regungslos. Vielleicht habe ich mich ja auch verhört, denke ich, und es war die Tür nebenan. Denn wer sollte jetzt was von mir wollen? Da klopft es schon wieder. Etwas nachdrücklicher diesmal.

»Hallo, wer ist da?«, frage ich und lasse den Blick in Sekundenschnelle über meinen unzureichend verhüllten Körper streifen. In diesem Outfit kann ich die Tür jedenfalls nicht aufmachen.

»Roomservice!«, sagt eine Männerstimme draußen.

Roomservice? Wieso kommt der denn schon wieder? Ich hab doch gar nichts mehr bestellt.

»Moment!«, rufe ich und husche ins Bad, um mir einen Bademantel zu greifen. Am Haken hängt ein kurzes luftiges Etwas aus hauchdünner cremefarbener Seide. Ich schlüpfe in das edle Textil und schlinge den Gürtel um mich. Mit der Rechten fahre ich mir kurz ordnend durch die Haare.

Ob mir die Leitung des Hotels wohl noch etwas Besonderes zukommen lässt? Vielleicht tatsächlich ein Schälchen Kaviar für die sympathische Dame, deren betuchter Vater heute seinen fünfundsiebzigsten Geburtstag begeht?

Beschwingt öffne ich die Zimmertür.

Als ich sehe, wer draußen steht, rutscht mir vor Schreck das Seidenteil von der Schulter: kein Kaviar, kein weißer Frack und überhaupt keine Spur von irgendeinem Zimmerservice. Vor meiner Tür wartet: Felix. Leibhaftig, live und in Farbe, mit dem breitesten Grinsen im Gesicht.

»Hallo, Valentina«, sagt er. »Ich habe mir einen Witz erlaubt, damit du aufmachst.«

Am liebsten hätte ich ihm die Tür vor der Nase zugeworfen. Aber ich bin viel zu verblüfft, um vernünftig zu reagieren.

»Was – was machst du denn hier?«, stottere ich.

»Ich hatte Sehnsucht nach dir.«

Wenn er mir bloß nicht so ungeniert auf diesen Seidenhauch von Bademantel gucken würde. Beim Versuch, den dünnen Stoff über meinem Busen zusammenzuziehen, löst sich zu allem Überfluss der Gürtel und gibt für einen Moment den Blick auf meinen getupften Slip frei.

»Steht dir gut, so minimalistisch«, sagt Felix mit einem, wie ich finde, sehr unverschämten Blick auf das, was man nicht wirklich als Unterwäsche bezeichnen kann. Ich knote den Gürtel hastig wieder zusammen, habe aber den Eindruck, das Grinsen in Felix' Gesicht ist noch ein paar Zentimeter breiter geworden. Verdammt, hätte mir diese unanständige Hotelleitung nicht Schiesser-Feinripp zukommen lassen können? Und einen dicken geschlechtsneutralen Frottee-Bademantel, der die Bezeichnung Mantel auch verdient?

»Schau mich nicht so an!«, ist der einzige Kommentar, der mir einfällt.

Wieso habe ich bloß die Tür aufgemacht? Weil ich Kaviar erwartet habe, so ein Blödsinn.

»Lass mich doch mal rein«, sagt Felix.

»Nein, das – das kommt überhaupt nicht infrage.«

Ich kann die Tür nicht schließen, denn Felix hat seinen Fuß über die Schwelle geschoben wie ein böswilliger Hausierer.

»Ich mach auch die Augen zu, bis du dir was Vernünftiges angezogen hast«, sagt er. »Obwohl es mir schwerfällt, das muss ich zugeben.«

»Das geht nicht, Felix. Das geht wirklich nicht, du musst gleich wieder verschwinden. Sofort.«

»He, Valentina, bist du verrückt? Ich bin Hunderte Kilometer hierhergefahren, nur um dich zu sehen. So schnell wirst du mich nicht los.«

»Woher ... wie hast du herausgefunden, in welchem Hotel wir sind?«

»Ich habe unterwegs sämtliche Luxushäuser Venedigs abtelefoniert. War ja schließlich zu erwarten, dass mein Vater seinen Geburtstag in einer eher vornehmen Location verbringen wird. Aber dass es so ein tolles Hotel sein würde ...«

Felix blickt an mir vorbei in mein Zimmer.

»Ich glaube, ihr habt wirklich das schönste Haus von Venedig erwischt. Wahnsinn! Ein Himmelbett in Rosa. Kann es sein, dass du in der Prinzessinensuite wohnst? Verdient hättest du es auf jeden Fall.«

Ich zucke mit den Schultern, die Hände in Seide verkrampft.

»Hör mal, Felix, ich bin gerade wirklich nicht auf Herrenbesuch eingerichtet. Dein Vater hat das Zimmer nebenan. Willst du nicht lieber zu ihm gehen?«

»Nein, ich will zu dir.«

»Wieso zu mir? Ich hab doch gar nicht Geburtstag.«

»Ich weiß, aber mein Vater schläft tief und fest. Ich hab sein Schnarchen durch die Zimmertür gehört. Außerdem will ich mit dir reden, Valentina. Und zwar nicht auf dem Hotelflur zwischen Tür und Angel. Ich will unbedingt wissen, was mit dir los ist.«

»Mit mir? Was soll schon mit mir los sein?«

»Ich weiß es nicht. Du bist so anders seit ein paar Tagen.«

»Anders? Ich?«

»Ja, du bist auf einmal so abweisend. Ich glaube dir nicht, dass du dich nicht mit mir treffen kannst, weil du noch immer um diese alte Dame trauerst. Wir müssen ja nicht gleich auf eine wilde Party, aber wir könnten doch wenigstens mal miteinander was trinken gehen. Ich fand das schon seltsam, wie du neulich im Café an der Strandpromenade so schnell weggelaufen bist, und jetzt verschwindest du auch noch Hals über Kopf nach Venedig. Habe ich dir irgendwas getan?«

Ach Felix, nichts hast du getan, gar nichts. Dein einziger bedauernswerter kleiner Makel ist es, der Sohn meines Vaters zu sein.

»Valentina«, setzt er nach. Inzwischen hat er aufgehört zu grinsen. »Ich möchte das wirklich nicht vor deiner Zimmertür besprechen ...«

Und ich möchte definitiv nichts hinter dieser Zimmertür mit ihm besprechen. Schon gar nicht in dieser unzureichenden Bekleidung.

»Warum kann ich denn nicht reinkommen? Ich guck dir schon nichts weg.« Felix runzelt die Stirn: »Oder ist da noch jemand in deinem Zimmer? Hast du einen ... Ich meine ...« Er weicht erschrocken einen Schritt zurück. »Hast du Besuch? Ist da – ein Mann bei dir?«

»Nein, Felix, das nicht ...«

O verdammt! Wieso hab ich nicht Ja gesagt. Ja, Felix, tut mir leid, da liegt mein höchst potenter Lover im Bett, und jetzt sei so gut und lass uns in Ruhe ... Das wäre es gewesen. Eine kleine Lüge, und ich wäre Felix sofort losgeworden.

Oder auch nicht. Denn es ist von der Tür aus deutlich zu sehen, dass sich absolut nichts und niemand in meinem Bett befindet. Die Tagesdecke liegt so stramm und fest, wie sie das Zimmermädchen heute Morgen über meine Kissen gebreitet hat.

Ob ich sagen sollte: »Bedauere, Felix, da wartet ein Mann in der Badewanne auf mich«? (Denn das Bad kann er von der Tür aus nicht sehen.) Aber eigentlich will ich Felix ja nicht das Herz brechen. Ich mag ihn wirklich gern, viel zu gern, das ist ja das Problem. Ich muss ihm nur irgendwie schonend beibringen, dass er in Sachen große Liebe von mir nichts erwarten kann, weil er – verdammt noch mal – mein leibhaftiger Bruder ist. Wobei er genau das – und wieder verdammt noch mal – jetzt noch nicht erfahren darf. Denn fairerweise sollte ich als Erstes seinem Vater von meiner Existenz berichten. Und womöglich hat Enzinger was dagegen, dass Felix und der Rest der Familie etwas von seiner unehelichen Tochter erfahren. Ach Mist. Verwandtschaft kann ganz schön kompliziert sein.

Eine Hotelangestellte im hellblauen Kittel schreitet durch den Flur, einen Rollwagen mit Bettwäsche vor sich herschiebend. Im Vorbeigehen wirft sie Felix und mir einen schnellen Seitenblick zu. Wahrscheinlich denkt sie, wir haben eine Beziehungskrise, und sie checkt kurz, wie ernst es ist und ob sie jemanden schicken soll, der vermittelnd eingreift, bevor das Ganze in unfeinem Geschrei ausartet. Möglicherweise hält sie uns gar für das Pärchen, das vorhin mit Porzellan um sich geworfen und Türen geknallt hat.

»He«, sagt Felix, als die Frau wieder weg ist. Er klingt jetzt sehr enttäuscht und sieht auch so aus.

»Na gut«, seufze ich, »komm rein.«

Wir sind ja schließlich Geschwister. Wären wir zusammen aufgewachsen, dann hätten wir sicherlich im Krabbelalter mal gemeinsam in der Badewanne gesessen. Vielleicht bin ich ja wirklich zu zickig.

»Und für wen hast du dich so verschärft angezogen?«, fragt Felix schon wieder etwas munterer, während er hinter sich die Zimmertür zumacht und ich im Badezimmer verschwinde, um mir mein Kleid überzuziehen.

Dann erkläre ich es ihm. Wie Enzinger und ich völlig unvorbereitet nach Venedig geflüchtet sind. Wie die Hotelleitung freundlicherweise meine Garderobe aufgerüstet hat und wie ich mich gerade in diesen spektakulären Dessous zum Sonnenbaden rauslegen wollte.

»Ihr seid verrückt, du und Vater. Haut einfach ab nach Venedig ...«

Felix lässt sich auf eines der Barocksesselchen neben dem Himmelbett fallen, ich mich ihm gegenüber auf das andere. Jetzt, wo ich mein Kleid wieder anhabe, fühle ich mich etwas sicherer.

»Du bist genauso verrückt«, sage ich, »dass du uns einfach so hinterherfährst.«

»So leicht lasse ich mich eben nicht abwimmeln, meine Liebe.«

Felix grinst mich schon wieder mit seinen schönen braungrün gesprenkelten Augen an. Wieso habe ich einen so unangemessen gut aussehenden großen Bruder? Er trägt eine helle Cordhose und ein zartrosa Hemd. Normalerweise mag ich keine Männer in hellen Cordhosen und zartrosa Hemden. Aber an Felix sieht sogar das gut aus. Schade, dass er nicht klein, krumm, fett, verpickelt, streng transpirierend und überhaupt total doof ist. (Andererseits, so einen will man eigentlich nicht unbedingt in der näheren Verwandtschaft haben, oder?)

»Jetzt sag bitte, was mit dir los ist, Valentina. Als wir uns kennengelernt haben, warst du ganz anders als jetzt. Witzig, spritzig, charmant, aufmerksam. Meinst du, ich habe nicht gemerkt, wie du mit mir geflirtet hast? Ich fand das toll, wirklich. Und was war dann? Von einem Tag auf den anderen hatte ich das Gefühl, Luft für dich zu sein.«

Ich weiß nicht, was ich antworten soll. Ich darf ihm doch nicht die Wahrheit sagen, noch nicht. Deshalb beschränke ich mich darauf, unentschlossen mit den Schultern zu zucken und halbwegs konzentriert die Knöpfe meines Kleides zu betrachten. Es sind fünfzehn vom Ausschnitt bis zum Knie, wenn ich mich nicht verzählt habe.

»Mensch, Valentina, ich verstehe das nicht. Ich hab doch genau gemerkt, wie es da gefunkt hat zwischen uns. Du hast das doch auch gespürt, oder? Was fehlt dir denn noch? Also, falls du dir über meine Ansichten nicht ganz im Klaren sein solltest: Ich ... ich hab mich verliebt in dich, ganz ehrlich.«

Vielleicht sind es auch nur vierzehn Knöpfe. Ich muss sie dringend noch einmal nachzählen.

»Stimmt was nicht mit mir?«, fährt Felix fort, als ich nicht reagiere. »Bitte sag es mir. Ich muss das wissen. Wenn ich dich irgendwann gekränkt haben sollte, tut mir das leid.«

Jetzt schüttele ich energisch den Kopf. Sprechen kann ich nicht, mein Hals ist wie zugeschnürt. Hat er wirklich gesagt, dass er sich in mich verliebt hat?

»Valentina, was ist passiert? Ich hatte mich so sehr darauf gefreut, mit dir etwas zu unternehmen, alles von dir zu erfahren, dich in meiner Nähe zu haben ...«

»Ich weiß, Felix«, murmele ich endlich. »Ich ... ich hatte mich ja auch gefreut.«

Für ein paar Sekunden ist es still im Zimmer, nur von draußen klingt ein bisschen Venedig herein, Motorbootgeräusche, Kirchturmglockenbimmeln, ein Schwarm Spatzen schimpft auf irgendeinem Dach.

»Was habe ich dir denn getan?«

Felix' Frage lasse ich unbeantwortet in der Luft stehen.

Er sieht mich an.

»Sag mal, war es tatsächlich Vaters Idee hierherzufahren? Oder war es ein Trick von dir, um schnell aus meiner Nähe zu verschwinden?«

»Nein, Felix, ich schwöre dir, so war es nicht. Diese Spritztour hat sich allein dein Vater ausgedacht. Wobei ... ich fürchte, er hat nicht wirklich darüber nachgedacht. Er wollte einfach ganz plötzlich los. Du kannst unseren Taxifahrer fragen. Der hieß Franzl Moosberger oder so ähnlich.«

Als müsste ich ein Alibi vorlegen. Als wäre ich unter Mordverdacht geraten.

»Schon gut, ich glaube dir das ja. Obwohl ich wirklich erstaunt bin über meinen Vater. Ich kann mich nicht daran erinnern, dass er jemals so etwas Verrücktes gemacht hat. Ich kenne ihn immer nur als sehr vernünftigen, zurückhaltenden Mann, der zuletzt kaum mehr aus dem Haus wollte. Er hat sich so verändert, seit du bei ihm wohnst. Kann es sein, dass du ihn verzaubert hast? Mich hast du jedenfalls sofort verzaubert.«

»Jetzt werd aber bitte nicht kitschig!«

»Ich bin nicht kitschig.«

Ohne irgendeine Vorwarnung springt Felix auf und stürzt auf mich zu. Ich denke gerade, was ist denn jetzt los – da beugt er sich über meinen Sessel, umfasst meinen Kopf mit beiden Händen und gibt mir einen Kuss auf den Mund.

»Bist du wahnsinnig?«, schreie ich erschrocken auf und schubse ihn mit so viel Schwung von mir weg, dass er rücklings aufs Parkett plumpst. Da sitzt er und starrt mich entgeistert an. Ich bin mir sicher, dass er mich jetzt für gestört hält. Für prüde. Spröde. Verklemmt. Frigide. Krank. Totale Panik wegen eines Kusses! Ein klarer Fall für den Therapeuten (haha!), wenn nicht gleich für die Klapsmühle.

»Hör mal, Felix, entschuldige, aber das geht nicht. Das ist einfach ...«

»Ja?«, macht Felix abwartend, als ich ins Stocken gerate. Er macht noch immer einen ziemlich verdutzten Eindruck, aber keine Anstalten aufzustehen.

»Das geht nicht, weil ... weil du dich geirrt hast. Das mit

dem Verliebtsein, also, das hast du dir nur eingebildet ... Ganz bestimmt ... Tut mir leid, dass du dir irgendwelche Hoffnungen gemacht hast, aber ...«

Aber was eigentlich? Ich komme nicht weiter. Ich wage nicht, Felix anzusehen.

»Bist du dir ganz sicher, Valentina?«

Felix' Stimme klingt zweifelnd.

Nickend starre ich auf die Knöpfe meines Kleides. Wenn ich noch eine Sekunde länger darüber nachdenke, falle ich ihm heulend um den Hals und beichte ihm alles.

»Weißt du, es ist nämlich so, dass ... dass ... dass wir jetzt sofort nach deinem Vater sehen müssen.«

Mit einem Ruck stehe ich auf und laufe zur Tür. »Komm. Wahrscheinlich ist er schon lange wieder wach und fragt sich, weshalb er seinen großen Geburtstag ganz allein verbringen muss.«

»Jetzt warte doch mal, Valentina!«, ruft Felix hinter mir her, während er sich vom Boden aufrappelt. Aber ich warte nicht. Keine Sekunde. Ich renne aus dem Zimmer, ohne mich noch mal nach ihm umzusehen. Erst beim Galopp über den Flur fällt mir auf, dass ich noch immer nackte Füße habe.

32.

Der Hotelgast in Zimmer 349 ist schon putzmunter, als ich hineinstürme. Enzinger sitzt aufrecht in seinem Bett und hat auch wieder eine ganz gesunde Gesichtsfarbe.

»Da sind Sie ja endlich«, begrüßt er mich lächelnd. »Ich dachte schon, Sie hätten mich vergessen ...«

Er bricht ab, als Felix hinter mir in der Tür auftaucht. An seiner rechten Hand baumeln meine Sandalen.

»Ja, hallo, mein lieber Sohn! Wo kommst du denn auf einmal her? Das ist aber eine schöne Geburtstagsüberraschung.«

»Grüß dich, Papa«, sagt Felix. »Wir fanden, dass du deinen Geburtstag nicht völlig ohne Familie verbringen solltest. Und ich fand ...« Er wirft mir einen sehr direkten Seitenblick zu, dem ich mich durch intensive Betrachtung der Teppichfransen zu entziehen versuche. »Na ja, ich fand auch, dass ich euch zwei nicht ganz allein durch Venedig spazieren lassen sollte.«

Er reicht mir die Sandalen und umarmt seinen Vater herzlich.

»Noch mal alles Liebe zum Geburtstag. Mit den herzlichsten Grüßen und Glückwünschen von Mama und Cora und allen zu Hause. Geht's dir gut?«

»Na klar«, brummelt Enzinger, und sein Blick wandert von Felix zu mir und wieder zurück. Dann sagt er: »Sei so gut, Junge, und hol mir meine Jacke aus dem Schrank. Ich habe Lust auf einen kleinen Spaziergang, und es könnte später ein bisschen frisch werden draußen ...«

Kaum dass sich Felix dem Schrank zugewandt hat, fasst Enzinger meine Hand, zieht mich zu sich heran und raunt: »Sagen Sie ihm bitte nichts von unserem Gespräch heute Vormittag.«

»Sie meinen die Sache mit der anderen ...«

»Pst. Felix und Cora brauchen davon nichts zu erfahren.«

»Klar. Natürlich nicht.«

Felix dreht sich um und sieht uns stirnrunzelnd an.

»Ist was?«, fragt er. »Was habt ihr zu tuscheln?«

Enzinger und ich zucken synchron mit den Schultern, ohne das Gesicht zu verziehen.

Mit einem »Also, meine Lieben, los geht's!« schwingt er sich von der Bettkante und lässt sich in den Rollstuhl sinken. »Auf, zum Venedig für Kenner und Liebhaber!«

Es klingt tatsächlich so, als sei Enzinger wieder völlig fit. Gott sei Dank, sein kleiner Schwächeanfall war kein medizinischer Notfall. Unser Venedigausflug kann wie geplant weitergehen. Nur dass wir jetzt Felix an unserer Seite haben und damit bedauerlicherweise keine Gelegenheit mehr, über ein spezielles Kapitel in Enzingers und meinem Leben zu reden.

Bei unserem Nachmittagsspaziergang meiden wir die Touristenrouten. Das heißt, wir versuchen es.

»Es muss doch irgendwo noch ein Stückchen authentisches Venedig geben«, meint Enzinger, während ich ihn durch die Hotelhalle nach draußen rolle. »Ein paar Gassen, in denen die Souvenirverkäufer noch nicht die Oberhand gewonnen haben. Dort, wo die Menschen leben und essen und schlafen und ihre Wäsche waschen, wenn sie uns nicht gerade einen Cappuccino an den Tisch bringen oder uns die historische Bedeutung des dreiunddreißigsten Dogen von Venedig erläutern.«

Krampfhaft umfasse ich die Griffe des Rollstuhls wie ein Ertrinkender ein Stück Holz im Wasser. Solange Felix in Reichweite ist, werde ich die nicht mehr loslassen. Sonst kommt er noch auf die Idee, mit mir Händchen halten zu wollen oder seinen Arm um mich zu legen. Aber die Anwesenheit seines Vaters scheint ihn zu disziplinieren: Felix unternimmt nicht den geringsten Versuch, mich überhaupt irgendwo anzufassen, geschweige denn zu küssen, und er verzichtet glücklicherweise auch darauf, unser abgebrochenes Gespräch über die Problematik einer unerwiderten Verliebtheit fortzusetzen. Wahrscheinlich fragt er sich, wie er sich jemals in eine dermaßen schreckhafte Krampfhenne wie mich vergucken konnte.

Zuerst fahren wir ein Stück mit dem Vaporetto um die Stadt herum und steigen an einer Haltestelle aus, von der wir finden, dass sie nicht besonders touristisch aussieht. Jedenfalls verlassen hier nur wenige Leute mit Digitalkameras und Reiseführern in der Hand das Schiff. Wir hinterher. An jeder Hausecke, an der wir ein Hinweisschild zu einer touristischen Attraktion finden, nehmen wir genau die entgegengesetzte Richtung. Rialtobrücke nach rechts, wir gehen links. Palazzo Ducale nach links, wir gehen rechts. Wie sich herausstellt, ist es gar nicht so einfach, den venezianischen Sehenswürdigkeiten zu entkommen. Diese Stadt besteht praktisch nur aus Sehenswürdigkeiten. Und wenn es doch mal ein bisschen stiller wird, bremst uns ein vielstufiges Brücklein aus.

»Wir werden ganz gewiss einen Weg zu Ruhe und Beschaulichkeit finden«, macht Enzinger uns Mut, als ich seinen Rollstuhl ungefähr zum zehnten Mal wenden muss, weil unsere Gasse unvermittelt an einem winzigen muffigen Kanal endet und dort nahtlos in eine schmale, steile Treppe übergeht.

»Ich frage mich, weshalb du dir für deine Geburtstagsreise ausgerechnet Venedig ausgesucht hast, Papa«, stöhnt Felix. »Das ist doch völlig absurd. Hättest du nicht nach Paris oder

Wien fahren können? Oder nach Rom? Oder in irgendeine andere Stadt, die für Rollstuhlräder besser geeignet ist?«

Enzinger zuckt ungerührt mit den Schultern und antwortet: »Manchmal muss es eben Venedig sein.«

Da wir keinen Stadtplan mitgenommen haben, sind wir schon bald völlig verloren. Ich jedenfalls habe keine Ahnung, wie wir jemals aus diesem Gassengewirr heraus- und unser Hotel wiederfinden sollen.

Immerhin ist es hier still und menschenleer. Nirgendwo ein Souvenirshop. Ich glaube, wir haben das echte Venedig der echten Venezianer gefunden. Andächtig schweigen wir. Manchmal höre ich nur noch unsere Schritte und das Wasser eines Kanals, das mit leisem Glucksen gegen die vermoosten Häuserwände schwappt. Im Zickzack durchlaufen wir schmale dunkle Gassen, manche kaum breiter als der Rollstuhl. Zwischendurch ein heller Platz, auf dem zwei alterslose Männer auf kleinen Klappstühlen an einem steinernen Brunnen sitzen und Zeitung lesen.

Spätestens alle fünf Meter heißen die Straßen anders. Die Namen fangen alle mit Calle oder Fondamenta an. Ich bin ganz verwirrt. Wie soll man denn da die Orientierung behalten? Aber hier ist die Stadt geheimnisvoll schön. Wenn auch ein bisschen altersschwach und verfallen. An manchen Hauswänden ist der Putz bis unters Dach großflächig abgeblättert, sodass man das bröckelnde Elend sieht, hellrotes Mauerwerk aus längst vergangenen Jahrhunderten. Über uns flattert hier und da eine Leine mit bunten Hemden oder weißer Unterwäsche. Eine grau gestreifte Katze schaut uns hoch oben von einer Fensterbank aus zu, halb versteckt zwischen rot blühenden Geranientöpfen und Efeuranken. Aus halb geöffneten Fenstern riecht es nach heißem Olivenöl, Knoblauch und ziemlich verlockenden, undefinierbaren Gewürzen. Eine alte Frau in einem schwarzen Mantel huscht mit krummen

Schultern an uns vorbei, in den knochigen Händen trägt sie einen Einkaufskorb.

»Unglaublich«, flüstert Felix. »Dass es so etwas noch gibt, mitten im Europa des einundzwanzigsten Jahrhunderts. Ich komme mir vor wie in einem alten Film. Komisch, dass alles in Farbe ist …«

Ich nicke ehrfürchtig und denke dabei: Ob es in dieser Gasse vor siebenunddreißig Jahren wohl genauso aussah? Ob Enzinger auch gerade daran denkt, wie es gewesen wäre, wenn er damals mit meiner Mutter hier entlangspaziert wäre?

Wir biegen in ein schmales Sträßchen ab und sehen vor uns, am Ende der hohen, finsteren Häuserzeilen, die rechts und links neben uns aufragen, ein helles blaues Viereck, das glitzert. Dahinten scheint die Sonne aufs Meer.

»Ich glaube, jetzt sind wir durch«, meint Enzinger gerade, als sich die Sonne verdunkelt. Nein, nicht die Sonne, sondern das Meer verschwindet. Etwas Gewaltiges schiebt sich von der Seite her in die Bildfläche. Etwas absurd Großes. Etwas, das aussieht wie eine optische Täuschung, eine Fata Morgana, eine wahnwitzige Fotomontage. Aber es ist real. Es ist ein Kreuzfahrtschiff. Zehn Stockwerke hoch oder zwanzig. Mindestens. Strahlend weiß überragt es die morschen Häuser mindestens um das Dreifache. Wie ein verirrter Wolkenkratzer. Mit monotonem Dröhnen und wie in Zeitlupe zieht der Koloss gemächlich vorbei. Ich sehe die orangefarbenen Rettungsboote und winzig klein die Passagiere. Dicht an dicht stehen sie auf den Balkonen und an der Reling und schauen hinunter auf Venedig. Vom Deck des Kreuzfahrtriesen sehen all die Paläste, Kirchen und Türme wahrscheinlich aus wie Miniaturgebilde. Minuten vergehen, dann verschwindet das Schiff in der Hafeneinfahrt.

»Meine Güte«, sagt Enzinger. »Was war das denn?«

»Die schöne neue Tourismuswelt«, spottet Felix, und ich

staune: »Nicht zu glauben, dass solche riesigen Schiffe hier in den Hafen fahren können. Haben die da überhaupt genug Platz?«

Vor Schreck über das groteske Schauspiel sind wir stehen geblieben. Plötzlich heult eine Schiffssirene auf. Erst einmal, dann noch einmal, dann durchgehend.

»Los, los«, ruft Enzinger und greift an die Räder. »Da ist was passiert. Wir müssen dahin!«

Ich schiebe den Rollstuhl flott über das holprige Kopfsteinpflaster, sodass Enzinger durchgeschüttelt wird wie ein Sack Kartoffeln. Felix rennt neben mir her. Zwei Minuten später sehen wir den Hafen. Das Kreuzfahrtschiff hat den Pier noch nicht erreicht. Das kann es auch nicht, denn das Hafenbecken ist voller Boote: Ruderboote, Motorboote und sogar ein paar schwarz glänzende Gondeln versperren die Zufahrt. Einige Dutzend ganz verrückte Zeitgenossen schwimmen sogar in dem dreckigen Wasser, bewaffnet mit jeder Menge bunter Luftmatratzen und Gummibadetieren in allen Farben und Formen. Rundum an der Kaimauer drängen sich die Menschen und beobachten das Schauspiel. Sie rufen irgendetwas Rhythmisches, das ich nicht verstehen kann. Erst denke ich, das ist ja ein erstaunliches Willkommenskomitee für die Besucher auf dem großen Dampfer, dann entdecke ich die Plakate: »No grandi Navi!«

Und das ist es auch, was die Leute dem Kreuzfahrtschiff entgegenrufen: No grandi Navi. Keine großen Schiffe.

»Ach du liebe Zeit«, entfährt es mir. »Das ist eine Demo, eine Protestaktion gegen Kreuzfahrtschiffe in Venedig. Ich hab darüber neulich was in der Zeitung gelesen.«

»Eine Demo?« Enzinger richtet sich auf.

»Ja«, sagt Felix. »Die Leute wollen verhindern, dass das große Schiff hier anlegt. Deshalb paddeln sie durchs Wasser. Sind die lebensmüde?«

Das Schiff stößt jetzt ununterbrochen Sirenengetöse aus. Hoffentlich gerät keiner von den Aktivisten in die Schiffsschraube.

Immer mehr Menschen strömen auf das Hafengelände. Selbst auf den kleinsten Booten im Wasser werden jetzt Plakate entrollt. No grandi Navi. No grandi Navi.

»Eine Demo«, staunt Enzinger, »eine Demo mitten in Venedig. Und ich stehe direkt daneben.«

Er klingt sehr respektvoll. Ich bin mir ganz sicher, dass er jetzt an meine Mutter denkt. An die Protestaktion in München anno 1976. Wie sie damals vor ihm stand, hübsch und jung, und so überzeugend gegen seine Einkaufspassage demonstrierte, dass er sich in sie verliebte.

Von irgendwoher tauchen jetzt in rasender Fahrt Polizeiboote auf dem Wasser auf. Das Jaulen ihrer Sirenen mischt sich in das Tröten des Schiffes und das Gebrüll der Leute. Eine Megafondurchsage in unverständlichem, verzerrtem Italienisch.

»Jetzt wollen sie die Demonstranten vertreiben«, empört sich Enzinger. »Das ist ja unerhört. Es gibt doch ein Recht auf freie Meinungsäußerung.«

»He, Papa«, wundert sich Felix. »Die blockieren unerlaubt den Hafen. Seit wann unterstützt du so etwas Aufmüpfiges wie eine illegale Demonstration? Du bist doch sonst immer ein ganz korrekter Bürger.«

Aber Enzinger hört gar nicht zu. Er winkt einen jungen Mann herbei, der durch die Menschenmenge läuft und Handzettel verteilt. Enzinger ergreift auch einen.

No grandi Navi, steht fett gedruckt auf dem Blatt. Und darunter in Italienisch, Englisch und Deutsch: Schluss mit der Umweltverschmutzung! Kreuzfahrtschiffe raus aus Venedig! Sie zerstören das Ökosystem der Lagune und machen unsere Häuser kaputt. Gegen Hafenausbau und Massentourismus! Venedig darf kein Disneyland werden!

»Da haben sie recht«, murmelt Enzinger und rollt näher an eine Gruppe Protestierender heran. Eine Frau mit einer Gasmaske vor dem Gesicht streckt dem Kreuzfahrtschiff ihren Mittelfinger entgegen. Der Mann neben ihr senkt demonstrativ seinen Daumen und bläst dabei schrill in eine Trillerpfeife.

»Kunst statt Kommerz!«, brüllt Enzinger so plötzlich, dass die Frau mit der Gasmaske erschrocken zusammenzuckt. Felix starrt ihn an, als hätte er nicht richtig gehört. Ich bin genauso sprachlos. Enzinger reckt drohend die Faust in Richtung Kreuzfahrtschiff und schreit weiter: »Rettet Venedig vor dem Untergang! Schluss mit dieser rücksichtslosen Geschäftemacherei!«

»Papa!« Felix zieht verlegen den Rollstuhl zurück. Entschuldigend blickt er die Frau mit der Gasmaske an. »Was tust du denn da! Du kannst doch hier nicht so herumschreien!«

»Natürlich kann ich das, mein lieber Sohn. Schließlich bin ich Architekt. Soll ich etwa tatenlos zusehen, wie diese profitgeilen Tourismusbosse mit ihren Monsterschiffen die schönste Stadt der Welt ruinieren? – Kunst statt Kommerz!«, skandiert er immer wieder, worauf ein paar andere deutsche Urlauber neben uns in die Parole einstimmen, dann immer mehr, und schon bald befinden wir uns inmitten eines vielstimmigen, lärmenden Chors.

Felix und ich starren fassungslos auf die schreienden Leute.

»Ich weiß wirklich nicht, was auf einmal in meinen Vater gefahren ist.« Er schüttelt ungläubig den Kopf, und dann sieht er mich fragend an: »Meinst du ... meinst du, das ist so was wie Alterswahnsinn? Vielleicht stimmt mit seinem Gehirn etwas nicht mehr richtig? Ein kleiner Schlaganfall vielleicht? Ich mache mir Sorgen. Sollten wir ihn untersuchen lassen? Er benimmt sich sonst nie so.«

Felix sieht sehr unglücklich aus. Jetzt tut er mir wirklich leid. Erst steigt seine Angebetete aus, und dann dreht sein Vater durch. Diese Venedigreise hätte er vielleicht besser bleiben lassen sollen.

Ich lege meine Hand auf seinen Arm. Ganz schwesterlich. Das muss jetzt sein.

»Ich bin mir sicher, mit deinem Vater ist alles in Ordnung«, beruhige ich ihn. »Er fühlt sich einfach nur glücklich und lebendig hier. Er liebt Venedig eben sehr.«

»Aber wieso das denn auf einmal? Er war noch nie hier. Er mochte diese Stadt nicht einmal. Ich erinnere mich, wie meine Mutter ihm vor vielen Jahren einmal vorgeschlagen hat, eine Reise nach Venedig zu machen. Aber er wollte nicht. ›Auf keinen Fall Venedig‹, hat er gesagt. ›Wir können in jede Stadt der Welt fahren, aber nicht nach Venedig.‹ Und jetzt das hier. Kannst du mir das erklären?«

Klar könnte ich Felix das erklären. Alles. Bis ins Detail. Es wäre ganz einfach.

Eine Sekunde lang zögere ich. Eine winzige Sekunde lang denke ich tatsächlich darüber nach, Felix in die ganze Sache einzuweihen. Damit er seinen Vater nicht länger für verrückt hält. Damit er sich nicht so große Sorgen machen muss. Damit er weiß, warum ich auf einmal so abweisend bin.

Aber schließlich habe ich Enzinger versprochen, nichts zu verraten, und daran halte ich mich auch. Deshalb beschränke ich mich darauf, Felix aufmunternd zuzulächeln, und sage: »Keine Ahnung. Er hat seine Meinung eben geändert.«

Worauf Felix wieder etwas zuversichtlicher aus der Wäsche guckt und grinsend anmerkt: »Dann kann ich mir bei dir ja auch noch Hoffnungen machen, oder?«

33.

Venedig ist ja so unglaublich romantisch. Vor allem abends, wenn es dunkel ist und von oben die Sterne herunterfunkeln. Wenn man dabei in einer Gondel sitzt und durch verträumte Kanäle schippert, während der Gondoliere hinter einem leise eine kleine muntere Melodie summt und neben einem ein erfreulich attraktiver Mann sitzt, der einem durchaus begehrliche Blicke zuwirft. Dann ist Venedig der Inbegriff von Romantik und Liebesidylle.

Das Ganze hat nur einen kleinen, aber entscheidenden Schönheitsfehler: Der Mann an meiner Seite ist nicht mein Herzallerliebster – sondern Felix. Mein ahnungsloser Bruder.

Ich weiß nicht mehr genau, wie er es geschafft hat, mich zu diesem Gondelausflug zu bewegen. Wahrscheinlich war es der wunderbare italienische Rotwein beim Abendessen, der mich hat schwach werden lassen. Teilnehmer der vergnüglichen Runde im Restaurant mit Lagunenblick diesmal: Enzinger, Felix, ich und ein zartes Lamm in Pfefferminzsauce. Und weil wir so viel Spaß miteinander hatten (jedenfalls die beiden Enzingers und ich), konnte ich einfach nicht Nein sagen, als Felix zu fortgeschrittener Stunde erklärte: »Komm mit, Valentina, ich habe noch eine Überraschung für dich.«

Mit etwas weniger Wein im Blut wäre ich bei einer solchen Ankündigung wahrscheinlich skeptisch geworden und hätte mich zur Vermeidung von weiteren Gefühlsirritationen sicherheitshalber allein in mein Zimmer zurückgezogen. Aber die Kombination von reichlich Amarone della Valpolicella mit überaus köstlichem Lammbraten und einem rundum glücklichen, genesenen Enzinger hat meine Widerstandskraft gelähmt.

Wie auch immer: Jetzt sitze ich Schenkel an Schenkel mit Felix auf diesen viel zu weichen, rot-golden geblümten Plüschkissen in der Gondel und betrachte ausgiebig das nächtliche Venedig, das an uns vorbeizieht. Leider ist es schön wie in einem Traum: Die Laternen am Ufer werfen lange goldene Lichter aufs Wasser. Oben in den Palazzi sind manche Fenster hell erleuchtet und geben den Blick frei auf hochherrschaftliches Interieur: edle Kristallüster, kostbar mit dunklem Holz vertäfelte Decken, tischtennisplattengroße Ölgemälde und wuchtige, zimmerbreite Bücherregale an den hohen Wänden. Andere Gebäude stehen in völliger Dunkelheit, geheimnisvoll, wie ausgestorben mit ihren schwarzen Fenstern oder geschlossenen Läden. Dazwischen strahlen Brücken und Kirchtürme in gelblichem Scheinwerferlicht.

Schade, dass Enzinger das alles nicht sehen kann, denke ich. Venedig bei Nacht würde ihm sicher gefallen. Andererseits glaube ich, dass es ihm auch gefällt, gemütlich in seinem schönen Himmelbett zu liegen und schlafen zu können, ohne einen weiteren Schwächeanfall erlitten zu haben, obwohl die zweite Hälfte des Tages für ihn ganz gewiss nicht weniger aufregend war als die erste.

»Du hast meine Frage von heute Nachmittag noch nicht beantwortet«, reißt mich Felix aus meinen Gedanken. War ja klar, dass er noch mal darauf zurückkommen würde.

»Also, meine Liebe. Jetzt gibt es kein Entkommen mehr. Ich weiß genau, dass ich mir das mit dir und mir nicht nur eingebildet habe. Wieso hast du deine Meinung über mich auf einmal geändert und machst einen Bogen um mich?«

»Mach ich doch gar nicht«, lenke ich ab. »Immerhin sitze ich gerade mit dir in einer Gondel.«

»Ja, und das ist wunderschön.«

Verdammt. Da hab ich ihm natürlich eine Steilvorlage geliefert. Felix greift sich prompt meine Hand. Verliebte Männer können so entsetzlich hartnäckig sein. Aber aufspringen und weglaufen geht diesmal nicht, es sei denn, ich wollte riskieren, die Gondel zum Kentern zu bringen und zusammen mit Felix, dem Gondoliere und den güldenen Plüschkissen in den modrigen Fluten des Kanals zu versinken.

Leider fühlt sich Felix' Hand nicht wirklich schlecht an. Leider eher gut. Aber ist es in Ordnung, dass ein großer Bruder seine kleine Schwester an die Hand nimmt, auch wenn sie nicht mehr direkt in dem Alter sind, in dem sie nebeneinander in den Kindergarten gehen?

Unser Gondoliere hat einen geübten Blick für Paare, die sich zögerlich näherkommen, und fängt sofort an, eine stimmungsvolle Arie in den Nachthimmel zu schmettern. Irgendetwas Schwülstiges, es klingt nach großer Liebe und noch größerer Sehnsucht. Ich spüre, wie Felix vielsagend meine Hand drückt. Da wird mir klar, dass ich handeln muss.

»Hör mal«, sage ich langsam, ohne zu wissen, wie dieser Satz ausgehen soll. »Es ist folgendermaßen. Also, weißt du, äh, ich glaube nicht, dass es gut wäre, wenn wir beide ...«

»Machst du dir Sorgen, weil du die Pflegerin meines Vaters bist? ›Nur‹ unsere Angestellte?« Er betont das »nur«, damit ich die Anführungszeichen hören kann. »Weil du ... na ja, sagen wir, weil mein Vater mal ein ziemlich bekannter Mensch war und ganz gut verdient hat als Architekt? Wenn du meinst, dass du nicht in unsere Familie passt, dann kann ich dich beruhigen, das ist völliger Quatsch. Ich stehe überhaupt nicht auf irgendwelche Millionärstussis. Ich bin nämlich eigentlich ...«

»Nein, Felix, das meine ich nicht. Es ist etwas passiert, seit wir uns kennengelernt haben. Wie soll ich sagen …« Vor allem: *Was* um Himmels willen soll ich ihm sagen? Ich habe überhaupt keinen Plan. Felix lässt erschrocken meine Hand los.

»Du hast einen anderen kennengelernt. Oder?«

Ich nicke schnell. Na klar, genau das ist es. Danke, Felix. Wieso bin ich nicht selbst darauf gekommen!

»Aber wie denn? Und wen?«

Und vor allem: Wo? Ich bin doch in letzter Zeit nicht sehr weit aus Enzingers Haus herausgekommen. Aber theoretisch hätte ich den Mann meines Lebens ja auch bei Dinkelkorn kennenlernen können. Oder im Café Kaiserblick. Seiner großen Liebe kann man auf Schritt und Tritt begegnen, habe ich mal irgendwo gelesen. Ich hoffe, Felix fragt nicht näher nach.

Felix will etwas ganz anderes wissen: »Ist es was Ernstes mit dem?«

Mit wem auch immer.

»O ja«, antworte ich schnell. »Sehr ernst. Es tut mir leid, dass ich dich enttäuschen muss. Aber man kann nicht gegen sein Herz an, oder?«

Und gegen seine Verwandtschaft auch nicht.

Felix starrt auf den rot lackierten Holzboden der Gondel und schweigt.

»Senza di te languisce il cor!«, brüllt der Gondoliere unverdrossen weiter. Irgendwas mit »ohne dich« und »Herz« heißt das, wenn mich meine mageren Italienischkenntnisse nicht täuschen. Jetzt habe ich den Eindruck, dass sein Lied perfekt zu unserer Situation passt.

»Na dann«, macht Felix schließlich, »dann ist das natürlich etwas anderes. Tut mir leid, dass ich dich vorhin so bedrängt habe. Kommt nicht mehr vor.«

»Macht nichts. Du konntest es ja nicht wissen.«

Hab ich ja nicht mal selbst gewusst, denke ich und weiß nicht, ob ich mich erleichtert oder todunglücklich fühle. Felix sitzt neben mir wie versteinert. Zu allem Überfluss intoniert der Gondoliere jetzt schwungvoll den alten Dean-Martin-Klassiker: »When the moon hits your eye like a big pizza pie, that's amore ...«

Offenbar hat er doch kein so gutes Gespür für die Stimmungen seiner Kundschaft. Sonst würde er jetzt was anderes singen. Oder die Klappe halten.

»Kann man den Kerl irgendwo ausschalten?« Auch Felix ist die Lust auf schmissige Liebeslieder vergangen. »Außerdem geht es in dem Song um Neapel und nicht um Venedig. Ich schätze, wir haben einen Aushilfsgondoliere erwischt. Der Typ hat überhaupt keine Ahnung von italienischen Schlagern.«

Ich verkneife mir pietätvoll ein Grinsen. Ich mag Felix wirklich gern. Ich finde, ich habe einen Superbruder. Am liebsten hätte ich ihn umarmt. Ich freue mich so sehr auf den Moment, in dem ich ihm alles sagen kann. Da wird er ganz schön gucken, der Felix.

Wir haben gerade die Rialtobrücke durchfahren, als es in meiner Jackentasche klingelt. Spätestens jetzt müsste unser Gondoliere eigentlich merken, dass zumindest einem seiner Kunden der Sinn nicht so sehr nach Romantik steht, sonst hätte ich mein Handy beim Einsteigen in die Gondel ja wohl stumm geschaltet. Aber er singt fröhlich weiter. Als ich das Telefon aus der Tasche ziehe, erschallt nicht nur laut und deutlich die Titelmelodie von *Doktor Schiwago*, auf dem leuchtenden Display ist auch klar zu sehen, wer mich da gerade kontaktieren möchte: »Anruf Jens Friedrich« steht da. Felix hat es auch gesehen.

»Was will denn der so spät abends noch von dir?«, fragt

er misstrauisch, während ich das Telefon ans Ohr halte und auf einmal ganz genau weiß, wer der neue Mann in meinem Leben ist. Beziehungsweise wen Felix für ebendiesen Mann halten soll. Doktor Jens Friedrich. Der Arzt, dein Freund und Helfer. Natürlich! Dass ich nicht gleich an ihn gedacht habe! Sein Anruf kommt goldrichtig.

»Hallo, Jens«, hauche ich ins Telefon und versuche, so verliebt wie möglich zu klingen. Im Moment ist mir egal, was Jens von mir denkt. Hauptsache, Felix denkt, dass mein Herz einem anderen gehört.

»Guten Abend«, schnurrt es überraschend sanft zurück. »Das ist ja ein sehr netter Empfang. Ich hoffe, es ist nicht zu spät, um noch anzurufen?«

»Aber nein, auf keinen Fall. Ich bin noch hellwach.« Mehr Schmelz in der Stimme geht nicht. Ich schlucke kurz und starte dann den Frontalflirt: »Über einen Anruf von dir freue ich mich immer.«

Es folgt eine verblüffte Pause im Telefon. Irgendwie und irgendwann werde ich Jens die Sache erklären müssen.

»Das – äh, höre ich natürlich gern, Valentina. Ich freue mich auch sehr – äh –, deine Stimme zu hören. Vor allem aber wollte ich mich erkundigen, wie Enzinger seinen Geburtstag überstanden hat. Ich hoffe, du hast dir keine Sorgen mehr machen müssen?«

Sehr charmant!

»Nein, zum Glück nicht. Es geht ihm gut. Wir haben noch einen schönen langen Spaziergang unternommen und vorzüglich zu Abend gegessen. Ich glaube, Herr Enzinger hat diesen Tag sehr genossen.«

»Davon bin ich überzeugt. Ich hätte so einen Tag in Venedig auch sehr genossen.«

Einen Tag mit mir? Aber hallo! Das läuft ja super mit meinem telefonischen Techtelmechtel. Wer hätte gedacht, dass

Jens so offensiv darauf eingeht. Ich halte das Handy unauffällig einen halben Zentimeter von meinem Ohr entfernt, damit Felix ein bisschen mithören kann. Das ist zwar nicht besonders nett, aber was soll ich denn sonst machen?

»Venedig ist eine traumhafte Stadt und so romantisch!«, flöte ich ins Telefon. Ich hoffe, Felix wird mir meine Herzlosigkeit verzeihen, wenn er demnächst die Hintergründe erfährt. »Wäre wirklich toll, wenn du auch hättest mitkommen können.«

Ich beiße mir auf die Lippen. War das jetzt nicht etwas übertrieben? Am Ende fragt mich Jens noch, was ich denn bitte schön eingenommen habe, dass ich ihn auf einmal so unverblümt angrabe.

»Dann könntest du Enzinger auch noch mal kurz gesundheitlich durchchecken«, füge ich schnell hinzu.

Ich höre, wie Jens mit der Antwort zögert. Dann sagt er langsam: »Hm, machst du dir tatsächlich so große Sorgen? Weißt du was, Valentina: Vielleicht kann ich euch wirklich besuchen kommen und mir Enzinger noch mal ansehen, wenn es dir so wichtig ist. Ich wollte übermorgen sowieso zu einem Medizinerkongress nach Bologna. Wenn ich hier ein paar Termine umschichte, könnte ich schon einen Tag früher starten und einen Zwischenstopp in Venedig machen. Was hältst du davon?«

Ich weiß überhaupt nicht mehr, was ich von irgendwas halten soll. Ich habe den Eindruck, dass ich hier gerade den Überblick verliere. Will Jens tatsächlich allen Ernstes nach Venedig kommen? Wieso bloß? Das ist doch nicht normal, dass ein Arzt seinem Patienten in den Urlaub nachfährt. Nicht mal in Enzingers Kreisen. Dieser Jens wird doch nicht etwa wirklich verknallt sein in mich? Leiden die Männer auf einmal alle kollektiv an Frühlingsgefühlen? Und was soll ich Jens sagen, wenn er tatsächlich herkommt? Dass ich seine

Gefühle leider nicht mehr erwidere, weil ich mich soeben in einen anderen Mann verliebt habe!? Hilfe! Wo soll das alles hinführen?

»Oh, das wäre toll, wenn du kommen könntest«, höre ich mich zu meinem eigenen Entsetzen ins Telefon säuseln. Ich muss wahnsinnig sein. Mit jedem Wort, das ich sage, wird die Angelegenheit vertrackter. Und Felix gegenüber ist das wirklich garstig. Aber wenigstens kann ich mir sicher sein, dass ich jeden Funken Verliebtheit mit diesem Telefongespräch unwiederbringlich bei ihm ausgelöscht habe. Und das ist im Moment das Wichtigste.

»Ist etwa Doktor Friedrich der Glückliche?«, knurrt Felix, während ich mein Handy wieder in die Tasche schiebe. Ich zucke entschuldigend mit den Schultern. Als ich Felix' enttäuschtes Gesicht sehe, schäme ich mich. Vor allem aber frage ich mich, was um alles in der Welt ich tun soll, wenn Jens morgen nach Venedig kommt und ob es angesichts der zu erwartenden Komplikationen nicht besser gewesen wäre, mit der Gondel unterzugehen.

34.

»Wie wäre es mit einem Souvenir?«, fragt Jens. »Vielleicht findest du etwas, das dir gefällt.«

Wir stehen in der Werkstatt eines Glasbläsers und schauen zu, wie der Mann an einer meterlangen Stange einen glühenden Glasklumpen aus seinem Feuerofen holt und vor unseren Augen in eine hauchdünne, schimmernde Kugel verwandelt. Um uns herum stehen andere Touristen, die das Ganze mit Ihren Handykameras und Fotoapparaten dokumentieren. Im Hintergrund reihen sich lange Regale aneinander, in denen gläserne Schüsseln, Teller und Lampenschirme, vor allem aber Vögel, Fische, Käfer, Katzen und allerlei andere Tierchen in filigransten Formen im Sonnenlicht glänzen, das durch die breiten Fenster in den Raum fällt. Der Glasbläser erzählt etwas über seine Arbeit, erst auf Italienisch, dann auf Englisch und schließlich auf Deutsch. Aber ich höre gar nicht zu. Ich bin völlig durcheinander.

Es ist der Nachmittag eines sehr verwirrenden Tages. Jens und ich sind gerade mit dem Boot über die Lagune nach Murano gefahren, während sich Felix und Enzinger schon wieder auf den Rückweg nach Starnberg gemacht haben. Ich bin noch ganz betäubt von den Ereignissen der vergangenen fünf Stunden. Es ging alles so unglaublich schnell.

Es fing damit an, dass Jens mich am Morgen nach der Gondelfahrt schon während unseres Frühstücks im Hotel anrief:

»Ich habe tatsächlich eine Vertretung für meine Praxis gefunden. Eine Kollegin, bei der ich noch etwas guthatte, springt freundlicherweise ein. Was sagst du dazu? Ich steige jetzt ins Flugzeug und bin in einer Stunde in Venedig. Über mangelnde Entschlussfreudigkeit kannst du dich bei mir jedenfalls nicht beklagen!«

Mir rutscht fast das Telefon aus der Hand. Das ist doch nicht zu glauben. Er kommt tatsächlich. Jetzt sofort? Ist er von allen guten Geistern verlassen?

»Wahnsinn«, sage ich nur. Und dabei ist Wahnsinn noch untertrieben angesichts dieser Häufung von absurd spontanen Venedigreisen in jüngster Zeit. Erst Enzinger und ich, dann Felix, und jetzt fliegt auch noch der Doktor ein. Allmählich wird es unübersichtlich hier.

»Ich bin heute früh sofort zum Flughafen gefahren und habe den erstbesten Flug gebucht.«

»Oh, toll. Super, dass du kommen kannst ...«

»Was hältst du davon: Wir treffen uns um halb zwölf im Café Florian auf dem Markusplatz. Das müsste ich schaffen. Passt das in euren Tagesplan? Richte Herrn Enzinger bitte schon mal herzliche Grüße aus.«

»O ja, mache ich. Und Felix auch?«

»Ach, Felix ist auch in Venedig? Das wusste ich gar nicht. Natürlich, auch Grüße an ihn. Jetzt muss ich einsteigen, das Boarding hat schon begonnen. Bis später, Valentina. Ich freue mich.«

»Ja, fein. Bis später.«

Ich lege das Telefon auf den Tisch und starre Felix an.

»Er kommt tatsächlich, oder?«, fragt der. Ich nicke langsam. Ich wünschte, ich hätte mir gestern Abend eine andere Ausrede einfallen lassen, um Felix klarzumachen, weshalb das mit uns keine Zukunft hat.

»Wer kommt? Was ist los?« Enzinger schiebt seine Kaffeetasse zur Seite. »Dürfte ich bitte mal fragen, was hier geplant ist?«

»Valentinas Liebhaber kommt uns besuchen«, erklärt Felix mit Grabesstimme, ohne mich aus den Augen zu lassen.

»Welcher Liebhaber? Jetzt? Hier in Venedig?« Enzinger klingt empört. Ich glaube, es gefällt ihm nicht, dass seine kleine Reise fast täglich eine neue Wendung nimmt, weil immer weitere Besucher überraschend aufkreuzen. »Davon haben Sie mir ja gar nichts erzählt, Valentina.«

»Ich – ich weiß es doch selbst erst seit einer Minute.«

»Es ist Doktor Friedrich«, petzt Felix gnadenlos.

»Ach, das ist ja ... Also nein, was für eine Überraschung. Wieso weiß ich nichts davon, dass Sie und unser Doktor ein Paar sind? Meine Frau und ich hatten schon gedacht ...«

Sein Blick fällt auf Felix, aber dankenswerterweise spricht er den Satz nicht zu Ende.

»Also, mein Liebhaber ist er nun wirklich nicht«, protestiere ich und kann nicht verhindern, dass eine heftige Röte mein Gesicht überzieht.

»Was nicht ist, das kann noch werden«, bemerkt Felix unerbittlich. »Wenn man euch miteinander reden hört, hat man den Eindruck, dass es bis dahin nicht mehr lange dauert. Jedenfalls werde ich mich heute wieder auf den Rückweg nach Starnberg machen. Ich möchte dem jungen Liebesglück nicht im Wege stehen. Was meinst du, Papa, fährst du mit mir zurück nach Hause?«

»Heute schon?«, entfährt es Enzinger und mir gleichzeitig.

»Aber warum denn? Es gibt hier doch noch so viel zu sehen!«, rufe ich und denke dabei: Vor allem gibt es noch so viel zu erzählen. Und überhaupt, der kann mich doch hier nicht einfach sitzen lassen, der Felix ... Was soll ich denn mit Jens machen?

Enzinger wiegt seinen weißen Schädel hin und her.

»Wahrscheinlich hast du recht, mein Junge«, sagt er schließlich. »Ich sollte allmählich wieder nach Hause fahren. Ich will auch Brigitte nicht so lange allein lassen. Ich hatte einen wunderschönen Geburtstag und eine schöne Zeit mit unserer lieben Valentina, und jetzt freue ich mich ehrlich gesagt auch wieder auf ein bisschen Ruhe daheim. Sie können gern noch hierbleiben, Valentina. Ich habe unsere Zimmer noch für zwei Tage gebucht. So lange komme ich auch ohne Sie aus. Und wenn Sie dann wieder zu Hause sind, Sie und der Doktor, dann freuen wir uns umso mehr.«

Ich begegne Felix' Blick und versuche ihn anzulächeln. Dabei ist mir gar nicht nach Lächeln zumute. Ihm offensichtlich auch nicht. Irgendwie ist diese Venedigreise aus dem Ruder gelaufen.

Eine Stunde später begleite ich Enzinger und Felix zum Vaporetto, das sie zu dem Parkhaus bringen wird, wo Felix seinen Wagen abgestellt hat.

»So einen wunderschönen Geburtstag hatte ich schon lange nicht mehr«, sagt Enzinger zum Abschied und drückt mir die Hand. Auf seinem Schoß liegt der Rosenstrauß. Er sieht glücklich aus. »Endlich habe ich diese zauberhafte Stadt kennengelernt. Ich hatte wunderbare Gespräche mit Ihnen, Valentina, und dann habe ich zum ersten Mal in meinem Leben auch noch bei einer Demonstration mitgemacht. Das war wirklich beeindruckend.«

Er zwinkert mir zu, und ich grinse zurück. Es ist schön, ein Geheimnis mit meinem Vater zu haben. Ich wünschte nur, er wüsste, wem er sich anvertraut hat und dass sein Geheimnis eine viel größere Dimension hat, als er ahnt.

Felix tippt mich nur kurz an der Schulter an und nickt mir ein »Na, dann bis demnächst mal wieder« zu, bevor er den Rollstuhl über die Rampe an Deck schiebt. Vielleicht ist es besser, dass sie jetzt wegfahren, sage ich mir. Ich ertrage Felix' enttäuschten Gesichtsausdruck nicht. Und noch viel weniger würde ich es ertragen, während Felix dabei zusehen müsste, wie Jens und ich ... Ach, was weiß ich, wie das mit Jens und mir weitergehen soll.

Als die beiden mir vom Boot aus zuwinken, fühle ich mich plötzlich traurig und einsam. Ich will nicht, dass es vorbei ist. Ich will endlich meine Geschichte loswerden. Ich will bei meiner Familie sein. Es ging auf einmal alles so schrecklich schnell! Am liebsten würde ich die vergangenen vierundzwanzig Stunden noch mal in Zeitlupe nacherleben.

Aber mir bleibt keine Zeit für melancholische Gedanken, denn kaum hat das Vaporetto abgelegt, dudelt auch schon mein Telefon.

»Ich bin gerade gelandet«, erklärt Jens hörbar vergnügt. »Ihr könnt euch schon mal einen schönen Platz im Café suchen und einen Cappuccino bestellen. Ich bin gleich da.«

»Okay«, sage ich mit heiserer Stimme. »Bloß das mit dem ›ihr‹ hat sich erledigt. Ich bin inzwischen allein hier. Die beiden Enzingers sind gerade nach Hause gefahren. Sie hatten auf einmal keine Lust mehr ...«

»Tatsächlich? Na so was. Warum das denn? Ich wollte doch noch mal nach ihm sehen. – Tja, jetzt bin ich da. Dann müssen wir uns eben allein zwei schöne Tage in Venedig machen. Das ist ja nicht das Schlechteste, oder?«

Im Grunde hat er natürlich recht, rufe ich mich zur Vernunft, während ich von der Vaporettostation zum Markusplatz schlendere, einen großen Bogen um eine Gruppe von Reisenden schlagend, denen ein Stadtführer gerade die Geheimnisse des Dogenpalastes erläutert. Jede halbwegs durchschnittlich intelligente Frau, die die Wahl hat, ein paar Tage in Venedig mit ihrer Verwandtschaft oder mit einem sympathischen, gut aussehenden Mann zu verbringen, der sich offenkundig für sie interessiert, würde sich für Option zwei entscheiden!

Als sich Jens eine Stunde später an meinen Tisch setzt (»Sorry, der Transfer vom Flughafen hat doch länger gedauert, als ich dachte!«), bin ich ganz entspannt: Ich bin mit einem tollen Mann verabredet, den ich nicht mit allen Mitteln von mir fernhalten muss. Wo ist eigentlich das Problem?

Wir feiern unseren unerwarteten gemeinsamen Urlaubstag erst mal mit einer angemessenen Portion Prosecco, worauf ich mich gleich noch etwas lässiger fühle. Dann spazieren wir durch die Stadt, den Canal Grande entlang nordwärts. (Um einen Teil von Venedig kennenzulernen, in den ich mit Enzinger und Felix nicht gekommen bin. Ehrlich gesagt macht es auch Spaß, durch die Stadt zu wandern, ohne Rücksicht auf die vielen rollstuhluntauglichen Brücken zu nehmen!) Jens knipst mit seinem Smartphone ein paar Fotos von mir: ich, vor dem graugrün schimmernden Wasser des Kanals, im Hintergrund ein Teil der Rialtobrücke. An ein hübsch verschnörkeltes Brückengeländer gelehnt, dahinter zwei dümpelnde Gondeln. Vor der bröckelnden Fassade eines dekorativen Palazzo, über mir ein winziges geranienumranktes Balkönchen. Dann hält Jens sein Smartphone hoch und fotografiert uns beide: grinsend vor dem rot-weiß geringelten Stangenwald einer Bootsanlegestelle. Vor dem Laubengang eines prächtigen Palastes. Und vor dem Blau der Lagune mit ein paar Inseln in der Ferne.

»Wollen wir rausfahren nach Murano?«, fragt Jens mit Blick auf das Meer und schiebt sein Telefon zurück in die Innentasche seiner Lederjacke. »Wir können den Glasbläsern bei der Arbeit zusehen. Da machen sie diese verrückten Glastierchen, die du hier überall in den Schaufenstern siehst. Ich finde die witzig, bei mir zu Hause habe ich schon eine ganze Armee davon auf dem Bücherregal stehen.«

Damit bestätigt sich doch mal wieder, dass Männer die verrücktesten Hobbys haben. Die einen lieben Sumpffußball, die anderen Kuhfladenbingo oder die Luftgitarrenweltmeisterschaft – und manche sammeln eben kleine bunte Tiere aus Glas.

Und da befinden wir uns jetzt also: in der weitläufigen Werkstatt des Glasmachermeisters Francesco Barbini inmitten von schimmernden Viechern in allen Farben und Formen. Mir wird ganz schwindelig bei diesem Anblick.

»Wie wäre es mit so einem verrückten Schwan hier?«, fragt Jens gerade und hebt ein verschnörkeltes weißes Etwas hoch. »Oder mit dem netten kleinen blauen Elefanten dahinten?«

Mit den Augen folge ich Jens' ausgestrecktem Finger, und es ist Liebe auf den ersten Blick: Das Blau seiner Augen leuchtet so einzigartig wie die Lagune von Venedig. Sein blanker Schädel schimmert im Sonnenlicht, und ein winziges Lächeln scheint seine Lippen zu umspielen und zu sagen: Nimm mich!

»O ja«, sage ich. »Der Elefant ist genau das Richtige.«

Kurz darauf halte ich ein faustgroßes Päckchen in der Hand, einen hellblauen Glaselefanten mit einem zierlichen durchsichtigen Rüssel, eingewickelt in fünf Lagen Seidenpapier. Ich glaube zwar nicht, dass das der Beginn einer spektakulären Sammlung wird. Aber so ein gläserner Glücksbringer wird sich gut auf der Fensterbank in meinem Wohnzimmer machen und mich immer an diese zauberhaften Tage in Venedig erinnern. Hoffentlich hat Eva Feng-Shui-mäßig keine Bedenken.

Jens und ich schlendern am Wasser entlang. Auf der gegenüberliegenden Seite sehen wir Venedig in der Nachmittagssonne leuchten, davor pflügen Motorjachten und Vaporettos kreuz und quer über die Lagune.

»Wunderschön, nicht wahr? Das ist eines der herrlichsten Panoramen, das die Welt zu bieten hat. Ich liebe diese Stadt.«

Unsere Blicke treffen sich ausgerechnet, als er das Wort »liebe« ausspricht. Na, wenn das kein Zeichen ist, denke ich – und hake mich kurz entschlossen bei ihm unter. Warum sollten wir uns nicht allmählich mal näherkommen! Heute bin ich emanzipiert, und ich kann meiner verhinderten Liebschaft mit Felix schließlich nicht ewig nachtrauern. Wie heißt es doch gleich: Gegen Liebeskummer hilft am besten ein neuer Mann! Das mit Felix ist zwar kein Liebeskummer im eigentlichen Sinne, aber zum Verzweifeln ist es trotzdem. Da gibt es Millionen erwachsene Männer in Deutschland – und ich verliebe mich ausgerechnet in meinen Bruder.

Ein bisschen Ablenkung von diesem Schlamassel würde mir definitiv guttun. Nichts spricht gegen Jens: Ich mag unseren Doktor wirklich gern, er ist attraktiv, klug und nett. Und bei ihm kann ich mir wenigstens sicher sein, dass er nicht mit mir verwandt ist.

»Hallo«, kommentiert er meine unverblümte Kontaktaufnahme und wirkt beinahe ein bisschen verlegen. »Du bist ja ganz anhänglich heute.«

»Hast du was dagegen?«

»Äh – nein, natürlich nicht.«

Meinetwegen könnte er jetzt liebevoll die Arme um mich schlingen und mir schon mal den ein oder anderen leidenschaftlichen Kuss geben. Aber Jens tut nichts dergleichen. Er ist offenbar einer von diesen Männern, die es gemächlich angehen lassen. Was ja eigentlich auch kein Wunder und mir durchaus sympathisch ist: Er hat sich schließlich erst neulich von seiner Frau getrennt. Da will man nichts überstürzen. Immerhin schüttelt er mich nicht gleich ab, und ich genieße es, eingehakt mit ihm spazieren zu gehen.

Wenig später sitzen wir in einer kleinen Trattoria und

trinken ein Glas Wein (beziehungsweise drei), während die Sonne hinter Venedig untergeht und das Wasser rosa schimmern lässt. Ich erzähle ihm alles. Jedenfalls vieles: wie ich als Kind mit meiner Mutter in dieser chaotischen Kommune gelebt habe, ohne zu wissen, wer mein Vater ist. Wie ich Holger kennengelernt habe, wie wir uns getrennt haben und ich nach der Scheidung meine Therapie bei Frau Leberecht angefangen habe. Jens nickt verständnisvoll und hört zu. Er redet nicht viel, er unterbricht mich nicht. Er ist ein wunderbarer Zuhörer. Vielleicht ist er es als Arzt gewohnt, dass Leute ihm ihr Herz ausschütten. Am liebsten würde ich ihm jetzt auch gleich erzählen, dass ich eigentlich gar keine staatlich geprüfte Seniorenbetreuerin bin, sondern Personalreferentin bei einem Großhändler für Schreddermaschinen und dass ich mich nur deshalb zu Enzingers ins Haus geschmuggelt habe, um inkognito meinen Vater kennenzulernen. Aber ich kann mich rechtzeitig bremsen. Dieser Abend ist viel zu schön, um durch unnötige Geständnisse für Irritationen zu sorgen.

Und je mehr ich erzähle, desto weniger denke ich an Felix.

Nach dem Abendessen ist vor dem Schlafengehen. Oder kommt dazwischen noch ein Tagesordnungspunkt? Ist das jetzt der Moment, in dem einer von uns die entscheidende Frage stellt: Zu dir oder zu mir?

Das denke ich, während ich zu fortgeschrittener Stunde neben Jens im dritten Stock des Splendid Palace aus dem Aufzug steige und über die plüschigen Teppichläufer den Gang entlang zu unseren Zimmern laufe. Die hellblau bekittelte Hotelangestellte ist schon wieder da und schaut mich schräg an, während sie mit einer Blumenvase in der Hand an uns vorübergeht. Wie unangenehm: Gestern noch hat sie mich mit Felix an meiner Zimmertür beobachtet, und jetzt sieht sie, wie ich hier vor mich hinlächelnd mit Jens durchs Hotel schlendere. Sie muss mich für ein sehr fideles Frauenzimmer halten.

Aber eigentlich kann es mir völlig egal sein, was sie über mich denkt. Hauptsache, es geht mir gut. Und das tut es. Noch haben wir uns zwar noch nicht geküsst, Jens und ich. Aber lange kann es bis dahin nicht mehr dauern. Allerdings werde ich zur Intensivierung unseres Beziehungsstatus nicht den ersten Schritt tun. Was sollte ich denn auch sagen? Lieber Jens, willst du mal meinen rosaroten Baldachin sehen? Wohl kaum. Im Übrigen finde ich, der erste Schritt in Liebesdingen sollte immer vom Mann ausgehen. Ich bin da konservativ. Auch wenn Männer gern behaupten, sie mögen forsche Frauen: Im Grunde ihres Herzens sind sie doch alle Krieger und Jäger und wollen erobern. Ich schätze, ich wäre mittelfristig bereit zu kapitulieren. Eventuell auch kurzfristig. Verstohlen werfe ich Jens einen Seitenblick zu. Mit einer hervorragenden Pizza Capricciosa und drei Gläsern Rotwein im Bauch muss ich sagen: Er sieht heute noch besser aus als sonst. Wie sich das wohl anfühlen würde, seinen attraktiven Charakterkopf zu streicheln? Ich habe noch nie eine Glatze geknuddelt. Ich finde, heute ist genau der richtige Tag für neue aufregende Erfahrungen. In welchem der beiden Himmelbetten auch immer.

»Treffen wir uns noch auf einen Schlummertrunk auf der Dachterrasse?«, unterbricht Jens meine aufkeimenden erotischen Gedanken.

Na gut. So kann man es natürlich auch formulieren. Erst mal ein diplomatischer Kompromissvorschlag für eine Zusammenkunft auf neutralem Gelände unter dem Sternenhimmel und dann die charmante Offensive für die weitere Gestaltung des Abends, die sich vermutlich eher indoor abspielt. Kein schlechter Plan, Herr Doktor!

»Gern«, strahle ich ihn an.

Dreißig Sekunden später sitze ich draußen auf der anderen Seite unserer Zimmer mit Blick auf das nächtliche Venedig, inklusive der schimmernden Lichter auf der Lagune. Bloß das mit den verheißungsvoll funkelnden Sternen hat irgendwie nicht geklappt: Da oben blinkt rein gar nichts, wie ich feststelle. Alles schwarz, es scheinen ein paar Wolken aufgezogen zu sein. Aber kommt es darauf an? Nein: Venedig ist für angehende Verliebte die schönste Stadt der Welt, egal ob von oben was romantisch runterflimmert oder nicht.

Jens tritt mit hoch erhobenen Händen aus seinem Zimmer. Zwischen den Fingern der einen Hand klemmen vier kleine Flaschen, in der anderen Hand trägt er zwei Gläser.

»Ich habe meine Minibar geplündert«, erklärt er fröhlich, stellt Fläschchen und Gläser in einer Reihe vor mir auf dem Tisch ab und setzt sich neben mich. »Was darf es sein, gnädige Frau? Rotwein, Weißwein, Grappa, Champagner?«

Wenn er schon fragt: natürlich Champagner. So ein Tag wie dieser muss schließlich gefeiert werden. Jens dreht den Korken aus der Flasche, bis es ploppt und das Teil wie eine Rakete in den nächtlichen Himmel schießt. Schon schäumt es hell in unseren Gläsern.

»Auf einen wunderschönen Tag in Venedig, Valentina!«

Wir stoßen mit einem leisen Klingen an.

»Auch wenn ich Herrn Enzinger und Felix wirklich gern mag …« Jens trinkt einen Schluck. »Ich bin den beiden nicht böse, dass sie weggefahren sind und mir dieses fantastische Zimmer mit dieser fantastischen Aussicht überlassen haben.«

Und diese fantastische Frau obendrein, füge ich in Gedanken hinzu.

Ich will jetzt weder an Felix noch an Enzinger denken, ich will überhaupt nicht denken, an nichts und niemanden, ich möchte Jens jetzt gerne küssen. Ich schaue auf seine Hände, in denen er langsam sein Champagnerglas dreht. Er hat sehr schöne schmale Hände. Ich wette, sie würden sich angenehm anfühlen. Warm und sanft und garantiert ohne jede medizinische Absicht.

Jens sieht mich an mit einem Blick, aus dem ich nicht ganz schlau werde. Traut er sich etwa nicht, den entscheidenden Schritt zu machen? Steht er wirklich auf die ganz emanzipierten Frauen, die in der Liebe das Kommando übernehmen? Worauf wartet er eigentlich? Geht's noch romantischer als heute Abend? Na gut, kein Mond und keine Sterne, aber sonst ist alles da: eine Frau, ein Mann, zwei Gläser Champagner und hinter dieser Balkontür das schönste Himmelbett des Universums. Da muss man doch wirklich nicht lange nachdenken. Genau jetzt ist der Moment, in dem Jens mich auf den Arm nehmen, mit ungestümen Küssen bedecken und über die Schwelle der geöffneten Balkontür in sein Zimmer tragen sollte. Oder in meins. (Zumindest diesen Part unserer feurigen Romanze kann ich ihm definitiv nicht abnehmen.)

Er muss doch inzwischen gemerkt haben, dass ich ihn toll finde und nicht beabsichtige, hier auf der Dachterrasse mit ihm über Weltpolitik zu diskutieren. Er ist ja wohl nicht wirklich nur deshalb nach Venedig gekommen, um Enzingers Blutdruck zu messen.

Okay. Vielleicht ist er tatsächlich ein bisschen schüchtern.

Zeit, das Heft des Handelns selbst zu ergreifen.

Ich nehme Jens das Champagnerglas aus der Hand, stelle es auf den Tisch und sehe ihn an. Für den Bruchteil einer Sekunde registriere ich einen erstaunten Ausdruck in seinen schönen blauen Augen, während ich in seine Arme falle – aber da habe ich schon angefangen, ihn leidenschaftlich zu küssen.

Jedenfalls hatte ich gedacht, dass ich ihn leidenschaftlich küssen würde. Aber ein paar Zentimeter, bevor meine Lippen die seinen berühren, stößt mich Jens unerwartet heftig zurück.

»Aber Valentina! Was machst du denn da?«

Er presst seine Hände gegen meine Schultern, die Arme durchgedrückt, als müsse er mich von sich fernhalten wie eine tollwütige Katze.

»Ich ... ich dachte ... Ich wollte ...«

Mehr bringe ich nicht heraus.

Jens sieht mich an. Ich weiß nicht, wer von uns beiden den dämlicheren Gesichtsausdruck hat. Ich weiß nur, dass der Abend in dieser Sekunde eine fatale Wendung nimmt.

»Es tut mir leid, Valentina. Ich wusste nicht, dass du ... Ich meine, du bist wirklich eine tolle Frau, und ich mag dich sehr gern ...«

Er mag mich? Was heißt hier, er mag mich?! Warum sagt er nicht, dass ich die großartigste, schönste und begehrenswerteste Frau auf diesem Planeten bin und dass er so rasend verliebt ist wie noch nie in seinem ganzen ...

»Weißt du, Valentina, da haben wir uns wohl irgendwie missverstanden.«

Wieso »miss«? Ich finde wir haben uns den ganzen Tag lang ausgesprochen gut verstanden.

»Ich bin tatsächlich nach Venedig gekommen, weil ich mir Sorgen um Enzinger gemacht habe. Natürlich fand ich diesen Tag mit dir schön, aber ... es ist nämlich so: Ich stehe nicht auf Frauen.«

Was sagt er da? Das habe ich nicht gehört, was ich gerade gehört habe.

»Es tut mir wirklich leid, dass du einen falschen Eindruck von mir bekommen hast. Wahrscheinlich hätte ich es dir schon früher sagen sollen. Ich bin schwul. Seit dreiundzwanzig Jahren weiß ich, dass ich schwul bin, und das ist gut so.«

Ich habe es doch gehört. Ich habe es klar und deutlich

gehört. Ich glaube, ich will sterben. Ich habe versucht, einen schwulen Mann zu küssen. O Gott! Diesmal reicht keine Ohnmacht, diesmal muss es der Exitus sein: Ich möchte vergehen, verglimmen, verglühen. Jedenfalls sofort weg von hier. Wie konnte ich mich nur so katastrophal verspekulieren? Wie entsetzlich peinlich. Verdammt! Weshalb hat Jens eigentlich Champagner rausgebracht?!

»Tut mir ehrlich leid«, sagt Jens noch mal und streichelt meinen Arm. »Ich habe noch nicht mit sehr vielen Menschen darüber gesprochen. Wegen meiner Praxis, weißt du. Manche Leute reagieren ja immer noch irritiert, wenn sie erfahren, dass jemand homosexuell ist. Enzingers wissen es auch nicht. Obwohl ich mir nicht vorstellen kann, dass es für sie ein Problem ist. Ich hoffe, wir können trotzdem gute Freunde bleiben?«

Ich nicke mechanisch. So viel zum Thema »Frauen, die die Initiative ergreifen«.

Wenn ich schon nicht sterben kann oder mich in eine ferne Galaxie beamen, dann möchte ich wenigstens heulen. Aber nicht mal das funktioniert. Stumm und beschämt bleibe ich sitzen und schaue auf das Muster der Terrassenbodenfliesen. Mein Liebesleben ist ein Desaster: Erst verliebe ich mich in einen Mann, bei dem sich herausstellt, dass er mein Bruder ist, und dann in einen, bei dem sich herausstellt, dass er nichts mit Frauen anfangen kann. Gleich morgen früh rufe ich Frau Leberecht an und sage ihr, dass ich mich für Option K entschieden habe: K wie Kloster. Ich bin mir ganz sicher.

35.

»Valentina, können Sie bitte herunterkommen?«

Ich bin wieder daheim – sofern man meine Zirbenstube im Oberen Seeuferweg als mein Daheim bezeichnen kann. Es hat sich tatsächlich ein bisschen wie zu Hause angefühlt, hierher zurückzukommen: der vertraute Holzgeruch im Zimmer, die rot-weiß karierte Bettwäsche, der bunte Flickenteppich auf dem Fußboden und dieser Blick aus dem Fenster, an den Fichten vorbei direkt auf das kleine Stückchen Starnberger See dahinter. Der syltförmige Vogelkackfleck auf der Scheibe ist immer noch da. Trotz des Regens. Er ist ein bisschen kleiner geworden in den vergangenen Tagen, vor allem am Südzipfel stark erodiert.

Ich vermisse mein venezianisches Luxuszimmer kein Stück. So großartig es war: Ich bin heilfroh, dass ich diesen entsetzlich peinlichen Abend mit Jens überstanden habe. Ich werde nie wieder bei einem Mann den ersten Schritt machen!

Gleich am nächsten Morgen bin ich zurückgefahren. Mit dem allerersten Zug. Jens hat mich zum Bahnhof begleitet, bevor er zu seinem Kongress nach Bologna aufgebrochen ist. Er ist nach wie vor sehr nett zu mir. Aber jeder Gedanke an das abrupte Ende unseres lauschigen Beisammenseins auf der venezianischen Dachterrasse treibt mir noch jetzt die Schamesröte ins Gesicht.

»Valentina!« Frau Enzinger hat mich auf dem Zimmertelefon angerufen und ist mal wieder deutlich hörbar genervt, weil ich nicht sofort mit »Jawohl, ich bin schon da« geantwortet habe. Am liebsten wohl noch mit einem »gnädige Frau« dahinter.

»Können Sie mir bitte helfen, die Gläser herzurichten? Die ersten Gäste kommen gleich.«

Heute feiern wir Enzingers Geburtstag nach. Diesmal wirklich im kleinen Kreis. Es gibt eine Gartenparty für die Familie und ein paar ausgewählte Freunde der Enzingers. Als langjähriger Hausarzt des Geburtstagskindes ist Jens auch eingeladen, was ich ziemlich problematisch finde. Zum einen, weil Felix ja denkt, dass er mein Liebhaber ist und ich ihn in diesem Glauben sicherheitshalber belassen möchte. Zum anderen, weil ich mich noch nicht ganz mit Jens' Status arrangiert habe.

Glücklicherweise wird er erst später kommen, weil er ja noch aus Bologna anreisen muss. Es wäre schön, wenn die italienischen Fluglotsen für heute zu einem ihrer netten Generalstreiks aufgerufen hätten. Dann müsste Jens noch ein bisschen länger fortbleiben. Aber es ist natürlich so wie immer: Wenn man einen Streik mal richtig gut gebrauchen könnte, findet keiner statt. Na ja, was soll's. Ich habe so oder so noch etwas Zeit, um mir die Strategie auszudenken, mit der ich Jens nachher gegenübertreten werde.

Ein Cateringservice hat draußen auf dem Rasen ein halbes Dutzend hohe runde Tische aufgestellt, drapiert mit weißen Tüchern, goldenen Schleifen und gelbem Blumenschmuck. In jeder Vase stecken neben den Röschen die unvermeidbaren goldfarbenen 75-Jahre-Pappschildchen. Glücklicherweise ist das restliche Geblinke im Garten verschwunden. Frau Enzinger hatte ein Einsehen. Nur rechts und links über den Rosenbüschen hängen zwei Reihen weißer Lichterketten, darunter stehen lange Tische, auf denen drei verschiedene Sorten Torte, etliche Teller Sandwiches, ein Kessel Suppe und das dazugehörige Geschirr auf ihren Einsatz warten. Nur die Gläser fehlen noch. Ich möchte wissen, warum sich Nicole nicht darum kümmert. Sie ist doch eigentlich für die Haushaltsdinge zuständig. Aber ich will nicht meckern. Wenigstens bei Enzingers Geburtstagsfeier 2.0 soll alles reibungslos klappen.

Ich trage wieder mein Hummerkorallenkleid (diesmal passt es wenigstens zum Anlass) und stöckele erwartungsfroh hinaus auf die Terrasse, wo meine versammelte (aber bedauerlicherweise immer noch nicht eingeweihte) Verwandtschaft wartet. Da sind sie alle wieder: Enzinger, Felix, Cora, Bernd nebst Söhnchen, der sich schon wieder in die fauchenden, zischenden Welten seines Handyspiels vertieft hat, inzwischen aber beim Friseur war und seine Haare etwas vorteilhafter geschnitten trägt. Nur Frau Enzinger fehlt noch. Nach einer Weile kommt auch Nicole hinter mir auf die Terrasse, was meine Vorfreude auf die Geburtstagsparty erheblich dämpft. Seit dem Chili-Zwischenfall haben wir kaum ein Wort mehr miteinander gewechselt. Auch jetzt würdige ich sie keines Blickes und sie mich auch nicht. Besser totschweigen als totschießen, sage ich mal.

»Na, Valentina«, murmelt Felix. »War es noch schön in Venedig?«

Ich nicke nur. Was erwartet er denn jetzt? Ein »Nee, mit dir wäre alles viel schöner gewesen«? Oder ein »Danke, ich hatte märchenhafte Tage an der Seite meines Geliebten«?

Zum Glück brauche ich nicht weiter über eine Antwort nachzudenken, denn Frau Enzinger stürmt gerade mit hochrotem Kopf heraus auf die Terrasse.

»Ich finde meine Smaragdohrringe nicht. Hat jemand meine Smaragdohrringe gesehen?«

Allgemeines Schulterzucken.

»Sie lagen vor ein paar Tagen noch in der Schmuckschatulle auf meinem Nachtschränkchen. Jetzt will ich sie anstecken – und sie sind weg.«

»Du wirst sie woanders hingelegt haben«, meint Enzinger. »Überleg doch noch mal.«

»Ich weiß genau, dass ich sie nicht herausgenommen habe.«

Frau Enzingers Stimme wird schrill.

»Es sind die Ohrringe, die du mir zur Silberhochzeit geschenkt hast, Werner. Ich trage sie immer zu dem Kleid hier. Sie passen perfekt zu diesem Grün.«

»Die Ohrringe können ja nicht verschwunden sein«, erklärt Felix. »Beruhige dich. Irgendwo im Haus müssen sie sein. Wann genau hast du sie denn zum letzten Mal gesehen, Mama?«

Frau Enzinger braucht nicht lange nachzudenken: »Es war vorige Woche, am Tag vor Vaters Geburtstag. Ich habe mir überlegt, was ich zur Feier anziehen werde, und dabei habe ich auch meinen Schmuck durchgesehen. – Nicole, du hast da doch gerade Staub gewischt in meinem Zimmer. Du hast doch gesehen, dass die Ohrringe noch in der Schatulle waren, oder?«

Nicole nickt.

»Ein Dieb war jedenfalls nicht im Haus«, sagt Cora, »der hätte noch mehr mitgenommen als ein paar Ohrringe.«

»Wir können ja alle zusammen suchen«, schlägt Nicole vor.

Frau Enzinger knetet unruhig ihre Finger.

»Ich bin mir so sicher, dass ich die Ohrringe nicht herausgenommen habe.«

»Vielleicht ja doch, Liebes«, sagt Enzinger und nimmt ihre Hand. »Du bist so nervös seit einiger Zeit. Vielleicht hast du es in der Aufregung vor der großen Feier tatsächlich vergessen.«

»Aber wo sollte ich sie denn hingelegt haben?«

»Ich lege meinen Schmuck ständig woandershin, und dann finde ich nichts mehr«, erklärt Nicole. »Wenn Sie möchten, gehe ich oben in Ihrem Zimmer noch mal nachsehen.«

Diese Heuchlerin! Das ist doch sicher alles bloß wieder ganz großes Theater. Da macht sie hier auf hilfsbereit, und dabei spekuliert sie vermutlich bloß auf eine saftige Belohnung, falls sie die Klunker findet.

»Los, Philipp!« Bernd gibt seinem Sohn einen kleinen Schubs. »Leg mal dein Handy zur Seite und widme dich für ein paar Minuten der Realität. Hilf mit, Omas Ohrringe wiederzufinden.«

»Ja, komm! Wir können einen Detektiv dabei gebrauchen!«

Immerhin, Nicole kann gut mit Kindern umgehen. Jedenfalls schält sich Philipp bereitwillig aus seinem Sessel und trabt hinter ihr her ins Haus.

»Ich sehe im Gästezimmer nach und in der Bibliothek.« Die Gazelle erhebt sich anmutig. »Da hast du doch vorhin noch die Blumen gegossen, Mama. Und du, Valentina, bist du so nett und nimmst die restlichen Zimmer im Erdgeschoss unter die Lupe? Wo suchst du, Felix?«

»Okay, ich gehe runter zur Garage. Vielleicht hat Mama die Ohrringe beim Autofahren verloren oder auf dem Weg dorthin.«

Frau Enzinger schüttelt seufzend den Kopf.

»So was Ärgerliches. Und gleich kommen die ersten Gäste.«

»Keine Sorge, Brigitte. Das Kleid steht dir auch ohne deinen Schmuck ausgezeichnet. Und der wird sich bestimmt bald finden.«

Wir schwirren ab durchs ganze Haus. Enzinger hat recht, irgendwo müssen die Ohrringe ja schließlich liegen. Ich durchforste die Küche und die Abstellkammer. Ich schaue unter Schränke und Regale, ob dort etwas hinuntergerollt ist, aber vergeblich. Im Hauswirtschaftszimmer schiebe ich sogar die Waschmaschine ein paar Zentimeter zur Seite, entdecke aber dahinter nur zwei verstaubte Lockenwickler und eine eingerissene Eintrittskarte. (Ein klassisches Konzert im vorigen November, Beethovens *Schicksalssymphonie* mit den Münchner Philharmonikern. Ausgerechnet.) Aber nirgendwo leuchten die grünen Smaragde.

Dann müssen eben die anderen fündig werden, denke ich. Jetzt sollten wir allmählich mal mit dem Feiern anfangen. Das geht ja notfalls auch ohne die passenden Ohrringe.

»Ich hatte leider kein Glück«, sage ich, als ich zurück auf die Terrasse komme. Frau Enzinger starrt mich mit versteinerter Miene an. Nicole und Philipp sind auch schon wieder da. Sie stehen wie verloren daneben. Enzinger schaut mit gesenktem Kopf auf den Terrakottaboden, und auch Bernd weicht meinem Blick aus. Wenn ich die Gesichter in der Runde richtig deute, ist die Suchaktion bis jetzt nicht besonders erfolgreich verlaufen. Vielleicht haben Cora und Felix ja mehr Erfolg. Sie sind noch nicht zurück.

»Vielleicht sollte man mal im Staubsaugerbeutel nachsehen«, fällt mir ein. »Könnte doch sein, dass die Ohrringe auf den Boden gefallen sind und sie jemand eingesaugt hat.«

Dabei werfe ich Nicole einen So-was-Bescheuertes-könnte-auch-nur-dir-passieren-Blick zu. Aber sie zieht nur grinsend eine Augenbraue in die Höhe.

»Das ist nicht nötig, Valentina, wir haben die Ohrringe gefunden.«

Na, Gott sei Dank! Warum dann bloß diese miesepetrige Stimmung hier draußen? Frau Enzinger müsste doch eigentlich vor Erleichterung übers ganze Gesicht strahlen.

»Super. Wo lagen sie denn?«

Nach meiner Frage herrscht ein paar Sekunden lang

ein unheilvolles Schweigen auf der Terrasse. Dann spricht Enzinger mit brüchiger Stimme:

»Die Steine lagen in Ihrem Zimmer, Valentina.«

Ich starre von einem zum anderen.

»Wie?«

»Meine Ohrringe lagen auf dem Tisch in Ihrem Zimmer«, erklärt Frau Enzinger streng und hält mir ihre Hand entgegen. In ihrer offenen Handfläche glitzern Smaragde und Brillanten im Sonnenlicht. »Können Sie uns das bitte erklären, Valentina?«

»In meinem Zimmer? Das ... das kann überhaupt nicht sein. Nie und nimmer haben diese Ohrringe auf meinem Tisch gelegen. Ich bin doch gerade erst heruntergekommen. Ich hätte sie doch gesehen. Ich ...«

»Reden Sie sich bitte nicht heraus!«, unterbricht mich Frau Enzinger. »Philipp hat die Ohrringe soeben in Ihrem Zimmer gefunden.«

»Philipp?« Ich starre den Jungen ungläubig an, aber er nickt.

»Ehrlich. Die lagen da mitten auf dem Tisch, Valentina. Ich hab sie gleich entdeckt, als ich reingekommen bin.«

»Das kann nicht sein«, wiederhole ich mich. »Ich habe diese Ohrringe noch nie gesehen.«

»Was ist denn hier los?« Cora und Felix haben ihre Suchaktion ebenfalls beendet und kommen nacheinander auf die Terrasse. »Nun, schaut doch nicht alle so unglücklich aus der Wäsche! Mama, wir kaufen dir neue Ohrringe, wenn die alten nicht mehr auftauchen.«

»Das ist nicht das Problem, Felix«, murmelt Enzinger.

»Sondern?« Cora und Felix blicken fragend von einem zum anderen.

»Valentina hat die Ohrringe geklaut!«, platzt Nicole heraus. »Philipp hat sie in ihrem Zimmer gefunden.«

»Valentina hat – was?« Felix fährt zu mir herum.

»Nein, nein!«, schreie ich. »Das stimmt nicht. Ich habe diese Ohrringe noch nie gesehen!«

»Vielleicht sollten Sie besser die Polizei holen!«, schlägt Nicole vor. Ich starre sie an. Ich starre Philipp an. Wie um Himmels willen sind diese verdammten Ohrringe in mein Zimmer gekommen?

»Nicole!«, entfährt es mir. Sie muss es gewesen sein. Na klar, wer sonst. Diese miese Schlange hat den Schmuck auf meinen Tisch gelegt, um mir schon wieder eins auszuwischen. Und dann hat sie Philipp dazu gebracht, in meinem Zimmer nachzusehen. Was für eine Bosheit! Wenn ich das bloß beweisen könnte! Verdammt, weshalb habe ich meine Zimmertür nicht abgeschlossen.

»Seid ihr euch sicher?« Felix sieht mich an wie ein Urwaldforscher, der sich fragt, ob er soeben ein unbekanntes Insekt entdeckt hat.

Philipp schildert jetzt noch einmal in allen Einzelheiten, wie er in mein Zimmer gegangen ist und den Schmuck dort gefunden hat.

»Was hattest du überhaupt in meinem Zimmer zu suchen?«, schnauze ich ihn an. Leider mache ich mich damit nicht weniger verdächtig.

»Wir sind froh, dass er dort nachgesehen hat«, erklärt Frau Enzinger barsch. »Jetzt wissen wir wenigstens über Sie Bescheid, Valentina. Das hätten wir nicht für möglich gehalten, dass Sie die Offenheit in unserem Hause dermaßen schamlos ausnutzen.«

Ich schüttele nur heftig den Kopf, unfähig, etwas zu sagen. Mein Mund fühlt sich an, als hätte ich Sägemehl gegessen.

»Ich bin fassungslos«, stammelt Cora. »Valentina hat gestohlen?«

»Das glaube ich nicht!« Wenigstens Felix hält zu mir. »Das kann ich mir einfach nicht vorstellen. Nie und nimmer.«

Enzinger presst die Lippen aufeinander.

»Es spricht alles gegen sie«, sagt Bernd.

»Ich habe die Ohrringe nicht geklaut!«, verteidige ich mich verzweifelt. »Jemand muss sie in mein Zimmer gebracht haben. Wenn ich die Ohrringe gestohlen hätte, wäre ich doch niemals so blöd, sie mitten auf meinen Tisch zu legen und die Tür offen zu lassen.«

»Wahrscheinlich hast du dich hier ein bisschen zu sicher gefühlt.« Schneewittchen sieht mich herablassend an. Ich finde, allmählich könnte mal die Stiefmutter mit dem roten Apfel vorbeikommen. »Du hast wohl gedacht, dass keiner in dein Zimmer geht, nicht wahr? Aber da hast du dich getäuscht. Schwupps! Dein Verbrechen ist aufgeflogen.«

»Was für ein Verbrechen? Das ist Blödsinn. Ich wette, du hast den Schmuck genommen und auf meinen Tisch gelegt, damit ich Ärger bekomme!«

»Valentina!« Frau Enziger schlägt empört mit der flachen Hand auf die Armlehne ihres Sessels. »Was reden Sie denn da? Wie können Sie Nicole so etwas Hässliches in die Schuhe schieben wollen. Wir kennen sie von Kindesbeinen an. Sie geht uns seit Jahren zur Hand, und wir hatten bislang noch niemals Grund zur Klage. Ersparen Sie uns Ihre falschen Anschuldigungen.«

»Es sind keine falschen Anschuldigungen, Frau Enzinger.« Meine Stimme nimmt allmählich ein hysterisches Kreischen an. »Ich schwöre, dass ich Ihren Schmuck nicht angefasst habe. Nicole hat mich schon einmal reingelegt. Sie war es, die neulich eine halbe Flasche Tabasco in mein Chili gegossen hat, damit es scheußlich schmeckt und ich Ärger mit Ihnen bekomme. Ich weiß nicht, warum, aber sie kann mich nicht leiden. Sie mobbt mich. Ich glaube, sie ist sauer, weil ich immer mit Ihrem Porsche fahren darf und sie nicht. Sie hat mir selbst gesagt, wie sehr sie das geärgert hat.«

»Das ist doch absoluter Blödsinn!«, kommentiert Nicole.

»Valentina, bitte machen Sie nicht alles noch schlimmer«, stöhnt Enzinger. »Mäßigen Sie sich! Was ist denn los mit Ihnen? Brauchen Sie Geld? Haben Sie finanzielle Sorgen? Weshalb haben Sie diese Ohrringe an sich genommen? Wenn Sie einen Fehler gemacht haben, können wir darüber reden. Sie wissen doch, dass ich sehr großzügig bin. Aber entschuldigen Sie sich bitte erst einmal dafür.«

»Es gibt nichts zu entschuldigen.« Ich schüttele hartnäckig den Kopf. »Das war ich nicht. Ich weiß nicht, wie der Schmuck in mein Zimmer gekommen ist.«

»Ich kann es mir auch nicht vorstellen«, murmelt Felix, »dass Valentina eine Diebin sein soll. Ich meine, wir haben sie doch alle gut kennengelernt in den vergangenen Wochen ...«

»Die Beweise liegen klar auf der Hand«, insistiert Frau Enzinger. »So leid es mir tut, dass sie uns getäuscht hat.«

»Man kann nicht in die Leute hineinsehen«, gibt Cora zu bedenken und legt eine Hand auf Felix' Arm. »Manchmal irrt man sich in jemandem. Ich schlage vor, wir rufen gleich bei Seniorenglück an und erkundigen uns über Valentina. Woher kommt sie, und wer ist sie eigentlich?« Die Gazelle redet, als wäre ich gar nicht da: »Vielleicht hat es ja schon mal ähnliche Probleme mit ihr gegeben. Wir haben überhaupt keine Papiere von ihr gesehen, nicht wahr? Wir wissen nicht mal, welche Referenzen sie vorzuweisen hat. Valentina ist doch ganz kurzfristig eingesprungen. Sollte nicht eigentlich eine andere Pflegerin zu uns kommen? Die Leute von Seniorenglück können uns sicher ein paar Informationen über Valentina liefern.«

O Gott, bitte nicht bei Seniorenglück anrufen. Bitte nicht nach mir fragen. Bitte nicht ...

»Das ist eine gute Idee, Cora.« Felix zieht schon sein Handy aus der Hosentasche. »Die Leute aus der Agentur haben sich schließlich schon seit Jahren ein Bild von Valentina gemacht. Sie werden uns sicherlich sagen, dass sie eine vertrauenswürdige Person ist, die sich noch nie etwas hat zuschulden kommen lassen.«

»Das wollen wir hoffen.« Enzinger fährt sich unruhig mit der Rechten durch sein schütteres Haar.

»Manche Leute werden ganz plötzlich kriminell«, tönt Nicole. »Auch wenn sie vorher total normal waren.«

Da hat sie recht. Ich werde gleich dermaßen kriminell, dass ich Schneewittchen eigenhändig den Hals umdrehe, wenn sie nicht sofort ihren Mund hält.

Felix tippt schon eine Nummer ein. Ich höre das Freizeichen.

Hoffentlich sind bei Seniorenglück gerade alle so schwer beschäftigt, dass keiner ans Telefon gehen kann. Hoffentlich ist niemand da, bei dem sich Felix über eine Pflegerin namens Valentina Meyer erkundigen kann. Hoffentlich finden gerade umfangreiche Bauarbeiten bei Seniorenglück statt, und ein Bagger kappt in dieser Sekunde mit Schwung die Haupttelefonleitung vor dem Haus. Hoffentlich ...

»Hallo, ich grüße Sie!«, spricht Felix in sein Telefon. »Hier ist Enzinger. Ich habe da mal eine Frage ...«

Mit diesen Worten verschwindet er im Wohnzimmer.

Ich glaube, mir ist schon wieder schwindelig. Gleich platzt hier die Bombe. Ich sehe mich um. Gibt es eine Fluchtmöglichkeit? Schaffe ich es, von der Brüstung zu springen, um das Haus herum zum Tor zu laufen und mein Auto zu erreichen, bevor Enzingers die Polizei alarmiert haben? Ich frage mich, ob Felix mir nachrennen, sich auf mich werfen, mich niederringen und festhalten würde, bis die Handschellen klicken.

Aber ich kann mich nicht rühren, ich bin wie gelähmt. Ich bin nicht einmal in der Lage, ohnmächtig zu werden.

Enzinger seufzt tief. Ansonsten herrscht auf der Terrasse betretenes Schweigen.

Nach zwei Minuten ist Felix wieder draußen. Sein Gesicht ist kalkweiß.

»Bei Seniorenglück«, sagt er atemlos, »gibt es überhaupt keine Pflegerin namens Valentina Meyer.«

36.

Ich sitze im Wohnzimmer auf meinem Sofa und habe schon eineinhalb Packungen Taschentücher vollgeheult. Und noch immer laufen mir Rotz und Wasser übers Gesicht. Der einzige Trost ist, dass ich nicht im Gefängnis gelandet bin. Enzingers haben dankenswerterweise auf den Einsatz der Polizei verzichtet. Aber das ist auch schon alles. Hatte ich vor drei Wochen gedacht, mein Leben sei eine Katastrophe? Was für eine Fehleinschätzung. Verglichen mit heute war ich damals ein Glückskind!

Eva steht auf: »Jetzt mache ich erst mal Baldriantee für Beruhigung, und dann wir sehen weiter.«

»Baldriantee?«, schniefe ich. »Noch so ein ekliges Kräutergebräu?«

Wehe, der schmeckt wieder so nach Katzenpipi wie der letzte Sud, den Eva mir gebraut hat. Dann werfe ich die Kanne mit Schwung gegen die Wand, das würde meinem Chi verdammt guttun.

Ich habe keine genaue Erinnerung mehr daran, wie ich von der Enzinger'schen Terrasse in meine Wohnung gekommen bin. Ich sehe nur noch Enzingers Gesichtsausdruck vor mir, als er Felix' Worte hörte. Diese Mischung aus Ungläubigkeit, bitterer Enttäuschung und aufflammendem Zorn. Als könne er es nicht fassen, dass er einer Betrügerin auf den Leim gegangen ist, dass er ausgerechnet einer Lügnerin das tiefste Geheimnis seines Lebens anvertraut hat.

Ich erinnere mich an Frau Enzingers zusammengekniffene Lippen und dann die herausgepressten Worte an mich: »Wer sind Sie? Was tun Sie in unserem Haus? Wo ist Eva?«

Coras vorsichtige Frage, während sie mir direkt in die Augen sieht: »Sollen wir Valentina anzeigen?«

Felix, der den Kopf schüttelt: »Nein, sie soll uns erst einmal erzählen, wer sie wirklich ist. Bestimmt gibt es für alles eine Erklärung ...«

Nicoles triumphierendes Keifen: »Klar gibt es eine Erklärung. Sie hat sich in Ihr Haus eingeschlichen, um hier alles, was nicht niet- und nagelfest ist, mitgehen zu lassen. Wer weiß, was sie noch auf dem Kerbholz hat. Vielleicht hat sie diese Eva gekidnappt. Ich hab da mal so einen Film gesehen. Vielleicht ist Valentina – oder wie sie auch heißen mag – eine gesuchte Seriendiebin, die schon seit Jahren ahnungslose Senioren ausnimmt.«

Philipp, der, schwerst beeindruckt von dem Lauf der Ereignisse, ein »Voll krass« von sich gibt. Wahrscheinlich würde er den Kriminalfall in seiner Familie am liebsten mithilfe seines Smartphones im Internet verbreiten. Mit Foto. Nach dem Motto: Wer kennt diese Frau? Vorsicht, Schusswaffengebrauch.

Bernd, der sich mit der Rechten über das Kinn streicht und ein »Das kann doch wohl alles nicht wahr sein« murmelt.

Nur ich, ich sage nichts. Mein Mund ist wie zugeklebt. Ich schaue von Enzinger zu Felix und wieder zurück und wünschte, ich hätte ihm alles längst erzählt, neulich, damals, in Venedig an seinem Geburtstag, als die Welt noch in Ordnung war.

»Ja, es stimmt«, fasse ich mir endlich ein Herz. »Ich – ich bin wirklich keine Pflegerin. Ich habe mit Eva getauscht, wissen Sie. Eigentlich ... also ... bin ich nur ganz zufällig in Ihrem Haus ...«

»Ersparen Sie uns die Einzelheiten«, schnarrt Enzinger mich an. »Sie haben uns belogen und betrogen, unsere Großzügigkeit aufs Schändlichste ausgenutzt. Ausgerechnet Sie, Valentina. Noch nie bin ich von jemandem dermaßen enttäuscht worden. Und mit Ihnen bin ich nach Venedig gefahren. Mit Ihnen habe ich gegen die Kreuzfahrtschiffe demonstriert. Ihnen habe ich ...«

Er bricht ab, von Kummer und Empörung überwältigt.

»Herr Enzinger, lassen Sie mich das erklären. Ich bin nicht die, für die Sie mich halten. Ich meine ...«

»Schluss jetzt, Valentina. Keine weiteren Lügengeschichten mehr. Sie haben ein falsches Spiel mit uns gespielt, und mehr möchte ich gar nicht von Ihnen wissen. Ich gebe Ihnen genau fünf Minuten ab jetzt, um nach oben zu gehen und Ihre Sachen zu packen. Meine Tochter wird Sie begleiten. Und dann verschwinden Sie, so schnell Sie können, aus unserem Haus und lassen sich hier nie wieder blicken. Und diese Eva auch nicht. Ich will überhaupt keine Pflegerin mehr haben. Und seien Sie froh, dass wir nicht die Polizei holen.«

Ich habe ihn noch nie so wütend gesehen. Kreidebleich ist er. Hoffentlich macht sein altes Herz das mit. Mit Schrecken denke ich an seinen Schwächeanfall in Venedig. Wenn ich jetzt alle Karten auf den Tisch lege und ihm sage, dass ich seine Tochter bin, klappt er bestimmt zusammen. Und wer weiß, ob er sich dann wieder so schnell erholt wie in Venedig. Was nützt es, ihm die Wahrheit zu sagen, wenn er danach tot umfällt? Außerdem habe ich ihm versprochen, niemandem etwas über die Sache mit meiner Mutter zu erzählen. Aber gilt das auch für den Fall, dass ich fälschlicherweise des Betrugs und gemeinen Diebstahls bezichtigt werde?

»Vater, lass Valentina doch wenigstens ...«

Aber Enzinger lässt nicht einmal Felix ausreden. »Nein, es ist vorbei«, sagt er mit einer heftigen Handbewegung. »Schluss, aus. Ich möchte kein Wort mehr hören von dieser ... dieser ...«

Während er noch nach der richtigen Bezeichnung für mich sucht, ertönt von irgendwoher ein Trompetensignal, und dann folgt unverkennbar ein geschmettertes Happy Birthday.

»O Gott«, macht Frau Enzinger, während die musikalischen Klänge näher kommen. »Die Geburtstagsgäste sind da. Kollege Brinkmayer mit seinem Ständchen.«

»Los, komm, Valentina!« Cora steht auf und fasst mich am Arm. »Du holst jetzt deine Sachen und siehst zu, dass du verschwindest, bevor die Party losgeht.«

»Welche Party?«, schnaubt Herr Enzinger.

Felix schaut mich an, und ich schaue zurück, und dann verschwinde ich hinter Cora im Haus.

»Warum hast du denn Enzingers nicht alles erzählt?«, fragt Eva, als sie mit meiner Teekanne und zwei dicken Tassen zurück zu mir ins Wohnzimmer kommt. Sie gießt uns ein. Es riecht seltsam. Aber immerhin nicht nach Katze.

»Warum hast du nicht sauberen Tisch gemacht? Wieso bist du einfach weggelaufen?«

»Ich konnte doch nichts sagen«, verteidige ich mich, trinke einen Schluck und verbrühe mir an dem heißen Tee prompt die Oberlippe. »Erstens hatte ich Angst, dass mein Vater vor Schreck einen Herzinfarkt bekommt, und außerdem hatte ich ihm doch versprochen, dass ich niemandem sein Geheimnis verrate. Wenn ich mich geoutet hätte, dann hätten alle von seiner Affäre erfahren.«

»Was für eine große Unsinn!«, protestiert Eva. Je mehr sie sich ereifert, desto stärker wird ihr Akzent. »Jetzt alle glauben, bist du schlechter Mensch, bloß weil du Geheimnis von alte Mann nicht wollen verraten. So eine große Unsinn!«

Ich reiße noch eine Packung Tempo auf und schnäuze mein ganzes Elend in das Papiertuch. Wieso mache ich eigentlich immer alles falsch?

»Jetzt bekommst du bestimmt Ärger mit den Leuten von Seniorenglück«, schniefe ich. »Weil du gar nicht gearbeitet hast, sondern deine Stelle einer völlig inkompetenten Frau überlassen hast, die alle für eine Diebin halten. Es tut mir so leid, Eva.«

Ein unkontrollierter Schluchzer entweicht meinem Inneren. Eva zuckt mit den Schultern.

»Finde ich eben andere Stelle. Bin ich eine gute Altenpflegerin. Die werden gesucht in Deutschland. Und wenn nicht? Kein Problem: Heirate ich meinen Herr Rubens und kraule ihm die ganze Tag die Nacken!«

Wenigstens Eva hat ihren Optimismus noch nicht verloren. Sie schlürft geräuschvoll etwas Tee und sagt, als sie die Tasse wieder abstellt:

»Ich glaube, ist Zeit, mit deine Mutter über alle Dinge zu reden.«

»Mit meiner Mutter? Bist du verrückt?«

»Nein, bin ich nicht. Gibt Momente in Leben, da braucht man Rat von Mama. Ich glaube, jetzt ist so eine Moment.«

»Wieso das denn? Ich – ich habe mir noch nie bei meiner Mutter einen Rat geholt. Jedenfalls kann ich mich nicht daran erinnern. Jedenfalls nicht in den letzten fünfundzwanzig Jahren.«

»Warum erzählst du ihr nicht endlich ganze Geschichte?«

»Warum sollte ich?«

»Weil – macht es dein Herz leichter.«

»Mein Herz!«, maule ich. »Ausgerechnet mein Herz!« Auf

dieses Organ möchte ich im Moment am liebsten ganz verzichten.

»Irgendwann deine Mutter muss doch wissen, was du hast gemacht in den vielen Wochen. Dass du hast deinen Vater kennengelernt und warst mit ihm in Venedig. Oder soll da schon wieder großes Geheimnis geben in eure Familie? Mach doch endlich mal Schluss mit diese ganze heimlich-heimlich und keiner-darf-nix-wissen. Redet doch endlich einmal zusammen. Wie viel Unglück soll denn noch passieren in die ganze Verwandtschaftskonfusion?«

Statt einer Antwort nehme ich noch einen Schluck Tee, und es ist mir völlig egal, dass ich mir dabei die Zunge verbrenne. Könnte es sein, dass Eva recht hat? Sollte ich die Dinge in die Hand nehmen und dieser ungesunden Geheimniskrämerei in der inoffiziellen Patchworkfamilie Enziger-Krömrath-Meyer allmählich ein Ende bereiten?

»Was soll passieren?«, fragt Eva. »Wovor hast du Angst, Valentina?«

Frau Leberecht hätte es nicht besser formulieren können.

Was weiß ich, wovor ich Angst habe, überlege ich. Dass meine Mutter wütend wird oder traurig, weil ich mich in Dinge einmische, die mich nichts angehen? Aber eigentlich finde ich, dass mich mein eigener Vater eine ganze Menge angeht.

Eva steht auf und reicht mir das Telefon vom Regal herüber.

»Hier, rufst du an. Muss sowieso gerade in die Wäschekeller gehen und meine Sachen von Leine holen.«

Als die Wohnungstür hinter ihr zuklappt, starre ich das Telefon in meiner Hand an, als wüsste ich nicht, was man mit so einem Gerät anfängt. Aber dann tippe ich die Nummer ein.

Wahrscheinlich ist sie gar nicht zu Hause, denke ich.

Wahrscheinlich ist sie schon wieder unterwegs. Sie ist doch immer unterwegs, wenn ich sie brauche.

»Hallo, Liebes«, sagt meine Mutter, nachdem es dreimal getutet hat. »Was gibt's Neues bei dir?«

Es fällt mir gleich auf, als ich Mutters Arbeitszimmer betrete: Zwei ihrer Kakteen auf der Fensterbank haben angefangen zu blühen. Der eine weiß, der andere rot.

Meine Mutter sitzt an ihrem Schreibtisch, die langen Haare zu einem lockeren Zopf geflochten, vor sich Dutzende Fotos ausgebreitet. Dschungelansichten aus verschiedenen Perspektiven, schwer beladene Holztrucks auf schlammigen Lehmstraßen, Gruppen von Menschen, aufgespannte Transparente. Darüber und darunter liegen Straßenkarten, Zettel mit handschriftlichen Notizen, Flugblätter, ein paar dicke Buntstifte und ihr aufgeklappter Laptop.

»Ich arbeite gerade an dem Bericht über unsere Brasilienkampagne«, erklärt sie. »Er soll demnächst im Greenpeace-Magazin erscheinen. Willst du mal sehen?«

Ich beuge mich über das Chaos. Wie aus diesem bunten Potpourri ein übersichtlicher, informativer Artikel entstehen soll, ist mir schleierhaft.

»Hier«, sagt sie und hebt eines der Bilder hoch. »Das ist Lutz.«

»Wieso Lutz? Was ist Lutz?«

Ich nehme das Foto in die Hand. Keine Ahnung, weshalb ich damit gerechnet hatte, auf dem Bild die schmalen Augen eines Brillenkaimans zu sehen, ein dösendes Dreifingerfaultier oder einen Laubfrosch. Meine Mutter hatte immer eine sehr persönliche Beziehung zu den Tieren, denen sie das Leben rettete. (Sie gab selbst den Spinnen in unserer Wohnung einen Namen, bevor sie sie mithilfe eines leeren Marmeladenglases und eines Stücks Pappe zurück an die frische

Luft beförderte. Als sie einmal – ich war noch sehr klein – von Erna-Luise sprach, dachte ich erst, wir hätten eine neue Mitbewohnerin in unserer Kommune.)

Diesmal ist aber kein Tier auf dem Foto. Ein nicht mehr junger, unrasierter Mann mit rötlichen Haaren grinst mich an, die eine Hand zum Gruß erhoben, in der anderen hält er eine kleine Videokamera. Er trägt eine in Kniehöhe abgeschnittene Jeans und ein weißes T-Shirt; sein Gesicht ist zerknittert und verwittert, als hätte er in seinem Leben zu viel Sonne abbekommen. Um ihn herum wuchert mutmaßlich brasilianischer Dschungel.

»Das ist Lutz?« Irritiert lasse ich das Bild sinken. »Wer ist der Mann? Sag mal, habe ich was verpasst?«

Meine Mutter lächelt. Ein hübsches, gelöstes Lächeln, das ihr sehr gut steht.

»Das ist der Journalist, der uns begleitet hat. Ich wollte dir ja neulich bei unserem Treffen am See schon von ihm erzählen, aber du wolltest mir ja gar nicht zuhören. Du warst nur damit beschäftigt, vor deinem ehemaligen neuen Freund zu fliehen. Wie gefällt er dir, der Lutz?«

»Oh, gut. Ja, doch. Er sieht nett aus.«

»Er *ist* nett. Ein bisschen jünger als ich, neunundfünfzig. Aber das macht doch nichts, findest du nicht auch? Ich wirke ja auch nicht gerade wie eine alte Schachtel, oder?«

Das Letzte sagt sie fast ein bisschen kokett. Ich kann mich nicht daran erinnern, sie jemals so heiter erlebt zu haben. Geradezu übermütig.

Ich muss an Enzinger denken, wie er vor ein paar Tagen über meine Mutter sprach und sagte, sie sei immer noch eine wunderschöne Frau, trotz ihrer grauen Haare. Er hat absolut recht.

»Sag mal, Mama, bist du etwa verliebt?«

Komisch, so etwas die eigene Mutter zu fragen.

Sie senkt den Blick und wird tatsächlich ein bisschen rot dabei.

»Ich weiß nicht. Vielleicht. Ist das wichtig?«

»Na klar. Sehr wichtig. Ich habe noch nie erlebt, dass du dich verliebt hast. Es wurde höchste Zeit, findest du nicht? Es steht dir gut.«

»Oh, danke.« Sie wird noch einen Hauch röter. »Verrückt, nicht wahr? Jetzt bin ich schon über sechzig, und da treffe ich den Mann, der ... bei dem ... Wie soll ich sagen ...«

»Der Mann, der dich endlich glücklich macht, Mama.«

Der nur für dich da ist. Der nur dich liebt und den nicht plötzlich sein schlechtes Gewissen übermannt, weil er in einer hübschen weißen Villa am Starnberger See noch eine Ehegattin und zwei nette Kinder hat. Einer, mit dem du eine Zukunft hast.

Ich schaue dem Mann auf dem Foto in die Augen. Lutz also. Hätte sie den Burschen nicht schon dreißig Jahre früher kennenlernen können? Das hätte ihr eine Menge Kummer erspart. Und mir auch. Ich lege das Bild zurück zu den anderen auf den Schreibtisch. Lutz sei Dank. Ich glaube, sie kann es jetzt erfahren.

»Hör mal, Mama, weshalb ich hergekommen bin ...«

Am besten, ich rede nicht lange um den heißen Brei herum, sonst verlässt mich am Ende doch nur wieder mein Mut. Deshalb schieße ich ohne Vorwarnung los:

»Mama, ich habe meinen Vater kennengelernt.«

Es folgt ein Moment der Totenstille. Das verklärte Lächeln in ihrem Gesicht erlischt wie die Flamme auf einem Gasherd, wenn man den Schalter abdreht.

»Wen hast du ... Wie hast du ... Woher ...?«

Ihre Stimme ist ein einziges Stammeln. Ich hoffe, ich habe keinen Riesenfehler begangen.

»Ich habe die Pralinenschachtel hinter deinem Regal entdeckt, als ich neulich nach der Kopie für deinen Reisepass gesucht habe.«

»Die Schachtel?« Ihr Gesicht wird blass. »Ich habe seit Jahren nicht mehr ... Ich wusste gar nicht ...«

Ich ziehe die Schachtel aus meiner Tasche und lege sie auf ihren Schreibtisch, mitten auf die Fotos. Ich habe eine dicke rote Schleife darumgebunden. Jetzt sieht es aus wie ein altmodisches Geburtstagsgeschenk. Meine Mutter starrt den flachen geblümten Karton an. Dann streckt sie ihre Hand aus und streicht mit den Fingerspitzen ganz vorsichtig über den Schriftzug »Edle Auslese in Zartbitter«.

»Ach Gott«, seufzt sie dabei.

»Es tut mir leid, Mama, aber ich habe seinen Brief gelesen und den Zeitungsartikel, dann habe ich ihn gegoogelt. Es war ganz einfach, ihn zu finden. Er wohnt noch immer in Starnberg. Aber er arbeitet schon lange nicht mehr als Architekt. Er sitzt jetzt im Rollstuhl.«

Meine Mutter sieht mich an, sagt aber nichts.

»Er hatte vor ein paar Jahren einen Unfall auf einer Baustelle«, erzähle ich weiter. »Seitdem hat er Schmerzen und kann nicht mehr gut laufen. Er ist noch mit der Frau von damals verheiratet, und sie haben zwei Kinder, die sind ein paar Jahre älter als ich. Und einen Enkel. Ich habe in seinem Haus gewohnt, ich habe mich als Pflegerin ausgegeben und mich um ihn gekümmert. Er wusste nicht, wer ich wirklich bin ... Und an seinem Geburtstag waren wir zusammen in Venedig.«

»In Venedig? Du und Werner?«

»Ja, Werner Enzinger und ich, und da hat er mir von dir erzählt. Wie ihr euch kennengelernt habt auf dieser Demo und dass er mit mir zum ersten Mal in Venedig war.«

»Das hat er gesagt? Nach all den Jahren? Und er war tatsächlich nie zuvor in Venedig? Was ... was hat er noch erzählt?«

»Dass er dich sehr geliebt hat und dass es ihm unendlich leidtut, wie er mit dir umgegangen ist. Und dass alles anders geworden wäre, wenn er nicht verheiratet gewesen wäre.«

Meine Mutter betrachtet schweigend die Schachtel in ihren Händen.

»Er kennt deine Homepage.«

»Wirklich?« Das flüstert sie beinahe.

»Er sagt, er schaut sie ganz oft an und ist stolz auf dich, dass du dich so engagierst. Und nicht nur das, er überweist dir jeden Monat Geld auf dein Spendenkonto.«

»Er ist das? Der Werner?«

Ich nicke. Jetzt sehe ich, wie ihr die Tränen in die Augen steigen. Aber sie lächelt dabei.

»Der Werner.« Sie schüttelt den Kopf, immer wieder. »Dass es den Werner noch gibt ... Ich kann es gar nicht richtig fassen. Ich habe zuletzt gar nicht mehr viel an ihn gedacht. Vor allem, seit ich Lutz kennengelernt habe. Es ist alles doch schon so schrecklich lange her. Mehr als mein halbes Leben. Und du wohnst einfach in seinem Haus? Unglaublich! Warum hast du mir die ganze Zeit nichts davon erzählt?«

»Ich wusste nicht, wie. Am Telefon? Während du dich in Brasilien mit rabiaten Holzfällern anlegst? Warum hast du mir nie etwas von ihm erzählt?«

»Ach Valentina. Ich dachte, wenn du weißt, wer dein Vater ist, dann würdest du ihn auch besuchen wollen, und – na ja – er wollte doch nicht, dass seine Familie von mir erfährt. Damals war ich noch so jung, da habe ich mich wirklich an seine Bitte gehalten. Ich habe ihn so sehr geliebt. Ich wollte ihn nicht enttäuschen. Wahrscheinlich hältst du mich für sehr dämlich, nicht wahr?«

»Nein, Mama.«

»Heute würde ich das natürlich anders machen. Da würde

ich ihn nicht so einfach aus seiner Verantwortung entlassen. Aber damals ...«

»Warum hast du mir nicht später von ihm erzählt? Als ich dann erwachsen war. Da hätte ich dich doch vielleicht verstanden.«

Meine Mutter zuckt mit den Schultern.

»Ich hatte gedacht, es wäre besser so. Ich wollte keine Komplikationen. Aber im Nachhinein betrachtet, war es vermutlich keine gute Idee, dir deinen Vater vorzuenthalten. Es tut mir leid, Valentina.«

»Ist schon okay, Mama.«

»Hast du deinen Vater sehr vermisst?«

»Schwer zu sagen, ich wusste ja nicht, wie das ist, einen Vater zu haben. Aber manchmal habe ich dich vermisst, weil du so oft unterwegs warst.«

»Ging es dir nicht gut in unserer WG? Ich hatte gedacht, wenn wir schon keine richtige Familie sein können, dann wäre es gut, mit vielen Freunden zusammenzuleben.«

»Klar, das war immer super mit den Leuten. Aber manchmal wäre ich doch lieber mit meiner Mama zusammen gewesen als mit Kalle oder den anderen. An meinem ersten Schultag zum Beispiel. Warum musstest du ausgerechnet an dem Tag zu dieser blöden Demo gehen?«

»Das war keine blöde Demo, Valentina. Das war der Tag, an dem der Grundstein für einen gigantischen Hotelkomplex im Münchner Süden gelegt werden sollte, direkt an einem Naturschutzgebiet, ohne Rücksicht auf die bedrohten Nagetiere, die dort lebten ...«

»Ah, klar, die Sumpfspitzmaus. Ich erinnere mich.«

»Ja, ein Tier, das auf der roten Liste steht. Bestand gefährdet. Aber ehrlich gesagt, es ging mir gar nicht in erster Linie um die Sumpfspitzmaus.«

»Sondern?« Ich ziehe die Augenbrauen hoch.

»Rate mal, wer der Architekt des Hotels war.«

»Ach nee. Enzinger?«

»Ja. Werner. Das hatte ich in der Zeitung gelesen. Deshalb wollte ich unbedingt an der Demo teilnehmen. Ich hatte gedacht, dass ich ihn vielleicht wiedertreffen würde. Dass vielleicht alles wieder so werden würde wie damals ...«

»Aber?«

»Natürlich nicht. Er ist nicht mal gekommen. Er hat seinen Partner aus dem Büro geschickt.«

»Und deshalb hat du jahrelang gegen jedes größere Bauprojekt in Deutschland demonstriert, nur um Enzinger vielleicht einmal wiederzutreffen?«

»Na ja, nicht nur deshalb. Du weißt, dass mir der Umweltschutz viel bedeutet. Schön wäre es schon gewesen, Werner noch einmal zu begegnen, aber ich habe ihn nie wiedergesehen.«

Meine Mutter blickt stumm auf die Pralinenschachtel. Dann zieht sie die Schleife auf und hebt den Deckel hoch. Sie betrachtet den Zeitungsartikel und liest den Brief. Ich sehe, wie sie schluckt, als hätte sie einen Kloß im Hals. Als sie dann die Krawatte aufhebt, huscht doch so etwas wie ein Lächeln über ihr Gesicht.

»Die habe ich ja seit Jahren nicht mehr in der Hand gehabt ...«

»Dass du seinen Brief aufbewahrt hast und den Zeitungsartikel, das kann ich ja noch verstehen. Aber wieso ausgerechnet diese grässliche Krawatte?«

»Ach Valentina.« Meine Mutter streichelt die Krawatte, als hätte sie ein kleines Kätzchen auf dem Schoß. »Sonst ist mir ja nichts mehr geblieben von ihm.«

Ich sehe sie fragend an, und sie erzählt weiter: »Es war der Tag, bevor wir nach Venedig fahren wollten. Werner hatte einen wichtigen Termin in München, und danach sind wir noch spazieren gegangen, er und ich, durch den Englischen Garten. Immer ein wenig abseits der großen Wege, damit wir möglichst niemandem begegneten, den wir kannten. Da bin ich über eine Wurzel gestolpert und habe mir den Fuß verknackst. Werner hatte solche Sorgen, dass es etwas Schlimmes sein könnte, eine Bänderzerrung vielleicht, und dass ich nicht fit sein würde für unsere Spaziergänge durch Venedig. Weil wir nichts Besseres dabeihatten, band er seine Krawatte ganz fest um meinen Knöchel. Ich erinnere mich noch genau, wie ich auf einem Baumstumpf saß und gelacht habe, als er da so an meinem Fuß herumdokterte. Das war unser letzter gemeinsamer Tag, Valentina. Danach habe ich ihn nie mehr wiedergesehen. Als ich ihm seine Krawatte am nächsten Tag zurückgeben wollte, ist er nicht gekommen. Ich fand nur noch seinen Brief vor meiner Wohnungstür.«

»Ach Mama. Das ist ja schrecklich traurig.«

»Es ist okay, Valentina. Inzwischen bin ich wirklich darüber hinweg.«

Sie faltet die Krawatte zusammen, legt sie zurück in die Schachtel und setzt den Deckel wieder darauf. Dann nimmt sie meine Hand. Sie fühlt sich warm und gut an.

»Ich bin froh, dass du endlich alles weißt, Valentina.«

»Ich auch, Mama. Und ich wünsche dir und Lutz, dass ihr mindestens hundert Jahre alt werdet – und dass ich nicht wieder sechsunddreißig Jahre warten muss, um den Mann deines Lebens kennenzulernen.«

»Nein. Diesmal nicht. Ich stelle ihn dir ganz bald vor. Das verspreche ich dir.«

Wir lächeln uns an, meine Mutter und ich.

»Und jetzt, Valentina? Wie geht es weiter? Wie hat Werner eigentlich reagiert, als er von dir erfahren hat? Es muss doch ein Schock für ihn gewesen sein, nach all den Jahren zu erfahren ...«

»Ach Mama, er weiß noch immer nicht, dass ich seine Tochter bin. Ich kam nicht dazu, es ihm zu erzählen.«

Ich spüre geradezu, wie sich mein Gesicht verdüstert, als ich an meine letzten Minuten im Hause Enzinger denke. Ich schildere meiner Mutter die Sache mit den gestohlenen Ohrringen und meinem dringenden Tatverdacht gegen Nicole.

»Dieses Luder!«, empört sich meine Mutter. »Und so ein mieses Stück geht bei Werner ein und aus? Wie kann er sich nur so hintergehen lassen.«

»Sie kennen Nicole schon lange, er und seine Frau. Sie ist die Tochter eines Freundes. Der glauben sie natürlich mehr als einer Pflegerin, die da plötzlich in ihr Haus geschneit ist und sich dann noch als falscher Fuffziger entpuppt.«

»Falscher Fuffziger!«, zischt meine Mutter. »Wie kann Werner so etwas von dir denken?«

Das frage ich mich auch. Aber die Indizien im Hause Enzinger haben diesen Schluss leider nahegelegt, das muss ich zugeben.

»Dieses Früchtchen möchte ich mir ja gerne mal ansehen. Weißt du, wie sie heißt?«

Meine Mutter zieht den Laptop zu sich heran.

»Na ja, Nicole eben. Nicole mit C, soweit ich weiß. So stand es auf der Gästeliste für Enzingers Geburtstagsfest.«

»Und wie weiter?«

»Ihren Nachnamen kenne ich nicht. Aber der ist doch jetzt auch völlig egal.«

»Ist er nicht!«, behauptet meine Mutter.

»Was hast du vor, Mama?«

»Gelobt sei das Internet. Man kann schließlich über jeden etwas im Netz herausfinden, und ich würde mir diese hinterhältige junge Dame gern mal näher ansehen. Aber der Name Nicole allein hilft uns bei der Recherche leider nicht weiter.«

»Ich könnte Felix anrufen und ihn fragen ...«

»Felix?«

»Enzingers Sohn.« Das mit meiner vorübergehenden Verliebtheit in meinen Bruder behalte ich erst mal für mich. Ich möchte die ganze Sache nicht unnötig verkomplizieren. Meine Mutter hat im Moment schon genug zu verkraften. Ob Felix mir behilflich sein wird, wenn ich nach Nicoles Namen frage? Eigentlich war er der Einzige in der ganzen Familie, der bis zuletzt zu mir gestanden hat. Alle anderen Enzingers würden wahrscheinlich sofort das Telefon fallen lassen, wenn sie meine Stimme hörten.

Ich tippe Felix' Nummer ein und lasse es klingeln. Schon nach ein paar Sekunden springt seine Mailbox an. Ich drücke auf die rote Taste, ohne eine Nachricht zu hinterlassen. Wahrscheinlich ist es sinnlos, ihn im Moment erreichen zu wollen. Wahrscheinlich tobt gerade die lärmende Geburtstagsparty mit reichlich Trompetenmusik in Enzingers Garten. Da hört er das Klingeln seines Handys nie im Leben.

Jens fällt mir noch ein. Jens kennt die Enzingers schließlich seit vielen Jahren. Da ist es gut möglich, dass er mir mit Nicoles Nachnamen weiterhelfen kann. Einen Augenblick zögere ich, weil ich wieder an diesen peinlichen Abend in Venedig denken muss. Aber dann sage ich mir: Wir wollten ja schließlich gute Freunde bleiben, und gute Freunde helfen einander weiter, wenn es wichtig ist, und jetzt ist es wichtig. Also wähle ich seine Nummer. Aber auch hier habe ich kein Glück: Nach ein paar Mal Tuten erklärt mir eine freundliche Automatenstimme, dass ich bitte nach dem Tonsignal eine Nachricht hinterlassen möge.

»Hier ist Valentina. Bist du so nett und rufst mich bald zurück? Und falls Enzingers dir die Sache mit den Ohrringen erzählt haben: Ich kann dir versichern, dass das völliger Quatsch ist. Ich bin absolut unschuldig. Ich habe nichts gestohlen. Das hast du dir hoffentlich schon gedacht.«

In dem Moment, in dem ich mein Handy zurück in die Tasche gleiten lasse, stößt meine Mutter einen Pfiff aus.

»Sieh mal, wen ich hier entdeckt habe. Ist sie das?«

Ich fahre herum. Auf dem Bildschirm des Laptops strahlt mich Schneewittchen in ihrer ganzen infamen Schönheit an.

»Ja, das ist sie. Wie hast du das geschafft, Mama?«

»Ich habe die Begriffe Nicole, Enzinger und Starnberg eingegeben und bin bei der Bildersuche gleich fündig geworden.«

Ich sehe mir das Foto genauer an. Nicole sieht etwas jünger aus als jetzt und trägt ihre Haare ein bisschen länger. Wahrscheinlich wurde das Bild vor ein oder zwei Jahren bei einer Feier im Hause Enzinger aufgenommen. Vielleicht an Frau Enzingers Siebzigsten. Der Text darunter lautet jedenfalls: »Nicole Riesenhuber mitten in der Starnberger High Society. Supersause in der Villa des weltberühmten Architekten Enzinger. Der Champagner fließt in Strömen.«

Na klar, das passt zu ihr.

»Schau mal, Mama, sie hat ein Facebookprofil. Lass uns das mal näher ansehen.«

Meine Mutter überlässt mir den Computer, und nach ein paar Klicks breitet Nicole ihr Leben vor mir aus.

»Unfassbar«, murmele ich, »sie hat überhaupt keine Sicherheitseinstellungen, kein bisschen Privatsphäre. Sämtliche Fotos sind öffentlich. Da kann jeder nach Belieben ihr Profil studieren.«

»Ich nehme an, das gefällt ihr«, meint meine Mutter mit Blick auf die Fotos. »Ein ausgesprochen hübsches Mädchen ist sie ja.«

Ich klicke durch Nicoles Bildergalerie. Sie hat jedes Foto mit einem überschwänglichen Kommentar versehen. Nicole mit einer riesengroßen Sonnenbrille im Skilift: »Sankt Moritz ist absolut suuuper!« Dahinter drei Smileys. Nicole mit einem kurzen glitzernden Kleidchen auf einer Party: »I love Ibiza. DJ Jojo ist ja sooo süß!!!« und noch ein paar Smileys. Nicole mit einem niedlichen weißen Welpen auf dem Schoß. Nicole winkend in einem langen roten Samtkleid auf einer kleinen Bühne, vielleicht eine Schulaula: »Meine erste Hauptrolle! Hollywood kann kommen!!!« Nicole neben einem Jungen, der eine Schultüte im Arm hält: »Heute wird es ernst für den kleinen Finn!« Nicole auf einem Segelboot vor alpiner Kulisse und neben ihr – ich fasse es nicht – ausgerechnet Felix! »Ich und der schnuckeligste Segellehrer der Welt.« Immerhin gibt es diesmal keine Vokalvervielfältigung und kein Spalier von Ausrufungszeichen dahinter. Aber ohne Smileys geht es bei dieser Bildunterschrift auch nicht. Dahinter noch ein Kommentar, der mir überhaupt nicht gefällt: »Er sagt, ich bin sehr begabt!!!« Ich werde doch wohl nicht eifersüchtig sein? Schnell klicke ich weiter, Bild um Bild sehe ich an – und dann stockt mir der Atem.

»Donnerwetter«, sagt meine Mutter. »Was für Klunker!«

»Die Smaragdohringe!«, schreie ich. »Sie trägt Frau Enzingers Ohrringe!«

Offenbar hat Nicole sich den Schmuck kürzlich für eine Party ausgeliehen. Das Foto zeigt sie ausgelassen feiernd im Kreise mehrerer grell geschminkter Mädchen. Auf einem Tisch im Vordergrund stehen bunt durcheinander Gläser mit Getränken aller Art, Schüsseln mit Chips und Salzstangen und ein überquellender Aschenbecher. Von der Seite drängt sich Nicole johlend ins Bild. An ihren Ohrläppchen baumeln unübersehbar die Enzinger'schen Smaragde.

»Tobis 25. Geburtstag«, steht unter dem Foto und: »Queens of Party.« Diesmal hat sie ganze fünf Smileys dahintergetippt. Für jedes der Mädchen auf dem Bild eines.

»So ein Biest! Sie trägt ganz ungeniert den Familienschmuck, um vor ihren Freunden damit anzugeben, und dann will sie mir einen Diebstahl anhängen. Ich kann es nicht glauben!«

»Leider hat sie vergessen, dass jeder dieses Foto sehen kann«, lächelt meine Mutter.

»Zum Glück!«

»Schau mal hier!« Meine Mutter tippt auf den Bildschirm. »Da steht auch ein Datum. Das war vor drei Tagen. Damit kannst du beweisen, dass du unschuldig bist.«

»Mama, du bist die Beste!«

Sie grinst mich schief an: »Danke. Wer sonst! Aber jetzt sieh zu, dass du gleich zurück zu Enzingers fährst und dort ein paar Dinge klarstellst.«

Ich schüttele den Kopf. »Nicht gleich. Heute feiern sie Enzingers Geburtstag nach und haben schrecklich viel Besuch. Ich fahre morgen noch mal raus. Gleich morgen früh. Und dann sollen sie die ganze Wahrheit erfahren.«

37.

Auch wenn die Beweise klar auf der Hand liegen: Ich habe trotzdem ziemliches Herzklopfen, als ich am nächsten Morgen meinen Mazda vor Enzingers Garage abstelle. Auf dem Platz ganz links, wie immer. Mit dem Laptop in der Tasche steige ich aus und gehe zum Zaun. Immerhin haben sie den Code am Gartentor noch nicht geändert, wie ich feststelle. Enzingers sind sich offenbar ganz sicher, mich für immer aus ihrem Haus vertrieben zu haben. Ich gehe langsam über den Steinplattenweg durch den Garten zum Eingang hinauf. Die weiße Villa liegt still und friedlich im Licht des Maimorgens. Die Blätter an den Büschen und Bäumen im Garten sind voll entfaltet und sattgrün. Neben der Treppe gehen die ersten Knospen der Pfingstrosen auf, und darunter blüht Vergissmeinnicht in großen blauen Büscheln. Ein paar Schwalben schwirren pfeifend über den Himmel. Es könnte ein verdammt schönes Zuhause sein ...

Einen Moment zögere ich, als ich oben vor der breiten Eingangstür stehe. Aber dann höre ich Evas Stimme in meinem Kopf, wie sie sagt: Was soll denn passieren, wovor hast du Angst, Valentina?, und drücke auf den Klingelknopf. Von drinnen tönt das vertraute Bimbam nach draußen, aber es rührt sich nichts. Keine Schritte im Haus, keine Bewegung hinter der Glasscheibe. Nichts. Ob sie einen Spaziergang machen? Ich klingele noch einmal, aber wieder ohne Erfolg.

Vielleicht sollte ich im Garten nachsehen, überlege ich.

Bei dem schönen Wetter sitzen die beiden vielleicht draußen beim Frühstück und hören die Klingel nicht. Ich schleiche mich um das Haus herum. Auf dem Rasen vor der Terrasse stehen noch die weiß gedeckten Tische von der Geburtstagsparty, darüber hängen die Lampionketten, eine ist abgerissen und baumelt über dem Rosenbeet. Daneben liegt eine leere Champagnerflasche. Na, das scheint ja eine turbulente Party gewesen zu sein. Wahrscheinlich hat Nicole ihren Triumph über mich gefeiert. Mal sehen, was darüber demnächst auf ihrer Facebookseite zu lesen ist. Aber vielleicht kann ich ihr da einen Strich ...

»Was tun Sie in unserem Garten!« Frau Enzingers schneidende Stimme reißt mich aus meinen Gedanken. »Wir haben Ihnen Hausverbot erteilt, Valentina. Wenn Sie nicht sofort wieder verschwinden, rufen wir die Polizei!«

Sie und Enzinger sitzen tatsächlich auf der Terrasse. Vor ihnen auf dem Tisch steht noch das Frühstücksgeschirr, hübsch garniert mit einem großen bunten Blumenstrauß. Ich nehme allen Mut zusammen:

»Ja, ich bitte darum, die Polizei zu holen, damit die echte Diebin Ihrer Ohrringe gefasst werden kann.«

»Was soll das heißen?«, knurrt Enzinger. »Es ist schließlich bewiesen, dass ...«

»Überhaupt nichts ist bewiesen!«

Tapfer trete ich ihnen entgegen. Ich versuche, das Zittern meiner Knie zu ignorieren. Enzinger betrachtet mich skeptisch. Seine Frau sieht so aus, als wünschte sie sich ein paar kräftige Bodyguards zur Seite, die mich am Schlafittchen packen und abführen.

»Sehen Sie sich bitte dieses Foto an, das Ihre liebe Nicole ins Internet gestellt hat.«

»Welches Foto? Warum sollten wir? Was hat Nicole mit meinen Ohrringen zu tun?«

»Eine ganze Menge, wie Sie gleich sehen werden.«

Ungefragt schiebe ich Teller und Tassen zur Seite, lege meinen Laptop auf den Terrassentisch und klappe ihn auf. Ich habe ihn auf Stand-by gelassen, deshalb erscheint sofort Nicoles Partyfoto, als der Bildschirm aufleuchtet. Ich habe es im größtmöglichen Format eingestellt, damit die beiden alten Herrschaften sofort sehen, worauf es ankommt.

Offenbar haben sie noch gute Augen.

»Mein Gott«, ruft Enzinger. »Sind das deine Ohrringe, Brigitte?«

Seine Gattin presst ein paar Sekunden lang die Lippen aufeinander. Dann sieht sie mich an.

»Was – was ist das für ein Bild?«

»Dieses Foto zeigt Nicole auf einer Feier vor ein paar Tagen. Hier, schauen Sie sich das Datum an. Wie Sie sehen, hat sie sich Ihren Schmuck ungefragt ausgeliehen, um vor ihren Freunden damit anzugeben.«

»›Queens of Party‹«, liest Enzinger ungläubig. »Was hat sie sich nur dabei gedacht?«

»Ich vermute, nicht viel!«, erkläre ich. »Das Einzige, woran sie gedacht hat, war, mir einen Diebstahl in die Schuhe schieben zu wollen. Gestern hat sie den Schmuck in mein Zimmer geschmuggelt und dann dafür gesorgt, dass Philipp ihn dort findet. Damit war sie aus dem Schneider, und alle haben mich verdächtigt.«

»Aber – warum sollte sie das tun?« Frau Enzinger ist noch nicht hundertprozentig überzeugt von Nicoles Schäbigkeit. »Was hat sie denn gegen Sie?«

»Ich weiß es nicht genau. Vielleicht ... vielleicht war sie irgendwie eifersüchtig auf mich, weil ich mich gut mit Ihnen verstanden habe, Herr Enzinger. Und dann war da ja noch die Sache mit dem Porsche ...«

Herr Enzinger schüttelt den Kopf.

»Es war nicht nur der Porsche. Nicole hat schon vor Längerem ein Auge auf Felix geworfen. Das war nicht zu übersehen. Ich nehme an, es passte ihr überhaupt nicht in den Kram, dass Sie plötzlich auftauchten und Felix den Kopf verdrehten, Valentina. Es tut mir sehr leid, dass wir Sie verdächtigt haben. Entschuldigen Sie bitte vielmals. Wie können wir das nur wiedergutmachen? Ach Gott, Sie glauben nicht, wie erleichtert ich bin, dass alles ein Missverständnis war. Aber was sonst hätten wir denn glauben sollen ...«

Er legt seine Hand auf meinen Arm, und ich sehe ihm an, wie froh und glücklich er darüber ist, dass er sich nicht in mir geirrt hat. Dass ich doch nicht diese schreckliche Person bin, für die er mich zuletzt halten musste.

»Wo ist Nicole denn jetzt?« frage ich. »Ich finde, wir müssen sie dringend mit diesem Beweisbild konfrontieren.«

»Sie ist mit Felix draußen auf dem See«, antwortet Enzinger. »Sie sind vorhin mit unserem Boot zum Segeln rausgefahren. Felix war so enttäuscht darüber, wie sich die Dinge gestern entwickelt haben ... Ich fürchte, er lässt sich gerade ein bisschen von Nicole trösten.«

»Ausgerechnet von Nicole!«, stöhne ich. Auch wenn mich das Liebesleben meines Bruders nichts angeht: Dass Felix womöglich gerade mit dem falschen Schneewittchen herumturtelt (»Er sagt, ich habe Talent!!!«) – das gefällt mir ganz und gar nicht.

»Wenn die beiden heute Nachmittag zurückkommen, werde ich mir Nicole vorknöpfen«, erklärt Enzinger.

»Aber etwas stimmt immer noch nicht!«, fährt seine Frau mit strenger Stimme dazwischen. »Vielleicht haben Sie die Ohrringe ja wirklich nicht gestohlen, Valentina. Aber wir wissen trotzdem nicht, wer Sie sind. Sie haben sich als Pflegerin ausgegeben – ohne dass Sie jemand bei Seniorenglück kennt. Da müssen Sie noch einiges klarstellen.«

»Das stimmt. Wir sind noch nicht ganz fertig mit Ihnen.«

»Herr Enzinger!« Ich räuspere mich. »Ich kann Ihnen alles erklären. Warum ... warum gehen wir nicht einfach ein bisschen spazieren, Sie und ich.«

»Und was ist mit mir?« Frau Enzinger richtet sich energisch auf. »Ich bin mir nicht sicher, ob ich Sie mit meinem Mann unter den gegebenen Umständen noch allein lassen möchte, Valentina. Wer weiß, was Sie ihm diesmal wieder erzählen ...«

Ich blicke direkt in Enzingers Augen, die jetzt ein kleines bisschen zucken. Wahrscheinlich überlegt er, ob er mir wirklich trauen kann.

»Bitte«, versuche ich es noch einmal. »Können wir einen kleinen Spaziergang machen? Es ... es dauert bestimmt nicht lange.«

»Also, das geht mir jetzt ein bisschen zu schnell!«, beschwert sich seine Gattin, während Enzinger bereits die Serviette von seinem Schoß nimmt und auf den Tisch neben den Laptop legt.

»Sei unbesorgt, Brigitte, es wird sich alles klären.« Mit diesen Worten setzt er seinen Rollstuhl in Bewegung. »Und jetzt kommen Sie, Valentina, es wird sowieso Zeit für meine kleine Vormittagsrunde.«

»Bin ich wieder engagiert?« Grinsend stehe ich auf und fasse die Rollstuhlgriffe. Sie liegen so gut in der Hand, als hätte ich in meinem Leben nie etwas anderes getan, als Rollstühle zu schieben.

»Na ja, aber nur, wenn Sie schlüssig darlegen können, wie Sie es geschafft haben, sich in unser Haus zu schmuggeln.«

»Ich garantiere Ihnen, das wird mir gelingen.«

»Soll ich nicht lieber doch mitkommen, Werner?« Ich fürchte, seine Frau traut mir immer noch nicht recht über den Weg. »Lass dir von dieser Person keinen Bären aufbinden!«

»Wir werden Ihnen alles berichten, sobald wir zurück sind!«, behaupte ich kühn und rolle Enzinger schwungvoll in Richtung Wohnzimmertür.

Meine Kühnheit schrumpft allerdings in ein mikroskopisches Nichts zusammen, kaum dass ich mich mit Enzinger den gewohnten Seeuferweg entlangbewege. Wie genau wollte ich dieses Gespräch noch mal einleiten? Ich hatte schon einmal so nah davorgestanden. Ich versuche mich daran zu erinnern, wie wir im Café Florian zusammengesessen haben. Wie vertraut er mit mir geredet hat. Damals an seinem Geburtstag, in Venedig, vor einer gefühlten Ewigkeit ... Da lagen mir die richtigen Worte schon auf der Zunge, aber ich kann mich an keines mehr erinnern.

»Wie war eigentlich Ihre Geburtstagsparty gestern?«, frage ich. Vielleicht hilft ein bisschen Small Talk, bis wir uns wieder aneinander gewöhnt haben.

»Ach, wie solche Geburtstagspartys eben sind. Viele Gäste, viel Musik, viel zu essen und zu trinken. Aber Sie können mir glauben, nach der Sache mit Brigittes Ohrringen und unserer Enttäuschung über Sie war die Stimmung nicht besonders gut.«

»Schade. Es wäre besser gewesen, die Party auf heute zu verschieben.«

Schweigend lasse ich den Blick über den See wandern. Ein Schwarm Möwen fliegt flach übers Wasser. Weiter hinten sind einige Boote unterwegs. Unter einem dieser weißen Segel da draußen sitzen Felix und Nicole. Hoffentlich lässt er sich nicht aus lauter Frust auf dieses miese Geschöpf ein. So eine hinterlistige Kreatur wie Schneewittchen hat mein Bruder nicht verdient. Ich werde mich um ihn kümmern müssen, wenn mit Enzinger alles klar ist.

»Und nun?«, sagt dieser gerade. »Ich warte noch immer auf eine vernünftige Erklärung für Ihr Verhalten, Valentina.«

»Wie wäre es, wenn wir da erst mal Pause machen.«

Wie bestellt steht eine Bank am Seeufer. Ich drehe Enzingers Rollstuhl so, dass er freien Blick auf das Wasser hat, und lasse mich neben ihm nieder. Ich hole tief Luft. Jetzt gibt es kein Entkommen mehr.

»Sie haben mir doch von dieser Doris Krömrath erzählt«, beginne ich und denke, wie merkwürdig es sich anhört, meine Mutter als »diese Doris Krömrath« zu bezeichnen.

»Ja?« Enzinger dreht sich zu mir und schaut mich stirnrunzelnd an. »Und?«

»Ich – äh, ich kenne diese Frau.«

»Was? Sie kennen Doris? Woher? Wo lebt sie? Geht es ihr gut?«

Ich nicke. »Ja, sie lebt noch immer in München und – ja, ich glaube, inzwischen geht es ihr wieder gut.«

»Gott sei Dank. Ich bin so froh, dass Sie das sagen. Ach, es ist nicht zu glauben. Was für ein unglaublicher Zufall! Woher kennen Sie Doris? Sind Sie gut mir ihr bekannt?«

»O ja, das kann man wohl sagen.«

Enzinger schüttelt irritiert den Kopf. »Aber warum haben Sie mir das nicht gleich in Venedig erzählt?«

»Ich war mir nicht sicher ...«

Enzinger erwartet keine näheren Erläuterungen. Jedenfalls keine, die meine Befindlichkeit betreffen. Er interessiert sich nur noch für meine Mutter.

»Berichten Sie mir von Doris! Hat sie Ihnen von mir erzählt? Wie lebt sie? Ist sie glücklich? Hat sie eine große Familie?«

»Nein, eine große Familie hat sie nicht. Nur eine Tochter.«

»Ach, tatsächlich?«

Ich atme tief durch, bevor ich weiterspreche: »Und Sie kennen diese Tochter.«

»Ich? Wie kommen Sie denn darauf? Woher sollte ich

Doris' Tochter kennen? Ich wusste ja gar nicht, dass sie eine Tochter hat. Ich habe doch seit damals nie mehr etwas von ihr gehört.«

Ich lächele ihn an.

»Ich bin das, Herr Enzinger. Doris Krömrath ist – meine Mutter.«

»Wie – Sie?« Jetzt habe ich ihn zutiefst verwirrt. Jetzt weiß ich, warum man sagt, jemandem fallen die Augen aus dem Kopf. Enzinger starrt mich an, als sei ich soeben von den Toten auferstanden: »Sie sind ... Sie sind Doris' Tochter?«

Der Groschen ist aber immer noch nicht gefallen. Er weiß ja auch nicht genau, wie alt ich bin. Ich fürchte, ich muss deutlicher werden, damit ihm die Verwandtschaftsverhältnisse aufgehen.

»Herr Enzinger, ich bin ... Also, es ist nämlich so, Sie sind ... Sie sind mein Vater, Herr Enzinger.«

Endlich ist es raus. Mein Herz rast, dass es fast wehtut. Ich schaue ihn an. Ich warte auf eine Reaktion, auf einen Aufschrei, auf Tränen, auf eine heftige Umarmung oder einen Zornesausbruch meinetwegen, aber Enzinger bleibt regungslos. Er sieht mich an, mein Gesicht, meine Haare, meine Hände, und dann fragt er ganz langsam: »Was haben Sie gesagt?«

»Ich bin Ihre Tochter. Ich habe am 19. Februar 1977 Geburtstag. Neun Monate, nachdem Sie mit meiner Mutter zusammen waren. Sie ist damals schwanger geworden. Sie hat es erst erfahren, nachdem Sie ihr diesen Abschiedsbrief geschrieben haben. Sie hat Ihnen nichts davon erzählt, weil sie ... na ja, weil sie Ihre Familie nicht zerstören wollte. Weil Sie sie gebeten hatten, sich nie mehr bei Ihnen zu melden.«

Er starrt mich weiter an, als hätte er gar nicht gehört, was ich ihm gerade erzählt habe.

»Ich bin Ihr Kind, Herr Enzinger. Ich habe es selbst erst vor ein paar Wochen erfahren.«

Enzinger runzelt unwirsch die Stirn: »Was reden Sie denn da! Das kann ja gar nicht sein.«

»Doch, es stimmt. Ich bin mir ganz sicher. Ich habe einen DNA-Test machen lassen.«

»Einen DNA-Test? Wie das denn?«

»Erinnern Sie sich an die Krawatte von damals? Dieses schreckliche grün-braune Ding, das Sie an dem Tag der Demo trugen, als sie beide sich kennenlernten, und mit dem sie meiner Mutter bei Ihrem letzten gemeinsamen Spaziergang den Knöchel bandagiert haben? Meine Mutter hat die Krawatte aufbewahrt, als Erinnerung an ihre große Liebe. Jedenfalls war ein kleiner Blutfleck daran, vermutlich hatten Sie sich mal beim Rasieren geschnitten. Ich habe die Krawatte ins Labor gegeben, und der Test war eindeutig positiv. Ich habe es schriftlich, ich kann Ihnen das Ergebnis zeigen.«

Ich hätte jetzt gern seine Hand gefasst, aber ich traue mich nicht. Enzinger schüttelt ganz langsam und ungläubig den Kopf. Dann spricht er, seltsam gedehnt, wie wenn man ein Tonband ein bisschen zu langsam laufen lässt:

»Sie sind mein Kind? Doris hat ein Kind von mir bekommen?«

»Ja. Sie hat niemandem erzählt, von wem sie schwanger geworden ist. Sie hat Ihr Geheimnis bewahrt. Nicht einmal ich wusste, wer mein Vater ist. Bis ich es neulich durch Zufall herausgefunden habe. Ich habe den Abschiedsbrief entdeckt, den Sie meiner Mutter damals geschrieben haben. Meine Mutter hat ihn gehütet wie einen Schatz, zusammen mit der Krawatte und einem Zeitungsartikel über die Demo. Es war ganz einfach, im Internet Ihre Adresse zu finden. Am Tag darauf bin ich an Ihrem Gartentor aufgetaucht. Ich wollte eigentlich nur mal sehen, wo mein Vater lebt und wie sein

Haus aussieht – und dann gleich weiterfahren. Ich wollte Urlaub machen, in Italien, um meinen Tinnitus auszukurieren. Ich bin nämlich für ein paar Wochen krankgeschrieben. Aber dann hat Ihre Frau die Tür aufgemacht, weil Sie an diesem Morgen Eva erwartet haben, Ihre Pflegerin. Na, da bin ich einfach in ihre Rolle geschlüpft …«

»Sie sind meine Tochter, Valentina?«

Ich nicke. Dann nehme ich endlich seine Hand. Sie ist ganz klamm und kühl.

Enzinger verzieht immer noch keine Miene. Er schaut ungläubig hinunter auf unsere verschränkten Hände. »Ich habe eine Tochter«, flüstert er. »Eine wunderbare, liebenswürdige Tochter.«

Gut, dass Cora das nicht hört, denke ich. Sonst wäre sie als die Ältere von uns beiden zu Recht ein bisschen beleidigt. Aber eigentlich ist es ja kein Wunder, dass Enzinger über diese unerwartete Entwicklung in seinem Familienleben mehr als erschüttert ist.

»Sechsunddreißig Jahre lang habe ich eine kleine Tochter gehabt, und ich wusste nichts davon. Sechsunddreißig Jahre lang haben wir auf dieser Erde gelebt, ohne uns zu kennen, Sie und ich, Valentina.«

Ich nicke.

»Haben Sie das alles schon gewusst, als wir auf der Zugspitze standen? Als wir über Ihren Vater gesprochen haben? Ach Gott, und ich habe ihm Vorwürfe gemacht. Ich konnte doch nicht wissen, dass ich dieser Vater bin, den Sie niemals kennengelernt hatten.«

Komisch, dass wir immer noch »Sie« zueinander sagen. Wo wir doch verwandt sind miteinander.

Er streichelt jetzt ganz vorsichtig meine Hand, als wäre ich etwas sehr Kostbares, das er auf keinen Fall kaputtmachen darf. Ich betrachte die braunen Flecken auf seinem Handrücken. Ich wünschte, ich hätte diese Hand schon gekannt, als sie noch keine Flecken hatte.

Ich kann auf einmal nichts mehr sagen. Mein Hals kratzt, als bahnte sich eine schreckliche Erkältung an.

»Warum hat sie mir bloß nie etwas davon erzählt?« Enzinger klingt, als würde er nur mit sich selbst reden. Beim nächsten Satz merke ich, dass er in Gedanken längst wieder bei meiner Mutter ist. »Wie konnte sie all die vielen Jahre ein Kind von mir haben, ohne dass ich etwas davon wusste? Sechsunddreißig Jahre lang. Warum ... Woher hätte ich denn wissen sollen, dass sie schwanger geworden ist? Das hätte doch alles geändert. Das wäre ...«

Enzinger bricht ab. Eine Sekunde lang verharrt er erschrocken. Dann greift er sich mit leisem Ächzen an die Brust, erst mit der einen, dann auch mit der anderen Hand. Er schließt die Augen. Sein Gesicht ist kreidebleich geworden.

»Valentina«, keucht er schwach. »Ich glaube, ich ...«

Mehr kommt nicht. Nach diesen Worten sackt er zur Seite.

»Herr Enzinger!« Ich springe auf. Aber er rührt sich nicht. Sein Kopf ist nach vorn gesunken, die Arme liegen schlaff im Schoß. Ich umfasse sein rechtes Handgelenk. Puckert da noch etwas? Ich spüre nichts. Ich betaste Enzingers anderen Arm. Auch nichts. Liegt das an meiner Unfähigkeit, seinen Puls zu fühlen, oder hat sein Herz tatsächlich aufgehört zu pumpen?

»Herr Enzinger«, schreie ich. »Bitte sagen Sie doch was! Bitte! Was ist los, Herr Enzinger?«

Aber natürlich antwortet er nicht.

Ist er ohnmächtig geworden? Oder steht es so schlimm um sein Herz? Hat es ihn so sehr erschreckt, dass er noch ein Kind hat? Eine Tochter mit Doris. Mein Gott, wie konnte ich nur so unvorsichtig sein! Ich wusste doch seit unserem Gespräch in Venedig, dass er sich nicht aufregen darf. Er wird doch wohl nicht ...? Ein Arzt muss her, sofort! Mein Vater darf nicht sterben, nicht jetzt. Nicht hier. Noch lange nicht.

Mit zitternden Händen ziehe ich mein Handy aus der Tasche. Ich bin ganz konfus. Wie ist die Nummer des Rettungsdienstes noch mal? Ist es 110 oder 112? Ich glaube, die 112 ist richtig. Ich drücke auf den Schalter meines Handys, aber das Display bleibt schwarz. Verdammt! Der Akku ist leer! Wieso ist ausgerechnet jetzt mein Akku leer? Ich schüttele mein Handy, als würde das irgendwas helfen. Am liebsten hätte ich das Ding mit Schwung in den Starnberger See geworfen.

Enzinger kauert immer noch zusammengesackt in seinem Rollstuhl, die Augen halb geschlossen, aus dem linken Mundwinkel läuft ein kleiner Speichelfaden. Er sieht furchtbar aus, er sieht aus, als ob ... Nein, nein, nein, das darf nicht sein! Das will ich nicht mal denken.

Ich blicke mich um, aber da ist niemand auf der Straße. Der Obere Seeuferweg liegt so einsam da wie immer. Ich sprinte zum nächsten Haus. Ein würfelförmiger Bau aus Holz und Beton hinter einer hohen kalten Mauer. Hier scheinen wichtige Leute zu wohnen, sie haben nicht einmal eine Klingel.

»Hallo!«, brülle ich die Mauer an. Aber es kommt keine Antwort. Ich renne weiter zum nächsten Anwesen. Ein verwinkeltes Gebäude hinter einer dichten Thujenhecke. Immerhin gibt es eine Klingel. Es steht zwar kein Name darauf, aber ich drücke trotzdem darauf. Gleich zwei Mal. Doch auch hier rührt sich nichts. Noch mal klingeln, immer noch keine Regung.

Ich kann doch Enzinger nicht so lange allein lassen! Ich renne zurück zur Bank. Er lehnt unverändert im Rollstuhl. Ob er noch lebt? Ich halte mein Ohr an seinen Mund, aber ich bin mir nicht sicher, ob ich seinen Atem spüre. Ich glaube, er ist noch ein kleines bisschen weiter in sich zusammengesunken. Wie viel Zeit hat man nach einem Herzinfarkt, um jemandem das Leben zu retten? Heißt es nicht immer: Jede Sekunde zählt?!

Denk nach, Valentina, schreie ich mich innerlich an. Du hast mal gewusst, was man in solch einem Fall tun muss. Du hast einen Erste-Hilfe-Kurs gemacht, vor vielen Jahren, kurz vor der Führerscheinprüfung. Ich erinnere mich noch genau, wie meine Mutter damals gesagt hat: »Ich finde es wichtig, dass du lernst, Leben zu retten. Vielleicht wirst du das irgendwann mal brauchen.«

Ja, verdammt. Und dieses Irgendwann ist genau jetzt.

Ich muss Enzinger flach auf den Boden legen und ihn irgendwie wiederbeleben. So viel ist klar. Ich trete hinter ihn, greife dem leblos wirkenden Körper unter die Arme und versuche, ihn aus dem Rollstuhl zu heben, aber er ist schwerer, als ich dachte. Ich habe Angst. Was, wenn ich ihn nicht halten kann und er zu Boden stürzt? Aber was soll ich sonst tun? Etwa tatenlos zusehen, wie er stirbt? Schuld sein am Tod meines Vaters? Nie und nimmer.

Mit der einen Hand umfasse ich seinen Rücken, mit der anderen greife ich um seine Oberschenkel. Vielleicht geht es so besser. Er ist schließlich ein alter dürrer Mann. So viel wiegt er doch nicht. Ich muss es schaffen, sage ich mir, und ich werde es schaffen. Ruckartig ziehe ich ihn hoch, hieve und ziehe und zerre ihn keuchend aus dem Rollstuhl, Stück für Stück, und bette ihn unsanft auf das schmale Stück Rasen neben der Straße.

Da liegt er, grau und reglos. Ein schrecklicher Anblick. Und jetzt? Herzdruckmassage heißt das, soviel ich weiß. Wenn ich nur wüsste, wie genau das geht. Wann habe ich zum letzten Mal einen Film gesehen, in dem ein Mensch wiederbelebt wurde? Und was haben die dabei gemacht?

Ich knie mich neben ihn und presse meine Handflächen mit durchgestreckten Armen ruckartig mitten auf Enzingers Brustkorb. Erst zögerlich, dann immer heftiger. Und wenn ich ihm dabei die Rippen breche? Egal, besser ein paar gebrochene Rippen als tot. Ich presse und pumpe, wieder und wieder, aber ich bin mir nicht sicher, ob es überhaupt etwas nützt. Das Einzige, das ich spüre, ist, wie mir der Schweiß über das Gesicht läuft. Vielleicht sind es auch meine Tränen, aber das ist mir einerlei. Weitermachen, sage ich mir. Immer weitermachen.

Los, komm! Los, komm!, denke ich im Takt meiner Pumpbewegungen. Ich drücke und drücke, immer wieder, immer weiter. Sehen kann ich fast nichts mehr, weil meine Augen in einer beißenden Mischung aus Tränen und verlaufener Wimperntusche schwimmen.

Plötzlich spüre ich etwas unter meinen Handflächen. War das jetzt Einbildung, oder hat da tatsächlich etwas geklopft zwischen Enzingers Rippen? Keine Ahnung, ich weiß nur, dass ich keine Pause machen darf. Ich arbeite weiter, obwohl meine Arme zu brennen scheinen. Bloß nicht nachlassen, feuere ich mich an. Jetzt bloß nicht nachlassen.

Nach einer weiteren Minute taste ich noch einmal nach Enzingers Herz, und diesmal spüre ich es ganz deutlich: Da klopft etwas. Ganz schwach und langsam, aber es ist ein Klopfen. Da pocht etwas, wo vorher nichts gepocht hat. Mein Gott, ich glaube, ich habe es geschafft. Mein Vater lebt! Ich möchte heulen vor Freude, aber dazu bin ich zu kaputt.

Jetzt muss er ins Krankenhaus. Und zwar sofort. Wenn er nicht bald ärztlich versorgt wird, war alles umsonst. Aber wo kriege ich bloß einen Arzt her? Wie soll ich einen Krankenwagen alarmieren mit einem Handy, dessen verdammter Akku leer ist?

Ich schaue auf und traue meinen tränenverschmierten

Augen nicht. Da bewegt sich was! Da kommt jemand! Meine Rettung!

Meine Rettung trägt heute eine leuchtend orangefarbene Jogginghose mit dem passenden Kapuzenpulli, dazu pflaumenfarbene Sportschuhe und hat ihre blonden Haare zu einem Pferdeschwanz zusammengebunden. Die drei dürren Viecher zerren in allen Himmelsrichtungen an ihren Leinen.

»Hallo!«, brülle ich der Windhunddame zu. »Helfen Sie mir! Schnell! Haben Sie ein Handy dabei? Bitte rufen Sie den Notarzt an. Mein ... mein Vater ist zusammengebrochen. Er muss sofort ins Krankenhaus.«

Mit zehn Schritten steht die Frau neben mir. Rasch verknotet sie die drei Hundeleinen und befestigt sie an der Rückenlehne der Bank. Sie zieht ein Handy aus der Bauchtasche ihres Kapuzenpullis.

»Was ist passiert?«, fragt sie und tippt schon die Ziffern ein.

»Ich weiß nicht genau«, flüstere ich, während mir vor Erleichterung die Tränen kommen. »Wir haben uns unterhalten. Dabei bekam er auf einmal Schmerzen, hielt sich den Brustkorb und wurde ohnmächtig. Ich habe eine Herzdruckmassage gemacht. Ich glaube, ich habe ihn wiederbelebt. Aber wenn er nicht bald ...«

»Hallo!« Die Hundefrau stoppt meinen Redefluss mit einer Handbewegung und ruft in ihr Telefon: »Ein dringender Notfall im Oberen Seeuferweg. Höhe Hausnummer 85. Kommen Sie schnell. Ein alter Mann ist zusammengebrochen. Wiederbelebungsmaßnahme war fürs Erste erfolgreich, aber wir brauchen ...«

Sie bricht ab und nickt.

»Okay, wir warten.« Sie lässt das Telefon sinken und wirft mir einen erleichterten Blick zu.

»Er sagt, sie sind in fünf Minuten da.«

»Danke«, hauche ich. »Sie schickt der Himmel.«

Schweigend betrachten wir Enzingers bleiches Gesicht. Er liegt noch immer wie leblos im Gras.

»Hoffentlich kommen sie nicht zu spät«, murmele ich. »Ich finde, er sieht nicht gut aus.«

»Wir sollten ihn in die stabile Seitenlage bringen.«

Die Frau kniet sich neben ihn. Mit drei Griffen rollt sie Enzinger herum und tastet nach seinem Puls.

»Gut«, sagt sie. »Schwach, aber er ist da.«

»Sind Sie – sind Sie Ärztin?«

»Nein, das nicht. Ich bin Hundesitterin. Ich führe die Luxustölen der Reichen und Schönen aus, wenn die Besitzer keine Lust darauf haben. Aber ich liebe Arztserien. Ich habe sämtliche Staffeln von *Emergency Room* gesehen, von *Scrubs, Doctor House* und *Doctor's Diary*. Ich interessiere mich für so was. Es ist sehr realistisch gemacht, und man bekommt eine Menge mit, wenn man aufpasst.«

»Ich glaube, ich war noch nie so erleichtert«, schluchze ich, als ich in der Ferne die Sirene des Notarztes höre, und dann falle ich ihr um den Hals.

38.

Wir sitzen im kahlen Flur des Starnberger Krankenhauses auf hellgrauen Plastikschalenstühlen, die an der Wand aufgereiht stehen: Frau Enzinger und ich. Cora wird auch gleich da sein, Frau Enzinger hat sie vom Schwesternzimmer aus angerufen. Nur Felix haben wir nicht erreicht. Der schippert noch immer mit Nicole über den See und hat offenbar sein Handy ausgeschaltet.

An der gegenüberliegenden Wand hängt eine große eckige Digitaluhr, die jedes Mal, wenn eine weitere Minute um ist, ein Geräusch von sich gibt. Klack. 13:48. Wir sitzen schon seit zweieinhalb Stunden hier und warten schweigend darauf, dass etwas geschieht. Dass einer der Ärzte herauskommt und uns über Enzingers Zustand aufklärt. Irgendwo hinter der schweren weißen Doppeltür neben uns wird mein Vater gerade operiert. Er hatte tatsächlich einen schweren Herzinfarkt. Die Sanitäter haben ihn mit Blaulicht in die Klinik gebracht, wo er sofort in den Operationssaal geschoben wurde.

Frau Enzinger zerdrückt ein Taschentuch in ihren Händen. Ich bin froh, dass sie nicht vor Schreck umgefallen ist, als ich sie vom Krankenhaus aus angerufen und gebeten habe herzukommen. Sie hat gar nicht gefragt, was genau passiert ist, bevor Enzinger zusammenbrach. Sie hat nur geweint. Sie hat sich nicht einmal mehr dafür interessiert, warum mich niemand bei Seniorenglück kennt. Als hätte sie die Sache mit den Ohrringen und dem fatalen Anruf längst vergessen. Jetzt sitzt sie stumm auf ihrem Stuhl und starrt auf ihre gefalteten Hände mit dem zerknüllten Taschentuch darin. Ich glaube, sie betet. Vielleicht sollte ich das auch tun. Schaden kann es ja nicht.

»Lieber Gott, lieber Allah, lieber Manitou! Wer immer dafür zuständig ist: Bitte mach, dass Enzinger nicht tot ist …«

In diesem Moment fliegt die Flügeltür auf. Heraus kommt ein Arzt im weißen Kittel.

»Familie Enzinger?«

Wir nicken beide.

»Wir hätten keine fünf Minuten länger warten dürfen«, sagt er.

»Und?«, fragen Frau Enzinger und ich gleichzeitig.

»Wir haben Glück. Es sieht gut aus. Die Operation ist ohne Komplikationen verlaufen. Er liegt jetzt auf der Intensivstation und wacht allmählich aus der Narkose auf. Ich nehme an, Sie können schon bald zu ihm.«

»Gott sei Dank«, flüstert Frau Enzinger. »Gott sei Dank.«

Mein Hals ist wie zugeschnürt. Ich kann nur nicken.

»Ich schicke Ihnen dann jemanden, der Sie abholt«, erklärt der Arzt, lächelt uns professionell aufmunternd zu und verschwindet wieder hinter der Tür. Weder ich noch Frau Enzinger rühren sich. Ich bin wie betäubt vor Erleichterung. Ich beschließe, die Hundefrau und sämtliche Windhunde dieser Welt künftig in mein Nachtgebet einzuschließen.

Als Frau Enzinger plötzlich meine Hand nimmt, erschrecke ich.

»Ich bin Ihnen so dankbar, Valentina. Ich darf gar nicht daran denken, was hätte passieren können, wenn Sie nicht zur Stelle gewesen wären. Sie haben meinem Mann das Leben gerettet.«

»Das … das hätte doch jeder getan«, stammele ich. »Zum

Glück hatte die andere Frau ein Handy dabei und konnte den Krankenwagen rufen.«

Ich bin froh, dass sie nicht fragt, was Enzinger bei unserem Spaziergang dermaßen zugesetzt hat, dass er vor Schreck einen Herzinfarkt bekommen hat.

»Aber Sie haben ihn wiederbelebt, Valentina. Wenn Sie nicht so fix und kompetent gehandelt hätten, wäre alles zu spät gewesen. Wir stehen tief in Ihrer Schuld.«

Ich wage nicht, sie anzusehen.

»Was immer vorgefallen ist, Valentina: In unserem Haus sind Sie jederzeit willkommen. Ich hoffe, Sie ziehen bald wieder ein, auch wenn Sie bei Seniorenglück nicht gemeldet sind. Dafür gibt es sicher eine Erklärung. Mein Mann und ich – wir mögen Sie sehr gern.«

Ehe ich michs versehe, liege ich schluchzend in ihren Armen. Ich bin froh, dass mein Vater mit einer so netten Frau verheiratet ist. Sie kann ja manchmal ziemlich streng sein, aber im Grunde ihres Herzens ...

»Mein Gott, ist er tot?« Mit klackernden Absätzen kommt Cora über den langen Flur gerannt. »Mama!«, schreit sie atemlos. »Bin ich zu spät?«

»Nein, Liebes, ganz im Gegenteil. Wir sind bloß so erleichtert, dass die Operation gut verlaufen ist. In ein paar Minuten können wir zu ihm gehen. Der Arzt hat uns gerade Bescheid gesagt.«

»Oh, das ist gut. Das ist sehr gut. Ich hab mich so erschreckt, als ich euch beide hier weinen sah. Ich dachte schon, es wäre etwas Furchtbares passiert. Aber ...«

Die Gazelle streift mich mit einem empörten Blick und zischt ihrer Mutter zu: »Warum ist Valentina eigentlich hier?«

Natürlich. Sie weiß ja noch gar nicht, dass ich den Vorwurf des heimtückischen Schmuckraubs aus niederen Beweggründen entkräftet und mittlerweile so etwas wie einen Heldenstatus erreicht habe.

»Ach, wer redet denn noch von den Ohrringen!« Frau Enzinger tupft sich mit dem Taschentuch über die Augen. »Valentina hat sie nicht gestohlen. Nicole hat die Ohrringe genommen, um Valentina anzuschwärzen.«

»Wie? Nicole?«

»Ja, wir haben ein Beweisfoto im Internet gesehen.«

»Was für ein Beweisfoto?«

Ich erkläre Cora die Sache mit dem Partybild bei Facebook.

»Das hätte ich nicht von Nicole erwartet«, murmelt Cora und lässt sich auf den Stuhl neben ihrer Mutter fallen. Immerhin ist sie zu einem raschen Sympathiewechsel fähig: »Wie gemein von ihr! Da geht sie jahrelang bei uns ein und aus – und dann macht sie so was ... Wie schrecklich, dass wir dich verdächtigt haben, Valentina. Es tut mir wirklich leid. Und wo ist Felix?«

»Felix geht nicht an sein Handy«, antwortet Frau Enzinger, und ich füge hinzu: »Er ist mit Nicole beim Segeln.«

»Wieso mit Nicole?«

»Ach Cora, er ist gleich nach dem Frühstück aufgebrochen und weiß noch gar nichts von Papa und alledem.«

Was es mit Papa und vor allem mit »alledem« auf sich hat, können wir aber nicht näher erörtern, denn soeben schwingt die Flügeltür auf, und eine Krankenschwester kommt heraus, ein breites Grinsen in ihrem sommersprossigen Gesicht.

»Wir sind so weit, Familie Enzinger. Sie können den Patienten jetzt besuchen. Kommen Sie mit?«

Wir drei schnellen gleichzeitig hoch. Aber Cora hält mich zurück.

»Entschuldige bitte, Valentina. Aber nach diesem Schrecken möchten wir, na ja, möchten wir als Familie erst mal unter uns bleiben. Das verstehst du doch sicher, oder?«

Ja, genau, die Familie. Deshalb will ich ja mit. Ich gehöre schließlich dazu. Ich bin auch seine Tochter und habe ein Anrecht darauf, meinen Vater nach seiner Herzoperation zu besuchen, ihn in den Arm zu nehmen und mich im Kreise seiner Angehörigen zu freuen, dass er noch lebt ...

Aber ich traue mich natürlich nicht, das zu sagen.

»Warum gehen Sie nicht solange in unsere Cafeteria?«, schlägt die Krankenschwester vor und nickt mir freundlich zu. »Wir haben heute vorzüglichen Streuselkuchen.« Es klingt ein bisschen so wie: Haben Sie bitte Verständnis für die Angehörigen, die haben heute Schweres durchgemacht.

»Aber ...«

Ich gebe auf. Es ist wohl nicht der richtige Zeitpunkt für komplizierte Erklärungen. Kampflos sinke ich zurück auf den grauen Plastikstuhl und sehe Cora und Frau Enzinger nach, wie sie mit der Krankenschwester hinter der schweren Tür verschwinden.

Was Enzinger ihnen wohl erzählen wird?, frage ich mich. Ob er sich überhaupt noch an unser Gespräch auf der Bank am See erinnert? Ach Gott, hoffentlich war es nicht umsonst! Hoffentlich hat er nicht alles vergessen, was ich ihm erzählt habe. So was gibt es doch, dass Leute nach einem schweren Schock überhaupt nicht mehr wissen, was diesen ausgelöst hat. Hoffentlich war das bei Enzinger nicht genauso. Und wenn er noch mehr vergessen hat? Die ganze Sache mit meiner Mutter? Wenn er sich plötzlich an gar nichts mehr erinnern kann? Wenn alles ausgelöscht ist?

Vielleicht sollte ich tatsächlich in die Cafeteria gehen. Ich habe seit Stunden nichts mehr getrunken und ein klebriges Gefühl im Mund.

Ich folge den Hinweisschildern an der Wand und sitze ein

paar Minuten später mit einer großen Apfelschorle in der Hand auf der Terrasse der Krankenhauscafeteria. Ich leere das Glas in wenigen Zügen. Dann gehe ich zum Münztelefon an der Wand und versuche noch einmal, Felix zu erreichen. Aber er geht noch immer nicht an sein Handy. Er und Nicole scheinen ja schwer beschäftigt zu sein, da draußen auf dem See. Verdammt, ärgere ich mich, während ich mich wieder an den Tisch setze. Wenn er bloß wüsste, mit wem er sich da gerade abgibt.

Über mir knackt ein Lautsprecher, und dann tönt es klar und deutlich über die Terrasse: »Valentina Meyer bitte dringend zu Station 14 H. Frau Valentina Meyer bitte dringend zu Station 14 H. Frau Valentina Meyer bitte!«

Ich springe auf und stoße vor Schreck das Glas vom Tisch. Auf dem gefliesten Terrassenboden zerspringt es klirrend in tausend Teile, aber darum muss sich jetzt jemand anders kümmern. Ich muss dringend zu Station 14 H. Ich rase durch das Klinikgebäude.

Warum rufen sie mich aus? Und warum ist es so dringend? Ob es eine unvorhergesehene Komplikation gegeben hat? Hat er sich auf einmal an unser Gespräch erinnert und ist gleich wieder ins Koma gefallen? Oder gar – Schlimmeres?

Ich sprinte im Zickzack durch Türen und Treppenhäuser, Flure und Gänge und stehe endlich atemlos vor der großen weißen Doppeltür. Ängstlich drücke ich sie einen Spaltbreit auf und schaue hinein. Die sommersprossige Krankenschwester steht da und blickt auf, als sie mich sieht.

»Ah, da sind Sie ja schon. Kommen Sie mit, Frau Meyer. Familie Enzinger möchte Sie sprechen.«

Das klingt jedenfalls nicht so, als ob er gestorben wäre. Aber warum wollen sie mich denn auf einmal sprechen? Haben sie beschlossen, dass ich schuld bin an seinem Herzinfarkt?

Ich tappe hinter der Schwester den nächsten Flur entlang, bis zum hintersten Zimmer, und da sehe ich ihn auch schon. Enzinger liegt mit leicht angehobenem Oberkörper im Bett, neben ihm sitzen mit ernsten Mienen Cora und seine Frau. Durch etliche Kabel und Schläuche ist er mit verschiedenen Geräten rechts und links von seinem Kopfkissen verbunden. An einem Gestell über seinem Kopf baumelt eine durchsichtige Plastikflasche. Es surrt, piept und fiept im Zimmer. Quer über blaue und schwarze Monitore laufen gewellte und gezackte Linien in unterschiedlichen Farben und Ausprägungen. Ich glaube, das ist ein gutes Zeichen. Soweit ich mich erinnere, haben die Leute bei *Emergency Room* immer erst dann angefangen zu weinen, wenn aus dem Piepsen ein einziger anhaltender Ton und aus den zappelnden Linien ein langer, schnurgerader Strich wurde.

Enzinger ist definitiv lebendig. Er sieht zu mir herüber, als ich ins Zimmer komme, und ich glaube, er lächelt sogar ein bisschen, soweit man im Zentrum dieses ganzen medizinischen Hightech-Gedöns ein Lächeln zustande bringen kann.

»Da bist du ja, meine liebe Valentina«, sagt er. »Komm, setz dich her.«

Ich ziehe einen Stuhl vom Fenster heran und lasse mich neben seiner Frau und Cora nieder. Ich bin nervös. Er hat Du zu mir gesagt. Mein Herz macht einen kleinen Hopser. Er hat nichts von alledem vergessen, was ich ihm auf der Bank am See erzählt habe!

Cora ist die kleine Veränderung in Enzingers Wortwahl auch sofort aufgefallen.

»Papa, seit wann sagst du nicht mehr ›Sie‹ zu Valentina?«

Ich wage es nicht, ihn anzusehen, als er zu sprechen beginnt.

»Ihr müsst jetzt ganz tapfer sein«, erklärt Enzinger feierlich.

»Wieso tapfer?«, ruft Frau Enzinger. »Die Ärzte haben uns gesagt, dass alles gut verlaufen ist und dass du bald wieder putzmunter sein wirst. Du hast deinen Herzinfarkt doch gut überstanden. Oder? Was ... was willst du uns sagen?«

In meinem Kopf beginnt ein kleiner Tornado zu sausen. Ich bin mir ganz sicher, dass Enzinger den beiden nichts über seinen Gesundheitszustand erzählen will. Der Moment der Wahrheit ist gekommen. Deshalb hat er mich ausrufen lassen. Damit ich dabei bin, wenn seine Familie davon erfährt.

Wenn das mal gut ausgeht.

Na, jedenfalls ist medizinisches Fachpersonal in der Nähe, falls Frau Enzinger jetzt auch einen Schock erleidet und zusammenklappt.

»Brigitte«, fährt Enzinger fort und greift nach der Hand seiner Frau. Sie fasst vorsichtig zu, um nicht an die Kanüle zu stoßen, die aus Enzingers Handrücken ragt. Ich habe den Eindruck, dass das Piepsen im Raum ein bisschen schneller wird. Das dürfte der Apparat sein, der Enzingers Herzfrequenz misst. Leicht fällt ihm dieses Geständnis nicht, wie man hört.

»Was ist denn bloß los, Werner?«

»Erinnerst du dich an die Sache damals, in den Siebzigerjahren, als ich das Einkaufszentrum in München gebaut habe?« Enzinger räuspert sich. »Du weißt schon. Die Studentenproteste dagegen, die junge Frau ...«

Frau Enzingers Miene verfinstert sich schlagartig.

»Natürlich erinnere ich mich«, flüstert sie. »Aber was soll das denn jetzt?«

»Weißt du noch, wie lange es her ist?«

»Siebenunddreißig Jahre, Werner. In diesem Monat sind es exakt siebenunddreißig Jahre. Du weißt genau, dass ich diese Sache nie vergessen werde. Nie in meinem Leben. Aber warum fängst du ausgerechnet jetzt wieder davon an?«

»Was für ein Einkaufszentrum?«, meldet sich Cora energisch zu Wort. »Was für Studentenproteste? Was für eine Frau? Könntet ihr mich bitte mal aufklären, wovon ihr da gerade redet?«

»Liebe Cora, es hat eine Zeit gegeben, in der ich eurer Mutter großen Kummer bereitet habe. Wir haben dir und Felix nichts davon erzählt, weil – nun ja, weil sich die Dinge wieder eingerenkt haben. Weil ich zu euch zurückgekehrt bin.«

Bei diesen Worten sieht er mich an und dann auch gleich wieder weg. Verdammt schwierig, so eine Beichte, wenn man es allen Beteiligten recht machen und niemanden kränken will. Ich bin froh, dass ich nicht in seiner Haut stecke. Aber in meiner Haut fühle ich mich gerade auch nicht besonders wohl. Dabei bin ich ja nun wirklich nicht schuld an meiner Existenz.

»Du bist fremdgegangen, Papa?«, bringt es Cora entsetzt auf den Punkt. »Du hattest was mit 'ner anderen Frau?«

Ich fürchte, für sie bricht gerade eine Welt zusammen.

»So könnte man es bezeichnen«, murmelt Enzinger und starrt auf die Kanüle in seiner Hand. »Aber es ist lange her, und es war nicht irgendeine Frau.«

»Werner!« Frau Enzingers Stimme wird bedrohlich schrill. »Wir hatten damals vereinbart, dass wir nie wieder über diese Angelegenheit sprechen. Es war aus und vorbei, und zwar für immer. Wieso fängst du nach all den Jahren auf einmal wieder damit an, und vor allem, was hat das mit Valentina zu tun?«

Sie dreht sich zu mir um, und dann sehe ich, wie sie schlagartig blass wird. Wie ihr in diesem Moment offenbar ein furchtbarer Verdacht kommt. Sie starrt mich an, und dann bringt sie stockend die Frage heraus:

»Wie – wie alt sind Sie, Valentina?«

»Sechsunddreißig Jahre und drei Monate, Frau Enzinger.«
Sie ist gut in Mathematik. Sie braucht nicht viel zu rechnen, um zur Erkenntnis zu gelangen.

»Valentina, sind Sie etwa ...«

Ich nicke langsam und schaue sie an dabei. Für einen Moment treffen sich unsere Blicke, dann schaut sie zu Enzinger zurück und dann wieder zu mir. Sie lässt seine Hand los. Es tut mir leid, dass Frau Enzinger heute so viele Schrecksekunden durchleiden muss.

»Was läuft hier eigentlich?« Cora ist noch nicht ganz im Bilde, aber niemand antwortet ihr.

»Hast du das gewusst, Werner?« Frau Enzingers Gesicht hat jetzt eine ungesunde rötliche Färbung angenommen. Ihre Stimme klingt verzweifelt. »Hast du es die ganze Zeit gewusst? Bist du deshalb mit ihr nach Venedig gefahren?«

»Nein, Brigitte. So war es nicht. Ich habe es selbst erst heute früh erfahren. Valentina hat es mir auf unserem Spaziergang erzählt. Hätte ich denn sonst einen Kollaps bekommen?«

»Was hat Valentina dir erzählt, Papa?«, ruft Cora verärgert dazwischen. »Dürfte ich hier vielleicht auch mal was erfahren?«

Enzinger richtet sich auf, so weit ihm das mit der Verkabelung möglich ist, und dann sagt er mit klarer Stimme:

»Liebe Cora, Valentina ist meine Tochter.«

Worauf er sich zurück in die Kissen fallen lässt.

»Deine Halbschwester«, murmele ich, um auch etwas zum Gespräch beizutragen. Aber die Details scheinen Cora nicht zu interessieren.

Ein paar Sekunden schweigt sie erschrocken.

»Das – das gibt's doch gar nicht«, sagt sie dann und schaut mich an wie ein fremdes kleines Pelztier, bei dem sie nicht genau weiß, ob man es streicheln darf oder ob es beißt.

»Und was hat Sie nach all den Jahren veranlasst, zu uns zu kommen?« Diese Frage geht an mich. Frau Enzinger hat ihre Fassung wiedergefunden. »Was wollten Sie auf einmal? Und warum haben Sie so lange gewartet? Woher wussten Sie überhaupt, dass wir eine Pflegerin suchten?«

Noch einmal erzähle ich in ein paar Sätzen, was geschehen ist. Die Details lasse ich aus, das mit dem traurigen Abschiedsliebesbrief und der Krawatte zum Beispiel. Ich finde, es gibt ein paar intime Komponenten in dieser Geschichte, von denen Frau Enzinger nicht unbedingt etwas wissen muss.

»Wahnsinn«, sagt Cora, mich noch immer ungläubig anstarrend, und dann noch mal: »Wahnsinn. Jetzt ist mir auch klar, weshalb dich bei Seniorenglück niemand kannte. Weil du dich undercover in unser Haus geschmuggelt hast. Filmreif! Und Felix weiß von alledem nichts? Der wird Augen machen, wenn er heute Abend vom Segeln zurückkommt und von den jüngsten Kapriolen in unserer Familiensaga erfährt.«

Das sehe ich auch so.

»Und wie soll es jetzt weitergehen, Werner?« Frau Enzingers Stimme zittert. »Möchtest du diese Frau, diese Doris wiedersehen?«

Das Piepsen aus einem der Überwachungsgeräte schwillt an und nähert sich einem ungemütlichen Tremolo. Ich habe ein bisschen Angst um Enzinger. So ein emotionaler Stress ist das Allerletzte, was ein alter Mann, der gerade eine lebensbedrohliche Herzoperation überstanden hat, gebrauchen kann.

»Nur wenn du nichts dagegen hast«, antwortet er leise und angestrengt. »Mein Versprechen von damals gilt immer noch. Andererseits, nach all den Jahren, da würde ich gern wissen, wie es ihr ergangen ist mit Valentina. Was meinst du, Brigitte, wir sind doch jetzt alte Leute ...«

In diesem Moment tritt die sommersprossige Krankenschwester mit schnellen Schritten ins Zimmer und wirft einen prüfenden Blick auf die Monitore hinter Enzingers Bett. Hat das rote Lämpchen da schon die ganze Zeit geblinkt?

»Ich glaube, wir müssen unserem Patienten ein bisschen mehr Ruhe gönnen«, erklärt sie mit hochgezogenen Augenbrauen. »Sein Blutdruck gefällt mir gar nicht. Es ist besser, wenn Sie Herrn Enzinger jetzt erst einmal allein lassen, damit er sich erholen kann. Wir wollen ja nichts riskieren, nicht wahr?«

»Bloß nicht!«, rufen Cora und ich gleichzeitig und springen so hastig von unseren Stühlen auf, dass sie mit einem hässlichen Knarzen über den Boden rutschen.

Enzinger ergreift noch mal die Hand seiner Frau.

»Du brauchst dir keine Sorgen zu machen. Für uns wird sich nichts ändern, Brigitte. Wir haben nur ... nun, wir haben nur ein bisschen Familienzuwachs bekommen.«

»So kann man das natürlich auch sehen«, murmelt Frau Enzinger und wirft mir einen Seitenblick zu, den ich nicht ganz deuten kann. Sie zögert noch einen Moment, bevor sie aufsteht. Dann beugt sie sich über meinen Vater und gibt ihm einen sanften Kuss auf seine faltige Wange. »Ach Werner. Jetzt werd erst mal wieder gesund, und dann sehen wir, wie es mit uns allen weitergeht.«

Enzinger lächelt, als hätte ihm gerade jemand eine Glückspille verabreicht. Wie gesagt, ich finde, mein Vater hat sich wirklich eine sympathische Frau ausgesucht. (Wenn es schon nicht meine Mutter sein konnte.)

»Draußen vor der Station steht übrigens jemand, der Sie sprechen möchte«, erklärt die Krankenschwester, als wir drei hinter ihr aus dem Zimmer gegangen sind.

»Oh, prima. Das wird Felix sein«, entfährt es mir erleichtert. »Er hat endlich seine Mailbox abgehört.«

Hoffentlich hat er Nicole nicht mitgebracht, denke ich, während ich den Flur entlanglaufe und die große weiße Schwingtür aufstoße. Hoffentlich besitzt dieses Luder nicht die Frechheit, jetzt hier aufzutauchen und am Krankenbett meines Vaters ihre Verlobung mit meinem Bruder bekannt zu geben!

Aber diesbezüglich kann ich ganz beruhigt sein. Nicole steht nicht vor der Tür. Aber Felix auch nicht.

»Oh – hallo, Jens! Was machst du denn hier?«

»Frau Enzinger hatte mich angerufen.« In zwei Schritten ist er bei mir. »Schneller kam ich aus der Praxis nicht weg. Wie geht es ihm?«

Frau Enzinger, die mit Cora hinter mir durch die Tür getreten ist, schildert die Lage in ein paar Stichworten.

»Ich hoffe, dass ich ihn nachher noch kurz sehen kann.«

Das Letzte sagt Jens ein paar Minuten später, als wir beide auf der Terrasse der Krankenhauscafeteria sitzen, er vor einer Tasse Kaffee, ich vor einem weiteren Glas Apfelschorle. Krankenhausbesuche machen mich irgendwie durstig.

Frau Enzinger hat sich von Cora nach Hause fahren lassen. Sie wolle sich nach der ganzen Aufregung jetzt ein bisschen ausruhen und dann am Abend noch mal ins Krankenhaus kommen, hat sie erklärt. Ich könne ja hier zusammen mit Doktor Friedrich die Stellung halten.

Und das tue ich. Jens uns ich sitzen einander gegenüber wie zwei gute alte Freunde. Verglichen mit den wirklich dramatischen Ereignissen der letzten Stunden finde ich die Pleite, die ich mit ihm in Venedig erlebt habe, auf einmal gar nicht mehr so schlimm. Es tut gut, dass jemand da ist, der mich beruhigt und sagt, dass Enzinger in dieser Klinik bestens aufgehoben ist, dass ich mir bitte keine Sorgen machen solle und dass er nachher noch mal mit dem Chefarzt über alles sprechen werde. Zum Beispiel, was die Reha angehe und solche Sachen. Da würde ich als Pflegerin dann sicher noch ein wichtige Rolle spielen.

Ach du Schreck! Ich und eine wichtige Rolle bei der Reha? Wie soll das denn gehen? Es wird höchste Zeit, dass ich Jens einweihe, was meine Verwandtschaft mit Familie Enzinger angeht. Dass ich mangels Altenpflegeausbildung völlig ungeeignet bin, einen Herzinfarktpatienten auf dem Weg seiner Genesung fachkundig zu begleiten, und dass dafür ein Profi wie Eva dringend aktiviert werden sollte.

»Wie schade, dass sein Herz gerade jetzt wieder Probleme macht«, fährt Jens fort, ehe ich etwas sagen kann. »In der letzten Zeit hatte ich den Eindruck, dass es gesundheitlich und vor allem psychisch mit ihm steil bergauf ging. Es hat ihm sichtlich gutgetan, dass du bei ihm bist. So fröhlich wie in den letzten Wochen habe ich ihn seit Jahren nicht mehr erlebt. Aber wahrscheinlich war die Reise nach Venedig doch etwas zu anstrengend für ihn.«

»Es war nicht die Reise, die ihn so gestresst hat.«

»Was könnte es denn sonst gewesen sein?«

Ich nippe an meiner Apfelschorle.

»Ich fürchte, ich bin ein bisschen mitverantwortlich, weil ich ihm heute etwas erzählt habe, das ihm erst mal einen ziemlichen Schreck verpasst hat.«

»Aber was denn, um Himmels willen? Was könnte ihn dermaßen erschreckt haben, dass es gleich einen Herzinfarkt bei ihm auslöst?«

Ich betrachte die kleinen Bläschen, die in meinem Glas aufsteigen und an der Oberfläche der Apfelschorle zerplatzen.

»Ich habe Enzinger erzählt, dass ich eigentlich gar keine Altenpflegerin bin«, wage ich mich tapfer aus der Deckung.

»Wie – keine Altenpflegerin ... Wieso bist du keine Altenpflegerin?«

»Ganz einfach. Weil ich niemals eine Ausbildung zur Altenpflegerin gemacht habe. Ich habe bloß getauscht mit der Frau, die eigentlich bei Enzingers arbeiten sollte.«

Jens starrt mich irritiert an. »Wie – getauscht?«

»Ich wollte ihn kennenlernen, den Herrn Enzinger. Ich wollte sehen, wie er so lebt und was er für eine Familie hat und ob er nett ist und all das. Und als ich vor seinem Haus zufälligerweise Eva traf, na ja, da bin ich dann einfach in ihre Rolle geschlüpft. Es war ganz einfach. Keiner hat näher nachgefragt. Du auch nicht ...«

»Aber – ich verstehe nicht ganz. Wieso – ich meine, was wolltest du denn von Enzingers?«

Ich schaue in an und hole tief Luft, dann sage ich:

»Ich bin seine Tochter.«

Mit heftigem Scheppern stellt Jens seine Kaffeetasse ab.

»Du bist was?«

»Ja. Enzinger hatte vor vielen Jahren mal eine Affäre mit meiner Mutter und – nun ja, daraus bin eben ich hervorgegangen. Er hat es nicht gewusst. Sie waren nur ein paar Wochen zusammen, dann ist er reumütig zu seiner Familie zurückgegangen und hatte nie wieder Kontakt zu meiner Mutter.«

»Du bist Enzingers Tochter?«

Ich nicke. Für Jens ist Enzinger wahrscheinlich bisher ein Ausbund an Tugendhaftigkeit gewesen. Ein Mann ohne Fehl und Tadel. Dass sich einer wie Enzinger vor siebenunddreißig Jahren mal einen kapitalen Seitensprung geleistet hat, scheint ihn genauso zu schockieren wie vorhin Cora. So etwas traut man dem guten alten Mann einfach nicht zu.

»Bist du dir da ganz sicher?«

Seine Stimme klingt skeptisch. Am Ende hält er mich für eine Erbschleicherin. Für eine durchtriebene Person, die einen alten Herrn austricksen möchte, um ein hübsches

Sümmchen zu erben oder einen Teil der prächtigen Südstaaten-Villa.

»Ja, ich bin mir ganz sicher, Jens. Ich habe es schwarz auf weiß. Ich habe extra einen DNA-Test machen lassen, um hundertprozentige Gewissheit zu haben.«

Zumindest 99,9-prozentige. Aber Herr Rüter hatte ja gesagt, mehr ginge nicht.

»Wie ist das möglich?«

»Na, hör mal. Enzinger ist eben nicht der unfehlbare Engel, für den ihr ihn immer gehalten habt. Er war auch mal jung und voller Saft und Kraft und ...«

»Nein, nein, das meine ich nicht.«

»Sondern?«

Jens schüttelt den Kopf und schiebt mit den Fingerspitzen nachdenklich ein verpacktes Stück Zucker über die Tischplatte.

»Jetzt kann ich verstehen, weshalb er zusammengeklappt ist. Nach so vielen Jahren zu erfahren, dass er ein Kind hat – das hätte den gesündesten Mann aus den Latschen kippen lassen.«

»Wahrscheinlich passiert das öfter, als man denkt«, gebe ich zu bedenken, »dass Männer außerhalb ihrer eigentlichen Familie noch das ein oder andere heimliche Kind haben.«

Jens sieht mich an.

»Du weißt das gar nicht?«

»Was soll ich wissen?«

»Cora und Felix ...«

»Klar, Cora und Felix. Wie Felix es aufnehmen wird, dass ich keine Pflegerin, sondern seine kleine Schwester bin, kann ich mir noch nicht vorstellen. Ich glaube, Cora hat ganz schön daran zu knabbern. Und für Frau Enzinger ist das Ganze auch alles andere als einfach.«

»O ja, für Frau Enzinger ist es besonders bitter.«

»Ich weiß. Die betrogene Ehefrau, die mit der Zweitfamilie ihres Mannes konfrontiert wird. Schlimm.«

»Es ist ja nicht nur das, Valentina. Sie hatten sich immer so sehr Kinder gewünscht, die beiden Enzingers, und es hat jahrelang nicht geklappt ...«

»Verstehe. Cora und Felix waren ja auch der Grund, weshalb sich Enzinger dann doch von meiner Mutter getrennt hat. Das meinte er in seinem Abschiedsbrief, als er schrieb, dass er seine Frau auf keinen Fall im Stich lassen könne. Kein Wunder eigentlich, wenn es ein paar Jahre zuvor noch das größte Glück der beiden war, dass sie endlich schwanger wurde.«

»Sie wurde nie schwanger.«

»Wie – nie schwanger? Na hör mal, Cora und Felix sind ja wohl nicht vom Heiligen Geist, sie haben doch ...«

Ich breche ab. Irgendetwas ist an Jens' Bemerkung alarmierend, ich weiß nur noch nicht, was.

»Sie haben niemals eigene Kinder bekommen, Valentina. Sie haben Cora und Felix adoptiert.«

»Sie haben – was?«

Ich glaube, ich schreie diese Worte quer über die Krankenhausterrasse, als gelte es, Feueralarm auszulösen. Aber vielleicht flüstere ich auch nur.

»Sie haben Cora und Felix aufgenommen, als die beiden noch ganz klein waren. Ihre Eltern sind bei einem Autounfall ums Leben gekommen.«

»Waas?«

»Ja. Traurige Geschichte. Cora war damals zwei oder drei Jahre alt, Felix erst ein paar Monate. Es ist ein Wunder, dass die beiden diesen schlimmen Unfall überlebt haben. Ein LKW hatte dem Wagen ihres Vaters die Vorfahrt genommen.«

»Sie sind adoptiert?«, schreie ich weiter.

»Ja, aber glaub mir, die Enzingers waren so gut zu ihnen,

wie es Eltern nur sein können. Das hat mir mein Vater erzählt. Natürlich wissen Cora und Felix, dass sie adoptiert sind. Aber sie haben keine Erinnerung mehr an ihre eigentlichen Eltern.«

»Sag das noch mal. Felix ist gar nicht Enzingers Sohn?«

»Doch, natürlich, rechtlich und gefühlsmäßig ist er sein Sohn. Und Cora seine Tochter.«

Rechtlich und gefühlsmäßig interessiert mich im Moment nur eins: »Felix ist nicht mit Enzinger verwandt?«

»Nein, verwandt nicht, aber es spielt keine Rolle, er ...«

»Dann bin ich auch nicht mit Felix verwandt? Felix ist gar nicht mein Bruder? Nicht mal mein Halbbruder?«

»Nein. Du bist das einzige leibliche Kind, das Enzinger hat. Jetzt kannst du sicher verstehen, weshalb es ihn so schockiert hat zu hören, dass er seit sechsunddreißig Jahren eine Tochter hat, von deren Existenz er nichts wusste ...«

Vor allem kann Jens nicht verstehen, weshalb ich plötzlich so heftig aufspringe, dass es das Glas mit dem Rest meiner Apfelschorle beinahe wieder vom Tisch fegt. Ich falle Jens um den Hals und drücke ihm einen überschwänglichen Kuss mitten auf seinen erstaunten Mund, und es ist mir völlig egal, ob er schwul ist oder nicht.

»Tausend Dank!«, strahle ich ihn an. »Du bist ein Schatz! Das waren die besten Nachrichten, die du mir geben konntest. Entschuldige bitte, aber jetzt muss ich leider weg.«

Auf seine komplette Verblüffung kann ich bedauerlicherweise keine Rücksicht nehmen. Ich renne sofort los.

»Ich muss zu Felix!«, brülle ich Jens zu, während ich quer über die Terrasse sprinte. »Ich muss sofort zu Felix und ihm sagen, dass ich doch nicht seine Schwester bin!«

»Aber was ...?«

Den Rest höre ich nicht mehr, denn ich stürme schon quer durch die Cafeteria dem Ausgang zu. Ich habe keine Zeit zu verlieren. Ich muss Felix sofort erzählen, was Sache ist. Und vor allem muss ich dafür sorgen, dass er sich keine Sekunde länger von dieser grässlichen Nicole trösten lässt.

Auf dem Parkplatz vor der Klinik fällt mir ein, dass ich mein Auto gar nicht hier habe. Ich bin ja heute Vormittag zusammen mit Enzinger im Krankenwagen hergekommen. Egal, dann nehme ich eben ein Taxi. Jede Sekunde zählt.

Ich galoppiere zum Taxistand und reiße die Beifahrertür des erstbesten Wagens auf.

»Schnell, zum Oberen Seeuferweg!«, kommandiere ich und zerre den verhakten Gurt aus der Seitenwand. »Beeilen Sie sich, es ist dringend.«

»Servus, Valentina«, sagt eine Stimme, die mir von irgendwoher bekannt vorkommt. »Fahr ma wieder nach Venedig?«

»Franzl!« Ich fahre herum. »Was machen Sie denn hier?«

»I hab auf Kundschaft gewartet«, grinst er zurück, den Motor startend. »Und jetzt fahr i Sie, wohin Sie wollen – und so schnell, wie Sie wollen. Haben's jemanden besucht im Krankenhaus?«

»Ja. Das kann man so sagen. Herr Enzinger hatte einen Herzinfarkt.«

»Au weh. War's schlimm?«

»Ja, es war schlimm. Aber inzwischen geht es ihm schon wieder besser. Er hat alles gut überstanden. Und jetzt muss ich dringend irgendwie seinen Sohn erreichen und ihm sagen, was passiert ist, wobei ich nicht genau weiß, wie ich ihn erreichen soll. Er ist nämlich schon den ganzen Tag beim Segeln, und zwar mit ...«

An dieser Stelle unterbreche ich meine Ausführungen. Warum sollte ich Franzl mit irgendwelchen Details verwirren.

»Bitte fahren Sie mich einfach so schnell wie möglich zum Oberen Seeuferweg.«

»Des mach i gern, Valentina, und i halt Ihnen die Daumen, was auch immer Sie vorhaben.«

Was ich eigentlich vorhabe, weiß ich auch nicht genau, als ich eine Viertelstunde später vor Enzingers Bootsanleger stehe. Franzl ist mit einem »Viel Glück und an schönen Gruaß an den Patienten« wieder abgedüst. Zu bezahlen brauchte ich nichts. Franzl meinte, sein Trinkgeld bei der Venedigreise sei mehr als großzügig ausgefallen, und außerdem habe er durch die Kundschaft bei der Rückreise eine doppelte Einnahme gehabt, sodass ich noch eine ganze Menge Taxifahrten gut bei ihm hätte. Was sehr praktisch ist, denn wie ich feststelle, habe ich überhaupt kein Geld dabei: Meine Jacke und meine Handtasche hängen vermutlich noch immer über der Rückenlehne meines Stuhls in der Krankenhauscafeteria.

Jetzt stehe ich also auf dem Holzsteg vor dem Maschendrahtzaun und stelle fest: Das Boot ist nicht da. Natürlich nicht. Felix und Nicole sind immer noch unterwegs.

Was machen die beiden die ganze Zeit auf dem Wasser? Der Starnberger See ist nun wirklich nicht so groß, dass man einen ganzen Tag lang benötigt, um einmal hin und her zu segeln. Wahrscheinlich haben sie an einer lauschigen Bucht eine Badepause eingelegt. Oder ein romantisches Picknick auf der Roseninsel gemacht. Oder sonst etwas Schreckliches, was ich mir lieber nicht näher vorstellen möchte.

Ich lasse den Blick über den See wandern. Picknickwetter ist das definitiv nicht mehr. Die Wellen sind grau und unruhig geworden. Es ist überhaupt nicht mehr sonnig. Angesichts der dramatischen Entwicklungen der vergangenen Stunden habe ich gar nicht gemerkt, wie viele Wolken am Himmel aufgezogen sind. Auf dem Wasser sind nur wenige Segel zu sehen. Eigentlich müssten Felix und Nicole bald zurückkommen.

Da sehe ich das Boot. Ich kneife die Augen zusammen. An der Spitze des Mastes flattert der rot-weiß gestreifte Bayern-München-Wimpel. Ja, das muss es sein. Ich bin mir ganz sicher. Wie weit es vom Land entfernt ist, kann ich nicht abschätzen, aber es kommt nicht näher. Wie auch: Die Segel sind heruntergelassen. Offenbar haben Felix und Nicole mitten auf dem See den Anker geworfen und amüsieren sich. Ich hoffe sehr, dass ihr Amüsement darin besteht, ein paar Renken für das Abendessen zu angeln, und nicht in irgendwelchen anderen Aktivitäten, die Felix bald leidtun würden.

Fest steht, ich muss handeln. Ich muss sofort auf den See raus. Aber wie? Schwimmen ist keine Lösung. Es besteht auch wenig Hoffnung, dass die MS Bavaria in absehbarer Zeit am Bootssteg der Enzingers auftaucht, mich an Bord nimmt und in schnellstmöglichem Tempo zu dem Segelboot bringt, das dahinten auf dem Wasser dümpelt.

Der Bootsverleih!, fällt es mir ein. Na klar, das windschiefe Holzhäuschen mit den Ruder- und Elektrobooten ist doch gar nicht so weit weg. Wie oft bin ich bei meinen Spaziergängen mit Enzinger da vorbeigegangen. Mit schnellen Schritten laufe ich los. Leider verdunkelt sich der Himmel immer mehr. Es sieht verdammt nach Regen aus, und ich habe noch nicht mal meine Jacke dabei. Egal, ich brauche ein Boot, und zwar sofort. Für Wetterbeobachtungen habe ich keine Zeit.

39.

Ich erreiche den Bootsverleih gerade in dem Moment, als ein unrasierter Mann mit speckiger Langhaarfrisur, in Jeans und abgewetzter Lederjacke aus dem Holzhäuschen tritt, im Mundwinkel eine selbst gedrehte Zigarette.

Noch bevor er die erste Reißzwecke in das in Plastik gehüllte Pappschild mit der Aufschrift »Wetterbedingt vorübergehend geschlossen« an die Tür stecken kann, schreie ich ihm zu:

»Warten Sie! Sperren Sie noch nicht ab! Ich möchte ein Boot mieten. Jetzt gleich!«

Mürrisch dreht er sich zu mir um und entgegnet im breitesten Bayerisch: »Ein Boot? Jetzt noch? Sind S' narrisch? Schaun S' doch mal rauf zum Himmel! Bald regnet's, dass d' Welt untergeht.«

»Das macht nichts. Wenn Sie mir kein Boot geben, dann geht die Welt erst recht unter.«

»Tut mir leid, Gnädigste. Koa Chance. I hab da nämlich a Verantwortung, verstehn S'?«

»Jawohl, und genau deshalb müssen Sie mir jetzt ein Boot geben. Weil Sie Verantwortung haben. Weil Sie helfen müssen, etwas Schreckliches draußen auf dem See zu verhindern. Da droht eine ... eine menschliche Tragödie!«

Ich finde, in meiner Situation kann eine kleine Übertreibung nicht schaden.

Der Bootsverleiher sieht mich schräg an.

»Wieso – menschliche Tragödie? I seh weit und breit kein' Eisberg ned und a keine Titanic in Seenot.«

Mit gerunzelter Stirn steckt er die erste Heftzwecke fest.

»Bitte!«, verlege ich mich aufs Flehen. »Es ist wirklich dringend. Ich zahle auch gern den doppelten Preis, wenn Sie wollen.«

Dass ich hier erst mal anschreiben lassen muss, weil ich meinen Geldbeutel gar nicht dabeihabe, braucht er ja nicht sofort zu erfahren.

»He, Gnädigste, i lass mi ned bestechen, kapiert?«

»Nein, natürlich nicht. Das würde ich niemals von Ihnen erwarten. Aber es ist furchtbar wichtig.«

»S' Wetter is auch wichtig. Was glaub'n Sie, was da aufm See gleich los is?! I kann Sie ja ned in Ihr Unglück rennen lassen.«

»Und was, wenn es mein Glück ist?«

Der Mann schnaubt irgendetwas Unverständliches. Es klingt ein bisschen wie »Weiberkram« oder so ähnlich.

Ich bleibe hartnäckig. Vielleicht lässt er sich ja überzeugen, wenn ich mit der ganzen dramatischen Wahrheit rausrücke:

»Sehen Sie das Segelboot da hinten? Da sitzt der Mann drauf, den ich liebe. Und er liebt mich auch, allerdings glaubt er, dass ich ihn nicht liebe. Ich habe ihm nämlich gesagt, dass ich in einen anderen Mann verliebt bin, weil ich gedacht hatte, er wäre mein Bruder. Also mein Halbbruder. Deshalb ist er mit einer anderen Frau zum Segeln gefahren. Aber jetzt weiß ich, dass er gar nicht mein Bruder ist, weil sein Vater in Wirklichkeit mein Vater ist, und jetzt muss ich ihm sofort sagen, dass ich ihn liebe, damit er sich nicht in die andere verliebt, bloß weil er denkt, dass ich nicht in ihn verliebt bin. Das verstehen Sie doch – oder?«

Der Mann betrachtet mich schweigend, dann nimmt er

den Zigarettenstummel aus seinem Mund und schnippt ihn ins Wasser.

»Sie glauben doch jetzt ned im Ernst, dass i des Durcheinander kapiert hab.«

»Nicht? Egal. Hauptsache, Sie haben verstanden, dass mein Glück in Ihren Händen liegt!«

»Wenn des Ihr Glück is, Gnädigste, dann brauchen S' aber verdammt starke Nerven.«

»Die habe ich. Bitte, geben Sie mir doch einfach ein Boot!«

Er kaut auf seiner Unterlippe und sieht mich aus zusammengekniffenen Augen an.

»Können S' schwimmen?«

»Wieso? Äh, ja ... Ich glaube, ich habe als Kind mal irgendwann das Seepferdchen gemacht. Aber ich würde ehrlich gesagt lieber mit einem Boot rausfahren. Am liebsten mit einem Elektroboot. Ich glaube, ich bin auch nicht besonders gut im Rudern ...«

»Na guad«, knurrt der Bootsverleiher gnädig und rammt die nächste Heftzwecke ins Holz. »Meinetwegen nehmen S' die Nummer 21. Aber auf Ihre Verantwortung! Es san koa Schwimmwesten drin. Wenn S' in einer Stund ned zurück san, dann alarmier i die Rettung, und Sie kommen für sämtliche Kosten auf. Und i sag Ihnen, des wird ned billig!«

»O wunderbar, Sie sind ein Engel! Klar, ich zahle alles, wenn's sein muss. Sobald ich wieder zurück bin. Jetzt starten Sie den Kahn endlich.«

»Mit dem Hebel da rechts stell'n S' Vorwärts- oder Rückwärtsgang ein. Die Geschwindigkeit wird mit'm Pedal reguliert. Mehr als zwölf Stundenkilometer sind ned drin.«

»Und wo sind die Bremse und die Kupplung?«

»Gnädigste, des is a Elektroboot und koa Auto.«

Mit zwei Faustschlägen rammt er die letzten beiden Heftzwecken ins Holz, während ich in das Boot steige. Der Mann hat noch nicht mal richtig die Leine losgeknüpft, als ich schon das Pedal durchtrete.

»Obacht!«, brüllt er mir nach. »Passen S' auf d' Wellen auf!«

Ich achte auf gar nichts mehr. Nicht einmal auf den Regen, der jetzt in dünnen Tropfen vom Himmel fällt.

Mit monotonem Summen schnurrt das Boot los. Besonders flott geht es nicht voran. Hoffentlich ist die Batterie aufgeladen, denke ich. Ich habe keine Lust, bei diesem Wetter Schiffbruch zu erleiden.

Mein Boot hopst über die Wellen. Ich wippe hoch, und im nächsten Moment krache ich wieder nach unten aufs Wasser. Wahrscheinlich werde ich gleich seekrank. Der Wind bläst genau von vorn. Ich habe den Eindruck, Enzingers Segelboot nicht einen Meter näher gekommen zu sein. Wenn das so weitergeht, tuckere ich morgen früh noch über den See. Aber dann riskiere ich einen Blick zurück und stelle fest, dass das Ufer doch schon ein ganzes Stück weit hinter mir liegt. Und je weiter ich mich vom Ufer entferne, desto lebhafter werden die Wellen. Ich verstehe jetzt, weshalb der Mann vom Bootsverleih Bedenken hatte. Hochseetauglich sieht diese Plastikwanne nun wirklich nicht aus. Wie eine – nein, nicht einmal wie eine Nussschale, eher wie eine Eierschale tanzt das Boot auf der Wasseroberfläche. Aber immerhin: noch an der Oberfläche.

Ich glaube, ich nähere mich jetzt doch dem Segelboot. Inzwischen kann ich schon die blau-weißen Rauten in der Mitte des gestreiften Wimpels erkennen. Die Segel sind noch immer unten, die Ankerkette läuft straff ins Wasser. Da sitzen Felix und Nicole einträchtig nebeneinander. Was machen die denn da? Allmählich müssten sie doch sehen, dass ein Boot auf sie zusteuert. Mir ist kalt. Ich bin nass vom Regen und vom Seewasser, das bei jeder zweiten Welle aufspritzt, und vor allem vom Wind, der durch mein T-Shirt zieht. Wahrscheinlich werde ich einen schrecklichen Schnupfen bekommen. Wenn nicht eine Lungenentzündung. Über mir kreisen schon ein paar Möwen. Ich wette, die warten nur darauf, dass ich hier tot zusammenbreche, und dann picken sie mich auf.

Da! Endlich bewegt sich was an Bord. Felix und Nicole haben mein Boot bemerkt. Sie setzen gerade zu einem Gruß in meine Richtung an, da scheinen sie zu erkennen, wer da unterwegs ist, und lassen die Arme wieder sinken. Sieht so aus, als wären sie nicht besonders begeistert, die kriminelle Valentina wiederzusehen. Na, warte! Denen werde ich es zeigen. Der Showdown kann beginnen!

»Hey, Valentina!«, brüllt Felix mir zu. »Was willst du denn hier? Bist du verrückt, bei dem Wetter mit dem Tretboot auf den See zu fahren?«

Na, wenigstens bin ich ihm noch nicht ganz egal. Vermutlich würde er nicht einfach zuschauen, wenn ich im Starnberger See ertrinke wie damals König Ludwig.

»Das ist kein Tretboot, das ist Elektro!«, brülle ich zurück, als wenn das im Moment von Bedeutung wäre. Deshalb schicke ich sofort hinterher: »Ich muss dir etwas Wichtiges sagen.«

Noch fünf Meter bis zum Segelboot. Wie genau hatte ich mir das mit der Kommunikation eigentlich vorgestellt? Wollte ich Felix meine Liebeserklärung quer übers Wasser zuschreien?

So weit ist es allerdings noch nicht. Erst gilt es, ein paar andere Fakten klarzustellen. Und zuallererst gilt es, irgendwie zu verhindern, dass mein wackeliges Boot gegen die Jacht rumpelt.

»Kannst du uns nicht in Ruhe lassen?«, giftet Nicole vom Segelboot herunter. »Es reicht doch, dass du als Diebin bei Enzingers rausgeflogen bist. Was willst du denn jetzt noch?«

»Das kann ich dir sagen, Nicole«, schreie ich gegen den Wind an. »Dein falsches Spiel ist vorbei. Du bist aufgeflogen.«

»Was soll der Blödsinn?«, kreischt sie.

»Hast du Felix schon das tolle Foto von deiner letzten Party gezeigt? Das, auf dem du diese schicken grünen Smaragdohrringe trägst?«

»Was für ein Foto? Du spinnst ja wohl!«

Eine heftige Seitenwelle bringt mein Boot zum Schaukeln, ehe ich darauf antworten kann. Ich kralle mich am Lenkrad fest. Irgendwie sind die Rahmenbedingungen nicht gerade günstig für eine ernsthafte Unterhaltung.

»Was redest du denn da, Valentina?«, ruft Felix.

»Ich kann beweisen, dass ich die Ohrringe nicht gestohlen habe.«

»Was sagst du? Komm erst mal an Bord. Schaffst du es raufzuklettern?«

Ich manövriere mich längsseits an das Segelboot heran und versuche die schmale Metalleiter zu fassen, die Felix am Heck herunterklappt. Mit klammen Fingern und ein paar sehr unfachmännischen Knoten befestige ich die Anlegeleine meines Bootes an der Leiter und versuche dann aufzustehen. Alles kippelt, alles schwankt. Wahrscheinlich liege ich gleich im Wasser und ertrinke. Und der Bootsverleiher wird seine Nummer 21 nie mehr wiedersehen, weil dieser Kahn gleich mit mir in den Tiefen des Starnberger Sees versinken wird.

Beim vierten Anlauf schaffe ich es, einen Fuß auf die erste Sprosse oberhalb der Wasseroberfläche zu setzen. Augenblicklich schwappt eine Welle darüber und überflutet meinen Schuh. Allmählich frage ich mich, ob es nicht doch ein bisschen schlauer gewesen wäre, am Ufer zu warten, bis Felix und Nicole ihren Segelausflug beendet haben. Aber dafür ist es jetzt zu spät. Immerhin ist der andere Schuh ja noch trocken.

Mit aller Kraft (und der Eleganz eines schwangeren Nilpferdes) schwinge ich mich auf die Leiter. Felix reicht mir die Hand, und mit seiner Hilfe klettere ich in das Segelboot. Ich zittere vor Kälte. Vielleicht aber auch vor Wut. Nicole blickt mich mit einer Mischung aus Grimm und Hochnäsigkeit an. Sie hat sich einen giftgrünen Anorak übergezogen, sitzt gemütlich auf einer Bank an der Reling und hält ein verschlungenes Stück Tau in der Hand. Vor ihr auf dem Boden liegen mehrere Schlaufen.

»Wir haben gerade Knoten geübt«, erklärt Felix. »Für Nicoles Segelprüfung. Wir waren so konzentriert, dass wir gar nicht bemerkt haben, wie schlecht das Wetter geworden ist. Wir wollten gerade aufbrechen und zurücksegeln. Aber wieso um Himmels willen bist du zu uns aufs Wasser rausgefahren, Valentina? Das ist doch Wahnsinn ...«

»Lass dir von ihr nichts vormachen«, fällt Nicole ihm ins Wort, ehe ich etwas antworten kann. »Diese Valentina, die lügt doch, wenn sie nur den Mund aufmacht. Vergiss nicht, dass sie deiner Mutter den kostbaren Schmuck geklaut hat.«

»Felix, glaub Nicole kein Wort. Sie ist hier die Lügnerin. Sie hat die Ohrringe genommen. Sie war dämlich genug, ein Foto davon ins Internet zu stellen. Ich habe es gestern entdeckt.«

»Völliger Schwachsinn!«, schreit Nicole, aber ich rede einfach weiter: »Deine Eltern wissen auch schon Bescheid, Felix. Wir haben uns längst ausgesöhnt. Allerdings liegt dein Vater gerade im Krankenhaus, er hat vor Schreck einen Herzinfarkt bekommen. Zum Glück ist er schon wieder obenauf. Wir haben dich nicht erreichen können, weil du dein Handy ausgeschaltet hast. Außerdem ...«

Hier verlässt mich der Mut. Was genau wollte ich Felix eigentlich sagen? Und überhaupt: Geht unserer kompliziertes Doch-nicht-Verwandtschaftsverhältnis Nicole eigentlich irgendetwas an?

»Mein Gott«, stammelt Felix erschrocken. »Vater im Krankenhaus? Die ganze Aufregung war sicher viel zu viel für ihn.«

Ich nicke nur. Meinen Teil an dieser Aufregung werde ich bei Gelegenheit näher darlegen. Im Moment erwartet Felix keine weiteren Erklärungen von mir.

»Da passiert so viel, und ich bin den ganzen Tag ahnungslos beim Segeln«, stöhnt er. Dann fällt sein Blick auf Nicole und wird starr: »Nicht zu fassen, dass du Mutters Schmuck geklaut hast und dann auch noch die Frechheit besitzt, mit mir Segeln zu gehen.«

»Ach Unfug! Das ist alles erstunken und erlogen. Valentina will sich doch nur wichtigmachen!« Nicole macht eine lässige Handbewegung. »Ich wette, dein Vater ist quietschfidel, und Valentina hat sich den ganzen Käse mit dem Herzinfarkt nur ausgedacht ...«

»Halt die Klappe, Nicole!«, schimpft Felix. »Valentina würde niemals solche Dinge über meinen Vater erzählen, wenn es nicht stimmte, und sie würde bei diesem Wetter niemals mit so einer Nussschale über den See schippern, wenn es nicht wichtig wäre. Und dass sie die Ohrringe gestohlen hat, habe ich sowieso nie geglaubt.«

Mit einem Ruck springt Nicole auf, sodass das Boot zu schwanken beginnt. Urplötzlich packt sie mich an den Schultern. Ich fahre erschrocken zusammen. Ihr wütend verzerrtes Gesicht ist dem meinen ganz nah. So von Angesicht zu Angesicht betrachtet ist sie gar nicht so hübsch, stelle ich fest. Ich will gerade »He, lass mich gefälligst los« sagen, da gibt sie mir einen Schubs, und das mit einer so unglaublichen Kraft, die ich dem zarten Schneewittchen niemals zugetraut hätte. Ich weiß nicht, was auf einmal in sie gefahren ist. Ich gerate aus dem Gleichgewicht, weil ich nicht damit gerechnet habe, dass sie mich angreifen würde und weil der Boden des Bootes durch den Regen so rutschig geworden ist, weil meine Schuhsohlen für einen Segelausflug bei feuchtem Wetter nicht geeignet sind oder was weiß ich. Jedenfalls falle ich. Reflexartig greife ich nach der Reling, aber ich fasse ins Nichts. Stattdessen stößt mein Rücken irgendwo an, und mich durchfährt ein heftiger Schmerz. Plötzlich schaue ich mitten in den grauen Wolkenhimmel, ich sehe ein paar Möwen und dann seltsamerweise das gegenüberliegende Ufer aus einer sehr ungewohnten Perspektive. Ich bin nicht einmal in der Lage, einen Schrei auszustoßen, da schlägt das Wasser schon über mir zusammen.

Es ist entsetzlich kalt. Anfang Mai ist definitiv nicht die geeignete Jahreszeit für ein Bad im Starnberger See. Vor allem nicht, wenn man Schuhe, Jeans und T-Shirt anhat und einen die Klamotten wie Steine in die Tiefe zu ziehen drohen. Ich schlucke eine Ladung Seewasser, was eklig schmeckt, nach Tang und Algen. Hoffentlich ist nicht zu viel Entenkacke drin.

Kurz bevor ich darüber nachdenke, ob ich jetzt sterben muss, und meine Mutter vielleicht nie mehr wiedersehen werde, da tauche ich an der Wasseroberfläche auf. Ich huste und japse nach Luft. Ich strampele mit den Beinen und rudere durch die Wellen wie eine desorientierte Fledermaus. Schwimmen ist was anderes. Wahrscheinlich ertrinke ich doch noch.

»Valentina!« schreit Felix vom Boot aus zu mir herüber. »Bist du okay? Valentina!«

Ich höre ein lautes Platschen neben mir. Erst denke ich, Felix ist nach Art der Hollywoodhelden ins Wasser gehechtet, um mich eigenhändig mit seinen starken Armen aus den

Fluten zu retten. Da sehe ich den dicken orangefarbenen Rettungsring, der neben mir auf den Wellen schaukelt.

»Halt dich daran fest!«, ruft Felix. »Schwimm näher an das Boot heran! Komm, ich helfe dir.«

Ich schlinge die Arme um den Rettungsring und versuche tief durchzuatmen. Okay, es kratzt noch ein bisschen, aber der größte Teil der Luftröhre ist trocken. Es ist so unfassbar kalt. Meine Füße spüre ich schon gar nicht mehr richtig. Mit ungelenken Froschbewegungen kämpfe ich mich durchs Wasser, ganz langsam komme ich auf das Boot zu. Felix kniet an der Leiter und reicht mir seine Hand. Er schiebt das Elektroboot zur Seite, damit ich die unterste Stufe fassen kann. Mit zitternden Knien krieche ich hinauf, Felix zieht mich hoch. An Bord sinke ich sofort zu Boden. Alles an mir tropft und trieft. Felix öffnet eine Klappe am Boot und legt eine dicke graue Wolldecke über mich. Ich schlottere trotzdem am ganzen Körper. Meine Zähne klappern aufeinander, als wäre ich ein balzender Storch.

Nicole sitzt an der Reling und schaut mich hämisch an.

»Und?«, sagt sie. »Hat's Spaß gemacht, das Baden?«

»Du bist ja wohl völlig verrückt geworden!«, brüllt Felix sie an. »Was fällt dir ein, Valentina ins Wasser zu stoßen?«

Nicole zuckt mit den Schultern.

»Ich hab doch nur einen Scherz gemacht. Wie konnte ich ahnen, dass sie so schreckhaft ist und gleich reinfällt, wenn man sie antippt.«

»Du bist ja gemeingefährlich!«

Ohne ein weiteres Wort steht Felix neben ihr und umfasst ihre Hände, was nicht ganz einfach ist, weil Nicole jetzt zetert und um sich schlägt. Trotzdem packt er sie mit einer Hand, mit der anderen hebt er eines der Seile vom Boden auf und schlingt es um Nicoles Arme.

»So geht übrigens ein Fesselknoten«, erklärt er und zieht

das Seil fest. »Aber das mit dem Segelkurs hat sich hiermit erledigt, wie du dir denken kannst.«

Damit lässt er ihre Hände los.

Auf einmal dröhnt eine Sirene über den See. Blaulicht flackert. In rasender Fahrt nähert sich ein Boot dem unseren.

»Gibt es Probleme an Bord?«, ruft jemand durch ein Megafon. »Ist Ihr Boot manövrierfähig? Brauchen Sie Hilfe?«

Ich glaub es nicht. Die Wasserschutzpolizei!

Felix schaut auf.

»Sie kommen wie gerufen. Können Sie diese junge Dame bitte aufs Polizeirevier bringen? Sie hat gerade jemanden tätlich angegriffen und über Bord gehen lassen.«

»Das haben wir gesehen«, erklärt einer der Polizisten. »Deshalb sind wir hier.«

»Außerdem möchte ich sie wegen Diebstahls anzeigen. Sie hat versucht, kostbaren Familienschmuck zu stehlen«, fährt Felix fort.

»Blödsinn!«, wehrt sich Nicole noch immer – inzwischen eine Spur leiser, aber nicht weniger einfallsreich. »Sie müssen diesen Typen hier verhaften«, erklärt sie den Polizisten mit einem Nicken in Felix' Richtung. »Ich möchte ihn wegen Misshandlung anzeigen. Er hat mich gewaltsam gefesselt.«

Ich schätze, das war es endgültig mit ihren freundschaftlichen Beziehungen zum Hause Enzinger.

Mit einem leisen Rums legt das Schiff der Wasserschutzpolizei neben unserem Boot an. Einer der Polizisten springt zu uns an Bord.

»So«, sagt er zu Nicole und löst den Strick. »Wie ist Ihr Name?«

»Das geht Sie überhaupt nichts an«, schnauzt Nicole und reibt sich die Handgelenke.

»O doch, junge Frau, das geht mich eine ganze Menge an.

Würden Sie uns bitte an Bord begleiten! Wir fahren jetzt an Land und klären das Ganze auf der nächsten Wache.«

»Ich gehe nirgendwohin mit Ihnen«, erklärt Nicole trotzig und lässt sich mit verschränkten Armen auf die Holzbank fallen. »Ich wollte Valentina nur ein bisschen erschrecken. Ich habe nichts getan.«

»Da hatte ich aber einen ganz anderen Eindruck«, erklärt der Beamte seelenruhig und greift Nicoles Ellenbogen. »Es ist kein Kavaliersdelikt, jemanden von einem Boot ins Wasser zu stoßen. Würden Sie jetzt bitte mitkommen, oder möchten Sie sich lieber noch eine Anzeige wegen Widerstands gegen die Staatsgewalt einhandeln?«

Das mit der Staatsgewalt scheint jetzt doch Eindruck auf Nicole zu machen. Ohne Felix und mich noch eines Blickes zu würdigen, steht sie auf und folgt dem Polizisten auf das andere Schiff. Wir blicken ihr schweigend nach. Oskarverdächtig ist dieser Abgang jedenfalls nicht. Auf einmal tut sie mir fast ein bisschen leid, wie sie da in ihrem giftgrünen Anorak, die Kapuze über dem Kopf, weggeführt wird wie eine Schwerverbrecherin.

»Du willst sie nicht wirklich anzeigen, oder?«

»Verdient hätte sie es«, meint Felix, als das Boot der Wasserschutzpolizei mit aufjaulendem Motor über den See davonschießt. »Das war nicht lustig. Du hättest ertrinken können!«

»Ich hab doch das Seepferdchen«, kichere ich. »Bringst du mir jetzt die Knoten für die Segelprüfung bei?«

Felix blickt mich verdutzt an.

»Segelprüfung?« Er beginnt zu lächeln. »Seit wann möchtest du Segeln lernen? Klar, wenn du magst, nicht nur die Knoten. Aber nicht jetzt. Jetzt müssen wir zusehen, dass wir an Land kommen. Du brauchst unbedingt trockene Klamotten, damit du nicht krank wirst.«

»Ich muss zuerst zum Bootsverleih. Wenn ich das Boot bei diesem Wetter nicht in einer Stunde zurückbringe, schlägt er Alarm, hat der Mann gesagt.« Ich schaue auf zum Himmel. Komischerweise hat es aufgehört zu regnen, kaum dass ich patschnass bin.

»Das hat er gesagt, der Hubert vom Bootsverleih, mein alter Spezi aus der Schule?« Felix grinst. »Den rufe ich gleich mal an und sage ihm, dass er sein Boot erst morgen zurückbekommt. Da gibt es im Moment wirklich wichtigere Dinge.«

Felix zieht sein Handy aus der Hosentasche, schaltet es ein und tippt. Es dauert eine ganze Weile, bis die Verbindung steht.

»He, Hubert«, ruft Felix, klemmt sich das Telefon zwischen Kinn und Schulter und beginnt, mir die nassen Schuhe auszuziehen. Sehr angenehm. Schade eigentlich, dass keine Wiederbelebungsmaßnahmen nötig sind. Ich finde, eine Mund-zu-Mund-Beatmung wäre jetzt genau das Richtige. »Ich wollte dir nur kurz Bescheid geben, dass du dir keine Sorgen um dein Boot zu machen brauchst. Die junge Dame, der du die Nummer 21 ausgeliehen hast, ist wohlbehalten bei mir angekommen.«

Ich höre, wie der Bootsverleiher etwas antwortet, verstehe aber kein Wort. Erst als ich Felix' verblüffte Reaktion mitbekomme, ahne ich, was ihm dieser Hubert gerade erzählt – und möchte am liebsten gleich wieder ins Wasser springen.

»Was soll das heißen, ob ich der Glückliche bin? Welcher Glückliche?«

O Gott, dieser dämliche Bootsverleiher. Er wird Felix doch wohl nicht brühwarm berichten, was ich ihm in meiner Not alles anvertraut habe? Ach verdammt, ich konnte doch nicht ahnen, dass die beiden alte Kumpels sind und gleich miteinander telefonieren würden. Der Kerl wird doch nicht so indiskret sein und ... Verdammt, leider doch!

»Wie – sie liebt mich? Hä? Das hat sie dir gesagt?«

Während Felix völlig perplex in sein Handy spricht, schaut er mich ungläubig an. Ich spüre, dass mir eine heftige Röte ins Gesicht steigt, so hoch, bis mir die Ohren glühen. Immerhin friere ich plötzlich nicht mehr. Vor allem nicht, als Felix weiterredet:

»Was?! Wieso sollte ich ihr Bruder sein? ... Sag mal, hast du was eingeworfen, Hubert?«

Mein Gott, ich fass es nicht. Da mache ich mir Gedanken darüber, wie ich Felix möglichst schonend beibringen kann, warum ich bis vor ein paar Stunden noch einen großen Bogen um ihn gemacht habe, obwohl er der tollste Mann ist, der mir in meinem Leben begegnet ist – und dann quatscht dieser Typ mit den fettigen Haaren die ganze höchst diffizile Angelegenheit in fünf Sätzen aus. Wieso hat er eigentlich behauptet, nichts von dem kapiert zu haben, was ich ihm erzählt habe?!

Ich wage nicht, Felix anzusehen, als der sein Handy wieder in die Tasche schiebt.

»Sag mal«, beginnt er zögernd, lässt sich neben mir auf dem Boden nieder und legt den Arm um mich und meine Decke. Dabei ist der Boden doch ganz nass! Ich bin gerührt. Erschüttert und gerührt. Es ist ein bisschen so wie bei meiner Lieblingsszene im Film *Casino Royale*, als sich James Bond unter der laufenden Dusche im Anzug neben seine Geliebte setzt. (Bloß haben wir vorher nicht so viele Leute umgebracht.)

»Was genau hast du dem Bootsverleiher eigentlich erzählt, Valentina?«

»Na ja«, sage ich und bin froh, mich endlich an seine Schulter schmiegen zu können. »Deshalb bin ich ja hergekommen. Das ist nicht ganz einfach zu verstehen, weißt du.«

Und so berichte ich Felix die ganze vertrackte Geschichte. In allen Einzelheiten. Angefangen von der Entdeckung der Pralinenschachtel bis hin zu meinem Gespräch mit Jens in der Krankenkauscafeteria. Der DNA-Test, die Venedigreise, Enzingers Zusammenbruch heute morgen. All das, was in den vergangenen Wochen mein Leben durchgewirbelt hat und seit Kurzem auch das seines Vaters. Der ja eigentlich gar nicht sein Vater ist, sondern mein Vater. Zum Glück.

»Das ist ja völlig verrückt«, sagt Felix immer wieder. »Absolut irre.«

Als ich fertig bin, bricht er in ein lautes, erleichtertes Lachen aus: »Ach, Valentina, es ist nicht zu glauben. Weißt du was? Ich war noch nie so glücklich darüber, ein Adoptivkind zu sein.«

Und dann küssen wir uns endlich.

Auf einmal ist es überhaupt nicht mehr wichtig, zurück an Land zu kommen. Ganz im Gegenteil: Gibt es etwas Schöneres, als auf einem gemütlich schwankenden Boot zu sitzen und den Mann seines Lebens zu küssen, während über uns die Wolken aufreißen und die Schwalben fiepend über den Himmel schwirren?

Irgendwann murmelt Felix, er könne es eigentlich nicht verantworten, dass ich noch meine nassen Klamotten anhabe, weil ich sonst eine Lungenentzündung bekommen würde. Da muss ich ihm recht geben. Dabei denke ich, wie äußerst ärgerlich es ist, dass ich ausgerechnet heute dieses zwar sehr bequeme, aber eher unattraktive Baumwollensemble angezogen habe und nicht eines von den tollen seidigen Luxusdessous aus Venedig. Jetzt wäre das schwarze Tupfenmodell doch mal angemessen. Oder das mit den sexy Schleifchen. Oder dieser Hauch von Rosa ... Aber dann hat sich das mit der Baumwolle auch schon erledigt. Es ist ja doch meistens so: Je mehr Gedanken man sich für über die

Wahl seiner Unterwäsche für spezielle Situationen macht, desto schneller ist man sie im entscheidenden Moment auch wieder los. Wie ich in diesen Zusammenhang feststelle, hat Felix nicht nur sehr beachtliche Unterarme, sondern auch sehr schöne Oberarme. Und überhaupt.

Das einzig Unerfreuliche ist, dass die Wolldecke auf der Haut kratzt. Ich frage mich, weshalb sich so reiche Leute wie Enzingers nicht ein paar weiche, kuschelige Kaschmirplaids für ihr Boot leisten können für den Fall, dass es an Bord mal zum Äußersten kommt. Aber eigentlich ist das ja ein gutes Zeichen: So kann ich mir wenigstens sicher sein, dass die Decke nicht oft für freikörperliche Aktivitäten benutzt wird.

Ich denke noch ein paar andere völlig überflüssige Dinge: dass hoffentlich nicht gerade jetzt ein Tiefflieger über den Starnberger See fliegt. Dass hoffentlich nicht gerade jetzt ein Ornithologe am Ufer sein Fernrohr scharf stellt, um ein paar Wasservögel und alles, was sich sonst noch auf dem See bewegt, zu beobachten. Und vor allem: dass hoffentlich nicht gerade jetzt die Herren von der Wasserschutzpolizei zurückkommen, weil sie noch ein paar abschließende Fragen in der Strafsache »Nicole Riesenhuber« haben.

Noch ganz kurz geht mir durch den Kopf, wie absolut kitschig es doch ist, dass ausgerechnet in diesem Moment ein Stück vom blauen Himmel zu sehen ist und das Sonnenlicht in dicken Strahlen auf uns herunterleuchtet wie aus Scheinwerfern ...

Und dann höre ich endlich auf zu denken.

40.

»Liebe Frau Leberecht!

Ich weiß, dass Sie normalerweise keine Geschenke von Klienten annehmen. Aber diesmal müssen Sie eine Ausnahme machen. Bei meiner letzten Sitzung habe ich festgestellt, dass der Porzellanelefant auf Ihrem Tisch ziemlich ramponiert aussieht. Ich schenke Ihnen deshalb einen neuen Elefanten. Er ist aus Venedig (genauer gesagt von einem Glasbläser aus Murano), und ich finde ihn sehr hübsch. Aber wissen Sie was: Das Tier passt viel besser in Ihre Praxis als auf meine Fensterbank. Ich brauche nämlich keinen Glücksbringer mehr. Bei mir hat sich alles zum Guten gewendet: Ich bin glücklich verliebt, ich habe eine großartige Mutter, auf die ich sehr stolz bin, und einen wunderbaren Vater, der mich sehr gern mag, überhaupt habe ich eine tolle große Familie bekommen, und mein Tinnitus ist übrigens auch komplett verschwunden. Kurzum: Ich bin absolut glücklich! Deshalb muss ich Ihnen leider mitteilen, dass ich die Therapie bei Ihnen mit sofortiger Wirkung abbreche. Vielen Dank für Ihre Unterstützung, Sie sind bestimmt eine großartige Therapeutin, aber ich benötige Ihre Hilfe jetzt nicht mehr. Außerdem habe ich keine Zeit mehr dafür. Sie ahnen ja gar nicht, wie beschäftigt man ist, wenn man eine große Verwandtschaft hat. Herzliche Grüße, Ihre Valentina Meyer.«

Ich lege den Brief zusammen mit dem in Seidenpapier gewickelten Elefanten vorsichtig in Frau Leberechts Briefkasten unten an der Haustür. Dann drehe ich mich um und steige in das Auto zurück, das am Straßenrand wartet.

»Alles okay?«, fragt meine Mutter.

Ich nicke und setze den Blinker.

Wir fahren schweigend. Ich nehme an, meine Mutter ist aufgeregt. Es ist schließlich verdammt lange her, seit sie meinen Vater zum letzten Mal gesehen hat. Sie sieht wirklich gut aus. Jedenfalls wenn man diesen Hippielook mag. Sie trägt ein dünnes Stirnband aus Leder über ihrem offenen Haar und eine bestickte weiße Bluse zu einem langen Rock aus dunkelblauem Batikstoff. Wenn man sie so ansieht, fühlt man sich, als wäre man wieder mittendrin in den Siebzigerjahren.

»Wo werden wir uns treffen?«, fragt sie.

»Im Café Kaiserblick. Das liegt direkt am Starnberger See, gar nicht weit von seinem Haus entfernt.«

»O Gott«, murmelt sie. »Ich habe Bauchweh. Hoffentlich werde ich ihn überhaupt wiedererkennen.«

Eine knappe halbe Stunde später parke ich meinen Wagen vor der Garage der Enzingers. Ganz links wie immer.

»Wow«, entfährt es meiner Mutter, als sie aus dem Auto steigt. »So wohnen die Enzingers? Was für ein riesengroßes, tolles Haus. Wie aus dem Bilderbuch. Diese feudale Auffahrt! Und die vielen Blumen!«

»Bist du nie hier gewesen? Hast du dir das nicht mal heimlich angesehen damals?«

»Nein, nie. Woher hätte ich denn seine Adresse kennen sollen?«

Einen Moment lang betrachtet meine Mutter staunend die weiße Villa und den schönen Garten und auch den Ausblick über den See. Ich höre, wie sie seufzt, als bräche die Erinnerung an alles, was damals geschah, plötzlich wieder über sie herein.

Aber dann hakt sie sich resolut bei mir unter und sagt: »Los geht's, Valentina.«

Wir spazieren zusammen den Oberen Seeuferweg entlang. Schon von Weitem höre ich die Jazzkapelle, die gerade »The Girl from Ipanema« zum Besten gibt. Na, das ist doch ein passendes Lied für den Auftritt meiner Mutter!

Wie immer bei schönem Wetter ist viel los im Café Kaiserblick. Wenn mich nicht alles täuscht, ist auch die lärmende Radlertruppe wieder da. Trotzdem sehe ich ihn sofort, als wir den Wirtsgarten betreten. Enzinger sitzt in seinem Rollstuhl an dem Tisch ganz vorn am Ufer. Derselbe Tisch, an dem uns damals der dämliche Jürgen und seine Heikemaus begegnet sind. Mein Vater lässt sich neuerdings durch nichts mehr erschüttern.

Enzinger schaut auf, als ich mit meiner Mutter über den knirschenden Kies näher komme. Eine Sekunde lang verharrt er wie erschrocken, dann breitet sich ein seliges Lächeln auf seinem Gesicht aus, wie ich es bei ihm noch nie gesehen habe. Ich höre meine Mutter fassungslos »Da ist er ja wirklich, der Werner« murmeln, dann lässt sie meinen Arm los und geht langsam auf ihn zu.

Ich drehe mich um und spaziere zum Ausgang zurück. Hier bin ich überflüssig. Es gibt Momente im Leben zweier Menschen, die sind so kostbar, dass sie sie mit niemandem teilen sollten.

41.

Es ist Sommer geworden. Die Rosen vor der Villa blühen so rot und prächtig wie auf dem Foto im Internet, auf dem ich Enzingers Haus zum ersten Mal gesehen habe. Komisch, dass das nur drei Monate her ist. Mir kommt es so vor, als müssten Jahre vergangen sein, seit ich diese denkwürdige Schachtel hinter Mutters Regal entdeckt habe. Fast jeden Tag bin jetzt ich hier. Meine beförderte Kollegin schaut immer schon ganz grimmig, wenn ich mich nachmittags im Büro mit einem fröhlichen »Ich fahr jetzt zu meinem Vater nach Starnberg und schwimme eine Runde im Pool« verabschiede, während sie wieder Überstunden machen muss. Es hat durchaus Vorteile, mit der Karriere noch ein bisschen zu warten. Ich genieße mein Leben sehr. Ich habe sogar schon etwas Segeln gelernt. Felix sagt, ich sei sehr talentiert. Und hat hinzugefügt, dass er es bei mir aber wirklich ernst meint! Mein Vater sagt das auch. Er kommt nämlich manchmal mit, wenn wir segeln gehen. Dann sitzt er hinten im Boot an der Pinne und lässt sich den Wind um die Nase wehen. Ich glaube, er versteht selbst nicht mehr, warum er so viele Jahre einen Bogen um sein Segelboot gemacht hat.

Seit mein Vater aus dem Krankenhaus entlassen wurde und eine Reha gemacht hat, ist er so fidel, als wäre nie etwas Schlimmes passiert. Er macht ständig Witze. Und zwar solche, über die man wirklich lachen kann. Auch Frau Enzinger meint, sie erkenne ihren Mann kaum wieder. Den Schock, dass ich seine Tochter bin, hat sie längst überwunden. Zum Glück hatte sie ja vorher schon festgestellt, dass ich eigentlich ganz nett bin. Sie ist wirklich eine tapfere Frau. Sie hat sich doch tatsächlich dazu durchgerungen, meine Mutter kennenzulernen. Sozusagen, um das Kriegsbeil zu begraben. Ich glaube, es beruhigt sie ungemein, dass meine Mam einen neuen Freund hat und dass keine Gefahr besteht, sie könnte meinem Vater erneut den Kopf verdrehen.

Eva hat ihre Stelle im Haushalt der Enzingers angetreten. Wenn mich nicht alles täuscht, ist sie heilfroh, dass sie endlich wieder etwas Vernünftiges zu tun hat. Die beiden sind ganz begeistert von ihr und ihren Kochkünsten. Nur als Eva am zweiten Tag sämtliche Möbel im Haus umstellen und ein paar Wände orange streichen wollte, weil das Feng-Shuimäßig besser sei, haben die Enzingers Protest eingelegt. Cora dagegen war ganz begeistert und hat Eva gebeten, so bald wie möglich zu ihr nach Hause zu kommen und das Yin und Yang in ihrer Wohnung in Ordnung zu bringen.

Philipp hat dafür gesorgt, dass Esmeralda einen prächtigen Grabstein bekommt. Ich glaube, er hätte die Häsin lieber kennengelernt, als sie noch lebendig war. Aber das kann ich leider nicht ändern. Wir wussten alle gar nicht, was für ein begabter Künstler der Junge ist. Tagelang haben er und Bernd an einer Natursteinplatte herumgewerkelt, den Stein mit verschnörkelten goldlackierten Buchstaben versehen und sogar Esmeraldas Todesdatum draufgeklebt. Das Grab sieht jetzt richtig toll aus. Da können sich die Hinterbliebenen des Jack-Russel-Terriers und von Schnuffeline eine Scheibe abschneiden. Philipp meinte, eigentlich habe er ja immer Computerspieltester werden wollen, wenn er mit der Schule fertig wäre. Jetzt überlege er, Steinmetz zu werden. Oder Bestatter. Zum Glück hat er ja noch ein paar Jahre Zeit, sich über seine berufliche Orientierung finale Gedanken zu machen.

Tja, das Leben nimmt manchmal seltsame Wendungen.

Ich stehe auf der Treppe vor der weißen Villa und sehe zu, wie Felix den vier alten Herrschaften hilft, ihre Koffer in den Bentley zu laden. Die beiden Enzingers, meine Mutter und Lutz fahren heute nach Venedig. Alle miteinander. Man stelle sich vor: Sie wollen zusammen gegen die Kreuzfahrtschiffe demonstrieren. Meine Mutter hat natürlich sofort eine Protestaktion organisiert, als mein Vater ihr erzählt hat, dass Venedig endgültig der Untergang drohe, wenn diese Riesenkähne weiterhin ungehindert in der Lagune ein- und ausfahren.

»Das schöne Venedig soll kaputtgehen?«, hat sie gesagt. »Die Stadt der Liebe? Nie und nimmer! Werner, wir müssen etwas unternehmen. Machst du mit, Brigitte?«

Natürlich konnte Frau Enzinger es nicht zulassen, dass meine Mutter und mein Vater ohne sie nach Venedig fahren. Aber wie ich höre, ist sie immer noch etwas skeptisch:

»Ach Werner, ich weiß nicht, ob das nicht alles ein bisschen zu viel für dich ist. Schon wieder eine so lange Reise ...«

»Mach dir keine Sorgen, Brigitte. Ich bin zwar nicht mehr gut auf den Beinen, aber mein Kopf ist kristallklar, und meine Hände funktionieren noch gut genug, um ein Transparent zu halten. Ich bin froh, dass ich etwas bewegen kann auf meine alten Tage und nicht mehr nur tatenlos im Rollstuhl herumsitze.«

Da hat er absolut recht. Lutz will einen Film über ihre Protestaktion drehen. »Öffentlichkeit ist alles«, hat er gesagt, und ich glaube, es hat Frau Enzinger geschmeichelt, dass ihre Freundinnen sie demnächst im Fernsehen bestaunen können, wie sie gegen die internationale Tourismusindustrie protestiert, während die anderen Damen sich zu Hause zum Bridgespielen und Teetrinken treffen.

Meine Mutter hat natürlich Bedenken, ob ein Bentley das geeignete Fahrzeug für eine Umweltaktivistin ist.

»Ich bin mir nicht sicher, ob ich die CO_2-Bilanz dieses Autos akzeptieren kann«, murrt sie. »Habt ihr kein spritsparendes Modell? Oder was mit Elektro?«

»Leider nein«, sagt mein Vater und hält ihr vom Rollstuhl aus die Autotür auf. »Die Hauptvorteile dieses Wagens bestehen darin, dass er vorzüglich aussieht und dass man sehr bequem darin sitzt. Immerhin fahren wir zu viert. Da relativiert sich das mit der Schadstoffbelastung. Können wir jetzt endlich los?«

Felix hilft ihm ins Auto, dann verstaut er den Rollstuhl im Kofferraum und schließt die Türen. Lutz hat sich freiwillig bereit erklärt, den Chauffeur zu machen. Wahrscheinlich denkt er sich, dass er so bald nicht mehr die Chance bekommen wird, eigenhändig eine Luxuslimousine aus dem obersten Preissegment zu steuern. Da muss der Klimaschutzgedanke schon mal zurückstehen.

Felix kommt zu mir und legt den Arm um meine Schultern.

»Wir haben schon verrückte Eltern, nicht wahr?«

»Verrückt? Sie sind großartig!«

Der Wagen hupt huldvoll und setzt sich in Bewegung. Die vier winken aus den Fenstern, Felix und ich winken zurück. Das Letzte, was ich sehe, bevor der Bentley aus meinem Blickfeld verschwindet, sind die flatternden Transparente, die mein Vater und meine Mutter aus den Autofenstern halten: »No grandi Navi« steht in riesigen Buchstaben auf dem einen. Und auf dem anderen: »Kunst statt Kommerz. Rettet Venedig, die Stadt der Liebe!«

Erfolg für Demonstranten: Venedig verbannt große Kreuzfahrtschiffe aus der Lagune

Die Proteste von Umweltaktivisten aus aller Welt haben Wirkung gezeigt: Ab dem nächsten Jahr dürfen große Kreuzfahrtschiffe die Lagune in Venedig nicht mehr anfahren, wie die italienische Regierung mitteilte. Die Stadt ist durch das Ansteigen der Meerespegel ohnehin stark gefährdet, und die Schadstoffbelastung durch die Ozeanriesen bedroht zusätzlich die Fundamente der Lagunenstadt. Seit Monaten gibt es in Venedig immer wieder Proteste gegen die gigantischen Kreuzfahrtschiffe. Den Ausschlag für das Verbot gab die Demonstration einer Gruppe von Senioren, die mit Plakaten und Trillerpfeifen ihrem Unmut über die »schwimmenden Riesen« Ausdruck verliehen. Die Aktion der alten Leute habe ihn sehr berührt, erklärte Venedigs Bürgermeister. Besonders beeindruckt habe ihn ein älterer Herr im Rollstuhl, der ein Transparent schwenkte, auf dem er davor warnte, Venedig, die Stadt der Liebe, dem Kommerz zu opfern. Umweltschützer reagierten erleichtert auf die Entscheidung der Regierung. Eine Greenpeace-Aktivistin sagte, wenn man nur fest an etwas glaube, könne man die Welt verändern.

Nachwort

Und wieder ist aus einer Idee in meinem Kopf ein Buch geworden. Was für ein wunderbarer Moment, es dann endlich in den Händen zu halten und darin zu blättern!

Ich stelle mir vor, wie Du, liebe Leserin, lieber Leser (ich darf doch Du sagen?!), gerade an einem verregneten Nachmittag in Deinem Lieblingssessel sitzt oder auf dem Sofa und dieses Buch liest, vielleicht eine Tasse Tee daneben, die Katze auf dem Schoß. Oder Du sitzt in der Bahn, morgens auf dem Weg zur Arbeit, alle um Dich herum gucken schlecht gelaunt aus der Wäsche, nur Du nicht, denn Du hast ja was Schönes zum Lesen dabei. Vielleicht machst Du auch gerade Urlaub, streckst Dich im Liegestuhl am Pool, aus und ein paar Seiten des Buches bekommen beim Umblättern Flecken von der Sonnencreme. (Beim E-Reader bitte besonders gut aufpassen, dass er nicht ins Wasser fällt!)

Wo und wie und wann auch immer: Ich hoffe, Du hattest viel Vergnügen beim Lesen. Das ist ja das Schöne, wenn man ein Buch schreibt: Man kann andere Menschen träumen lassen, manchmal ein bisschen mit seinen Figuren mitleiden lassen und – vor allem! – auch immer wieder zum Lächeln bringen. Vielen Dank, dass Du mein Buch gekauft, geliehen, verliehen, verschenkt oder weiterempfohlen hast.

Ich möchte allen Menschen danken, die mitgeholfen haben, damit dieses Buch entstehen konnte:

Zuerst natürlich dem großartigen Team vom Blanvalet

Verlag, vor allem meiner wunderbaren Lektorin Anja Franzen, ohne die ich mit meinem Roman bestimmt nicht so glücklich geworden wäre. Danke für jedes Gespräch und für jede aufmunternde E-Mail, für jedes »Das ist eine meiner Lieblingsstellen« am Rand des Manuskripts und für jedes »Da sollte man vielleicht besser… XYZ …«. Danke für alle Antworten, vor denen ich noch nicht mal genau wusste, was ich eigentlich fragen wollte. Vielen Dank auch an meine Redakteurin Angela Kuepper, die sich bis tief in der Nacht durch meinen Roman gearbeitet und selbst der kleinsten Unstimmigkeit im Text keine Chance gelassen hat.

Vielen Dank, Joachim Jessen von der Literarischen Agentur Schlück, der mir den Rücken freihält, damit ich das machen kann, was mir das Liebste ist: Geschichten schreiben.

Danke Gabi (und Michi!) für Eure Hilfe beim Übersetzen. Jetzt kann ich mir sicher sein, dass in meinem Roman gelegentlich tatsächlich Bayerisch gesprochen wird – und nicht das, was ich dafür halte. Ihr seid großartig!

Danke, Karin, für Dein Engagement, Deine Ideen, Deine kluge Kritik und Deine guten Vorschläge.

Danke, Svenja und Chris, für Eure medizinische Expertise. Falls Enzinger (oder sonst jemand) ärztlichen Rat braucht, weiß ich ihn bei Euch in den besten Händen.

Danke, Ute, für Deine Beratung in Sachen Segeln, für Deinen moralischen und praktischen Beistand, für Deinen unverbesserlichen Optimismus, vor allem aber für Deine Freundschaft. Ich bin froh, dass es Dich gibt. (Das gilt auch für Dich, Klaus …)

Mein Dank geht auch an die beiden japanischen Rollstuhl-Touristinnen, denen ich in Venedig im Dogenpalast begegnet bin und die mir freundlicherweise von ihrem Erfahrungen berichtet haben. Wir mussten uns zwar mit Händen und Füßen verständigen, aber ihre wichtigsten Botschaften habe ich verstanden: 1. Venedig ist die schönste Stadt der Welt. 2. Es ist für Menschen mit körperlichen Einschränkungen zwar nicht ganz einfach, aber möglich, die berühmtesten Sehenswürdigkeiten zu erkunden. (Zum Glück, sonst hätte ich ja einen anderen Roman schreiben müssen!) Einen Stadtplan mit barrierefreien Rundgängen durch Venedig bekommt man z. B. im Tourismusbüro in der Nähe des Markusplatzes.

Ich danke auch den netten Herren von der Zugspitzbahn, die mir gezeigt haben, dass man auch im Rollstuhl ein spektakuläres Alpenpanorama genießen kann. Demnächst wird übrigens eine neue Gondelbahn gebaut. Die soll dann nur noch einen einzigen Stützpfeiler haben. Da hätte Valentina dann wahrscheinlich noch mehr Höhenangst …

Vor allem danke ich Lena und Lukas, meine ersten und treuesten Leser, meine gnadenlosesten Kritiker: Danke für Eure Unterstützung, für jedes Kopfschütteln und für jedes Grinsen beim Durchlesen meines Manuskripts. Danke für Euren technischen Beistand, wenn ich wegen des ein oder anderen Computerproblems den Verstand zu verlieren drohte. Danke für Euer Verständnis, wenn ich mal wieder Zeit und Raum vergessen habe, weil ich den ganzen Tag lang in den Tiefen meiner Geschichte abgetaucht war. Danke für jede Tasse Kaffee und jeden Muffin, die Ihr mir an den Schreibtisch gebracht habt. Danke, dass Ihr manchmal das Bügeln oder Fahrradreifenaufpumpen übernehmt, damit ich mehr Zeit zum Schreiben habe. Ihr seid die Besten.

München, im Oktober 2014